Rudolf Steiner

Die Rätsel der Philosophie

in ihrer Geschichte
als Umriß dargestellt

RUDOLF STEINER VERLAG
DORNACH/SCHWEIZ

Herausgegeben von der Rudolf Steiner-Nachlaßverwaltung

1. Auflage Berlin o. J. (1914)

Ungekürzte Ausgabe nach dem gleichnamigen Band
der Rudolf Steiner Gesamtausgabe
Bibliographie-Nr. 18, ISBN 3-7274-0180-X
9. Auflage Dornach 1985

Taschenbuchausgabe
1.–10. Tsd. Dornach 1974 (in zwei Bänden)
11.–20. Tsd. Dornach 1985

Bestell-Nr. tb 6105

Zeichen auf dem Umschlag und Titelblatt von Rudolf Steiner

Printed in Germany by Clausen & Bosse, Leck

ISBN 3-7274-6105-5

INHALT DES ERSTEN BANDES

INHALT DES ZWEITEN BANDES

Als ich 1914 mein Buch «Welt- und Lebensanschauungen im neunzehnten Jahrhundert» beim Erscheinen der zweiten Auflage zu dem hier vorliegenden «Die Rätsel der Philosophie» erweiterte, wollte ich zeigen, was von den geschichtlich aufgetretenen Weltanschauungen sich für den heutigen Beobachter so darstellt, daß dessen eigenes Empfinden beim Auftauchen der philosophischen Rätsel im Bewußtsein sich vertiefen kann an dem Empfinden, das die in der Zeitenfolge auftauchenden Denker über diese Rätsel gehabt haben. Eine solche Vertiefung hat für den philosophisch Ringenden etwas Befriedigendes. Was seine eigene Seele erstrebt, gewinnt an Kraft dadurch, daß er sieht, wie sich in Menschen, denen das Leben Gesichtspunkte angewiesen hat, die dem seinigen nahe oder fern liegen, dieses Streben gestaltet hat. In solcher Art wollte ich mit dem Buche denen dienen, die eine Darstellung des Werdens der Philosophie brauchen als Ergänzung der eigenen Gedankenwege.

Nach einer solchen Ergänzung wird derjenige verlangen, der sich auf dem eigenen Gedankenwege eins fühlen möchte mit der Geistesarbeit der Menschheit. Der sehen möchte, daß seine Gedankenarbeit ihre Wurzel in einem ganz allgemeinen menschlichen Seelenbedürfnis hat. Er kann das sehen, wenn das Wesentliche der geschichtlichen Weltanschauungen vor seinem Blicke aufsteigt.

Doch hat für viele Betrachter ein solches Aufsteigen etwas Beklemmendes. Es drängt ihnen Zweifel in die Seele. Sie sehen, wie die aufeinander folgenden Denker im Widerspruche mit vorangehenden oder nachfolgenden stehen. Ich wollte so darstellen, daß dieses Beklemmende durch ein anderes ausgelöscht wird. Man betrachtet zwei Denker. Für den ersten Blick fällt der Widerspruch, in dem sie stehen, peinlich auf. Man tritt ihren Gedanken näher. Man findet, daß der eine die Aufmerksamkeit auf ein ganz anderes Gebiet der Welt lenkt als der andere. Angenommen, der eine habe in sich die Seelenstimmung ausgebildet, die die Aufmerksamkeit auf die Art lenkt, wie Gedanken im inneren Weben der Seele sich entfalten. Für ihn wird es zum Rätsel, daß dieses innere Seelengeschehen im Erkennen entscheidend über das Wesen der Außenwelt werden soll. Dieser Ausgangspunkt gibt seinem ganzen Denken die Färbung. Er wird in kraftvoller Art von dem schöpferischen Gedankenwesen sprechen. Das wird alles, was er sagt, in idealistischer Art färben. Ein anderer lenkt den Blick auf das äußere sinnenfällige Geschehen. Die Gedanken, durch die er dieses Geschehen erkennend erfaßt, treten gar nicht in ihrer selbständigen Kraft in sein Bewußtsein. Er wird den Welträtseln eine Wendung geben, die sie in den Bereich führt, in dem die Weltgrundlage selbst ein an die Sinneswelt erinnerndes Aussehen hat.

Man kann, wenn man mit Voraussetzungen an das geschichtliche Werden der Weltanschauungen herangeht, die sich aus einer solchen Gedankenorientierung ergeben, über das Vernichtende, das diese Weltanschauungen füreinander zeigen, sich erheben und ein sich gegenseitig Tragendes in ihnen erblicken.

Hegel und Haeckel, nebeneinander betrachtet, stellen zunächst den vollkommensten Widerspruch dar. Vertieft man sich in Hegel, so kann man mit ihm den Weg gehen, der einem ganz in Gedanken lebenden Menschen vorgezeichnet ist. Er fühlt den Gedanken wie etwas, das ihm das eigene Wesen zu einem wirklichen macht. Sieht er sich der Natur gegenüber, so frägt er sich, welches Verhältnis hat sie zur Gedankenwelt? Man wird mitgehen können, wenn man das relativ Berechtigte und Fruchtbare einer solchen Seelenstimmung empfindet. Vertieft man sich in Haeckel, so kann man wieder ein Stück des Weges mit ihm gehen. Er kann nur sehen, wie das Sinnenfällige ist und sich wandelt. In diesem Sein und Sich-Wandeln fühlt er, was ihm Wirklichkeit sein kann. Er ist nur befriedigt, wenn er den ganzen Menschen bis herauf zur Denktätigkeit in *dieses* Sein und Sich-Wandeln einreihen kann. Mag nun Haeckel in Hegel einen Menschen sehen, der luftig-wesenlose Begriffe ohne Rücksicht auf die Wirklichkeit spinnt; möchte Hegel, wenn er Haeckel erlebt hätte, in ihm eine Persönlichkeit gesehen haben, die gegenüber dem wahren Sein mit Blindheit geschlagen ist: wer sich in beider Denkungsart vertiefen kann, wird bei Hegel die Möglichkeit finden, die Kraft des eigentätigen Denkens zu stärken, bei Haeckel die andere, zwischen entfernten Bildungen der Natur Beziehungen gewahr zu werden, die bedeutungsvolle Fragen an das menschliche Denken stellen. So nebeneinander gestellt können Hegel und Haeckel, aneinander gemessen, nicht in beklemmende Zweifel führen, sondern erkennen lassen, aus wie verschiedenen Ecken her das Leben sprießt und sproßt.

Aus solchen Untergründen heraus ist die Haltung meiner Darstellung geworden. Ich wollte die Widersprüche in der Entwickelungsgeschichte der Weltanschauungen nicht verdunkeln; aber ich wollte auch in dem Widersprechenden das Geltende aufzeigen.

Daß ich Hegel und Haeckel in diesem Buche so behandle, daß bei beiden das hervortritt, was positiv und nicht negativ wirkt, kann mir - nach meiner Ansicht - nur derjenige als eine Verirrung vorwerfen, der die Fruchtbarkeit einer solchen Behandlung des Positiven nicht einzusehen vermag.

Nun nur noch einige Worte über etwas, das sich zwar nicht auf das in dem Buche Dargestellte bezieht, das aber doch mit ihm zusammenhängt. Es ist dies Buch eine derjenigen meiner Arbeiten, die von Persönlichkeiten, welche in dem Fortgang meiner eigenen Weltanschauungsentwickelung Widersprüche finden wollen, als Beispiel angeführt wird. Obwohl ich weiß, daß diesen Vorwürfen zumeist etwas ganz anderes zugrunde liegt als das Suchen nach Wahrheit, so will ich doch weniges über sie sagen. Es wird behauptet, es sehe das Kapitel über Haeckel in diesem Buche so aus, als ob es ein orthodoxer Haeckelianer geschrieben hätte. Nun, wer das in demselben Buche über Hegel Gesagte liest, wird es zwar schwer haben, seine Behauptung aufrecht zu halten. Aber es sieht, obenhin betrachtet, so aus, als ob ein Mensch, der so über Haeckel geschrieben hat wie ich in diesem Buche, später eine völlige Geisteswandlung durchgemacht haben müßte, wenn er dann Bücher veröffentlicht wie «Wie erlangt man Erkenntnisse der höheren Welten», «Geheimwissenschaft» usw.

Diese Sache wird aber nur richtig angesehen, wenn man bedenkt, daß die scheinbar den früheren widersprechenden späteren Werke aus einer geistigen Anschauung der geistigen Welt hervorgegangen sind. Wer eine solche Anschauung haben oder sich bewahren will, der muß die Fähigkeit entwickeln, sich in alles Betrachtete ganz objektiv, mit Unterdrückung der eigenen Sympathien und Antipathien, versetzen zu können. Er muß wirklich, wenn er die Haekkelsche Denkungsart darstellt, in dieser aufgehen können. Gerade aus diesem Aufgehen in anderes schöpft er die Fähigkeit der geistigen Anschauung. Die Art meiner Darstellung der einzelnen Weltanschauungen hat ihre Ursachen in meiner Orientierung nach einer geistigen Anschauung hin. Wer über den Geist nur theoretisieren will, der braucht nie in die materialistische Denkungsart sich versetzt zu haben. Er kann sich damit begnügen, alle berechtigten Gründe gegen den Materialismus vorzubringen und seine Darstellung dieser Denkungsart so zu halten, daß diese ihre unberechtigten Seiten enthüllt. - Wer geistige Anschauung betätigen will, kann das nicht. Er muß mit dem Idealisten idealistisch, mit dem Materialisten materialistisch denken können. Denn nur dadurch wird in ihm die Seelenfähigkeit rege, die sich in der geistigen Anschauung betätigen kann.

Nun könnte man noch sagen: durch eine solche Behandlungsart verliere der Inhalt eines Buches seine Einheitlichkeit. Es ist dies nicht meine Ansicht. Man stellt historisch um so treuer dar, je mehr man die Erscheinungen selbst sprechen läßt. Den Materialismus bekämpfen oder zum Zerrbild machen, kann nicht die Aufgabe einer geschichtlichen Darstellung sein. Denn er hat seine eingeschränkte Berechtigung. Man ist nicht auf falscher Fährte, wenn man die materiell bedingten Vorgänge der Welt materialistisch darstellt; man gelangt erst dahin, wenn man nicht zur Einsicht gelangt, daß die Verfolgung der materiellen Zusammenhänge zuletzt zur Anschauung des Geistes führt. Behaupten, das Gehirn sei nicht Bedingung des auf Sinnenfälliges sich beziehenden Denkens, ist eine Verirrung; eine weitere Verirrung ist, daß der Geist nicht der Schöpfer des Gehirns sei, durch das er in der physischen Welt sich in Gedankenbildung offenbart.

Goetheanum in Dornach bei Basel
November 1923 Rudolf Steiner

VORREDE ZUR NEUAUFLAGE 1918

Die Gedanken, aus denen die Darstellung dieses Buches entsprungen und von denen sie getragen ist, habe ich in der hier folgenden «Vorrede» angedeutet. Ich möchte dem damals Gesagten einiges hinzufügen, das mit einer Frage zusammenhängt, die bei demjenigen mehr oder weniger bewußt in der Seele lebt, der zu einem Buche über «Die Rätsel der Philosophie» greift. Es ist diejenige der Beziehung philosophischer Betrachtung zu dem unmittelbaren *Leben.* Jeder philosophische Gedanke, der nicht von diesem Leben selbst gefordert wird, ist zur Unfruchtbarkeit verurteilt, auch wenn er diesen oder jenen Menschen, der eine Neigung zum Nachsinnen hat, eine Weile anzieht. Ein fruchtbarer Gedanke muß seine Wurzel in den Entwickelungsvorgängen haben, die von der Menschheit im Verlaufe ihres geschichtlichen Werdens durchzumachen sind. Und wer die Geschichte der philosophischen Gedankenentwickelung von irgendeinem Gesichtspunkte aus darstellen will, der kann sich nur an solche vom Leben geforderte Gedanken halten. Es müssen das Gedanken sein, die übergeführt in die Lebenshaltung den Menschen so durchdringen, daß er an ihnen Kräfte hat, die seine Erkenntnis leiten, und die ihm bei den Aufgaben seines Daseins Berater und Helfer sein können. Weil die Menschheit solche Gedanken braucht, sind philosophische Weltanschauungen entstanden. Könnte man das Leben meistern ohne solche Gedanken, so hätte nie ein Mensch eine wahrhaft innere Berechtigung gehabt, an die «Rätsel der Philosophie» zu denken. Ein Zeitalter, das solchem Denken abgeneigt ist, zeigt dadurch nur, daß es kein Bedürfnis empfindet, das Menschenleben so zu gestalten, daß dieses wirklich nach allen Seiten seinen Aufgaben gemäß zur Erscheinung kommt. Aber diese Abneigung rächt sich im Laufe der menschlichen Entwickelung. Das Leben bleibt verkümmert in solchen Zeitaltern. Und die Menschen bemerken die Verkümmerung nicht, weil sie von den Forderungen nichts wissen wollen, die in den Tiefen des Menschenwesens doch vorhanden bleiben und die sie nur nicht erfüllen. Ein folgendes Zeitalter bringt die Nichterfüllung zum Vorschein. Die Enkel finden in der Gestaltung des verkümmerten Lebens etwas vor, das ihnen die Unterlassung der Großväter angerichtet hat. Diese Unterlassung der vorhergehenden Zeit ist zum unvollkommenen Leben der Folgezeit geworden, in das sich diese Enkel hineingestellt finden. Im Lebens*ganzen* muß Philosophie walten; man kann gegen die Forderung sündigen; aber die Sünde muß ihre Wirkungen hervorbringen.

Den Gang der philosophischen Gedankenentwickelung, das Vorhandensein der «Rätsel der Philosophie» versteht man nur, wenn man die Aufgabe empfindet, welche die philosophische Weltbetrachtung für ein ganzes, volles Menschendasein hat. Und aus einer solchen Empfindung heraus habe ich über die Entwickelung der «Rätsel der Philosophie» geschrieben. Ich habe durch die Darstellung dieser Entwickelung versucht, anschaulich zu machen, daß diese Empfindung eine innerlich berechtigte ist.

Von vornherein wird sich bei manchem gegen diese Empfindung etwas hemmend aufdrängen, das den *Schein* einer Tatsache an sich trägt. Die philosophische Betrachtung soll eine Lebensnotwendigkeit sein: und doch gibt das menschliche Denken im Laufe seiner Entwickelung nicht eindeutige, sondern vieldeutige, scheinbar sich ganz widersprechende Lösungen der «Rätsel der Philosophie». Geschichtliche Betrachtungen, welche die sich aufdrängenden Widersprüche durch eine äußerliche Entwickelungsvorstellung begreiflich machen möchten, gibt es viele. Sie überzeugen nicht. Man muß die Entwickelung selbst viel ernster nehmen, als dies gewöhnlich der Fall ist, wenn man sich auf diesem Felde zurechtfinden will. Man muß zu der Einsicht kommen, daß es keinen Gedanken geben kann, der allumfassend die Weltenrätsel ein für allemal zu lösen imstande ist. Im menschlichen Denken ist es vielmehr so, daß eine gefundene Idee bald wieder zu einem neuen Rätsel wird. Und je bedeutungsvoller die Idee ist, je mehr sie Licht wirft für ein bestimmtes Zeitalter, desto rätselhafter, desto fragwürdiger wird sie in einem folgenden Zeitalter. Wer die Geschichte der menschlichen Gedankenentwickelung von einem wahrhaften Gesichtspunkte aus betrachten will, der muß die Größe der Idee eines Zeitalters bewundern können und imstande sein, die gleiche Begeisterung dafür aufzubringen, diese Idee in ihrer Unvollkommenheit in einem folgenden Zeitalter sich offenbaren zu sehen. Er muß auch imstande sein, von der Vorstellungsart, zu der er sich selbst bekennt, zu denken, daß sie in der Zukunft durch eine ganz andere abgelöst werden wird. Und dieser Gedanke darf ihn nicht beirren, die «Richtigkeit» der von ihm errungenen Anschauung voll anzuerkennen. Die Gesinnung, welche vorangegangene Gedanken als unvollkommene durch die in der Gegenwart zutage tretenden «vollkommenen» abgetan wähnt, taugt nicht zum Verstehen der philosophischen Entwickelung der Menschheit. Ich habe versucht, durch das Erfassen des *Sinnes*, den es hat, daß ein folgendes Zeitalter philosophisch das vorangehende widerlegt, den Gang der menschlichen Gedankenentwickelung zu begreifen. Welche Ideen ein solches Erfassen zeitigt, habe ich in den einleitenden Ausführungen «Zur Orientierung über die Leitlinien der Darstellung» ausgesprochen. Diese Ideen sind solche, die naturgemäß auf mannigfaltigen Widerstand stoßen müssen. Sie werden bei einer ersten Betrachtung so erscheinen, als ob ich sie als «Einfall» erlebt hätte und durch sie die ganze Darstellung der Philosophiegeschichte in phantastischer Art vergewaltigen wollte. Ich kann nur hoffen, daß man doch finden werde, diese Ideen seien nicht vorher ausgedacht und dann der Betrachtung des philosophischen Werdegangs aufgedrängt, sondern sie seien so gewonnen, wie der Naturforscher seine Gesetze findet. Sie sind aus der *Beobachtung* der philosophischen Gedankenentwickelung herausgeflossen. Und man hat nicht das Recht, die Ergebnisse einer Beobachtung zurückzuweisen, weil sie Vorstellungen widersprechen, die man aus irgendwelchen Gedankenneigungen ohne Beobachtung für richtig hält. Der Aberglaube - denn als solcher zeigen sich solche Vorstellungen -, daß es im geschichtlichen Werden der Menschheit Kräfte *nicht* geben könne, die sich in zu begrenzenden Zeitaltern auf eine eigentümliche Art offenbaren und die in sinn- und gesetzgemäßer Weise das Werden der menschlichen Gedanken lebensvoll beherrschen, er wird meiner Darstellung entgegenstehen. Denn diese war mir aufgezwungen, weil mir die Beobachtung dieses Werdens das Vorhandensein solcher Kräfte bewiesen hat. Und weil diese Beobachtung mir gezeigt hat, daß Philosophiegeschichte erst dann eine Wissenschaft wird, wenn sie vor der Anerkennung solcher Kräfte nicht zurückschreckt.

Mir scheint, daß nur möglich ist, in der *Gegenwart* eine Stellung zu den «Rätseln der Philosophie» zu gewinnen, die für das Leben fruchtbar ist, wenn man diese die vergangenen Zeitalter beherrschenden Kräfte kennt. Und mehr als bei einem anderen Zweige geschichtlicher Betrachtung ist es bei einer Geschichte der Gedanken das einzig Mögliche, die Gegenwart aus der Vergangenheit hervorwachsen zu lassen. Denn in dem Ergreifen derjenigen Ideen, die den Anforderungen der Gegenwart entsprechen, liegt die Grundlage für diejenige Einsicht, die über das Vergangene das rechte Licht ausbreitet. Wer nicht vermag, einen den Triebkräften seines eigenen Zeitalters wahrhaft angemessenen Weltanschauungsgesichtspunkt zu gewinnen, dem muß auch der Sinn des vergangenen Geisteslebens verborgen bleiben. Ich will hier nicht entscheiden, ob auf einem anderen Gebiete geschichtlicher Betrachtung eine Darstellung fruchtbar sein kann, der nicht wenigstens eine *Ansicht* über die Verhältnisse der Gegenwart auf dem entsprechenden Gebiete zugrunde liegt. Auf dem Felde der Gedankengeschichte kann aber eine solche Darstellung nur unfruchtbar sein. Denn hier muß das Betrachtete unbedingt mit dem unmittelbaren Leben zusammenhängen. Und dieses Leben, in dem der Gedanke *Lebenspraxis* wird, kann nur dasjenige der Gegenwart sein.

Damit möchte ich die Empfindungen gekennzeichnet haben, aus denen heraus diese Darstellung der «Rätsel der Philosophie» erwachsen ist. An dem Inhalte des Buches etwas zu ändern oder ihm etwas hinzuzufügen, dazu gibt der kurze Zeitraum seit dem Erscheinen der letzten Auflage keine Veranlassung.

Mai 1918

Rudolf Steiner

VORREDE 1914

Es war nicht meine Empfindung, ein «Gelegenheitsbuch» zum Anfange des Jahrhunderts zu schreiben, als ich an die Darstellung der «Welt- und Lebensanschauungen im neunzehnten Jahrhundert» ging, die 1901 erschienen ist. Die Einladung, diesen Beitrag zu einem Sammelwerke zu liefern, bildete für mich nur den äußeren Anstoß, Ergebnisse über die philosophische Entwickelung seit Kants Zeitalter zusammenzufassen, die ich seit lange für mich gewonnen hatte und deren Veröffentlichung ich anstrebte. Als eine Neuauflage des Buches notwendig geworden war, und ich mir seinen Inhalt wieder vor die Seele treten ließ, drängte sich mir die Erkenntnis auf, daß durch eine wesentliche Erweiterung der damals gegebenen Darstellung erst völlig anschaulich werden kann, was durch sie hätte angestrebt werden sollen. Ich beschränkte mich damals auf die Charakteristik der letzten hundertdreißig Jahre philosophischer Entwickelung. Eine solche Beschränkung ist gerechtfertigt, weil diese Entwickelung wirklich ein in sich geschlossenes Ganzes darstellt und gezeichnet werden könnte, auch wenn man nicht ein «Jahrhundert-Buch» schreibt. In meiner Seele aber lebten die philosophischen Anschauungen dieses letzten Zeitalters so, daß mir überall wie Untertöne bei Darstellung der philosophischen Fragen die Lösungsversuche der Weltansichtsentwickelung seit deren Beginn mitklangen. Diese Empfindung stellte sich in einem erhöhten Maße ein, als ich an die Bearbeitung einer neuen Auflage herantrat. Und damit ist der Grund angedeutet, warum nicht eigentlich eine neue Auflage des alten, sondern ein neues Buch entstanden ist. Zwar ist der Inhalt des alten Buches im wesentlichen wörtlich beibehalten worden; doch ist ihm vorangestellt worden eine kurze Darstellung der philosophischen Entwickelung seit dem sechsten vorchristlichen Jahrhundert, und im zweiten Bande wird die Charakteristik der Philosophien bis zur Gegenwart fortgeführt werden. Außerdem werden die kurzen Bemerkungen am Schlusse des zweiten Bandes, die früher mit dem Worte «Ausblick» überschrieben waren, zu einer ausführlichen Darstellung der Aussichten der philosophischen Erkenntnis in der Gegenwart umgestaltet. Man wird gegen die Komposition des Buches manches einwenden können, weil der Umfang der früheren Ausführungen nicht verkürzt worden, dagegen die Charakteristik der Philosophien vom sechsten vorchristlichen bis zum neunzehnten nachchristlichen Jahrhundert nur im kürzesten Umriß dargestellt worden ist. Da jedoch mein Ziel *nicht nur* das ist, einen kurzen Abriß der Geschichte der philosophischen Fragen zu geben, sondern über diese Fragen und ihre Lösungsversuche selbst durch ihre geschichtliche Betrachtung zu sprechen, so hielt ich es für richtig, die größere Ausführlichkeit für das letzte Zeitalter beizubehalten. So wie diese Fragen von den Philosophen des neunzehnten Jahrhunderts angesehen und dargestellt worden sind, liegt den gewohnten Denkrichtungen und den philosophischen Bedürfnissen der Gegenwart noch nahe. Was vorangegangen ist, bedeutet dem gegenwärtigen Seelenleben nur insofern ein gleiches, als es Licht verbreitet über die letzte Zeitspanne. - Demselben Bestreben, an der Geschichte der Philosophien die Philosophie selber zu entwickeln, entsprangen die «Ausblicke» am Ende des zweiten Bandes.

Man wird in diesem Buche manches vermissen, was man vielleicht in einer «Geschichte der Philosophie» suchen könnte, zum Beispiel die Ansichten Hobbes und vieler anderer. Mir kam es aber nicht an auf eine Anführung aller philosophischen Meinungen, sondern auf die Darstellung des Entwickelungsganges der philosophischen Fragen. Bei einer solchen Darstellung ist es unangebracht, eine geschichtlich auftretende philosophische Meinung zu verzeichnen, wenn das Wesentliche dieser Meinung in einem anderen Zusammenhange charakterisiert wird.

Wer auch in diesem Buche einen neuen Beweis wird erkennen wollen, daß ich meine eigenen Anschauungen im Laufe der Jahre «geändert» habe, den werde ich wohl von einer solchen «Meinung» auch nicht durch den Hinweis abbringen können, daß die Darstellung der philosophischen Ansichten, welche ich in der ersten Auflage der «Welt- und Lebensanschauungen» gegeben habe, zwar im einzelnen viel *erweitert* und *ergänzt*, daß aber der Inhalt des alten Buches in das neue im wesentlichen wörtlich *unverändert* übergegangen ist. Die geringfügigen Änderungen, die an einzelnen Stellen vorkommen, schienen mir notwendig, nicht weil ich das Bedürfnis hatte, das eine oder das andere nach fünfzehn Jahren anders darzustellen als früher, sondern weil ich fand, daß eine geänderte Ausdrucksweise durch den größeren Zusammenhang gefordert wird, in dem dieser oder jener Gedanke in dem neuen Buche erscheint, während im alten Buche von einem solchen Zusammenhange nicht die Rede war. - Es wird aber sicherlich immer Menschen geben, die in den aufeinanderfolgenden Schriften einer Persönlichkeit gerne Widersprüche konstruieren möchten, weil sie die gewiß nicht unzulässige *Erweiterung* des Erkenntnisstrebens einer solchen Persönlichkeit nicht richtig ins Auge fassen können oder wollen. Daß man bei solcher Erweiterung in späteren Jahren manches anders als in früheren sagt, bedeutet sicher keinen Widerspruch, wenn man die Übereinstimmung des einen mit dem anderen nicht im Sinne des Abschreibens des Späteren vom Früheren, sondern im Sinne der lebendigen Entwickelung einer Persönlichkeit meint. Um bei Menschen, die dies außer acht lassen können, nicht der Änderung seiner Ansichten geziehen zu werden, müßte man eigentlich, wenn Gedanken in Betracht kommen, immer das gleiche wiederholen.

April 1914

Rudolf Steiner

ERSTER BAND

ZUR ORIENTIERUNG
ÜBER DIE LEITLINIEN DER DARSTELLUNG

Verfolgt man, was von Menschen an Geistesarbeit geleistet worden ist, um die Lösung der Welträtsel und Lebensfragen zu versuchen, so drängen sich der betrachtenden Seele immer wieder die Worte auf, die im Tempel Apollons wie ein Wahrspruch aufgezeichnet waren: «*Erkenne dich selbst*». - Daß die menschliche Seele beim Vorstellen dieser Worte eine gewisse Wirkung empfinden kann, darauf beruht das Verständnis für eine Weltanschauung. Das Wesen eines lebendigen Organismus führt die Notwendigkeit mit sich, Hunger zu empfinden; das Wesen der Menschenseele auf einer gewissen Stufe ihrer Entwickelung erzeugt eine ähnliche Notwendigkeit. Diese drückt sich in dem Bedürfnisse aus, dem Leben ein geistiges Gut abzugewinnen, das wie die Nahrung dem Hunger, so der inneren Gemütsforderung entspricht: «Erkenne dich selbst». Diese Empfindung kann die Seele so mächtig ergreifen, daß diese denken muß: Ich bin in wahrem Sinne des Wortes erst dann *ganz Mensch*, wenn ich in mir ein Verhältnis zur Welt ausbilde, das in dem «Erkenne dich selbst» seinen Grundcharakter hat. Die Seele kann so weit kommen, diese Empfindung wie ein *Aufwachen* aus dem Lebenstraume anzusehen, den sie vor dem Erlebnis geträumt hat, das sie mit dieser Empfindung durchmacht.

Der Mensch entwickelt sich in der ersten Zeit seines Lebens so, daß in ihm die Kraft des Gedächtnisses erstarkt, durch die er im späteren Leben sich zurückerinnert an seine Erfahrungen bis zu einem gewissen Zeitpunkte der Kindheit. Was *vor* diesem Zeitpunkte liegt, empfindet er als Lebenstraum, aus dem er erwacht ist. Die Menschenseele wäre nicht, was sie sein soll, wenn aus dem dumpfen Kindeserleben nicht diese Erinnerungskraft herauswüchse. In ähnlicher Art kann die Menschenseele auf einer weiteren Daseinsstufe von dem Erlebnisse mit dem «Erkenne dich selbst» denken. Sie kann empfinden, daß alles Seelenleben nicht seinen Anlagen entspricht, das nicht durch dieses Erlebnis aus dem Lebenstraum erwacht.

Philosophen haben oft betont, daß sie in Verlegenheit kommen, wenn sie sagen sollen, was Philosophie im wahren Sinne des Wortes ist. Gewiß aber ist, daß man in ihr eine besondere Form sehen muß, demjenigen menschlichen Seelenbedürfnisse Befriedigung zu geben, das in dem «Erkenne dich selbst» seine Forderung stellt. Und von dieser Forderung kann man wissen, wie man weiß, was Hunger ist, trotzdem man vielleicht in Verlegenheit käme, wenn man eine jedermann befriedigende Erklärung des Hungers geben sollte.

Ein Gedanke dieser Art lebte wohl in J. G. Fichtes Seele, als er aussprach, daß die Art der Philosophie, die man wähle, davon abhänge, was man für ein Mensch sei. Man kann, belebt von diesem Gedanken, an die Betrachtung der Versuche herantreten, welche im Verlaufe der Geschichte gemacht worden sind, den Rätseln der Philosophie Lösungen zu finden. Man wird in diesen Versuchen dann Offenbarungen der menschlichen Wesenheit selbst finden. Denn, obgleich der Mensch seine persönlichen Interessen völlig zum Schweigen zu bringen sucht, wenn er als Philosoph sprechen will, so erscheint doch in einer Philosophie ganz unmittelbar dasjenige, was die *menschliche Persönlichkeit* durch Entfaltung ihrer ureigensten Kräfte aus sich machen kann.

Von diesem Gesichtspunkte aus kann die Betrachtung

der philosophischen Leistungen über die Welträtsel gewisse Erwartungen erregen. Man kann hoffen, daß sich aus dieser Betrachtung Ergebnisse gewinnen lassen über den Charakter der menschlichen Seelenentwickelung. Und der Schreiber dieses Buches glaubt, daß sich ihm beim Durchwandern der philosophischen Anschauungen des Abendlandes solche Ergebnisse dargeboten haben. Vier deutlich zu unterscheidende Epochen in der Entwickelung des philosophischen Menschheitsstrebens stellten sich ihm dar. Er mußte die Unterschiede dieser Epochen so charakteristisch ausgedrückt finden, wie man die Unterschiede der Arten eines Naturreiches findet. Das brachte ihn dazu, anzuerkennen, daß die Geschichte der philosophischen Entwickelung der Menschheit den Beweis erbringe für das Vorhandensein objektiver - von den Menschen ganz unabhängiger - geistiger Impulse, welche sich im Zeitenlaufe fortentwickeln. Und was die Menschen als Philosophen leisten, das erscheint als die Offenbarung der Entwickelung dieser Impulse, welche unter der Oberfläche der äußerlichen Geschichte walten. Es drängt sich die Überzeugung auf, daß ein solches Ergebnis aus der *unbefangenen* Betrachtung der geschichtlichen Tatsachen folge, wie ein Naturgesetz aus der Betrachtung der Naturtatsachen. Der Schreiber dieses Buches glaubt, daß ihn keine Art von Voreingenommenheit zu einer willkürlichen Konstruktion des geschichtlichen Werdens verführt habe, sondern daß die Tatsachen *zwingen*, Ergebnisse der angedeuteten Art anzuerkennen.

Es zeigt sich, daß der Entwickelungslauf des philosophischen Menschheitsstrebens Epochen unterscheiden läßt, deren jede eine Länge von sieben bis acht Jahrhunderten hat. In jeder dieser Epochen waltet unter der Oberfläche der äußeren Geschichte ein anderer geistiger Impuls, der gewissermaßen in die menschlichen Persönlichkeiten einstrahlt, und der mit seiner eigenen Fortentwickelung diejenige des menschlichen Philosophierens bewirkt.

Wie die Tatsachen für die Unterscheidung dieser Epochen sprechen, das soll sich aus dem vorliegenden Buche ergeben. Dessen Verfasser möchte, so gut er es kann, diese Tatsachen selbst sprechen lassen. Hier sollen nur einige Leitlinien vorangesetzt werden, von denen die Betrachtung *nicht ausgegangen ist,* welche zu diesem Buche geführt hat, sondern welche sich aus dieser Betrachtung *als Ergebnis eingestellt haben.*

Man kann die Ansicht haben, daß diese Leitlinien am Ende des Buches am richtigen Orte stünden, da ihre Wahrheit sich erst aus dem Inhalt des Dargestellten ergibt. Sie sollen aber als eine *vorläufige Mitteilung* vorangehen, weil sie die innere Gliederung der Darstellung rechtfertigen. Denn obgleich sie für den Verfasser des Buches als *Ergebnis* seiner Betrachtungen sich ergaben, so standen sie doch naturgemäß vor seinem Geiste *vor* der Darstellung und waren für diese maßgebend. Für den Leser kann es aber bedeutsam sein, nicht erst am Ende eines Buches zu erfahren, *warum* der Verfasser in einer gewissen Art darstellt, sondern schon während des Lesens über diese Art aus den Gesichtspunkten des Darstellenden sich ein Urteil bilden zu können. Doch soll nur dasjenige hier mitgeteilt werden, was für die innere Gliederung der Ausführungen in Betracht kommt.

Die erste Epoche der Entwickelung philosophischer Ansichten beginnt im griechischen Altertum. Sie läßt sich deutlich geschichtlich zurückverfolgen bis zu Pherekydes von Syros und Thales von Milet. Sie endet mit den Zeiten, in welche die Begründung des Christentums fällt. Das geistige Streben der Menschheit zeigt in dieser Epoche einen wesentlich anderen Charakter als in früheren Zeiten. Es ist die Epoche des erwachenden Gedankenlebens. Vorher lebt die Menschenseele in bildlichen (sinnbildlichen) Vorstellungen über die Welt und das Dasein. - Wie stark man sich auch bemühen möchte, denjenigen recht zu geben, welche das philosophische Gedankenleben schon in vorgriechischen Zeiten entwickelt sehen möchten: man kann es bei unbefangener Betrachtung nicht. Und man muß die echte, in Gedankenform auftretende Philosophie in Griechenland beginnen lassen. Was in orientalischen, in ägyptischen Weltbetrachtungen dem Elemente des Gedankens ähnlich ist, das ist vor echter Betrachtung doch nicht wahrer Gedanke, sondern Bild, Sinnbild. In Griechenland wird das Streben geboren, die Weltzusammenhänge durch dasjenige zu erkennen, was man gegenwärtig *Gedanken* nennen kann. - Solange die Menschenseele durch das Bild die Welterscheinungen vorstellt, fühlt sie sich mit diesen noch innig verbunden. Sie empfindet sich als ein Glied des Weltorganismus; sie denkt sich nicht als selbständige Wesenheit von diesem Organismus losgetrennt. Da der Gedanke in seiner Bildlosigkeit in ihr erwacht, fühlt sie die Trennung von Welt und Seele. Der Gedanke wird ihr Erzieher zur Selbständigkeit. - Nun aber erlebt der Grieche den Gedanken in einer anderen Art als der gegenwärtige Mensch. Dies ist eine Tatsache, die leicht außer acht gelassen werden kann. Doch ergibt sie sich für eine echte Einsicht in das griechische Denken. Der Grieche empfindet den Gedanken, wie man gegenwärtig eine Wahrnehmung empfindet, wie man «rot» oder «gelb» empfindet. Wie man jetzt eine Farben- oder eine Tonwahrnehmung einem «Dinge» zuschreibt, so schaut der Grieche den Gedanken *in und an* der Welt der Dinge. Deshalb bleibt der Gedanke in dieser Zeit noch das Band, das die Seele mit der Welt verbindet. Die Loslösung der Seele von der Welt beginnt erst; sie ist noch nicht vollzogen. Die Seele erlebt zwar den Gedanken in sich; sie muß aber der Ansicht sein, daß sie ihn aus der Welt empfangen hat, daher kann sie von dem Gedankenerleben die Enthüllung der Welträtsel erwarten. In solchem Gedankenerleben vollzieht sich die philosophische Entwickelung, die mit Pherekydes und Thales einsetzt, in Plato und Aristoteles einen Höhepunkt erreicht, und dann abflutet, bis sie in der Zeit der Begründung des Christentums ihr Ende findet. Aus den Untergründen der geistigen Entwickelung flutet das Gedankenleben in die Menschenseelen herein und erzeugt in diesen Seelen Philosophien, welche die Seelen zum Erfühlen ihrer Selbständigkeit gegenüber der äußeren Welt erziehen.

In der Zeit des entstehenden Christentums setzt eine neue Epoche ein. Die Menschenseele kann nun nicht mehr den Gedanken wie eine Wahrnehmung aus der äußeren Welt empfinden. Sie fühlt ihn als Erzeugnis ihres eigenen (inneren) Wesens. Ein viel mächtigerer Impuls, als das Gedankenleben war, strahlt aus den Untergründen des geistigen Werdens in die Seele herein. Das Selbstbewußtsein erwacht erst jetzt in einer Art innerhalb der Menschheit, welche dem eigentlichen Wesen dieses Selbstbewußtseins entspricht. Was Menschen vorher erlebten, waren doch nur die Vorboten dessen, was man im tiefsten Sinne innerlich erlebtes Selbstbewußtsein nennen sollte. Man kann sich der Hoffnung hingeben, daß eine künftige Betrachtung der Geistesentwickelung die hier gemeinte

Zeit diejenige des «Erwachens des Selbstbewußtseins» nennen wird. Es wird erst jetzt der Mensch im wahren Sinne des Wortes den ganzen Umfang seines Seelenlebens als «Ich» gewahr. Das ganze Gewicht dieser Tatsache wird von den philosophischen Geistern dieser Zeit mehr dunkel empfunden als deutlich gewußt. Diesen Charakter behält das philosophische Streben bis etwa zu Scotus Erigena (gest. 877 n. Chr.). Die Philosophen dieser Zeit tauchen mit dem philosophischen Denken ganz in das religiöse Vorstellen unter. Durch dieses Vorstellen sucht die Menschenseele, die sich im erwachten Selbstbewußtsein ganz auf sich gestellt sieht, das Bewußtsein ihrer Eingliederung in das Leben des Weltorganismus zu gewinnen. Der Gedanke wird ein bloßes Mittel, um die Anschauung auszudrücken, die man aus religiösen Quellen über das Verhältnis der Menschenseele zur Welt gewonnen hat. Eingebettet in diese Anschauung wächst das Gedankenleben, vom religiösen Vorstellen genährt, wie der Pflanzenkeim im Schoß der Erde, bis er aus diesem hervorbricht. In der griechischen Philosophie entfaltet das Gedankenleben seine Eigenkräfte; es führt die Menschenseele bis zum Erfühlen ihrer Selbständigkeit; dann bricht aus den Untergründen des Geisteslebens in die Menschheit herein, was wesentlich anderer Art ist als das Gedankenleben. Was die Seele erfüllt mit neuem inneren Erleben, was sie gewahr werden läßt, daß sie eine eigene, auf ihrem inneren Schwerpunkt ruhende Welt ist. Das Selbstbewußtsein wird zunächst *erlebt, noch nicht gedanklich erfaßt.* Der Gedanke entwickelt sich weiter im Verborgenen in der Wärme des religiösen Bewußtseins. So verlaufen die ersten sieben bis acht Jahrhunderte nach der Begründung des Christentums.

Die nächste Epoche zeigt einen völlig anderen Charakter. Die führenden Philosophen fühlen die Kraft des Gedankenlebens wieder erwachen. Die Menschenseele hat die durch Jahrhunderte durchlebte Selbständigkeit innerlich befestigt. Sie beginnt zu suchen: was denn eigentlich ihr ureigenster Besitz ist. Sie findet, daß dies das Gedankenleben ist. Alles andere wird ihr von außen gegeben; den Gedanken erzeugt sie aus den Untergründen ihrer eigenen Wesenheit heraus, so daß sie bei diesem Erzeugen mit vollem Bewußtsein dabei ist. Der Trieb entsteht in ihr, in den Gedanken eine Erkenntnis zu gewinnen, durch die sie sich über ihr Verhältnis zur Welt aufklären kann. Wie kann in dem Gedankenleben sich etwas aussprechen, was nicht bloß von der Seele erdacht ist? Das wird die Frage der Philosophen dieses Zeitalters. Die Geistesströmungen des Nominalismus, des Realismus, der Scholastik, der mittelalterlichen Mystik: sie offenbaren diesen Grundcharakter der Philosophie dieses Zeitalters. Die Menschenseele versucht, das Gedankenleben auf seinen Wirklichkeitscharakter hin zu prüfen.

Mit dem Ablauf dieser dritten Epoche ändert sich der Charakter des philosophischen Strebens. Das Selbstbewußtsein der Seele ist erstarkt durch die jahrhundertelange innere Arbeit, die in der Prüfung der Wirklichkeit des Gedankenlebens geleistet worden ist. Man hat gelernt, das Gedankenleben mit dem Wesen der Seele verbunden zu fühlen und in dieser Verbindung eine innere Sicherheit des Daseins zu empfinden. Wie ein mächtiger Stern leuchtet am Geisteshimmel als Wahrzeichen für diese Entwickelungsstufe das Wort «Ich denke, also bin ich», das Descartes (1596—1650) ausspricht. Man fühlt das Wesen der Seele in dem Gedankenleben strömen; und in dem Wissen von diesem Strömen vermeint man das wahre Sein der

Seele selbst zu erleben. So sicher fühlt man sich innerhalb dieses im Gedankenleben erschauten Daseins, daß man zu der Überzeugung kommt, wahre Erkenntnis könne nur diejenige sein, die so erlebt wird, wie in der Seele das auf sich selbst gebaute Gedankenleben erfahren werden muß. Dies wird der Gesichtspunkt Spinozas (1632—1677). - Philosophien entstehen nunmehr, welche das Weltbild so gestalten, wie es vorgestellt werden muß, wenn die durch das Gedankenleben erfaßte *selbstbewußte* Menschenseele in ihm den angemessenen Platz haben soll. Wie muß die Welt vorgestellt werden, damit in ihr die Menschenseele so gedacht werden kann, wie sie gedacht werden muß im Sinne dessen, was man über das Selbstbewußtsein vorzustellen hat? Das wird die Frage, welche bei unbefangener Betrachtung der Philosophie Giordano Brunos (1548 bis 1600) zugrunde liegt; und die ganz deutlich sich als diejenige ergibt, für welche Leibniz (1646—1716) die Antwort sucht.

Mit Vorstellungen eines Weltbildes, die aus solcher Frage entstehen, beginnt die vierte Epoche der Entwickelung der philosophischen Weltansichten. Unsere Gegenwart bildet erst ungefähr die Mitte dieses Zeitalters. Die Ausführungen dieses Buches sollen zeigen, wie weit die philosophische Erkenntnis im Erfassen eines Weltbildes gelangt ist, innerhalb dessen die selbstbewußte Seele für sich einen solch sicheren Platz findet, daß sie ihren Sinn und ihre Bedeutung im Dasein verstehen kann. Als in der ersten Epoche des philosophischen Strebens dieses aus dem erwachten Gedankenleben seine Kräfte empfing, da erstand ihm die Hoffnung, eine Erkenntnis zu gewinnen von einer Welt, der die Menschenseele mit ihrer wahren Wesenheit angehört; mit derjenigen Wesenheit, die nicht erschöpft ist mit dem Leben, das durch den Sinnenleib seine Offenbarung findet.

In der vierten Epoche setzen die aufblühenden Naturwissenschaften dem philosophischen Weltbild ein Naturbild an die Seite, das allmählich sich selbständig auf einen eigenen Boden stellt. In diesem Naturbilde findet sich mit fortschreitender Entwickelung nichts mehr von der Welt, welche das selbstbewußte Ich (die sich als selbstbewußte Wesenheit erlebende Menschenseele) in sich anerkennen muß. In der ersten Epoche beginnt die Menschenseele sich von der Außenwelt loszulösen und eine Erkenntnis zu entwickeln, welche sich dem seelischen Eigenleben zuwendet. Dieses seelische Eigenleben findet seine Kraft in dem erwachenden Gedankenelemente. In der vierten Epoche tritt ein Naturbild auf, das sich seinerseits von dem seelischen Eigenleben losgelöst hat. Es entsteht das Bestreben, die Natur so vorzustellen, daß in die Vorstellungen von ihr sich nichts von dem einmischt, was die Seele aus sich und nicht aus der Natur selbst schöpft. So findet sich in dieser Epoche die Seele mit ihrem inneren Erleben auf sich selbst zurückgewiesen. Es droht ihr, sich eingestehen zu müssen, daß alles, was sie von sich erkennen kann, auch nur für sie selbst eine Bedeutung habe und keinen Hinweis enthielte auf eine Welt, in der sie mit ihrem wahren Wesen wurzelt. Denn in dem Naturbilde kann sie von sich selbst nichts finden.

Die Entwickelung des Gedankenlebens ist durch vier Epochen fortgeschritten. In der ersten wirkt der Gedanke wie eine Wahrnehmung von außen. Er stellt die erkennende Menschenseele auf sich selbst. In der zweiten hat er seine Kraft nach dieser Richtung erschöpft. Die Seele erstarkt in dem Selbsterleben ihres Eigenwesens; der Gedanke lebt im Untergrunde und verschmilzt mit der Selbsterkenntnis. Er kann nun nicht mehr wie eine Wahrnehmung von außen angesehen werden. Die Seele lernt ihn fühlen als ihr eigenes Erzeugnis. Sie muß dazu kommen, sich zu fragen: was hat dieses innere Seelenerzeugnis mit einer Außenwelt zu tun? Im Lichte dieser Frage läuft die dritte Epoche ab. Die Philosophen entwickeln ein Erkenntnisleben, das den Gedanken in bezug auf seine innere Kraft erprobt. Die philosophische Stärke dieser Epoche offenbart sich als ein Einleben in das Gedankenelement, als Kraft, den Gedanken in seinem eigenen Wesen durchzuarbeiten. Im Verlauf dieser Epoche nimmt das philosophische Leben zu in der Fähigkeit, sich des Gedankens zu bedienen. - Im Beginne der vierten Epoche will das erkennende Selbstbewußtsein, von seinem Gedankenbesitze aus, ein philosophisches Weltbild gestalten. Ihm tritt das Naturbild entgegen, das von diesem Selbstbewußtsein nichts aufnehmen will. Und die selbstbewußte Seele steht vor diesem Naturbilde mit der Empfindung: wie gelange ich zu einem Weltbilde, in dem die Innenwelt mit ihrer wahren Wesenheit und die Natur zugleich sicher verankert sind? Der Impuls, der aus dieser Frage stammt, beherrscht - den Philosophen mehr oder weniger bewußt - die philosophische Entwickelung seit dem Beginn der vierten Epoche. Und er ist der maßgebende Impuls im philosophischen Leben der Gegenwart. In diesem Buche sollen die einzelnen Tatsachen charakterisiert werden, welche das Walten dieses Impulses offenbaren. Der erste Band des Buches wird die philosophische Entwickelung bis zur Mitte des neunzehntes Jahrhunderts darstellen; der zweite wird diese Entwickelung bis zur Gegenwart verfolgen und am Schlusse zeigen, wie die bisherige philosophische Entwickelung die Seele auf Ausblicke in ein werdendes menschliches Erkenntnisleben hinweist, durch welches die Seele ein Weltbild aus ihrem Selbstbewußtsein entfalten kann, in dem ihre eigene wahre Wesenheit zugleich mit dem Bilde der Natur, das die neuere Entwickelung gebracht hat, vorgestellt werden kann.

Ein der Gegenwart entsprechender philosophischer Ausblick sollte in diesem Buche aus der geschichtlichen Entwickelung der philosophischen Weltansichten heraus entfaltet werden.

DIE WELTANSCHAUUNG DER GRIECHISCHEN DENKER

In *Pherekydes* von Syros, der im sechsten vorchristlichen Jahrhundert lebte, erscheint innerhalb des griechischen Geisteslebens eine Persönlichkeit, an welcher man die Geburt dessen beobachten kann, was in den folgenden Ausführungen «Welt- und Lebensanschauungen» genannt wird. Was er über die Weltenfragen zu sagen hat, gleicht auf der einen Seite noch den mythischen und bildhaften Darstellungen einer Zeit, die vor dem Streben nach wissenschaftlicher Weltanschauung liegt; auf der anderen Seite ringt sich bei ihm das Vorstellen durch das Bild, durch den Mythus, zu einer Betrachtung durch, die durch *Gedanken* die Rätsel des Daseins und der Stellung des Menschen in der Welt durchdringen will. Er stellt noch die Erde vor unter dem Bilde einer geflügelten Eiche, welcher Zeus die Oberfläche von Land, Meer, Flüssen usw. wie ein Gewebe umlegt; er denkt sich die Welt durchwirkt von Geistwesen, von welchen die griechische Mythologie spricht. - Doch spricht er auch von *drei* Ursprüngen der Welt: von Chronos, von Zeus und von Chthon.

Es ist in der Geschichte der Philosophie viel darüber verhandelt worden, was unter diesen drei Ursprüngen des Pherekydes zu verstehen sei. Da sich die geschichtlichen Nachrichten über das, was er in seinem Werke «Heptamychos» habe darstellen wollen, widersprechen, so ist begreiflich, daß darüber auch gegenwärtig die Meinungen voneinander abweichen. Wer sich auf das geschichtlich über Pherekydes Überlieferte betrachtend einläßt, kann den Eindruck bekommen, daß allerdings an ihm der Anfang des philosophischen Nachdenkens beobachtet werden kann, daß aber diese Beobachtung schwierig ist, weil seine Worte in einem Sinne genommen werden müssen, welcher den Denkgewohnheiten der Gegenwart ferne liegt und der erst gesucht werden muß.

Den Ausführungen dieses Buches, das ein Bild der Welt- und Lebensanschauungen des neunzehnten Jahrhunderts geben soll, wird bei seiner zweiten Ausgabe eine kurze Darstellung der vorangehenden Welt- und Lebensanschauungen vorgesetzt, insofern diese Weltanschauungen auf *gedanklicher* Erfassung der Welt beruhen. Es geschieht dies aus dem Gefühle heraus, daß die Ideen des vorigen Jahrhunderts in ihrer inneren Bedeutung sich besser enthüllen, wenn sie nicht nur für sich genommen werden, sondern wenn auf sie die Gedankenlichter der vorangehenden Zeiten fallen. Naturgemäß kann aber in einer solchen «Einleitung» nicht alles «Beweismaterial» verzeichnet werden, das der kurzen Skizze zur Unterlage dienen muß. (Wenn es dem Schreiber dieser Ausführungen einmal gegönnt sein wird, die Skizze zu einem selbständigen Buche zu machen, dann wird man ersehen, daß die entsprechende «Unterlage» durchaus vorhanden ist. Auch zweifelt der Verfasser nicht, daß andere, welche in dieser Skizze eine Anregung sehen wollen, in dem geschichtlich Überlieferten die «Beweise» finden werden.)

Pherekydes kommt zu seinem Weltbilde auf andere Art, als man vor ihm zu einem solchen gekommen ist. Das Bedeutungsvolle bei ihm ist, daß er den Menschen als *beseeltes* Wesen anders empfindet, als dies vor ihm geschehen ist. Für das frühere Weltbild hat der Ausdruck «Seele» noch nicht den Sinn, welchen er für die späteren Lebensauffassungen erhalten hat. Auch bei Pherekydes ist die Idee der Seele noch nicht in der Art vorhanden wie bei den ihm folgenden Denkern. Er *empfindet* erst das Seelische des Menschen, wogegen die Späteren von ihm deutlich - in Gedanken - sprechen und es charakterisieren wollen. - Die Menschen früher Zeiten trennen das eigene menschliche Seelen-Erleben noch nicht von dem Naturleben ab. Sie stellen sich nicht als ein besonderes Wesen neben die Natur hin; sie erleben *sich* in der Natur, wie sie in derselben Blitz und Donner, das Treiben der Wolken, den Gang der Sterne, das Wachsen der Pflanzen erleben. Was die Hand am eigenen Leibe bewegt, was den Fuß auf die Erde setzt und vorschreiten läßt, gehört für den vorgeschichtlichen Menschen einer Region von Weltenkräften an, die auch den Blitz und das Wolkentreiben, die alles äußere Geschehen bewirken. Was dieser Mensch empfindet, läßt sich etwa so aussprechen: Etwas läßt blitzen, donnern, regnen, bewegt meine Hand, läßt meinen Fuß vorwärts schreiten, bewegt die Atemluft in mir, wendet meinen Kopf. - Man muß, wenn man eine derartige Erkenntnis ausspricht, sich solcher Worte bedienen, welche auf den ersten Eindruck hin übertrieben scheinen können. Doch wird *nur* durch das scheinbar übertrieben klingende Wort die richtige Tatsache voll empfunden werden können. Ein Mensch, welcher ein Weltbild hat, wie es hier gemeint ist, empfindet in dem Regen, der zur Erde fällt, eine Kraft wirkend, die man gegenwärtig «geistig» nennen muß, und die gleichartig ist mit derjenigen, die er empfindet, wenn er sich zu dieser oder jener persönlichen Betätigung anschickt. Von Interesse kann es sein, diese Vorstellungsart bei Goethe, in dessen jüngeren Jahren, wiederzufinden, naturgemäß in jener Schattierung, welche sie bei einer Persönlichkeit des achtzehnten Jahrhunderts haben muß. Man kann in Goethes Aufsatz «Die Natur» lesen: «Sie (die Natur) hat mich hereingestellt, sie wird mich auch herausführen. Ich vertraue mich ihr. Sie mag mit mir schalten. Sie wird ihr Werk nicht hassen. Ich sprach nicht von ihr. Nein, was wahr ist und was falsch ist, alles hat sie gesprochen. Alles ist ihre Schuld, alles ihr Verdienst.» -

So, wie Goethe spricht, kann man nur sprechen, wenn man das eigene Wesen innerhalb des Naturganzen fühlt und man dieses Gefühl durch die *denkende Betrachtung* zum Ausdrucke bringt. Wie er *dachte, empfand* der Mensch der Vorzeit, ohne daß sich sein Seelenerlebnis zum Gedanken bildete. Er erlebte noch nicht den Gedanken; *dafür* aber gestaltete sich in seiner Seele, anstatt des Gedankens, das Bild (Sinnbild). Die Beobachtung der Menschheitsentwickelung führt in eine Zeit zurück, in welcher die gedanklichen Erlebnisse noch nicht geboren waren, in welcher aber im Innern des Menschen das Bild (Sinnbild) auflebte, wie beim später lebenden Menschen der Gedanke auflebt, wenn er die Weltenvorgänge betrachtet. Das Gedankenleben entsteht für den Menschen in einer bestimmten Zeit; es bringt das vorherige Erleben der Welt in Bildern zum Erlöschen.

Für die Denkgewohnheiten unserer Zeit erscheint es annehmbar, sich vorzustellen: in der Vorzeit haben die Menschen die Naturvorgänge, Wind und Wetter, das Keimen des Samens, den Gang der Sterne beobachtet und sich zu diesen Vorgängen geistige Wesenheiten, als die tätigen Bewirker, *hinzuerdichtet;* dagegen liegt es dem gegenwärtigen Bewußtsein ferne, anzuerkennen, daß der Mensch der Vorzeit die Bilder so erlebt hat, wie der spätere Mensch die Gedanken erlebte - als seelische Wirklichkeit.

Man wird allmählich erkennen, daß im Laufe der

Menschheitsentwickelung eine Umwandlung der menschlichen Organisation stattgefunden hat. Es gab eine Zeit, in der die feinen Organe in der menschlichen Natur noch nicht ausgebildet waren, welche ermöglichen, ein inneres abgesondertes Gedankenleben zu entwickeln; in dieser Zeit hatte dafür der Mensch die Organe, die ihm sein Mit-Erleben mit der Welt in Bildern vorstellten.

Wenn man dieses erkennen wird, wird ein neues Licht fallen auf die Bedeutung des Mythus einerseits und auch auf diejenige von Dichtung und Gedankenleben andererseits. Als das innerlich selbständige Gedanken-Erleben auftrat, brachte es das frühere Bild-Erleben zum Erlöschen. Es trat der Gedanke auf als das Werkzeug der Wahrheit. In ihm lebte aber nur ein Ast des alten Bild-Erlebens fort, das sich im Mythus seinen Ausdruck geschaffen hatte. In einem anderen Aste lebte das erloschene Bild-Erleben weiter, allerdings in abgeblaßter Gestalt, in den Schöpfungen der Phantasie, der Dichtung. - Dichterische Phantasie und gedankliche Weltanschauung sind die beiden Kinder der einen Mutter, des alten Bild-Erlebens, das man nicht mit dem dichterischen Erleben verwechseln darf.

Das Wesentliche, worauf es ankommt, ist die Umwandlung der feineren Organisation des Menschen. Diese führte das Gedankenleben herbei. In der Kunst, in der Dichtung wirkt naturgemäß *nicht* der Gedanke als solcher; es wirkt das Bild weiter. Aber es hat nunmehr ein anderes Verhältnis zur menschlichen Seele, als es es hatte in der Gestalt, in welcher es sich auch noch als Erkenntnisbild formte. *Als Gedanke* selbst tritt das seelische Erleben nur in der Weltanschauung auf; die anderen Zweige des menschlichen Lebens formen sich in anderer Art entsprechend um, wenn im Erkenntnisgebiete der Gedanke herrschend wird.

Mit dem dadurch charakterisierten Fortschritt der menschlichen Entwickelung hängt zusammen, daß sich der Mensch vom Auftreten des Gedanken-Erlebens an in ganz anderem Sinne als abgesondertes Wesen, als «Seele» fühlen mußte, als das früher der Fall war. Das «Bild» wurde so erlebt, daß man empfand: es ist in der Außenwelt als Wirklichkeit, und man erlebt diese Wirklichkeit mit, man ist mit ihr verbunden. Mit dem «Gedanken» wie auch mit dem dichterischen Bilde fühlt sich der Mensch von der Natur abgesondert; er fühlt sich im Gedanken-Erlebnis als etwas, was die Natur so nicht miterleben kann, wie er es erlebt. Es entsteht immer mehr die deutliche Empfindung des Gegensatzes von Natur und Seele.

In den verschiedenen Kulturen der Völker hat sich der Übergang von dem alten Bild-Erleben zum Gedanken-Erleben zu verschiedenen Zeitpunkten vollzogen. In Griechenland kann man diesen Übergang belauschen, wenn man den Blick auf die Persönlichkeit des Pherekydes wirft. Er lebt in einer Vorstellungswelt, an welcher das Bild-Erleben und der Gedanke noch gleichen Anteil haben. Es können seine drei Grundideen, Zeus, Chronos, Chthon, nur so vorgestellt werden, daß die Seele, indem sie sie erlebt, sich zugleich dem Geschehen der Außenwelt angehörig fühlt. Man hat es mit drei erlebten Bildern zu tun und kommt diesen nur bei, wenn man sich nicht beirren läßt von allem, was die gegenwärtigen Denkgewohnheiten dabei vorstellen möchten.

Chronos ist nicht die Zeit, wie man sie gegenwärtig vorstellt. Chronos ist ein Wesen, das man mit heutigem Sprachgebrauch «geistig» nennen kann, wenn man sich dabei bewußt ist, daß man den Sinn nicht erschöpft. Chronos lebt, und seine Tätigkeit ist das Verzehren, Verbrauchen des Lebens eines anderen Wesens, *Chthon*. In der Natur waltet Chronos, im Menschen waltet Chronos; in Natur und Mensch verbraucht Chronos Chthon. Es ist einerlei, ob man das Verzehren des Chthon durch Chronos innerlich erlebt oder äußerlich in den Naturvorgängen ansieht. Denn auf beiden Gebieten geschieht dasselbe. Verbunden mit diesen beiden Wesen ist *Zeus*, den man sich im Sinne des Pherekydes ebensowenig als Götterwesen im Sinne der gegenwärtigen Auffassung von Mythologie vorstellen darf, wie als bloßen «Raum» in heutiger Bedeutung, obwohl er das *Wesen* ist, welches das, was zwischen Chronos und Chthon vorgeht, zur räumlichen, ausgedehnten Gestaltung schafft.

Das Zusammenwirken von Chronos, Chthon, Zeus im Sinne des Pherekydes wird unmittelbar im Bilde erlebt, wie die Vorstellung erlebt wird, daß man ißt; es wird aber auch in der Außenwelt erlebt, wie die Vorstellung der blauen oder roten Farbe erlebt wird. Dies Erleben kann man in folgender Art vorstellen. Man lenke den Blick auf das *Feuer*, welches die Dinge verzehrt. In der Tätigkeit des Feuers, der Wärme, lebt sich Chronos dar. Wer das Feuer in seiner *Wirksamkeit* anschaut und noch nicht den selbständigen Gedanken, sondern das Bild wirksam hat, der schaut Chronos. Er schaut mit der *Feuerwirksamkeit* - nicht mit dem sinnlichen Feuer - zugleich die «Zeit». Eine andere Vorstellung von der Zeit gibt es vor der Geburt des Gedankens noch nicht. Was man gegenwärtig «Zeit» nennt, ist erst eine im Zeitalter der gedanklichen Weltanschauung ausgebildete Idee. - Lenkt man den Blick auf das Wasser, nicht wie es als Wasser ist, sondern wie es sich in Luft oder Dampf verwandelt, oder auf die sich auflösenden Wolken, so erlebt man im Bilde die Kraft des «Zeus», des räumlich wirksamen Verbreiterers; man könnte auch sagen: des sich «strahlig» Ausdehnenden. Und schaut man das Wasser, wie es zum Festen wird, oder das Feste, wie es sich in Flüssiges bildet, so schaut man Chthon. Chthon ist etwas, was dann später im Zeitalter der gedankenmäßigen Weltanschauungen zur «Materie», zum «Stoffe» geworden ist; Zeus ist zum «Äther» oder auch zum «Raum» geworden; Chronos zur «Zeit».

Durch das Zusammenwirken dieser drei Urgründe stellt sich im Sinne des Pherekydes die Welt her. Es entstehen durch dieses Zusammenwirken auf der einen Seite die sinnlichen Stoffwelten: Feuer, Luft, Wasser, Erde; auf der anderen Seite eine Summe von unsichtbaren, übersinnlichen Geistwesen, welche die vier Stoffwelten beleben. Zeus, Chronos, Chthon sind Wesenheiten, denen gegenüber die Ausdrücke «Geist, Seele, Stoff» wohl gebraucht werden können, doch wird die Bedeutung damit nur annähernd bezeichnet. Erst durch die Verbindung dieser drei Urwesen entstehen die mehr stofflichen Weltenreiche, das des Feuers, der Luft, des Wassers, der Erde und die mehr seelischen und geistigen (übersinnlichen) Wesenheiten. Mit einem Ausdruck der späteren Weltanschauungen kann man Zeus als «Raum-Äther», Chronos als «Zeit-Schöpfer» und Chthon als «Stoff-Erbringer» die drei «Urmütter» der Welt nennen. Man sieht sie noch in Goethes «Faust» durchblicken, in der Szene des zweiten Teiles, wo Faust den Gang zu den «Müttern» antritt.

So wie bei Pherekydes diese drei Urwesen auftreten, weisen sie zurück auf Vorstellungen bei Vorgängern dieser Persönlichkeit, auf die sogenannten *Orphiker.* Diese sind

Bekenner einer Vorstellungsart, welche noch ganz in der alten Bildhaftigkeit lebt. Bei ihnen finden sich auch drei Urwesen, Zeus, Chronos und das Chaos. Neben diesen drei «Urmüttern» sind diejenigen des Pherekydes um einen Grad weniger bildhaft. Pherekydes versucht eben schon mehr durch das Gedankenleben zu ergreifen, was die Orphiker noch völlig im Bilde hielten. Deshalb erscheint er als die Persönlichkeit, bei welcher man von der «Geburt des Gedankenlebens» sprechen kann. - Dies drückt sich weniger durch die gedankliche Fassung der orphischen Vorstellungen bei Pherekydes aus, als durch eine gewisse Grundstimmung seiner Seele, die sich dann in einer ähnlichen Art bei manchem philosophierenden Nachfolger des Pherekydes in Griechenland wiederfindet. Pherekydes sieht sich nämlich gezwungen, den Ursprung der Dinge in dem «Guten» (Ariston) zu sehen. Mit den «mythischen Götterwelten» der alten Zeit konnte er diesen Begriff nicht verbinden. Den Wesen dieser Welt kamen Seeleneigenschaften zu, die mit diesem Begriffe nicht verträglich waren. In seine drei «Urgründe» konnte Pherekydes nur den Begriff des «Guten», des Vollkommenen hineindenken.

Damit hängt zusammen, daß mit der Geburt des Gedankenlebens eine Erschütterung des seelischen Empfindens verbunden war. Man soll *dieses* seelische Erlebnis da nicht übersehen, wo die gedankliche Weltanschauung ihren Anfang hat. Man hätte in diesem Anfang nicht einen Fortschritt empfinden können, wenn man mit dem Gedanken nicht etwas Vollkommneres hätte zu erfassen geglaubt, als mit dem alten Bild-Erleben erreicht war. Es ist ganz selbstverständlich, daß innerhalb dieser Stufe der Weltanschauungsentwickelung die hier gemeinte Empfindung nicht klar ausgesprochen wurde. Empfunden aber wurde, was man jetzt rückblickend auf die alten griechischen Denker klar aussprechen darf. - Man empfand: die von den unmittelbaren Vorfahren erlebten Bilder führten nicht zu den höchsten, den vollkommensten Urgründen. In diesen Bildern zeigten sich nur weniger vollkommene Urgründe. Der Gedanke müsse sich erheben zu den noch höheren Urgründen, von denen das in Bildern Geschaute nur die Geschöpfe sind.

Durch den Fortschritt zum Gedankenleben zerfiel die Welt für das Vorstellen in eine mehr natürliche und eine mehr geistige Sphäre. In *dieser* geistigen Sphäre, die man jetzt erst empfand, mußte man das fühlen, was ehedem in Bildern erlebt worden war. Dazu kam jetzt noch die Vorstellung eines Höheren, was erhaben über *dieser* älteren geistigen Welt und über der Natur gedacht wird. Zu diesem Erhabenen wollte der Gedanke dringen. In der Region dieses Erhabenen sucht Pherekydes seine «drei Urmütter». - Ein Blick auf die Welterscheinungen kann veranschaulichen, von welcher Art die Vorstellungen waren, die bei einer Persönlichkeit wie Pherekydes Platz griffen. In seiner Umwelt findet der Mensch eine allen Erscheinungen zugrunde liegende Harmonie, wie sie sich in den Bewegungen der Gestirne, in dem Gang der Jahreszeiten mit den Segnungen des Pflanzenwachstums usw. zum Ausdrucke bringt. In diesen segensvollen Lauf der Dinge greifen die hemmenden, zerstörenden Mächte ein, wie sie sich in den schädlichen Wetterwirkungen, in Erdbeben usw. ausdrücken. Wer den Blick auf alles dieses wendet, kann auf eine Zweiheit der waltenden Mächte geführt werden. Doch bedarf die menschliche Seele der Annahme einer zugrunde liegenden Einheit. Sie empfindet naturgemäß: der verheerende Hagel, das zerstörende Erdbeben, sie müssen schließlich aus derselben Quelle stammen wie die segenbringende Ordnung der Jahreszeiten. Der Mensch blickt auf diese Art durch Gutes und Schlechtes hindurch auf ein Urgutes. In dem Erdbeben waltet dieselbe gute Kraft wie in dem Frühlingssegen. In der austrocknenden verödenden Sonnenhitze ist dieselbe Wesenheit tätig, welche das Samenkorn zur Reife bringt. Also auch in den schädlichen Tatsachen sind die «guten Urmütter». Wenn der Mensch dieses fühlt, stellt sich ein gewaltiges Weltenrätsel vor seine Seele hin. Pherekydes blickt, um es sich zu lösen, zu seinem *Ophioneus* hin. Sich anlehnend an die alten Bildervorstellungen, erscheint ihm Ophioneus wie eine Art «Weltenschlange». In Wirklichkeit ist dies ein Geistwesen, welches wie alle anderen Weltwesen zu den Kindern von Chronos, Zeus und Chthon gehört, jedoch sich nach seiner Entstehung so gewandelt hat, daß seine Wirkungen sich gegen die Wirkungen der «guten Urmütter» richten. Damit aber zerfällt die Welt in eine Dreiheit. Das erste sind die «Urmütter», die als gut, als vollkommen dargestellt werden, das zweite sind die segensreichen Weltvorgänge, das dritte die zerstörenden oder nur unvollkommenen Weltvorgänge, welche sich als Ophioneus in die Segenswirkungen hineinwinden.

Bei Pherekydes ist Ophioneus nicht etwa eine bloße symbolische Idee für die hemmenden, zerstörenden Weltenmächte. Pherekydes steht mit seinem Vorstellen an der Grenze zwischen Bild und Gedanken. Er denkt nicht etwa: es gibt verheerende Mächte, ich stelle sie mir unter dem Bilde des Ophioneus vor. Solch ein Gedankenprozeß ist bei ihm auch nicht als Phantasietätigkeit vorhanden. Er blickt auf die hemmenden Kräfte, und unmittelbar steht vor seiner Seele Ophioneus, wie die rote Farbe vor der Seele steht, wenn der Blick auf die Rose geworfen wird.

Wer die Welt nur sieht, wie sie sich der Bildwahrnehmung darbietet, der unterscheidet zunächst im Gedanken nicht die Vorgänge der «guten Urmütter» und diejenigen des Ophioneus. An der Grenze zur gedanklichen Weltanschauung hin wird die Notwendigkeit dieser Unterscheidung empfunden. Denn mit diesem Fortschritte erst fühlt sich die Seele als ein abgesondertes, selbständiges Wesen. Sie fühlt, daß sie sich fragen muß: Woher stamme ich selbst? Und sie muß ihren Ursprung suchen in Weltentiefen, wo Chronos, Zeus und Chthon noch nicht ihren Widersacher neben sich hatten. Doch fühlt die Seele auch, daß sie von diesem ihrem Ursprunge zunächst nichts wissen kann. Denn sie sieht sich inmitten der Welt, in welcher die «guten Urmütter» mit Ophioneus zusammenwirken; sie fühlt sich in einer Welt, in der Vollkommenes und Unvollkommenes miteinander verbunden sind. Ophioneus ist in ihr eigenes Wesen mit hineinverschlungen.

Man fühlt, was in den Seelen einzelner Persönlichkeiten im sechsten vorchristlichen Jahrhundert vorgegangen ist, wenn man die charakterisierten Empfindungen auf sich wirken läßt. Mit den alten mythischen Götterwesen fühlten sich solche Seelen in die unvollkommene Welt hinein verstrickt. Diese Götterwesen gehörten derselben unvollkommenen Welt an wie sie selber. Aus solcher Stimmung heraus entstand ein Geistesbund wie der von *Pythagoras* aus Samos zwischen den Jahren 540 und 500 v. Chr. in Kroton in Großgriechenland gegründete. Pythagoras wollte die sich zu ihm bekennenden Menschen zum Empfinden der «guten Urmütter» zurückführen, in denen der Ursprung ihrer Seelen vorgestellt werden sollte. In dieser

Beziehung kann gesagt werden, daß er und seine Schüler «anderen» Göttern dienen wollten als das Volk. Und damit war gegeben, was als der Bruch erscheinen muß zwischen solchen Geistern wie Pythagoras und dem Volke. Dieses fühlte sich mit seinen Göttern wohl; er mußte diese Götter in das Reich des Unvollkommenen verweisen. Darin ist auch das «Geheimnis» zu suchen, von dem im Zusammenhang mit Pythagoras gesprochen wird, und das den nicht Eingeweihten nicht verraten werden durfte. Es bestand darinnen, daß sein Denken der Menschenseele einen anderen Ursprung zusprechen mußte als den Götterseelen der Volksreligion. Auf dieses «Geheimnis» sind zuletzt die zahlreichen Angriffe zurückzuführen, welche Pythagoras erfahren hat. Wie sollte er anderen als denen, welche er erst sorgfältig für solche Erkenntnis vorbereitete, klarmachen, daß sie «als Seelen» sich sogar in einem gewissen Sinne als höherstehend ansehen dürften als die Volksgötter stehen. Und wie sollte sich anders als in einem Bunde mit streng geregelter Lebensweise durchführen lassen, daß sich die Seelen ihres hohen Ursprungs bewußt wurden und doch sich verstrickt in die Unvollkommenheit fühlten. Durch letzteres Fühlen sollte ja das Streben erzeugt werden, das Leben so einzurichten, daß es durch Selbstvervollkommnung zu seinem Ursprunge zurückführte. Daß um solches Streben des Pythagoras sich Legenden und Mythen bilden mußten, ist verständlich. Und auch, daß über die wahre Bedeutung dieser Persönlichkeit so gut wie nichts geschichtlich überliefert ist. Wer jedoch die Legenden und sagenhaften Überlieferungen des Altertums über Pythagoras im Zusammenhange beobachtet, der wird aus ihnen das eben gegebene Bild doch erkennen.

In dem Bilde des Pythagoras fühlt das gegenwärtige

Denken auch noch störend die Idee der sogenannten «Seelenwanderung». Man empfindet es als kindlich, wenn Pythagoras sogar gesagt haben soll, er wisse, daß er in früheren Zeiten als anderes Menschenwesen bereits auf Erden war. Es darf erinnert werden daran, daß der große Vertreter der neueren Aufklärung, *Lessing*, in seiner «Erziehung des Menschengeschlechtes» aus einem ganz anderen Denken heraus, als das des Pythagoras war, diese Idee der wiederholten Erdenleben des Menschen erneuert hat. Lessing konnte sich den Fortschritt des Menschengeschlechtes nur so vorstellen, daß die menschlichen Seelen an dem Leben in den aufeinanderfolgenden Erdenzeiträumen wiederholt teilnehmen. Eine Seele bringt als Anlage usw. in das Leben eines späteren Zeitraumes mit, was ihr von dem Erleben in früheren Zeiträumen geblieben ist. Lessing findet es naturgemäß, daß die Seele schon oft im Erdenleibe da war und in Zukunft oft da sein werde und sich so von Leben zu Leben zu der ihr möglichen Vollkommenheit durchringt. Er macht darauf aufmerksam, daß diese Idee von den wiederholten Erdenleben nicht deshalb für unglaubwürdig angesehen werden müsse, weil sie in den ältesten Zeiten vorhanden war, «weil der menschliche Verstand, ehe ihn die Sophisterei der Schule zerstreut und geschwächt hatte, sogleich darauf verfiel».

Bei Pythagoras ist diese Idee vorhanden. Doch wäre es ein Irrtum, zu glauben, daß er sich ihr - wie auch Pherekydes, der im Altertum als sein Lehrer genannt wird - hingegeben habe, weil er etwa - logisch schließend - *gedacht* habe, daß der oben angedeutete Weg, welchen die Menschenseele zu ihrem Ursprunge durchzumachen habe, nur in wiederholten Erdenleben zu erreichen sei. Ein solch verstandesmäßiges Denken dem Pythagoras zuzumuten, hieße ihn verkennen. - Es wird von seinen weiten Reisen erzählt. Davon, daß er mit Weisen zusammengetroffen sei, welche Überlieferungen ältester menschlicher Einsicht aufbewahrten. Wer beobachtet, was von ältesten menschlichen Vorstellungen überliefert ist, der kann zu der Anschauung kommen, daß die Ansicht von den wiederholten Erdenleben in den Urzeiten weite Verbreitung gehabt hat. An Ur-Lehren der Menschheit knüpfte Pythagoras an. Die mythischen Bilderlehren seiner Umgebung mußten ihm wie verfallene Anschauungen erscheinen, welche von älteren, besseren herkamen. Diese Bilderlehren mußten sich in seinem Zeitalter umwandeln in gedankenmäßige Weltanschauung. Doch erschien ihm diese gedankliche Weltanschauung nur als ein Teil des Seelenlebens. Dieser Teil mußte vertieft werden; dann führte er die Seele zu ihren Ursprüngen. Aber indem die Seele so vordringt, entdeckt sie in ihrem inneren Erleben die wiederholten Erdenleben wie eine *seelische Wahrnehmung*. Sie kommt nicht zu ihren Ursprüngen, wenn sie den Weg dazu nicht durch wiederholte Erdenleben hindurch findet. Wie ein Wanderer, der nach einem entfernten Orte gehend auf seinem Wege naturgemäß durch andere Orte hindurchkommt, so kommt die Seele, wenn sie zu den «Müttern» geht, durch ihre vorangehenden Leben hindurch, durch welche schreitend sie herabgestiegen ist von ihrem Sein im «Vollkommenen» zu ihrem gegenwärtigen Leben im «Unvollkommenen». Man kann, wenn man alles in Betracht Kommende berücksichtigt, gar nicht anders, als die Ansicht von den wiederholten Erdenleben dem Pythagoras in diesem Sinne, als seine innere Wahrnehmung, und nicht als begrifflich Erschlossenes, zuschreiben. - Nun wird als besonders charakteristisch bei dem Bekennertum des Pythagoras von der Ansicht gesprochen, daß alle Dinge auf «den Zahlen» beruhen. Wenn dies angeführt wird, so muß berücksichtigt werden, daß sich das Pythagoreertum auch nach dem Tode des Pythagoras bis in spätere Zeiten fortgesetzt hat. Von späteren Pythagoreern werden genannt Philolaus, Archytas u. a. Von ihnen wußte man im Altertum insbesondere, daß sie die «Dinge als Zahlen angesehen haben». Doch darf, wenn dies auch geschichtlich nicht möglich scheint, diese Anschauung bis Pythagoras zurückverfolgt werden. Man wird nur die Voraussetzung machen dürfen, daß sie bei ihm tief und organisch in seiner ganzen Vorstellungsart begründet war, daß sie aber bei seinen Nachfolgern eine veräußerlichte Gestalt angenommen habe. Man denke sich Pythagoras im Geiste vor dem Entstehen der gedanklichen Weltanschauung stehend. Er sah, wie der Gedanke seinen Ursprung in der Seele nimmt, nachdem diese, von den «Urmüttern» ausgehend, durch aufeinanderfolgende Leben zu ihrer Unvollkommenheit herabgestiegen war. Indem er dieses empfand, konnte er nicht durch den bloßen Gedanken zu den Ursprüngen hinaufsteigen wollen. Er mußte die höchste Erkenntnis in einer Sphäre suchen, in welcher der Gedanke noch nichts zu tun hat. Da fand er denn ein übergedankliches Seelenleben. Wie die Seele in den Tönen der Musik Verhältniszahlen erlebt, so lebte sich Pythagoras in ein seelisches Zusammenleben mit der Welt hinein, das der Verstand in Zahlen aussprechen kann; doch sind die Zahlen für das Erlebte nichts anderes, als was die vom Physiker gefundenen Tonverhältniszahlen für das Erleben der Musik sind. - An die Stelle der mythischen Götter hat für Pythagoras *der Gedanke* zu treten; doch durch entsprechende Vertiefung findet die Seele, die sich mit dem Gedanken von der

Welt abgesondert hat, sich wieder in *eins* mit der Welt zusammen. Sie erlebt sich als *nicht* abgesondert von der Welt. Es ist das aber nicht in einer Region, in der das Welt-Miterleben zum mythischen Bilde wird, sondern in einer solchen, in der die Seele mit den unsichtbaren, sinnlich unwahrnehmbaren Weltenharmonien mitklingt und in sich das zum Bewußtsein bringt, was nicht sie, sondern die Weltenmächte wollen und in ihr Vorstellung werden lassen.

An Pherekydes und Pythagoras enthüllt sich, wie die gedanklich erlebte Weltanschauung in der Menschenseele ihren Ursprung nimmt. Im Herausringen aus älteren Vorstellungarten kommen diese Persönlichkeiten zu innerem, selbständigem Erfassen der «Seele», zum Unterscheiden derselben von der äußeren «Natur». Was an diesen beiden Persönlichkeiten anschaulich ist, das Sich-Herausringen der Seele aus den alten Bildvorstellungen, das spielt sich mehr im Seelen-Untergrunde ab bei den anderen Denkern, mit denen gewöhnlich der Anfang gemacht wird in der Schilderung der griechischen Weltanschauungsentwikkelung. Es werden zunächst gewöhnlich genannt *Thales* von Milet (624—546 v. Chr.), *Anaximander* (611—550 v. Chr.), *Anaximenes* (der zwischen 585 und 525 v. Chr. seine Blütezeit hatte) und *Heraklit* (etwa 540—480 v. Chr. zu Ephesus).

Wer die vorangehenden Ausführungen anerkennt, wird eine Darstellung dieser Persönlichkeiten billigen können, welche von der in den geschichtlichen Schilderungen der Philosophie gebräuchlichen abweichen muß. Diesen Darstellungen liegt ja doch stets die unausgesprochene Voraussetzung zugrunde, daß diese Persönlichkeiten durch eine unvollkommene Naturbeobachtung zu den von ihnen überlieferten Behauptungen gekommen seien: Thales, daß im «Wasser», Anaximander in dem «Unbegrenzten», Anaximenes in der «Luft», Heraklit im «Feuer» das Grund- und Ursprungswesen aller Dinge zu suchen sei.

Dabei wird nicht bedacht, daß diese Persönlichkeiten durchaus noch in dem Vorgange der Entstehung der gedanklichen Weltanschauung drinnen leben; daß sie zwar in höherem Grade als Pherekydes die Selbständigkeit der menschlichen Seele empfinden, doch aber noch die völlig strenge Absonderung des Seelenlebens von dem Naturwirken nicht vollzogen haben. Man wird sich zum Beispiel das Vorstellen des Thales ganz sicher irrtümlich zurechtlegen, wenn man denkt, daß er als Kaufmann, Mathematiker, Astronom über Naturvorgänge nachgedacht habe und dann in unvollkommener Art, aber doch so wie ein moderner Forscher seine Erkenntnisse in den Satz zusammengefaßt habe: «Alles stammt aus dem Wasser». Mathematiker, Astronom usw. sein, bedeutete in jener alten Zeit *praktisch* mit den entsprechenden Dingen zu tun zu haben, ganz nach Art des Handwerkers, der sich auf Kunstgriffe stützt, nicht auf ein gedanklich-wissenschaftliches Erkennen.

Dagegen muß für einen Mann wie *Thales* vorausgesetzt werden, daß er die äußeren Naturprozesse noch ähnlich erlebte wie die inneren Seelenprozesse. Was sich ihm in den Vorgängen mit und an dem Wasser - dem flüssigen, schlammartigen, erdig-bildsamen -, als Naturvorgänge darstellte, das war ihm gleich dem, was er seelisch-leiblich innerlich erlebte. In minderem Grade als die Menschen der Vorzeit erlebte er - aber doch erlebte er so - die Wasserwirkung *in sich* und in der Natur, und beide waren ihm *eine* Kraftäußerung. Man darf darauf hinweisen, daß noch eine spätere Zeit die äußeren Naturwirkungen in ihrer Verwandtschaft mit den innerlichen Vorgängen dachte, so daß von einer «Seele» im gegenwärtigen Sinne, die abgesondert vom Leibe vorhanden ist, nicht die Rede war. In der Ansicht von den Temperamenten ist dieser Gesichtspunkt noch in einem Nachklange festgehalten in die Zeiten der gedanklichen Weltanschauung hinein. Man nannte das melancholische Temperament das erdige, das phlegmatische das wässerige, das sanguinische luftartig, das cholerische feurig. Das sind nicht bloße Allegorien. Man empfand nicht ein völlig abgetrenntes Seelisches; man erlebte in sich ein Seelisch-Leibliches als Einheit, und in dieser Einheit den Strom der Kräfte, welche zum Beispiel durch eine phlegmatische Seele gehen, wie dieselben Kräfte außen in der Natur durch die Wasserwirkungen gehen. Und diese äußeren Wasserwirkungen schaute man als dasselbe, was man in der Seele erlebte, wenn man phlegmatisch gestimmt war. Die gegenwärtigen Denkgewohnheiten müssen den alten Vorstellungsarten sich anpassen, wenn sie in das Seelenleben früherer Zeiten eindringen wollen.

Und so wird man in der Weltanschauung des Thales den Ausdruck finden dessen, was ihn sein dem phlegmatischen Temperament verwandtes Seelenleben innerlich erleben läßt. Er erlebte das, was ihm als das Weltgeheimnis vom Wasser erschien, in sich. Man verbindet mit dem Hinweis auf das phlegmatische Temperament eines Menschen eine schlimme Nebenbedeutung. So gerechtfertigt dies in vielen Fällen ist, so wahr ist auch, daß das phlegmatische Temperament, wenn es mit Energie des Vorstellens zusammen auftritt, durch seine Gelassenheit, Affektfreiheit, Leidenschaftlosigkeit den Menschen zum Weisen macht. Eine solche Sinnesart bei Thales hat wohl bewirkt, daß er von den Griechen als einer ihrer Weisen gefeiert worden ist.

In anderer Art formte sich das Weltbild für *Anaximenes*, der die Stimmung des Sanguinischen in sich erlebte. Von ihm ist ein Ausspruch überliefert, der unmittelbar zeigt, wie er das innere Erleben mit dem Luftelement als Ausdruck des Weltgeheimnisses empfand: «Wie unsere Seele, die ein Hauch ist, uns zusammenhält, so umfangen Luft und Hauch das All.»

Heraklits Weltanschauung wird eine unbefangene Betrachtung ganz unmittelbar als Ausdruck seines cholerischen Innenlebens empfinden müssen. Ein Blick auf sein Leben wird gerade bei diesem Denker manches Licht bringen. Er gehörte einem der vornehmsten Geschlechter von Ephesus an. Er wurde ein heftiger Bekämpfer der demokratischen Partei. Er wurde dies, weil sich ihm gewisse Anschauungen ergaben, deren Wahrheit sich ihm im unmittelbaren inneren Erleben darstellte. Die Anschauungen seiner Umgebung, an den seinigen gemessen, schienen ihm ganz naturgemäß unmittelbar die Torheit dieser Umgebung zu beweisen. Er kam dadurch in so große Konflikte, daß er seine Vaterstadt verließ und ein einsames Leben bei dem Artemistempel führte. Man nehme dazu einige Sätze, die von ihm überliefert sind: «Gut wäre es, wenn alle Ephesier, die erwachsen sind, sich erhenkten und ihre Stadt den Unmündigen übergäben . . .», oder das andere, wo er von den Menschen sagt: «Toren in ihrer Unverständigkeit gleichen, auch wenn sie das Wahre hören, den Tauben, von ihnen gilt: sie sind abwesend, wenn sie anwesend sind.» - Ein inneres Erleben, das sich in solcher Cholerik ausspricht, findet sich verwandt dem verzehrenden Wirken des *Feuers*; es lebt nicht im bequemen ruhigen

Sein; es fühlt sich eins mit dem «ewigen Werden». Stillstand erlebt solche Seelenart als Widersinn; «Alles fließt» ist daher der berühmte Satz des Heraklit. Es ist nur scheinbar, wenn irgendwo ein beharrendes Sein auftritt; man wird eine Heraklitische Empfindung wiedergeben, wenn man das Folgende sagt: Der Stein scheint ein abgeschlossenes, beharrendes Sein darzustellen; doch dies ist nur scheinbar: er ist im Innern wild bewegt, alle seine Teile wirken aufeinander. Es wird die Denkweise des Heraklit gewöhnlich mit dem Satze charakterisiert: man könne nicht zweimal in denselben Strom steigen; denn das zweitemal ist das Wasser ein anderes. Und ein Schüler Heraklits, *Kratylus*, steigerte den Ausspruch, indem er sagte: auch einmal könne man nicht in denselben Strom steigen. So ist es mit allen Dingen; während wir auf das scheinbar Beharrende hinblicken, ist es im allgemeinen Strome des Daseins schon ein anderes geworden.

Man betrachtet eine Weltanschauung nicht in ihrer vollen Bedeutung, wenn man nur ihren Gedankeninhalt hinnimmt; ihr Wesentliches liegt in der Stimmung, welche sie der Seele mitteilt; in der Lebenskraft, die aus ihr erwächst. Man muß fühlen, wie sich Heraklit im Strome des Werdens mit der eigenen Seele drinnen empfindet, wie die Weltenseele bei ihm in der Menschenseele pulsiert und dieser ihr eigenes Leben mitteilt, wenn sich die Menschenseele in ihr lebend weiß. Solchem Mit-Erleben mit der Weltenseele entspringt bei Heraklit der Gedanke: Was lebt, hat durch den durchlaufenden Strom des Werdens den Tod in sich; aber der Tod hat wieder das Leben in sich. Leben und Tod ist in unserem Leben und Sterben. Alles hat alles andere in sich; nur so kann das ewige Werden alles durchströmen. «Das Meer ist das reinste und unreinste Wasser, den Fischen trinkbar und heilsam, den Menschen untrinkbar und verderblich.» «Dasselbe ist Leben und Tod, Wachen, Schlafen, Jung, Alt, dieses sich ändernd ist jenes, jenes wieder dies.» «Gutes und Böses sind eins.» «Der gerade Weg und der krumme . . . sind eines nur.»

Freier von dem Innenleben, mehr dem Elemente des Gedankens selbst hingegeben, erscheint *Anaximander.* Er sieht den Ursprung der Dinge in einer Art Weltenäther, einem unbestimmten, gestaltlosen Urwesen, das keine Grenzen hat. Man nehme den Zeus des Pherekydes, entkleide ihn alles dessen, was ihm noch von Bildhaftigkeit eigen ist, und man hat das Urwesen des Anaximander: den zum Gedanken gewordenen Zeus. In Anaximander tritt eine Persönlichkeit auf, in welcher aus der Seelenstimmung heraus, die in den vorgenannten Denkern noch ihre Temperamentsschattierung hat, das Gedankenleben geboren wird. Eine solche Persönlichkeit fühlt sich als Seele mit dem Gedankenleben vereint und dadurch nicht mit der Natur so verwachsen wie die Seele, welche den Gedanken noch nicht als selbständig erlebt. Sie fühlt sich mit einer Weltenordnung verbunden, welche *über* den Naturvorgängen liegt. Wenn Anaximander davon spricht, daß die Menschen als Fische zuerst im Feuchten gelebt haben und dann sich durch Landtierformen hindurchentwickelt haben, so bedeutet das für ihn, daß der Geistkeim, als welchen sich der Mensch durch den Gedanken erkennt, nur wie durch Vorstufen durch die anderen Formen hindurchgegangen ist, um sich zuletzt die Gestalt zu geben, welche ihm von vornherein angemessen ist.

*

Auf die genannten Denker folgen für die geschichtliche Darstellung: *Xenophanes* von Kolophon (geb. im 6. Jahrhundert v. Chr.); mit ihm seelisch verwandt, wenn auch jünger: *Parmenides* (geb. um 540 v. Chr.; als Lehrer in Athen lebend); *Zenon* von Elea (dessen Blütezeit um 500 v. Chr. liegt); *Melissos* von Samos (der um 450 v. Chr. lebte).

In diesen Denkern lebt das gedankliche Element bereits in solchem Grade, daß sie eine Weltanschauung *fordern* und einer solchen allein Wahrheit zuerkennen, in welcher das Gedankenleben voll befriedigt wird. Wie muß der Urgrund der Welt beschaffen sein, damit er innerhalb des Denkens voll aufgenommen werden kann? - so fragen sie. - *Xenophanes* findet, daß die Volksgötter vor dem Denken nicht bestehen können; also lehnt er sie ab. Sein Gott muß *gedacht* werden können. Was die Sinne wahrnehmen, ist veränderlich, ist mit Eigenschaften behaftet, welche dem Gedanken nicht entsprechen, der das Bleibende suchen muß. Daher ist Gott die im Gedanken zu erfassende, unwandelbare, ewige Einheit aller Dinge. - *Parmenides* sieht in der äußeren Natur, welche die Sinne betrachten, das Unwahre, Täuschende; in der Einheit, dem Unvergänglichen, das der Gedanke ergreift, allein das Wahre. *Zenon* sucht mit dem Gedanken-Erleben in der Art sich auseinanderzusetzen, daß er auf die Widersprüche hinweist, welche sich einer Weltbetrachtung ergeben, die in dem Wandel der Dinge, in dem Werden, in dem Vielen, welches die äußere Welt zeigt, eine Wahrheit sieht. Von den Widersprüchen, auf die er verweist, sei nur einer angeführt. Es könne, meint er, der schnellste Läufer (Achilles) die Schildkröte nicht erreichen; denn so langsam sie auch krieche, wenn Achilles den Ort erreicht habe, den sie noch eben inne hatte, so sei sie ja doch schon etwas weiter. Durch solche Widersprüche deutet Zenon an, wie ein Vorstellen, das sich an die Außenwelt halte, nicht mit sich zurecht komme; er deutet auf die Schwierigkeit hin, welcher der Gedanke begegnet, wenn er es versucht, die Wahrheit zu finden. Man wird die Bedeutung dieser Weltanschauung, die man die *eleatische* nennt (Parmenides und Zenon sind aus Elea), erkennen, wenn man den Blick darauf lenkt, daß ihre Träger mit der Ausbildung des Gedanken-Erlebens so weit fortgeschritten sind, daß sie dieses Erleben zu einer besonderen Kunst, zur sogenannten Dialektik gestaltet haben. In dieser «Gedanken-Kunst» lernt sich die Seele in ihrer Selbständigkeit und inneren Geschlossenheit erfühlen. Damit wird die Realität der Seele als das empfunden, was sie durch ihr eigenes Wesen ist, und als was sie sich dadurch fühlt, daß sie nicht mehr, wie in der Vorzeit, das allgemeine Welt-Erleben mitlebt, sondern in sich ein Leben - das Gedanken-Erleben - entfaltet, das in ihr wurzelt, und durch das sie sich eingepflanzt fühlen kann in einen rein geistigen Weltengrund. Zunächst kommt diese Empfindung noch nicht in einem deutlich ausgesprochenen Gedanken zum Ausdruck; man kann sie aber als Empfindung lebendig in diesem Zeitalter fühlen an der Schätzung, welche ihr zuteil wird. Nach einem «Gespräche» Platos wurde von Parmenides dem jungen Sokrates gesagt: er solle von Zenon die Gedankenkunst lernen, sonst müßte ihm die Wahrheit ferne bleiben. Man empfand diese «Gedankenkunst» als eine Notwendigkeit für die Menschenseele, die an die geistigen Urgründe des Daseins herantreten will.

Wer in dem Fortschritt der menschlichen Entwickelung zur Stufe der Gedanken-Erlebnisse nicht sieht, wie mit dem Anfang dieses Lebens wirkliche Erlebnisse - die Bild-Erlebnisse - aufhörten, die vorher vorhanden waren, der wird die besondere Eigenart der Denkerpersönlichkeiten vom sechsten und den folgenden vorchristlichen Jahrhunderten in Griechenland in anderem Lichte sehen als in dem, in welchem sie in diesen Ausführungen dargestellt werden müssen. Der Gedanke zog etwas wie eine Mauer um die Menschenseele. Früher war sie, ihrem Empfinden nach, in den Naturerscheinungen drinnen; und was sie mit diesen Naturerscheinungen zusammen so erlebte, wie sie die Tätigkeit des eigenen Leibes erlebte, das stellte sich vor sie in Bild-Erscheinungen hin, welche in ihrer Lebendigkeit da waren; jetzt war das ganze Bildergemälde durch die Kraft des Gedankens ausgelöscht. Wo sich vorher die inhaltvollen Bilder breiteten, da spannte sich jetzt der Gedanke durch die Außenwelt. Und die Seele konnte sich in dem, was außen in Raum und Zeit sich breitet, nur fühlen, indem sie sich mit dem Gedanken verband. - Man empfindet eine solche Seelenstimmung, wenn man auf *Anaxagoras* aus Klazomenä in Kleinasien (geb. um 500 v. Chr.) blickt. Er fühlt sich in seiner Seele mit dem Gedankenleben verbunden; dieses Gedankenleben umspannt, was im Raume und in der Zeit ausgedehnt ist. So ausgedehnt erscheint es als der Nus, der Weltenverstand. Dieser durchdringt als Wesenheit die ganze Natur. Die Natur aber stellt sich selbst nur als zusammengesetzt aus kleinen Urwesen dar. Die Naturvorgänge, welche durch das Zusammenwirken dieser Urwesen sich ergeben, sind das, was die Sinne wahrnehmen, nachdem das Bildergemälde aus der Natur gewichen ist. Homoiomerien werden diese Urwesen genannt. In sich erlebt die Menschenseele den Zusammenhang mit dem Weltverstand (dem Nus) im Gedanken innerhalb ihrer Mauer; durch die Fenster der Sinne blickt sie auf dasjenige, was der Weltverstand durch das Aufeinanderwirken der «Homoiomerien» entstehen läßt.

In *Empedokles* (der um 490 v. Chr. in Agrigent geboren ist), lebte eine Persönlichkeit, in deren Seele die alte und die neue Vorstellungsart wie in einem heftigen Widerstreit aufeinanderstoßen. Er fühlt noch etwas von dem Verwobensein der Seele mit dem äußeren Dasein. Haß und Liebe, Antipathie und Sympathie leben in der Menschenseele; sie leben auch außerhalb der Mauer, welche die Menschenseele umschließt; das Leben der Seele setzt sich so außerhalb derselben gleichartig fort und erscheint in Kräften, welche die Elemente der äußeren Natur: Luft, Feuer, Wasser, Erde trennen und verbinden und so das bewirken, was die Sinne in der Außenwelt wahrnehmen.

Empedokles steht gewissermaßen vor der den Sinnen entseelt erscheinenden Natur und entwickelt eine Seelenstimmung, welche sich gegen diese Entseelung auflehnt. Seine Seele kann nicht glauben, daß dies das wahre Wesen der Natur ist, was der Gedanke aus ihr machen will. Am wenigsten kann sie zugeben, daß sie zu dieser Natur in Wahrheit nur in einem solchen Verhältnisse stehe, wie es sich der gedanklichen Weltanschauung ergibt. Man muß sich vorstellen, was in einer Seele vorgeht, die in aller Schärfe solchen inneren Zwiespalt erlebt, an ihm leidet; dann wird man nachfühlen, wie in dieser Seele des Empedokles die alte Vorstellungsart als Kraft des Empfindens aufersteht, aber unwillig ist, sich dies zum vollen Bewußtsein zu bringen, und so in gedanken-bilderhafter Art ein Dasein sucht, - in jener Art, von der Aussprüche des Empedokles ein Widerklang sind, die, aus dem hier Angedeuteten heraus verstanden, ihre Sonderbarkeit verlieren.

Wird doch von ihm ein Spruch wie dieser angeführt: «Lebt wohl. Nicht mehr ein Sterblicher, sondern ein unsterblicher Gott wandle ich umher; . . . und sobald ich in die blühenden Städte komme, werde ich von Männern und Frauen verehrt: sie schließen sich an mich an zu Tausenden, mit mir den Weg zu ihrem Heile suchend, da die einen Weissagungen, die anderen Heilsprüche für mannigfaltige Krankheiten von mir erwarten.» So betäubt sich die Seele, in welcher eine alte Vorstellungsart rumort, die sie ihr eigenes Dasein wie das eines verbannten Gottes empfinden läßt, der aus einem anderen Sein in die entseelte Welt der Sinne versetzt ist, und der deshalb die Erde als «ungewohnten Ort» empfindet, in den er wie zur Strafe geworfen ist. Man kann gewiß auch noch andere Empfindungen in der Seele des Empedokles finden; denn es leuchten aus seinen Aussprüchen Weisheitsblitze bedeutsam heraus; sein Gefühl gegenüber der «Geburt der gedanklichen Weltanschauung» ist durch solche Stimmungen gegeben.

Anders als diese Persönlichkeit sahen diejenigen Denker, welche man die Atomisten nennt, auf das hin, was für die Seele des Menschen aus der Natur durch die Geburt des Gedankens geworden war. Man sieht den bedeutendsten unter ihnen in *Demokrit* (geb. um 460 v. Chr. in Abdera). *Leukipp* ist ihm eine Art Vorläufer.

Bei *Demokrit* sind die Homoiomerien des Anaxagoras um einen bedeutenden Grad stofflicher geworden. Bei Anaxagoras kann man die Ur-Teil-Wesen noch mit lebendigen Keimen vergleichen; bei Demokrit werden sie zu toten, unteilbaren Stoffteilchen, welche durch ihre verschiedenen Kombinationen die Dinge der Außenwelt zusammensetzen. Sie bewegen sich voneinander, zueinander, durcheinander: so entstehen die Naturvorgänge. - Der Weltverstand (Nus) des Anaxagoras, welcher wie ein geistiges (körperloses) Bewußtsein in zweckvoller Art die Weltenvorgänge aus dem Zusammenwirken der Homoiomerien hervorgehen läßt, wird bei Demokrit zur bewußtlosen Naturgesetzmäßigkeit (Ananke). - Die Seele will nur gelten lassen, was sie als nächstliegendes Gedankenergebnis erfassen kann; die Natur ist völlig entseelt; der Gedanke verblaßt als Seelen-Erlebnis zum inneren Schattenbilde der entseelten Natur. Damit ist durch Demokrit das gedankliche Urbild aller mehr oder weniger materialistisch gefärbten Weltanschauungen der Folgezeit in die Erscheinung getreten.

Die Atomen-Welt des Demokrit stellt eine Außenwelt, eine Natur dar, in welcher nichts von «Seele» lebt. Die Gedanken-Erlebnisse in der Seele, durch deren Geburt die Menschenseele auf sich selbst aufmerksam geworden ist: bei Demokrit sind sie bloße Schatten-Erlebnisse. Damit ist ein Teil des Schicksals der Gedanken-Erlebnisse gekennzeichnet. Sie bringen die Menschenseele zum Bewußtsein ihres eigenen Wesens, aber sie erfüllen sie zugleich mit Ungewißheit über sich selbst. Die Seele erlebt sich durch den Gedanken in sich selbst, aber sie kann sich zugleich losgerissen fühlen von der geistigen, von ihr unabhängigen Weltmacht, die ihr Sicherheit und inneren Halt gibt. So losgebunden in der Seele fühlten sich diejenigen Persönlichkeiten, welchen man innerhalb des griechischen Geisteslebens den Namen «Sophisten» gibt. Die bedeutendste in ihren Reihen ist *Protagoras* (von Abdera um 480—410 v. Chr.). Neben ihm kommen in Betracht: Gorgias, Kritias, Hippias, Trasymachus, Prodikus. Die Sophisten werden oftmals als Menschen hingestellt, die mit dem Denken ein oberflächliches Spiel getrieben haben. Viel hat zu dieser Meinung die Art beigetragen, wie sie der Lustspieldichter Aristophanes behandelt hat. Es kommt aber, neben vielem anderen, schon als äußerlicher Grund zu einer besseren Würdigung zum Beispiel in Betracht, daß selbst Sokrates, der sich in gewissen Grenzen als Schüler des Prodikus fühlte, diesen als einen Mann bezeichnet haben soll, der für die Veredelung der Sprache und des Denkens bei seinen Schülern gut gewirkt hat. Protagoras' Anschauung erscheint in dem berühmten Satze ausgesprochen: «Der Mensch ist das Maß aller Dinge, der seienden, daß sie sind, der nicht seienden, daß sie nicht sind.» In der Gesinnung, welche diesem Satz zugrunde liegt, fühlt sich das Gedanken-Erlebnis souverän. Einen Zusammenhang mit einer objektiven Weltenmacht empfindet es nicht. Wenn Parmenides meint: Die Sinne geben dem Menschen eine Welt der Täuschung, - man könnte noch weiter gehen und hinzufügen: Warum sollte das Denken, das man zwar erlebt, nicht auch täuschen? Doch Protagoras würde erwidern: Was kann es den Menschen bekümmern, ob die Welt außer ihm anders ist, als er sie wahrnimmt und denkt? Stellt er sie denn für jemand anderen als für sich vor? Mag sie für ein anderes Wesen sein wie immer, der Mensch braucht sich darüber keine Sorge zu machen. Seine Vorstellungen sollen doch *nur ihm* dienen; er soll mit ihrer Hilfe seinen Weg in der Welt finden. Er kann, wenn er sich völlig klar über sich wird, keine anderen Vorstellungen über die Welt haben wollen als solche, welche ihm dienen. Protagoras will auf das Denken bauen können; dazu stützt er es lediglich auf dessen eigene Machtvollkommenheit.

Damit aber setzt sich Protagoras in gewisser Beziehung in Widerspruch mit dem Geiste, der in den Tiefen des

Griechentums lebt. Dieser «Geist» ist deutlich vernehmbar innerhalb des griechischen Wesens. Er spricht bereits aus der Aufschrift des delphischen Tempels «Erkenne dich selbst». Diese alte Orakelweisheit spricht so, als ob sie die Aufforderung enthielte zu dem Weltanschauungsfortschritt, der sich aus dem Bildervorstellen zu dem gedanklichen Ergreifen der Weltgeheimnisse vollzieht. Es ist durch diese Aufforderung der Mensch hingewiesen auf die eigene Seele. Es wird ihm gesagt, daß er in ihr die Sprache vernehmen könne, durch welche die Welt ihr Wesen ausspricht. Aber es wird damit auch auf etwas verwiesen, was in seinem eigenen Erleben sich Ungewißheiten und Unsicherheiten erzeugt. Die Geister innerhalb Griechenlands sollten die Gefahren dieses sich auf sich selbst stützenden Seelenlebens besiegen. So sollten sie den Gedanken in der Seele zur Weltanschauung ausgestalten. - Die Sophisten sind dabei in ein gefährliches Fahrwasser geraten. In ihnen stellt sich der Geist des Griechentums wie an einen Abgrund; er will sich die Kraft des Gleichgewichts durch seine eigene Macht geben. Man sollte, wie schon angedeutet worden ist, mehr auf den Ernst dieses Versuches und auf seine Kühnheit blicken, als ihn leichthin anklagen, wenn auch die Anklage für viele der Sophisten gewiß berechtigt ist. - Doch stellt sich dieser Versuch naturgemäß in das griechische Leben an einem Wendepunkte hinein. Protagoras lebte um 480—410 v. Chr. Der Peloponnesische Krieg, der an dem Wendepunkte des griechischen Lebens steht, fand statt von 431—404 v. Chr. Vorher war in Griechenland der einzelne Mensch fest in die sozialen Zusammenhänge eingeschlossen; die Gemeinwesen und die Tradition gaben ihm den Maßstab für sein Handeln und Denken ab. Die einzelne Persönlichkeit hatte nur als Glied des Ganzen Wert und Bedeutung. Unter solchen Verhältnissen konnte noch nicht die Frage gestellt werden: Was ist der einzelne Mensch wert? Die Sophistik stellt diese Frage, und sie macht damit den Schritt zu der griechischen *Aufklärung* hin. Es ist doch im Grunde die Frage: Wie richtet sich der Mensch sein Leben ein, nachdem er sich des erwachten Gedankenlebens bewußt geworden ist?

Von Pherekydes (oder Thales) bis zu den Sophisten ist in Griechenland innerhalb der Weltanschauungsentwickelung das allmähliche Einleben des schon vor diesen Persönlichkeiten geborenen Gedankens zu beobachten. An ihnen zeigt sich, wie der Gedanke wirkt, wenn er in den Dienst der Weltanschauung gestellt wird. Doch ist diese Geburt in der ganzen Breite des griechischen Lebens zu bemerken. Die Weltanschauung ist nur ein Gebiet, auf dem sich eine allgemeine Lebenserscheinung in einem besonderen Falle auslebt. Man könnte eine ganz ähnliche Entwickelungsströmung auf den Gebieten der Kunst, der Dichtung, des öffentlichen Lebens, der verschiedenen Gebiete des Handwerks, des Verkehrs nachweisen. Diese Betrachtung würde überall zeigen, wie die menschliche Wirksamkeit eine andere wird unter dem Einflusse derjenigen Organisation des Menschen, die in die Weltanschauung den Gedanken einführt. Die Weltanschauung «entdeckt» nicht etwa den Gedanken, sie *entsteht* vielmehr dadurch, daß sie sich des geborenen Gedankenlebens zum Aufbau eines Weltbildes bedient, das *vorher* aus anderen Erlebnissen sich gebildet hat.

*

Kann man von den Sophisten sagen, daß sie den Geist des Griechentums an eine gefährliche Klippe brachten, der sich in dem «Erkenne dich selbst» ausdrückt, so muß in *Sokrates* eine Persönlichkeit gesehen werden, welche diesen Geist mit einem hohen Grade von Vollkommenheit zum Ausdruck brachte. Sokrates ist in Athen um 470 geboren und wurde 399 v. Chr. zum Tode durch Gift verurteilt.

Geschichtlich steht Sokrates durch zwei Überlieferungen vor dem Betrachter. Einmal in der Gestalt, die sein großer Schüler Plato (427—347 v. Chr.) gezeichnet hat. Plato stellt seine Weltanschauung in Gesprächsform dar. Und Sokrates tritt in diesen «Gesprächen» lehrend auf. Da erscheint dieser als «der Weise», der die Personen seiner Umgebung durch seine geistige Führung zu hohen Erkenntnisstufen geleitet. Ein zweites Bild hat Xenophon in seinen «Erinnerungen» an Sokrates gezeichnet. Zunächst erscheint es, als ob Plato das Wesen des Sokrates idealisiert, Xenophon mehr der unmittelbaren Wirklichkeit nachgezeichnet hätte. Eine mehr in die Sache eingehende Betrachtung könnte wohl finden, daß Plato sowohl wie Xenophon, ein jeder von Sokrates das Bild zeichnen, das sie nach ihrem besonderen Gesichtspunkte empfangen haben, und daß man daher ins Auge fassen darf, inwiefern die beiden sich ergänzen und gegenseitig beleuchten.

Bedeutungsvoll muß zunächst erscheinen, daß des Sokrates Weltanschauung völlig als ein Ausdruck seiner Persönlichkeit, des Grundcharakters seines Seelenlebens auf die Nachwelt gekommen ist. Sowohl Plato wie Xenophon stellen Sokrates so dar, daß man den Eindruck hat: in ihm spricht überall seine persönliche Meinung; aber die Persönlichkeit trägt das Bewußtsein in sich: Wer seine persönliche Meinung aus den rechten Gründen der Seele herausspricht, der spricht etwas aus, was mehr ist als Menschenmeinung, was ein Ausdruck ist der Absichten der Weltordnung durch das menschliche Denken. — Sokrates wird von denen, die ihn zu kennen glauben, so aufgenommen, daß er ein Beweis dafür ist: in der Menschenseele kommt denkend die Wahrheit zustande, wenn diese Menschenseele mit ihrem Grundwesen so verbunden ist, wie es bei Sokrates der Fall war. Indem Plato auf Sokrates blickt, trägt er nicht eine Lehre vor, die durch Nachdenken «festgestellt» wird, sondern er läßt einen im rechten Sinne entwickelten *Menschen* sprechen und beobachtet, was dieser als Wahrheit hervorbringt. So wird die Art, wie sich Plato zu Sokrates verhält, zu einem Ausdruck dafür, was der Mensch in seinem Verhältnis zur Welt ist. Nicht allein das ist bedeutsam, was Plato über Sokrates vorgebracht hat, sondern das, wie er in seinem schriftstellerischen Verhalten Sokrates in die Welt des griechischen Geisteslebens hineingestellt hat.

Mit der Geburt des Gedankens war der Mensch auf seine «Seele» hingelenkt. Nun entsteht die Frage: Was sagt diese Seele, wenn sie sich zum Sprechen bringt und ausdrückt, was die Weltenkräfte in sie gelegt haben? Und durch die Art, wie Plato sich zu Sokrates stellt, ergibt sich die Antwort: In der Seele spricht die Vernunft der Welt dasjenige, was sie dem Menschen sagen will. - Damit ist begründet das *Vertrauen* in die Offenbarungen der Menschenseele, insofern diese den Gedanken in sich entwickelt. Im Zeichen dieses *Vertrauens* erscheint die Gestalt des Sokrates.

In alten Zeiten fragte der Grieche bei den Priesterstätten in wichtigen Lebensfragen an; er ließ sich «weissagen», was der Wille und die Meinung der geistigen Mächte ist. Solche Einrichtung steht im Einklange mit einem Seelen-

Erleben in Bildern. Durch das Bild fühlt der Mensch sich dem Walten der weltregierenden Mächte verbunden. Die Weissagestätte ist dann die Einrichtung, durch welche ein besonders dazu geeigneter Mensch den Weg zu den geistigen Mächten besser findet als andere Menschen. So lange man sich mit seiner Seele nicht abgesondert von der Außenwelt fühlte, war die Empfindung naturgemäß, daß diese Außenwelt durch eine besondere Einrichtung mehr zum Ausdruck bringen konnte als in dem Alltags-Erleben. Das Bild sprach von außen; warum sollte die Außenwelt an besonderem Orte nicht besonders deutlich sprechen können? Der Gedanke spricht zum Innern der Seele. Damit ist diese Seele *auf sich selbst* gewiesen; mit einer anderen Seele kann sie sich nicht so verbunden wissen wie mit den Kundgebungen der priesterlichen Weissagestätte. Man mußte dem Gedanken die eigene Seele hingeben. Man fühlte von dem Gedanken, daß er Gemeingut der Menschen ist.

In das Gedankenleben leuchtet die Weltvernunft hinein ohne besondere Einrichtungen. Sokrates empfand: In der denkenden Seele lebt die Kraft, welche an den «Weissagestätten» gesucht wurde. Er empfand das «Dämonium», die geistige Kraft, die die Seele führt, in sich. Der Gedanke hat die Seele zum Bewußtsein ihrer selbst gebracht. - Mit seiner Vorstellung des in ihm sprechenden Dämoniums, das, ihn stets führend, sagte, was er zu tun habe, wollte Sokrates ausdrücken: Die Seele, die sich im Gedankenleben gefunden hat, darf sich fühlen, als ob sie in sich mit der Weltvernunft verkehrte. Es ist dies der Ausdruck der Wertschätzung dessen, was die Seele in dem Gedanken-Erleben hat.

Unter dem Einflusse dieser Anschauung wird die «Tugend» in ein besonderes Licht gerückt. Wie Sokrates den Gedanken schätzt, so muß er voraussetzen, daß sich die wahre Tugend des Menschenlebens dem Gedankenleben offenbart. Die rechte Tugend muß in dem Gedankenleben gefunden werden, weil das Gedankenleben dem Menschen seinen Wert verleiht. «Die Tugend ist lehrbar», so wird des Sokrates Vorstellung zumeist ausgesprochen. Sie ist lehrbar, weil sie der besitzen muß, welcher das Gedankenleben wahrhaftig ergreift. Bedeutsam ist, was in dieser Beziehung Xenophon von Sokrates sagt. Sokrates belehrt einen Schüler über die Tugend. Es entwickelt sich das folgende Gespräch. Sokrates sagt: «Glaubst du nun, daß es eine Lehre und Wissenschaft der Gerechtigkeit gibt, ebenso wie eine Lehre der Grammatik?» Der Schüler: «Ja.» Sokrates: «Wen hältst du nun für fester in der Grammatik, den, welcher mit Absicht nicht richtig schreibt und liest, oder den, welcher unabsichtlich?» Schüler: «Den, sollte ich meinen, der es absichtlich tut, denn wenn er wollte, könnte er es auch richtig machen.» Sokrates: «Scheint dir nun nicht der, welcher absichtlich unrichtig schreibt, das Schreiben zu verstehen, der andere aber nicht?» Schüler: «Ohne Zweifel.» Sokrates: «Wer versteht sich nun aber besser auf das *Gerechte*, der *absichtlich* lügt oder betrügt, oder wer unabsichtlich?» (Xenophons Erinnerungen an Sokrates - Memorabilia -, übersetzt von Güthling.) Es handelt sich für Sokrates darum, dem Schüler klarzumachen, daß es darauf ankomme, die richtigen Gedanken über die Tugend zu haben. Auch dasjenige, was Sokrates von der Tugend sagt, zielt also darauf hinaus, das *Vertrauen* zu der im Gedanken-Erlebnis sich erkennenden Seele zu begründen. Man muß auf den rechten Gedanken der Tugend mehr vertrauen als auf alle anderen Motive. Den Menschen macht die Tugend schätzenswert, wenn er sie in Gedanken erlebt.

So kommt in Sokrates zum Ausdruck, wonach die vorsokratische Zeit strebte: Wertschätzung dessen, was der Menschenseele gegeben ist durch das erwachte Gedankenleben. Sokrates' Lehrmethode steht unter dem Einflusse dieser Vorstellung. Er tritt an den Menschen heran mit der Voraussetzung: in ihm ist das Gedankenleben; es braucht nur geweckt zu werden. Deshalb richtet er seine Fragen so ein, daß der Gefragte zum Erwecken seines Gedankenlebens veranlaßt wird. Darinnen liegt das Wesentliche der sokratischen Methode.

Der 427 v. Chr. in Athen geborene *Plato* empfand als Schüler des Sokrates, daß ihm durch diesen das Vertrauen in das Gedankenleben sich befestigte. Das, was die ganze bisherige Entwickelung zur Erscheinung bringen wollte: in Plato erreicht es einen Höhepunkt. Es ist die Vorstellung, daß im Gedankenleben sich der Weltengeist offenbart. Von dieser Empfindung wird zunächst Platos ganzes Seelenleben überleuchtet. Alles, was der Mensch durch die Sinne oder auf sonst eine Art erkennt, ist nicht wertvoll, solange die Seele es nicht in das Licht des Gedankens gerückt hat. Philosophie wird für Plato die Wissenschaft von den Ideen als dem wahren Seienden. Und die *Idee* ist die Offenbarung des Weltengeistes durch die Gedanken-Offenbarung. Das Licht des Weltengeistes scheint in die Menschenseele, offenbart sich da als *Ideen;* und die Menschenseele vereinigt sich, indem sie die Idee ergreift, mit der Kraft des Weltgeistes. Die im Raum und in der Zeit ausgebreitete Welt ist wie die Meereswassermasse, in der sich die Sterne spiegeln; doch ist wirklich nur, was sich als Idee spiegelt. So verwandelt sich für Plato die ganze Welt in die aufeinander wirkenden Ideen. Deren Wirken in der Welt kommt zustande dadurch, daß die Ideen sich in der Hyle, der Urmaterie, spiegeln. Durch diese Spiegelung ersteht das, was als viele Einzeldinge und Einzelvorgänge der Mensch sieht. Aber man braucht das Erkennen nicht auf die Hyle, den Urstoff, auszudehnen, denn in ihm ist nicht die Wahrheit. Zu dieser kommt man erst, wenn man von dem Weltbilde alles abstreift, was nicht Idee ist.

Die Menschenseele ist für Plato in der Idee lebend; aber dieses Leben ist so gestaltet, daß diese Seele nicht in allen ihren Äußerungen eine Offenbarung ihres Lebens in den Ideen ist. Insofern die Seele in das Ideenleben eingetaucht ist, erscheint sie als die «vernünftige Seele» (gedankentragende Seele). Als solche erscheint sich die Seele, wenn sie im Gedankenwahrnehmen sich selber offenbar wird. In ihrem irdischen Dasein ist sie außerstande, sich nur so zu offenbaren. Sie muß sich auch so zum Ausdruck bringen, daß sie als «unvernünftige Seele» (nicht gedankentragende Seele) erscheint. Und als solche tritt sie wieder in zweifacher Art auf, als mutentwickelnde und als begierdevolle Seele. So scheint Plato in der Menschenseele drei Glieder oder Teile zu unterscheiden: die Vernunftseele, die mutartige Seele und die Begierdeseele. Man wird aber den Geist seiner Vorstellungsart besser treffen, wenn man dies in anderer Art ausdrückt: Die Seele ist ihrem Wesen nach ein Glied der Ideenwelt. Als solche ist sie Vernunftseele. Sie betätigt sich aber so, daß sie zu ihrem Leben in der Vernunft hinzufügt eine Betätigung durch das Mutartige und das Begierdehafte. In dieser dreifachen Äußerungsart ist sie Erdenseele. Sie steigt als Vernunftseele durch die physische Geburt zum Erdendasein herab und geht mit dem Tode wieder in die Ideenwelt ein. Insofern sie Vernunftseele ist, ist sie *unsterblich*, denn sie lebt als solche das ewige Dasein der Ideenwelt mit.

Diese Seelenlehre des Plato erscheint als eine bedeutsame Tatsache innerhalb des Zeitalters der Gedankenwahrnehmung. Der erwachte Gedanke wies den Menschen auf die Seele hin. Bei Plato entwickelt sich eine Anschauung über die Seele, die ganz Ergebnis der Gedankenwahrnehmung ist. Der Gedanke hat sich in Plato erkühnt, nicht nur auf die Seele hinzuweisen, sondern auszudrücken, was die Seele ist, sie gewissermaßen zu beschreiben. Und, was der Gedanke über die Seele zu sagen hat, gibt dieser die Kraft, sich *im Ewigen zu wissen.* Ja, es beleuchtet der Gedanke in der Seele sogar die Natur des Zeitlichen, indem er sein eigenes Wesen über dieses Zeitliche hinaus erweitert. Die Seele nimmt den Gedanken wahr. So wie sie im Erdenleben sich offenbart, ist die reine Gestalt des Gedankens in ihr nicht zu entwickeln. Woher kommt das Gedankenerleben, wenn es nicht im Erdenleben entwickelt werden kann? Es bildet eine *Erinnerung* an einen vorirdischen, rein geistigen Zustand. Der Gedanke hat die Seele so ergriffen, daß er sich mit ihrer irdischen Existenz nicht begnügt. Er ist der Seele geoffenbart in einer Vorexistenz (Präexistenz) in der Geisteswelt (Ideenwelt), und die Seele holt ihn während ihrer irdischen Existenz durch Erinnerung aus jenem Leben herauf, das sie im Geiste verbracht hat.

Es ergibt sich aus dieser Seelenauffassung, was Plato über das sittliche Leben zu sagen hat. Die Seele ist sittlich, wenn sie das Leben so einrichtet, daß sie möglichst stark sich als Vernunftseele zum Ausdruck bringt. Die *Weisheit* ist die Tugend, welche aus der Vernunftseele stammt; sie veredelt das menschliche Leben; die *Starkmut* kommt der mutartigen, die *Besonnenheit* der begierdevollen Seele zu. Die beiden letzteren Tugenden entstehen, wenn die Vernunftseele über die anderen Seelenoffenbarungen zum Herrscher wird. Wenn alle drei Tugenden harmonisch im Menschen zusammenwirken, so entsteht das, was Plato die *Gerechtigkeit* - die Richtung auf das Gute, Dikaiosyne - nennt.

Platos Schüler *Aristoteles* (geb. 384 v. Chr. in Stagira in Thrazien, gest. 321 v. Chr.) bezeichnet neben seinem Lehrer einen Höhepunkt des griechischen Denkens. Bei ihm ist das Einleben des Gedankens in die Weltanschauung bereits vollzogen und zur Ruhe gekommen. Der Gedanke tritt sein rechtmäßiges Besitztum an, um die Wesen und Vorgänge der Welt von sich aus zu begreifen. Plato wendet sein Vorstellen noch dazu an, den Gedanken in seine Herrschaft einzusetzen und ihn zur Ideenwelt zu führen. Bei Aristoteles ist diese Herrschaft selbstverständlich geworden. Es kommt ferner darauf an, sie über die Gebiete der Erkenntnis hin überall zu befestigen. Aristoteles versteht, den Gedanken als ein Werkzeug zu gebrauchen, das in das Wesen der Dinge eindringt. Für Plato handelt es sich darum, das Ding oder Wesen der Außenwelt zu überwinden; und wenn es überwunden ist, trägt die Seele die Idee in sich, von welcher das Außenwesen nur überschattet war, ihm aber fremd ist, und in einer geistigen Welt der Wahrheit über ihm schwebt. Aristoteles will in die Wesen und Vorgänge untertauchen, und was die Seele bei diesem Untertauchen findet, das ist ihm das Wesen des Dinges selbst. Die Seele fühlt, wie wenn sie dieses Wesen nur aus dem Dinge herausgehoben und für sich in die Gedankenform gebracht hätte, damit sie es wie ein Andenken an das Ding mit sich tragen könne. So sind für Aristoteles die Ideen *in* den Dingen und Vorgängen; sie sind die *eine Seite* der Dinge, diejenige, welche die Seele mit ihren Mitteln aus ihnen herausheben kann; die andere Seite, welche die Seele nicht aus den Dingen herausheben kann, durch welche diese ihr auf sich gebautes Leben haben, ist der Stoff, die Materie (Hyle).

Wie bei Plato auf dessen ganze Weltanschauung von seiner Seelenanschauung aus Licht fällt, so ist dieses auch bei Aristoteles der Fall. Bei beiden Denkern liegt die Sache so, daß man das Grundwesen ihrer ganzen Weltanschauung charakterisiert, wenn man dies für ihre Seelenanschauung vollbringt. Gewiß kämen für beide Denker viele Einzelheiten in Betracht, die in diesen Ausführungen keine Stelle finden können; doch gibt bei beiden die Seelenauffassung die *Richtung,* welche ihre Vorstellungsart genommen hat.

Für Plato kommt in Betracht, was in der Seele lebt und als solches an der Geisteswelt Anteil hat; für Aristoteles ist wichtig, wie die Seele sich im Menschen für dessen eigene Erkenntnis darstellt. Wie in die anderen Dinge muß die Seele auch in sich selbst untertauchen, um in sich dasjenige zu finden, was ihr Wesen ausmacht. Die Idee, welche im Sinne des Aristoteles der Mensch in einem außerseelischen Dinge findet, ist zwar dieses Wesen des Dinges; aber die Seele hat dieses Wesen in die Ideenform gebracht, um es für sich zu haben. Ihre Wirklichkeit hat die Idee nicht in der erkennenden Seele, sondern in dem Außendinge mit dem Stoffe (der Hyle) zusammen. Taucht die Seele aber in sich selbst unter, so findet sie die Idee als solche in Wirklichkeit. Die Seele ist in diesem Sinne Idee, aber tätige Idee, wirksame Wesenheit. Und sie verhält sich auch im

Leben des Menschen als solche wirksame Wesenheit. Sie erfaßt im Keimesleben des Menschen das Körperliche. Während bei einem außerseelischen Ding Idee und Stoff eine untrennbare Einheit bilden, ist dies bei der Menschenseele und ihrem Leibe nicht der Fall. Da erfaßt die selbständige Menschenseele das Leibliche, setzt die im Leibe schon tätige Idee außer Kraft, und setzt sich selbst an deren Stelle. In dem Leiblichen, mit dem sich die Menschenseele verbindet, lebt im Sinne des Aristoteles schon ein Seelisches. Denn er sieht auch in dem Pflanzenleibe und in dem Tierleibe ein untergeordnetes Seelisches wirksam. Ein Leib, welcher das Seelische der Pflanze und des Tieres in sich trägt, wird durch die Menschenseele gleichsam befruchtet, und so verbindet sich für den Erdenmenschen ein Leiblich-Seelisches mit einem Geistig-Seelischen. Dieses letztere hebt die selbständige Wirksamkeit des Leiblich-Seelischen während der Dauer des menschlichen Erdenlebens auf und wirkt selbst mit dem Leiblich-Seelischen als mit seinem Instrument. Dadurch entstehen fünf Seelenäußerungen, die bei Aristoteles wie fünf Seelenglieder erscheinen: die pflanzenhafte Seele (Threptikon), die empfindende Seele (Ästhetikon), die begierdenentwickelnde Seele (Orektikon), die willenentfaltende Seele (Kinetikon) und die geistige Seele (Dianoetikon). Geistige Seele ist der Mensch durch das, was der geistigen Welt angehört und sich im Keimesleben mit dem Leiblich-Seelischen verbindet; die anderen Seelenglieder entstehen, indem sich die geistige Seele in dem Leiblichen entfaltet und durch dasselbe das Erdenleben führt. Mit dem Hinblicke auf eine geistige Seele ist für Aristoteles naturgemäß der auf eine Geisteswelt überhaupt gegeben. - Das Weltbild des Aristoteles steht so vor dem betrachtenden Blicke, daß unten die Dinge und Vorgänge leben, Stoff und Idee darstellend; je höher man den Blick wendet, um so mehr schwindet, was stofflichen Charakter trägt; rein Geistiges - dem Menschen sich als Idee darstellend - erscheint, die Weltsphäre, in welcher das Göttliche als reine Geistigkeit, die alles bewegt, sein Wesen hat. - Dieser Weltsphäre gehört die geistige Menschenseele an; sie ist als individuelles Wesen nicht, sondern nur als Teil des Weltengeistes vorhanden, bevor sie sich mit einem Leiblich-Seelischen verbindet. Durch diese Verbindung erwirbt sie sich ihr individuelles, vom Weltgeist abgesondertes Dasein und lebt nach der Trennung vom Leiblichen als geistiges Wesen weiter fort. So nimmt das individuelle Seelenwesen mit dem menschlichen Erdenleben seinen Anfang und lebt dann unsterblich weiter. Eine Vorexistenz der Seele vor dem Erdenleben nimmt Plato an, nicht aber Aristoteles. Dies ist ebenso naturgemäß für letzteren, welcher die Idee im Dinge bestehen läßt, wie das andere naturgemäß für jenen ist, der die Idee über dem Dinge schwebend vorstellt. Aristoteles findet die Idee in dem Dinge; und die Seele erlangt das, was sie in der Geisteswelt als Individualität sein soll, *in* dem Leibe.

Aristoteles ist der Denker, welcher den Gedanken durch die Berührung mit dem Wesen der Welt sich zur Weltanschauung entfalten läßt. Das Zeitalter vor Aristoteles hat zu dem Erleben der Gedanken hingeführt; Aristoteles ergreift die Gedanken und wendet sie auf dasjenige an, was sich ihm in der Welt darbietet. Die selbstverständliche Art, in dem Gedanken zu leben, die ihm eigen ist, führt Aristoteles auch dazu, die Gesetze des Gedankenlebens selbst, die Logik, zu erforschen. Eine solche Wissenschaft konnte erst entstehen, nachdem der erwachte Gedanke zu einem reifen Leben gediehen und zu einem solch harmonischen Verhältnisse mit den Dingen der Außenwelt gekommen war, wie es bei Aristoteles zu treffen ist.

Neben Aristoteles gestellt, sind die Denker, welche das griechische, ja das gesamte Altertum als seine Zeitgenossen und Nachfolger aufweist, Persönlichkeiten, die von viel geringerer Bedeutung erscheinen. Sie machen den Eindruck, als ob ihren Fähigkeiten etwas abgehe, um zu der Stufe der Einsicht sich zu erheben, auf welcher Aristoteles stand. Man hat das Gefühl, sie weichen von ihm ab, weil sie Ansichten aufstellen müssen über Dinge, die sie nicht so gut verstehen wie er. Man möchte ihre Ansichten aus ihrem Mangel herleiten, der sie verführte, Meinungen zu äußern, die im Grunde bei Aristoteles schon widerlegt sind.

Solchen Eindruck kann man zunächst empfangen von den *Stoikern* und *Epikureern*. Zu den ersteren, die ihren Namen von der Säulenhalle, Stoa, in Athen hatten, in welcher sie lehrten, gehören *Zenon von Kition* (336—264 v. Chr.), *Kleanthes* (331—233), *Chrysippus* (280—208) und andere. Sie nehmen aus früheren Weltanschauungen, was ihnen in denselben vernünftig zu sein scheint; es kommt ihnen aber vor allem darauf an, durch die Weltbetrachtung zu erfahren, wie der Mensch in die Welt hineingestellt ist. Danach wollen sie bestimmen, wie das Leben einzurichten ist, damit es der Weltordnung entspricht, und damit der Mensch im Sinne dieser Weltordnung dasjenige auslebt, was seinem Wesen gemäß ist. - Durch Begierden, Leidenschaften, Bedürfnisse betäubt - in ihrem Sinne - der Mensch sein naturgemäßes Wesen; durch Gleichmut, Bedürfnislosigkeit fühlt er am besten, was er sein soll und sein kann. Das Ideal des Menschen ist «der

Weise», welcher die innere Entfaltung des Menschenwesens durch keine Untugend verdunkelt.

Waren die Denker bis zu Aristoteles darauf bedacht, die Erkenntnis zu erlangen, welche dem Menschen erreichbar ist, nachdem er durch das Gedankenwahrnehmen zum vollen Bewußtsein seiner Seele gekommen war, so beginnt mit den Stoikern das Nachdenken darüber: Was soll der Mensch tun, um seine Menschenwesenheit am besten zum Ausdruck zu bringen?

Epikur (geb. 342, gest. 271 v. Chr.) bildete in seiner Art die Elemente aus, welche in der Atomistik schon veranlagt waren. Und auf diesem Unterbau läßt er eine Lebensansicht sich erheben, welche als eine Antwort auf die Frage angesehen werden kann: Da die menschliche Seele sich wie die Blüte aus den Weltvorgängen heraushebt, wie soll sie leben, um ihr Sonderleben, ihre Selbständigkeit dem vernünftigen Denken gemäß zu gestalten? Epikur konnte nur in einer solchen Art diese Frage beantworten, welche das Seelenleben zwischen Geburt und Tod in Betracht zieht, denn bei voller Aufrichtigkeit kann sich aus der atomistischen Weltanschauung nichts anderes ergeben. Ein besonderes Lebensrätsel muß für eine solche Anschauung der Schmerz bilden. Denn der Schmerz ist eine derjenigen Tatsachen, welche die Seele aus dem Bewußtsein ihrer Einheit mit den Weltendingen heraustreiben. Man kann die Bewegung der Sterne, das Fallen des Regens im Sinne der Weltanschauung der Vorzeit so betrachten, wie die Bewegung der eigenen Hand, das heißt in beiden ein einheitliches Geistig-Seelisches erfühlen. Daß Vorgänge *im* Menschen Schmerzen bereiten können, solche außer ihm nicht, das treibt aber die Seele zur Anerkennung ihres besonderen Wesens. Eine Tugendlehre, welche wie die Epikurs danach strebt, im Einklange mit der Weltvernunft zu leben, kann begreiflicherweise ein solches Lebensideal besonders schätzen, welches zur Vermeidung des Schmerzes, der Unlust führt. So wird alles, was Unlust beseitigt, zum höchsten epikureischen Lebensgut.

Diese Lebensauffassung fand im weiteren Altertume zahlreiche Anhänger, namentlich auch bei den nach Bildung strebenden Römern. Der römische Dichter *T. Lucretius Carus* (96—55 v. Chr.) hat ihr in seinem Gedicht «Über die Natur» einen formvollendeten Ausdruck gegeben.

Das Gedankenwahrnehmen führt die menschliche Seele zur Anerkennung ihrer selbst. Es kann aber auch eintreten, daß die Seele sich ohnmächtig fühlt, das Gedankenerleben so zu vertiefen, daß sie in ihm einen Zusammenhang findet mit den Gründen der Welt. Dann fühlt sich die Seele losgerissen von dem Zusammenhang mit diesen Gründen durch das Denken; sie fühlt, daß in dem Denken ihr Wesen liegt; aber sie findet keinen Weg, um im Gedankenleben etwas anderes als nur ihre eigene Behauptung zu finden. Dann kann sie sich nur dem Verzicht auf jede wahre Erkenntnis ergeben. In solchem Falle waren *Pyrrho* (360—270 v. Chr.) und seine Anhänger, deren Bekenntnis man als *Skeptizismus* bezeichnet. Der Skeptizismus, die Weltanschauung des Zweifels, schreibt dem Gedankenerleben keine andere Fähigkeit zu, als menschliche Meinungen sich über die Welt zu machen; ob diese Meinungen für die Welt außerhalb des Menschen eine Bedeutung haben, darüber will er nichts entscheiden.

Man kann in der Reihe der griechischen Denker ein in gewissem Sinne geschlossenes Bild erblicken. Zwar wird man sich gestehen müssen, daß ein solcher Zusammenschluß der Ansichten von Persönlichkeiten allzu leicht einen ganz äußeren Charakter tragen und in vieler Beziehung nur von untergeordneter Bedeutung sein kann. Denn das Wesentliche bleibt doch die Betrachtung der einzelnen Persönlichkeiten und das Gewinnen von Eindrücken darüber, wie sich in diesen einzelnen Persönlichkeiten das Allgemein-Menschliche in besonderen Fällen zur Offenbarung bringt. Doch sieht man in der griechischen Denkerreihe etwas wie das Geborenwerden, Sich-Entfalten und Leben des Gedankens; in den vorsokratischen Denkern eine Art Vorspiel, in Sokrates, Plato und Aristoteles die Höhe, und in der Folgezeit ein Herabsteigen des Gedankenlebens, eine Art Auflösung desselben.

Wer diesem Verlauf betrachtend folgt, der kann zu der Frage kommen: Hat das Gedankenerleben wirklich die Kraft, der Seele alles das zu geben, worauf es sie geführt hat, indem es sie zum vollen Bewußtsein ihrer selbst gebracht hat? Das griechische Gedankenerleben hat für den unbefangenen Beobachter ein Element, das es «vollkommen» im besten Sinne erscheinen läßt. Es ist, als ob in den griechischen Denkern die Gedankenkraft alles herausgearbeitet hätte, was sie in sich selbst birgt. Wer anders urteilen will, wird bei genauem Zusehen bemerken, daß sein Urteilen irgendwo einen Irrtum birgt. Spätere Weltanschauungen haben durch andere Seelenkräfte anderes hervorgebracht; die späteren Gedanken als solche stellen sich stets so dar, daß sie in ihrem eigentlichen Gedankengehalte schon bei irgendeinem griechischen Denker vorhanden waren. Was *gedacht* werden kann, und wie man an dem Denken und der Erkenntnis zweifeln kann: alles das tritt in der griechischen Kultur auf. Und in der Gedankenoffenbarung erfaßt sich die Seele in ihrer Wesenheit.

Doch hat das griechische Gedankenleben der Seele gezeigt, daß es die Kraft hat, ihr *alles* das zu geben, was es in ihr angeregt hat? Vor dieser Frage stand, wie einen Nachklang des griechischen Gedankenlebens bildend, die Weltanschauungsströmung, welche man den *Neuplatonismus* nennt. Ihr Hauptträger ist *Plotin* (205—270 n. Chr.). Ein Vorläufer kann schon *Philo* genannt werden, der im Beginne unserer Zeitrechnung in Alexandrien lebte. Denn Philo stützt sich nicht auf die schöpferische Kraft des Gedankens zum Aufbaue einer Weltanschauung. Er wendet vielmehr den Gedanken an, um die Offenbarung des Alten Testaments zu verstehen. Er legt, was in demselben als Tatsachen erzählt wird, gedanklich, allegorisch aus. Die Erzählungen des Testamentes werden ihm zu Sinnbildern für Seelenvorgänge, denen er gedanklich nahezukommen sucht. *Plotin* sieht in dem Gedankenerleben der Seele nicht etwas, was die Seele in ihrem vollen Leben umfaßt. Hinter dem Gedankenleben muß ein anderes Seelenleben liegen. Über *dieses* Seelenleben breitet die Erfassung der Gedanken eher eine Decke, als daß sie dasselbe enthüllte. Die Seele muß das Gedankenwesen überwinden, es in sich austilgen, und kann nach dieser Austilgung in ein Erleben kommen, welches sie mit dem Urwesen der Welt verbindet. Der Gedanke bringt die Seele zu sich; sie muß nun in sich etwas erfassen, was sie aus dem Gebiete wieder herausführt, in das sie der Gedanke gebracht hat. Eine *Erleuchtung*, die in der Seele auftritt, nachdem diese das Gebiet verlassen hat, auf das sie der Gedanke gebracht hat, strebt Plotin an. So glaubt er sich zu einem Weltenwesen zu erheben, das nicht in das Gedankenleben eingeht; daher ist ihm die Weltvernunft, zu der sich Plato und Aristoteles erheben, nicht das letzte, zu dem die Seele kommt, sondern ein Geschöpf des Höheren, das jenseits alles Denkens liegt. Von diesem Übergedanklichen, das mit nichts verglichen werden kann, worüber Gedanken möglich sind, strömt alles Weltgeschehen aus. - Der Gedanke, wie er sich dem griechischen Geistesleben offenbaren konnte, hat gewissermaßen bis zu Plotin hin seinen Umkreis gemacht und damit die Verhältnisse erschöpft, in welche sich der Mensch zu ihm bringen kann. Und Plotin sucht nach anderen Quellen als denjenigen, welche in der Gedankenoffenbarung liegen. Er schreitet aus dem sich fortentwickelnden Gedankenleben heraus und in das Gebiet der Mystik hinein. Ausführungen über die Entwickelung der eigentlichen Mystik sind hier nicht beabsichtigt, sondern nur solche, welche die Gedankenentwickelung darstellen, und dasjenige, was aus dieser selbst hervorgeht. Doch finden an verschiedenen Stellen der Geistesentwickelung der Menschheit Verbindungen der gedanklichen Weltanschauung mit der Mystik statt. Eine solche Verbindung ist bei Plotin vorhanden. In seinem Seelenleben ist nicht das bloße Denken maßgebend. Er hat eine seelische Erfahrung, welche inneres Erleben darstellt, ohne daß Gedanken in der Seele anwesend sind, mystisches Erleben. In diesem Erleben fühlt er seine Seele vereinigt mit dem Weltengrunde. Wie er aber dann den Zusammenhang der Welt mit diesem Weltengrunde darstellt, das ist in Gedanken auszudrücken. Aus dem Übergedanklichen strömten die Weltenwesen aus. Das Übergedankliche ist das Vollkommenste. Was daraus hervorgeht, ist weniger vollkommen. So geht es bis herab zu der sichtbaren Welt, dem Unvollkommensten. Innerhalb desselben findet sich der Mensch. Er soll durch die Vervollkommnung seiner Seele dasjenige abstreifen, was ihm die Welt geben kann, in der er sich zunächst befindet, und so einen Weg finden, der aus ihm ein Wesen macht, das dem vollkommenen Ursprunge angemessen ist.

Plotin stellt sich dar als eine Persönlichkeit, welche sich in die Unmöglichkeit versetzt fühlt, das griechische Gedankenleben fortzusetzen. Er kann auf nichts kommen, was wie ein weiterer Sproß des Weltanschauungslebens aus dem Gedanken selbst folgt. Richtet man den Blick auf den Sinn der Weltanschauungsentwickelung, so ist man berechtigt zu sagen: Das Bildvorstellen ist zum Gedankenvorstellen geworden; in ähnlicher Art muß das Gedankenvorstellen sich weiter in etwas anderes verwandeln. Aber dazu ist zu Plotins Zeit die Weltanschauungsentwickelung noch nicht reif. Deshalb verläßt Plotin den Gedanken und sucht außerhalb des Gedankenerlebens. Doch gestalten sich die griechischen Gedanken, befruchtet durch seine mystischen Erlebnisse, zu den Entwickelungsideen aus, welche das Weltgeschehen vorstellen als Hervorgehen einer Stufenfolge von in absteigender Ordnung unvollkommenen Wesen aus einem höchsten vollkommenen. In Plotins Denken wirken die griechischen Gedanken fort; doch sie wachsen nicht wie ein Organismus weiter, sondern werden von dem mystischen Erleben aufgenommen und gestalten sich nicht zu dem um, was sie selbst aus sich bilden, sondern zu einem solchen, das durch außergedankliche Kräfte umgestaltet wird. Bekenner und Fortsetzer dieser Weltanschauung sind *Ammonius Sakkas* (175 bis 242), *Porphyrius* (232—304), *Jamblichus* (der im vierten Jahrhundert n. Chr. lebte), *Proklus* (410—485) und andere.

In einer ähnlichen Art, wie durch Plotin und seine Nachfolger das griechische Denken in seiner mehr platonischen Färbung unter dem Einfluß eines außergedanklichen Elementes fortgesetzt wird, geschieht es mit diesem Denken in seiner pythagoreischen Nuance durch Nigidius Figulus, Apollonius von Tyana, Moderatus von Gades und anderen.

DAS GEDANKENLEBEN VOM BEGINN DER CHRISTLICHEN ZEITRECHNUNG BIS ZU JOHANNES SCOTUS ODER ERIGENA

In dem Zeitalter, das auf die Blüte der griechischen Weltanschauungen folgt, tauchen diese in das religiöse Leben dieses Zeitalters unter. Die Weltanschauungsströmung verschwindet gewissermaßen in den religiösen Bewegungen und taucht erst in einem späteren Zeitpunkte wieder auf. Damit soll nicht behauptet werden, daß diese religiösen Bewegungen nicht im Zusammenhang mit dem Fortgange des Weltanschauungslebens stehen. Es ist dies vielmehr in dem allerumfassendsten Sinne der Fall. Doch wird hier nicht beabsichtigt, etwas über die Entwickelung des religiösen Lebens zu sagen. Es soll nur der Fortgang der Weltanschauungen charakterisiert werden, insofern dieser aus dem Gedankenerleben als solchem sich ergibt.

Nach der Erschöpfung des griechischen Gedankenlebens tritt im Geistesleben der Menschheit ein Zeitalter ein, in welchem die religiösen Impulse die treibenden Kräfte auch der gedanklichen Weltanschauung werden. Was bei Plotin sein eigenes mystisches Erleben war, das Inspirierende für seine Ideen, das werden in ausgebreiteterem Leben für die geistige Menschheitsentwickelung die religiösen Impulse in einem Zeitalter, das mit der Erschöpfung der griechischen Weltanschauung beginnt und etwa bis zu Scotus Erigena (gest. 877 n. Chr.) dauert. - Es hört die Gedankenentwickelung in diesem Zeitalter nicht etwa völlig auf; es entfalten sich sogar großartige, umfassende Gedankengebäude. Doch ziehen die Gedankenkräfte derselben ihre Quellen nicht aus sich selbst, sondern aus den religiösen Impulsen.

Es strömt in diesem Zeitalter die religiöse Vorstellungsart durch die sich entwickelnden Menschenseelen, und aus den Anregungen dieser Vorstellungsart fließen die Weltbilder. Die Gedanken, die dabei zutage treten, sind die fortwirkenden griechischen Gedanken. Man nimmt diese auf, gestaltet sie um; aber man bringt sie zu keinem Wachstum aus sich selbst heraus. Aus dem Hintergrunde des religiösen Lebens heraus treten die Weltanschauungen. Was in ihnen lebt, ist nicht der sich entfaltende Gedanke; es sind die religiösen Impulse, welche danach drängen, in den errungenen Gedanken sich einen Ausdruck zu verschaffen.

Man kann an einzelnen bedeutsamen Erscheinungen diese Entwickelung betrachten. Man sieht dann auf europäischem Boden platonische und ältere Vorstellungsarten damit ringen, zu begreifen, was die Religionen verkünden, oder auch es bekämpfen. Bedeutende Denker suchen, was die Religion offenbart, auch gerechtfertigt vor den alten Weltanschauungen darzustellen. - So kommt zustande, was die Geschichte als *Gnosis* bezeichnet, in einer mehr christlichen oder mehr heidnischen Färbung. Persönlichkeiten, welche für die Gnosis in Betracht kommen, sind Valentinus, Basilides, Marcion. Ihre Gedankenschöpfung ist eine umfassende Weltentwickelungsvorstellung. Das Erkennen, die Gnosis, mündet, wenn es sich aus dem Gedanklichen ins Übergedankliche erhebt, in die Vorstellung einer höchsten weltschöpferischen Wesenheit. Weit erhaben über alles, was als Welt von dem Menschen wahrgenommen wird, ist diese Wesenheit. Und weit erhaben sind auch noch die Wesenheiten, welche sie aus sich hervorgehen läßt, die Äonen. Doch bilden diese eine absteigende Entwickelungsreihe, so daß ein Äon als ein unvollkommenerer immer aus einem vollkommeneren hervorgeht. Als ein solcher Äon auf einer späteren Entwickelungsstufe ist der Schöpfer der dem Menschen wahrnehmbaren Welt anzusehen, der auch der Mensch selbst zugehört. Mit dieser Welt kann sich nun ein Äon des höchsten Vollkommenheitsgrades verbinden. Ein Äon, der in einer rein geistigen, vollkommenen Welt verblieben und da sich im besten Sinne weiterentwickelt hat, während andere Äonen Unvollkommenes und zuletzt die sinnliche Welt mit dem Menschen hervorgebracht haben. So ist für die Gnosis die Verbindung zweier Welten denkbar, welche verschiedene Entwickelungswege durchgemacht haben, und von denen dann in einem Zeitpunkte die unvollkommene von der vollkommenen zu neuer Entwickelung nach dem Vollkommenen zu angeregt wird. - Die dem Christentum zugeneigten Gnostiker sahen in dem Christus Jesus jenen vollkommenen Äon, der mit der Erdenwelt sich verbunden hat.

Mehr auf dogmatisch-christlichem Boden standen Persönlichkeiten wie *Clemens von Alexandrien* (gest. etwa 211 n. Chr.) und *Origenes* (geb. etwa 183 n. Chr.). Clemens nimmt die griechischen Weltanschauungen wie eine Vorbereitung der christlichen Offenbarung und benützt sie als ein Instrument, um die christlichen Impulse auszudrücken und zu verteidigen. In ähnlicher Art verfährt Origenes.

Wie zusammenfließend in einem umfassenden Vorstellungsstrom findet sich das von den religiösen Impulsen inspirierte Gedankenleben in den Schriften des *Areopagiten Dionysius.* Diese Schriften werden vom Jahr 533 n. Chr. an erwähnt, sind wohl nicht viel früher verfaßt, gehen aber in ihren Grundzügen, nicht in den Einzelheiten, auf früheres Denken dieses Zeitalters zurück. - Man kann den Inhalt in der folgenden Art skizzieren: Wenn die Seele sich allem entringt, was sie als Seiendes wahrnehmen und denken kann, wenn sie auch hinausgeht über alles, was sie als Nichtseiendes zu denken vermag, so kann sie das Gebiet der überseienden, verborgenen Gotteswesenheit geistig erahnen. In dieser ist das Urseiende mit der Urgüte und der Urschönheit vereinigt. Von dieser ursprünglichen Dreiheit ausgehend, schaut die Seele absteigend eine Rangordnung von Wesen, die in hierarchischer Ordnung bis zum Menschen gehen.

Scotus Erigena übernimmt im neunten Jahrhunderte diese Weltanschauung und baut sie in seiner Art aus. Für ihn stellt sich die Welt als eine Entwickelung in vier «Naturformen» dar. Die erste ist die «schaffende und nicht geschaffene Natur». In ihr ist der rein geistige Urgrund der Welt enthalten, aus dem sich die «schaffende und geschaffene Natur» entwickelt. Das ist eine Summe von rein geistigen Wesenheiten und Kräften, die durch ihre Tätigkeit erst die «geschaffene und nicht schaffende Natur» hervorbringen, zu welcher die Sinnenwelt und der Mensch gehören. Diese entwickeln sich so, daß sie aufgenommen werden in die «nicht geschaffene und nicht schaffende Natur», innerhalb welcher die Tatsachen der Erlösung, die religiösen Gnadenmittel usw. wirken.

In den Weltanschauungen der Gnostiker, des Dionysius, des Scotus Erigena fühlt die Menschenseele ihre Wurzel in einem Weltengrunde, auf den sie sich nicht durch die Kraft des Gedankens stellt, sondern von dem sie die Gedankenwelt als Gabe empfangen will. In der Eigenkraft des Gedankens fühlt sich die Seele nicht sicher; doch strebt sie danach, ihr Verhältnis zu dem Weltgrunde im

Gedanken zu erleben. Sie läßt in sich den Gedanken, der bei den griechischen Denkern von seiner eigenen Kraft lebte, von einer anderen Kraft beleben, die sie aus den religiösen Impulsen holt. Es führt der Gedanke in diesem Zeitalter gewissermaßen ein Dasein, in dem seine eigene Kraft schlummert. So darf man sich auch das Bildervorstellen denken in den Jahrhunderten, die der Geburt des Gedankens vorangegangen sind. Das Bildvorstellen hatte wohl eine uralte Blüte, ähnlich wie das Gedankenerleben in Griechenland; dann sog es seine Kraft aus anderen Impulsen, und erst als es durch diesen Zwischenzustand hindurchgegangen war, verwandelte es sich in das Gedankenerleben. Es ist ein Zwischenzustand des Gedankenwachstums, der sich in den ersten Jahrhunderten der christlichen Zeitrechnung darstellt.

In Asien, wo des Aristoteles Anschauungen Verbreitung fanden, entsteht das Bestreben, die semitischen Religionsimpulse in den Ideen des griechischen Denkers zum Ausdrucke zu bringen. Das verpflanzt sich dann auf europäischen Boden und tritt ein in das europäische Geistesleben durch Denker wie *Averroes*, den großen Aristoteliker (1126—1198), *Maimonides* (1135—1204) und andere. - Bei Averroes findet man die Ansicht, daß das Vorhandensein einer besonderen Gedankenwelt in der Persönlichkeit des Menschen ein Irrtum sei. Es gibt nur *eine* einige Gedankenwelt in dem göttlichen Urwesen. Wie sich ein Licht in vielen Spiegeln abbilden kann, so offenbart sich die *eine* Gedankenwelt in den vielen Menschen. Es findet zwar während des menschlichen Erdenlebens eine Fortbildung der Gedankenwelt statt; doch ist diese in Wahrheit nur ein Vorgang in dem geistigen einigenden Urgrunde. Stirbt der Mensch, so hört einfach die individuelle Offenbarung durch ihn auf. Sein Gedankenleben ist nur mehr in dem *einen Gedankenleben* vorhanden. - Diese Weltanschauung läßt das griechische Gedankenerleben so fortwirken, daß sie dieses in dem einheitlichen göttlichen Weltengrunde verankert. Sie macht den Eindruck, als ob in ihr zum Ausdruck käme, daß die sich entwickelnde Menschenseele in sich nicht die ureigene Kraft des Gedankens fühlte; deshalb verlegt sie diese Kraft in eine außermenschliche Weltenmacht.

Wie eine Vorverkündigung zeigt sich ein neues Element, welches das Gedankenleben selbst aus sich hervorbringt. bei *Augustinus* (354—430), um dann wieder unbemerkbar weiter zu strömen in dem es überdeckenden religiösen Vorstellen, und erst im späteren Mittelalter deutlicher hervorzutreten. Bei Augustinus ist das Neue wie eine Rückerinnerung an das griechische Gedankenleben. Er blickt um sich und in sich und sagt sich: Mag alles nur Ungewisses und Täuschung geben, was sonst die Welt offenbart, - an einem ist nicht zu zweifeln: an der Gewißheit des seelischen Erlebens selbst. Das wird mir durch keine Wahrnehmung zuteil, die mich täuschen kann; in diesem bin ich selbst darinnen; es *ist*, denn ich bin dabei, indem ihm sein Sein zugeschrieben wird.

Man kann in diesen Vorstellungen etwas Neues gegenüber dem griechischen Gedankenleben erblicken, trotzdem sie zunächst einer Rückerinnerung an dasselbe gleichen. Das griechische Denken deutet auf die Seele; bei Augustinus wird auf den Mittelpunkt des Seelenlebens gewiesen. Die griechischen Denker betrachten die Seele in ihrem Verhältnis zur Welt; bei Augustinus stellt sich dem Seelenleben *etwas in demselben* gegenüber und betrachtet dieses Seelenleben als eine besondere, in sich geschlossene Welt. Man kann den Mittelpunkt des Seelenlebens das «Ich» des Menschen nennen. Den griechischen Denkern wird das Verhältnis der Seele zur Welt zum Rätsel; den neueren Denkern das Verhältnis des «Ich» zur Seele. Bei Augustinus kündigt sich das erst an; die folgenden Weltanschauungsbestrebungen haben noch zu viel zu tun, um Weltanschauung und Religion in Einklang zu bringen, als daß das Neue, das jetzt in das Geistesleben hereingetreten ist, ihnen schon deutlich zum Bewußtsein käme. Und doch lebt in der Folgezeit, den Seelen mehr oder weniger unbewußt, das Bestreben, die Welträtsel so zu betrachten, wie es das neue Element fordert. Bei Denkern wie *Anselm von Canterbury* (1033—1109) und *Thomas von Aquino* (1227—1274) tritt das noch so hervor, daß sie dem auf sich selbst gestützten menschlichen Denken zwar die Fähigkeit zuschreiben, die Weltvorgänge bis zu einem gewissen Grade zu erforschen, daß sie diese Fähigkeit aber begrenzen. Für sie gibt es eine höhere geistige Wirklichkeit, zu welcher das sich selbst überlassene Denken niemals kommen kann, sondern die ihm auf religiöse Art geoffenbart werden muß. Der Mensch wurzelt im Sinne des Thomas von Aquino mit seinem Seelenleben in der Weltwirklichkeit; doch kann dieses Seelenleben aus sich selbst heraus diese Wirklichkeit in ihrem vollen Umfange nicht erkennen. Der Mensch könnte nicht wissen, wie sein Wesen in dem Gange der Welt drinnen steht, wenn nicht das Geistwesen, zu dem sein Erkennen nicht dringt, sich zu ihm neigte und ihm auf dem Offenbarungswege mitteilte, was der nur auf ihre eigene Kraft bauenden Erkenntnis verborgen bleiben muß. Von dieser Voraussetzung aus baut Thomas von Aquino sein Weltbild auf. Es hat zwei Teile, den einen, der aus den Wahrheiten besteht, welche sich dem eigenen Gedankenerleben über den natürlichen Verlauf der Dinge erschließen; dieser Teil mündet in einen anderen, in welchem sich das befindet, was durch Bibel und religiöse Offenbarung an die Menschenseele herangekommen ist. Es muß also in die Seele etwas dringen, was ihrem Eigenleben nicht erreichbar ist, wenn sie in ihrem vollen Wesen sich erfühlen will.

Thomas von Aquino macht sich ganz vertraut mit der Weltanschauung des Aristoteles. Dieser wird ihm wie sein Meister im Gedankenleben. Thomas ist damit die hervorragendste, aber doch nur eine der zahlreichen Persönlichkeiten des Mittelalters, welche ganz auf dem Gedankenbau des Aristoteles den eigenen aufführen. Aristoteles wird für Jahrhunderte «der Meister derer, die da wissen», wie Dante die Verehrung für Aristoteles im Mittelalter ausdrückt. - Thomas von Aquino hat das Bestreben, in aristotelischer Art zu begreifen, was menschlich begreifbar ist. So wird ihm Aristoteles' Weltanschauung zum Führer bis zu jener Grenze, bis zu der das menschliche Seelenleben mit seinen eigenen Kräften dringen kann; jenseits dieser Grenzen liegt, was im Sinne des Thomas die griechische Weltanschauung nicht erreichen konnte. Für Thomas von Aquino bedarf also das menschliche Denken eines anderen Lichtes, von dem es erleuchtet werden muß. Er findet dieses Licht in der Offenbarung. Wie immer sich die folgenden Denker nun auch zur Offenbarung stellten: in griechischer Art konnten sie nicht mehr das Gedankenleben hinnehmen. Es genügt ihnen nicht, daß das Denken die Welt begreift; sie setzen voraus, es müsse eine Möglichkeit geben, dem Denken selbst eine es stützende Unterlage zu geben. Das Bestreben entsteht, das Verhältnis des Menschen zu seinem Seelenleben zu ergründen. Der Mensch sieht sich also als ein Wesen an, das *in* seinem Seelenleben vorhanden ist. Wenn man dieses «Etwas» das «Ich» nennt, so kann man sagen: In der neueren Zeit wird innerhalb des Seelenlebens das Bewußtsein vom «Ich» rege, wie im griechischen Weltanschauungsleben der Gedanke geboren wurde. Welch verschiedene Formen auch die Weltanschauungsbestrebungen in diesem Zeitalter annehmen -

um die Erforschung der Ich-Wesenheit drehen sich doch alle. Nur tritt diese Tatsache nicht überall klar in das Bewußtsein der Denker. Diese glauben zumeist, ganz anderen Fragen hingegeben zu sein. Man könnte davon sprechen, daß das «Rätsel des Ich» in den mannigfaltigsten Maskierungen auftritt. Zuweilen lebt es in den Weltanschauungen der Denker auf so verborgene Art, daß die Behauptung, es handele sich bei der einen oder der anderen Ansicht um dieses Rätsel, wie eine willkürliche oder erzwungene Meinung sich darstellt. - Im neunzehnten Jahrhundert kommt das Ringen mit dem «Ich-Rätsel» am intensivsten zum Ausdruck, und die Weltanschauungen der Gegenwart leben mitten in diesem Ringen darinnen.

Schon in dem Streite zwischen Nominalisten und Realisten im Mittelalter lebt dieses «Welträtsel». Einen Träger des *Realismus* kann man *Anselm von Canterbury* nennen. Für ihn sind die allgemeinen Gedanken, welche sich der Mensch macht, wenn er die Welt betrachtet, nicht bloße Bezeichnungen, die sich die Seele bildet, sondern sie wurzeln in einem realen Leben. Wenn man sich den allgemeinen Begriff des «Löwen» bildet, um alle Löwen damit zu bezeichnen, so haben im Sinne des Sinnenseins gewiß nur die einzelnen Löwen Wirklichkeit; aber der allgemeine Begriff «Löwe» ist doch nicht eine bloße zusammenfassende Bezeichnung, die nur für den Gebrauch der menschlichen Seele eine Bedeutung hat. Er wurzelt in einer geistigen Welt, und die einzelnen Löwen der Sinneswelt sind mannigfaltige Verkörperungen der einen «Löwennatur», die in der «Idee des Löwen» sich ausdrückt. - Gegen solche «Realität der Ideen» wandten sich *Nominalisten* wie *Roscellin* (auch im elften Jahrhundert). Für ihn sind die «allgemeinen Ideen» nur zusammenfassende Bezeichnungen - Namen, welche die Seele zu ihrem Gebrauche, zu ihrer Orientierung sich bildet, die aber keiner Wirklichkeit entsprechen. Wirklich seien nur die einzelnen Dinge. Der Streit ist charakteristisch für die Seelenstimmung seiner Träger. Sie fühlen beide die Notwendigkeit, darüber nachzuforschen, welche Geltung, welche Bedeutung die Gedanken haben, die sich die Seele bilden muß. Sie verhalten sich anders zu den Gedanken, als sich Plato und Aristoteles zu ihnen verhalten haben. Dies aus dem Grunde, weil sich etwas vollzogen hat zwischen dem Ausgang der griechischen Weltanschauungsentwickelung und dem Beginn der neuzeitlichen, das wie unter der Oberfläche des geschichtlichen Werdens liegt, aber an der Art wohl bemerkbar ist, wie sich die Persönlichkeiten zu ihrem Gedankenleben stellen. An den griechischen Denker trat der Gedanke heran wie eine Wahrnehmung. Er trat in der Seele auf, wie die rote Farbe auftritt, wenn der Mensch der Rose gegenübersteht. Und der Denker nahm ihn auf wie eine Wahrnehmung. Als solche hatte der Gedanke eine ganz unmittelbare Überzeugungskraft. Der griechische Denker hatte die Empfindung, wenn er sich der geistigen Welt mit der Seele empfänglich gegenüberstellt, es könne in diese Seele aus der geistigen Welt so wenig ein unrichtiger Gedanke hereindringen, wie aus der Sinnenwelt bei richtigem Gebrauch der Sinne die Wahrnehmung eines geflügelten Pferdes kommen könne. Für den Griechen handelt es sich darum, die Gedanken aus der Welt schöpfen zu können. Diese bezeugen selbst ihre Wahrheit. Gegen diese Tatsache spricht ebensowenig die Sophistik wie der Skeptizismus. Beide haben im Altertum noch eine ganz andere Schattierung, als sie in der Neuzeit haben. Sie sprechen nicht gegen die Tatsache, die besonders in den eigentlichen Denkercharakteren deutlich sich offenbart, daß der Grieche den Gedanken viel elementarer, inhaltvoller, lebendiger, wirklicher empfand, als der Mensch der neueren Zeit ihn empfinden kann. Diese Lebendigkeit, welche in Griechenland *dem Gedanken den Charakter einer Wahrnehmung gab*, ist im Mittelalter schon nicht mehr vorhanden. Was sich vollzogen hat, ist dieses: So wie in den griechischen Zeiten der Gedanke in die menschliche Seele hereinzog und das alte Bildvorstellen austilgte, so zog in den Zeiten des Mittelalters in die Seelen das Bewußtsein vom «Ich» ein; und dies hat die Lebendigkeit des Gedankens abgedämpft; es hat ihm seine Wahrnehmungskraft genommen. Man kann nur erkennen, wie das Weltanschauungsleben fortschreitet, wenn man durchschaut, wie der Gedanke, die Idee für Plato und Aristoteles in der Tat etwas ganz anderes waren als für die Persönlichkeiten des Mittelalters und der neuen Zeit. Der Denker des Altertums hatte das Gefühl, der Gedanke *werde ihm gegeben;* der Denker der späteren Zeit hat das Gefühl, *er bilde* den Gedanken; und so entsteht für ihn die Frage: Welche Bedeutung für die Wirklichkeit kann dasjenige haben, was in der Seele gebildet wird? - Der Grieche empfand sich als Seele abgesondert von der Welt; im Gedanken suchte er sich mit der geistigen Welt zu verbinden; der spätere Denker fühlt sich *mit* seinem Gedankenleben *allein.* So entsteht das Nachforschen über die «allgemeinen Ideen». Man fragt: Was habe ich in ihnen denn eigentlich gebildet? Wurzeln sie nur in mir, oder deuten sie auf eine Wirklichkeit?

In den Zeiten, welche zwischen der alten Weltanschauungsströmung und der neueren liegen, versiegt das griechische Gedankenleben; unter der Oberfläche aber kommt an die Menschenseele *als Tatsache* das Ich-Bewußtsein heran; von der Mitte des Mittelalters an sieht sich der Mensch dieser vollzogenen Tatsache gegenüber, und durch ihre Kraft entwickelt sich die neue Art der Lebensrätsel. Realismus und Nominalismus sind das Symptom dafür, daß der Mensch die vollzogene Tatsache empfindet. Wie beide über den Gedanken sprechen, das zeigt, daß dieser gegenüber seinem Dasein in der griechischen Seele so abgeblaßt, abgedämpft war, wie in der Seele des griechischen Denkers es die alte Bildvorstellung war.

Hiermit ist auf das treibende Element hingewiesen, das in den neueren Weltanschauungen lebt. In diesen wirkt eine Kraft, welche über den Gedanken hinaus nach einem neuen Wirklichkeitsfaktor strebt. Man kann dieses Streben der neueren Zeit nicht als dasselbe empfinden, was das Hinausstreben über den Gedanken in alter Zeit bei Pythagoras, später bei Plotin war. Diese streben wohl auch über den Gedanken hinaus, aber sie stellen sich vor, daß die Entwickelung der Seele, deren Vervollkommnung, sich die Region erringen müsse, welche über den Gedanken hinausliegt. Die neuere Zeit setzt voraus, daß der über den Gedanken hinausliegende Wirklichkeitsfaktor der Seele von außen gegeben werden müsse, daß er an sie herankommen müsse.

Die Weltanschauungsentwickelung wird in den Jahrhunderten, welche auf die Zeit des Nominalismus und Realismus folgen, zu einem *Suchen* nach dem neuen Wirklichkeitsfaktor. Ein Weg unter denen, die sich dem Beobachter dieses Suchens zeigen, ist derjenige, welchen die mittelalterlichen Mystiker eingeschlagen haben: *Meister Eckhard* (gest. 1327), *Johannes Tauler* (gest. 1361), *Heinrich Suso* (gest. 1366). Am anschaulichsten wird dieser

Weg durch die Betrachtung der sogenannten «*Theologia deutsch*», die von einem geschichtlich nicht bekannten Verfasser herrührt. Diese Mystiker wollen in das Ich-Bewußtsein etwas hineinempfangen, es mit etwas erfüllen. Sie streben deshalb ein inneres Leben an, das «ganz gelassen» ist, das sich in Ruhe hingibt, und das so erwartet, wie sich das Innere der Seele erfülle mit dem «göttlichen Ich». In späterer Zeit taucht eine ähnliche Seelenstimmung mit mehr Schwungkraft des Geistes auf bei *Angelus Silesius* (1624—1677).

Einen anderen Weg schlägt *Nicolaus Cusanus* (Nikolaus Chrypffs, geboren zu Kues an der Mosel 1401, gestorben 1464) ein. Er strebt über das gedanklich erreichbare Wissen hinaus zu einem Seelenzustand, in dem dies Wissen aufhört und die Seele ihrem Gotte in der «wissenden Unwissenheit», der docta ignorantia, begegnet. Äußerlich betrachtet hat das viel Ähnlichkeit mit dem Streben des Plotin. Doch ist die Seelenverfassung bei den beiden Persönlichkeiten verschieden. Plotin ist überzeugt, daß in der Menschenseele mehr liege als die Gedankenwelt. Wenn die Seele die ihr außerhalb des Gedankens eignende Kraft entwickelt, so gelangt sie wahrnehmend dahin, wo sie immer ist, ohne im gewöhnlichen Leben davon zu wissen; Cusanus fühlt sich mit seinem «Ich» allein; dieses hat *in sich* keinen Zusammenhang mit seinem Gotte. Der ist außer dem «Ich». Das «Ich» begegnet ihm, wenn es die «wissende Unwissenheit» erreicht.

Paracelsus (1493—1541) hat bereits die Empfindung gegenüber der Natur, welche sich in der neueren Weltanschauung immer mehr herausbildete, und die eine Wirkung der sich im Ich-Bewußtsein vereinsamt fühlenden Seele ist. Er richtet den Blick auf die Naturerscheinungen.

So wie sich diese darstellen, können sie von der Seele nicht hingenommen werden; aber auch der Gedanke, der bei Aristoteles in ruhigem Verkehr mit den Naturerscheinungen sich entfaltete, kann nicht so hingenommen werden, wie er in der Seele auftritt. Er wird nicht wahrgenommen; er wird in der Seele gebildet. Man muß den Gedanken nicht selbst sprechen lassen, so empfand Paracelsus; man muß voraussetzen, daß hinter den Naturerscheinungen etwas ist, was sich enthüllt, wenn man sich in das rechte Verhältnis zu ihnen bringt. Man muß von der Natur etwas empfangen können, was man in ihrem Anblick nicht selbst bildet wie den Gedanken. Man muß mit seinem Ich durch einen anderen Wirklichkeitsfaktor zusammenhängen als durch den Gedanken. Eine «höhere Natur» hinter der Natur sucht Paracelsus. Seine Seelenstimmung ist so, daß er nicht etwas in sich allein erleben will, um zu den Gründen des Daseins zu kommen, sondern daß er sich gleichsam mit seinem Ich in die Naturvorgänge hineinbohren will, um sich unter der Oberfläche der Sinneswelt den Geist dieser Vorgänge offenbaren zu lassen. Hinunterdringen in die Tiefen der Seele wollten die Mystiker des Altertums; dasjenige unternehmen, *was in der Außenwelt zur Begegnung* mit den Wurzeln der Natur führt, wollte Paracelsus.

Jacob Böhme (1575—1624), der als einsamer, verfolgter Handwerker ein Weltbild wie aus innerer Erleuchtung heraus sich bildete, trägt doch in dieses Weltbild den Grundcharakter der neueren Zeit hinein. Ja, er entwickelt sogar in der Einsamkeit seines Seelenlebens diesen Grundcharakter besonders eindrucksvoll, weil ihm die innere Zweiheit des Seelenlebens, der Gegensatz des Ich und der anderen Seelenerlebnisse, vor das geistige Auge tritt. Das

«Ich» erlebt er, wie es sich in dem eigenen Seelenleben den inneren Gegensatz schafft, wie es sich in der eigenen Seele spiegelt. Dieses innere Erlebnis findet er dann in den Weltvorgängen wieder. Er sieht in diesem Erlebnis einen durch alles hindurchgehenden Zwiespalt. «In solcher Betrachtung findet man zwei Qualitäten, eine gute und eine böse, die in dieser Welt in allen Kräften, in Sternen und Elementen, sowohl in allen Kreaturen ineinander sind.» Auch das Böse in der Welt steht dem Guten als sein Widerschein gegenüber; das Gute wird sich in dem Bösen erst selbst gewahr, wie sich das Ich in seinen Seelenerlebnissen gewahr wird.

DIE WELTANSCHAUUNGEN DES JÜNGSTEN ZEITALTERS DER GEDANKENENTWICKELUNG

Dem Aufblühen der Naturwissenschaft in der neueren Zeit liegt dasselbe Suchen wie J. Böhmes Mystik zugrunde. Es zeigt sich dies an einem Denker, welcher unmittelbar aus der Geistesströmung herausgewachsen ist, die in *Kopernikus* (1473—1543), *Kepler* (1571—1630), *Galilei* (1564—1642) und anderen zu den ersten großen naturwissenschaftlichen Errungenschaften der neueren Zeit führte. Es ist *Giordano Bruno* (1548—1600). Wenn man betrachtet, wie er die Welt aus unendlich vielen kleinen belebten und sich seelisch erlebenden Urwesen bestehen läßt, den Monaden, die unentstanden und unvergänglich sind, und die in ihrem Zusammenwirken die Naturerscheinungen ergeben, so könnte man versucht sein, Giordano Bruno mit Anaxagoras zusammenzustellen, dem die Welt aus den Homoiomerien besteht. Und doch ist zwischen beiden ein bedeutsamer Unterschied. Dem Anaxagoras entfaltet sich der Gedanke der Homoiomerien, indem er sich der Welt betrachtend hingibt; die Welt gibt ihm diesen Gedanken ein. Giordano Bruno fühlt: Was hinter den Naturerscheinungen liegt, muß als Weltbild so gedacht werden, daß das Wesen des Ich in dem Weltbilde möglich ist. Das *Ich* muß eine *Monade* sein, sonst könnte es nicht wirklich sein. So wird die Annahme der Monaden notwendig. Und weil nur die Monade wirklich sein kann, sind die wahrhaft wirklichen Wesen Monaden mit verschiedenen inneren Eigenschaften. Es geht in den Tiefen der Seele einer Persönlichkeit wie Giordano Bruno etwas vor, was nicht voll zum Bewußtsein derselben kommt; die Wirkung dieses inneren Vorganges ist dann die Fassung des Weltbildes. Was in den Tiefen vorgeht, ist ein unbewußter Seelenprozeß: Das Ich fühlt, es muß sich selbst so vorstellen, daß ihm die Wirklichkeit verbürgt ist; und es muß die Welt so vorstellen, daß es in dieser Welt wirklich sein kann. Giordano Bruno muß sich die Vorstellung der Monade bilden, damit beides möglich ist. In Giordano Bruno kämpft im Weltanschauungsleben der neueren Zeit das Ich um sein Dasein in der Welt. Und der Ausdruck dieses Kampfes ist die Anschauung: Ich bin eine Monade; eine solche ist unentstanden und unvergänglich.

Man vergleiche, wie verschieden Aristoteles und Giordano Bruno zur Gottesvorstellung kommen. Aristoteles betrachtet die Welt; er sieht das Sinnvolle der Naturvorgänge; er gibt sich diesem Sinnvollen hin; auch an den Naturvorgängen offenbart sich ihm der *Gedanke* des «ersten Bewegers» dieser Vorgänge. Giordano Bruno kämpft sich in seinem Seelenleben zur Vorstellung der Monaden durch; die Naturvorgänge sind gleichsam ausgelöscht in dem Bilde, in dem unzählige Monaden aufeinanderwirkend auftreten; und Gott wird die *hinter* allen Vorgängen der wahrnehmbaren Welt wirkende, in allen Monaden lebende Kraftwesenheit. In der leidenschaftlichen Gegnerschaft Giordano Brunos gegen Aristoteles drückt sich der Gegensatz aus zwischen dem Denker Griechenlands und dem der neueren Zeit.

Auf mannigfaltige Art kommt in der neueren Weltanschauungsentwickelung zum Vorschein, wie das Ich nach Wegen sucht, um seine Wirklichkeit in sich zu erleben. Was *Francis Bacon von Verulam* (1561—1626) zum Ausdruck bringt, trägt dasselbe Gepräge, wenn dies auch durch die Betrachtung seiner Bestrebungen auf dem Gebiete der

Weltanschauung nicht für den ersten Blick hervortritt. Bacon von Verulam fordert, daß man die Erforschung der Welterscheinungen mit der vorurteilsfreien Beobachtung beginne; daß man dann versuche, das Wesentliche von dem Unwesentlichen einer Erscheinung zu trennen, um so eine Vorstellung davon zu bekommen, was hinter einem Dinge oder Vorgange steckt. Er meint, daß man bis zu seiner Zeit die Gedanken, welche die Welterscheinungen erklären sollen, zuerst gefaßt und dann die Vorstellungen über die einzelnen Dinge und Vorgänge nach diesen Gedanken gerichtet habe. Er stellte sich vor, daß man die Gedanken nicht aus den Dingen selbst genommen habe. Diesem (deduktiven) Verfahren wollte Bacon von Verulam sein anderes (induktives) Verfahren entgegengestellt wissen. Die Begriffe sollen an den Dingen gebildet werden. Man sieht - so denkt er -, wie ein Gegenstand von dem Feuer verzehrt wird; man beobachtet, wie ein anderer Gegenstand sich zum Feuer verhält, und dann beobachtet man dasselbe bei vielen Gegenständen. So erhält man zuletzt eine allgemeine Vorstellung davon, wie sich die Dinge im Verhältnisse zum Feuer verhalten. Weil man früher nicht in dieser Art geforscht habe, so meint Bacon, sei es gekommen, daß in dem menschlichen Vorstellen so viele Idole statt wahrer Ideen über die Dinge herrschen.

Goethe sagt Bedeutsames über diese Vorstellungsart des Bacon von Verulam: «Baco gleicht einem Manne, der die Unregelmäßigkeit, Unzulänglichkeit, Baufälligkeit eines alten Gebäudes recht wohl einsieht, und solche den Bewohnern deutlich zu machen weiß. Er rät ihnen, es zu verlassen, Grund und Boden, Materialien und alles Zubehör zu verschmähen, einen anderen Bauplatz zu suchen und ein neues Gebäude zu errichten. Er ist ein trefflicher Redner und Überredner; er rüttelt an einigen Mauern, sie fallen ein, und die Bewohner sind genötigt, teilweise auszuziehen. Er deutet auf neue Plätze; man fängt an zu ebnen, und doch ist es überall zu enge. Er legt neue Risse vor; sie sind nicht deutlich, nicht einladend. Hauptsächlich aber spricht er von neuen, unbekannten Materialien, und nun ist der Welt gedient. Die Menge zerstreut sich nach allen Himmelsgegenden und bringt unendlich Einzelnes zurück, indessen zu Hause neue Pläne, neue Tätigkeiten, Ansiedelungen die Bürger beschäftigen und die Aufmerksamkeit verschlingen.» Goethe spricht das in seiner Geschichte der Farbenlehre aus, da, wo er über Bacon redet. In einem folgenden Abschnitt über Galilei sagt er: «Schien durch die Verulamische Zerstreuungsmethode die Naturwissenschaft auf ewig zersplittert, so ward sie durch Galilei sogleich wieder zur Sammlung gebracht; er führte die Naturlehre wieder in den Menschen zurück, und zeigte schon in früher Jugend, daß dem Genie ein Fall für tausend gelte, indem er sich aus schwingenden Kirchenlampen die Lehre des Pendels und des Falles der Körper entwickelte. Alles kommt in der Wissenschaft auf das an, was man ein Aperçu nennt, auf ein Gewahrwerden dessen, was eigentlich den Erscheinungen zum Grunde liegt. Und ein solches Gewahrwerden ist bis ins Unendliche fruchtbar.»

Goethe deutet damit scharf auf das hin, was für Bacon charakteristisch ist. Für die Wissenschaft will dieser einen sicheren Weg finden. Denn dadurch, hofft er, werde der Mensch sein sicheres Verhältnis zur Welt finden. Den Weg des Aristoteles, das empfindet Bacon, kann die neue Zeit nicht mehr gehen. Doch weiß er nicht, daß in verschiedenen Zeitaltern im Menschen verschiedene Seelenkräfte vorherrschend tätig sind. Er merkt nur, daß er, Bacon, den Aristoteles ablehnen muß. Das tut er leidenschaftlich. So, daß Goethe darüber die Worte gebraucht: «Denn wie kann man mit Gelassenheit anhören, wenn er die Werke des Aristoteles und Plato leichten Tafeln vergleicht, die eben, weil sie aus keiner tüchtigen, gehaltvollen Masse bestünden, auf der Zeitflut gar wohl zu uns herüber geschwemmt werden können.» Bacon versteht nicht, daß er selbst dasselbe erreichen will, was Plato und Aristoteles erreichten, und daß er zum gleichen Ziele andere Mittel gebrauchen muß, weil die Mittel des Altertums nicht mehr die der neuen Zeit sein können. Er deutet auf einen Weg hin, der für die Forschung auf äußerem Naturfelde fruchtbar scheinen könnte; doch zeigt Goethe an dem Fall Galilei, daß auch auf diesem Felde ein anderes notwendig ist, als Bacon fordert. Völlig unfruchtbar muß sich aber Bacons Weg erweisen, wenn die Seele den Zugang sucht nicht bloß zur Einzelforschung, sondern zu einer Weltanschauung. Was soll ihr für eine solche das Absuchen der einzelnen Erscheinungen fruchten und die Bildung allgemeiner Ideen aus solchen Erscheinungen, wenn diese allgemeinen Ideen nicht, wie Lichtblitze aus dem Daseinsgrunde, in der Seele aufleuchten und sich ausweisen durch sich selbst in ihrer Wahrheit? Im Altertum trat der Gedanke wie eine Wahrnehmung in der Seele auf; diese Art des Auftretens ist durch die Helligkeit des neuen Ich-Bewußtseins abgedämpft; was in der Seele zu den Gedanken führt, die eine Weltanschauung bilden sollen, muß wie eine eigene Erfindung der Seele sich ausgestalten. Und die Seele muß sich die Möglichkeit suchen, ihrer Erfindung, ihrem eigenen Gebilde Geltung zu verschaffen. Sie muß an ihre eigene Schöpfung glauben können. Das alles empfindet Bacon nicht; deshalb verweist er zum Bau der neuen Weltanschauung auf die Baumaterialien, nämlich auf die einzelnen Naturerscheinungen. So wenig man aber ein Haus jemals dadurch bauen kann, daß man nur die Formen der Bausteine beobachtet, die verwendet werden sollen, so wenig wird je eine fruchtbare Weltanschauung in einer Seele erstehen, welche sich nur mit den einzelnen Naturvorgängen zu tun macht.

Im Gegensatze zu Bacon von Verulam, der auf die Bausteine verwies, treten *Descartes* (Cartesius) und *Spinoza* an den Bauplan heran. - Descartes ist geboren 1596 und 1650 gestorben. Bei ihm ist der Ausgangspunkt seines Weltanschauungsstrebens bedeutsam. Er stellt sich unbefangen fragend der Welt gegenüber, die ihm über ihre Rätsel mancherlei darbietet, teils durch die religiöse Offenbarung, teils durch die Beobachtung der Sinne. Er betrachtet nun weder das eine noch das andere nur so, daß er es einfach hinnimmt und als Wahrheit anerkennt, was es ihm bringt; nein, er setzt ihm das «Ich» entgegen, das aller Offenbarung und aller Wahrnehmung seinen *Zweifel* aus dem eigenen Entschluß entgegensetzt. Es ist dies eine Tatsache des neueren Weltanschauungsstrebens von vielsagender Bedeutung. Die Seele des Denkers inmitten der Welt läßt nichts auf sich Eindruck machen, sondern setzt allem *sich* mit dem *Zweifel* entgegen, der nur in ihr selber Bestand haben kann. Und nun erfaßt sich diese Seele in ihrem eigenen Tun: Ich zweifle, das heißt, ich denke. Also, mag es sich mit der ganzen Welt wie immer verhalten, an meinem zweifelnden Denken wird mir klar, daß *ich bin.* So kommt Cartesius zu seinem Cogito ergo sum: Ich denke, also bin ich. - Das Ich erkämpft sich bei ihm die Berechtigung, das eigene Sein anerkennen zu dürfen durch den radikalen Zweifel an der ganzen Welt. Aus dieser Wurzel heraus holt Descartes das Weitere seiner Weltanschauung. Im «Ich» hat er das Dasein zu erfassen gesucht. Was mit diesem «Ich» zusammen sein Dasein rechtfertigen kann, das darf als Wahrheit gelten. Das Ich findet - ihm angeboren - die Idee Gottes. Diese Idee stellt sich in dem Ich so wahr, so deutlich dar, als das Ich sich selber darstellt. Doch ist sie so erhaben, so gewaltig, daß sie das Ich nicht durch sich selbst haben kann, also kommt sie von einer äußeren Wirklichkeit, der sie entspricht. - An die Wirklichkeit der Außenwelt glaubt Descartes nicht deshalb, weil sich diese Außenwelt als wirklich darstellt, sondern weil das Ich an sich und dann weiter an Gott glauben muß, Gott aber nur als wahrhaftig gedacht werden kann. Denn es wäre unwahrhaftig von ihm, dem Menschen eine wirkliche Außenwelt vorzustellen, wenn diese nicht wirklich wäre.

So wie Descartes zur Anerkennung der Wirklichkeit des Ich kommt, ist nur möglich durch ein Denken, das sich im engsten Sinne auf dieses Ich richtet, um einen Stützpunkt des Erkennens zu finden. Das heißt, diese Möglichkeit ist nur durch eine innere Tätigkeit, niemals aber durch eine Wahrnehmung von außen möglich. Alle Wahrnehmung, die von außen kommt, gibt nur Eigenschaften der Ausdehnung. So kommt Descartes dazu, zwei Substanzen in der Welt anzuerkennen: die eine, welcher die Ausdehnung eigen ist, und die andere, welcher das Denken eigen ist und in der die Menschenseele wurzelt. Die Tiere, welche im Sinne des Descartes nicht in innerer, auf sich gestützter Tätigkeit sich erfassen können, sind demnach bloße Wesen der Ausdehnung, Automaten, Maschinen. Auch der menschliche Leib ist eine bloße Maschine.

Die Seele ist mit dieser Maschine verbunden. Wird der Leib durch Abnutzung und dergleichen unbrauchbar, so verläßt ihn die Seele, um in ihrem Element weiter zu leben.

Descartes steht schon in einer Zeit, in welcher ein neuer Impuls im Weltanschauungsleben sich erkennen läßt. Die Epoche vom Beginn der christlichen Zeitrechnung bis ungefähr zu Scotus Erigena verläuft in der Art, daß das Gedankenerleben von einer Kraft durchpulst ist, welche wie ein mächtiger Anstoß in die Geistesentwickelung hereintritt. Der in Griechenland erwachte Gedanke wird von dieser Kraft überleuchtet. Im äußeren Fortgange des menschlichen Seelenlebens drückt sich das in den religiösen Bewegungen und dadurch aus, daß die jungen Volkskräfte West- und Mitteleuropas die Wirkungen des älteren Gedankenerlebens aufnehmen. Sie durchdringen dieses Erleben mit jüngeren elementareren Impulsen und bilden es dadurch um. Es zeigt sich darin einer der Fortschritte der Menschheit, welche dadurch bewirkt werden, daß ältere vergeistigte Strömungen der Geistesentwickelung, die ihre Lebenskraft, nicht aber ihre Geisteskraft erschöpft haben, fortgesetzt werden von jungen Kräften, die aus der Natur des Menschentums auftauchen. Man wird in solchen Vorgängen die wesentlichen Gesetze der Menschheitsentwickelung erkennen dürfen. Sie beruhen auf Verjüngungsprozessen des geistigen Lebens. Die errungenen Geisteskräfte können sich nur weiter entfalten, wenn sie in junge natürliche Menschheitskräfte eingepflanzt werden. - Die ersten acht Jahrhunderte der christlichen Zeitrechnung stellen ein Fortwirken des Gedankenerlebens in der Menschenseele so dar, daß wie in einem tief Verborgenen das Heraufkommen neuer Kräfte noch ruht, die bildend auf die Weltanschauungsentwickelung wirken wollen. In Descartes zeigen sich diese Kräfte bereits in einem hohen Grade wirksam. In dem Zeitalter zwischen Scotus Erigena und (ungefähr) dem fünfzehnten Jahrhundert dringt der Gedanke in seiner Eigenkraft wieder hervor, die er in der vorangehenden Epoche nicht offenbar entfaltet hat. Doch tritt er von einer ganz anderen Seite hervor als im griechischen Zeitalter. Bei den griechischen Denkern wird er als *Wahrnehmung* erlebt; vom achten bis zum fünfzehnten Jahrhundert kommt er aus den Tiefen der Seele herauf; der Mensch fühlt: In mir erzeugt sich der Gedanke. Bei den griechischen Denkern erzeugt sich noch unmittelbar ein Verhältnis des Gedankens zu den Naturvorgängen; in dem angedeuteten Zeitalter steht der Gedanke als Erzeugnis des Selbstbewußtseins da. Der Denker empfindet, daß er die Berechtigung des Gedankens erweisen müsse. So fühlen die Nominalisten, Realisten; so fühlt auch Thomas von Aquino, der das Gedankenerleben in der religiösen Offenbarung verankert.

Das fünfzehnte, sechzehnte Jahrhundert stellen einen neuen Impuls vor die Seelen hin. Langsam bereitet sich das vor, und langsam lebt es sich ein. In der menschlichen Seelenorganisation vollzieht sich eine Umwandlung. Auf dem Gebiete des Weltanschauungslebens bringt sich diese Umwandlung dadurch zum Ausdrucke, daß der Gedanke nun nicht als Wahrnehmung empfunden werden kann, sondern *als Erzeugnis des Selbstbewußtseins.* Es ist diese Umwandlung in der menschlichen Seelenorganisation auf allen Gebieten der Menschheitsentwickelung zu beobachten. In der Renaissance der Kunst und Wissenschaft und des europäischen Lebens, sowie in den reformatorischen Religionsbewegungen tritt sie zutage. Man wird sie finden können, wenn man die Kunst Dantes und Shakespeares nach ihren Untergründen in der menschlichen Seelenentwickelung erforscht. - Hier kann dies alles nur angedeutet werden; denn diese Ausführungen wollen innerhalb des Fortganges der gedanklichen Weltanschauungsentwickelung bleiben.

Wie ein anderes Symptom dieser Umwandlung der menschlichen Seelenorganisation erscheint das Heraufkommen der neueren naturwissenschaftlichen Vorstellungsart. Man vergleiche doch den Zustand des Denkens über die Natur, wie er durch Kopernikus, Galilei, Kepler entsteht, mit dem, was vorangegangen ist. Dieser naturwissenschaftlichen Vorstellung entspricht die Stimmung der Menschenseele im Beginne des neueren Zeitalters im sechzehnten Jahrhundert. Die Natur wird von jetzt an so angesehen, daß die Sinnesbeobachtung über sie zum alleinigen Zeugen gemacht wird. Bacon ist die eine, Galilei die andere Persönlichkeit, in denen dies deutlich zutage tritt. Das Naturbild soll nicht mehr so gemalt werden, daß in demselben der Gedanke als von der Natur geoffenbarte Macht empfunden wird. Aus dem Naturbilde verschwindet allmählich immer mehr, was nur als ein Erzeugnis des Selbstbewußtseins empfunden wird. So stehen sich die Schöpfungen des Selbstbewußtseins und die Naturbeobachtung immer schroffer, immer mehr durch einen Abgrund getrennt gegenüber. Mit Descartes kündigt sich die Umwandlung der Seelenorganisation an, welche das Naturbild und die Schöpfungen des Selbstbewußtseins auseinanderzieht. Vom sechzehnten Jahrhundert ab beginnt ein neuer Charakter im Weltanschauungsleben sich geltend zu machen. Nachdem in den vorangegangenen Jahrhunderten der Gedanke so auftrat, daß er als Erzeugnis des Selbstbewußtseins seine *Rechtfertigung* aus dem Weltbild verlangte, erweist er sich seit dem sechzehnten Jahrhundert klar und deutlich im Selbstbewußtsein auf sich allein gestellt. Er hatte vorher noch in dem Naturbilde selbst eine Stütze für seine Rechtfertigung erblicken können; nunmehr tritt an ihn die Aufgabe heran, aus seiner eigenen Kraft heraus sich Gültigkeit zu schaffen. Die Denker der nun folgenden Zeit empfinden, wie in dem Gedankenerleben selbst etwas gesucht werden müsse, das dieses Erleben als berechtigten Schöpfer eines Weltanschauungsbildes erweist.

Man kann das Bedeutsame dieser Wandlung des Seelenlebens erkennen, wenn man erwägt, in welcher Art noch Naturphilosophen wie *H. Cardanus* (1501—1576) und *Bernardinus Telesius* (1508—1588) über die Naturvorgänge sprechen. In ihnen wirkt das Naturbild noch weiter, das durch die Entstehung der naturwissenschaftlichen Vorstellungsart des Kopernikus, Galilei und anderer seine Kraft verliert. Für Cardanus lebt in den Naturvorgängen durchaus noch etwas, das er sich nach Art des Menschlich-Seelischen vorstellt, wie das auch im griechischen Denken möglich gewesen wäre. Telesius spricht von Gestaltungskräften in der Natur, welche er nach dem Bilde denkt, das er aus der menschlichen Gestaltungskraft gewinnt. Galilei muß bereits sagen: Das, was der Mensch zum Beispiel als Wärmeempfindung in sich hat, ist als solches in der äußeren Natur ebensowenig vorhanden, wie der Kitzel, den der Mensch an der Fußsohle empfindet, in der Außenwelt vorhanden ist, wenn er mit einer Vogelfeder berührt wird. Telesius darf noch sagen: Wärme und Kälte sind die treibenden Kräfte der Weltvorgänge; Galilei muß schon behaupten: Der Mensch kennt die Wärme als Erlebnis seines

Innern nur; in dem Naturbilde kann nur gedacht werden, was nichts von diesem Innern enthält. So werden Vorstellungen der Mathematik und der Mechanik zu dem, was das Naturbild allein gestalten darf. An einer Persönlichkeit wie *Leonardo da Vinci* (1452—1519), der als Denker eine ebenso überragende Größe hat wie als Künstler, erkennt man das Ringen nach einer neuen Gesetzmäßigkeit des Naturbildes. Solche Geister fühlen die Notwendigkeit, zur Natur einen Weg zu finden, der dem griechischen Denken und seinen Nachwirkungen im Mittelalter noch nicht gegeben war. Der Mensch muß ablegen, was er an Erlebnissen über sein eigenes Innere hat, wenn er den Zugang zur Natur gewinnen will. Er darf die Natur nur in Vorstellungen abbilden, welche nichts von dem enthalten, was er als *Wirkungen* der Natur in sich selbst erlebt.

So stellt sich die Menschenseele aus der Natur heraus, sie stellt sich auf sich selbst. Solange man noch denken konnte, in der Natur ströme etwas von dem, was auch im Menschen unmittelbar erlebt wird, konnte man ohne Bedenken sich berechtigt fühlen, über Naturvorgänge den Gedanken sprechen zu lassen. Das Naturbild der neueren Zeit zwingt das menschliche Selbstbewußtsein, sich mit dem Gedanken außerhalb der Natur zu fühlen und so ihm eine Geltung zu schaffen, die er durch seine eigene Kraft gewinnt.

Vom Beginne der christlichen Zeitrechnung bis zu Scotus Erigena wirkt das Gedankenerleben so fort, daß seine Gestalt bestimmt wird durch die Voraussetzung einer geistigen Welt - derjenigen der religiösen Offenbarung -; vom achten bis zum sechzehnten Jahrhundert ringt sich das Gedankenerlebnis aus dem Inneren des Selbstbewußtseins los und läßt neben seiner Keimkraft die andere der Offenbarung bestehen. Von dem sechzehnten Jahrhundert an ist es das Naturbild, welches das Gedankenerlebnis aus sich hinausdrängt; es sucht fortan das Selbstbewußtsein aus seinen eigenen Kräften dasjenige zu holen, was ein Weltanschauungsbild mit Hilfe des Gedankens gestalten kann. Vor dieser Aufgabe fand sich Descartes. Es fanden sich vor ihr die Denker der neuen Weltanschauungsepoche.

Benedict Spinoza (1632—1677) frägt sich: *Wie* muß dasjenige gedacht werden, von dem zur Schöpfung eines wahren Weltbildes ausgegangen werden darf? Diesem Ausgangspunkte liegt zugrunde die Empfindung: Mögen sich ungezählte Gedanken als wahr in meiner Seele ankündigen, ich gebe mich dem hin als Grundstein zu einer Weltanschauung, dessen Eigenschaften ich erst bestimmen muß. Spinoza findet, daß ausgegangen nur werden kann von dem, das zu seinem Sein keines andern bedarf. Diesem Sein gibt er den Namen Substanz. Und er findet, daß es nur *eine* solche Substanz geben könne, und daß diese Gott sei. Wenn man sich die Art ansieht, wie Spinoza zu diesem Anfang seines Philosophierens kommt, so findet man seinen Weg dem der Mathematik nachgebildet. Wie der Mathematiker von allgemeinen Wahrheiten ausgeht, die das menschliche Ich sich freischaffend bildet, so verlangt Spinoza, daß die Weltanschauung von solchen frei geschaffenen Vorstellungen ausgehe. - Die eine Substanz ist so, wie das Ich sie denken muß. So gedacht, duldet sie nichts, was, außer ihr vorhanden, ihr gleich wäre. Denn dann wäre sie nicht alles; sie hätte zu ihrem Dasein etwas anderes nötig. Alles andere ist also nur *an* der Substanz, als eines ihrer Attribute, wie Spinoza sagt. Zwei solcher Attribute sind dem Menschen erkennbar. Das eine erblickt er, wenn er die Außenwelt überschaut; das andere, wenn er sich nach innen wendet. Das erste ist die Ausdehnung, das zweite das Denken. Der Mensch trägt in seinem Wesen die beiden Attribute; in seiner Leiblichkeit die Ausdehnung, in seiner Seele das Denken. Aber er ist mit beiden ein Wesen in der einen Substanz. Wenn er denkt, denkt die göttliche Substanz, wenn er handelt, handelt die göttliche Substanz. Spinoza erwirbt für das menschliche Ich das Dasein, indem er dieses Ich in der allgemeinen, alles umfassenden göttlichen Substanz verankert. Von unbedingter Freiheit des Menschen kann da nicht die Rede sein. Denn der Mensch ist so wenig selbst dasjenige, das aus sich handelt und denkt, wie es der Stein ist, der sich bewegt; es ist in allem die eine Substanz. Von bedingter Freiheit nur kann beim Menschen dann gesprochen werden, wenn er sich nicht für ein selbständiges Einzelwesen hält, sondern wenn er sich eins weiß mit der einen Substanz. Spinozas Weltanschauung führt in ihrer konsequenten Ausbildung in einer Persönlichkeit bei dieser zu dem Bewußtsein: Ich denke über mich im rechten Sinne, wenn ich mich nicht weiter berücksichtige, sondern in meinem Erleben mich eins weiß mit dem göttlichen All. Dieses Bewußtsein gießt dann, im Sinne Spinozas, über die ganze menschliche Persönlichkeit den Trieb zum Rechten, das ist gotterfülltes Handeln. Dieses ergibt sich wie selbstverständlich für denjenigen, in dem die rechte Weltanschauung volle Wahrheit ist. Daher nennt Spinoza die Schrift, in der er seine Weltanschauung darstellt, Ethik. Ihm ist Ethik, das ist sittliches Verhalten, im höchsten Sinne Ergebnis des wahren Wissens von dem Wohnen des Menschen in der einen Substanz. Man möchte sagen, das Privatleben Spinozas, des Mannes, der erst von Fanatikern verfolgt wurde, dann nach freiwilliger Hinweggabe seines Vermögens in Ärmlichkeit als Handwerker sich seinen Lebensunterhalt suchte, war in seltenster Art der äußere Ausdruck seiner Philosophenseele, die ihr Ich im göttlichen All wußte, und alles seelische Erleben, ja alles Erleben überhaupt von diesem Bewußtsein durchleuchtet empfand.

Spinoza baut ein Weltanschauungsbild aus Gedanken auf. Diese Gedanken müssen so sein, daß sie aus dem Selbstbewußtsein heraus ihre Berechtigung zum Aufbau des Bildes haben. Daher muß ihre Gewißheit stammen. Was das Selbstbewußtsein so denken darf, wie es die sich selbst tragenden mathematischen Ideen denkt, das kann ein Weltbild gestalten, das Ausdruck ist dessen, was in Wahrheit hinter den Welterscheinungen vorhanden ist.

In einem ganz anderen Sinne als Spinoza sucht *Gottfried Wilhelm v. Leibniz* (1646—1716) die Rechtfertigung des Ich-Bewußtseins im Dasein der Welt. Sein Ausgangspunkt gleicht dem des Giordano Bruno, insofern er die Seele oder das «Ich» als Monade denkt. Leibniz findet in der Seele das *Selbstbewußtsein,* das ist das Wissen der Seele von sich selbst, also die Offenbarung des Ich. Es kann nichts anderes in der Seele sein, was denkt und empfindet, als nur sie selbst. Denn wie sollte die Seele von *sich* wissen, wenn das Wissende ein anderes wäre? Aber sie kann auch nur ein einfaches Wesen sein, nicht ein zusammengesetztes. Denn Teile in ihr könnten und müßten voneinander wissen; die Seele weiß aber nur als die eine von sich als der einen. So ist die Seele ein einfaches, in sich geschlossenes, sich vorstellendes Wesen, eine Monade. In diese Monade kann nun aber nichts hineinkommen, was außer ihr ist. Denn in ihr kann nichts anderes als nur sie selbst tätig sein. All ihr Erleben, ihr Vorstellen, Empfinden usw. ist das Ergebnis ihrer eigenen Tätigkeit. Eine andere Tätigkeit in ihr könnte sie nur durch ihre Abwehr gegen diese Tätigkeit wahrnehmen, das heißt, sie würde doch nur *sich selbst* in ihrer Abwehr wahrnehmen. Nichts Äußeres also kann in diese Monade kommen. Leibniz drückt das so aus, daß er sagt: die Monade habe keine Fenster. Alle wirklichen Wesen sind in Leibniz' Sinne Monaden. Und es gibt in Wahrheit nichts als Monaden. Nur haben diese verschiedenen Monaden verschieden intensives Innenleben. Es gibt Monaden mit ganz dumpfem Innenleben, die wie schlafend sind, solche, die wie träumend sind, dann die wachen Menschenmonaden bis hinauf zu dem höchst gesteigerten Innenleben der göttlichen Urmonade. Wenn der Mensch in seiner Sinnesanschauung nicht Monaden sieht, so kommt dies daher, daß die Monaden von dem Menschen so überschaut werden, wie etwa der Nebel, der nicht ein Nebel ist, sondern ein Mückenschwarm. Was die Sinne des Menschen sehen, ist wie ein Nebelbild, das durch die beieinander seienden Monaden gebildet wird.

So ist für Leibniz die Welt in Wahrheit eine Summe von Monaden, die gar nicht aufeinander wirken, sondern unabhängig voneinander lebende selbstbewußte Wesen - Iche - sind. Wenn die einzelne Monade in ihrem Innenleben doch ein Abbild des allgemeinen Weltlebens hat, so rührt dies nicht davon her, daß die einzelnen Monaden aufeinander wirken, sondern davon, daß im gegebenen Falle die eine Monade das innerlich für sich erlebt, was auch eine andere Monade unabhängig von ihr erlebt. Die Innenleben der Monaden stimmen zusammen, wie Uhren dieselben Stunden zeigen, trotzdem sie nicht aufeinander wirken. Wie die Uhren zusammenstimmen, weil sie anfänglich aufeinander gestimmt sind, so sind die Monaden durch die von der göttlichen Urmonade ausgehende prästabilierte Harmonie aufeinander gestimmt.

Dies ist das Weltbild, zu dem Leibniz getrieben wird, weil er es so gestalten muß, daß sich in diesem Bilde das *selbstbewußte* Seelenleben, das Ich, als eine Wirklichkeit behaupten kann. Es ist ein Weltbild, das völlig aus dem «Ich» selbst heraus gestaltet ist. Ja, dies kann, nach Leibniz' Ansicht, auch gar nicht anders sein. In Leibniz führt das Weltanschauungsstreben zu einem Punkte, wo es, um die Wahrheit zu finden, nichts von dem als Wahrheit hinnimmt, was sich in der Außenwelt offenbart.

Im Sinne des Leibniz ist das Sinnenleben des Menschen so bewirkt, daß die Seelenmonade in Verbindung mit anderen Monaden tritt, welche ein dumpferes, träumendes, schlafendes Selbstbewußtsein haben. Eine Summe solcher Monaden ist der Leib; mit ihm ist verbunden die eine wachende Seelenmonade. Im Tode trennt sich diese Zentralmonade von den anderen und führt für sich das Dasein weiter.

Ist Leibniz' Weltbild ein solches, das ganz aus der inneren Energie der selbstbewußten Seele herausgebildet ist, so ist das seines Zeitgenossen *John Locke* (1632—1704) völlig auf der Empfindung auferbaut, daß ein derartiges Herausarbeiten aus der Seele nicht sein dürfe. Locke anerkennt nur als berechtigte Glieder einer Weltanschauung, was *beobachtet* (erfahren) werden kann, und was auf Grundlage der Beobachtung über das Beobachtete *gedacht* werden kann. Ihm ist die Seele nicht ein Wesen, das aus sich heraus wirkliche Erlebnisse entwickelt, sondern eine unbeschriebene Tafel, auf welche die Außenwelt ihre Einzeichnungen macht. So ist für Locke das menschliche Selbstbewußtsein ein Ergebnis des Erlebens, nicht ein Ich der Ursprung dieses Erlebens. Wenn ein Ding der Außenwelt auf den Menschen einen Eindruck macht, so ist darüber das Folgende zu sagen: An dem Dinge sind in Wahrheit nur Ausdehnung, Figur, Bewegung; durch die Berührung mit den Sinnen entstehen Töne, Farben, Gerüche, Wärme und so weiter. Was so an den Sinnen entsteht, ist nur so lange da, als die Sinne sich mit den Dingen berühren. Außer der Wahrnehmung sind nur verschieden geformte und in verschiedenen Bewegungszuständen befindliche Substanzen vorhanden. - Locke fühlt sich gezwungen, anzunehmen, daß außer Gestalt und Bewegung dasjenige, was die Sinne wahrnehmen, nichts mit den Dingen selbst zu tun habe. Er macht damit den Anfang mit einer Weltanschauungsströmung, welche die Eindrücke der Außenwelt, die der Mensch erkennend erlebt, nicht als der Welt - an sich - angehörig betrachten will.

Ein merkwürdiges Schauspiel stellt sich mit Locke vor die betrachtende Seele hin. Der Mensch soll nur erkennen können dadurch, daß er wahrnimmt und über das Wahrgenommene denkt; aber, was er wahrnimmt, hat mit den eigenen Eigenschaften der Welt nur zum geringsten Teile etwas zu tun. - Leibniz weicht zurück vor dem, was die Welt offenbart, und schafft aus dem Innern der Seele ein Weltbild; Locke will nur ein Weltbild, das von der Seele im Verein mit der Welt geschaffen wird; aber durch solches Schaffen kommt kein Bild der Welt zustande. Indem Locke nicht, wie es Leibniz tut, in dem Ich selbst den Stützpunkt für eine Weltanschauung sehen kann, kommt er zu Vorstellungen, welche nicht geeignet erscheinen, eine solche zu begründen, weil sie den Besitz des menschlichen Ich nicht zum Innern der Welt zählen können. Eine

Weltansicht wie diejenige Lockes verliert den Zusammenhang mit jeder Welt, in welcher das «Ich», die selbstbewußte Seele, wurzeln könnte, weil sie von vornherein von anderen Wegen zum Weltengrunde nichts wissen will, als nur von solchen, die sich im Sinnesdunkel verlieren.

In Locke treibt die Weltanschauungsentwickelung eine Form hervor, innerhalb welcher die selbstbewußte Seele um ihr Dasein im Weltbilde kämpft, jedoch diesen Kampf verliert, weil sie ihre Erlebnisse nur im Verkehre mit der durch das Naturbild gegebenen Außenwelt zu gewinnen glaubt. Sie muß sich daher jedes Wissen über etwas absprechen, was zu ihrem Wesen außerhalb dieses Verkehres gehören könnte.

Von Locke angeregt, kam *George Berkeley* (1684 bis 1753) zu völlig anderen Ergebnissen als jener. Berkeley findet, daß die Eindrücke, welche die Dinge und Vorgänge der Welt auf die menschliche Seele zu machen scheinen, doch in Wahrheit *in dieser Seele* selbst seien. Sehe ich «rot», so muß ich in mir dieses «Rot» zum Dasein bringen; fühle ich «warm», so lebt die «Warmheit» in mir. Und so ist es mit allem, was ich scheinbar von außen empfange. Außer dem, was ich in mir selbst erzeuge, weiß ich aber überhaupt von äußeren Dingen nichts. So aber hat es gar keinen Sinn, von Dingen zu sprechen, die materiell, stofflich sein sollen. Denn ich kenne nur, was in meinem Geiste auftritt als Geistiges. Was ich zum Beispiel Rose nenne, ist ganz Geistiges, nämlich eine von meinem Geiste erlebte Vorstellung. Es ist also, meint Berkeley, nirgends etwas anderes als Geistiges wahrzunehmen. Und wenn ich bemerke, daß etwas von außen in mir bewirkt wird, so kann es nur von geistigen Wesenheiten bewirkt sein. Denn es können Körper doch nicht Geistiges wirken. Und meine

Wahrnehmungen sind durchaus Geistiges. Es gibt also nur Geister in der Welt, die aufeinander wirken. Das ist Berkeleys Anschauung. Sie wendet die Vorstellungen Lockes in deren Gegenteil um, indem sie alles, was dieser als Eindrücke der materiellen Dinge betrachtet, als geistige Wirklichkeit auffaßt, und so sich mit dem Selbstbewußtsein unmittelbar in einer geistigen Welt zu erkennen vermeint.

Andere haben die Gedanken Lockes zu anderen Ergebnissen geführt. Ein Beispiel dafür ist *Condillac* (1715 bis 1780). Er meint, wie Locke, alle Welterkenntnis müsse, ja könne nur auf der Beobachtung der Sinne und dem Denken beruhen. Doch schritt er bis zu der äußersten Konsequenz weiter: das Denken habe für sich keine selbständige Wirklichkeit; es sei weiter nichts als eine verfeinerte, umgewandelte äußere Sinneswahrnehmung. Somit dürfen in ein Weltbild, das der Wahrheit entsprechen soll, nur Sinnesempfindungen aufgenommen werden. Seine Erläuterung in dieser Richtung ist vielsagend: Man nehme den seelisch noch ganz unaufgeweckten Menschenleib und denke sich einen Sinn nach dem anderen erwachend. Was hat man nun an diesem empfindenden Leibe mehr, als vorher an dem nicht empfindenden? Einen Leib, auf den die Umwelt Eindrücke gemacht hat. Diese Eindrücke der Umwelt haben ganz und gar das bewirkt, was ein «Ich» zu sein vermeint. - Diese Weltanschauung kommt zu keiner Möglichkeit, das «Ich», die selbstbewußte «Seele», irgendwo zu erfassen, und sie kommt zu keinem Weltbilde, in dem dieses «Ich» vorkommen könnte. Es ist die Weltanschauung, welche dadurch mit der selbstbewußten Seele fertig zu werden sucht, daß sie sie *hinwegbeweist.* Auf ähnlichen Pfaden wandeln *Charles Bonnet* (1720—1793), *Claude Adrien Helvetius* (1715—1771), *Julien de La Met-*

trie (1709—1751) und das 1770 erschienene «System der Natur» (Système de la nature) von *Holbach.* Es ist in demselben alles Geistige aus dem Weltbilde vertrieben. Es wirken in der Welt nur der Stoff und seine Kräfte, und für dieses entgeistigte Bild der Natur findet Holbach die Worte: «O Natur, Beherrscherin aller Wesen, und ihr, deren Töchter, Tugend, Vernunft und Wahrheit, seid ihr für immer unsere einzigen Gottheiten.»

In de La Mettries «Der Mensch eine Maschine» kommt ein Weltanschauungsbild zutage, das von dem Naturbilde so überwältigt ist, daß es nur noch dieses gelten lassen kann. Was im Selbstbewußtsein auftritt, muß daher vorgestellt werden wie etwa das Spiegelbild gegenüber dem Spiegel. Die Leibesorganisation wäre dem Spiegel zu vergleichen, das Selbstbewußtsein dem Bilde. Das letztere hat, abgesehen von der ersteren, keine selbständige Bedeutung. In «Der Mensch eine Maschine» ist zu lesen: «Wenn... aber alle Eigenschaften der Seele von der eigentümlichen Organisation des Gehirns und des ganzen Körpers so sehr abhängen, daß sie sichtlich ... nur diese Organisation selbst sind, so liegt... hier eine sehr aufgeklärte Maschine vor ... Die Seele ist also nur ein nichtssagender Ausdruck, von dem man gar keine Vorstellung hat und den ein scharfer Kopf nur gebrauchen darf, um damit den Teil, der in uns denkt, zu benennen. Nimmt man auch nur das einfachste Prinzip der Bewegung in ihnen an, so haben die beseelten Körper alles, was sie brauchen, um sich zu bewegen, zu empfinden, zu denken, zu bereuen, kurz, um im Physischen und im Moralischen, welches davon abhängt, ihren Weg zu finden» . . . «Wenn das, was in meinem Gehirn denkt, nicht ein Teil dieses Eingeweides und folglich des ganzen Körpers ist, warum erhitzt sich dann mein Blut, wenn ich ruhig in meinem Bett den Plan zu meinem Werke mache, oder einen abstrakten Gedankengang verfolge.» (Vgl. de La Mettrie, Der Mensch eine Maschine. Philosophische Bibliothek Bd. 68.) In die Kreise, in welche diese Geister - auch Diderot, Cabanis und andere gehören noch zu ihnen - wirkten, hat *Voltaire* (1694 bis 1778) die Lehren Lockes gebracht. Voltaire selbst ist wohl niemals bis zu den letzten Konsequenzen der genannten Philosophen geschritten. Er ließ sich aber selbst von Lockes Gedanken anregen, und in seinen glänzenden und blendenden Schriften ist vieles von diesen Anregungen zu fühlen. Materialist im Sinne der Genannten konnte er selbst nicht werden. Er lebte in einem zu weiten Vorstellungshorizont, um den Geist abzuleugnen. Das Bedürfnis für Weltanschauungsfragen hat er in weitesten Kreisen geweckt, weil er so schrieb, daß diese Weltanschauungsfragen an die Interessen dieser Kreise anknüpften. - Über ihn wäre viel zu sagen in einer Darstellung, welche die Weltanschauungsströmungen in die Region der Zeitfragen verfolgen wollte. Das ist mit diesen Ausführungen nicht beabsichtigt. Es sollen nur die höheren Weltanschauungsfragen im engeren Sinne betrachtet werden; daher kann über Voltaire und auch über den Gegner der Aufklärung, Rousseau, hier nichts weiter vorgebracht werden.

Verliert sich Locke im Sinnesdunkel, so *David Hume* (1711—1776) im Innern der selbstbewußten Seele, deren Erlebnisse ihm nicht von Kräften einer Weltordnung, sondern von der Macht der menschlichen Gewöhnung beherrscht scheinen. Warum spricht man davon, daß ein Vorgang in der Natur Ursache, ein anderer Wirkung sei? so frägt Hume. Der Mensch sieht, wie die Sonne den Stein bescheint; er nimmt dann wahr, daß der Stein warm geworden ist. Er sieht diese beiden Vorgänge oft aufeinander folgen. Deswegen gewöhnt er sich, sie als zusammengehörig zu denken. Er macht den Sonnenschein zur Ursache, die Erwärmung des Steines zur Wirkung. Die Denkgewöhnung verknüpft die Wahrnehmungen, nicht aber gibt es außerhalb in einer wirklichen Welt etwas, was sich als ein solcher Zusammenhang selbst offenbart. Der Mensch sieht auf einen Gedanken seiner Seele eine Bewegung seines Leibes folgen; er gewöhnt sich, zu denken, der Gedanke sei die Ursache, die Bewegung die Wirkung. - Denkgewohnheiten, nichts weiter - meint Hume - liegen den Aussagen des Menschen über die Weltvorgänge zugrunde. - Durch Denkgewohnheiten kann die selbstbewußte Seele zu Richtlinien für das Leben kommen; sie kann aber in diesen ihren Gewohnheiten nichts finden zum Gestalten eines Weltbildes, das für die Wesenheit außer der Seele eine Bedeutung hätte. So bleibt für Humes Weltanschauung alles, was der Mensch sich an Vorstellungen bildet über die Sinnes- und Verstandesbeobachtung hinaus, ein bloßer Glaubensinhalt; es kann nie ein Wissen werden. Über das Schicksal der selbstbewußten Menschenseele, über ihr Verhältnis zu einer anderen als der Sinneswelt kann es nicht Wissenschaft, sondern nur Glauben geben.

Leibniz' Weltanschauungsbild erfuhr eine in die Breite gehende, verstandesmäßige Ausbildung durch *Christian Wolff* (geb. 1679 in Breslau, Professor in Halle). Wolff ist der Meinung, es lasse sich eine Wissenschaft begründen, welche durch reines Denken dasjenige erkennt, was möglich ist, was zur Existenz berufen ist, weil es dem Denken widerspruchsfrei erscheint, und so bewiesen werden kann. Auf diesem Wege begründet Wolff eine Welt-, Seelen-,

Gotteswissenschaft. Es beruht diese Weltanschauung auf der Voraussetzung, daß die selbstbewußte Menschenseele in sich Gedanken bilden könne, die gültig sind für dasjenige, was ganz und gar außerhalb ihrer selbst liegt. Hier liegt das Rätsel, das sich dann Kant aufgegeben fühlte: Wie sind durch die Seele zustandegebrachte Erkenntnisse möglich, die doch Geltung haben sollen für Weltwesen, die außerhalb der Seele liegen?

In der Weltanschauungsentwickelung seit dem fünfzehnten, dem sechzehnten Jahrhundert drückt sich das Bestreben aus, die selbstbewußte Seele auf sich so zu stellen, daß sie sich als berechtigt anerkennen könne, über die Rätsel der Welt gültige Vorstellungen zu bilden. Aus dem Bewußtsein der zweiten Hälfte des achtzehnten Jahrhunderts heraus empfindet *Lessing* (1729—1781) dieses Bestreben als den tiefsten Impuls der menschlichen Sehnsucht. Wenn man ihn hört, so hört man mit ihm viele Persönlichkeiten, welche in diesem Sehnen den Grundcharakter dieses Zeitalters offenbaren. - Die Verwandlung der religiösen Offenbarungswahrheiten in Vernunftwahrheiten, das strebt Lessing an. Sein Ziel ist in den mannigfaltigen Wendungen und Ausblicken, welche sein Denken nehmen muß, doch deutlich erkennbar. Lessing fühlt sich mit seinem selbstbewußten Ich in einer Entwickelungsepoche der Menschheit, welche durch die Kraft des Selbstbewußtseins erlangen soll, was ihr vorher von außen - durch Offenbarung - zugeflossen ist. Was in der Geschichte vorangegangen ist, wird damit für Lessing zum Vorbereitungsprozeß für den Zeitpunkt, in dem sich das Selbstbewußtsein des Menschen allein auf sich stellt. So wird ihm die Geschichte zu einer «Erziehung des Menschengeschlechtes». Und dies ist auch der Titel seines auf seiner Höhe geschriebenen Aufsatzes, in dem er das Wesen der Menschenseele nicht auf *ein* Erdenleben beschränkt wissen will, sondern es wiederholte Erdenleben durchmachen läßt. Die Seele lebt durch Zwischenzeiten getrennte Leben in den Perioden der Menschheitsentwickelung, nimmt in jeder Periode auf, was diese ihr geben kann, und verkörpert sich wieder in einer folgenden Periode, um da sich weiterzuentwickeln. Sie trägt also selbst aus einem Menschheitszeitalter die Früchte desselben in die folgenden hinüber und wird so durch die Geschichte «erzogen». In Lessings Anschauung wird das Ich also über das Einzelleben hinaus erweitert; es wird eingewurzelt in eine geistig wirksame Welt, die hinter der Sinneswelt liegt.

Damit steht Lessing auf dem Boden einer Weltanschauung, welche dem selbstbewußten Ich es durch dessen eigene Natur fühlbar machen will, wie das, was in ihm wirkt, nicht in dem sinnlichen Einzelleben sich restlos zum Ausdruck bringt.

In anderer Art, doch mit demselben Impuls suchte *Herder* (1744—1803) zu einem Weltbild zu kommen. Er wendet den Blick auf das gesamte physische und geistige Universum. Er sucht gewissermaßen den Plan dieses Universums. Den Zusammengang und Zusammenklang der Naturerscheinungen, das Aufdämmern und Aufleuchten der Sprache und der Poesie, den Fortgang des geschichtlichen Werdens: alles das läßt Herder auf seine Seele wirken, durchdringt es mit oft genialischen Gedanken, um zu einem Ziele zu kommen. In aller Außenwelt - so kann man sagen, stellt sich für Herder dieses Ziel dar - drängt sich etwas zum Dasein, was zuletzt in der selbstbewußten Seele offenbar erscheint. Diese selbstbewußte Seele enthüllt sich, indem sie sich im Universum gegründet fühlt, nur den

Weg, den ihre eigenen Kräfte in ihr genommen haben, bevor sie Selbstbewußtsein erlangt hat. Die Seele darf sich - nach Herders Anschauung - in dem Weltall wurzelnd fühlen, denn sie erkennt in dem ganzen natürlichen und geistigen Zusammenhang des Universums einen Vorgang, der zu ihr führen mußte, wie die Kindheit zum reifen Menschenleben im persönlichen Dasein führen muß. Es ist ein umfassendes Bild dieses seines Weltgedankens, das Herder in seinen «Ideen zur Philosophie der Geschichte der Menschheit» zur Darstellung bringt. Es ist der Versuch, das Naturbild im Einklange mit dem Geistesbilde so zu denken, daß in diesem Naturbilde auch ein Platz ist für die selbstbewußte Menschenseele. - Man darf nicht außer acht lassen, daß in Herders Weltanschauung das Ringen sich zeigt, zugleich mit der neueren naturwissenschaftlichen Vorstellungsart und mit den Forderungen der selbstbewußten Seele sich auseinanderzusetzen. Herder stand vor den modernen Weltanschauungsforderungen wie Aristoteles vor den griechischen. Wie sich die beiden in verschiedener Art zu dem ihnen von ihrem Zeitalter gegebenen Bilde der Natur verhalten mußten, das gibt ihren Anschauungen die charakteristische Färbung.

Wie Herder im Gegensatz zu anderen seiner Zeitgenossen sich zu Spinoza stellt, wirft Licht auf seine Stellung in der Weltanschauungsentwickelung. Diese Stellung tritt in ihrer Bedeutung hervor, wenn man sie vergleicht mit derjenigen *Friedrich Heinrich Jacobis* (1743—1819). Jacobi findet in Spinozas Weltbild dasjenige, wozu der menschliche Verstand kommen muß, wenn er die Wege verfolgt, welche ihm durch seine Kräfte vorgezeichnet sind. Es erschöpft dieses Weltbild den Umfang dessen, was der Mensch über die Welt wissen kann. Über die Natur der

Seele, über den göttlichen Weltgrund, über den Zusammenhang der Seele mit diesem kann aber dieses Wissen nichts entscheiden. Diese Gebiete erschließen sich dem Menschen nur, wenn er sich einer Glaubenserkenntnis hingibt, die auf einer besonderen Seelenfähigkeit beruht. Das Wissen muß daher, im Sinne Jacobis, notwendig atheistisch sein. Es kann in seinem Gedankenbau streng notwendige Gesetzmäßigkeit, nicht aber göttliche Weltordnung haben. So wird für Jacobi der Spinozismus die einzig mögliche wissenschaftliche Vorstellungsart; aber er sieht in diesem zugleich einen Beweis für die Tatsache, daß diese Vorstellungsart den Zusammenhang mit der geistigen Welt nicht finden kann. - Herder verteidigt 1787 Spinoza gegen den Vorwurf des Atheismus. Er kann das. Denn er schreckt nicht davor zurück, das Erleben des Menschen in dem göttlichen Urwesen auf seine Art ähnlich zu empfinden wie Spinoza. Nur spricht Herder dieses Erleben auf andere Art aus als Spinoza. Dieser baut ein reines Gedankengebäude auf; Herder sucht seine Weltanschauung nicht bloß durch Denken, sondern durch die ganze Fülle des menschlichen Seelenlebens zu gewinnen. Für ihn ist ein schroffer Gegensatz von Glauben und Wissen dann nicht vorhanden wenn die Seele sich klar wird über die Art, wie sie sich selbst erlebt. Man spricht in seinem Sinne, wenn man das seelische Erleben so ausdrückt: Wenn der Glaube sich auf seine Gründe in der Seele besinnt, so kommt er zu Vorstellungen, welche nicht ungewisser sind als diejenigen, welche durch das bloße Denken gewonnen werden. Herder nimmt alles, was die Seele in sich finden kann, in geläuterter Gestalt als Kräfte hin, die ein Weltbild liefern können. So ist seine Vorstellung des göttlichen Weltengrundes reicher, gesättigter als diejenige Spinozas; aber sie setzt das menschliche Ich zu diesem Weltgrunde in ein Verhältnis, das bei Spinoza nur als Ergebnis des Denkens auftritt.

Wie in einem Knotenpunkte der mannigfaltigsten Fäden der neueren Weltanschauungsentwickelung steht man, wenn man den Blick darauf richtet, wie in diese Entwickelung der Gedankengang Spinozas in den achtziger Jahren des achtzehnten Jahrhunderts eingreift. 1785 veröffentlicht Fr. H. Jacobi sein «Spinoza-Büchlein». Er teilt darin ein Gespräch mit, das er mit Lessing vor dessen Lebensende geführt hatte. Lessing hat sich, nach diesem Gespräche, selbst zum Spinozismus bekannt. Für Jacobi ist damit zugleich Lessings Atheismus festgestellt. Man muß, wenn man das «Gespräch mit Jacobi» als maßgebend für die intimen Gedanken Lessings anerkennt, diesen als eine Persönlichkeit ansehen, welche anerkennt, daß der Mensch eine seinem Wesen entsprechende Weltanschauung nur gewinnen könne, wenn er die feste Gewißheit, welche die Seele dem durch eigene Kraft lebenden Gedanken gibt, zum Stützpunkt seiner Anschauung nimmt. Mit einer solchen Idee erscheint Lessing als ein prophetischer Vor-Fühler der Weltanschauungsimpulse des neunzehnten Jahrhunderts. Daß er diese Idee erst in einem Gespräche kurz vor seinem Tode äußert, und daß sie in seinen eigenen Schriften noch wenig zu bemerken ist, bezeugt, wie schwer das Ringen, auch der freiesten Köpfe, geworden ist mit den Rätselfragen, welche das neuere Zeitalter der Weltanschauungsentwickelung aufgegeben hat. - Die Weltanschauung muß sich doch in Gedanken aussprechen. Doch die überzeugende Kraft des Gedankens, die im Platonismus ihren Höhepunkt, im Aristotelismus ihre selbstverständliche Entfaltung gefunden hatte, war aus den Seelenimpulsen der Menschen gewichen. Aus der mathematischen Vorstellungsart sich die Kraft zu holen, den Gedanken zu einem Weltenbilde auszubauen, das bis zum Weltengrunde weisen sollte, vermochte nur die seelenkühne Natur Spinozas. - Den Lebenstrieb des Gedankens im Selbstbewußtsein zu erfühlen, und ihn so zu erleben, daß sich durch ihn der Mensch in eine geistig-reale Welt sicher hineingestellt fühlt, vermochten die Denker des achtzehnten Jahrhunderts noch nicht. Lessing steht unter ihnen wie ein Prophet, indem er die Kraft des selbstbewußten Ich so empfindet, daß er der Seele den Durchgang durch wiederholte Erdenleben zuschreibt. - Was man, unbewußt, wie einen Alpdruck in Weltanschauungsfragen fühlte, war, daß der Gedanke für den Menschen nicht mehr so auftrat wie für Plato, für den er sich selbst in seiner stützenden Kraft und mit seinem gesättigten Inhalte als wirksame Weltwesenheit offenbarte. Man fühlte jetzt den Gedanken aus den Untergründen des Selbstbewußtseins heraufziehen; man fühlte die Notwendigkeit, ihm aus irgendwelchen Mächten heraus eine Tragkraft zu geben. Man suchte diese Tragkraft immer wieder bei den Glaubenswahrheiten oder in den Tiefen des Gemütes, welche man stärker glaubte als den abgeblaßten, abstrakt empfundenen Gedanken. Das ist für viele Seelen immer wieder ihr Erlebnis mit dem Gedanken, daß sie diesen nur als bloßen Seeleninhalt empfinden und aus ihm nicht die Kraft zu saugen vermögen, die ihnen Gewähr leistet dafür, daß der Mensch mit seinem Wesen sich im geistigen Weltengrunde eingewurzelt wissen dürfe. Solchen Seelen imponiert die logische Natur des Gedankens; sie erkennen ihn deshalb an als Kraft, welche eine wissenschaftliche Weltansicht erbauen müsse; aber sie wollen eine für sie stärker wirkende Kraft für den Ausblick auf eine die höchsten Erkenntnisse umschließende Weltanschauung. Es fehlt solchen Seelen die spinozistische Seelenkühnheit, den Gedanken im Quell des Weltschaffens zu empfinden und so sich mit dem Gedanken im Weltengrunde zu wissen. Es rührt von solcher Seelenverfassung her, wenn oft der Mensch den Gedanken beim Aufbau einer Weltanschauung gering achtet und sein Selbstbewußtsein sicherer gestützt fühlt im Dunkel der Gemütskräfte. Es gibt Persönlicheiten, für welche eine Anschauung um so weniger Wert für ihr Verhältnis zu den Weltenrätseln hat, je mehr diese Anschauung aus dem Dunkel des Gemüts in das Licht des Gedankens treten will. Eine solche Seelenstimmung trifft man bei *J. G. Hamann* (gest. 1788). Er war, wie manche Persönlichkeiten dieser Art, ein großer Anreger. Ist nämlich ein solcher Geist genial wie er, so wirken die aus den dunkeln Gemütstiefen geholten Ideen energischer auf andere als die in Verstandesform gebrachten Gedanken. Wie in Orakelsprüchen drückte sich Hamann aus über die Fragen, welche das Weltanschauungsleben seiner Zeit erfüllten. Wie auf andere wirkte er auch auf Herder anregend. - Ein mystisches Empfinden, oft mit pietistischer Färbung, lebt in seinen Orakelsprüchen. Chaotisch kommt in ihnen zum Vorschein das Drängen der Zeit nach dem Erleben einer Kraft der selbstbewußten Seele, welche Stützpunkt all dem sein kann, was der Mensch sich über Welt und Leben zur Vorstellung bringen will.

Es liegt in diesem Zeitalter, daß die Geister fühlen: Man muß hinunter in die Seelentiefen, um den Punkt zu finden, in dem die Seele mit dem ewigen Weltengrunde zusammenhängt, und man muß aus der Erkenntnis dieses Zusammenhangs heraus - aus dem Quell des Selbstbewußtseins - ein Weltbild gewinnen. Doch ist ein weiter Abstand von dem, was der Mensch vermochte mit seinen Geisteskräften zu umfassen, und dieser inneren Wurzel des Selbstbewußtseins. Die Geister dringen mit ihrer Geistesarbeit nicht zu dem vor, was ihnen in dunkler Ahnung ihre Aufgabe stellt. Sie gehen gleichsam um das herum, was als Weltenrätsel wirkt, und nähern sich ihm nicht. So empfindet mancher, der den Weltanschauungsfragen gegenübersteht, als gegen Ende des achtzehnten Jahrhunderts Spinoza zu wirken beginnt. Lockesche, Leibnizsche Ideen, diese auch in Wolffscher Abschwächung, durchdringen die Köpfe; daneben wirkt neben dem Drange nach Gedankenklarheit die Scheu vor dieser, so daß in das Weltbild immer wieder die aus den Tiefen des Gemütes heraufgeholten Anschauungen zur Ganzheit dieses Bildes zu Hilfe gerufen werden. Ein solches spiegelt sich in *Mendelssohn*, dem Freunde Lessings, der durch die Veröffentlichung des Jacobischen Gespräches mit Lessing bitter berührt worden ist. Er wollte nicht zugeben, daß dieses Gespräch von seiten Lessings wirklich den von Jacobi mitgeteilten Inhalt gehabt habe. Es hätte sich dann - so meinte er - sein Freund wirklich zu einer Weltanschauung bekannt, welche mit dem bloßen Gedanken zur Wurzel der geistigen Welt reichen will. Auf diese Art komme man aber nicht zu einer Anschauung von dem *Leben* dieser Wurzel. Man müsse sich dem Weltgeiste anders nahen, wenn man ihn in der Seele als lebensvolle Wesenheit erfühlen wolle. Und das müsse doch Lessing getan haben. Dieser könne sich also nur zu einem «geläuterten Spinozismus» bekannt haben, zu einem solchen, der über das bloße Denken hinausgeht, wenn er zu dem göttlichen Urgrund des Daseins kommen will. In der Art, den Zusammenhang mit diesem Urgrunde zu empfinden, wie das der Spinozismus ermöglicht, davor scheute Mendelssohn zurück.

Herder brauchte nicht davor zurückzuscheuen, weil er die Gedankenlinien im Weltenbild des Spinoza übermalte mit den gehaltvollen Vorstellungen, welche ihm die Betrachtung des Natur- und Geistesbildes ergab. Er hätte bei Spinozas Gedanken nicht stehenbleiben können. So wie sie von ihrem Urheber gegeben waren, wären sie ihm zu grau in grau gemalt erschienen. Er betrachtete, was in der Natur und Geschichte sich abspielt und stellte das Menschenwesen in diese Betrachtung hinein. Und was sich ihm so offenbarte, das ergab ihm einen Zusammenhang des Menschenwesens mit dem göttlichen Urgrund der Welt und mit der Welt selber, durch den er sich in der *Gesinnung* mit Spinoza einig fühlte. Herder war unmittelbar davon überzeugt, daß die Beobachtung der Natur und der geschichtlichen Entwickelung ein Weltbild ergeben muß, durch das der Mensch seine Stellung im Weltganzen befriedigend empfindet. Spinoza meinte zu einem solchen Weltbild nur in der lichten Sphäre der Gedankenarbeit zu kommen, die nach dem Muster der Mathematik verrichtet wird. Vergleicht man Herder mit Spinoza und bedenkt man dabei die Zustimmung des ersteren zu der Gesinnung des lezteren, so muß man anerkennen, daß in der neueren Weltanschauungsentwickelung ein Impuls wirkt, der sich *hinter dem verbirgt*, was als Weltanschauungsbilder zum Vorschein kommt. Es ist das Streben nach einem *Erleben* dessen in der Seele, was das Selbstbewußtsein an die Gesamtheit der Weltvorgänge bindet. Man will ein Weltbild gewinnen, in dem die Welt so erscheint, daß der Mensch sich in ihr erkennen kann, wie er sich erkennen muß, wenn er die innere Stimme seiner selbstbewußten

Seele zu sich sprechen läßt. - *Spinoza* will den Drang eines solchen Erlebens dadurch befriedigen, daß er die Gedankenkraft ihre eigene Gewißheit entfalten läßt; *Leibniz* betrachtet die Seele und will die Welt so vorstellen, wie sie vorgestellt werden muß, wenn die richtig vorgestellte Seele in das Weltbild richtig hineingestellt sich zeigen soll. - *Herder* beobachtet die Weltvorgänge und ist von vornherein überzeugt, daß im menschlichen Gemüte das rechte Weltbild auftaucht, wenn dieses Gemüt sich mit aller seiner Kraft gesund diesen Vorgängen gegenüberstellt. Was Goethe später sagte, daß alles Faktische schon Theorie sei, das steht für Herder unbedingt fest. Er ist auch von Leibnizschen Gedankenkreisen angeregt; doch hätte er es nimmermehr vermocht, erst nach einer Idee des Selbstbewußtseins in der Monade theoretisch zu suchen und dann mit dieser Idee ein Weltbild zu erbauen. - Die Seelenentwickelung der Menschheit stellt sich in Herder so dar, daß durch ihn besonders deutlich auf den ihr zugrunde liegenden Impuls in der neueren Zeit hingewiesen wird. Was in Griechenland als Gedanke (Idee) gleich einer Wahrnehmung behandelt worden ist, wird als *Selbsterlebnis der Seele* gefühlt. Und der Denker steht der Frage gegenüber: Wie muß ich in die Tiefen der Seele dringen so, daß ich erreiche den Zusammenhang der Seele mit dem Weltgrunde und *mein* Gedanke zugleich der Ausdruck der weltschöpferischen Kräfte ist? - Das Aufklärungszeitalter, das man im achtzehnten Jahrhundert sieht, glaubte noch in dem Gedanken selbst seine Rechtfertigung zu finden. Herder wächst über diesen Gesichtspunkt hinaus. Er sucht nicht den Punkt in der Seele, wo diese denkt, sondern den lebendigen Quell, wo der Gedanke aus dem der Seele einwohnenden Schöpferprinzipe hervorquillt. Damit steht Herder dem nahe, was man das geheimnisvolle Erlebnis der Seele mit dem Gedanken nennen kann. Eine Weltanschauung muß sich in Gedanken aussprechen. Doch gibt der Gedanke der Seele die Kraft, welche sie durch eine Weltanschauung im neueren Zeitalter sucht, nur dann, wenn sie den Gedanken in seiner seelischen Entstehung *erlebt.* Ist der Gedanke geboren, ist er zum philosophischen System geworden, dann hat er bereits seine Zauberkraft über die Seele verloren. Damit hängt zusammen, warum der Gedanke, warum das philosophische Weltbild so oft unterschätzt wird. Das geschieht durch alle diejenigen, welche nur den Gedanken kennen, der ihnen von außen zugemutet wird, an den sie glauben, zu dem sie sich bekennen sollen. Die wirkliche Kraft des Gedankens kennt nur derjenige, der ihn bei seiner Entstehung *erlebt.*

Wie in der neueren Zeit dieser Impuls in den Seelen lebt, das tritt hervor an einer bedeutungsvollen Gestalt der Weltanschauungsgeschichte, an *Shaftesbury* (1671 bis 1713). Für ihn lebt ein «innerer Sinn» in der Seele; durch diesen dringen die Ideen, welche der Inhalt der Weltanschauung werden, in den Menschen, wie durch die äußeren Sinne die äußeren Wahrnehmungen dringen. Nicht im Gedanken selbst also sucht Shaftesbury dessen Rechtfertigung, sondern durch den Hinweis auf eine Seelentatsache, welche dem Gedanken aus dem Weltengrunde heraus den Eintritt in die Seele ermöglicht. So steht für ihn eine zweifache Außenwelt dem Menschen gegenüber: die «äußere» materielle Außenwelt, die durch die «äußeren» Sinne in die Seele eintritt, und die geistige Außenwelt, welche durch den «inneren Sinn» dem Menschen sich offenbart.

Es lebt in diesem Zeitalter der Drang, die Seele kennenzulernen. Denn man will wissen, wie in ihrer Natur das Wesen einer Weltansicht verankert ist. Man sieht ein solches Streben in *Nikolaus Tetens* (gest. 1807). Er kam bei seinen Forschungen über die Seele zu einer Unterscheidung der Seelenfähigkeiten, welche gegenwärtig in das allgemeine Bewußtsein übergegangen ist: Denken, Fühlen und Wollen. Vorher unterschied man nur das Denk- und das Begehrungsvermögen.

Wie die Geister des achtzehnten Jahrhunderts die Seele zu belauschen suchten da, wo sie an ihrem Weltenbilde schaffend wirkt, das zeigt sich zum Beispiel an *Hemsterhuis* (1721—1790). An ihm, den Herder für einen der größten Denker nach Plato angesehen hat, zeigt sich anschaulich das Ringen des achtzehnten Jahrhunderts mit dem Seelenimpuls der neueren Zeit. Man wird etwa Hemsterhuis' Gedanken treffen, wenn man folgendes ausspricht: Könnte die Menschenseele durch ihre eigene Kraft, ohne äußere Sinne, die Welt betrachten, so läge vor ihr ausgebreitet das Bild der Welt in einem einzigen Augenblicke. Die Seele wäre also dann unendlich im Unendlichen. Hätte die Seele keine Möglichkeit, in sich zu leben, sondern sie wäre nur auf die äußeren Sinne angewiesen, so wäre vor ihr in endloser zeitlicher Ausbreitung die Welt. Die Seele lebte dann, ihrer selbst nicht bewußt, im Meer der sinnlichen Grenzenlosigkeit. Zwischen diesen beiden Polen, die nirgends wirklich sind, sondern wie zwei Möglichkeiten das Seelenleben begrenzen, lebt die Seele wirklich: sie durchdringt ihre Unendlichkeit mit der Grenzenlosigkeit.

An einigen Denkerpersönlichkeiten wurde hier versucht, darzustellen, wie der Seelenimpuls der neueren Zeit im achtzehnten Jahrhundert durch die Weltanschauungsentwickelung strömt. In dieser Strömung leben die Keime, aus denen für diese Entwickelung das «Zeitalter Kants und Goethes» hervorgegangen ist.

Zu zwei geistigen Instanzen blickt am Ende des achtzehnten Jahrhunderts derjenige auf, der nach Klarheit über die großen Fragen der Welt- und Lebensanschauung rang, zu Kant und Goethe. Einer, der am gewaltigsten nach solcher Klarheit rang, ist *Johann Gottlieb Fichte.* Als er Kants «Kritik der praktischen Vernunft» kennengelernt hatte, schrieb er: «*Ich lebe in einer neuen Welt* . . . Dinge, von denen ich glaubte, sie könnten mir nie bewiesen werden, zum Beispiel der Begriff einer absoluten Freiheit, der Pflicht usw., sind mir bewiesen, und ich fühle mich darüber nur um so froher. Es ist unbegreiflich, welche Achtung für die Menschheit, welche Kraft uns dieses System gibt! . . . Welch ein Segen für ein Zeitalter, in welchem die Moral von ihren Grundfesten aus zerstört und der Begriff Pflicht in allen Wörterbüchern durchstrichen war.» Und als er auf Grundlage der Kantschen die eigene Anschauung in seiner «Grundlage der gesamten Wissenschaftslehre» aufgebaut hatte, da sandte er das Buch an Goethe mit den Worten: «Ich betrachte Sie, und habe Sie immer betrachtet, als den Repräsentanten der reinsten Geistigkeit des Gefühls auf der gegenwärtig errungenen Stufe der Humanität. An Sie wendet mit Recht sich die Philosophie. *Ihr* Gefühl ist derselben Probierstein.» In einem ähnlichen Verhältnis zu beiden Geistern stand *Schiller.* Über Kant schreibt er am 28. Oktober 1794: «Es erschreckt mich gar nicht, zu denken, daß das Gesetz der Veränderung, vor welchem kein menschliches und kein göttliches Werk Gnade findet, auch die Form dieser (der Kantschen) Philosophie so wie jede andere zerstören wird; aber die Fundamente derselben werden dies Schicksal nicht zu fürchten haben, denn so alt das Menschengeschlecht ist, und so lange es eine Vernunft gibt, hat man sie stillschweigend anerkannt, und im ganzen danach gehandelt.» Goethes Anschauung schildert Schiller am 23. August 1794 in einem Briefe an diesen: «Lange schon habe ich, obgleich aus ziemlicher Ferne, dem Gang Ihres Geistes zugesehen, und den Weg, den Sie sich vorgezeichnet haben, mit immer erneuter Bewunderung bemerkt. Sie suchen das Notwendige in der Natur, aber Sie suchen es auf dem schwersten Wege, vor welchem jede schwächere Kraft sich wohl hüten wird. Sie nehmen die ganze Natur zusammen, um über das Einzelne Licht zu bekommen; in der Allheit ihrer Erscheinungsarten suchen Sie den Erklärungsgrund für das Individuum auf ... Wären Sie als ein Grieche, ja nur als ein Italiener geboren worden, und hätte schon von der Wiege an eine auserlesene Natur und eine idealisierende Kunst Sie umgeben, so wäre Ihr Weg unendlich verkürzt, vielleicht ganz überflüssig gemacht worden. Schon in die erste Anschauung der Dinge hätten Sie dann die Form des Notwendigen aufgenommen, und mit Ihren ersten Erfahrungen hätte sich der große Stil in Ihnen entwickelt. Nun, da Sie als ein Deutscher geboren sind, da Ihr griechischer Geist in diese nordische Schöpfung geworfen wurde, so blieb Ihnen keine andere Wahl, als entweder selbst zum nordischen Künstler zu werden, oder Ihrer Imagination das, was ihr die Wirklichkeit vorenthielt, durch Nachhilfe der Denkkraft zu ersetzen, und so gleichsam von *innen* heraus und auf einem rationalen Wege ein Griechenland zu gebären.»

Kant und Goethe können, von der Gegenwart aus gesehen, als Geister betrachtet werden, in denen die Weltanschauungsentwickelung der neueren Zeit sich wie in einem wichtigen Momente ihres Werdeprozesses dadurch enthüllt, daß von diesen Geistern die Rätselfragen des Daseins intensiv empfunden werden, die sich vorher mehr in den Untergründen des Seelenlebens vorbereiten.

Um die Wirkung des ersteren auf sein Zeitalter zu veranschaulichen, seien noch die Aussprüche zweier Männer über ihn angeführt, die auf der vollen Bildungshöhe ihrer Zeit standen. *Jean Paul* schrieb im Jahre 1788 an einen Freund: «Kaufen Sie sich um Himmels willen zwei Bücher, Kants Grundlegung zu einer Metaphysik der Sitten und Kants Kritik der praktischen Vernunft. Kant ist kein Licht der Welt, sondern ein ganzes strahlendes Sonnensystem auf einmal.» Und *Wilhelm von Humboldt* sagt: «Kant unternahm und vollbrachte das größte Werk, das vielleicht je die philosophierende Vernunft einem einzelnen Manne zu danken gehabt hat ... Dreierlei bleibt, wenn man den Ruhm, den Kant seiner Nation, den Nutzen, den er dem spekulativen Denken verliehen hat, bestimmen will, unverkennbar gewiß: Einiges, was er zertrümmert hat, wird sich nie wieder erheben, einiges, was er begründet hat, wird nie wieder untergehen, und was das Wichtigste ist, so hat er eine Reform gestiftet, wie die gesamte Geschichte des menschlichen Denkens keine ähnliche aufweist.»

Man sieht, in Kants Tat sahen seine Zeitgenossen eine erschütternde Wirkung innerhalb der Weltanschauungsentwickelung. Er selbst aber hielt sie für diese Entwickelung so wichtig, daß er ihre Bedeutung derjenigen gleichsetzte, die Kopernikus' Entdeckung der Planetenbewegung für die Naturerkenntnis hatte.

Manche Erscheinungen der Weltanschauungsentwickelung in den vorangegangenen Zeiten wirken in Kants Denken weiter und bilden sich in diesem zu Rätselfragen um, welche den Charakter seiner Weltanschauung bestimmen. Wer in den für diese Anschauung bedeutsamsten Schriften Kants die charakteristischen Eigentümlichkeiten empfindet, dem zeigt sich als eine derselben sogleich eine besondere Schätzung, welche Kant der mathematischen Denkungsart angedeihen läßt. Was so erkannt wird wie das mathematische Denken erkennt, das trägt in sich die Gewißheit seiner Wahrheit, das empfindet Kant. Daß der Mensch Mathematik haben kann, beweist, daß er Wahrheit haben kann. Was man auch alles bezweifeln mag: die Wahrheit der Mathematik kann man nicht bezweifeln.

Mit dieser Schätzung der Mathematik tritt in Kants Seele diejenige Gesinnung der neueren Weltanschauungsentwickelung auf, die den Vorstellungskreisen Spinozas die Prägung gegeben hat. Spinoza will seine Gedankenreihen so aufbauen, daß sie sich wie die Glieder der mathematischen Wissenschaft streng auseinander entwickeln. Nichts anderes als das nach mathematischer Art Gedachte gibt die feste Grundlage, auf der sich im Sinne Spinozas das im Geiste der neueren Zeit sich fühlende Menschen-Ich sicher weiß. So dachte auch schon Descartes, von dem Spinoza viele Anregungen empfangen hat. Er mußte sich aus dem Zweifel heraus eine Weltanschauungsstütze holen. In dem bloßen Empfangen eines Gedankens in der Seele konnte Descartes eine solche Stütze nicht sehen. Diese griechische Art, sich zu der Gedankenwelt zu stellen, ist dem Menschen der neueren Zeit nicht mehr möglich. Es muß sich in der selbstbewußten Seele etwas finden, das den Gedanken stützt. Für Descartes und wieder für Spinoza ist es die Erfüllung der Forderung, daß sich die Seele zum Gedanken verhalten müsse, wie sie sich in der mathematischen Vorstellungsart verhält. Indem sich Descartes aus dem Zweifel heraus sein «Ich denke, also bin ich» und was damit zusammenhängt, ergab, fühlte er sich in alledem sicher, weil es ihm dieselbe *Klarheit* zu haben schien, welche der Mathematik innewohnt. Dieselbe Gesinnung hat Spinoza dazu geführt, ein Weltbild sich auszugestalten, in dem alles, wie die mathematischen Gesetze, mit strenger Notwendigkeit wirkt. Die eine göttliche Substanz, welche sich mit mathematischer Gesetzmäßigkeit in alle Weltenwesen ausgießt, läßt das menschliche Ich nur gelten, wenn dieses sich in ihr völlig verliert, wenn es sein Selbstbewußtsein in ihrem Weltbewußtsein aufgehen läßt. Diese mathematische Gesinnung, die aus der Sehnsucht des «Ich» entspringt nach einer Sicherheit, die es für sich braucht, führt dieses «Ich» zu einem Weltbild, in dem es durch das Streben nach seiner Sicherheit *sich selbst,* sein selbständiges Bestehen in einem geistigen Weltengrunde, seine Freiheit und seine Hoffnung auf ein selbständiges ewiges Dasein verloren hat.

In der entgegengesetzten Richtung bewegte sich das Denken Leibniz'. Für ihn ist die Menschenseele die selbständige, streng in sich abgeschlossene Monade. Aber diese Monade erlebt nur, was *in ihr ist;* die Weltenordnung, die sich «wie von außen» darbietet, ist nur ein Scheinbild. Hinter demselben liegt die wahre Welt, die nur aus Monaden besteht, und deren Ordnung die *nicht* in der Beobachtung sich darbietende vorherbestimmte (prästabilierte) Harmonie ist. Diese Weltanschauung läßt der menschlichen Seele die Selbständigkeit, das selbständige Bestehen im Weltall, die Freiheit und die Hoffnung auf eine ewige Bedeutung in der Weltentwickelung; aber sie kann, wenn sie sich selbst treu bleibt, im Grunde nicht anders, als behaupten, daß alles von ihr Erkannte *nur* sie selbst ist, daß sie aus dem selbstbewußten Ich nicht herauskommen kann, und daß ihr das Weltall in seiner Wahrheit von außen nicht offenbar werden kann.

Für Descartes und für Leibniz waren die auf religiösem Wege erlangten Überzeugungen noch so stark wirksam, daß beide sie aus anderen Motiven in ihr Weltbild herübernahmen, als ihnen die Stützen dieses Weltbildes selbst gaben. Bei Descartes schlich sich in das Weltbild die Anschauung von der geistigen Welt ein, die er auf religiösem Wege erlangt hatte, sie durchdrang für ihn unbewußt die starre mathematische Notwendigkeit seiner Weltordnung, und so empfand er nicht, daß ihm sein Weltbild im Grunde das «Ich» auslöschte. Ebenso wirkten bei Leibniz die religiösen Impulse, und deshalb entging ihm, daß er in seinem Weltbilde keine Möglichkeit hatte, etwas anderes als allein den eigenen Seeleninhalt zu finden. Er glaubte doch, die außer dem «Ich» befindliche geistige Welt annehmen zu können. Spinoza zog durch einen großen Zug in seiner Persönlichkeit die Konsequenz aus seinem Weltbilde. Um die Sicherheit für dieses Weltbild zu haben, welche das Selbstbewußtsein verlangte, resignierte er auf die Selbständigkeit dieses Selbstbewußtseins und fand die Seligkeit darin, sich als Glied der einen göttlichen Substanz zu fühlen. - Auf Kant blickend, muß man die Frage aufwerfen: Wie mußte er empfinden gegenüber den Weltanschauungsrichtungen, die sich in Descartes, Spinoza und Leibniz ihre hervorragenden Vertreter geschaffen hatten? Denn alle die Seelenimpulse, welche in diesen dreien gewirkt hatten, wirkten in ihm. Und sie wirkten in seiner Seele aufeinander und bewirkten die ihm sich aufdrängenden Welten- und Menschheitsrätsel. Ein Blick auf das Geistesleben des Kantschen Zeitalters gibt die Richtung nach der

Art, wie Kant über diese Rätsel empfunden hat. In einem bedeutsamen Symptom erscheint dieses Geistesleben in *Lessings* (1729—1781) Stellung zu den Weltanschauungsfragen. Lessing faßt sein Glaubensbekenntnis in die Worte zusammen: «Die Ausbildung geoffenbarter Wahrheiten in Vernunftwahrheiten ist schlechterdings notwendig, wenn dem menschlichen Geschlechte damit geholfen sein soll.» Man hat das achtzehnte Jahrhundert das der *Aufklärung* genannt. Die Geister Deutschlands verstanden die Aufklärung im Sinne des Lessingschen Ausspruches. Kant hat die Aufklärung erklärt als den «Ausgang des Menschen aus seiner selbstverschuldeten Unmündigkeit» und als ihren Wahlspruch bezeichnet: «Habe Mut, dich deines *eigenen* Verstandes zu bedienen.» Nun waren selbst so hervorragende Denker wie Lessing zunächst durch die Aufklärung nicht weiter gekommen als bis zu einer verstandesmäßigen Umformung der aus dem Zustande «selbstverschuldeter Unmündigkeit» überlieferten Glaubenslehren. Sie sind nicht zu einer reinen Vernunftansicht vorgedrungen wie Spinoza. Auf solche Geister mußte die Lehre des Spinoza, als sie in Deutschland bekannt wurde, einen tiefen Eindruck machen. Spinoza hatte es wirklich unternommen, sich seines eigenen Verstandes zu bedienen, war aber dabei zu ganz anderen Erkenntnissen gekommen als die deutschen Aufklärer. Sein Einfluß mußte um so bedeutsamer sein, als seine nach mathematischer Art festgebauten Schlußfolgerungen eine viel größere überzeugende Kraft hatten als die Weltanschauungsrichtung Leibniz', welche auf die Geister jenes Zeitalters in der Art wirkte, wie sie durch Wolff «fortgebildet» worden war. Wie diese durch Wolffs Vorstellungen hindurch wirkende Gedankenrichtung auf tiefere Gemüter wirkte, davon erhalten wir eine

Vorstellung aus Goethes «Dichtung und Wahrheit». Er erzählt von dem Eindruck, den Professor Winklers im Geiste Wolffs gehaltene Vorlesungen in Leipzig auf ihn gemacht haben: «Meine Kollegia besuchte ich anfangs emsig und treulich; die Philosophie wollte mich jedoch keineswegs aufklären. In der Logik kam es mir wunderlich vor, daß ich diejenigen Geistesoperationen, die ich von Jugend auf mit der größten Bequemlichkeit verrichtete, so auseinanderzerren, vereinzeln und gleichsam zerstören sollte, um den rechten Gebrauch derselben einzusehen. Von dem Dinge, von der Welt, von Gott glaubte ich ungefähr so viel zu wissen als der Lehrer selbst, und es schien mir an mehr als einer Stelle gewaltig zu hapern.» Von seiner Beschäftigung mit Spinozas Schriften erzählt uns dagegen der Dichter: «Ich ergab mich dieser Lektüre und glaubte, indem ich mich selbst schaute, die Welt niemals so deutlich erblickt zu haben.» Aber nur wenige vermochten sich der Denkungsart Spinozas so unbefangen hinzugeben wie Goethe. Bei den meisten mußte sie einen tiefen Zwiespalt in die Weltauffassung bringen. Für sie ist Goethes Freund Fr. H. Jacobi ein Repräsentant. Er glaubte, zugeben zu müssen, daß die sich selbst überlassene Vernunft nicht zu den Glaubenslehren, sondern zu der Ansicht führe, zu der Spinoza gekommen ist, daß die Welt von ewigen, notwendigen Gesetzen beherrscht wird. So stand Jacobi vor einer bedeutsamen Entscheidung: entweder mußte er seiner Vernunft vertrauen und die Glaubenslehren fallen lassen, oder er mußte, um die letzteren zu behalten, der Vernunft selbst die Möglichkeit absprechen, zu den höchsten Einsichten zu kommen. Er wählte das letztere. Er behauptete, daß der Mensch in seinem innersten Gemüte eine unmittelbare Gewißheit habe, einen sicheren *Glauben*, vermöge dessen er die Wahrheit der Vorstellung eines persönlichen Gottes, der Freiheit des Willens und der Unsterblichkeit fühle, so daß diese Überzeugung ganz unabhängig sei von den auf logische Folgerungen gestützten Erkenntnissen der Vernunft, die sich gar nicht auf diese Dinge beziehen, sondern nur auf die äußeren Naturvorgänge. Auf diese Weise hat Jacobi das *vernünftige Wissen* abgesetzt, um für einen die Bedürfnisse des Herzens befriedigenden *Glauben* Platz zu bekommen. Goethe, der von dieser Entthronung des Wissens wenig erbaut war, schreibt an den Freund: «Gott hat Dich ... mit der Metaphysik gestraft und Dir einen Pfahl ins Fleisch gesetzt, mich ... mit der Physik gesegnet. Ich halte mich ... an die Gottesverehrung des Atheisten (Spinoza) und überlasse euch alles, was ihr Religion heißt und heißen müßt. Du hältst aufs *Glauben* an Gott; ich aufs *Schauen*.» Die Aufklärung hat zuletzt die Geister vor die Wahl gestellt, entweder die geoffenbarten Wahrheiten durch die Vernunftwahrheiten im spinozistischen Sinne zu ersetzen, oder dem vernunftgemäßen Wissen selbst den Krieg zu erklären.

Und vor dieser Wahl stand auch Kant. Wie er sich zu ihr stellte und über sie entschied, das geht aus der klaren Ausführung im Vorworte zur zweiten Auflage seiner «Kritik der reinen Vernunft» hervor: «Gesetzt nun, die Moral setze notwendig Freiheit (im strengsten Sinne) als Eigenschaft unseres Willens voraus, indem sie praktische in unserer Vernunft liegende Grundsätze . . . anführt, die ohne Voraussetzung der Freiheit schlechterdings unmöglich wären, die spekulative Vernunft aber hätte bewiesen, daß diese sich gar nicht denken lasse, so muß notwendig jene Voraussetzung, nämlich die moralische, derjenigen weichen, deren Gegenteil einen offenbaren Widerspruch enthält, folglich Freiheit und mit ihr Sittlichkeit . . . dem *Naturmechanismus* den Platz einräumen. So aber, da ich zur Moral nichts weiter brauche, als daß Freiheit sich nur nicht selbst widerspreche und sich also doch wenigstens denken lasse, *ohne nötig zu haben, sie weiter einzusehen*, daß sie also dem Naturmechanismus ebenderselben Handlung (in anderer Beziehung genommen) gar kein Hindernis in den Weg lege; so behauptet die Lehre der Sittlichkeit ihren Platz, . . . welches aber nicht stattgefunden hätte, wenn nicht Kritik uns zuvor von *unserer unvermeidlichen Unwissenheit in Ansehung der Dinge an sich selbst belehrt*, und alles, was wir theoretisch erkennen können, auf bloße Erscheinungen eingeschränkt hätte. Eben diese Erörterung des positiven Nutzens kritischer Grundsätze der reinen Vernunft läßt sich in Ansehung des Begriffs von *Gott* und der *einfachen Natur* unserer *Seele* zeigen, die ich aber der Kürze halber vorbeigehe. Ich kann also *Gott, Freiheit* und *Unsterblichkeit* zum Behuf des notwendigen praktischen Gebrauchs meiner Vernunft nicht einmal *annehmen*, wenn ich nicht der spekulativen Vernunft zugleich ihre Anmaßung überschwenglicher Einsichten *benehme*. . . *Ich mußte also das Wissen aufheben, um zum Glauben Platz zu bekommen* . . .» Man sieht, Kant steht gegenüber Wissen und Glauben auf einem ähnlichen Boden wie Jacobi.

Der Weg, auf dem Kant zu seinen Ergebnissen gekommen ist, war durch die Gedankenwelt *Humes* gegangen. Bei diesem fand er die Ansicht, daß die Dinge und Vorgänge der Welt der menschlichen Seele gar keine gedanklichen Zusammenhänge offenbaren, daß der menschliche Verstand sich nur gewohnheitsmäßig solche Zusammenhänge vorstelle, wenn er die Weltdinge und Weltvorgänge in Raum und Zeit nebeneinander und nacheinander wahrnehme. Daß der menschliche Verstand das, was ihm Erkenntnis scheint, nicht aus der Welt erhalte: diese Meinung Humes machte auf Kant Eindruck. Es ergab sich für ihn der Gedanke als eine Möglichkeit: die Erkenntnisse des menschlichen Verstandes kommen *nicht* aus der Weltwirklicheit.

Durch die Ausführungen Humes ist Kant aus dem Schlummer erweckt worden, in den ihn, nach seinem eigenen Bekenntnis, die Wolffsche Ideenrichtung versetzt hatte. Wie kann die Vernunft Urteile über Gott, Freiheit und Unsterblichkeit fällen, wenn ihre Aussagen über die einfachsten Begebenheiten auf solch unsicheren Grundlagen ruhen? Der Ansturm, den nun Kant gegen das vernünftige Wissen unternehmen mußte, war ein viel weitergehender als derjenige Jacobis. Dieser hatte dem Wissen wenigstens die Möglichkeit lassen können, die Natur in ihrem notwendigen Zusammenhange zu begreifen. Nun hat Kant auf dem Gebiete der Naturerkenntnis eine wichtige Tat mit seiner 1755 erschienenen «Allgemeinen Naturgeschichte und Theorie des Himmels» vollbracht. Er glaubte gezeigt zu haben, daß man sich unser ganzes Planetensystem aus einem Gasball entstanden denken könne, der sich um seine Achse bewegt. Durch streng notwendige mathematische und physikalische Kräfte haben sich innerhalb dieses Balles Sonne und Planeten verdichtet und die Bewegungen angenommen, die sie in Gemäßheit der Lehren Kopernikus' und Keplers haben. Kant glaubte also die Fruchtbarkeit der spinozistischen Denkart, nach welcher alles mit strenger mathematischer Notwendigkeit sich abspielt, durch eine eigene große Entdeckung auf einem speziellen Gebiete erwiesen. Er war von dieser Fruchtbarkeit so überzeugt, daß er in dem genannten Werke zu dem Ausrufe sich versteigt: «Gebt mir Materie, und ich will euch eine Welt daraus bauen.» Und die unbedingte Gewißheit der mathematischen Wahrheiten stand für ihn so fest, daß er in seinen «Anfangsgründen der Naturwissenschaft» die Behauptung aufstellt, eine *eigentliche* Wissenschaft sei nur eine solche, in welcher die Anwendung der Mathematik möglich ist. Hätte Hume recht, so könnte von einer Gewißheit der mathematischen und naturwissenschaftlichen Erkenntnisse nicht die Rede sein. Denn dann wären diese Erkenntnisse nichts als Denkgewohnheiten, die sich der Mensch angeeignet hat, weil er den Weltenlauf in ihrem Sinne sich hat abspielen sehen. Aber es bestünde nicht die geringste Sicherheit darüber, daß diese Denkgewohnheiten mit dem gesetzmäßigen Zusammenhang der Dinge etwas zu tun haben. Hume zieht aus seinen Voraussetzungen die Folgerung: «Die Erscheinungen wechseln fortwährend in der Welt, und eines folgt dem anderen in ununterbrochener Folge; aber die Gesetze und die Kräfte, welche das Weltall bewegen, sind uns völlig verborgen und zeigen sich in keiner wahrnehmbaren Eigenschaft der Körper ...» Rückt man also die Weltanschauung Spinozas in die Beleuchtung der Humeschen Ansicht, so muß man sagen: Nach dem wahrgenommenen Verlauf der Weltvorgänge hat sich der Mensch gewöhnt, sie in einem notwendigen, gesetzmäßigen Zusammenhange zu denken; er darf aber nicht behaupten, daß dieser Zusammenhang mehr ist als eine bloße Denkgewohnheit. Träfe das zu, dann wäre es nur eine Täuschung der menschlichen Vernunft, daß sie über das Wesen der Welt durch sich selbst irgendwelchen Aufschluß gewinnen könne. Und Hume könnte nicht widersprochen werden, wenn er von jeder Weltanschauung, die aus der reinen Vernunft gewonnen ist, sagt: «Werft sie ins Feuer, denn sie ist nichts als Trug und Blendwerk.»

Diese Folgerung Humes konnte Kant unmöglich zu der seinigen machen. Denn für ihn stand die Gewißheit der naturwissenschaftlichen und mathematischen Erkenntnisse, wie wir gesehen haben, unbedingt fest. Er wollte sich diese Gewißheit nicht antasten lassen, konnte sich aber dennoch der Einsicht nicht entziehen, daß Hume recht hatte, wenn er sagte: Alle Erkenntnisse über die wirklichen Dinge gewinnen wir nur, indem wir diese beobachten und auf Grund der Beobachtung uns Gedanken über ihren Zusammenhang bilden. Liegt in den Dingen ein gesetzmäßiger Zusammenhang, dann müssen wir ihn auch aus den Dingen herausholen. Was wir aber aus den Dingen herausholen, davon wissen wir nicht mehr, als daß es bis jetzt so gewesen ist; wir wissen aber nicht, ob ein solcher Zusammenhang wirklich so mit dem Wesen der Dinge verwachsen ist, daß er sich nicht in jedem Zeitpunkt ändern kann. Wenn wir uns heute auf Grund unserer Beobachtungen eine Weltanschauung bilden, so können morgen Erscheinungen eintreten, die uns zu einer ganz anderen zwingen. Holten wir alle unsere Erkenntnisse aus den Dingen, so gäbe es keine Gewißheit. Aber es gibt eine Gewißheit, sagt Kant. Die Mathematik und die Naturwissenschaft beweisen es. Die Ansicht, daß die Welt dem menschlichen Verstande seine Erkenntnisse nicht gibt, wollte Kant von Hume annehmen; die Folgerung, daß diese Erkenntnisse nicht Gewißheit und Wahrheit enthalten, wollte er nicht ziehen. So stand Kant vor der ihn erschütternden Frage: Wie ist es möglich, daß der Mensch wahre und gewisse Erkenntnisse habe und trotzdem von der Wirklichkeit der Welt an sich nichts wissen könne? Und Kant fand eine

Antwort, welche die Wahrheit und Gewißheit menschlicher Erkenntnisse dadurch rettete, daß sie die menschliche Einsicht in die Weltengründe opferte. Von einer Welt, die außer uns ausgebreitet liegt und die wir nur durch Beobachtung auf uns einwirken lassen, könnte unsere Vernunft niemals behaupten, daß etwas in ihr gewiß sei. Folglich kann unsere Welt nur eine solche sein, die wir selbst aufbauen: eine Welt, die innerhalb unseres Geistes liegt. Was außer mir vorgeht, während ein Stein fällt und die Erde aushöhlt, weiß ich nicht. Das Gesetz dieses ganzen Vorganges spielt sich in mir ab. Und es kann sich in mir nur so abspielen, wie es ihm die Gesetze meines eigenen geistigen Organismus vorschreiben. Die Einrichtung meines Geistes fordert, daß jede Wirkung eine Ursache habe, und daß zweimal zwei vier sei. Und gemäß dieser Einrichtung baut sich der Geist eine Welt auf. Möge nun die außer uns liegende Welt wie immer gebaut sein, möge sie sogar heute in keinem Zuge der gestrigen gleichen: uns kann das nicht berühren; denn unser Geist schafft sich eine eigene Welt nach *seinen* Gesetzen. Solange der menschliche Geist derselbe ist, wird er bei Erzeugung seiner Welt auch in gleicher Weise verfahren. Mathematik und Naturwissenschaft enthalten nicht Gesetze der Außenwelt, sondern solche unseres geistigen Organismus. Deshalb brauchen wir nur diesen zu erforschen, wenn wir das unbedingt Wahre kennen lernen wollen. «Der Verstand schöpft seine Gesetze ... nicht aus der Natur, sondern schreibt sie dieser vor.» In diesem Satze faßt Kant seine Überzeugung zusammen. Der Geist erzeugt aber seine Innenwelt nicht ohne Anstoß oder Eindruck von außen. Wenn ich eine rote Farbe empfinde, so ist das «Rot» allerdings ein Zustand, ein Vorgang in mir; aber ich muß eine Veranlassung haben, daß ich «rot» empfinde. Es gibt also «Dinge an sich». Wir wissen jedoch von ihnen nichts, als daß es sie gibt. Alles, was wir beobachten, sind Erscheinungen in uns. Kant hat also, um die Gewißheit der mathematischen und naturwissenschaftlichen Wahrheiten zu retten, die ganze Beobachtungswelt in den menschlichen Geist hineingenommen. Damit hat er aber auch allerdings dem Erkenntnisvermögen unübersteigliche Grenzen gesetzt. Denn alles, was wir erkennen können, bezieht sich nicht auf Dinge außer uns, sondern auf Vorgänge in uns, auf *Erscheinungen*, wie er sich ausdrückt. Nun können aber die Gegenstände der höchsten Vernunftsfragen: Gott, Freiheit und Unsterblichkeit, niemals in die Erscheinung treten. Wir sehen Erscheinungen in uns; ob diese außer uns von einem göttlichen Wesen herrühren, können wir nicht wissen. Wir können unsere eigenen Seelenzustände wahrnehmen. Aber auch diese sind nur Erscheinungen. Ob hinter ihnen eine freie unsterbliche Seele waltet, bleibt unserer Erkenntnis verborgen. Über diese «Dinge an sich» sagt unsere Erkenntnis gar nichts aus. Sie bestimmt nichts darüber, ob die Ideen von ihnen wahr oder falsch sind. Wenn wir nun von einer anderen Seite her über diese Dinge etwas vernehmen, so liegt nichts im Wege, ihre Existenz anzunehmen. Nur *wissen* können wir nichts über sie. Es gibt nun einen Zugang zu diesen höchsten Wahrheiten. Und das ist die Stimme der Pflicht, die in uns laut und deutlich spricht: Du *sollst* dies und das tun. Dieser «kategorische Imperativ» legt uns eine Verbindlichkeit auf, der wir uns nicht entziehen können. Aber wie wären wir imstande, einer solchen Verbindlichkeit nachzukommen, wenn wir nicht einen *freien Willen* hätten? Wir können die Beschaffenheit unserer Seele zwar nicht *erkennen*, aber wir müssen *glauben*, daß sie *frei* sei, damit sie ihrer inneren Stimme der Pflicht nachkommen könne. Wir haben somit über die Freiheit keine Erkenntnisgewißheit wie über die Gegenstände der Mathematik und der Naturwissenschaft; aber wir haben dafür eine *moralische* Gewißheit. Die Befolgung des kategorischen Imperativs führt zur Tugend. Durch die Tugend allein kann der Mensch seine Bestimmung erreichen. Er wird der Glückseligkeit würdig. Er muß also die Glückseligkeit auch erreichen können. Denn sonst wäre seine Tugend ohne Sinn und Bedeutung. Damit aber sich an die Tugend die Glückseligkeit knüpfe, muß ein Wesen da sein, das diese Glückseligkeit zur Folge der Tugend macht. Das kann nur ein intelligentes, den höchsten Wert der Dinge bestimmendes Wesen, Gott, sein. Durch das Vorhandensein der Tugend wird uns deren Wirkung, die Glückseligkeit, verbürgt und durch diese wieder das Dasein Gottes. Und weil ein sinnliches Wesen, wie es der Mensch ist, die vollendete Glückseligkeit nicht in dieser unvollkommenen Welt erreichen kann, so muß sein Dasein über dies Sinnendasein hinausreichen, das heißt die Seele muß unsterblich sein. Worüber wir also nichts *wissen* können: das zaubert Kant aus dem *moralischen Glauben* an die Stimme der Pflicht hervor. Die Hochachtung vor dem Pflichtgefühl war das, was ihm eine wirkliche Welt wieder aufrichtete, als unter Humes' Einfluß die Beobachtungswelt zur bloßen Innenwelt herabsank. In schönen Worten kommt in seiner «Kritik der praktischen Vernunft» diese Hochachtung zum Ausdruck: «Pflicht! du erhabener, großer Name, der du nichts Beliebtes, was Einschmeichelung bei sich führt, in dir fassest, sondern Unterwerfung verlangst», der du «ein Gesetz aufstellst . . . vor dem alle Neigungen verstummen, wenn sie gleich im Geheimen ihm entgegenwirken . . .» Daß die höchsten Wahrheiten keine Erkenntniswahrheiten, sondern moralische Wahrheiten seien, das hielt Kant für seine Entdeckung. Auf Einsichten in eine übersinnliche Welt muß der Mensch verzichten; aus seiner moralischen Natur entspringt ihm Ersatz für die Erkenntnis. Kein Wunder, daß Kant in der unbedingten, rückhaltlosen Hingabe an die Pflicht die höchste Forderung an den Menschen sieht. Eröffnete diesem die Pflicht nicht einen Ausblick aus der Sinnenwelt hinaus: er wäre sein ganzes Leben hindurch in diese eingeschlossen. Was also auch die Sinnenwelt verlangt: es muß zurücktreten hinter den Anforderungen der Pflicht. Und die Sinnenwelt kann aus sich selbst heraus nicht mit der Pflicht übereinstimmen. Sie will das Angenehme, die Lust. Ihnen muß die Pflicht entgegentreten, damit der Mensch seine Bestimmung erfülle. Was der Mensch aus Lust vollbringt, ist nicht tugendhaft; nur was er in der selbstlosen Hingabe an die Pflicht vollführt. Unterwerfe deine Begierden der Pflicht: das ist die strenge Aufgabe der Kantschen Sittenlehre. Wolle nichts, was dich in deiner Selbstsucht befriedigt, sondern handle so, daß die Grundsätze deines Handelns die aller Menschen werden können. In der Hingabe an das Sittengesetz erreicht der Mensch seine Vollkommenheit. Der Glaube, daß dieses Sittengesetz in erhabener Höhe über allem anderen Weltgeschehen schwebe und durch ein göttliches Wesen in der Welt verwirklicht werde, das ist nach Kants Meinung wahre Religion. Sie entspringt aus der Moral. Der Mensch soll nicht gut sein, weil er an einen Gott glaubt, der das Gute will; er soll gut einzig und allein aus Pflichtgefühl sein; aber er soll an Gott glauben, weil Pflicht ohne Gott sinnlos ist. Das ist «Religion innerhalb der Grenzen der bloßen Vernunft»; so nennt Kant sein Buch über religiöse Weltanschauung.

Seit dem Aufblühen der Naturwissenschaften hat der Weg, den diese genommen haben, bei vielen Menschen das Gefühl hervorgerufen, aus dem Bilde, das sich das Denken von der Natur gestaltet, müsse alles entfernt werden, was nicht den Charakter strenger Notwendigkeit trägt. Auch Kant hatte dieses Gefühl. Er hatte in seiner «Naturgeschichte des Himmels» sogar für ein bestimmtes Naturgebiet ein solches Bild entworfen, das diesem Gefühl entspricht. - In einem solchem Bilde hat keinen Platz die Vorstellung des selbstbewußten Ich, welche sich der Mensch des achtzehnten Jahrhunderts machen mußte. Der platonische, auch der aristotelische Gedanke konnte als die Offenbarung sowohl der Natur, wie diese im Zeitalter seiner Wirksamkeit genommen werden mußte, wie auch der menschlichen Seele angesehen werden. Im Gedankenleben trafen sich da Natur und Seele. Von dem Bilde der Natur, wie es die Forschung der neuen Zeit zu fordern scheint, führt nichts zu der Vorstellung der selbstbewußten Seele. - Kant hatte die Empfindung: es biete sich ihm in dem Naturbilde nichts dar, worauf er die Gewißheit des Selbstbewußtseins begründen könne. Diese Gewißheit mußte geschaffen werden. Denn die neuere Zeit hatte dem Menschen das selbstbewußte Ich als Tatsache hingestellt. Es mußte die Möglichkeit geschaffen werden, diese Tatsache anzuerkennen. Aber alles, was der Verstand als Wissen anerkennen kann, verschlingt das Naturbild. So fühlt sich Kant gedrängt, für das selbstbewußte Ich und auch für die damit zusammenhängende Geisteswelt etwas zu schaffen, was kein Wissen ist und doch Gewißheit gibt.

Die selbstlose Hingabe an die Stimme des Geistes hat

Kant zur Grundlage der Moral gemacht. Auf dem Gebiete des tugendhaften Handelns verträgt sich eine solche Hingabe nicht mit derjenigen an die Sinnenwelt. Es gibt aber ein Feld, auf dem das Sinnliche so erhöht ist, daß es wie ein unmittelbarer Ausdruck des Geistigen erscheint. Dies ist das Gebiet des Schönen und der Kunst. Im alltäglichen Leben verlangen wir das Sinnliche, weil es unser Begehren, unser selbstsüchtiges Interesse erregt. Wir tragen Verlangen nach dem, was uns Lust macht. Wir können aber auch ein selbstloses Interesse an einem Gegenstande haben. Wir können bewundernd vor ihm stehen, voll von seliger Lust, und diese Lust kann ganz unabhängig von dem Besitz der Sache sein. Ob ich ein schönes Haus, an dem ich vorübergehe, auch besitzen möchte, das hat mit dem selbstlosen Interesse an seiner Schönheit nichts zu tun. Wenn ich alles Begehren aus meinem Gefühle ausscheide, so bleibt noch etwas zurück, eine Lust, die sich rein an das schöne Kunstwerk knüpft. Eine solche Lust ist eine ästhetische. Das Schöne unterscheidet sich von dem Angenehmen und dem Guten. Das Angenehme erregt mein Interesse, weil es meine Begierde erweckt; das Gute interessiert mich, weil es durch mich verwirklicht werden soll. Dem Schönen stehe ich ohne irgendein solches Interesse, das mit meiner Person zusammenhängt, gegenüber. Wodurch kann das Schöne mein selbstloses Wohlgefallen an sich ziehen? Mir kann ein Ding nur gefallen, wenn es seine Bestimmung erfüllt, wenn es so beschaffen ist, daß es einem Zwecke dient. Ich muß also an dem Schönen einen Zweck wahrnehmen. Die Zweckmäßigkeit gefällt; die Zweckwidrigkeit mißfällt. Da ich aber an der Wirklichkeit des schönen Gegenstandes kein Interesse habe, sondern die bloße Anschauung desselben mich befriedigt, so braucht das Schöne auch nicht wirklich einem Zwecke zu dienen. Der Zweck ist mir gleichgültig, nur die Zweckmäßigkeit verlange ich. Deshalb nennt Kant «schön» dasjenige, woran wir Zweckmäßigkeit wahrnehmen, ohne daß wir dabei an einen bestimmten Zweck denken.

Es ist nicht nur eine Erklärung, es ist auch eine Rechtfertigung der Kunst, die Kant damit gegeben hat. Man sieht das am besten, wenn man sich vergegenwärtigt, wie er sich mit seinem Gefühle zu seiner Weltanschauung stellte. Er drückt das in tiefen, schönen Worten aus: «Zwei Dinge erfüllen das Gemüt mit immer neuer und zunehmender Bewunderung und Ehrfurcht . . . : der bestirnte Himmel über mir und das moralische Gesetz in mir. . . . Der erstere Anblick einer zahllosen Weltenmenge vernichtet gleichsam meine Wichtigkeit, als eines tierischen Geschöpfes, das die Materie, daraus es ward, dem Planeten, (einem bloßen Punkt im Weltall), wieder zurückgeben muß, nachdem es eine kurze Zeit (man weiß nicht wie) mit Lebenskraft versehen gewesen. Der zweite erhebt dagegen meinen Wert als einer Intelligenz unendlich durch meine [selbstbewußte und freie] Persönlichkeit, in welcher das moralische Gesetz mir ein von der Tierheit und selbst von der ganzen Sinnenwelt unabhängiges Leben offenbart, wenigstens so viel sich aus der *zweckmäßigen Bestimmung* meines Daseins durch dieses Gesetz, welche nicht auf die Bedingungen und Grenzen dieses Lebens eingeschränkt ist, sondern ins Unendliche geht, abnehmen läßt.» Der Künstler pflanzt nun diese *zweckmäßige Bestimmung*, die in Wirklichkeit nur im moralischen Weltreiche waltet, der Sinnenwelt ein. Dadurch steht das Kunstwerk zwischen dem Gebiet der Beobachtungswelt, in der die ewigen ehernen Gesetze der Notwendigkeit herrschen, die der menschliche Geist erst selbst in sie hineingelegt hat, und dem Reiche der freien Sittlichkeit, in der Pflichtgebote als Ausfluß einer weisen göttlichen Weltordnung Richtung und Ziel angeben. Zwischen beide Reiche hinein tritt der Künstler mit seinen Werken. Er entnimmt dem Reich des Wirklichen seinen Stoff; aber er prägt diesen Stoff zugleich so um, daß er der Träger einer zweckmäßigen Harmonie ist, wie sie im Reiche der Freiheit angetroffen wird. Der menschliche Geist fühlt sich also unbefriedigt an dem Reiche der äußeren Wirklichkeit, die Kant mit dem gestirnten Himmel und den zahllosen Weltendingen meint, und dem der moralischen Gesetzmäßigkeit. Er schafft sich deshalb ein schönes Reich des Scheines, das starre Naturnotwendigkeit mit freier Zweckmäßigkeit verbindet. Nun findet man das Schöne nicht nur in menschlichen Kunstwerken, sondern auch in der Natur. Es gibt ein Naturschönes neben dem Kunstschönen. Dieses Naturschöne ist ohne menschliches Zutun da. Es scheint also, als wenn in der Wirklichkeit doch nicht bloß die starre gesetzmäßige Notwendigkeit, sondern eine freie weise Tätigkeit zu beobachten wäre. Das Schöne zwingt aber zu einer solchen Anschauung doch nicht. Denn es bietet ja die Zweckmäßigkeit, ohne daß man an einen wirklichen Zweck zu denken hätte. Und es bietet nicht bloß Zweckmäßig-Schönes, sondern auch Zweckmäßig-Häßliches. Man kann also annehmen, daß unter der Fülle der Naturerscheinungen, die nach notwendigen Gesetzen zusammenhängen, wie durch Zufall auch solche sind, in denen der menschliche Geist eine Analogie mit seinen eigenen Kunstwerken wahrnimmt. Da an einen wirklichen Zweck nicht gedacht zu werden braucht, so genügt eine solche gleichsam zufällig vorhandene Zweckmäßigkeit für die ästhetische Naturbetrachtung.

Anders wird die Sache, wenn wir Wesen in der Natur antreffen, die den Zweck nicht bloß zufällig, sondern wirklich in sich tragen. Und auch solche gibt es nach Kants Meinung. Es sind die organischen Wesen. Zu ihrer Erklärung reichen die notwendigen, gesetzmäßigen Zusammenhänge, in denen sich Spinozas Weltanschauung erschöpft und die Kant als diejenigen des menschlichen Geistes ansieht, nicht aus. Denn ein «Organismus ist ein Naturprodukt, in welchem *alles Zweck* und wechselseitig auch Mittel», Ursache und wechselseitig auch Wirkung ist. Der Organismus kann also nicht so wie die unorganische Natur durch bloß notwendig wirkende eherne Gesetze erklärt werden. Deshalb meint Kant, der in seiner «Allgemeinen Naturgeschichte und Theorie des Himmels» selbst den Versuch unternommen hat, die «Verfassung und den mechanischen Ursprung des ganzen Weltgebäudes nach Newtonschen Grundsätzen abzuhandeln», daß ein gleicher Versuch für die organischen Wesen mißlingen müsse. In seiner «Kritik der Urteilskraft» behauptet er: «Es ist nämlich ganz gewiß, daß wir die organisierten Wesen und deren innere Möglichkeit nach bloß mechanischen Prinzipien der Natur nicht einmal zureichend kennen lernen, viel weniger uns erklären können; und zwar so gewiß, daß man dreist sagen kann, es ist für den Menschen ungereimt, auch nur einen solchen Anschlag zu fassen, oder zu hoffen, daß noch etwa dereinst ein Newton aufstehen könne, der auch nur die Erzeugung eines Grashalms nach Naturgesetzen, die keine Absicht geordnet hat, begreiflich machen werde; sondern man muß diese Einsicht dem Menschen schlechthin absprechen.» Mit der Kantschen Ansicht, daß der menschliche Geist die Gesetze, die er in der Natur vorfindet, selbst erst in sie hineinlege, läßt sich auch eine andere Meinung über ein zweckmäßig gestaltetes Wesen nicht vereinigen. Denn der Zweck deutet auf denjenigen hin, der ihn in die Wesen gelegt hat, auf den intelligenten Welturheber. Könnte der menschliche Geist ein zweckmäßiges Wesen ebenso erklären wie ein bloß naturnotwendiges, dann müßte er auch die Zweckgesetze aus sich heraus in die Dinge hineinlegen. Er müßte also den Dingen nicht bloß Gesetze geben, die für sie gelten, insoweit sie Erscheinungen seiner Innenwelt sind; er müßte ihnen auch ihre eigene, von ihm gänzlich unabhängige Bestimmung vorschreiben können. Er müßte also nicht nur ein erkennender, sondern ein schaffender Geist sein; seine Vernunft müßte, wie die göttliche, die Dinge schaffen.

Wer die Struktur der Kantschen Weltauffassung, wie sie hier skizziert worden ist, sich vergegenwärtigt, wird die starke Wirkung derselben auf die Zeitgenossen und auch auf die Nachwelt begreiflich finden. Denn sie tastet keine der Vorstellungen, die sich im Laufe der abendländischen Kulturentwickelung dem menschlichen Gemüte eingeprägt haben, an. Sie läßt dem religiösen Geiste Gott, Freiheit und Unsterblichkeit. Sie befriedigt das Erkenntnisbedürfnis, indem sie ihm ein Gebiet abgrenzt, innerhalb dessen sie unbedingt gewisse Wahrheiten anerkennt. Ja, sie läßt sogar die Meinung gelten, daß die menschliche Vernunft ein Recht habe, sich zur Erklärung lebendiger Wesen nicht bloß der ewigen, ehernen Naturgesetze, sondern des Zweckbegriffs zu bedienen, der auf eine absichtliche Ordnung im Weltwesen deutet.

Aber um welchen Preis hat Kant alles dieses erreicht! Er hat die ganze Natur in den menschlichen Geist hineinversetzt, und ihre Gesetze zu solchen dieses Geistes selbst gemacht. Er hat die höhere Weltordnung ganz aus der Natur verwiesen und sie auf eine rein moralische Grundlage gestellt. Er hat zwischen das unorganische und das organische Reich eine scharfe Grenzlinie gesetzt, und jenes nach rein mechanischen, streng notwendigen Gesetzen, dieses nach zweckvollen Ideen erklärt. Endlich hat er das Reich des Schönen und der Kunst völlig aus seinem Zusammenhange mit der übrigen Wirklichkeit herausgerissen. Denn die Zweckmäßigkeit, die im Schönen beobachtet wird, hat mit wirklichen Zwecken nichts zu tun. Wie ein schöner Gegenstand in den Weltzusammenhang hineinkommt, das ist gleichgültig; es genügt, daß er in uns die Vorstellung des Zweckmäßigen errege und dadurch unser Wohlgefallen hervorrufe.

Kant vertritt nicht nur die Anschauung, daß des Menschen Wissen insofern möglich sei, als die Gesetzmäßigkeit dieses Wissens aus der selbstbewußten Seele selbst stamme, und daß die Gewißheit über diese Seele aus einer anderen Quelle als aus dem Naturwissen komme: er deutet auch darauf hin, daß das menschliche Wissen vor der Natur da haltmachen müsse, wo wie im lebendigen Organismus der Gedanke in den Naturwesen selbst zu walten scheint. Kant spricht damit aus, daß er sich Gedanken nicht denken könne, welche als wirkend in den Wesen der Natur selbst vorgestellt werden. Die Anerkennung solcher Gedanken setzt voraus, daß die Menschenseele nicht bloß denkt, sondern *denkend miterlebt* das Leben der Natur. Fände jemand, daß man Gedanken nicht bloß als Wahrnehmung empfangen könne, wie es bei den platonischen und aristotelischen Ideen der Fall ist, sondern daß man Gedanken *erleben* könne, indem man in die Wesen der

Natur untertaucht, dann wäre wieder ein Element gefunden, welches sowohl in das Bild der Natur wie in die Vorstellung des selbstbewußten Ich aufgenommen werden könnte. Das selbstbewußte Ich für sich findet in dem Naturbilde der neueren Zeit keinen Platz. Erfüllt sich das selbstbewußte Ich nicht nur so mit dem Gedanken, daß es weiß: ich habe diesen gebildet, sondern so, daß es an ihm *ein Leben* erkennt, von dem es wissen kann: es vermag sich auch außer mir zu verwirklichen, - dann kann es sich sagen: Ich trage etwas in mir, was ich auch außer mir finden kann. Die neuere Weltanschauungsentwickelung drängt also zu dem Schritt: in dem selbstbewußten Ich den Gedanken zu finden, der als lebendig empfunden wird. *Diesen Schritt hat Kant nicht gemacht: Goethe hat ihn gemacht.*

*

Den Gegensatz zur Kantschen Auffassung der Welt bildete in allen wesentlichen Dingen die Goethesche. Ungefähr um dieselbe Zeit, als Kant seine «Kritik der reinen Vernunft» erscheinen ließ, legte Goethe sein Glaubensbekenntnis in dem Hymnus in Prosa «Die Natur» nieder, in dem er den Menschen ganz in die Natur hineinstellte und sie, die unabhängig von ihm waltende, zu ihrer eigenen und seiner Gesetzgeberin zugleich machte. Kant nahm die ganze Natur in den menschlichen Geist herein, Goethe sah alles Menschliche als ein Glied dieser Natur an; er fügte den menschlichen Geist der natürlichen Weltordnung ein. «Natur! Wir sind von ihr umgeben und umschlungen - unvermögend, aus ihr herauszutreten, und unvermögend, tiefer in sie hineinzukommen. Ungebeten und ungewarnt nimmt sie uns in den Kreislauf ihres Tanzes auf und treibt sich mit uns fort, bis wir ermüdet sind und ihrem Arme entfallen. ... Die Menschen sind alle in ihr, und sie in allen. ... Auch das Unnatürlichste ist Natur, auch die plumpeste Philisterei hat etwas von ihrem Genie. ... Man gehorcht ihren Gesetzen, auch wenn man ihnen widerstrebt; man wirkt *mit* ihr, auch wenn man *gegen* sie wirken will. ... Sie ist alles. Sie belohnt sich selbst und bestraft sich selbst, erfreut und quält sich selbst. ... Sie hat mich hereingestellt, sie wird mich auch herausführen. Ich vertraue mich ihr. Sie mag mit mir schalten; sie wird ihr Werk nicht hassen. Ich sprach nicht von ihr; nein, was wahr ist und was falsch ist, alles hat sie gesprochen. Alles ist ihre Schuld, alles ist ihr Verdienst.» Das ist der Gegenpol der Kantschen Weltanschauung. Bei Kant ist die Natur ganz im menschlichen Geiste; bei Goethe ist der menschliche Geist ganz in der Natur, weil die Natur selbst Geist ist. Es ist demnach nur zu verständlich, wenn Goethe in dem Aufsatze «Einwirkung der neueren Philosophie» erzählt: «Kants Kritik der reinen Vernunft . . . lag völlig außerhalb meines Kreises. Ich wohnte jedoch manchem Gespräch darüber bei, und mit einiger Aufmerksamkeit konnte ich bemerken, daß die alte Hauptfrage sich erneuere, wie viel unser Selbst und wie viel die Außenwelt zu unserem geistigen Dasein beitrage? Ich hatte beide niemals gesondert, und wenn ich nach meiner Weise über Gegenstände philosophierte, so tat ich es mit unbewußter Naivität und glaubte wirklich, ich sähe meine Meinungen vor Augen.» In dieser Auffassung der Stellung Goethes zu Kant braucht uns auch nicht zu beirren, daß der erstere manches günstige Urteil über den Königsberger Philosophen abgegeben hat. Denn ihm selbst wäre dieser Gegensatz nur dann ganz klar geworden, wenn er sich auf ein genaues Studium Kants eingelassen hätte. Das hat er aber nicht. In dem obengenannten Aufsatz sagt er: «Der Eingang war es, der mir gefiel; ins Labyrinth selbst konnte ich mich nicht wagen; bald hinderte mich die Dichtungsgabe, bald der Menschenverstand, und ich fühlte mich nirgends gebessert.» Scharf aber hat er doch einmal den Gegensatz ausgesprochen in einer Aufzeichnung, die erst durch die Weimarische Goethe-Ausgabe aus dem Nachlaß veröffentlicht worden ist (Weimarische Ausgabe, 2. Abteilung, Band XI, S. 376). Der Grundirrtum Kants, meint Goethe, bestünde darin, daß dieser «das subjektive Erkenntnisvermögen... selbst als Objekt betrachtet und den Punkt, wo subjektiv und objektiv zusammentreffen, zwar scharf, aber nicht ganz richtig sondert». Goethe ist eben der Ansicht, daß in dem subjektiven menschlichen Erkenntnisvermögen nicht bloß der Geist als solcher sich ausspricht, sondern daß die geistige Natur es selbst ist, die sich in dem Menschen ein Organ geschaffen hat, durch das sie ihre Geheimnisse offenbar werden läßt. Es spricht gar nicht der Mensch über die Natur; sondern die Natur spricht im Menschen über sich selbst. Das ist Goethes Überzeugung. So konnte Goethe sagen: Sobald der Streit über die Weltansicht Kants «zur Sprache kam, mochte ich mich gern auf diejenige Seite stellen, welche dem Menschen am meisten Ehre macht, und gab allen Freunden vollkommen Beifall, die mit Kant behaupteten, wenngleich alle unsere Erkenntnis mit der Erfahrung angehe, so entspringe sie darum doch nicht eben alle aus der Erfahrung». Denn Goethe glaubte, daß die ewigen Gesetze, nach denen die Natur verfährt, im menschlichen Geiste offenbar werden; aber für ihn waren sie deshalb doch nicht die subjektiven Gesetze dieses Geistes, sondern die objektiven der Naturordnung selbst. Deshalb konnte er auch Schiller nicht beistimmen, als dieser unter Kants Einfluß eine schroffe Scheidewand zwischen dem Reiche der Naturnotwendigkeit und dem der Freiheit aufrichtete. Er spricht sich darüber aus in dem Aufsatz «Erste Bekanntschaft mit Schiller»: «Die Kantsche Philosophie, welche das Subjekt so hoch erhebt, indem sie es einzuengen scheint, hatte er mit Freuden in sich aufgenommen; sie entwickelte das Außerordentliche, was die Natur in sein Wesen gelegt, und er, im höchsten Gefühl der Freiheit und Selbstbestimmung, war undankbar gegen die große Mutter, die ihn gewiß nicht stiefmütterlich behandelte. Anstatt sie als selbständig, lebendig, vom Tiefsten bis zum Höchsten gesetzlich hervorbringend zu betrachten, nahm er sie von der Seite einiger empirischen menschlichen Natürlichkeiten.» Und in dem Aufsatz «Einwirkung der neueren Philosophie» deutet er den Gegensatz zu Schiller mit den Worten an: «Er predigte das Evangelium der Freiheit, ich wollte die Rechte der Natur nicht verkürzt wissen.» In Schiller steckte eben etwas von Kantscher Vorstellungsart; für Goethe ist es aber richtig, was er im Hinblick auf Gespräche sagt, die er mit Kantianern geführt hat: «Sie hörten mich wohl, konnten mir aber nichts erwidern, noch irgend förderlich sein. Mehr als einmal begegnete es mir, daß einer oder der andere mit lächelnder Verwunderung zugestand: es sei freilich ein Analogon Kantscher Vorstellungsart, aber ein seltsames.»

In der Kunst und dem Schönen sah Goethe nicht ein aus dem wirklichen Zusammenhange herausgerissenes Reich, sondern eine höhere Stufe der natürlichen Gesetzmäßigkeit. Beim Anblicke von künstlerischen Schöpfungen, die ihn besonders interessieren, schreibt er während seiner italienischen Reise die Worte nieder: «Die hohen Kunstwerke sind zugleich als die höchsten Naturwerke von Menschen nach *wahren* und *natürlichen* Gesetzen hervorgebracht worden. Alles Willkürliche, Eingebildete fällt zusammen; *da ist Notwendigkeit, da ist Gott.*» Wenn der Künstler im Sinne der Griechen verfährt, nämlich «nach den Gesetzen, nach welchen die Natur selbst verfährt», dann liegt in seinen Werken das Göttliche, das in der Natur selbst zu finden ist. Für Goethe ist die Kunst «eine Manifestation geheimer Naturgesetze»; was der Künstler schafft, sind Naturwerke auf einer höheren Stufe der Vollkommenheit. Kunst ist Fortsetzung und menschlicher Abschluß der Natur, denn «indem der Mensch auf den Gipfel der Natur gestellt ist, so sieht er sich wieder als eine ganze Natur an, die in sich abermals einen Gipfel hervorzubringen hat. Dazu steigert er sich, indem er sich mit allen Vollkommenheiten und Tugenden durchdringt, Wahl, Ordnung, Harmonie und Bedeutung aufruft und sich endlich bis zur Produktion des Kunstwerks erhebt». Alles ist Natur, vom unorganischen Stein bis zu den höchsten Kunstwerken des Menschen, und alles in dieser Natur ist von den gleichen «ewigen, notwendigen, dergestalt göttlichen Gesetzen» beherrscht, daß «die Gottheit selbst daran nichts ändern könnte». (Dichtung und Wahrheit, 16. Buch.)

Als Goethe im Jahre 1811 Jacobis Buch «Von den göttlichen Dingen» las, machte es ihn «nicht wohl». «Wie konnte mir das Buch eines so herzlich geliebten Freundes willkommen sein, worin ich die These durchgeführt sehen sollte: die Natur verberge Gott! Mußte bei meiner reinen, tiefen, angeborenen und geübten Anschauungsweise, die mich *Gott in der Natur, die Natur in Gott* zu sehen unverbrüchlich gelehrt hatte, so daß diese Vorstellungsart den Grund meiner ganzen Existenz machte, mußte nicht ein so seltsamer, einseitig beschränkter Ausspruch mich dem Geiste nach von dem edelsten Manne, dessen Herz ich verehrend liebte, für ewig entfernen? Doch ich hing meinem schmerzlichen Verdrusse nicht nach, ich rettete mich vielmehr zu meinem alten Asyl und fand in *Spinozas Ethik* auf mehrere Wochen meine tägliche Unterhaltung, und da sich indes meine Bildung gesteigert hatte, ward ich im schon Bekannten gar manches, das sich neu und anders hervortat, auch ganz eigen frisch auf mich einwirkte, zu meiner Verwunderung gewahr.»

Das Reich der Notwendigkeit im Sinne Spinozas ist für Kant ein Reich innerer menschlicher Gesetzmäßigkeit; für Goethe ist es das Universum selbst, und der Mensch mit all seinem Denken, Fühlen, Wollen und Tun ist ein Glied innerhalb dieser Kette von Notwendigkeiten. Innerhalb dieses Reiches gibt es nur *eine* Gesetzmäßigkeit, von welcher die natürliche und die moralische Gesetzmäßigkeit die zwei Seiten ihres Wesens sind. «Es leuchtet die Sonne über Böse und Gute; und dem Verbrecher glänzen, wie dem Besten, der Mond und die Sterne.» Aus einer Wurzel, aus den ewigen Triebkräften der Natur läßt Goethe alles entspringen: die unorganischen, die organischen Wesenheiten, den Menschen mit allen Ergebnissen seines Geistes: seiner Erkenntnis, seiner Sittlichkeit, seiner Kunst.

Was wär ein Gott, der nur von außen stieße,
Im Kreis das All am Finger laufen ließe!
Ihm ziemt's, die Welt im Innern zu bewegen,
Natur in sich, sich in Natur zu hegen,
So daß, was in ihm lebt und webt und ist,
Nie seine Kraft, nie seinen Geist vermißt.

In solche Worte faßt Goethe sein Bekenntnis zusammen. Gegen Haller, der das Wort gesprochen hat: «Ins Innere der Natur dringt kein erschaffener Geist», wendet sich Goethe mit den schärfsten Worten:

> «Ins Innere der Natur -»
> O, du Philister! -
> «Dringt kein erschaff'ner Geist.»
> Mich und Geschwister
> Mögt ihr an solches Wort
> Nur nicht erinnern;
> Wir denken: Ort für Ort
> Sind wir im Innern.
> «Glückselig, wem sie nur
> Die äuß're Schale weist»,
> Das hör ich sechzig Jahre wiederholen,
> Und fluche drauf, aber verstohlen;
> Sage mir tausend tausendmale:
> Alles gibt sie reichlich und gern;
> Natur hat weder Kern
> Noch Schale,
> Alles ist sie mit einem Male;
> Dich prüfe du nur allermeist,
> Ob du Kern oder Schale seist.

Im Sinne dieser seiner Weltanschauung konnte Goethe auch den Unterschied zwischen anorganischer und organischer Natur nicht anerkennen, den Kant in seiner «Kritik der Urteilskraft» festgestellt hatte. Sein Streben ging dahin, die belebten Organismen in dem Sinne nach Gesetzen zu erklären, wie auch die leblose Natur erklärt wird. Der tonangebende Botaniker der damaligen Zeit, Linné, sagt über die mannigfaltigen Arten in der Pflanzenwelt, es gebe solcher Arten so viele, als «verschiedene Formen im Prinzip geschaffen worden sind». Wer eine solche Meinung hat, der kann sich nur bemühen, die Eigenschaften der einzelnen Formen zu studieren und diese sorgfältig voneinander zu unterscheiden. Goethe konnte sich mit einer solchen Naturbetrachtung nicht einverstanden erklären. «Das, was er (Linné) mit Gewalt auseinanderzuhalten suchte, mußte, nach dem innersten Bedürfnis meines Wesens, zur Vereinigung anstreben.» Er suchte dasjenige auf, was allen Pflanzenarten gemeinsam ist. Auf seiner Reise in Italien wird ihm dieses gemeinsame Urbild in allen Pflanzenformen immer klarer: «Die vielen Pflanzen, die ich sonst nur in Kübeln und Töpfen, ja die größte Zeit des Jahres nur hinter Glasfenstern zu sehen gewohnt war, stehen hier froh und frisch unter freiem Himmel, und indem sie ihre Bestimmung vollkommen erfüllen, werden sie uns deutlicher. Im Angesicht so vielerlei neuen und erneuten Gebildes fiel mir die alte Grille wieder ein, ob ich nicht unter dieser Schar die Urpflanze entdecken könnte. *Eine solche muß es denn doch geben: woran würde ich sonst erkennen, daß dieses oder jenes Gebilde eine Pflanze sei, wenn sie nicht alle nach einem Muster gebildet wären?*» Ein anderes Mal drückt er sich über diese Urpflanze aus: Sie «wird das wunderlichste Geschöpf von der Welt, um welches mich die Natur selbst beneiden soll. Mit diesem Modell und dem Schlüssel dazu kann man alsdann noch Pflanzen ins Unendliche erfinden, die konsequent sein müssen, das heißt, die, wenn sie auch nicht existieren, doch existieren könnten, und nicht etwa malerische oder dichterische Schatten und Scheine sind, sondern eine innerliche Wahrheit und Notwendigkeit haben.» Wie Kant in seiner «Naturgeschichte und Theorie des Himmels» ausruft: «Gebt mir Materie; ich will euch eine Welt daraus bauen», weil er den gesetzmäßigen Zusammenhang dieser Welt einsieht, so sagt hier Goethe: mit Hilfe der Urpflanze könne man existenzfähige Pflanzen ins Unendliche erfinden, weil man das Gesetz der Entstehung und des Werdens derselben innehat. Was Kant nur von der unorganischen Natur gelten lassen wollte, daß man ihre Erscheinungen nach notwendigen Gesetzen begreifen kann, das dehnte Goethe auch auf die Welt der Organismen aus. Er fügt in dem Briefe, in dem er Herder seine Entdeckung der Urpflanze mitteilt, hinzu: «Dasselbe Gesetz wird sich auf alles übrige Lebendige anwenden lassen.» Und Goethe hat es auch angewendet. Seine emsigen Studien über die Tierwelt brachten ihn 1795 dazu, «ungescheut behaupten zu dürfen, daß alle vollkommenen organischen Naturen, worunter wir Fische, Amphibien, Vögel, Säugetiere und an der Spitze der letzteren den Menschen sehen, *alle nach einem Urbilde geformt seien*, das nur in seinen sehr beständigen Teilen mehr oder weniger hin und her weicht und sich noch täglich durch Fortpflanzung aus- und umbildet». Goethe steht also auch in der Naturauffassung im vollsten Gegensatz zu Kant. Dieser nannte es ein gewagtes «Abenteuer der Vernunft», wenn diese es unternehmen wollte, das Lebendige seiner Entstehung nach zu erklären. Er hält das menschliche Erkenntnisvermögen zu einer solchen Erklärung für ungeeignet. «Es liegt der Vernunft unendlich viel daran, den Mechanismus der Natur in ihren Erzeugungen nicht fallen zu lassen und in der Erklärung derselben nicht vorbeizugehen; weil ohne diesen keine Einsicht in die Natur der Dinge erlangt werden kann. Wenn man uns gleich einräumt: daß ein höchster Architekt die Formen der Natur, so wie sie von jeher da sind, unmittelbar geschaffen, oder die, so sich in ihrem Laufe kontinuierlich nach eben demselben Muster bilden, prädeterminiert habe, so ist doch dadurch unsere Erkenntnis der Natur nicht im mindesten gefördert; *weil wir jenes Wesens Handlungsart und die Ideen desselben,* welche die Prinzipien der Möglichkeit der Naturwesen enthalten sollen, *gar nicht kennen,* und von demelben als *von oben herab die Natur nicht erklären können.*» Auf solche Kantsche Ausführungen erwidert Goethe: «Wenn wir ja im Sittlichen, durch Glauben an Gott, Tugend und Unsterblichkeit uns in eine obere Region erheben und an das erste Wesen annähern sollen, so dürfte es wohl im Intellektuellen derselbe Fall sein, daß wir uns durch das Anschauen einer immer schaffenden Natur zur geistigen Teilnahme an ihren Produktionen würdig machten. Hatte ich doch erst unbewußt und aus innerem Trieb auf jenes Urbildliche, Typische rastlos gedrungen, war es mir sogar geglückt, eine naturgemäße Darstellung aufzubauen, so konnte mich nunmehr nichts weiter verhindern, das *Abenteuer der Vernunft,* wie es der Alte vom Königsberge selbst nennt, mutig zu bestehen.»

Goethe hatte in der «Urpflanze» eine Idee erfaßt, «mit der man ... Pflanzen ins Unendliche erfinden» kann, die «konsequent sein müssen, das heißt, die, wenn sie auch nicht existieren, doch existieren könnten, und nicht etwa malerische oder dichterische Schatten und Scheine sind, sondern eine innerliche Wahrheit und Notwendigkeit haben». Damit ist er auf dem Wege, in dem selbstbewußten Ich nicht nur die wahrnehmbare, die gedachte, sondern die lebendige *Idee* zu finden. Das selbstbewußte Ich *erlebt in sich* ein Reich, das sich selbst sowohl als auch der Außenwelt angehörig erweist, weil seine Gebilde sich als Abbilder der schöpferischen Mächte bezeugen. Damit ist für das selbstbewußte Ich dasjenige gefunden, was es als wirkliches Wesen erscheinen läßt. Goethe hat eine Vorstellung entwickelt, durch welche das selbstbewußte Ich sich belebt erfühlen kann, weil es sich mit den schaffenden Naturwesenheiten *eins* fühlt. Die neueren Weltanschauungen suchten das Rätsel des selbstbewußten Ich zu bewältigen; Goethe versetzt in dieses Ich die *lebendige Idee;* und mit dieser in ihm waltenden Lebenskraft erweist sich dieses Ich selbst als lebensvolle Wirklichkeit. Die griechische Idee ist mit dem Bilde verwandt; sie wird betrachtet wie das Bild. Die Idee der neueren Zeit muß mit dem Leben, dem Lebewesen selbst verwandt sein; sie wird erlebt. Und Goethe wußte davon, daß es ein solches Erleben der Idee gibt. Er vernahm im selbstbewußten Ich den Hauch der lebendigen Idee.

Von der «Kritik der Urteilskraft» Kants sagt Goethe, daß er ihr «eine höchst frohe Lebensepoche schuldig» sei. «Die großen Hauptgedanken des Werks waren meinem bisherigen Schaffen, Tun und Denken ganz analog. Das innere Leben der Kunst so wie der Natur, ihr beiderseitiges Wirken von innen heraus, war in dem Buche deutlich ausgesprochen.» Auch dieser Ausspruch Goethes kann über seinen Gegensatz zu Kant nicht hinwegtäuschen. Denn in dem Aufsatz, dem er entnommen ist, heißt es zugleich: «Leidenschaftlich angeregt, ging ich auf meinen Wegen nur desto rascher fort, weil ich selbst nicht wußte, wohin sie führten, und für das, *was* und *wie* ich mir's zugeeignet hatte, *bei den Kantianern wenig Anklang fand. Denn ich sprach nur aus, was in mir aufgeregt war, nicht aber, was ich gelesen hatte.»*

Eine streng *einheitliche Weltanschauung* ist Goethe

eigen; er will *einen* Gesichtspunkt gewinnen, von dem aus das ganze Universum seine Gesetzmäßigkeit offenbart, «vom Ziegelstein, der dem Dach entstürzt, bis zum leuchtenden Geistesblitz, der dir aufgeht und den du mitteilst». Denn «alle Wirkungen, von welcher Art sie seien, die wir in der Erfahrung bemerken, hängen auf die stetigste Weise zusammen, gehen ineinander über». «Ein Ziegelstein löst sich vom Dache los: wir nennen dies im gemeinen Sinne zufällig; er trifft die Schultern eines Vorübergehenden, doch wohl *mechanisch;* allein nicht ganz mechanisch, er folgt den Gesetzen der Schwere, und so wirkt er *physisch.* Die zerrissenen Lebensgefäße geben sogleich ihre Funktion auf; im Augenblick wirken die Säfte *chemisch,* die elementaren Eigenschaften treten hervor. Allein das gestörte *organische* Leben widersetzt sich ebenso schnell und sucht sich herzustellen; indessen ist das menschliche Ganze mehr oder weniger bewußtlos und *psychisch* zerrüttet. Die sich wiedererkennende Person fühlt sich *ethisch* im tiefsten verletzt; sie beklagt ihre gestörte Tätigkeit, von welcher Art sie auch sei, aber ungern ergäbe der Mensch sich in Geduld. *Religiös* hingegen wird ihm leicht, diesen Fall einer höheren Schickung zuzuschreiben, ihn als Bewahrung vor größerem Übel, als Einleitung zu höherem Guten anzusehen. Dies reicht hin für den Leidenden; aber der Genesende erhebt sich *genial,* vertraut Gott und sich selbst und fühlt sich gerettet, ergreift auch wohl das Zufällige, wendet's zu seinem Vorteil, um einen ewig frischen Lebenskreis zu beginnen.» So erläutert Goethe an dem Beispiel eines fallenden Ziegelsteins den Zusammenhang aller Arten von Naturwirkungen. Eine Erklärung in seinem Sinne wäre es, wenn man auch ihren streng gesetzmäßigen Zusammenhang aus *einer* Wurzel herleiten könnte.

Wie zwei geistige Antipoden stehen Kant und Goethe an der bedeutsamsten Stelle der neueren Weltanschauungsentwickelung. Und grundverschieden war die Art, wie sich diejenigen zu ihnen stellten, die sich für höchste Fragen interessierten. Kant hat seine Weltanschauung mit allen Mitteln einer strengen Schulphilosophie aufgebaut; Goethe hat naiv, sich seiner gesunden Natur überlassend, philosophiert. Deshalb glaubte Fichte, wie oben erwähnt, sich an Goethe nur «als den Repräsentanten der reinsten Geistigkeit des *Gefühls* auf der gegenwärtig errungenen Stufe der Humanität» wenden zu können, während er von Kant der Ansicht ist, daß «kein menschlicher Verstand weiter als bis zu der Grenze vordringen könne, an der Kant, besonders in seiner Kritik der Urteilskraft, gestanden». Wer in die in naivem Gewande gegebene Weltanschauung Goethes eindringt, wird in ihr allerdings eine sichere Grundlage finden, die auf klare Ideen gebracht werden kann. Goethe selbst brachte sich diese Grundlage aber nicht zum Bewußtsein. Deshalb findet seine Vorstellungsart nur allmählich Eingang in die Entwickelung der Weltanschauung; und im Eingang des Jahrhunderts ist es zunächst Kant, mit dem sich die Geister auseinanderzusetzen versuchten.

So groß aber auch die Wirkung war, die von Kant ausging: es konnte den Zeitgenossen nicht verborgen bleiben, daß ein tieferes Erkenntnisbedürfnis durch ihn doch nicht befriedigt werden kann. Ein solches Erkenntnisbedürfnis dringt auf eine einheitliche Weltansicht, wie das bei Goethe der Fall war. Bei Kant stehen die einzelnen Gebiete des Daseins unvermittelt nebeneinander. Aus diesem Grunde konnte es sich Fichte, trotz seiner unbedingten Verehrung Kants, nicht verbergen, daß «Kant die Wahrheit bloß angedeutet, aber weder dargestellt noch bewiesen» habe. «Dieser wunderbare einzige Mann hat entweder ein Divinationsvermögen der Wahrheit, ohne sich ihrer Gründe selbst bewußt zu sein, oder er hat sein Zeitalter nicht hoch genug geschätzt, um sie ihm mitzuteilen, oder er hat sich gescheut, bei seinem Leben die übermenschliche Verehrung an sich zu reißen, die ihm über kurz oder lang ... noch zuteil werden müßte. Noch hat keiner ihn verstanden, ... keiner wird es, der nicht auf seinem eigenen Wege zu Kants Resultaten kommen wird, und dann wird die Welt erst staunen.» «Aber ich glaube ebenso sicher zu wissen, daß Kant sich ein solches System *gedacht* habe; daß alles, was er wirklich vorträgt, Bruchstücke und Resultate dieses Systems sind, und daß seine Behauptungen nur unter dieser Voraussetzung Sinn und Zusammenhang haben.» Denn wäre das nicht der Fall, so wolle Fichte «die Kritik der reinen Vernunft eher für das Werk des sonderbarsten Zufalls halten, als für das eines Kopfes».

Auch andere haben das Unbefriedigende der Kantschen Gedankenkreise eingesehen. *Lichtenberg,* einer der geistvollsten und zugleich unabhängigsten Köpfe aus der zweiten Hälfte des achtzehnten Jahrhunderts, der Kant schätzte, konnte sich doch nicht versagen, gewichtige Einwände gegen dessen Weltanschauung zu machen. Er sagt einerseits: «Was heißt mit *Kantischem Geist* denken? Ich glaube, es heißt die Verhältnisse unseres Wesens, es sei nun was es wolle, gegen die Dinge, die wir *außer uns* nennen, ausfindig machen; das heißt die Verhältnisse des Subjektiven gegen das Objektive bestimmen. Dieses ist freilich immer der Zweck aller gründlichen Naturforscher gewesen, allein die Frage ist, ob sie es je so wahrhaft philosophisch angefangen haben, als Herr *Kant.* Man hat das, was doch schon subjektiv ist und sein muß, für objektiv gehalten.» Anderseits bemerkt Lichtenberg aber: «Sollte es denn so ganz ausgemacht sein, daß unsere Vernunft von dem Übersinnlichen gar nichts wissen könne? Sollte nicht der Mensch seine Ideen von Gott ebenso *zweckmäßig* weben können wie die Spinne ihr Netz zum Fliegenfang? Oder mit anderen Worten: Sollte es nicht Wesen geben, die uns wegen unserer Ideen von Gott und Unsterblichkeit ebenso bewundern, wie wir die Spinne und den Seidenwurm?» Aber man konnte einen noch viel gewichtigeren Einwand machen. Wenn es richtig ist, daß sich die Gesetze der menschlichen Vernunft nur auf die innere Welt des Geistes beziehen, wie kommen wir dazu, überhaupt von Dingen außer uns zu sprechen? - Wir müßten uns dann doch völlig in unsere Innenwelt einspinnen. Einen solchen Einwand machte *Gottlob Ernst Schulze* in seiner 1792 anonym erschienenen Schrift «Aenesidemus». Er behauptet darin, daß alle unsere Erkenntnisse *bloße* Vorstellungen seien, und daß wir über unsere Vorstellungswelt in keiner Weise hinausgehen können. Damit waren im Grunde auch Kants *moralische Wahrheiten* widerlegt. Denn läßt sich nicht einmal die Möglichkeit denken, über die Innenwelt hinauszugehen, so kann uns in eine unmöglich zu denkende Welt auch keine moralische Stimme leiten. So entwickelte sich aus Kants Ansicht zunächst ein neuer Zweifel an aller Wahrheit, der Kritizismus wurde zum Skeptizismus. Einer der konsequentesten Anhänger des Skeptizismus ist *Salomon Maimon,* der seit 1790 verschiedene Schriften verfaßte, die unter dem Einfluß Kants und Schulzes standen, und in denen er mit aller Entschiedenheit dafür eintrat, daß von dem Dasein äußerer Gegenstände, wegen der ganzen Einrichtung unseres Erkenntnisvermögens, gar nicht gesprochen werden dürfe. Ein anderer Schüler Kants, *Jacob Sigismund Beck*, ging sogar so weit, zu behaupten, Kant habe in Wahrheit selbst keine Dinge außer uns angenommen, und es beruhe nur auf einem Mißverständnis, wenn man ihm eine solche Vorstellung zuschreibe.

Eines ist gewiß: Kant bot seinen Zeitgenossen unzählige Angriffspunkte zu Auslegungen und zum Widerspruche dar. Gerade durch seine Unklarheiten und Widersprüche wurde er der Vater der klassischen deutschen Weltanschauungen Fichtes, Schellings, Schopenhauers, Hegels, Herbarts und Schleiermachers. Seine Unklarheiten wurden für sie zu neuen Fragen. So sehr er sich bemüht hatte, das Wissen einzuschränken, um für den Glauben Platz zu erhalten: der menschliche Geist kann sich im wahrsten Sinne des Wortes doch nur durch das Wissen, durch die Erkenntnis befriedigt erklären. So kam es denn, daß Kants Nachfolger die Erkenntnis wieder in ihre vollen Rechte einsetzen wollten; daß sie mit ihr die höchsten geistigen Bedürfnisse des Menschen erledigen wollten. Zum Fortsetzer Kants in dieser Richtung war Johann Gottlieb Fichte wie geschaffen, er, der da sagte: «Die Liebe der Wissenschaft und ganz besonders der Spekulation, wenn sie den Menschen einmal ergriffen hat, nimmt ihn so ein, daß er keinen anderen Wunsch übrig behält als den, sich in Ruhe mit ihr zu beschäftigen.» Einen Enthusiasten der Weltanschauung darf man Fichte nennen. Er muß durch diesen seinen Enthusiasmus bezaubernd auf seine Zeitgenossen und seine Schüler gewirkt haben. Hören wir, was einer der letzteren, *Forberg*, über ihn sagt: «Sein öffentlicher Vortrag rauscht daher wie ein Gewitter, das sich seines Feuers in einzelnen Schlägen entladet; ... er erhebt die Seele.» Er will nicht bloß gute, sondern große Menschen machen. Sein

«Auge ist strafend und sein Gang trotzig, ... er will durch seine Philosophie den Geist des Zeitalters leiten. ... Seine Phantasie ist nicht blühend, aber energisch und mächtig; seine Bilder sind nicht reizend, aber ... kühn und groß. Er dringt in die innersten Tiefen seines Gegenstandes und schaltet im Reiche der Begriffe mit einer Unbefangenheit.., welche verrät, daß er in diesem unsichtbaren Lande nicht bloß wohnt, sondern herrscht.» Das hervorstechendste Merkmal in Fichtes Persönlichkeit ist der große, *ernste* Stil in seiner Lebensauffassung. Die höchsten Maßstäbe legt er an alles. Er schildert z. B. den Beruf des Schriftstellers: «Die Idee muß selber reden, nicht der Schriftsteller. Alle Willkür des letzteren, seine ganze Individualität, seine ihm eigene Art und Kunst muß erstorben sein in seinem Vortrage, damit allein die Art und Kunst seiner Idee lebe, das höchste Leben, welches sie in dieser Sprache und in diesem Zeitalter gewinnen kann. So wie er frei ist von der Verpflichtung des mündlichen Lehrers, sich der Empfänglichkeit anderer zu fügen, so hat er auch nicht dessen Entschuldigung für sich. Er hat keinen gesetzten Leser im Auge, sondern er konstruiert seinen Leser und gibt ihm das Gesetz, wie es sein müsse.» - «Das Werk des Schriftstellers aber ist in sich selber ein Werk für die Ewigkeit. Mögen künftige Zeitalter einen höheren Schwung nehmen in der Wissenschaft, die er in seinem Werke niedergelegt hat; er hat nicht nur die Wissenschaft, er hat den ganz bestimmten und vollendeten Charakter eines Zeitalters in Beziehung auf diese Wissenschaft in seinem Werke niedergelegt, und dieser behält sein Interesse, solange es Menschen auf der Welt geben wird. Unabhängig von der Wandelbarkeit, spricht sein Buchstabe in allen Zeitaltern an alle Menschen, welche diesen Buchstaben zu beleben vermögen, und begeistert, erhebt, und veredelt bis an das Ende der Tage.» So spricht ein Mann, der sich seines Berufes als geistiger Lenker seines Zeitalters bewußt ist, dem es voller Ernst war, wenn er – in den Vorlesungen über die Bestimmung des Gelehrten – sagte: An meiner Person liegt nichts, alles aber an der Wahrheit, denn «ich bin ein Priester der Wahrheit». Von einem Manne, der so im Reiche der «Wahrheit» lebte, verstehen wir es, daß er andere nicht bloß zum Verstehen *anleiten*, sondern *zwingen* wollte. Er durfte einer seiner Schriften den Titel geben «*Sonnenklarer* Bericht an das größere Publikum über das eigentliche Wesen der neuesten Philosophie. *Ein Versuch, die Leser zum Verstehen zu zwingen.*» Eine Persönlichkeit, welche der Wirklichkeit und deren Tatsachen nicht zu bedürfen glaubt, um den Lebensweg zu gehen, sondern die das Auge unverwandt auf die Ideenwelt richtet, ist Fichte. Gering denkt er von denjenigen, die eine solche ideale Richtung des Geistes nicht verstehen. «Indes man in demjenigen Umkreise, den die gewöhnliche Erfahrung um uns gezogen, allgemeiner selbst denkt und richtiger urteilt, als vielleicht je, sind die mehrsten völlig irre und geblendet, sobald sie auch nur eine Spanne über denselben hinausgehen sollen. Wenn es unmöglich ist, in diesen den einmal ausgelöschten Funken des höheren Genius wieder anzufachen, muß man sie ruhig in jenem Kreise bleiben, und insofern sie in demselben nützlich und unentbehrlich sind, ihnen ihren Wert in und für denselben ungeschmälert lassen. Aber wenn sie darum nun selbst verlangen, alles zu sich herabzuziehen, wozu sie sich nicht erheben können, wenn sie zum Beispiel fordern, daß alles Gedruckte sich als ein Kochbuch, oder als ein Rechenbuch, oder als ein Dienstreglement solle gebrauchen lassen, und alles verschreien, was sich nicht so brauchen läßt, so haben sie selbst um ein Großes unrecht. - Daß Ideale in der wirklichen Welt sich nicht darstellen lassen, wissen wir anderen vielleicht so gut als sie, vielleicht besser. Wir behaupten nur, daß nach ihnen die Wirklichkeit beurteilt, und von denen, die dazu Kraft in sich fühlen, modifiziert werden müsse. Gesetzt, sie könnten auch davon sich nicht überzeugen, so verlieren sie dabei, nachdem sie einmal sind, was sie sind, sehr wenig; und die Menschheit verliert nichts dabei. Es wird dadurch bloß das klar, daß nur auf sie nicht im Plane der Veredlung der Menschheit gerechnet ist. Diese wird ihren Weg ohne Zweifel fortsetzen; über jene wolle die gütige Natur walten und ihnen zu rechter Zeit Regen und Sonnenschein, zuträgliche Nahrung und ungestörten Umlauf der Säfte, und dabei - kluge Gedanken verleihen!» Diese Worte setzte er dem Druck der Vorlesungen voraus, in denen er den Jenenser Studenten die «Bestimmung des Gelehrten» auseinandersetzte. Aus einer großen seelischen Energie heraus, die Sicherheit für die Erkenntnis der Welt und für das Leben gibt, sind Anschauungen wie die Fichtes erwachsen. Rücksichtslose Worte hatte dieser für alle, die in sich nicht die Kraft zu solcher Sicherheit verspürten. Als der Philosoph *Reinhold* äußerte, daß die innere Stimme des Menschen doch auch irren könne, erwiderte ihm Fichte: «Sie sagen .., der Philosoph... solle denken, daß er als Individuum irren könne, daß er als solches von anderen lernen könne und müsse. Wissen Sie, welche Stimmung Sie da beschreiben? Die eines Menschen, der in seinem Leben noch nie von etwas überzeugt gewesen.»

Dieser kraftvollen Persönlichkeit, deren Blick ganz nach innen gerichtet war, widerstrebte es, das Höchste, was der Mensch erreichen kann, eine Weltanschauung, anderswo als auch im Innern zu suchen. «*Alle Kultur* soll sein Übung aller Kräfte auf den *einen* Zweck der völligen Freiheit, das heißt der völligen Unabhängigkeit von allem, was nicht wir selbst, unser reines Selbst (Vernunft, Sittengesetz) ist, *denn nur dies ist unser. ...*» So urteilt Fichte in den 1793 erschienenen «Beiträgen zur Berichtigung der Urteile des Publikums über die französische Revolution». Und die wertvollste Kraft im Menschen, die Erkenntniskraft, sollte nicht auf diesen *einen* Zweck des völligen Unabhängigseins von allem, was nicht wir selbst sind, gerichtet sein? Könnten wir denn überhaupt je zu einem völligen Unabhängigsein kommen, wenn wir in der Weltanschauung von irgendwelchem Wesen abhängig wären? Wenn es durch ein solches außer uns gelegenes Wesen ausgemacht wäre, was die Natur, was unsere Seele, welches unsere Pflichten sind, und wir dann *hinterher* von einer solchen fertigen Tatsache aus uns ein Wissen verschafften? Sind wir unabhängig, dann müssen wir es auch in bezug auf die Erkenntnis der Wahrheit sein. Wenn wir etwas empfangen, das ohne unser Zutun entstanden ist, dann sind wir von diesem abhängig. Die höchste Wahrheit können wir also nicht empfangen. Wir müssen sie schaffen; sie muß durch uns entstehen. Fichte kann somit an die Spitze der Weltanschauung nur etwas stellen, was durch uns erst sein Dasein erlangt. Wenn wir von irgendeinem Dinge der Außenwelt sagen: Es ist, - so tun wir dies deshalb, weil wir es wahrnehmen. Wir wissen, daß wir einem *anderen* Wesen das Dasein zuerkennen. Was dieses andere Ding ist, das hängt nicht von uns ab. Seine Beschaffenheit können wir nur erkennen, wenn wir unser Wahrnehmungsvermögen darauf richten. Wir würden niemals wissen, was «rot», «warm», «kalt» ist, wenn wir es nicht durch die Wahrnehmung wüßten. Wir können zu diesen Beschaffenheiten der Dinge nichts hinzutun, nichts von ihnen wegnehmen. Wir sagen «*Sie sind*». *Was* sie sind: das sagen *sie* uns. Ganz anders ist es mit unserem eigenen Dasein. Zu sich selbst sagt der Mensch nicht: «Es ist», sondern: «*Ich bin*». Damit hat er aber nicht bloß gesagt: *daß* er ist, sondern auch: *was* er ist, nämlich ein «Ich». Nur ein *anderes* Wesen könnte von mir sagen: «Es ist». Ja, es *müßte* so sagen. Denn selbst, wenn dieses andere Wesen mich geschaffen hätte, könnte es von *meinem* Dasein nicht sagen: *Ich* bin. Der Ausspruch: «*Ich* bin» verliert allen Sinn, wenn ihn das Wesen, das von seinem Dasein spricht, nicht selbst tut. Es gibt somit nichts in der Welt, was mich mit «ich» ansprechen kann als allein mich selbst. Diese Anerkennung meiner als eines «Ich» muß demnach meine ureigenste Tat sein. Kein Wesen außer mir kann darauf Einfluß haben.

Hier fand Fichte etwas, wo er sich ganz unabhängig sah von jeglicher fremden Wesenheit. Ein Gott könnte mich *schaffen;* aber er müßte es mir überlassen, mich als ein «Ich» anzuerkennen. Mein Ichbewußtsein gebe ich mir selbst. In ihm habe ich also nicht ein Wissen, ein Erkennen, das ich empfangen habe, sondern ein solches, das ich selbst gemacht habe. So hat sich Fichte einen festen Punkt für die Weltanschauung geschaffen, etwas, wo Gewißheit ist. Wie steht es nun aber mit dem Dasein anderer Wesen? Ich lege ihnen ein Dasein bei. Aber ich habe dazu nicht ein gleiches Recht, wie bei mir selbst. Sie müssen zu Teilen meines «Ich» werden, wenn ich ihnen mit gleichem Rechte ein Dasein beilegen soll. Und das werden sie, indem ich sie wahrnehme. Denn sobald das der Fall ist, sind sie *für mich da.* Ich kann nur sagen: Mein Selbst fühlt «rot», mein

Selbst empfindet «warm». Und so wahr ich mir selbst ein Dasein beilege, so wahr kann ich dies auch meinem Fühlen und meinem Empfinden beilegen. Wenn ich mich also selbst recht verstehe, so kann ich nur sagen: Ich bin und ich lege selbst auch einer Außenwelt ein Dasein bei.

Auf diese Weise verlor für Fichte die Welt außer dem «Ich» ihr selbständiges Dasein; sie hat nur ein ihr vom Ich beigelegtes, ein also zu ihr hinzugedichtetes Dasein. In seinem Streben, dem eigenen Selbst die höchstmögliche Unabhängigkeit zu geben, hat Fichte der Außenwelt jede Selbständigkeit genommen. Wo nun eine solche selbständige Außenwelt nicht vorhanden gedacht wird, da ist es auch begreiflich, daß das Interesse an dem Wissen, an der Erkenntnis dieser Außenwelt aufhört. Damit ist das Interesse an dem eigentlichen Wissen überhaupt erloschen. Denn das Ich erfährt durch ein solches Wissen im Grunde nichts, als was es selbst hervorbringt. In allem Wissen hält das menschliche Ich gleichsam nur Monologe mit sich selbst. Es geht nicht über sich selbst hinaus. Wodurch es aber dies letztere doch vollbringt: das ist die lebendige Tat. Wenn das Ich handelt, wenn es in der Welt etwas vollbringt: dann ist es nicht mehr monologisierend mit sich allein. Dann fließen seine Handlungen hinaus in die Welt. Sie erlangen ein selbständiges Dasein. Ich vollbringe etwas; und wenn ich es vollbracht habe, dann wirkt es fort, auch wenn ich mich an seiner Wirkung nicht mehr beteilige. Was ich weiß, hat ein Dasein nur durch mich; was ich tue, ist Bestandteil einer von mir unabhängigen *moralischen Weltordnung*. Was bedeutet aber alle Gewißheit, die wir aus dem eigenen Ich ziehen, gegenüber dieser allerhöchsten Wahrheit einer moralischen Weltordnung, die doch unabhängig von uns sein muß, wenn das Dasein einen Sinn haben soll? Alles Wissen ist doch nur etwas für das eigene Ich; diese Weltordnung *muß* aber sein außer dem Ich. Sie muß sein, trotzdem wir von ihr nichts wissen können. Wir müssen sie also *glauben.* So kommt auch Fichte über das Wissen hinaus zu einem Glauben. Wie der Traum gegenüber der Wirklichkeit, ist alles Wissen gegenüber dem Glauben. Auch das eigene Ich hat nur ein solches Traumdasein, wenn es sich selbst bloß betrachtet. Es macht sich ein *Bild* von sich, das nichts weiter zu sein braucht, als ein vorüberschwebendes Bild; allein das Handeln bleibt. Mit bedeutsamen Worten schildert Fichte dieses Traumdasein der Welt in seiner «Bestimmung des Menschen»: «Es gibt überall kein Dauerndes, weder außer mir, noch in mir, sondern nur einen unaufhörlichen Wechsel. Ich weiß überall von keinem Sein, und auch nicht von meinem eigenen. Es ist kein Sein. - *Ich selbst* weiß überhaupt nicht, und bin nicht. *Bilder* sind: sie sind das einzige, was da ist, und sie wissen von sich, nach Weise der Bilder: - Bilder, die vorüberschweben; ohne daß etwas sei, dem sie vorüberschweben, die durch Bilder von den Bildern zusammenhängen, Bilder, ohne etwas in ihnen Abgebildetes, ohne Bedeutung und Zweck. Ich selbst bin eins dieser Bilder; ja, ich bin selbst dies nicht, sondern nur ein verworrenes Bild von Bildern. - Alle Realität verwandelt sich in einen wunderbaren Traum, ohne ein Leben, von welchem geträumt wird, und ohne einen Geist, dem da träumt; in einen Traum, der in einem Traume von sich zusammenhängt. Das *Anschauen* ist der Traum; das *Denken* - die Quelle alles Seins und aller Realität, die ich mir einbilde, *meines* Seins, meiner Kraft, meiner Zwecke - *ist der Traum von jenem Traume.*» Wie anders erscheint Fichte die moralische Weltordnung, die Welt des Glaubens: «Mein Wille soll schlechthin durch sich selbst, ohne alles seinen Ausdruck schwächende Werkzeug, in einer ihm völlig gleichartigen Sphäre, als Vernunft auf Vernunft, als Geistiges auf Geistiges wirken; - in einer Sphäre, der er jedoch das Gesetz des Lebens, der Tätigkeit, des Fortlaufens nicht gebe, sondern die es in sich selbst habe; also auf selbsttätige Vernunft. Aber selbsttätige Vernunft ist Wille. Das Gesetz der übersinnlichen Welt wäre sonach ein *Wille*. ... Jener erhabene Wille geht sonach nicht abgesondert von der übrigen Vernunftwelt seinen Weg für sich. Es ist zwischen ihm und allen endlichen vernünftigen Wesen ein geistiges Band, und er selbst ist dieses geistige Band der Vernunftwelt. ... Ich verhülle vor dir mein Angesicht und lege die Hand auf den Mund. Wie du für dich selbst bist und dir selbst erscheinest, kann ich nie einsehen, so gewiß ich nie du selbst werden kann. Nach tausendmal tausend durchlebten Geisterwelten werde ich dich noch ebensowenig begreifen als jetzt in dieser Hütte von Erde. - Was ich begreife, wird durch mein bloßes Begreifen zum Endlichen; und dieses läßt auch durch unendliche Steigerung und Erhöhung sich nie ins Unendliche umwandeln. Du bist vom Endlichen nicht dem Grade, sondern der Art nach verschieschieden. Sie machen dich durch jene Steigerung nur zu einem größeren Menschen und immer zu einem größeren; nie aber zum Gotte, zum Unendlichen, der keines Maßes fähig ist.»

Weil das .Wissen ein Traum, die moralische Weltordnung für Fichte das einzige wahrhaft Wirkliche ist, deshalb stellt er auch das Leben, durch das sich der Mensch in den sittlichen Weltzusammenhang hineinstellt, über das bloße Erkennen, über das Betrachten der Dinge. «Nichts» - sagt er - «hat unbedingten Wert und Bedeutung als das

Leben; alles übrige, Denken, Dichten und Wissen, hat nur Wert, insofern es auf irgendeine Weise sich auf das Lebendige bezieht, von ihm ausgeht und in dasselbe zurückzulaufen beabsichtigt.»

Der ethische Grundzug in Fichtes Persönlichkeit ist es, der in seiner Weltanschauung alles ausgelöscht oder in seiner Bedeutung herabgedrückt hat, was nicht auf die moralische Bestimmung des Menschen hinausläuft. Er wollte die größten, die reinsten Forderungen für das Leben aufstellen; und dabei wollte er durch kein Erkennen, das vielleicht in diesen Zielen Widersprüche mit der natürlichen Gesetzmäßigkeit der Welt entdecken könnte, beirrt sein. Goethe hat gesagt: «Der Handelnde ist immer gewissenlos; es hat niemand Gewissen als der Betrachtende.» Damit meinte er, daß der Betrachtende alles nach seinem wahren, wirklichen Werte abschätzt und jedes Ding an seinem Platze begreift und gelten läßt. Der Handelnde hat es vor allen Dingen darauf abgesehen, seine Forderungen in Erfüllung gehen zu sehen; ob er dabei den Dingen unrecht tut oder nicht: das ist ihm gleich. Fichte war es vor allen Dingen ums Handeln zu tun; er wollte sich aber dabei von der Betrachtung nicht Gewissenlosigkeit vorwerfen lassen. Deshalb bestritt er den Wert der Betrachtung.

Ins unmittelbare Leben einzugreifen war Fichtes fortwährendes Bemühen. Wo er glaubte, daß seine Worte bei anderen zur Tat werden könnten, da fühlte er sich am zufriedensten. Aus diesem Drang heraus hat er die Schriften verfaßt «Zurückforderung der Denkfreiheit von den Fürsten Europas, die sie bisher unterdrückten. Heliopolis, im letzten Jahre der alten Finsternis 1792»; «Beiträge zur Berichtigung der Urteile des Publikums über die französische Revolution 1793.» Aus diesem Drange heraus hat er seine hinreißenden Reden gehalten «Die Grundzüge des gegenwärtigen Zeitalters, dargestellt in Vorlesungen, gehalten zu Berlin im Jahre 1804—1805»; «Die Anweisung zum seligen Leben oder auch die Religionslehre, in Vorlesungen, gehalten zu Berlin im Jahre 1806» und endlich seine «Reden an die deutsche Nation 1808».

Bedingungslose Hingabe an die moralische Weltordnung, Handeln aus dem tiefsten Kern der ethischen Naturanlage des Menschen heraus: das sind die Forderungen, durch die das Leben Wert und Bedeutung erhält. Diese Ansicht zieht sich als Grundmotiv durch alle diese Reden und Schriften hindurch. In den «Grundzügen des gegenwärtigen Zeitalters» warf er diesem Zeitalter in flammenden Worten seine Selbstsucht vor. Jeder gehe nur den Weg, den ihm seine niederen Triebe vorschreiben. Aber diese Triebe führen ab von dem großen Ganzen, das die menschliche Gemeinschaft als moralische Harmonie umschließt. Ein solches Zeitalter müsse diejenigen, die in seinem Sinne leben, dem Untergange entgegenführen. Die Pflicht wollte Fichte in den menschlichen Gemütern beleben.

Fichte wollte in solcher Art mit seinen Ideen gestaltend in das Leben seiner Zeit eingreifen, weil er diese Ideen kraftvoll durchlebt dachte von dem Bewußtsein, daß dem Menschen der höchste Inhalt seines Seelenlebens aus einer Welt zukommt, welche er erreicht, wenn er mit seinem «Ich» ganz allein sich auseinandersetzt, und in dieser Auseinandersetzung sich in seiner wahren Bestimmung erfühlt. Aus solchem Bewußtsein heraus prägt Fichte Worte wie dieses: «Ich selbst und mein notwendiger Zweck sind das Übersinnliche.»

Sich im Übersinnlichen erleben, ist für Fichte eine Erfahrung, welche der Mensch machen kann. Macht er sie, so erlebt er in sich das «Ich». Und erst dadurch wird er zum Philosophen. «Beweisen» kann man diese Erfahrung demjenigen nicht, der sie nicht machen *will.* Wie wenig Fichte einen solchen «Beweis» für möglich hält, bezeugen Aussprüche wie dieser: «Zum Philosophen muß man geboren sein, dazu erzogen werden, und sich selbst dazu erziehen; aber man kann durch keine menschliche Kunst dazu gemacht werden. Darum verspricht auch diese Wissenschaft sich unter den *schon gemachten* Männern wenige Proselyten. ...»

Es kommt Fichte darauf an, eine Seelenverfassung zu finden, durch welche das menschliche Ich sich erleben kann. Das Wissen von der Natur erscheint ihm untauglich, von dem Wesen des Ich etwas zu offenbaren. Vom fünfzehnten bis zum achtzehnten Jahrhundert traten Denker auf, denen die Frage sich ergab: Was kann in dem Bilde der Natur gefunden werden, um innerhalb dieses Bildes das menschliche Wesen erklärlich zu finden? Goethe empfand die Frage nicht in dieser Art. Er fühlte hinter der äußerlich offenbaren Natur eine geistige. In der Menschenseele sind ihm Erlebnisse möglich, durch welche diese Seele nicht in dem äußerlich Offenbaren allein, sondern innerhalb der schaffenden Kräfte lebt. Goethe suchte die Idee, welche die Griechen suchten, aber er suchte sie nicht als wahrnehmbare Idee, sondern in einem *Miterleben* der Weltvorgänge, da, wo diese nicht mehr wahrnehmbar sind. Er suchte *in der Seele das Leben der Natur.* - Fichte suchte in der Seele selbst; aber er suchte nicht da, wo in der Seele die Natur lebt, er suchte ganz unmittelbar da, wo die Seele ihr eigenes Leben entzündet fühlt, gleichgültig, an welche sonstigen Weltvorgänge und Weltwesen sich dieses Leben anschließt. Mit Fichte ist eine Weltanschauung heraufgezogen, die ganz darinnen aufgeht, ein inneres Seelenleben zu finden, das sich zum Gedankenleben der Griechen verhält wie dieses Gedankenleben zum Bildervorstellen der Vorzeit. In Fichtes Weltanschauung wird der Gedanke zum Ich-Erlebnis, wie in den griechischen Denkern das Bild zum Gedanken wurde. Mit Fichte will die Weltanschauung das *Selbstbewußtsein erleben;* mit Plato und Aristoteles wollte sie das *Seelenbewußtsein denken.*

*

Wie Kant das Wissen entthront hat, um für den Glauben Platz zu bekommen, so hat Fichte das Erkennen für bloße Erscheinung erklärt, um für das lebendige Handeln, für die moralische Tat freie Bahn vor sich zu haben. Ein Ähnliches hat auch *Schiller* versucht. Nur nahm bei ihm die Stelle, die bei Kant der Glaube, bei Fichte das Handeln beanspruchte, die *Schönheit* ein. Die Bedeutung Schillers für die Weltanschauungsentwickelung wird gewöhnlich unterschätzt. Wie Goethe sich darüber zu beklagen hatte, daß man ihn als Naturforscher nicht gelten lassen wollte, weil man einmal gewohnt war, ihn als Dichter zu nehmen, so müssen diejenigen, die sich in Schillers philosophische Ideen vertiefen, bedauern, daß er von denen, die sich mit Weltanschauungsgeschichten befassen, so wenig gewürdigt wird, weil ihm sein Feld im Reiche der Dichtung angewiesen ist.

Als eine durchaus selbständige Denkerpersönlichkeit stellt sich Schiller seinem Anreger Kant gegenüber. Die Hoheit des moralischen Glaubens, zu der Kant den Menschen zu erheben suchte, schätzte der Dichter, der in den «Räubern» und in «Kabale und Liebe» seiner Zeit einen

Spiegel ihrer Verderbtheit vorgehalten hat, wahrlich nicht gering. Aber er sagte sich: Sollte es durchaus notwendig sein, daß der Mensch nur im Kampfe gegen seine Neigung, gegen seine Begierden und Triebe sich zu der Höhe des kategorischen Imperativs emporheben kann? Kant wollte ja der sinnlichen Natur des Menschen nur den Hang zum Niederen, zum Selbstsüchtigen, zum Sinnlich-Angenehmen beilegen; und nur, wer sich emporschwingt über diese sinnliche Natur, wer sie ertötet und die rein geistige Stimme der Pflicht in sich sprechen läßt: der kann tugendhaft sein. So hat Kant den natürlichen Menschen erniedrigt, um den moralischen um so höher heben zu können. Schiller schien darin etwas des Menschen Unwürdiges zu liegen. Sollten denn die Triebe des Menschen nicht so veredelt werden können, daß sie aus sich selbst heraus das Pflichtmäßige, das Sittliche tun? Dann brauchten sie, um sittlich zu wirken, nicht unterdrückt zu werden. Schiller stellte deshalb der strengen Kantschen Pflichtforderung seine Ansicht in dem folgenden Epigramm gegenüber:

Gewissensskrupel.

Gerne dien' ich den Freunden, doch tu' ich es leider mit Neigung,
Und so wurmt es mir oft, daß ich nicht tugendhaft bin.

Entscheidung.

Da ist kein anderer Rat, du mußt suchen, sie zu verachten,
Und mit Abscheu alsdann tun, wie die Pflicht dir gebeut.

Schiller suchte diese «Gewissensskrupel» auf seine Art zu lösen. Zwei Triebe walten tatsächlich im Menschen: der sinnliche Trieb und der Vernunftstrieb. Überläßt sich der Mensch dem sinnlichen Trieb, so ist er ein Spielball seiner

Begierden und Leidenschaften, kurz seiner Selbstsucht. Gibt er sich ganz dem Vernunftstrieb hin, so ist er ein Sklave seiner strengen Gebote, seiner unerbittlichen Logik, seines kategorischen Imperativs. Ein Mensch, der *bloß* dem sinnlichen Triebe leben will, muß die Vernunft in sich zum Schweigen bringen; ein solcher, der *nur* der Vernunft dienen will, muß die Sinnlichkeit ertöten. Hört der erstere doch die Vernunft, so unterwirft er sich ihr nur unfreiwillig; vernimmt der letztere die Stimme seiner Begierden, so empfindet er sie als Last auf seinem Tugendwege. Die physische und die geistige Natur des Menschen scheinen also in einem verhängnisvollen Zwiespalt zu leben. Gibt es nicht einen Zustand im Menschen, in dem beide Triebe, der sinnliche und der geistige, in Harmonie stehen? Schiller beantwortet die Frage mit «Ja». Es ist der Zustand, in dem das *Schöne* geschaffen und genossen wird. Wer ein Kunstwerk schafft, der folgt einem freien Naturtrieb. Er tut es aus Neigung. Aber es sind keine physischen Leidenschaften, die ihn antreiben; es ist die Phantasie, der Geist. Ebenso ist es mit demjenigen, der sich dem Genusse eines Kunstwerkes hingibt. Es befriedigt seinen Geist zugleich, indem es auf seine Sinnlichkeit wirkt. Seinen Begierden kann der Mensch nachgehen, ohne die höheren Gesetze des Geistes zu beachten; seine Pflicht kann er erfüllen, ohne sich um die Sinnlichkeit zu kümmern; ein schönes Kunstwerk wirkt auf sein Wohlgefallen, ohne seine Begierde zu erwecken; und es versetzt ihn in eine geistige Welt, in der er aus Neigung verweilt. In diesem Zustande ist der Mensch wie das Kind, das bei seinen Handlungen seiner Neigung folgt und nicht frägt, ob diese den Vernunftgesetzen widerstrebt: «Durch die Schönheit wird der sinnliche Mensch ... zum Denken geleitet; durch die Schönheit wird der geistige Mensch zur Materie zurückgeführt und der Sinnenwelt wiedergegeben.» (18. Brief über die ästhetische Erziehung des Menschen.) «Die hohe Gleichmütigkeit und Freiheit des Geistes, mit Kraft und Rüstigkeit verbunden, ist die Stimmung, in der uns ein echtes Kunstwerk entlassen soll, und es gibt keinen sichereren Probierstein der wahren ästhetischen Güte. Finden wir uns nach einem Genuß dieser Art zu irgendeiner besonderen Empfindungsweise oder Handlungsweise vorzugsweise aufgelegt, zu einer anderen hingegen ungeschickt und verdrossen, so dient dies zu einem untrüglichen Beweise, daß wir keine *rein ästhetische* Wirkung erfahren haben, es sei nun, daß es an dem Gegenstand oder an unserer Empfindungsweise oder (wie fast immer der Fall ist) an beiden zugleich gelegen habe.» (22. Brief.) Weil der Mensch durch die Schönheit weder ein Sklave der Sinnlichkeit ist noch der Vernunft, sondern durch sie beide zusammen in seiner Seele wirken, vergleicht Schiller den Trieb zur Schönheit demjenigen des Kindes, das in seinem Spiel seinen Geist nicht Vernunftgesetzen unterwirft, sondern ihn frei seiner Neigung nach gebraucht. Deshalb nennt er diesen Trieb zur Schönheit Spieltrieb: «Mit dem Angenehmen, mit dem Guten, mit dem Vollkommenen ist es dem Menschen *nur* Ernst; aber mit der Schönheit spielt er. Freilich dürfen wir uns hier nicht an die Spiele erinnern, die in dem wirklichen Leben im Gange sind und die sich gewöhnlich nur auf sehr materielle Gegenstände richten; aber in dem wirklichen Leben würden wir auch die Schönheit vergebens suchen, von der hier die Rede ist. Die wirklich vorhandene Schönheit ist des wirklich vorhandenen Spieltriebs wert; aber durch das Ideal der Schönheit, welches die Vernunft aufstellt, ist auch ein Ideal des Spieltriebs aufgegeben, das der

Mensch in allen seinen Spielen vor Augen haben soll.» (15. Brief.) In der Erfüllung dieses idealen Spieltriebs findet der Mensch die Wirklichkeit der *Freiheit.* Er *gehorcht* nun nicht mehr der Vernunft; und er folgt nicht mehr der sinnlichen Neigung. Er handelt aus Neigung so, wie wenn er aus Vernunft handelte. «Der Mensch soll mit der Schönheit *nur spielen,* und er soll *nur mit der Schönheit* spielen ... Denn, um es endlich ... herauszusagen, der Mensch spielt nur, wo er in voller Bedeutung des Wortes Mensch ist, und *er ist nur da ganz Mensch, wo er spielt.*» Schiller hätte auch sagen können: Im Spiel ist der Mensch *frei;* in der Erfüllung der Pflicht und in der Hingabe an die Sinnlichkeit ist er *unfrei.* Will der Mensch nun auch in seinem moralischen Handeln in voller Bedeutung des Wortes Mensch sein, das heißt, will er frei sein, so muß er zu seinen Tugenden dasselbe Verhältnis haben wie zur Schönheit. Er muß seine Neigungen zu Tugenden veredeln; und er muß sich mit seinen Tugenden so durchdringen, daß er, seiner ganzen Wesenheit nach, gar keinen anderen Trieb hat, als ihnen zu folgen. Ein Mensch, der diesen Einklang zwischen Neigung und Pflicht hergestellt hat, kann in jedem Augenblick auf die Güte seiner Handlungen wie auf etwas Selbstverständliches rechnen.

Man kann von diesem Gesichtspunkte aus auch das gesellschaftliche Zusammenleben der Menschen betrachten. Der Mensch, der seinen sinnlichen Trieben folgt, ist selbstsüchtig. Er ginge stets nur seinem eigenen Wohlsein nach, wenn nicht der Staat das Zusammensein durch Vernunftgesetze regelte. Der freie Mensch vollbringt aus eigenem Antriebe, was der Staat von dem selbstsüchtigen Menschen fordern muß. In einem Zusammensein von freien Menschen bedarf es keiner Zwangsgesetze. «Mitten in dem furchtbaren Reich der Kräfte und mitten in dem heiligen Reich der Gesetze baut der ästhetische Bildungstrieb unvermerkt an einem dritten, fröhlichen Reiche des Spiels und des Scheins, worin er dem Menschen die Fesseln aller Verhältnisse abnimmt und ihn von allem, was Zwang heißt, sowohl im Physischen als im Moralischen entbindet.» (27. Brief.) «Dieses Reich erstreckt sich aufwärts, bis wo die Vernunft mit unbedingter Notwendigkeit herrscht und alle Materie aufhört; es erstreckt sich niederwärts, bis wo der Naturtrieb mit blinder Nötigung waltet.» So betrachtet Schiller ein moralisches Reich als Ideal, in dem die tugendhafte Gesinnung mit derselben Leichtigkeit und Freiheit waltet wie der Geschmack im Reiche des Schönen. Er macht das Leben im Reiche des Schönen zum Muster einer vollkommenen, den Menschen in jeder Richtung befreienden sittlichen gesellschaftlichen Ordnung. Er schließt die schöne Abhandlung, in der er dieses sein Ideal darstellt, mit der Frage, ob eine solche Ordnung irgendwo existiere, und beantwortet sie damit: «Dem Bedürfnis nach existiert (sie) in jeder feingestimmten Seele; in der Tat möchte man sie wohl nur wie die reine Kirche und die reine Republik, in einigen wenigen auserlesenen Zirkeln finden, wo nicht die geistlose Nachahmung fremder Sitten, sondern eigene schöne Natur das Betragen lenkt, wo der Mensch durch die verwickeltsten Verhältnisse mit kühner Einfalt und ruhiger Unschuld geht und weder nötig hat, fremde Freiheit zu kränken, um die seinige zu behaupten, noch seine Würde wegzuwerfen, um Anmut zu zeigen.»

In dieser zur Schönheit veredelten Tugendhaftigkeit hat Schiller eine Vermittelung zwischen der Weltanschauung Kants und derjenigen Goethes gefunden. Wie groß auch der Zauber war, den Kant auf Schiller ausübte, als dieser selbst das Ideal des reinen Menschentums gegenüber der wirklich herrschenden moralischen Ordnung verteidigte: Schiller wurde, als er Goethe näher kennen lernte, ein Bewunderer von dessen Welt- und Lebensbetrachtung, und sein stets nach reinster Gedankenklarheit drängender Sinn ließ ihn nicht eher Ruhe finden, bis es ihm gelungen war, diese Goethesche Weisheit auch begrifflich zu durchdringen. Die hohe Befriedigung, die Goethe aus seinen Anschauungen über Schönheit und Kunst auch für seine Lebensführung zog, führte Schiller mehr und mehr zu der Vorstellungsart des ersteren hinüber. Als er Goethe für Übersendung des «Wilhelm Meister» dankt, tut er dies mit den Worten: «Ich kann Ihnen nicht ausdrücken, wie peinlich mir das Gefühl oft ist, von einem Produkt dieser Art in das philosophische Wesen hineinzusehen. Dort ist alles so heiter, so lebendig, so harmonisch aufgelöst und so menschlich wahr; hier alles so strenge, so rigid und abstrakt, und so höchst unnatürlich, weil alle Natur nur Synthesis und alle Philosophie Antithesis ist. Zwar darf ich mir das Zeugnis geben, in meinen Spekulationen der Natur so treu geblieben zu sein, als sich mit dem Begriff der Analysis verträgt; ja vielleicht bin ich ihr treuer geblieben als *unsere Kantianer für erlaubt und für möglich hielten.* Aber dennoch fühle ich nicht weniger lebhaft den unendlichen Abstand zwischen dem Leben und dem Räsonnement - und kann mich nicht enthalten, in einem solchen melancholischen Augenblicke für einen Mangel in meiner Natur auszulegen, was ich in einer heiteren Stunde bloß für eine natürliche Eigenschaft der Sache ansehen muß. So viel ist indes gewiß, der Dichter ist der einzig *wahre Mensch,* und der beste Philosoph ist nur eine Karikatur gegen ihn.» Dieses Urteil Schillers kann sich nur auf die Kantsche Philosophie beziehen, an der Schiller seine Erfahrungen gemacht hat. Sie entfernt den Menschen in vieler Beziehung von der Natur. Sie bringt dieser keinen Glauben entgegen, sondern läßt als gültige Wahrheit nur gelten, was aus der eigenen geistigen Organisation des Menschen genommen ist. Dadurch entbehren alle ihre Urteile jener frischen, inhaltvollen Farbigkeit, die alles hat, was wir durch unmittelbare Anschauung der natürlichen Vorgänge und Dinge selbst gewinnen. Sie bewegt sich in blutleeren, grauen, kalten Abstraktionen. Sie gibt die Wärme hin, die wir aus der unmittelbaren Berührung mit den Dingen und Wesen gewinnen und tauscht dafür die Kälte ihrer abstrakten Begriffe ein. Und auch im Moralischen zeigt die Kantsche Weltanschauung dieselbe Gegensätzlichkeit gegen die Natur. Der rein vernünftige Pflichtbegriff schwebt ihr als Höchstes vor. Was der Mensch liebt, wozu er Neigung hat: alles das Unmittelbar-Natürliche im Menschenwesen muß diesem Pflichtideal untergeordnet werden. Sogar bis in die Region des Schönen hinein vertilgt Kant den Anteil, den der Mensch seinen ursprünglichen Empfindungen und Gefühlen nach haben muß. Das Schöne soll ein völlig «*interesseloses*» Wohlgefallen hervorrufen. Hören wir, wie hingebend, wie «interessiert» Schiller dem Werke, an dem er die höchste Stufe des Künstlerischen bewundert, gegenübersteht. Er sagt über «Wilhelm Meister»: «Ich kann das Gefühl, das mich beim Lesen dieser Schrift, und zwar im zunehmenden Grade, je weiter ich darin komme, durchdringt und besitzt, nicht besser als durch eine süße und innige Behaglichkeit, durch ein Gefühl geistiger und leiblicher Gesundheit ausdrücken, und ich wollte dafür bürgen, daß es dasselbe bei allen

Lesern im ganzen sein muß. - Ich erkläre mir dieses Wohlsein von der durchgängig darin herrschenden ruhigen Klarheit, Glätte und Durchsichtigkeit, die auch nicht das geringste zurückläßt, was das Gemüt unbefriedigt und unruhig läßt, und die Bewegung desselben nicht weiter treibt als nötig ist, um ein fröhliches Leben in dem Menschen anzufachen und zu erhalten.» So spricht nicht jemand, der an das interesselose Wohlgefallen glaubt, sondern einer, der die Lust an dem Schönen einer solchen Veredelung für fähig hält, daß es keine Erniedrigung bedeutet, sich dieser Lust völlig hinzugeben. Das Interesse soll nicht erlöschen, wenn wir dem Kunstwerk gegenüberstehen; wir sollen vielmehr imstande sein, unser Interesse auch dem entgegenbringen zu können, was Ausfluß des Geistes ist. Und diese Art des Interesses für das Schöne soll der «wahre» Mensch auch den moralischen Vorstellungen gegenüber haben. In einem Briefe an Goethe schreibt Schiller: «Es ist wirklich der Bemerkung wert, daß die Schlaffheit über ästhetische Dinge immer sich mit der moralischen Schlaffheit verbunden zeigt, und daß das reine strenge Streben nach dem hohen Schönen, bei der höchsten Liberalität gegen alles, was Natur ist, den Rigorism im Moralischen bei sich führen wird.»

Die Entfremdung von der Natur empfand Schiller in der Weltanschauung, in der ganzen Zeitkultur, innerhalb derer er lebte, so stark, daß er sie zum Gegenstande einer Betrachtung in dem Aufsatze «Über naive und sentimentalische Dichtung» machte. Er vergleicht die Lebensansicht seiner Zeit mit derjenigen der Griechen und fragt sich: «Wie kommt es, daß wir, die in allem, was Natur ist, von den Alten so unendlich weit übertroffen werden, ... der Natur in einem höheren Grade huldigen, mit Innigkeit an ihr hangen und selbst die leblose Welt mit der wärmsten Empfindung umfassen können?» Und er beantwortet diese Frage: «Daher kommt es, weil die Natur bei uns aus der Menschheit verschwunden ist und wir sie nur außerhalb dieser in der unbeseelten Welt, in ihrer Wahrheit wieder antreffen. Nicht unsere größere *Naturmäßigkeit*, ganz im Gegenteil die *Naturwidrigkeit* unserer Verhältnisse, Zustände und Sitten treibt uns an, dem erwachenden Triebe nach Wahrheit und Simplizität, der, wie die moralische Anlage, aus welcher er fließet, unbestechlich und unaustilgbar in allen menschlichen Herzen liegt, in der physischen Welt eine Befriedigung zu verschaffen, die in der moralischen nicht zu hoffen ist. Deswegen ist das Gefühl, womit wir an der Natur hangen, dem Gefühle so nahe verwandt, womit wir das entflohene Alter der Kindheit und der kindlichen Unschuld beklagen. Unsere Kindheit ist die einzige unverstümmelte Natur, die wir in der kultivierten Menschheit noch antreffen, daher es kein Wunder ist, wenn uns jede Fußtapfe der Natur außer uns auf unsere Kindheit zurückführt.» Das war nun bei den Griechen ganz anders. Sie lebten ein Leben innerhalb des Natürlichen. Alles, was sie taten, kam aus ihrem *natürlichen* Vorstellen, Fühlen und Empfinden heraus. Sie waren innig verbunden mit der Natur. Der moderne Mensch fühlt in seinem Wesen einen Gegensatz zur Natur. Da aber der Drang nach dieser Urmutter des Daseins doch nicht ausgetilgt werden kann, so wird er sich in der modernen Seele in eine Sehnsucht nach der Natur, in ein Suchen derselben verwandeln. Der Grieche *hatte* Natur; der Moderne *sucht* Natur. «Solange der Mensch noch reine, es versteht sich nicht rohe, Natur ist, wirkt er als ungeteilte sinnliche Einheit und als ein harmonierendes Ganzes.

Sinne und Vernunft, empfangendes und selbsttätiges Vermögen, haben sich in ihrem Geschäfte noch nicht getrennt, viel weniger stehen sie im Widerspruch miteinander. Seine Empfindungen sind nicht das formlose Spiel des Zufalls, seine Gedanken nicht das gehaltlose Spiel der Vorstellungskraft; aus dem Gesetz der *Notwendigkeit* gehen jene, aus der *Wirklichkeit* gehen diese hervor. Ist der Mensch in den Stand der Kultur getreten und hat die Kunst ihre Hand an ihn gelegt, so ist jene *sinnliche* Harmonie in ihm aufgehoben, und er kann nur noch als *moralische* Einheit, das heißt als nach Einheit strebend sich äußern. Die Übereinstimmung zwischen seinem Empfinden und Denken, die in dem ersten Zustande *wirklich* stattfand, existiert jetzt bloß *idealisch;* sie ist nicht mehr in ihm, sondern außer ihm, als ein Gedanke, der erst realisiert werden soll, nicht mehr als Tatsache seines Lebens.» Die Grundstimmung des griechischen Geistes war *naiv,* die des modernen ist *sentimentalisch;* die Weltanschauung des ersten durfte daher realistisch sein. Denn er hatte das Geistige von dem Natürlichen noch nicht getrennt; die Natur schloß für ihn den Geist noch mit ein. Überließ er sich der Natur, so geschah es der *geisterfüllten* Natur gegenüber. Anders der Moderne. Er hat den Geist von der Natur losgelöst, in das graue Reich der Abstraktion erhoben. Gäbe er sich *seiner* Natur hin, so täte er es der geistentblößten Natur gegenüber. Deshalb muß sein höchstes Streben dem *Ideal* zugewandt sein; durch das Streben nach diesem wird er Geist und Natur wieder versöhnen. In Goethes Geistesart fand nun Schiller etwas der griechischen Art Verwandtes. Goethe glaubte, seine Ideen und Gedanken mit Augen zu sehen, weil er die Wirklichkeit als ungetrennte Einheit von Geist und Natur empfand. Er hatte sich nach Schillers Meinung etwas erhalten, zu dem der sentimentalische Mensch erst wieder kommt, wenn er den Gipfel seines Strebens erreicht. Und einen solchen Gipfel erklimmt er eben in dem von Schiller beschriebenen ästhetischen Zustand, in dem Sinnlichkeit und Vernunft ihren Einklang gefunden haben.

Mit dem Ausspruche, den Schiller Goethe gegenüber in seinem Briefe am 23. August 1794 tut, ist das Wesen der neueren Weltanschauungsentwickelung bedeutungsvoll gekennzeichnet: «Wären Sie als ein Grieche ... geboren worden und hätte schon von der Wiege an eine auserlesene Natur und eine idealisierende Kunst Sie umgeben, so wäre Ihr Weg unendlich verkürzt, vielleicht ganz überflüssig gemacht worden. Schon in die erste Anschauung der Dinge hätten Sie dann die Form des Notwendigen aufgenommen, und mit Ihren ersten Erfahrungen hätte sich der große Stil in Ihnen entwickelt. Nun ... da Ihr griechischer Geist in diese nordische Schöpfung geworfen wurde, so blieb Ihnen keine andere Wahl, als entweder selbst zum nordischen Künstler zu werden oder Ihrer Imagination das, was ihr die Wirklichkeit vorenthielt, durch Nachhilfe der Denkkraft zu ersetzen, und so gleichsam von *innen* heraus und auf einem rationalen Wege ein Griechenland zu gebären.» - Schiller empfindet - das offenbaren diese Sätze - den Gang der Entwickelung des Seelenlebens von der griechischen Zeit bis in die seinige. Im Gedankenleben enthüllte sich für den Griechen das Seelenleben; und er konnte diese Enthüllung hinnehmen, denn der Gedanke war für ihn eine Wahrnehmung, wie Farben oder Töne es sind. *Dieser* Gedanke ist für den neueren Menschen verblaßt; von ihm muß im Innern der Seele erlebt werden, was schaffend die Welt durchwebt; und damit das unwahrnehmbare Gedankenleben doch Anschaulichkeit hat, muß es von der Imagination erfüllt werden. Von einer solchen Imagination, welche sich eins fühlt mit den schaffenden Mächten der Natur.

Weil in dem modernen Menschen das *Seelenbewußtsein* sich in *Selbstbewußtsein* gewandelt hat, entsteht die Frage der Weltanschauung: Wie erlebt das Selbstbewußtsein sich lebendig so, daß sein Erleben in dem Schaffen der lebendigen Weltenkräfte sich darinnen weiß? Schiller hat diese Frage in seiner Art beantwortet, indem er das Leben im künstlerischen Empfinden als Ideal für sich in Anspruch nahm. In diesem Empfinden fühlt das menschliche Selbstbewußtsein seine Verwandtschaft mit dem, was über das bloße Naturbild hinausliegt. In ihm fühlt der Mensch sich *vom Geiste erfaßt*, indem er als Natur- und Sinnenwesen sich an die Welt hingibt. - Leibniz sucht die Menschenseele als Monade zu *begreifen;* Fichte geht nicht von einer bloßen Idee aus, durch welche klar werden sollte, was die Menschenseele ist; er sucht ein *Erleben*, in dem diese Seele sich in ihrem Wesen ergreift; Schiller frägt: Gibt es ein Erleben der Menschenseele, in dem sie fühlen kann, wie sie in dem Geistig-Wirklichen wurzelt? Goethe erlebt in sich Ideen, die zugleich *Naturideen* für ihn darstellen. - In Goethe, Fichte, Schiller ringt sich die *erlebte Idee*, man könnte auch sagen: das *ideelle Erlebnis* in die Seele herein; im Griechentum vollzog sich dies mit der *wahrgenommenen Idee, der ideellen Wahrnehmung.*

Die Welt- und Lebensanschauung, die in Goethe auf naive Weise vorhanden war, und nach der Schiller auf allen Umwegen des Denkens strebte, hat nicht das Bedürfnis nach jener allgemein gültigen Wahrheit, die in der Mathematik ihr Ideal erblickt; sie ist befriedigt von der anderen Wahrheit, die unserem Geiste sich aus dem unmittelbaren Verkehre mit der wirklichen Welt ergibt. Die Erkenntnisse, die Goethe aus der Betrachtung der Kunstwerke in Italien schöpfte, waren gewiß nicht von jener unbedingten Sicherheit wie die Sätze der Mathematik. Dafür waren sie auch weniger abstrakt. Aber Goethe stand vor ihnen mit der Empfindung «Da ist Notwendigkeit, da ist Gott». Eine Wahrheit in dem Sinne, daß sie etwas anderes sei, als dasjenige, was sich auch in dem vollkommenen Kunstwerk offenbart, war für Goethe nicht vorhanden. Was die Kunst mit ihren technischen Mitteln: Ton, Marmor, Farbe, Rhythmus usw. verkörpert, das ist demselben Wahrheitsquell entnommen, aus dem auch der Philosoph schöpft, der allerdings nicht die unmittelbar anschaulichen Mittel der Darstellung hat, sondern dem einzig und allein der Gedanke, die Idee selbst, zur Verfügung steht. «*Poesie* deutet auf die Geheimnisse der Natur und sucht sie durchs Bild zu lösen. *Philosophie* deutet auf die Geheimnisse der Vernunft und sucht sie durchs Wort zu lösen», sagt Goethe. Aber die Vernunft und die Natur sind ihm zuletzt eine untrennbare Einheit, denen dieselbe Wahrheit zugrunde liegt. Ein Erkenntnisstreben, das, von den Dingen losgelöst, in einer abstrakten Welt lebt, gilt ihm nicht als das Höchste. «Das Höchste wäre, zu begreifen, daß alles Faktische schon Theorie ist.» Die Bläue des Himmels offenbart uns das Grundgesetz der Farbenerscheinungen. «Man suche nur nichts hinter den Phänomenen; sie selbst sind die Lehre.» Der Psychologe *Heinroth* bezeichnete in seiner Anthropologie das Denken, durch das Goethe zu seinen Einsichten in die naturgemäße Bildung der Pflanzen und Tiere gelangte, als «gegenständliches Denken». Er meinte damit, daß sich dieses Denken von den Gegenständen nicht sondere; daß die Gegenstände, die

Anschauungen in inniger Durchdringung mit dem Denken stehen, daß Goethes Denken zugleich ein Anschauen, sein Anschauen zugleich ein Denken sei. Schiller ist ein feiner Beobachter und Schilderer dieser Geistesart geworden. Er schreibt über sie in einem Briefe an Goethe: «Ihr beobachtender Blick, der so still und rein auf den Dingen ruht, setzt Sie nie in Gefahr, auf den Abweg zu geraten, in den sowohl die Spekulation als die willkürliche und bloß sich selbst gehorchende Einbildungskraft sich so leicht verirrt. In Ihrer richtigen Intuition liegt alles und weit vollständiger, was die Analysis mühsam sucht, und nur, weil es als ein Ganzes in Ihnen liegt, ist Ihnen Ihr eigener Reichtum verborgen; denn leider wissen wir nur das, was wir scheiden. Geister Ihrer Art wissen daher selten, wie weit sie gedrungen sind, und wie wenig Ursache sie haben, von der Philosophie zu borgen, die nur von ihnen lernen kann.» Für die Goethesche und Schillersche Weltanschauung ist Wahrheit nicht bloß innerhalb der Wissenschaft vorhanden, sondern auch innerhalb der Kunst. Goethes Meinung ist diese: «Ich denke, Wissenschaft könnte man die Kenntnis des Allgemeinen nennen, das abgezogene Wissen; Kunst dagegen wäre Wissenschaft zur Tat verwendet; Wissenschaft wäre Vernunft, und Kunst ihr Mechanismus, deshalb man sie auch praktische Wissenschaft nennen könnte. Und so wäre denn endlich Wissenschaft das Theorem, Kunst das Problem.» Die Wechselwirkung des wissenschaftlichen Erkennens und des künstlerischen Gestaltens der Erkenntnis schildert Goethe: «Es ist offenbar, daß ein ... Künstler nur desto größer und entschiedener werden muß, wenn er zu seinem Talente noch ein unterrichteter Botaniker ist, wenn er von der Wurzel an den Einfluß der verschiedenen Teile auf das Gedeihen und das Wachstum der Pflanze, ihre Bestimmung und wechselseitigen Wirkungen erkennt, wenn er die sukzessive Entwickelung der Blätter, Blumen, Befruchtung, Frucht und des neuen Keimes einsieht und überdenkt. Er wird alsdann nicht bloß durch die Wahl aus den Erscheinungen seinen Geschmack zeigen, sondern er wird uns auch durch eine richtige Darstellung der Eigenschaften zugleich in Verwunderung setzen.» So waltet im künstlerischen Erzeugen die *Wahrheit*, denn der Kunststil ruht nach dieser Auffassung auf «den tiefsten Grundfesten der Erkenntnis, auf dem Wesen der Dinge, insofern uns erlaubt ist, es in sichtbaren und greiflichen Gestalten zu erkennen». Eine Folge dieser Ansicht über die Wahrheit und ihre Erkenntnis ist, daß man der *Phantasie* ihren Anteil beim Zustandekommen des Wissens zugestand und nicht bloß in dem abstrakten Verstand das einzige Erkenntnisvermögen sah. Die Vorstellungen, die Goethe seinen Betrachtungen über Pflanzen- und Tierbildung zugrunde legte, waren nicht graue, abstrakte Gedanken, sondern aus der Phantasie heraus erzeugte *sinnlich-übersinnliche* Bilder. Nur das Beobachten mit Phantasie kann wirklich in das Wesen der Dinge führen, nicht die blutleere Abstraktion: dies ist Goethes Überzeugung. Deshalb hebt er an Galilei hervor, daß dieser beobachtete als Genie, dem «*ein* Fall für tausend gilt», indem «er sich aus schwingenden Kirchenlampen die Lehre des Pendels und des Falles der Körper entwickelte». Die Phantasie schafft an dem *einen* Falle ein inhaltvolles Bild des Wesentlichen in den Erscheinungen; der abstrahierende Verstand kann nur aus der Kombination, Vergleichung und Berechnung der Erscheinungen eine allgemeine Regel ihres Verlaufes gewinnen. Dieser Glaube Goethes an die Erkenntnisfähigkeit der Phantasie, die sich zu einem Miterleben der schaffenden Weltkräfte erhebt, ruht auf seiner ganzen Weltauffassung. Wer wie er das Naturwirken in allem sieht, der kann in dem geistigen Inhalt der menschlichen Phantasie auch nichts sehen als höhere Naturprodukte. Die Phantasiebilder sind Naturprodukte; und da sie die Natur wiedergeben, können sie nur die Wahrheit enthalten, denn sonst würde die Natur sich selbst mit diesen Abbildern belügen, die sie von sich schafft. Nur Menschen mit Phantasie können die höchste Stufe des Erkennens erreichen. Sie nennt Goethe die «Umfassenden» und «Anschauenden» im Gegensatz zu den bloß «Wißbegierigen», die auf einer niedrigeren Erkenntnisstufe stehen bleiben. «Die Wißbegierigen bedürfen eines ruhigen, uneigennützigen Blickes, einer neugierigen Unruhe, eines klaren Verstandes . . .; sie verarbeiten auch nur im wissenschaftlichen Sinne dasjenige, was sie vorfinden.» «Die Anschauenden verhalten sich schon produktiv, und das Wissen, indem es sich selbst steigert, fordert, ohne es zu bemerken, das Anschauen und geht dahin über; und so sehr sich auch die Wissenden vor der Imagination kreuzigen und segnen, so müssen sie doch, ehe sie sichs versehen, die *produktive Einbildungskraft* zu Hilfe rufen . . . Die Umfassenden, die man in einem stolzeren Sinne die Erschaffenden nennen könnte, verhalten sich im höchsten Grade produktiv; indem sie nämlich von Ideen ausgehen, sprechen sie die Einheit des Ganzen schon aus, und es ist gewissermaßen nachher die Sache der Natur, sich in diese Idee zu fügen.» Wer an eine solche Erkenntnisart glaubt, dem kann es nicht beikommen, über die Eingeschränktheit der menschlichen Erkenntnis in Kantscher Weise zu sprechen. Denn das, wessen der Mensch als seine Wahrheit bedarf, das *erlebt* er in seinem Innern. Der Kern der Natur liegt im Innern des Menschen. Die Weltanschauung Goethes und Schillers verlangt gar nicht von der Wahrheit, daß sie eine Wiederholung der Welterscheinungen in der Vorstellung sei, daß also die letztere im wörtlichen Sinne mit etwas außer dem Menschen *übereinstimme.* Das, was im Menschen erscheint, ist als solches, als Ideelles, als geistiges Sein, in keiner Außenwelt vorhanden; aber es ist dasjenige, was als Gipfel alles Werdens zuletzt erscheint. Deshalb braucht für diese Weltanschauung die Wahrheit nicht allen Menschen in der gleichen Gestalt zu erscheinen. Sie kann in jedem einzelnen ein individuelles Gepräge tragen. Wer die Wahrheit in der Übereinstimmung mit einem Äußeren sucht, für den gibt es nur *eine* Form derselben, und er wird mit Kant nach derjenigen «Metaphysik» suchen, die *allein* «als Wissenschaft wird auftreten können». Wer in der Wahrheit die höchste Frucht alles Daseins sieht, dasjenige, in dem das «Weltall, wenn es sich selbst empfinden könnte, als an sein Ziel gelangt, aufjauchzen und den Gipfel des eigenen Werdens und Wesens bewundern» würde (Goethe, in seinem Aufsatz über Winkelmann), der kann mit Goethe sagen: «Kenne ich mein Verhältnis zu mir selbst und zur Außenwelt, so heiß ich's Wahrheit. Und so kann jeder seine eigene Wahrheit haben, und es ist doch immer dieselbige.» Nicht in dem, was uns die Außenwelt liefert, liegt das Wesen des Seins, sondern in dem, was der Mensch in sich erzeugt, ohne daß es schon in der Außenwelt vorhanden ist. Goethe wendet sich daher gegen diejenigen, die durch Instrumente und objektive Versuche in das sogenannte «Innere der Natur» dringen wollen, denn «der Mensch an sich selbst, insofern er sich seiner gesunden Sinne bedient, ist der größte und genaueste physikalische Apparat, den es geben kann, und das ist eben das größte Unheil der neueren Physik, daß man die Experimente gleichsam vom Menschen abgesondert hat, und bloß in dem, was künstliche Instrumente zeigen, die Natur erkennen, ja, was sie leisten kann, dadurch beschränken und beweisen will.» Dafür «steht ja aber der Mensch so hoch, daß sich das sonst Undarstellbare in ihm darstellt. Was ist denn eine Saite und alle mechanische Teilung derselben gegen das Ohr des Musikers? Ja, man kann sagen, was sind die elementaren Erscheinungen der Natur selbst gegen den Menschen, der sie alle erst bändigen und modifizieren muß, um sie sich einigermaßen assimilieren zu können.»

Goethe spricht seinem Weltbilde gegenüber weder von einem bloßen begrifflichen Erkennen, noch von einem Glauben, sondern von einem *Schauen im Geiste.* An Jacobi schreibt er: «Du hältst aufs Glauben an Gott; ich aufs Schauen.» Dieses Schauen im Geiste tritt so, wie es hier gemeint ist, in die Weltanschauungsentwickelung ein als diejenige Seelenkraft, welche einem Zeitalter entspricht, dem der Gedanke nicht mehr das ist, was er dem griechischen Denker war; dem er vielmehr als ein Erzeugnis des Selbstbewußtseins sich zu erkennen gibt; aber als ein solches, welches dadurch gewonnen wird, daß sich dieses Selbstbewußtsein *innerhalb* der geistig in der Natur schaffenden Mächte weiß. Goethe ist der Repräsentant einer Weltanschauungsepoche, welche sich gedrängt fühlt, vom bloßen Denken zum Schauen überzugehen. Schiller bemüht sich, diesen Übergang Kant gegenüber zu rechtfertigen.

*

Der innige Bund, der durch Goethe, Schiller und ihre Zeitgenossen zwischen Dichtung und Weltanschauung geschlossen wurde, hat der letzteren im Anfange unseres Jahrhunderts das leblose Gepräge genommen, in das sie kommen muß, wenn sie sich allein in der Region des abstrahierenden Verstandes bewegt. Dieser Bund hat als sein Ergebnis den Glauben gezeitigt, daß es ein persönliches, ein individuelles Element in der Weltanschauung gibt. Dem Menschen ist möglich, sich sein Verhältnis zur Welt seiner Eigenart gemäß zu schaffen, und doch in die Wirklichkeit, nicht in eine bloß phantastische Schemenwelt unterzutauchen. Sein Ideal braucht nicht das Kantsche, eine ein für allemal abgeschlossene theoretische Anschauung nach dem Muster der Mathematik, zu sein. Nur aus der geistigen Atmosphäre einer solchen, die menschliche Individualität erhebenden Überzeugung kann eine Vorstellung wie diejenige *Jean Pauls* (1763—1825) geboren werden: «Das Herz des Genies, welchem alle anderen Glanz- und Hilfskräfte nur dienen, hat und gibt *ein* echtes Kennzeichen, nämlich neue Welt- und Lebensanschauung.» Wie könnte es das Kennzeichen des höchst entwickelten Menschen, des Genies, sein, eine neue Welt- und Lebensanschauung zu schaffen, wenn es nur *eine* wahre, allgemein gültige Weltanschauung gäbe, wenn die Vorstellungswelt nur *eine* Gestalt hätte? Jean Paul ist auf seine Art ein Verteidiger der Goetheschen Ansicht, daß der Mensch im Innern die höchste Form des Daseins erlebt. Er schreibt an Jacobi: «Eigentlich *glauben* wir doch nicht das Göttliche (Freiheit, Gott, Tugend), sondern wir *schauen* es wirklich als schon gegeben oder sich gebend, und dieses Schauen ist eben ein *Wissen*, nur ein höheres, indes das Wissen des Verstandes sich bloß auf ein niederes Schauen bezieht. Man könnte die Vernunft das Bewußtsein des alleinigen Positiven nennen, denn alles Positive der Sinnlichkeit löst sich zuletzt in das der Geistigkeit auf, und der Verstand treibt sein Wesen ewig bloß mit dem Relativen, das an sich nichts ist, daher vor Gott das Mehr oder Minder und alle Vergleichsstufen wegfallen.» Das Recht, die Wahrheit im Innern zu erleben und dazu alle Seelenkräfte, nicht bloß den logischen Verstand in Bewegung setzen zu dürfen, will sich Jean Paul durch nichts rauben lassen. «Das Herz, die lebendige Wurzel des Menschen, soll mir die Transzendentalphilosophie (Jean Paul meint die an Kant sich anschließende Weltansicht) nicht aus der Brust reißen und einen reinen Trieb der Ichheit an die Stelle setzen, ich lasse mich nicht befreien von der Abhängigkeit der Liebe, um allein durch Hochmut selig zu werden.» So weist er die weltfremde moralische Ordnung Kants zurück. «Ich bleibe dabei, daß es, wie vier letzte, so vier erste Dinge gebe: Schönheit, Wahrheit, Sittlichkeit, Seligkeit, und daß die Synthese davon nicht nur notwendig, sondern auch schon gegeben sei, nur aber (und darum ist sie eben eine) in ... unfaßbarer *geistig-organischer* Einheit, ... ohne welche wir an diesen vier Evangelisten oder Weltteilen gar kein Verständnis und keinen Übergang finden könnten.» Die mit äußerster logischer Strenge verfahrende Kritik des Verstandes war in Kant und Fichte so weit gekommen, die selbständige Bedeutung des Wirklichen, Lebensvollen zu einem bloßen Schein, zu einem Traumbild herabzusetzen. Diese Anschauung war für phantasievolle Menschen, die das Leben um die Gestalten ihrer Einbildungskraft bereicherten, unerträglich. Diese Menschen *empfanden* die Wirklichkeit, sie war in ihrem Wahrnehmen, in ihrer Seele gegenwärtig; und sie sollten sich deren bloße Traumhaftigkeit beweisen lassen. «Die Fenster der philosophischen Auditorien sind zu hoch, als daß sie auf die Gassen des wirklichen Lebens eine Aussicht gewähren», sagt daher Jean Paul.

Fichte strebte nach reinster, höchster erlebter Wahrheit. Er entsagte allem Wissen, das nicht aus dem eigenen Innern entspringt, weil nur aus diesem Gewißheit entspringen kann. Die Gegenströmung zu seiner Weltanschauung bildet die *Romantik*. Fichte läßt nur die Wahrheit gelten, und das Innere des Menschen nur insofern, als es die Wahrheit offenbart; die romantische Weltanschauung läßt nur das Innere gelten, und erklärt alles für wahrhaft wertvoll, was aus diesem Innern entspringt. Das Ich soll durch nichts Äußeres gefesselt sein. Alles was es schafft, hat seine Berechtigung.

Man darf von der Romantik sagen, daß sie den Schillerschen Satz: «Der Mensch spielt nur, wo er in voller Bedeutung des Wortes Mensch ist, und er ist nur da ganz Mensch, wo er spielt» bis zu seinen äußersten Konsequenzen verfolgte. Sie will die ganze Welt zu einem Reich des Künstlerischen machen. Der vollentwickelte Mensch kennt keine andere Norm als die Gesetze, die er mit frei waltender Einbildungskraft ebenso schafft wie der Künstler diejenigen, die er seinem Werke einprägt. Er erhebt sich über alles, was ihn von außen bestimmt, und lebt ganz aus sich heraus. Die ganze Welt ist ihm nur ein Stoff für sein ästhetisches Spiel. Der Ernst des Alltagsmenschen ist nicht in der Wahrheit wurzelnd. Die erkennende Seele kann die Dinge nicht an sich ernst nehmen, denn sie sind ihr nicht an sich wertvoll. Sie ist es vielmehr selbst, die ihnen einen Wert verleiht. Die Stimmung des Geistes, der sich dieser seiner Souveränität gegenüber den Dingen bewußt ist, nennen die Romantiker die *ironische*. *Karl Wilhelm Ferdinand Solger* (1780—1819) hat von der romantischen Ironie die Erklärung gegeben: «Es muß der Geist des Künstlers alle Richtungen in einem alles überschauenden Blick zusammenfassen, und diesen *über allem schwebenden, alles vernichtenden Blick* nennen wir *Ironie.*» *Friedrich Schlegel* (1772—1829), einer der Stimmführer der romantischen Geistesrichtung, sagt von der ironischen Stimmung, daß sie «alles übersieht und sich über alles Bedingte unendlich erhebt, auch über einige Kunst, Tugend oder Genialität». Wer in dieser Stimmung lebt, fühlt sich durch nichts gebunden; nichts bestimmt ihm die Richtung seines Tuns. Er kann «nach Belieben philosophisch oder philologisch, kritisch oder poetisch, historisch oder rhetorisch, antik oder modern sich stimmen». Der ironische Geist erhebt sich über eine Wahrheit, die sich von der Logik fesseln lassen will; er erhebt sich aber auch über eine ewige, moralische Weltordnung. Denn nichts sagt ihm, was er tun soll, als allein er selbst. Was ihm gefällt, soll der Ironiker tun; denn seine Sittlichkeit kann nur eine ästhetische sein. Die Romantiker sind die Erben des Fichteschen Gedankens von der Einzigkeit des Ich. Aber sie wollten dieses Ich nicht mit Vernunftideen und mit einem moralischen Glauben erfüllen wie Fichte, sondern beriefen sich vor allem auf die freieste, durch nichts gebundene Seelenkraft, auf die Phantasie. Das Denken wurde bei ihnen völlig von dem Dichten aufgesogen. *Novalis* sagt: «Es ist recht übel, daß die Poesie einen besonderen Namen hat und die Dichter eine besondere Zunft ausmachen. *Es ist gar nichts Besonderes. Es ist die eigentümliche Handlungsweise des menschlichen Geistes.* Dichtet und trachtet nicht jeder Mensch in jeder Minute?» Das allein mit sich beschäftigte Ich kann zu der höchsten Wahrheit kommen: «Es dünkt dem Menschen, als sei er in einem Gespräch begriffen und irgendein unbekanntes geistiges Wesen veranlasse ihn auf eine wunderbare Weise zur Entwicklung der *evidentesten Gedanken.*» Im Grunde wollten die Romantiker nichts anderes, als was auch Goethe und Schiller zu ihrem Bekenntnis gemacht haben: eine Ansicht über den Menschen, die diesen so vollkommen, so frei wie möglich erscheinen läßt. Novalis erlebt seine Dichtungen und Betrachtungen aus einer Seelenstimmung heraus, welche sich zum Bilde der Welt verhält wie die Fichtesche. Aber Fichtes Geist wirkt in den scharfen Konturen reiner Begriffe; der Novalis' aus der Fülle eines Gemütes, welches da empfindet, wo andere denken, da in Liebe lebt, wo andere in Ideen die Wesen und Vorgänge der Welt umfassen wollen. Das Zeitalter sucht in seinen Repräsentanten die höhere Geistnatur hinter der äußeren Sinnenwelt, jene Geistnatur, in welcher die selbstbewußte Seele wurzelt, die nicht in der äußeren Sinnenwirklichkeit wurzeln kann. Novalis erfühlt, erlebt sich in der höheren Geistnatur. Was er ausspricht, fühlt er durch die ihm ursprüngliche Genialität wie die Offenbarungen dieser Geistnatur selbst. Er notiert sich: «Einem gelang es - er hob den Schleier der Göttin zu Sais – aber was sah er? er sah – Wunder des Wunders – sich selbst.» Novalis gibt sich, wie er das geistige Geheimnis hinter der Sinnenwelt fühlt und das menschliche Selbstbewußtsein als das Organ, durch welches dieses Geheimnis sagt: Das bin ich, - wenn er dieses sein Fühlen so ausdrückt: «Die Geisterwelt ist uns in der Tat schon aufgeschlossen, sie ist immer offenbar. Würden wir plötzlich so elastisch, als es nötig wäre, so sähen wir uns mitten unter ihr.»

DIE KLASSIKER
DER WELT- UND LEBENSANSCHAUUNG

Wie ein Lichtblitz, der innerhalb der Weltanschauungsentwickelung erhellend nach rückwärts und vorwärts wirkt, erscheint ein Satz, den *Friedrich Wilhelm Joseph Schelling* (1775—1854) in seiner «Naturphilosophie» ausgesprochen hat: «Über die Natur philosophieren heißt soviel als die Natur schaffen.» Wovon Goethe und Schiller durchdrungen waren: daß die produktive Phantasie ihren Anteil bei Erschaffung der Weltanschauung haben müsse, dem gibt dieser Satz einen monumentalen Ausdruck. Was die Natur uns freiwillig gibt, wenn wir sie beobachten, anschauen, wahrnehmen: das enthält nicht ihren tiefsten Sinn. Diesen Sinn kann der Mensch nicht von außen aufnehmen. Er muß ihn schaffen.

Zu solchem Schaffen war Schellings Geist besonders veranlagt. Bei ihm strebten alle Geisteskräfte nach der Phantasie hin. Er ist ein erfinderischer Kopf ohnegleichen. Aber seine Einbildungskraft bringt nicht Bilder hervor, wie die künstlerische, sondern Begriffe und Ideen. Durch diese seine Geistesart war er dazu berufen, die Gedankengänge Fichtes fortzusetzen. Dieser besaß die produktive Phantasie nicht. Er war mit seiner Wahrheitsforderung bis zum seelischen Zentrum des Menschen gelangt, bis zum «Ich». Wenn dieses der Quellpunkt sein soll für die Weltanschauung, so muß derjenige, der auf diesem Standpunkte steht, auch in der Lage sein, vom Ich aus zu inhaltvollen Gedanken über die Welt und das Leben zu gelangen. Das kann nur mit Hilfe der Einbildungskraft geschehen. Sie stand Fichte nicht zu Gebote. Deshalb blieb er im Grunde sein ganzes Leben lang dabei stehen, auf das Ich hinzudeuten und zu sagen, wie es einen Inhalt an Gedanken gewinnen müsse; aber er wußte ihm selbst keinen solchen zu geben. Wir ersehen dies klar aus den Vorlesungen, die er 1813 an der Berliner Universität über «Wissenschaftslehre» gehalten hat. (Nachgelassene Werke, 1. Band.) Er fordert da für denjenigen, der zu einer Weltanschauung kommen will, «ein ganz neues inneres Sinneswerkzeug, durch welches eine neue Welt gegeben wird, die für den gewöhnlichen Menschen gar nicht vorhanden ist». Aber Fichte kommt nicht über diese Forderung eines neuen Sinnes hinaus. Was ein solcher Sinn wahrnehmen soll, das entwickelt er nicht. Schelling sieht in den Gedanken, die ihm seine Phantasie vor die Seele stellt, die Ergebnisse dieses höheren Sinnes, den er intellektuelle Anschauung nennt. Ihn, der also in dem, was der Geist über die Natur aussagt, ein Erzeugnis sieht, das der Geist *schafft*, mußte vor allen Dingen die Frage interessieren: Wie kann das, was aus dem Geiste stammt, doch die wirkliche, in der Natur waltende Gesetzmäßigkeit sein? Er wendet sich mit scharfen Ausdrücken gegen diejenigen, welche glauben, daß wir unsere Ideen «auf die Natur nur *übertragen*», denn «sie haben keine Ahnung davon, was uns die Natur ist und sein soll, ... Denn wir wollen nicht, daß die Natur mit den Gesetzen unseres Geistes zufällig (etwa durch Vermittelung eines Dritten) zusammentreffe, sondern, daß sie selbst notwendig und ursprünglich die Gesetze unseres Geistes - nicht nur ausdrücke, sondern selbst realisiere und daß sie nur insofern Natur sei und Natur heiße, als sie dies tut. ... Die Natur soll der sichtbare Geist, der Geist die unsichtbare Natur sein. Hier also, in der absoluten Identität des Geistes *in* uns und der Natur *außer* uns, muß sich das Problem, wie eine Natur außer uns möglich sei, auflösen.» Natur und Geist sind also überhaupt nicht zwei verschiedene Wesenheiten, sondern eine und dieselbe Wesenheit in zwei verschiedenen Formen. Die eigentliche Meinung Schellings über diese Einheit von Natur und Geist ist selten richtig erfaßt worden. Man muß sich ganz in seine Vorstellungsart versetzen, wenn man darunter nicht eine Trivialität oder eine Absurdität verstehen will. Hier soll, um diese Vorstellungsart zu verdeutlichen, auf einen Satz in seinem Buche «Von der Weltseele» hingewiesen werden, in dem er sich über die Natur der Schwerkraft ausspricht. Viele sehen eine Schwierigkeit in diesem Begriffe, weil er eine sogenannte «Wirkung in der Ferne» voraussetzt. Die Sonne wirkt anziehend auf die Erde, trotzdem nichts zwischen Sonne und Erde ist, was diese Anziehung vermittelt. Man muß sich denken, daß die Sonne durch den Raum hindurch ihre Wirkungssphäre auf Orte ausdehnt, an denen sie nicht ist. Diejenigen, die in grobsinnlichen Vorstellungen leben, sehen in einem solchen Gedanken eine Schwierigkeit. Wie kann ein Körper *da wirken, wo er nicht ist?* Schelling kehrt den ganzen Gedankenprozeß um. Er sagt: «Es ist sehr wahr, daß ein Körper nur *da wirkt,* wo er ist, aber es ist ebenso wahr, daß er nur da ist, wo er *wirkt.*» Wenn wir die Sonne durch die Anziehungskraft auf unsere Erde wirken sehen, so folgt daraus, daß sie sich in ihrem Sein bis auf unsere Erde erstreckt und daß wir kein Recht haben, ihr Dasein nur an den Ort zu versetzen, an dem sie durch ihre Sichtbarkeit wirkt. Die Sonne geht mit ihrem Sein über die Grenzen hinaus, innerhalb deren sie sichtbar ist; nur einen Teil ihres Wesens sieht man; der andere gibt sich durch die Anziehung zu erkennen. So ungefähr müssen wir uns auch das Verhältnis des Geistes zur Natur denken. Der Geist

ist nicht nur da, wo er wahrgenommen wird, sondern auch da, wo er wahrnimmt. Sein Wesen erstreckt sich bis an die fernsten Orte, an denen er noch Gegenstände beobachten kann. Er umspannt und durchdringt die ganze ihm bekannte Natur. Wenn er das Gesetz eines äußeren Vorganges denkt, so bleibt dieser Vorgang nicht außen liegen, und der Geist nimmt bloß ein Spiegelbild auf, sondern dieser strömt sein Wesen in den Vorgang hinein; er durchdringt den Vorgang, und wenn er dann das Gesetz desselben findet, so spricht nicht er es in seinem abgesonderten Gehirnwinkel aus, sondern das Gesetz spricht sich selbst aus. Der Geist ist dorthin gegangen, wo das Gesetz wirkt. Hätte er es nicht beachtet, so hätte es auch gewirkt; aber es wäre nicht ausgesprochen worden. Da der Geist in den Vorgang gleichsam hineinkriecht, so wird das Gesetz auch noch außerdem, daß es wirkt, als Idee, als Begriff ausgesprochen. Nur wenn der Geist auf die Natur keine Rücksicht nimmt und sich selbst anschaut, dann kommt es ihm vor, als wenn er abgesondert von der Natur wäre, wie es dem Auge vorkommt, daß die Sonne innerhalb eines gewissen Raumes eingeschlossen sei, wenn davon abgesehen wird, daß sie auch da ist, wo sie durch Anziehung wirkt. Lasse ich also in meinem Geiste die Ideen entstehen, die Naturgesetze ausdrücken, so ist ebenso wahr, wie die eine Behauptung: daß ich die Natur schaffe, die andere: daß sich in mir die *Natur selbst schafft.*

Nun gibt es zwei Möglichkeiten, das eine Wesen, das Geist und Natur zugleich ist, zu beschreiben. Die eine ist: ich zeige die Naturgesetze auf, die in Wirklichkeit tätig sind. Oder ich zeige, wie der Geist es macht, um zu diesen Gesetzen zu kommen. Beide Male leitet mich eines und dasselbe. Das eine Mal zeigt mir die Gesetzmäßigkeit, wie sie in der Natur wirksam ist; das andere Mal zeigt mir der Geist, was er beginnt, um sich dieselbe Gesetzmäßigkeit vorzustellen. In dem einen Falle treibe ich Natur-, in dem anderen Geisteswissenschaft. Wie diese beiden zusammengehören, beschreibt Schelling in anziehender Weise: «Die notwendige Tendenz aller Naturwissenschaft ist, von der Natur aufs Intelligente zu kommen. Dies und nichts anderes liegt dem Bestreben zugrunde, in die Naturerscheinungen Theorie zu bringen. Die höchste Vervollkommnung der Naturwissenschaft wäre die vollkommene Vergeistigung aller Naturgesetze zu Gesetzen des Anschauens und des Denkens. Die Phänomene (das Materielle) müssen völlig verschwinden und nur die Gesetze (das Formelle) bleiben. Daher kommt es, daß, je mehr in der Natur selbst das Gesetzmäßige hervorbricht, desto mehr die Hülle verschwindet, die Phänomene selbst geistiger werden und zuletzt völlig aufhören. Die optischen Phänomene sind nichts anderes als eine Geometrie, deren Linien durch das Licht gezogen werden, und dieses Licht selbst ist schon zweideutiger Materialität. In den Erscheinungen des Magnetismus verschwindet schon alle materielle Spur, und von den Phänomenen der Schwerkraft, welche selbst Naturforscher nur als unmittelbar geistige Einwirkung» – Wirkung in die Ferne – «begreifen zu können glaubten, bleibt nichts zurück als ihr Gesetz, dessen Ausführung im großen der Mechanismus der Himmelsbewegungen ist. Die vollendete Theorie der Natur würde diejenige sein, kraft welcher die ganze Natur sich in eine Intelligenz auflöste. Die toten und bewußtlosen Produkte der Natur sind nur mißlungene Versuche der Natur, sich selbst zu reflektieren, die sogenannte tote Natur aber überhaupt eine unreife Intelligenz, daher in ihren Phänomenen noch bewußtlos schon der intelligente Charakter durchblickt. Das höchste Ziel, sich selbst ganz Objekt zu werden, erreicht die Natur erst durch die höchste und letzte Reflexion, welche nichts anderes als der Mensch, oder allgemeiner das ist, was wir Vernunft nennen, durch welche zuerst die Natur vollständig in sich selbst zurückkehrt, und wodurch offenbar wird, daß die Natur ursprünglich identisch ist mit dem, was in uns als Intelligentes und Bewußtes erkannt wird.»

In ein kunstvolles Netz von Gedanken spann Schelling die Tatsachen der Natur ein, so daß alle ihre Erscheinungen wie ein idealer harmonischer Organismus vor seiner schaffenden Phantasie standen. Er war beseelt von dem Gefühl, daß die Ideen, die in seiner Phantasie erscheinen, auch die wahren schöpferischen Kräfte der Naturvorgänge seien. Geistige Kräfte liegen also der Natur zugrunde; und was unseren Augen als tot und leblos erscheint, das stammt ursprünglich aus Geistigem. Wenn wir unseren Geist darauf richten, dann legen wir die Ideen, das Geistige der Natur frei. So sind für den Menschen, im Sinne Schellings, die Naturdinge Offenbarungen des Geistes, hinter deren äußerer Hülle er sich gleichsam verbirgt. In unserem eigenen Innern zeigt er sich dann in seiner richtigen Gestalt. Der Mensch weiß dadurch, was Geist ist, und kann deshalb auch den in der Natur verborgenen Geist wieder finden. Die Art, wie Schelling die Natur als Geist in sich wieder erstehen läßt, hat etwas Verwandtes mit derjenigen, die Goethe bei dem vollkommenen Künstler anzutreffen glaubt. Dieser verfährt, nach Goethes Meinung, bei dem Hervorbringen der Kunstwerke wie die Natur bei ihren Schöpfungen. Man hätte also in dem Schaffen des Künstlers denselben Vorgang vor sich, durch den auch alles dasjenige entstanden ist, was in der äußeren

Natur vor dem Menschen ausgebreitet liegt. Was die Natur den äußeren Blicken entzieht, das stellt sich dem Menschen in dem künstlerischen Schaffen wahrnehmbar dar. Die Natur zeigt dem Menschen nur die fertigen Werke; wie sie es gemacht hat, um sie fertig zu bringen: das muß er aus diesen Werken erraten. Er hat die Geschöpfe vor sich, nicht den Schöpfer. Beim Künstler nimmt man Schöpfung und Geschöpf zugleich wahr. Schelling will nun durch die Erzeugnisse der Natur zu ihrem Schaffen durchdringen; er versetzt sich in die schaffende Natur hinein und läßt sie in seiner Seele so entstehen, wie der Künstler sein Kunstwerk entstehen läßt. Was sind also, der Meinung Schellings nach, die Gedanken, die seine Weltanschauung enthält? Es sind die Ideen des schaffenden Naturgeistes. Was den Dingen vorangegangen ist und was sie geschaffen hat, das taucht im einzelnen Menschengeiste als Gedanke auf. Es verhält sich dieser Gedanke zu seinem ursprünglichen wirklichen Dasein so, wie sich das Erinnerungsbild an ein Erlebnis zu diesem Erlebnis selbst verhält. So wird die menschliche Wissenschaft für Schelling zu einem Erinnerungsbilde an die vor den Dingen schaffenden geistigen Vorbilder. Ein göttlicher Geist hat die Welt geschaffen; er schafft zuletzt auch noch die Menschen, um sich in ihren Seelen ebensoviele Werkzeuge zu bilden, durch die er sich an sein Schaffen erinnern kann. Schelling fühlt sich also, wenn er sich der Betrachtung der Welterscheinungen hingibt, gar nicht als Einzelwesen. Er erscheint sich wie ein Teil, ein Glied der schaffenden Weltmächte. Er denkt nicht, sondern der Geist der Welt denkt in ihm. Dieser Geist beschaut in ihm seine eigene schöpferische Tätigkeit.

In dem Hervorbringen des Kunstwerkes erblickt Schelling eine Weltschöpfung im kleinen; in der denkenden Betrachtung der Dinge eine Erinnerung an die Weltschöpfung im großen. In der Weltanschauung treten die Ideen selbst in unserem Geiste auf, die den Dingen zugrunde liegen und sie hervorgebracht haben. Der Mensch läßt aus der Welt alles weg, was die Sinne über sie aussagen, und behält nur dasjenige, was das reine Denken liefert. Im Schaffen und Genießen des Kunstwerkes tritt die innige Durchdringung der Idee mit dem, was den Sinnen sich offenbart, auf. Für Schellings Ansicht stehen also Natur, Kunst und Weltanschauung (Philosophie) einander so gegenüber, daß die Natur die fertigen, äußeren Erzeugnisse darbietet, die Weltanschauung die erzeugenden Ideen, die Kunst beides in harmonischem Zusammenwirken. Die künstlerische Tätigkeit steht in der Mitte zwischen der schaffenden Natur, die hervorbringt, ohne von den Ideen zu wissen, auf Grund deren sie schafft, und dem denkenden Geiste, der diese Ideen weiß, ohne mit ihrer Hilfe auch die Dinge schaffen zu können. Schelling drückt dies in dem Satze aus: «Die idealische Welt der Kunst und die reelle der Objekte sind also Produkte einer und derselben Tätigkeit; das Zusammentreffen beider (der bewußten und bewußtlosen) *ohne* Bewußtsein gibt die wirkliche, *mit* Bewußtsein die ästhetische Welt. Die objektive Welt ist nur die ursprüngliche, noch bewußtlose Poesie des Geistes, das allgemeine Organon der Philosophie - und der Schlußstein ihres ganzen Gewölbes - die *Philosophie der Kunst.*»

Die geistigen Tätigkeiten des Menschen: denkende Betrachtung der Welt und künstlerisches Schaffen, erscheinen Schelling nicht nur als individuelle Verrichtungen der Einzelpersönlichkeit, sondern, wenn sie in ihrer höchsten Bedeutung erfaßt werden, zugleich als Verrichtungen des Urwesens, des Geistes der Welt. In wahrhaft dithyrambischen Sätzen schildert Schelling das Gefühl, das in der Seele auflebt, wenn sie gewahr wird, daß ihr Leben nicht bloß ein individuelles, auf einen Punkt des Universums beschränktes ist, sondern daß ihr Tun ein geistig-allgemeines ist. Wenn sie sagt: ich weiß, ich erkenne - so heißt das in höherem Sinne: der Weltgeist erinnert sich an sein Tun vor dem Dasein der Dinge; und wenn sie ein Kunstwerk hervorbringt, so heißt das: der Weltgeist wiederholt im kleinen dasselbe, was er bei der Schöpfung des Naturganzen im großen vollbracht hat. «Die Seele ist also im Menschen nicht das Prinzip der Individualität, sondern das, wodurch er sich über alle Selbstheit erhebt, wodurch er der Aufopferung seiner selbst, uneigennütziger Liebe, und, was das Höchste ist, der Betrachtung und Erkenntnis des Wesens der Dinge, eben damit der Kunst, fähig wird. Sie ist nicht mehr mit der Materie beschäftigt, noch verkehrt sie unmittelbar mit ihr, sondern nur mit dem Geist, als dem Leben der Dinge. Auch im Körper erscheinend, ist sie dennoch frei von dem Körper, dessen Bewußtsein in ihr, in den schönsten Bildungen, nur wie ein leichter Traum schwebt, von dem sie nicht gestört wird. Sie ist keine Eigenschaft, kein Vermögen, oder irgend etwas der Art insbesondere; *sie weiß nicht, sondern sie ist die Wissenschaft, sie ist nicht gut, sondern sie ist die Güte, sie ist nicht schön*, wie es auch der Körper sein kann, *sondern sie ist die Schönheit selber.*» (Über das Verhältnis der bildenden Künste zur Natur.)

Eine solche Vorstellungsart klingt an die deutsche Mystik an, die einen Repräsentanten in *Jacob Böhme* (1575 bis 1624) hatte. Schelling genoß in München, wo er 1806 bis 1841 mit kurzen Unterbrechungen war, den anregenden Umgang mit *Franz Benedikt Baader,* dessen philosophische Ideen sich ganz in der Richtung jener älteren Lehre bewegten. Dies ist die Veranlassung, daß er sich selbst in diese Gedankenwelt einlebte, die ganz auf dem Gesichtspunkte stand, auf dem er selbst mit seinem Denken angelangt war. Wenn man die oben angeführten Aussprüche aus der Rede «Über das Verhältnis der bildenden Künste zur Natur» liest, die er 1807 in der Königlichen Akademie der Wissenschaften in München gehalten hat, so wird man erinnert an Jacob Böhmes Anschauung: «Wenn du ansiehest die Tiefe und die Sterne und die Erde, so siehest du deinen Gott, *und in demselben Gott lebest und bist du* auch, und derselbe Gott regiert dich auch ... du bist aus *diesem* Gott geschaffen und lebest in demselben; auch stehet alle deine Wissenschaft in diesem Gott und wenn du stirbest, so wirst du in diesem Gott begraben.»

Mit seinem fortschreitenden Denken wurde für Schelling die Weltbetrachtung zur Gottesbetrachtung oder Theosophie. Vollständig stand er schon auf dem Boden einer solchen Gottesbetrachtung, als er 1809 seine «*Philosophischen Untersuchungen über das Wesen der menschlichen Freiheit und die damit zusammenhängenden Gegenstände*» herausgab. Alle Weltanschauungsfragen rückten sich ihm jetzt in ein neues Licht. Wenn alle Dinge göttlich sind: wie kommt es, daß es Böses in der Welt gibt, da Gott doch nur die vollkommene Güte sein kann? Wenn die Seele des Menschen in Gott ist: wie kommt es, daß sie doch ihre selbstsüchtigen Interessen verfolgt? Und wenn Gott es ist, der in mir handelt: wie kann ich, der ich also gar nicht als selbständiges Wesen handle, dennoch frei genannt werden?

Durch Gottbetrachtung, nicht mehr durch Weltbetrachtung, sucht Schelling diese Fragen zu beantworten. Es wäre Gott vollkommen unangemessen, wenn er eine Welt von Wesen schaffen würde, die er als unselbständige fortwährend leiten und lenken müßte. Vollkommen ist Gott nur, wenn er eine Welt schaffen kann, die ihm selbst an Vollkommenheit ganz gleich ist. Ein Gott, der nur solches hervorbringen kann, das unvollkommener als er selbst ist, der ist selbst unvollkommen. Gott hat daher in den Menschen Wesen geschaffen, die nicht seiner Führung bedürfen, sondern die selbst frei sind und unabhängig wie er. Ein Wesen, das aus einem anderen seinen Ursprung hat, braucht deshalb nicht von diesem auch abhängig zu sein. Denn es ist kein Widerspruch, daß der, welcher der Sohn eines Menschen ist, selbst Mensch ist. Wie das Auge, das nur im Ganzen des Organismus möglich ist, nichtsdestoweniger ein unabhängiges Eigenleben für sich hat, so auch die Einzelseele, die zwar in Gott begriffen, aber deshalb doch nicht durch ihn wirksam ist gleich dem Glied an einer Maschine. «Gott ist nicht ein Gott der Toten, sondern der Lebendigen. Es ist nicht einzusehen, wie das allervollkommenste Wesen auch an der möglich vollkommensten Maschine seine Lust fände. Wie man auch die Art der Folge der Wesen aus Gott sich denken möge, nie kann sie eine mechanische sein, kein bloßes Bewirken oder Hinstellen, wobei das Bewirkte nichts für sich selbst ist; ebensowenig Emanation, wobei das Ausfließende dasselbe bliebe mit dem, wovon es ausgeflossen, also nichts Eigenes, Selbständiges. Die Folge der Dinge aus Gott ist eine Selbstoffenbarung Gottes. Gott aber kann nur sich offenbar werden in dem, was ihm ähnlich ist, in freien, aus sich selbst handelnden Wesen; für deren Sein es keinen Grund gibt als Gott, die aber sind, so wie Gott ist.» Wäre Gott ein

Gott des Toten und alle Welterscheinungen nur ein Mechanismus, dessen Vorgänge auf ihn als ihren Beweger und Urgrund zurückzuführen wären, so brauchte man nur die Tätigkeit Gottes zu beschreiben, und man hätte alles innerhalb der Welt begriffen. Man könnte aus Gott heraus alle Dinge und ihre Tätigkeit verstehen. Das ist aber nicht der Fall. Die göttliche Welt hat Selbständigkeit. Gott hat sie geschaffen, aber sie hat ihr eigenes Wesen. So ist sie göttlich; aber das Göttliche erscheint innerhalb einer Wesenheit, die von Gott unabhängig ist, innerhalb eines Nichtgöttlichen. So wie das Licht aus der Dunkelheit heraus geboren ist, so die göttliche Welt aus dem ungöttlichen Dasein. Und aus dem Ungöttlichen stammt das Böse, stammt das Selbstsüchtige. Gott hat also die Gesamtheit der Wesen nicht in seiner Gewalt; er kann ihnen das Licht geben; sie selbst aber tauchen aus der dunklen Nacht empor. Sie sind die Söhne dieser Nacht. Und was an ihnen Dunkelheit ist, über das hat Gott keine Macht. Sie müssen sich durch Nacht zum Licht emporarbeiten. Das ist ihre Freiheit. Man kann auch sagen, die Welt ist Gottes Schöpfung aus dem Ungöttlichen heraus. Das Ungöttliche ist also das Erste und das Göttliche erst das Zweite.

Zuerst hat Schelling die Ideen in allen Dingen gesucht, also ihr Göttliches. Dadurch hat sich für ihn die ganze Welt in eine Offenbarung Gottes verwandelt. Er mußte dann aber vom Göttlichen zum Ungöttlichen vorschreiten, um das Unvollkommene, das Böse, das Selbstsüchtige zu begreifen. Jetzt wurde der ganze Werdeprozeß der Welt für ihn eine fortschreitende Überwindung des Ungöttlichen durch das Göttliche. Der einzelne Mensch nimmt aus Ungöttlichem seinen Ursprung. Er arbeitet sich aus diesem heraus zur Göttlichkeit durch. Auch im Verlauf der

Geschichte können wir den Fortgang vom Ungöttlichen zum Göttlichen beobachten. Das Ungöttliche war ursprünglich das Herrschende in der Welt. Im Altertum überließen sich die Menschen ihrer Natur. Sie handelten naiv aus Selbstsucht. Die griechische Kultur steht auf diesem Boden. Es war das Zeitalter, da der Mensch im Bunde mit der Natur lebte, oder, wie Schiller in dem Aufsatz «Über naive und sentimentalische Dichtung» sich ausdrückte, Natur selbst war, sie deshalb noch nicht suchte. Mit dem Christentum verschwindet dieser Unschuldszustand der Menschheit. Die bloße Natur wird als das Ungöttliche angesehen, das Böse wird dem Göttlichen, dem Guten entgegengesetzt. Christus erscheint, um das Licht des Göttlichen innerhalb der Nacht des Ungöttlichen erscheinen zu lassen. Dies ist der Moment, wo «die Erde zum zweiten Male wüst und leer wird», derjenige «der Geburt des höheren Lichts des Geistes», das «von Anbeginn in der Welt war, aber unbegriffen von der für sich wirkenden Finsternis; und in annoch verschlossener und eingeschränkter Offenbarung; und zwar erscheint es, um dem persönlichen und geistigen Bösen entgegenzutreten, ebenfalls in persönlicher, menschlicher Gestalt, und als Mittler, um den Rapport der Schöpfung mit Gott auf der höchsten Stufe wieder herzustellen. Denn nur Persönliches kann Persönliches heilen, und Gott muß Mensch werden, damit der Mensch wieder zu Gott komme.»

Der Spinozismus ist eine Weltanschauung, die in Gott den *Grund* alles Weltgeschehens sucht, und aus diesem Grunde alle Vorgänge nach ewigen, notwendigen Gesetzen ableitet, wie die mathematischen Wahrheiten aus den Grundsätzen abgeleitet werden. Eine solche Weltanschauung genügte Schelling nicht. Wie Spinoza glaubte auch er daran, daß alle Wesen in Gott seien; aber sie sind, nach seiner Meinung, nicht durch Gott allein bestimmt, sondern es ist das Ungöttliche in ihnen. Er wirft Spinoza die «Leblosigkeit seines Systems, die Gemütlosigkeit der Form vor, die Dürftigkeit der Begriffe und Ausdrücke, das unerbittlich Herbe der Bestimmungen, das sich mit der abstrakten Betrachtungsweise vortrefflich verträgt». Schelling findet daher Spinozas «mechanische Naturansicht» ganz folgerichtig. Aber die Natur zeige keineswegs diese Folgerichtigkeit. «Die ganze Natur sagt uns, daß sie keineswegs vermöge einer bloß geometrischen Notwendigkeit da ist, es ist nicht lautere, reine Vernunft in ihr, sondern Persönlichkeit und Geist, sonst hätte der geometrische Verstand, der so lange geherrscht hat, sie längst durchdringen und sein Idol allgemeiner und ewiger Naturgesetze mehr bewahrheiten müssen, als es bis jetzt geschehen ist, da er vielmehr das irrationale Verhältnis der Natur zu sich täglich mehr erkennen muß.» Wie der Mensch nicht bloß Verstand und Vernunft ist, sondern noch andere Vermögen und Kräfte in sich vereinigt, so soll, im Sinne Schellings, dies auch bei dem göttlichen Urwesen der Fall sein. Ein Gott, der lautere, reine Vernunft ist, erscheint wie personifizierte Mathematik; ein Gott dagegen, der bei seinem Weltschaffen nicht nach der reinen Vernunft verfahren kann, sondern fortwährend mit dem Ungöttlichen zu kämpfen hat, kann als «ein ganz persönliches, lebendiges Wesen angesehen werden». Sein Leben hat die größte Analogie mit dem menschlichen. Wie der Mensch das Unvollkommene in sich zu überwinden sucht und einem Ideal der Vollkommenheit nachstrebt: so wird ein solcher Gott als ein ewig kämpfender vorgestellt, dessen Tätigkeit die fortschreitende Überwindung des Ungöttlichen ist. Spinozas Gott vergleicht Schelling den «ältesten Bildern der Gottheiten, die, je weniger individuell-lebendige Züge aus ihnen sprachen, desto geheimnisvoller erschienen». Schelling gibt seinem Gotte immer individuellere Züge. Er schildert ihn wie einen Menschen, wenn er sagt: «Bedenken wir das viele Schreckliche in Natur und Geisterwelt und das weit Mehrere, das eine wohlwollende Hand uns zuzudecken scheint, dann können wir nicht zweifeln, daß die Gottheit über einer Welt von Schrecken throne, und Gott nach dem, was in ihm und durch ihn verborgen ist, nicht im uneigentlichen, sondern im eigentlichen Sinne der Schreckliche, der Fürchterliche heißen könne.»

Einen solchen Gott konnte Schelling nicht mehr so betrachten, wie Spinoza seinen Gott betrachtet hat. Ein Gott, der alles aus sich heraus nach Vernunftgesetzen bestimmt, kann auch mit der Vernunft durchschaut werden. Ein persönlicher Gott, wie ihn Schelling in seiner späteren Zeit vorstellte, ist unberechenbar. Denn er handelt nicht nach der Vernunft allein. Bei einem Rechenexempel können wir das Ergebnis durch bloßes Denken vorausbestimmen; bei dem handelnden Menschen nicht. Bei ihm müssen wir abwarten, zu welcher Handlung er sich in einem gegebenen Augenblicke entschließen wird. Die Erfahrung muß zu dem Vernunftwissen hinzutreten. Die reine Vernunftwissenschaft genügte daher Schelling nicht zur Welt- oder Gottesanschauung. Alles aus der Vernunft Gewonnene nennt er daher in der späteren Gestalt seiner Weltanschauung ein negatives Wissen, das durch ein positives ergänzt werden muß. Wer den lebendigen Gott erkennen will, darf sich nicht bloß den notwendigen Vernunftschlüssen überlassen; er muß sich mit seiner ganzen Persönlichkeit versenken in das Leben Gottes. Dann wird er *erfahren,* was ihm keine Schlüsse, keine reine Vernunft geben können. Die Welt ist nicht eine notwendige Wirkung der göttlichen Ursache, sondern eine freie Tat des persönlichen Gottes. Was Schelling nicht durch vernünftige Betrachtung *erkannt,* sondern als freie, unberechenbare Taten Gottes *erschaut* zu haben glaubte, das hat er in seiner «Philosophie der Offenbarung» und seiner «Philosophie der Mythologie» dargelegt. Beide Werke hat er nicht mehr selbst veröffentlicht, sondern ihren Inhalt nur den Vorlesungen zugrunde gelegt, die er an der Universität zu Berlin gehalten hat, nachdem ihn Friedrich Wilhelm IV. in die preußische Hauptstadt berufen hatte. Sie sind erst nach Schellings Tode (1854) veröffentlicht worden.

Mit solchen Anschauungen hat Schelling sich als der kühnste und mutigste derjenigen Philosophen erwiesen, die sich von Kant zu einer idealistischen Weltanschauung haben anregen lassen. Das Philosophieren über Dinge, die jenseits dessen liegen, was die menschlichen Sinne beobachten, und was das Denken über die Beobachtungen aussagt, hat man, unter dem Einflusse dieser Anregung, aufgegeben. Man suchte sich mit dem zu bescheiden, was innerhalb der Beobachtung und des Denkens liegt. Während aber Kant aus der Notwendigkeit solchen Bescheidens geschlossen hat, man könne über jenseitige Dinge nichts wissen, erklärten die Nachkantianer: da Beobachtung und Denken auf kein jenseitiges Göttliches hindeuten, sind sie selbst das Göttliche. Und von denen, die solches erklärten, war Schelling der energischste. Fichte hat alles in die Ichheit hereingenommen; Schelling hat die Ichheit über alles ausgebreitet. Er wollte nicht wie jener zeigen, daß die Ichheit alles, sondern umgekehrt, daß alles Ichheit sei. Und

Schelling hatte den Mut, nicht nur den Ideengehalt des Ich für göttlich zu erklären, sondern die ganze menschliche Geistpersönlichkeit. Er machte nicht nur die menschliche Vernunft zu einer göttlichen, sondern den menschlichen Lebensinhalt zu der göttlichen persönlichen Wesenheit. Man nennt eine Welterklärung *Anthropomorphismus,* die vom Menschen ausgeht und sich vorstellt, daß dem Weltenlauf im ganzen eine Wesenheit zugrunde liegt, die ihn so lenkt, wie der Mensch seine eigenen Handlungen lenkt. Auch derjenige erklärt die Welt anthropomorphisch, der den Ereignissen eine allgemeine Weltvernunft zugrunde legt. Denn diese *allgemeine* Weltvernunft ist nichts anderes als die menschliche Vernunft, die zur allgemeinen gemacht wird. Wenn Goethe sagt: «Der Mensch begreift niemals, wie anthropomorphisch er ist», so denkt er daran, daß in den einfachsten Aussprüchen, die wir über die Natur tun, versteckte Anthropomorphismen enthalten sind. Wenn wir sagen, ein Körper rollt weiter, weil ihn ein anderer gestoßen hat, so bilden wir eine solche Vorstellung von unserem Ich aus. Wir stoßen einen Körper und er rollt weiter. Wenn wir nun sehen, daß eine Kugel sich gegen eine andere bewegt, und diese dann weiterrollt, so stellen wir uns vor, die erste habe die zweite gestoßen, analog der stoßenden Wirkung, die wir selbst ausüben. Ernst Haeckel findet, das anthropomorphische Dogma «vergleicht die Weltschöpfung und Weltregierung Gottes mit den Kunstschöpfungen eines sinnreichen Technikers oder Maschineningenieurs und mit der Staatsregierung eines weisen Herrschers. Gott der Herr als Schöpfer, Erhalter und Regierer der Welt wird dabei in seinem Denken und Handeln durchaus menschenähnlich vorgestellt.» Schelling hat den Mut zu dem konsequentesten Anthropomorphismus gehabt. Er erklärte zuletzt den Menschen mit seinem ganzen Lebensinhalt als Gottheit. Und da zu diesem Lebensinhalt nicht allein das Vernünftige gehört, sondern auch das Unvernünftige, so hatte er die Möglichkeit, auch das Unvernünftige innerhalb der Welt zu erklären. Er mußte zu diesem Ende allerdings die Vernunftansicht durch eine andere ergänzen, die ihre Quelle nicht im Denken hat. Diese nach seiner Meinung höhere Ansicht nannte er «positive Philosophie». Sie «ist die eigentliche freie Philosophie; wer sie nicht will, mag sie lassen, ich stelle es jedem frei, ich sage nur, daß, wenn einer zum Beispiel den wirklichen Hergang, wenn er eine freie Weltschöpfung usw. will, er dieses alles nur auf dem Wege einer solchen Philosophie haben kann. Ist ihm die rationale Philosophie genug, und verlangt er außer dieser nichts, so mag er bei dieser bleiben, nur muß er aufgeben, mit der rationalen Philosophie und in ihr haben zu wollen, was diese in sich schlechterdings nicht haben kann, nämlich den wirklichen Gott und den wirklichen Hergang und ein freies Verhältnis Gottes zur Welt.» Die negative Philosophie wird «vorzugsweise die Philosophie für die Schule bleiben, die positive die für das Leben. Durch beide zusammen wird erst die vollständige Weihe gegeben sein, die man von der Philosophie zu verlangen hat. Bekanntlich wurden bei den eleusinischen Weihen die kleinen und die großen Mysterien unterschieden, die kleinen galten als eine Vorstufe der großen. ... Die positive Philosophie ist die notwendige Folge der rechtverstandenen negativen, und so kann man wohl sagen: in der negativen Philosophie werden die kleinen, in der positiven die großen Mysterien der Philosophie gefeiert.»

Wird das Innenleben als das Göttliche erklärt, dann erscheint es inkonsequent, bei einem Teil dieses Innenlebens stehen zu bleiben. Schelling hat diese Inkonsequenz nicht begangen. In dem Augenblicke, in dem er sagte: die Natur erklären heiße die Natur schaffen, hat er seiner ganzen Lebensanschauung die Richtung gegeben. Ist das denkende Betrachten der Natur eine Wiederholung ihres Schaffens, so muß auch der Grundcharakter dieses Schaffens dem des menschlichen Tuns entsprechen: er muß ein Akt der Freiheit, nicht ein solcher geometrischer Notwendigkeit sein. Ein freies Schaffen können wir aber auch nicht durch Gesetze der Vernunft erkennen; es muß sich durch ein anderes Mittel *offenbaren.*

*

Die menschliche Einzelpersönlichkeit lebt in dem geistigen Urwesen und durch dieses; dennoch ist sie im Besitze ihrer vollen Freiheit und Selbständigkeit. Diese Vorstellung betrachtete Schelling als eine der wichtigsten innerhalb seiner Weltanschauung. Wegen dieser Vorstellung glaubte er in seiner idealistischen Ideenrichtung einen Fortschritt gegenüber früheren Anschauungen erblicken zu dürfen; weil diese dadurch, daß sie das Einzelwesen im Weltengeiste gegründet sein ließen, es auch ganz allein durch diesen bestimmt dachten, ihm also Freiheit und Selbständigkeit raubten. «Denn bis zur Entdeckung des Idealismus fehlt der eigentliche Begriff der Freiheit in allen neueren Systemen, im Leibnizischen so gut wie im Spinozischen; und eine Freiheit, wie sie viele unter uns gedacht haben, die sich noch dazu des lebendigsten Gefühls derselben rühmen, wonach sie nämlich in der bloßen Herrschaft des intelligenten Prinzips über das sinnliche und die Begierden besteht, eine solche Freiheit ließe sich nicht zur Not, sondern ganz leicht und sogar bestimmter auch aus dem Spinoza noch herleiten.» Ein Mann, der nur an eine solche Freiheit dachte, und der mit Hilfe von Gedanken, die dem Spinozismus entlehnt waren, die Versöhnung des religiösen Bewußtseins mit der denkenden Weltbetrachtung, der Theologie mit der Philosophie, herbeizuführen suchte, war Schellings Zeitgenosse *Friedrich Daniel Ernst Schleiermacher* (1768—1834). Er hat in seinen «Reden über die Religion an die Gebildeten unter ihren Verächtern» (1799) den Satz ausgesprochen: «Opfert mit mir ehrerbietig eine Locke den Manen des heiligen, verstoßenen *Spinoza!* Ihn durchdrang der hohe Weltgeist, das Unendliche war sein Anfang und Ende, das Universum seine einzige und ewige Liebe; in heiliger Unschuld und tiefer Demut spiegelte er sich in der ewigen Welt und sah zu, wie auch er ihr liebenswürdigster Spiegel war.» Freiheit ist für Schleiermacher nicht die Fähigkeit eines Wesens, sich Richtung und Ziel seines Lebens selbst, in völliger Unabhängigkeit, vorzusetzen. Sie ist ihm nur «Aussichselbstentwickelung». Aber ein Wesen kann sich sehr wohl aus sich selbst entwickeln, und es kann doch unfrei in einem höheren Sinne sein. Wenn das Urwesen der Welt in die einzelne Individualität einen ganz bestimmten Keim gelegt hat, den diese zur Entwickelung bringt, dann ist ihr der Weg ganz genau vorgezeichnet, den sie zu gehen hat; und dennoch entwickelt sie sich nur aus sich selbst. Eine solche Freiheit, wie sie Schleiermacher denkt, ist also in einer notwendigen Weltordnung, in der alles mit mathematischer Notwendigkeit sich abspielt, ganz gut denkbar. Deshalb kann er auch sagen: «Freiheit geht daher so weit als das Leben. ... Auch die *Pflanze hat ihre Freiheit.*» Weil Schleiermacher die Freiheit nur in diesem Sinne kannte, deshalb konnte er auch den Ursprung der Religion in dem unfreiesten Gefühl suchen, in dem der «*schlechthinigen Abhängigkeit*». Der Mensch fühlt, daß er sein Dasein auf ein anderes Wesen, auf Gott, beziehen muß. In diesem Gefühle wurzelt sein religiöses Bewußtsein. Ein Gefühl als solches ist immer etwas, das sich an ein anderes knüpfen muß. Es hat nur ein Dasein aus zweiter Hand. Der Gedanke, die Idee haben eine solch selbständige Existenz, daß Schelling von ihnen sagen kann: «So werden die Gedanken wohl von der Seele erzeugt; aber der erzeugte Gedanke ist eine unabhängige Macht, für sich fortwirkend, ja in der menschlichen Seele so anwachsend, daß er seine eigene Mutter bezwingt und sich unterwirft.» Wer daher das göttliche Urwesen in Gedanken zu erfassen sucht, der nimmt es in sich auf, und hat es als selbständige Macht in sich. An diese selbständige Macht kann sich dann ein Gefühl anschließen, wie sich an die Vorstellung eines schönen Kunstwerkes ein Gefühl der Befriedigung anschließt. Schleiermacher will sich aber nicht des Gegenstandes der Religion bemächtigen, sondern *nur* des religiösen Gefühles. Er läßt den Gegenstand, Gott, selbst völlig unbestimmt. Der Mensch fühlt sich abhängig; aber er kennt das Wesen nicht, von dem er abhängig ist. Alle Begriffe, die wir uns von der Gottheit bilden, entsprechen dem hohen Wesen derselben nicht. Deshalb vermeidet es Schleiermacher auch, auf irgendwelche bestimmte Begriffe über die Gottheit einzugehen. Die unbestimmteste, leerste Vorstellung ist ihm die liebste. «Es war Religion, wenn die Alten - jede eigentümliche Art des Lebens durch die ganze Welt hin als das Werk einer Gottheit ansahen; sie hatten die eigentümliche Handlungsweise des Universums als ein bestimmtes Gefühl aufgenommen und bezeichneten sie so.» Deshalb zeigen die feinsinnigen Worte, die Schleiermacher über das Wesen der Unsterblichkeit gesagt hat, dennoch etwas ganz Unbestimmtes: «Das Ziel und der Charakter eines religiösen Lebens ist ... nicht jene Unsterblichkeit außer der Zeit und hinter der Zeit, oder vielmehr nur nach dieser Zeit, aber doch in der Zeit, sondern die Unsterblichkeit, die wir schon in diesem zeitlichen Leben unmittelbar haben können, und die eine Aufgabe ist, in deren Lösung wir immerfort begriffen sind. Mitten in der Endlichkeit Eins werden mit dem Unendlichen und ewig sein in jedem Augenblick, das ist die Unsterblichkeit der Religion.» Hätte Schelling das gesagt, so könnte man damit eine bestimmte Vorstellung verknüpfen. Es hieße dann, der Mensch erzeugt in sich den Gedanken Gottes. Dies ist nichts anderes als ein Erinnern Gottes selbst an sein eigenes Wesen. Das Unendliche lebt also im Gottesgedanken des Einzelwesens auf. Es ist in dem Endlichen gegenwärtig. Dieses nimmt daher selbst an der Unendlichkeit teil. Da es aber Schleiermacher ohne die Schellingschen Grundlagen sagt, bleibt es völlig im Nebelhaften stecken. Es drückt das bloße dunkle Gefühl aus, daß der Mensch von einem Unendlichen abhängig sei. Es ist die Theologie in Schleiermacher, die ihn hindert, zu bestimmten Vorstellungen über das Urwesen der Welt fortzuschreiten. Er möchte die Religiosität, die Frömmigkeit auf eine höhere Stufe heben. Denn er ist eine Persönlichkeit von seltener Gemütstiefe. Das religiöse Gefühl soll ein würdiges sein. Alles, was er über dieses Gefühl sagt, ist von vornehmer Art. Er hat die über alle Schranken des Herkommens und der gesellschaftlichen Begriffe hinausgreifende, rein aus der eigenen Willkür geborene Moral verteidigt, die in Schlegels «Lucinde» herrscht; er durfte es, denn er war überzeugt, daß der Mensch fromm sein kann, auch wenn er im Sittlichen das Gewagteste vollbringt. «Es gibt keine gesunde Empfindung, die nicht fromm wäre», durfte er sagen. Er hat die Frömmigkeit verstanden. Was Goethe in seinem späteren Alter in dem Gedicht «Trilogie der Leidenschaft» ausspricht: «In unseres Busens Reine wogt ein Streben, sich einem Höhern, Reinen, Unbekannten aus Dankbarkeit freiwillig hinzugeben, enträtselnd sich den ewig Ungenannten; wir heißen's: *fromm sein»*, – dieses Gefühl kannte Schleiermacher. Deshalb wußte er das *religiöse Leben* zu schildern. Den Gegenstand der Hingabe wollte er nicht erkennen. Ihn mag jede Art von Theologie auf ihre Weise bestimmen. Ein Reich der Frömmigkeit wollte Schleiermacher schaffen, das von dem Wissen über die Gottheit unabhängig ist. In diesem Sinne ist er ein Versöhner des Glaubens mit dem Wissen.

*

«In der neuesten Zeit hat die Religion immer mehr die gebildete Ausdehnung ihres Inhalts zusammengezogen und sich in das Intensive der *Frömmigkeit* oder auch des *Gefühls,* und oft einen sehr dürftigen und kahlen Gehalt manifestierenden Gefühls, zurückgezogen.» So schrieb *Hegel* in dem Vorwort zur zweiten Ausgabe seiner «Enzyklopädie der philosophischen Wissenschaften» (1827); und er fuhr fort: «So lange sie noch ein Credo, eine Lehre, eine Dogmatik hat, so hat sie das, mit dem die Philosophie sich beschäftigen und in dem sie als solche sich mit der Religion vereinigen kann. Dies ist jedoch wieder nicht nach dem trennenden schlechten Verstande zu nehmen, in dem die moderne Religiosität befangen ist, und nach welchem sie beide so vorstellt, daß die eine die andere ausschließen, oder überhaupt so trennbar seien, daß sie sich dann nur von außen her verbinden. Vielmehr liegt auch in dem Bisherigen, daß die Religion wohl ohne Philosophie, aber die Philosophie nicht ohne Religion sein kann, sondern diese vielmehr in sich schließt. Die wahrhafte Religion, die Religion des Geistes, muß ein solches [Credo], *einen Inhalt,* haben; denn der Geist ist wesentlich Bewußtsein, somit von dem gegenständlich gemachten Inhalt; *als Gefühl ist er der ungegenständliche Inhalt selbst* ... und nur die niedrigste Stufe des Bewußtseins, ja in der mit dem Tiere gemeinschaftlichen Form der Seele. Das *Denken* macht die Seele, womit auch das Tier begabt ist, erst zum Geiste; und die Philosophie ist nur ein Bewußtsein über jenen Inhalt, den Geist und seine Wahrheit, auch in der Gestalt und Weise jener seiner, ihn vom Tiere unterscheidenden *und der Religion fähig machenden Wesenheit.*»

Die ganze geistige Physiognomie *Georg Wilhelm Friedrich Hegels* (1770—1831) stellt sich vor unseren Geist hin, wenn wir solche Worte von ihm vernehmen, durch die er klar und scharf ausdrücken wollte, daß er im *Denken,* das sich seiner selbst bewußt ist, die höchste Tätigkeit des Menschen sieht, diejenige, durch die dieser allein eine Stellung zu den obersten Fragen gewinnen kann. Das von Schleiermacher für den Schöpfer der Frömmigkeit angesehene Gefühl der Abhängigkeit erklärte Hegel für das echt tierische; und er äußerte paradox: Wenn dieses Abhängigkeitsgefühl das Wesen des Christentums ausmachen sollte, so wäre der Hund der beste Christ. Hegel ist eine Persönlichkeit, die ganz im Elemente des Denkens lebt. «Weil der Mensch denkend ist, wird es ebensowenig der gesunde Menschenverstand als die Philosophie sich je nehmen lassen, von und aus der empirischen Weltanschauung sich zu Gott zu erheben. Dieses Erheben hat nichts anderes zu seiner Grundlage, als die *denkende, nicht bloß sinnliche, tierische Betrachtung der Welt.*» Was sich durch selbstbewußtes Denken gewinnen läßt, das macht Hegel zum Inhalt der Weltanschauung. Denn was der Mensch auf einem anderen Wege als durch dieses selbstbewußte Denken gewinnt, das kann nichts anderes als eine Vorstufe zu einer Weltanschauung sein. «Das *Erheben* des Denkens über das Sinnliche, das Hinausgehen desselben über das Endliche zum Unendlichen, der *Sprung*, der mit Abbrechung der Reihen des Sinnlichen ins Übersinnliche gemacht werde, alles dieses ist das Denken selbst, dies Übergehen ist nur *Denken.* Wenn solcher Übergang nicht gemacht werden soll, so heißt dies, es soll nicht gedacht werden. In der Tat machen die Tiere solchen Übergang nicht; *sie* bleiben bei der sinnlichen Empfindung und Anschauung stehen; sie haben deswegen keine Religion.» Was der Mensch durch das Denken den Dingen entlocken kann, ist also das Höchste, was in diesen für ihn da ist. Dieses kann er daher nur ihr Wesen nennen. Der Gedanke ist also für Hegel das Wesen der Dinge. Alles sinnliche Vorstellen, alles wissenschaftliche Beobachten der Welt und ihrer Vorgänge kommt zuletzt darauf hinaus, daß sich der Mensch *Gedanken* über den Zusammenhang der Dinge macht. Hegels Arbeit setzt nun da ein, wo sinnliches Vorstellen, wissenschaftliches Beobachten an sein Ziel gelangt ist - beim Gedanken, wie er im Selbstbewußtsein *lebt.* Der wissenschaftliche Beobachter betrachtet die Natur; Hegel betrachtet dasjenige, was der wissenschaftliche Beobachter über die Natur aussagt. Der erstere sucht durch sein wissenschaftliches Verfahren die Mannigfaltigkeit der Naturerscheinungen auf eine Einheit zurückzuführen; er erklärt den einen Vorgang aus dem anderen; er strebt nach Ordnung, nach organischer Übersicht über das Ganze, das sich seinen Sinnen als eine ungeordnete Vielheit darbietet. Hegel sucht in den Resultaten des Naturforschers Ordnung und harmonische Übersicht. Er fügt zu der Wissenschaft der Natur die Wissenschaft der Gedanken über die Natur hinzu. Alle Gedanken, die man sich über die Welt macht, bilden naturgemäß ein einheitliches Ganzes, wie die Natur auch ein einheitliches Ganzes ist. Der wissenschaftliche Beobachter gewinnt seine Gedanken an den einzelnen Dingen; deshalb treten sie zunächst auch in seinem Geiste als einzelne auf, einer neben dem andern. Betrachten wir sie so nebeneinander, so schließen sie sich zu einem Ganzen zusammen, innerhalb dessen jeder einzelne ein Glied ist. Dieses Ganze der Gedanken will die Philosophie Hegels sein. So wenig der Naturforscher, der die Gesetze des Sternenhimmels feststellen will, glaubt, daß er aus diesen Gesetzen heraus den Sternenhimmel aufbauen kann, so wenig glaubt Hegel, der die gesetzmäßigen Zusammenhänge innerhalb der Gedankenwelt sucht, daß er aus den Gedanken heraus irgendwelche naturwissenschaftlichen Gesetze finden könne, die nur durch erfahrungsgemäßes Beobachten festgestellt werden können. Was immer wieder behauptet wird, Hegel habe aus dem reinen Denken die volle und unbeschränkte Erkenntnis des Weltganzen schöpfen wollen, beruht auf nichts weiter als auf einem naiven Mißverständnis seiner Anschauung. Er hat doch deutlich genug gesagt: «Das, was ist zu begreifen, ist die Aufgabe der Philosophie; denn was vernünftig ist, das ist wirklich, was wirklich ist, das ist vernünftig. *Wenn die Philosophie ihr Grau in Grau malt, dann ist eine Gestalt des Lebens alt geworden ...; die Eule der Minerva beginnt erst mit der einbrechenden Dämmerung ihren Flug.*»

Das heißt doch wohl nichts anderes, als daß die tatsächlichen Erkenntnisse schon da sein müssen, wenn der Denker kommt, und sie von seinem Gesichtspunkte aus beleuchtet. Man verlange nur nicht von Hegel, daß er neue Naturgesetze aus dem reinen Denken hätte ableiten sollen; denn das wollte er durchaus nicht. Nein, er wollte nichts anderes, als über die Summe der Naturgesetze, die zu seiner Zeit vorhanden waren, ein philosophisches Licht werfen. Von dem Naturforscher verlangt niemand, daß er den Sternenhimmel schaffe, obgleich er über ihn seine Forschungen anstellt; Hegels Ansichten werden für unfruchtbar erklärt, weil er, der über den Zusammenhang der Naturgesetze nachgedacht hat, nicht zugleich diese Naturgesetze geschaffen hat.

Wozu der Mensch zuletzt kommt, indem er sich in die Dinge vertieft, das ist ihr Wesen. Es liegt ihnen zugrunde. Das, was der Mensch als seine höchsten Erkenntnisse aufnimmt, ist zugleich das tiefste Wesen der Dinge. Der im Menschen *lebende* Gedanke ist also auch der objektive Gehalt der Welt. Man kann sagen: Der Gedanke ist zuerst in der Welt auf eine unbewußte Weise; dann wird er von dem menschlichen Geiste aufgenommen, er erscheint sich selbst in dem menschlichen Geiste. So wie der Mensch, wenn er den Blick in die Natur richtet, zuletzt den Gedanken findet, der ihm deren Erscheinungen begreiflich macht, so findet er, wenn er Einkehr hält in sich selbst, auch hier zuletzt den Gedanken. Wie das Wesen der Natur die Gedanken sind, so ist auch des Menschen eigenes Wesen Gedanke. Im menschlichen Selbstbewußtsein schaut sich also der Gedanke selbst an. Die Wesenheit der Welt kommt zu sich selbst. In den anderen Naturgeschöpfen arbeitet der Gedanke; seine Wirksamkeit ist nicht auf sich selbst, sondern auf anderes gerichtet. Die Natur enthält daher den Gedanken; aber im denkenden Menschen ist der Gedanke nicht nur enthalten, er wirkt nicht nur, sondern er ist auf sich selbst gerichtet. In der äußeren Natur lebt sich der Gedanke zwar auch aus, aber er fließt da in ein anderes aus; im Menschen lebt er in sich selbst. So erscheint für Hegel der ganze Weltprozeß als ein Gedankenprozeß. Und alle Vorgänge dieses Prozesses stellen sich dar als Vorstufen zu dem höchsten Ereignisse, das es gibt: zu dem denkenden Erfassen des Gedankens selbst. Dieses Ereignis spielt sich im menschlichen Selbstbewußtsein ab. Der Gedanke arbeitet sich also fortschreitend hindurch bis zu seiner höchsten Erscheinungsform, in der er sich selbst begreift.

Wenn man somit irgendein Ding der Wirklichkeit, einen Vorgang anblickt, so wird man immer eine bestimmte Entwickelungsform des Gedankens in diesem Dinge oder Vorgange sehen. Der Weltprozeß ist fortschreitende Gedankenentwickelung. Außer der höchsten Stufe dieser Entwickelung enthalten alle anderen Stadien einen Widerspruch. Es ist *Gedanke* in ihnen, aber dieser hat mehr in sich, als er in einem solchen niedrigen Stadium ausgibt. Er überwindet daher diese seine widerspruchsvolle Erscheinungform und eilt zu einer höheren, die ihm mehr entspricht. Es ist also der Widerspruch, der die Gedankenentwickelung vorwärtstreibt. Wenn der Naturbeobachter die Dinge denkend beobachtet, so bildet er sich daher in sich widerspruchsvolle Begriffe von denselben. Wenn dann der philosophische Denker diese aus der Naturbeobachtung gewonnenen Gedanken aufgreift, so findet er in ihnen widerspruchsvolle ideelle Gebilde. Aber dieser Widerspruch ist es gerade, der es ihm möglich macht, aus den einzelnen Gedanken ein ganzes Gedankengebäude zu machen. Er sucht das in einem Gedanken auf, was widerspruchsvoll ist. Und es ist widerspruchsvoll, weil der Gedanke auf eine höhere Stufe seiner Entwickelung weist. Durch den in ihm enthaltenen Widerspruch deutet also jeder Gedanke auf einen anderen, auf den er im Laufe der Entwickelung zueilt. So kann der Philosoph bei dem einfachsten Gedanken beginnen, der ganz leer ist an Inhalt, bei dem abstrakten Sein. Er wird durch den in diesem Gedanken selbst liegenden Widerspruch aus ihm herausgetrieben zu einer höheren und weniger widerspruchsvollen Stufe, und dann weiter, bis er bei dem höchsten Stadium anlangt, bei dem in sich selbst lebenden Gedanken, welches die höchste Äußerung des Geistes ist.

Durch Hegel wird der Grundcharakter des neueren Weltanschauungsstrebens ausgesprochen. Der griechische Geist kennt den Gedanken als Wahrnehmung, der neuere Geist als Selbsterzeugnis der Seele. Die Geschöpfe des Selbstbewußtseins verfolgt Hegel betrachtend, indem er seine Weltanschauung darstellt. Er hat es zunächst also nur mit dem Selbstbewußtsein und seinen Erzeugnissen zu tun. Dann aber wird ihm die Tätigkeit dieses Selbstbewußtseins eine solche, in der sich dieses Selbstbewußtsein mit dem Weltengeiste verbunden fühlt. Der griechische Denker *betrachtet* die Welt, und diese *Betrachtung* gibt Aufschluß über das Wesen der Welt. Der neuere Denker in Hegel will sich in die schaffende Welt einleben, sich in sie versetzen; er glaubt sich selbst dann in ihr zu entdecken und läßt in sich aussprechen, was der Geist der Welt als *sein* Wesen ausspricht, wobei dieses Wesen des Weltgeistes lebendig in dem Selbstbewußtsein anwesend ist. Was Plato innerhalb der griechischen Welt ist, das ist Hegel innerhalb der neueren. Plato erhebt den betrachtenden Geistesblick zur Ideenwelt und läßt von diesem betrachtenden Blick das Geheimnis der Seele auffangen; Hegel läßt die Seele in den Weltgeist untertauchen und läßt sie dann, nachdem sie untergetaucht ist, ihr inneres Leben entfalten. So *lebt* sie als eigenes Leben mit, was der Weltgeist lebt, in den sie untergetaucht ist.

Hegel hat also den menschlichen Geist bei seiner höchsten Tätigkeit, dem Denken, ergriffen und dann zu zeigen versucht, welchen Sinn innerhalb des Weltganzen diese höchste Tätigkeit hat. Sie stellt das Ereignis dar, in dem das in die ganze Welt ausgegossene Urwesen sich wiederfindet. Die höchsten Verrichtungen, durch die dieses Wiederfinden geschieht, sind Kunst, Religion und Philosophie. In dem Naturwerke ist der Gedanke vorhanden; aber er ist sich hier selbst entfremdet; er erscheint nicht in seiner ureigenen Gestalt. Wenn man einen wirklichen Löwen ansieht, so ist dieser ja nichts anderes als die Verkörperung des Gedankens «Löwe»; aber es handelt sich hier nicht um den Gedanken des Löwen, sondern um das körperhafte Wesen; dieses Wesen selbst geht der Gedanke nichts an. Erst wenn ich es begreifen will, suche ich den Gedanken. Ein Kunstwerk, das einen Löwen darstellt, trägt, was ich an dem wirklichen Wesen nur *begreifen* kann, äußerlich an sich. Das Körperhafte ist nur da, um den Gedanken an sich erscheinen zu lassen. Der Mensch erschafft Kunstwerke, damit er das, was er sonst an den Dingen nur in Gedanken erfaßt, auch in äußerer Anschauung vor sich habe. Der Gedanke kann sich in Wirklichkeit, in seiner ihm eigenen Gestalt, nur im menschlichen Selbstbewußtsein erscheinen. Was in Wirklichkeit nur hier erscheint, das prägt der Mensch dem sinnlichen Stoffe ein, damit es scheinbar auch an ihm erscheine. Als Goethe vor den Kunstwerken der Griechen stand, drängte es ihn zu dem Ausspruche: da ist Notwendigkeit, da ist *Gott.* In Hegels Sprache, in der Gott im Gedankengehalt der Welt sich ausspricht und sich im menschlichen Selbstbewußtsein selbst darlebt, würde das heißen: Aus den Kunstwerken blicken dem Menschen die höchsten Offenbarungen der Welt entgegen, die ihm in Wirklichkeit nur innerhalb seines eigenen Geistes zuteil werden. Die Philosophie enthält den Gedanken in seiner ganz reinen Form, in seiner ureigensten Wesenheit. Die höchste Erscheinungsform, welche das göttliche Urwesen annehmen kann, die Gedankenwelt, ist in der Philosophie enthalten. Im Sinne Hegels kann man sagen: Göttlich, das ist gedankenerfüllt, ist die ganze Welt, aber in der Philosophie *erscheint* das Göttliche ganz unmittelbar in seiner Göttlichkeit, während es in anderen Erscheinungen die Gestalten des Ungöttlichen annimmt. Zwischen der Kunst und der Philosophie steht die Religion. Der Gedanke lebt in dieser noch nicht als reiner Gedanke, sondern im Bilde, im Symbol. Das ist auch bei der Kunst der Fall; aber bei ihr ist das Bild ein solches, das der äußeren Anschauung entlehnt ist; die Bilder der Religion aber sind vergeistigt.

Zu diesen höchsten Erscheinungsformen des Gedankens verhalten sich alle anderen menschlichen Lebensäußerungen wie unvollkommene Vorstufen. Aus solchen Vorstufen setzt sich das ganze geschichtliche Leben der Menschheit zusammen. Wer daher den äußeren Hergang der historischen Erscheinungen verfolgt, wird manches finden, das dem reinen Gedanken, der Gegenstand der Vernunft ist, nicht entspricht. Wer aber tiefer blickt, wird sehen, daß in der geschichtlichen Entwickelung doch der vernünftige

Gedanke sich verwirklicht. Er verwirklicht sich nur auf eine Art, die in ihrer unmittelbaren Äußerlichkeit ungöttlich erscheint. Man kann daher im ganzen doch sagen: «*Alles Wirkliche ist vernünftig.*» Und gerade darauf kommt es an, daß sich im *Ganzen* der Geschichte der Gedanke, der historische Weltgeist verwirkliche. Das einzelne Individuum ist nur ein Werkzeug zur Verwirklichung der Zwecke dieses Weltgeistes. Weil Hegel in dem *Gedanken* das höchste Wesen der Welt erkennt, deshalb verlangt er auch von dem Individuum, daß es sich den allgemeinen, in der Weltentwickelung waltenden Gedanken unterordne. Dies sind die großen Menschen in der Geschichte, deren eigentliche partikulare Zwecke das Substantielle enthalten, welches der Wille des Weltgeistes ist. Dieser Gehalt ist ihre wahrhafte Macht; er ist in dem allgemeinen bewußtlosen Instinkt der Menschen; sie sind innerlich dazu getrieben und haben keine weitere Haltung, dem, welcher die Ausführung solchen Zweckes in seinem Interesse übernommen hat, Widerstand zu leisten. Die Völker sammeln sich vielmehr um sein Panier; er zeigt ihnen und führt das aus, was ihr eigener immanenter Zweck ist. Werfen wir weiter einen Blick auf das Schicksal dieser welthistorischen Individuen, so haben sie das Glück gehabt, die Geschäftsführer eines Zweckes zu sein, der eine Stufe in dem Fortschreiten des allgemeinen Geistes war. Indem sich die Vernunft dieser Werkzeuge bedient, können wir es eine List derselben nennen, denn sie läßt sie mit aller Wut der Leidenschaft ihre eigenen Zwecke vollführen und erhält sich nicht nur unbeschädigt, sondern bringt sich selbst hervor. Das Partikulare ist meistens zu gering gegen das Allgemeine: die Individuen werden geopfert und preisgegeben. Die Weltgeschichte stellt sich somit als der Kampf der Individuen vor, und in dem Felde dieser Besonderheit geht es ganz natürlich zu. Wie in der tierischen Natur die Erhaltung des Lebens Zweck und Instinkt des einzelnen ist, wie aber doch hier die Vernunft, das Allgemeine, vorherrscht, und die einzelnen fallen, so geht es auch in der geistigen Welt zu. Die Leidenschaften zerstören sich gegenseitig; die Vernunft allein wacht, verfolgt ihren Zweck und macht sich geltend. – Der einzelne kann nur in der Betrachtung, in seinem Denken den Allgeist umfassen. Nur in der Weltbetrachtung ist Gott in ihm ganz gegenwärtig. Wo der Mensch handelt, wo er ins tätige Leben eingreift, da ist er ein Glied und kann deshalb auch nur als Glied an der allgemeinen Vernunft teilnehmen. Aus solchen Gedanken fließt auch Hegels Staatslehre. Mit seinem Denken ist der Mensch allein; mit seinen Taten ist er Glied der Gemeinschaft. Die vernünftige Ordnung der Gemeinschaft, der Gedanke, der sie durchdringt, ist der *Staat*. Die einzelne Individualität als solche ist für Hegel nur insoweit etwas wert, als in ihr die allgemeine Vernunft, der Gedanke erscheint. Denn der Gedanke ist das Wesen der Dinge. Ein Naturprodukt hat es nicht in seiner Macht, den Gedanken in sich in seiner höchsten Form erscheinen zu lassen; der Mensch hat diese Macht. Er wird daher nur seine Bestimmung erreichen, wenn er sich zum Träger des Gedankens macht. Da der Staat der realisierte Gedanke ist, und der einzelne Mensch nur ein Glied innerhalb desselben, so hat der Mensch dem Staate und nicht der Staat dem Menschen zu dienen. «Wenn der Staat mit der bürgerlichen Gesellschaft verwechselt und seine Bestimmung in die Sicherheit und den Schutz des Eigentums und der persönlichen Freiheit gesetzt wird, so ist das Interesse der einzelnen als solcher der letzte Zweck, zu welchem sie vereinigt sind, und es folgt hieraus ebenso, daß es etwas Beliebiges ist, Mitglied des Staates zu sein. Er hat aber ein ganz anderes Verhältnis zum Individuum; indem er objektiver Geist ist, so hat das Individuum selbst nur Objektivität, Wahrheit und Sittlichkeit, als es ein Glied desselben ist. Die Vereinigung als solche ist selbst der wahrhafte Inhalt und Zweck, und die Bestimmung der Individuen ist, ein allgemeines Leben zu führen; ihre weitere besondere Befriedigung, Tätigkeit, Weise des Verhaltens hat dies Substantielle und allgemein Gültige zu seinem Ausgangspunkte und Resultate.» Wie steht es mit der *Freiheit* innerhalb einer solchen Lebensauffassung? *Den* Begriff einer Freiheit, welcher der einzelnen menschlichen Persönlichkeit ein unbedingtes Recht zuerkennt, das Ziel und die Bestimmung ihrer Tätigkeit sich selbst zu setzen, läßt Hegel nicht gelten. Denn was sollte es für einen Wert haben, wenn diese einzelne Persönlichkeit ihr Ziel nicht aus der vernünftigen Gedankenwelt nähme, sondern sich nach völliger Willkür entschiede? Das wäre, nach seiner Meinung, gerade die Unfreiheit. Ein solches Individuum entspräche nicht seinem Wesen; es wäre unvollkommen. Ein vollkommenes Individuum kann nur sein Wesen verwirklichen wollen; und das Vermögen, dies zu tun, ist seine Freiheit. Dieses sein Wesen ist aber verkörpert im Staate. Handelt der Mensch im Sinne des Staates, so handelt er demnach frei. «Der Staat, an und für sich, ist das sittliche Ganze, Verwirklichung der Freiheit, und es ist absoluter Zweck der Vernunft, daß die Freiheit wirklich sei. Der Staat ist der Geist, der in der Welt steht und sich in derselben mit Bewußtsein realisiert, während er sich in der Natur nur als das andere seiner, als schlafender Geist verwirklicht ... Es ist der Gang Gottes in der Welt, daß der Staat ist; sein Grund ist die Gewalt der sich als Wille verwirklichenden Vernunft.» Hegel kommt es nirgends auf die Dinge als solche, sondern stets auf den vernünftigen, gedanklichen Inhalt derselben an. Wie er auf dem Felde der Weltbetrachtung überall die Gedanken suchte, so wollte er auch das Leben vom Gesichtspunkte des Gedankens aus geleitet wissen. Deshalb kämpfte er gegen unbestimmte Staats- und Gesellschaftsideale und warf sich zum Verteidiger des Wirklich-Bestehenden auf. Wer für ein unbestimmtes Ideal in der Zukunft schwärmt, der glaubt, nach Hegels Meinung, daß die allgemeine Vernunft auf ihn gewartet habe, um zu erscheinen. Einem solchen müsse man besonders klarmachen, daß in allem Wirklichen schon Vernunft sei. Er nannte den Professor Fries, dessen Kollege er in Jena, dessen Nachfolger er in Heidelberg war, den «Heerführer aller Seichtigkeit», weil dieser aus dem «Brei des Herzens» heraus ein solches Zukunftsideal habe formen wollen.

Die weitgehende Verteidigung des Wirklichen und Bestehenden hat Hegel selbst von seiten derjenigen, die seiner Ideenrichtung freundlich gegenüberstanden, schwere Vorwürfe eingetragen. Ein Anhänger Hegels, *Johann Eduard Erdmann*, schreibt darüber: «Das entschiedene Übergewicht, welches namentlich in der Mitte der zwanziger Jahre der Hegelschen Philosophie vor allen gleichzeitigen Systemen eingeräumt ward, hat seinen Grund darin, daß der momentanen Ruhe, welche den wilden Kämpfen im politischen, religiösen und kirchlich-politischen Gebiete gefolgt war, eine Philosophie entsprach, welche Feinde tadelnd, Freunde lobend ‚Restaurationsphilosophie' genannt haben. Sie ist dies in viel weiterer Ausdehnung, als die den Namen erfanden, gemeint haben.»

Man darf aber auch nicht übersehen, daß gerade durch seinen Wirklichkeitssinn Hegel eine im hohen Grade lebensfreundliche Anschauung schuf. Schelling hat mit seiner «Philosophie der Offenbarung» eine Anschauung für das Leben schaffen wollen. Allein wie fremd sind die Begriffe seiner Gottesbetrachtung dem unmittelbar-wirklichen Leben. Es kann eine solche Anschauung höchstens ihren Wert für jene Feieraugenblicke des Lebens haben, in denen der Mensch sich von der Alltäglichkeit zurückzieht und den höchsten Stimmungen hingibt; in denen er, sozusagen, keinen Weltdienst, sondern allein noch Gottesdienst verrichtet. Hegel hat dagegen den Menschen mit dem Gefühle durchdringen wollen, daß er auch in der alltäglichen Wirklichkeit dem Allgemein-Göttlichen dient. Bei ihm reicht gleichsam das Göttliche herunter bis in die kleinsten Dinge, während es sich bei Schelling in die höchsten Regionen des Daseins zurückzieht. Weil er die Wirklichkeit und das Leben *liebte*, deshalb suchte Hegel sie so vernünftig als möglich vorzustellen. Er wollte, daß der Mensch jeden Schritt und Tritt mit Vernunft mache. Im Grunde schätzte er die Einzelpersönlichkeit doch nicht gering. Wir sehen dies aus Aussprüchen wie diesen: «Das Reichste ist ... das Konkreteste und *Subjektivste*, und das sich in die einfachste Tiefe Zurücknehmende das Mächtigste und Übergreifendste. Die höchste zugeschärfteste Spitze ist die *reine Persönlichkeit*, die allein durch die absolute Dialektik, die ihre Natur ist, ebensosehr *alles in sich befaßt* und hält, weil sie sich zum Freiesten macht, zur Einfachheit, welche die erste Unmittelbarkeit und Allgemeinheit ist.» Aber, um «*reine Persönlichkeit*» zu werden, muß sich der einzelne auch mit dem ganzen Vernünftigen durchdringen und es zu seinem Selbst machen. Denn die «reine Persönlichkeit» ist zugleich das Höchste, wozu sich der Mensch hinaufentwickeln kann, was er aber keineswegs von Natur aus schon ist. Hat er sich dahin erhoben, dann gilt von ihm das Hegelsche Wort: «Daß der Mensch von Gott weiß, ist nach der wesentlichen Gemeinschaft ein gemeinschaftliches Wissen, d. i. der Mensch weiß nur von Gott, insofern Gott im Menschen von sich selbst weiß: dieses Wissen ist Selbstbewußtsein Gottes, aber ebenso ein Wissen desselben vom Menschen, und *dies Wissen Gottes vom Menschen ist Wissen des Menschen von Gott. Der Geist des Menschen, von Gott zu wissen, ist nur der Geist Gottes selbst.*» Nur ein Mensch, in dem solches verwirklicht ist, verdient nach Hegels Meinung im höchsten Sinne des Wortes den Namen Persönlichkeit. Denn bei ihm fallen Vernunft und Individualität zusammen; er verwirklicht den Gott in sich, dem er in seinem Bewußtsein das Organ gibt, um sich selbst anzuschauen. Alle Gedanken blieben abstrakte, unbewußte, ideelle Gebilde, wenn sie im Menschen nicht lebendige Wirklichkeit gewännen. Ohne den Menschen wäre Gott in seiner höchsten Vollkommenheit gar nicht da. Er wäre das unfertige Welturwesen. Er wüßte nichts von sich. Hegel hat diesen Gott vor seiner Verwirklichung im Leben dargestellt. Den Inhalt dieser Darstellung bildet die Logik. Sie ist ein Gebäude von leblosen, starren, stummen Gedanken. Hegel nennt sie selbst das «Reich der Schatten». Sie soll gewissermaßen zeigen, wie Gott in seinem innersten ewigen Wesen vor der Erschaffung der Natur und des endlichen Geistes ist. Da aber die Selbstanschauung notwendig zum Wesen Gottes gehört, so ist der Inhalt der Logik noch der tote Gott, der nach Dasein verlangt. In Wirklichkeit ist dieses Reich der reinen, abstrakten Wahrheit nirgends vorhanden; nur unser

Verstand kann es von dem lebendigen Wirklichen abtrennen. Es gibt im Sinne Hegels kein irgendwo existierendes, fertiges Urwesen, sondern nur ein solches, das in ewiger Bewegung, in stetem *Werden* ist. Diese ewige Wesenheit ist «die ewig wirkliche Wahrheit, in welcher die ewig wirkende Vernunft frei für sich ist, und für die Notwendigkeit, Natur und Geschichte nur ihrer Offenbarung dienend und Gefäße ihrer Ehre sind». Wie sich im Menschen die Gedankenwelt selbst ergreift, das wollte Hegel darstellen. Er hat in anderer Form Goethes Anschauung ausgesprochen: «Wenn die gesunde Natur des Menschen als ein Ganzes wirkt, wenn er sich in der Welt als in einem großen, schönen, würdigen und werten Ganzen fühlt, wenn das harmonische Behagen ihm ein reines, freies Entzücken gewährt, dann würde das Weltall, wenn es sich selbst empfinden könnte, als an sein Ziel gelangt, aufjauchzen und den Gipfel des eigenen Werdens und Wesens bewundern.» In Hegels Sprache übersetzt heißt das: Wenn der Mensch denkend sein eigenes Wesen erlebt, dann hat dieser Akt nicht nur eine individuelle, persönliche Bedeutung, sondern eine universelle; das Wesen des Weltalls erreicht in der Selbsterkenntnis des Menschen seinen Gipfel, seine Vollendung, ohne die es Fragment bliebe.

Die Hegelsche Vorstellung des Erkennens faßt dieses nicht wie ein Erfassen eines Inhaltes auf, der ohne dasselbe fertig irgendwo in der Welt vorhanden ist, nicht als eine Tätigkeit, die *Abbilder* des wirklichen Geschehens schafft. Was im Sinne Hegels im denkenden Erkennen geschaffen wird, das ist sonst nirgends in der Welt vorhanden, nur eben im Erkennen. Wie die Pflanze auf einer gewissen Stufe ihrer Entwickelung die Blüte hervorbringt, so erzeugt das Weltall den Inhalt der menschlichen Erkenntnis. Und so wenig, wie die Blüte *vor* ihrer Entstehung vorhanden ist, so wenig ist es der Gedankeninhalt der Welt, der im menschlichen Geiste zum Vorschein kommt. Eine Weltanschauung, die der Meinung ist, daß in der Erkenntnis nur Abbilder von schon vorhandenem Inhalt entstehen sollen, macht den Menschen zum müßigen Zuschauer der Welt, die ohne ihn auch vollkommen fertig da wäre. Hegel macht dagegen den Menschen zum tätigen Mitarbeiter am Weltgeschehen, dem ohne ihn der Gipfel fehlen würde.

Grillparzer hat in seiner Art Hegels Meinung über das Verhältnis des Denkens zur Welt in einem bedeutsamen Ausspruch charakterisiert:

> Möglich, daß du uns lehrst prophetisch das *göttliche* Denken,
> Aber das *menschliche*, Freund, richtest du wahrlich zu Grund.

Der Dichter meint hier mit dem menschlichen Denken dasjenige, das eben seinen Inhalt fertig in der Welt voraussetzt und nichts sein will als das Abbild desselben. Für Hegel ist der Ausspruch kein Tadel. Denn dieses Denken über etwas anderes ist, nach seiner Ansicht, noch nicht das höchste, das vollkommenste Denken. Wenn man über ein Ding der Natur nachdenkt, so sucht man einen Begriff, der mit seinem äußeren Gegenstande «übereinstimmt». Man begreift dann durch den Gedanken, den man sich bildet, was der äußere Gegenstand ist. Man hat es mit zweierlei zu tun, mit dem Gedanken und mit dem Gegenstande. Will man aber bis zum höchsten Gesichtspunkt emporsteigen, den der Mensch erklimmen kann, dann darf man sich nicht scheuen, auch noch zu fragen, was denn der Gedanke selbst ist. Dazu haben wir aber kein anderes Mittel als nur wieder den Gedanken. Im höchsten Erkennen ergreift also der Gedanke sich selbst. Er fragt nicht mehr nach einer Übereinstimmung mit etwas anderem. Er hat es nur mit sich allein zu tun. Dieses Denken, das keine Anlehnung an ein Äußeres, an irgendeinen Gegenstand hat, erscheint Grillparzer wie ein Zerstörer des Denkens, das die Aufschlüsse gibt über die in Zeit und Raum ausgebreiteten mannigfaltigen Dinge der sinnlichen und geistigen Wirklichkeit. Aber so wenig der Maler die Natur zerstört, wenn er ihre Linien und Farben auf der Leinwand wiedergibt, so wenig zerstört der Denker die Ideen der Natur, wenn er sie in ihrer geistigen Reinheit ausspricht. Es ist merkwürdig, daß man gerade in dem Denken ein der Wirklichkeit feindliches Element sehen will, weil es von der Fülle des sinnlichen Inhaltes abstrahiert. Ja, abstrahiert denn der Maler nicht, indem er bloß Farbe, Ton und Linie gibt, von allen übrigen Merkmalen eines Gegenstandes? Hegel hat alle solche Einwände mit einem hübschen Scherz getroffen: Wenn das in der Welt wirksame Urwesen «ausgleitet und aus dem Boden, wo es herumspaziert, ins Wasser fällt, so wird es ein Fisch, ein Organisches, ein Lebendiges. Wenn es nun ebenso ausgleitet und ins *reine Denken* fällt - denn auch das reine Denken soll nicht sein Boden sein -, so soll es, da hineinplumpsend, etwas Schlechtes, Endliches werden, von dem man sich eigentlich schämen muß zu sprechen, wenn's nicht amtshalber geschähe und weil einmal nicht zu leugnen ist, daß eine Logik da sei. Das Wasser ist ein so kaltes, schlechtes Element und es ist dem Leben doch so wohl darin. Soll denn das Denken ein viel schlechteres Element sein? Soll das Absolute sich sogar schlecht darin befinden und sich auch schlecht darin aufführen?»

Es ist durchaus im Sinne Hegels gesprochen, wenn man behauptet, das Urwesen der Welt habe die niedere Natur und den Menschen geschaffen; an diesem Punkte angelangt, habe es sich beschieden, und es dem Menschen überlassen, zu der Außenwelt und zu sich selbst hinzu auch noch die Gedanken über die Dinge zu schaffen. So schafft das Urwesen im Verein *mit dem Menschen den ganzen Inhalt der Welt*. Der Mensch ist Mitschöpfer des Seins, nicht müßiger Zuschauer, nicht erkennender Wiederkäuer dessen, was ohne sein Dasein auch da wäre.

Was der Mensch in seinem innersten Dasein ist, das ist er nicht durch ein anderes, das ist er durch sich selbst. Deshalb betrachtet Hegel auch die Freiheit nicht als ein göttliches Geschenk, das dem Menschen ein für allemal in die Wiege gelegt worden ist, sondern als ein Ergebnis, zu dem er im Laufe seiner Entwickelung allmählich gelangt. Von dem Leben in der Außenwelt, von der Befriedigung im rein sinnlichen Dasein erhebt er sich zum Begreifen seines geistigen Wesens, seiner eigenen Innenwelt. Dadurch macht er sich auch unabhängig von der Außenwelt; er folgt seiner inneren Wesenheit. Der Volksgeist enthält Naturnotwendigkeit und fühlt sich in bezug auf seine Sitten ganz abhängig von dem, was außer dem einzelnen Menschen Sitte und Brauch, moralische Anschauung ist. Aber allmählich ringt sich die Persönlichkeit los von dieser in der Außenwelt niedergelegten sittlichen Anschauungswelt und dringt in ihr Inneres vor, indem sie erkennt, daß sie aus ihrem eigenen Geist heraus sich sittliche Anschauungen entwickeln, moralische Vorschriften geben kann. Der Mensch erhebt sich zur Anschauung des in ihm waltenden

Urwesens, das auch der Quell seiner Sittlichkeit ist. Er sucht nicht mehr in der Außenwelt, sondern in der eigenen Seele seine Sittengebote. Er macht sich nur mehr von sich abhängig. (§ 552 von Hegels «Enzyklopädie der philosophischen Wissenschaften»). Diese Unabhängigkeit, diese Freiheit ist also nichts dem Menschen von vornherein Zukommendes, sie ist im Laufe der geschichtlichen Entwickelung *erworben. Die Weltgeschichte ist der Fortschritt der Menschheit im Bewußtsein der Freiheit.*

Dadurch, daß Hegel in den höchsten Äußerungen des menschlichen Geistes Vorgänge sieht, in denen das Urwesen der Welt den Abschluß seiner Entwickelung, seines *Werdens* findet, werden ihm alle anderen Erscheinungen zu Vorstufen dieses höchsten Gipfels; und dieser selbst erscheint als der *Zweck,* dem alles andere zustrebt. Diese Vorstellung von Zweckmäßigkeit im Weltall ist eine andere als diejenige, die sich die Weltschöpfung und Weltlenkung wie das Werk eines sinnreichen Technikers oder Maschinenkonstrukteurs denkt, der alle Dinge nützlichen Zielen gemäß eingerichtet hat. Solche Nützlichkeitslehre hat Goethe scharf abgewiesen. Er sagte am 20. Februar 1831 zu Eckermann (vgl. Gespräche Goethes mit Eckermann, Teil II): Der Mensch «unterläßt nicht, seine gewohnte Ansicht aus dem Leben auch in die Wissenschaft zu tragen und auch bei den einzelnen Teilen eines organischen Wesens nach deren Zweck und Nutzen zu fragen. Dies mag auch eine Weile gehen, und er mag auch in der Wissenschaft eine Weile damit durchkommen; allein gar bald wird er auf Erscheinungen stoßen, wo er mit einer so kleinen Ansicht nicht ausreicht, und wo er ohne höheren Halt sich in lauter Widersprüchen verwickelt. Solche Nützlichkeitslehrer sagen wohl: der Ochse habe Hörner, um sich damit zu wehren. Nun frage ich aber: warum hat das Schaf keine? Und wenn es welche hat, warum sind sie ihm um die Ohren gewickelt, so daß sie ihm zu nichts dienen? Etwas anderes aber ist es, wenn ich sage: Der Ochse wehrt sich mit seinen Hörnern, weil er sie hat. Die Frage nach dem ... *Warum?* ist durchaus nicht wissenschaftlich. Etwas weiter kommt man mit der Frage *Wie?* Denn wenn ich frage: Wie hat der Ochse Hörner? so führt mich das auf die Betrachtung seiner Organisation und belehrt mich zugleich, warum der Löwe keine Hörner hat und haben kann.» Trotzdem sieht Goethe in anderem Sinne in der ganzen Natur eine zweckmäßige Einrichtung, die zuletzt im Menschen ihr Ziel erreicht, also gleichsam alle ihre Werke so einrichtet, daß dieser zuletzt seine Bestimmung findet. Wir lesen in seinem «Winckelmann»: «Denn wozu dient alle der Aufwand von Sonnen und Planeten und Monden, von Sternen und Milchstraßen, von Kometen und Nebelflecken, von gewordenen und werdenden Welten, wenn sich nicht zuletzt ein glücklicher Mensch ... seines Daseins erfreut?» Und auch davon ist Goethe überzeugt, daß das Wesen aller Erscheinungen in und durch den Menschen als Wahrheit zum Vorschein kommt. (Vgl. S. 205 f.) Wie alles in der Welt darauf angelegt ist, daß der Mensch eine würdige Aufgabe hat und diese lösen kann: das zu begreifen ist das Ziel dieser Weltanschauung. Wie eine philosophische Rechtfertigung der Goetheschen Aussprüche nimmt sich aus, was Hegel am Schlusse seiner «Naturphilosophie» ausführt: «Im Lebendigen hat die Natur sich vollendet und ihren Frieden geschlossen, indem sie in ein Höheres umschlägt. Der Geist ist so aus der Natur hervorgegangen. Das Ziel der Natur ist, sich selbst zu töten, und ihre Rinde des Unmittelbaren, Sinnlichen zu durchbrechen, sich als Phönix zu verbrennen, um aus dieser Äußerlichkeit verjüngt als Geist hervorzutreten. Die Natur ist sich ein anderes geworden, um sich als Idee wieder zu erkennen und sich mit sich zu versöhnen ... Als der *Zweck* der Natur ist er (der Geist) eben darum *vor* ihr, sie ist aus ihm hervorgegangen.» Dadurch vermochte diese Weltanschauung den Menschen so hoch zu stellen, weil sie in ihm verwirklicht sein läßt, was als Urkraft, als Urwesen aller Welt zugrunde liegt; was seine Verwirklichung durch den ganzen Stufengang aller übrigen Erscheinungen vorbereitet, aber erst im Menschen erreicht. Goethe und Hegel stimmen in dieser Vorstellung vollständig miteinander überein. Was der erstere aus seinem *Anschauen* der Natur und des Geistes heraus gewonnen hat, das spricht der letztere auf Grund des hellen, *reinen, im Selbstbewußtsein lebendigen Denkens* aus.

Was Goethe mit einzelnen Naturvorgängen unternahm, sie durch ihr *Werden,* ihre *Entwickelung* zu erklären, das wendete Hegel auf den ganzen Kosmos an. Goethe fordert von dem, der das Wesen des Pflanzenorganismus begreifen will: «*Werdend* betrachte sie nun, wie nach und nach sich die Pflanze, stufenweise geführt, bildet zu Blüten und Frucht.» Hegel will alle Welterscheinungen in der Stufenfolge ihres Werdens begreifen, vom einfachsten, dumpfen Wirken der trägen Materie bis hinauf zu dem selbstbewußten Geiste. Und in dem selbstbewußten Geiste sieht er die Offenbarung des Urwesens der Welt.

«Die Knospe verschwindet in dem Hervorbrechen der Blüte, und man könnte sagen, daß jene von dieser widerlegt wird; ebenso wird durch die Frucht die Blüte für ein falsches Dasein der Pflanze erklärt, und als ihre Wahrheit tritt jene an die Stelle von dieser. Diese Formen unterscheiden sich nicht nur, sondern verdrängen sich auch als unverträglich miteinander. Aber ihre flüssige Natur macht sie zugleich zu Momenten der organischen Einheit, worin sie sich nicht nur nicht widerstreiten, sondern eins so notwendig als das andere ist, und diese gleiche Notwendigkeit macht erst das Leben des Ganzen aus.» In diesen Worten Hegels ist einer der wichtigsten Charakterzüge seiner Vorstellungsart ausgesprochen. Er glaubte daran, daß die Dinge der Wirklichkeit den Widerspruch in sich tragen, und daß gerade darin der Antrieb zu ihrem Werden, zu ihrer lebendigen Bewegung liegt, daß sie diesen Widerspruch fortwährend zu überwinden suchen. Die Blüte würde niemals zur Frucht werden, wenn sie ohne Widerspruch wäre. Sie hätte dann keinen Anlaß, aus ihrem widerspruchslosen Dasein herauszugehen. Von einer genau entgegengesetzten Denkergesinnung ging *Johann Friedrich Herbart* (1776—1841) aus. Hegel ist ein scharfer Denker, aber zugleich ein wirklichkeitsdurstiger Geist. Er möchte nur Gedanken haben, die den reichen, gesättigten Gehalt der Welt in sich aufgenommen haben. Deshalb müssen seine Gedanken auch so in ewigem Flusse sein, in stetem Werden, in widerspruchvoller Fortbewegung wie die Wirklichkeit selbst. Herbart ist ganz abstrakter Denker; er sucht die Dinge nicht zu durchdringen, sondern er betrachtet sie von seiner Denkerecke aus. Den rein logischen Denker stört der Widerspruch; er verlangt klare Begriffe, die nebeneinander bestehen können. Der eine darf den anderen nicht beeinträchtigen. Der Denker sieht sich der Wirklichkeit gegenüber, die nun einmal widerspruchsvoll ist, in einer eigentümlichen Lage. Die Begriffe, die sie ihm liefert, befriedigen ihn nicht. Sie verstoßen gegen sein logisches Bedürfnis. Dieses Gefühl der Unzufriedenheit wird zum Ausgangspunkte seiner Weltanschauung. Herbart sagt sich: Wenn mir die vor meinen Sinnen und meinem Geiste ausgebreitete Wirklichkeit widerspruchsvolle Begriffe liefert, so kann sie nicht die wahre Wirklichkeit sein, nach der mein Denken strebt. Daraus entsteht ihm seine Aufgabe. Die widerspruchsvolle Wirklichkeit ist gar nicht wirkliches Sein, sondern nur Schein. In dieser Auffassung schließt sich Herbart bis zu einem gewissen Grade an Kant an. Während aber dieser das wahre Sein als ein dem denkenden Erkennen Unerreichbares erklärt, glaubt Herbart gerade dadurch von dem Schein zum Sein vorzudringen, daß er die widerspruchsvollen Begriffe des Scheins bearbeitet und in widerspruchslose verwandelt. Wie der Rauch auf das Feuer, so deutet der Schein auf ein ihm zugrunde liegendes Sein. Wenn wir aus dem widerspruchsvollen, unseren Sinnen und unserem Geiste gegebenen Weltbilde ein widerspruchsloses durch das logische Denken herausarbeiten, so haben wir in dem letzteren das, was wir suchen. Es *erscheint* uns zwar nicht in dieser seiner Widerspruchslosigkeit; aber es liegt hinter dem, was uns erscheint als die wahre, echte Wirklichkeit. Herbart geht also nicht darauf aus, die unmittelbar vorliegende Wirklichkeit als solche zu begreifen, sondern er schafft eine andere Wirklichkeit, durch die die erstere erst erklärlich werden soll. Er kommt dadurch zu einem abstrakten Gedankensystem, das sich gegenüber der reichen, vollen Wirklichkeit recht dürftig ausnimmt. Die wahre Wirklichkeit kann keine Einheit sein, denn eine solche müßte ja die unendliche Mannigfaltigkeit der wirklichen Dinge und Vorgänge mit allen ihren Widersprüchen in sich enthalten. Sie muß eine Vielheit von einfachen, sich ewig gleichen Wesen sein, in denen es kein Werden, keine Entwickelung gibt. Nur ein einfaches Wesen, das unveränderlich seine Merkmale bewahrt, ist widerspruchslos. Ein Wesen, das sich entwickelt, ist in einem Augenblicke etwas anderes als in dem anderen, das heißt, es widerspricht in einem Zeitpunkte der Eigenheit, die es in einem anderen hat. Eine Vielheit einfacher, sich nie ändernder Wesen ist also die wahre Welt. Und was wir wahrnehmen, sind nicht diese einfachen Wesen, sondern nur ihre Beziehungen zueinander. Diese Beziehungen haben mit dem wahren Wesen nichts zu tun. Wenn ein einfaches Wesen in eine Beziehung zu einem anderen tritt, so werden beide dadurch nicht verändert; ich aber nehme das Ergebnis ihrer Beziehung wahr. Unsere unmittelbare Wirklichkeit ist eine Summe von Beziehungen zwischen den wirklichen Wesen. Wenn ein Wesen aus seiner Beziehung zu einem andern Wesen heraustritt und dafür in eine solche zu einem dritten Wesen kommt, so ist etwas geschehen, ohne daß von diesem Geschehen das Sein der Wesen selbst berührt worden ist. Dieses Geschehen nehmen wir wahr. Es ist unsere scheinbare, widerspruchsvolle Wirklichkeit. Interessant ist, wie Herbart auf Grund dieser seiner Anschauung das Leben der Seele sich vorstellt. Diese ist ebenso wie alle anderen wirklichen Wesen ein Einfaches, in sich Unveränderliches. Es tritt nun in Beziehungen zu anderen seienden Wesen. Der Ausdruck dieser Beziehungen ist das Vorstellungsleben. Alles, was sich in uns abspielt: Vorstellen, Fühlen, Wollen, ist ein Beziehungsspiel zwischen der Seele und der übrigen Welt der einfachen Seienden. Man sieht, das Seelenleben ist dadurch zu einem Schein von Verhältnissen gemacht, in die das einfache Seelenwesen mit der Welt eingeht. Herbart ist ein mathematischer Kopf. Und im Grunde ist seine ganze Weltvorstellung aus mathematischen Vorstellungen heraus geboren. Eine Zahl ändert sich nicht, wenn sie das Glied einer Rechnungsoperation wird. Drei bleibt drei, ob es zu vier addiert, oder von sieben subtrahiert wird. Wie die Zahlen innerhalb der Rechnungsoperationen, so stehen die einfachen Wesen innerhalb der Beziehungen, die sich zwischen ihnen herausbilden. Und deshalb wird Herbart auch die Seelenkunde zu einem Rechenexempel. Er sucht die Mathematik auf die Psychologie anzuwenden. Wie sich die Vorstellungen gegenseitig bedingen, wie sie aufeinander wirken, was für Ergebnisse sie durch ihr Zusammensein liefern, das wird von ihm berechnet. Das «Ich» ist ihm nicht die geistige Wesenheit, die wir in unserem Selbstbewußtsein ergreifen, sondern es ist das Resultat des Zusammenwirkens aller Vorstellungen, somit nichts anderes als auch eine Summe, ein höchster Ausdruck von Beziehungen. Von dem einfachen Wesen, das unserem Seelenleben zugrunde liegt, wissen wir nichts, wohl aber erscheinen uns seine fortwährenden Beziehungen zu anderen Wesen. In dieses Spiel von Beziehungen ist also *ein* Wesen verstrickt. Dies drückt sich in der Tatsache aus, daß sie alle nach einem Mittelpunkt hinstreben, und dieser Mittelpunkt ist der Ichgedanke.

Herbart ist in anderem Sinne ein Repräsentant der neueren Weltanschauungsentwickelung als Goethe, Schiller, Schelling, Fichte, Hegel. Diese suchen nach einer Darstellung der selbstbewußten Seele in einem Weltbilde, das diese selbstbewußte Seele enthalten kann. Sie sprechen damit den geistigen Impuls ihres Zeitalters aus. Herbart steht vor diesem Impuls, er muß empfinden, daß der Impuls da ist. Er sucht ihn zu verstehen; aber er findet in dem Denken, wie er es sich als richtiges vorstellt, keine Möglichkeit, sich in das selbstbewußte Seelenwesen hineinzuleben. Er bleibt außerhalb desselben stehen. Man kann an Herbarts Weltanschauung sehen, welche Schwierigkeiten dem Denken erwachsen, wenn es begreifen will, wozu es seinem Wesen nach in der Menschheitsentwickelung geworden ist. Neben Hegel nimmt sich Herbart so aus wie jemand, der nach einem Ziele vergebens ringt, das der andere erreicht zu haben meint. Herbarts Gedankenkonstruktionen sind ein Versuch, von außen abzubilden, was Hegel im inneren Miterleben darstellen will. Für den Grundcharakter des neueren Weltanschauungslebens sind auch Denker wie Herbart bedeutsam. Sie deuten eben dadurch auf das Ziel hin, das zu erreichen ist, daß sie die ungeeigneten Mittel zu diesem Ziele zur Offenbarung bringen. - Das geistige Ziel der Zeit ringt in Herbart; dessen geistige Kraft reicht nicht aus, um in genügender Art dieses Ringen zu verstehen und zum Ausdruck zu bringen. Der Fortgang der Weltanschauungsentwickelung zeigt, daß immer in diese Entwickelung neben den Persönlichkeiten, welche auf der Höhe der Zeitimpulse stehen, auch solche eingreifen, die aus dem Nichtverstehen dieser Impulse Weltanschauungen entfalten. Man kann solche Weltanschauungen als reaktionäre wohl bezeichnen.

Herbart fällt zurück in die Leibnizsche Auffassung. Sein einfaches Seelenleben ist unveränderlich. Es entsteht nicht, es vergeht nicht. Es war vorhanden, als dies scheinbare

Leben begann, das der Mensch mit seinem Ich umschließt; und es wird sich aus diesen Beziehungen wieder loslösen und fortbestehen, wenn dieses Leben aufhört. - Zu einer Gottesvorstellung kommt Herbart durch sein Weltbild, das viele einfache Wesen enthält, die das Geschehen durch ihre Beziehungen hervorbringen. Wir nehmen innerhalb dieses Geschehens Zweckmäßigkeit wahr. Die Beziehungen könnten aber, wenn die Wesen, die, ihrem eigenen Sein nach, gar nichts miteinander zu tun haben, sich selbst überlassen wären, nur zufällige, chaotische sein. Daß sie zweckmäßig sind, deutet also auf einen weisen Weltenlenker, der ihre Beziehungen ordnet. «Das Wesen der Gottheit näher zu bestimmen, vermag niemand», sagt Herbart. «Die Anmaßungen der Systeme, die von Gott als einem bekannten, in scharfen Umrissen aufzufassenden Gegenstande reden, wodurch wir uns zu einem Wissen erheben könnten, für welches uns nun einmal die Data versagt sind», verurteilt er.

Das Handeln des Menschen und seine Kunstschöpfungen hängen in diesem Weltbild vollständig in der Luft. Es fehlt jede Möglichkeit, sie demselben einzufügen. Denn welches Verhältnis soll bestehen zwischen einer Beziehung einfacher Wesen, denen alle Vorgänge gleichgültig sind, und zwischen den Taten der Menschen? Daher muß Herbart sowohl für die Ethik als für die Ästhetik eine selbständige Wurzel suchen. Er glaubt sie im menschlichen Gefühle zu finden. Wenn der Mensch Dinge oder Vorgänge wahrnimmt, so kann sich das Gefühl des Gefallens oder Mißfallens daran knüpfen. So gefällt es uns, wenn der Wille eines Menschen eine Richtung nimmt, die mit dessen Überzeugung übereinstimmt. Wenn wir das Gegenteil wahrnehmen, setzt sich in uns das Gefühl des Mißfallens fest. Wegen dieses Gefühles nennen wir den Einklang der Überzeugung mit dem Wollen sittlich gut, den Mißklang sittlich verwerflich. Ein solches Gefühl kann sich nur an ein *Verhältnis* zwischen moralischen Elementen knüpfen. Der Wille als solcher ist uns moralisch gleichgültig. Die Überzeugung auch. Erst wenn sie *zusammenwirken,* kommt ethisches Wohlgefallen oder Mißfallen zum Vorschein. Herbart nennt ein Verhältnis moralischer Elemente eine praktische Idee. Er zählt fünf solcher praktisch-ethischen Ideen auf: die Idee der sittlichen Freiheit, bestehend in der Übereinstimmung von Willen und Überzeugung; die Idee der Vollkommenheit, die darauf beruht, daß das Starke im Vergleich mit dem Schwachen gefällt; die Idee des Rechtes, die aus dem Mißfallen an dem Streit entspringt; die Idee des Wohlwollens, die das Gefallen ausdrückt, das man empfindet, wenn ein Wille den anderen fördert; und die Idee der Vergeltung, die fordert, daß alles Wohl und Wehe, das von einem Individuum ausgegangen ist, an diesem wieder ausgeglichen wird. Auf einem menschlichen Gefühle, auf der moralischen Empfindung baut Herbart die Ethik auf. Er sondert sie von der Weltanschauung, die es mit dem zu tun hat, was *ist,* und macht sie zu einer Summe von Forderungen dessen, was *sein soll.* Er verbindet sie mit der Ästhetik, ja macht sie zu einem Bestandteil derselben. Denn auch diese Wissenschaft enthält Forderungen über ein Seinsollendes. Auch sie hat es mit Verhältnissen zu tun, an die sich Gefühle knüpfen. Die einzelne Farbe läßt uns ästhetisch gleichgültig. Wenn eine andere neben sie tritt, so kann dies Zusammensein uns befriedigen oder mißfallen. Was in seinem Zusammensein gefällt, ist schön; was mißfällt, ist häßlich. *Robert Zimmermann* (1824—1898) hat auf diesen Grundsätzen eine Wissenschaft der Kunst in geistvoller Art auferbaut. Von ihr soll nur ein Teil die Ethik oder die Wissenschaft vom Guten sein, welche diejenigen schönen Verhältnisse betrachtet, die im Gebiete des Handelns in Betracht kommen. Die bedeutsamen Ausführungen Robert Zimmermanns über die Ästhetik (Kunstwissenschaft) bezeugen, daß auch von den Weltanschauungsversuchen, welche nicht bis zur Höhe der Zeitimpulse reichen, wichtige Anregungen für die Geistesentwickelung ausgehen können.

Herbart hat, wegen seines auf das Mathematisch-Notwendige angelegten Geistes, mit Glück diejenigen Vorgänge des menschlichen Seelenlebens betrachtet, die wirklich bei allen Menschen in gleicher Weise sich mit einer gewissen Regelmäßigkeit abspielen. Die intimeren, individuelleren werden das natürlich nicht sein. Das Originelle und Eigenartige in jeder Persönlichkeit wird solch mathematischer Verstand übersehen. Er wird aber eine gewisse Einsicht in das Durchschnittsmäßige des Geistes erlangen und zugleich mit seiner rechnerischen Sicherheit eine Herrschaft über die Entwickelung des Geistes. Wie die mechanischen Gesetze es sind, die uns zur Technik befähigen, so die Gesetze des Seelenlebens zur Erziehung, zur Technik der Ausbildung der Seele. Deshalb ist Herbarts Arbeit auf dem Gebiete der Pädagogik fruchtbar geworden. Er hat unter Pädagogen eine reiche Anhängerschaft gefunden. Aber nicht nur unter diesen. Das scheint bei dieser Weltanschauung, die ein Bild dürftiger, grauer Allgemeinheiten bietet, nicht auf den ersten Blick einleuchtend. Es erklärt sich aber daraus, daß gerade die weltanschauungsbedürftigsten Naturen einen gewissen Hang nach solchen Allgemeinbegriffen haben, die sich mit starrer Notwendigkeit wie die Glieder eines Rechenexempels aneinanderreihen. Es hat etwas Bestrickendes, zu erleben, wie sich Gedankenglied an Gedankenglied wie von selbst kettet, weil es das Gefühl der Sicherheit erweckt. Man schätzt die mathematischen Wissenschaften wegen dieser Sicherheit so hoch. Sie bauen sich gleichsam von selbst auf; man gibt nur das Gedankenmaterial dazu her und überläßt das Weitere der selbsttätigen logischen Notwendigkeit. Bei dem Fortgang des Hegelschen Denkens, das mit Wirklichkeit gesättigt ist, muß man fortwährend eingreifen. Es ist mehr Wärme, mehr Unmittelbarkeit in diesem Denken; dafür aber bedarf sein Fortfließen immerwährend des Zutuns der Seele. Es ist ja die Wirklichkeit, die man in Gedanken einfängt; diese immer fließende, in jedem ihrer Punkte individuelle Wirklichkeit, die jeder logischen Starrheit widerstrebt. Auch Hegel hatte zahlreiche Schüler und Anhänger. Aber diese waren weit weniger treu als diejenigen Herbarts. So lange Hegels mächtige Persönlichkeit seine Gedanken belebte, so lange übte sie ihren Zauber; und überzeugend wirkte, worauf dieser Zauber lag. Nach seinem Tode gingen viele seiner Schüler die eigenen Wege. Und das ist nur natürlich. Denn wer selbständig ist, wird auch sein Verhältnis zur Wirklichkeit auf selbständige Art gestalten. Bei Herbarts Schülern nehmen wir ein anderes wahr. Sie sind treu. Sie bilden die Lehren des Meisters fort; den Grundstock seiner Gedanken aber behalten sie in unveränderter Form bei. Wer sich in Hegels Denkweise einlebt, der vertieft sich in den Werdegang der Welt, der in unzähligen Entwickelungsstufen sich darlebt. Da kann der einzelne zwar angeregt werden, diesen Weg des Werdens zu gehen; er kann aber die einzelnen Stufen nach seiner individuellen Vorstellungsart gestalten. Bei Herbart hat man es mit einem fest in sich gefügten Gedankensystem zu tun, das durch seine solide Struktur Vertrauen einflößt. Man kann es ablehnen. Nimmt man es aber an, dann wird man es auch in seiner ursprünglichen Gestalt annehmen müssen. Denn das Individuelle, das Persönliche, das zwingt, sein eigenes Selbst dem fremden Selbst gegenüberzustellen: dieses fehlt gerade.

*

«Das Leben ist eine mißliche Sache; ich habe mir vorgenommen, das meinige damit hinzubringen, über dasselbe nachzudenken.» Diese Worte äußerte *Arthur Schopenhauer* (1788—1860) im Beginne seiner Universitätszeit einmal zu Wieland. Aus dieser Stimmung heraus ist seine Weltanschauung erwachsen. Harte eigene Erlebnisse und die Beobachtung trauriger Erfahrungen anderer hatte Schopenhauer hinter sich, als er in der philosophischen Gedankenarbeit ein neues Lebensziel ergriff. Der plötzliche Tod des Vaters, der durch einen Fall von einem Speicher herbeigeführt wurde, die schlimmen Erlebnisse innerhalb des kaufmännischen Berufes, der Anblick von Schauplätzen des menschlichen Elends auf den Reisen, die der Jüngling machte, und vieles andere hatten in ihm weniger das Bedürfnis hervorgerufen, die Welt zu erkennen, weil er sie für des Erkennens wert erachtete, als vielmehr das ganz andere, in der Betrachtung der Dinge sich ein Mittel zu schaffen, sie zu ertragen. Er brauchte eine Weltanschauung zur Beruhigung seiner düsteren Gemütsverfassung. Als er 1809 die Universität bezog, waren die Gedanken, die Kant, Fichte und Schelling der deutschen Weltanschauungsentwickelung einverleibt haben, in voller Nachwirkung. Hegels Stern war eben im Aufgehen. Dieser hatte 1806 sein erstes größeres Werk «Die Phänomenologie des Geistes» erscheinen lassen. In Göttingen hörte Schopenhauer die Lehren *Gottlob Ernst Schulzes,* des Verfassers des «Aenesidemus», der zwar in gewisser Beziehung Kants Gegner war, der aber dem Studenten doch Kant und Plato als die beiden großen Geister bezeichnete, an die er sich zu halten habe. Mit Feuereifer versenkte sich Schopenhauer in Kants Vorstellungsart. Er bezeichnet die Revolution, die dadurch in seinem Kopfe hervorgebracht wurde, als eine geistige Wiedergeburt. Er findet bei ihr um so mehr seine Befriedigung, als er sie in voller Übereinstimmung findet mit den Ansichten des anderen Philosophen, auf den ihn Schulze hingewiesen hatte, mit denen Platos. Sagt doch dieser: So lange wir uns zu den Dingen und Vorgängen bloß wahrnehmend verhalten, sind wir wie Menschen, die in einer finsteren Höhle festgebunden sitzen, so daß sie den Kopf nicht drehen können, und nichts sehen, als beim Lichte eines hinter ihnen brennenden Feuers, an der ihnen gegenüberliegenden Wand, die Schattenbilder wirklicher Dinge, die zwischen ihnen und dem Feuer vorübergeführt werden, ja auch voneinander und jeder von sich selbst nur die Schatten. Wie diese Schatten zu wirklichen Dingen, so verhalten sich unsere Wahrnehmungsdinge zu den *Ideen,* die das wahrhaft Wirkliche sind. Die Dinge der wahrnehmbaren Welt entstehen und vergehen, die Ideen sind ewig. Hat nicht Kant ein Gleiches gelehrt? Ist nicht auch für ihn die wahrnehmbare Welt nur Erscheinungswelt? Zwar den Ideen hat der Königsberger Weise nicht diese urewige Wirklichkeit zugeschrieben; aber in der Auffassung der in Raum und Zeit ausgebreiteten Wirklichkeit herrscht, für Schopenhauer, zwischen Plato und Kant völlige Übereinstimmung. Bald wurde diese Ansicht auch seine unumstößliche Wahrheit. Er sagte sich: Ich erhalte von den Dingen Kenntnis, insofern ich sie sehe, höre, fühle usw., mit einem Worte: insofern ich sie *vorstelle.* Ein Gegenstand ist für mich *nur in meiner Vorstellung* vorhanden. Himmel, Erde usw. sind also meine Vorstellungen, denn das «Ding an sich», das ihnen entspricht, ist nur dadurch mein Gegenstand geworden, daß es den Charakter der Vorstellung angenommen hat.

So unbedingt richtig Schopenhauer nun alles fand, was Kant über den Vorstellungscharakter der Wahrnehmungswelt vorbrachte, so wenig befriedigt fühlte er sich durch dessen Bemerkungen über das «Ding an sich». Auch Schulze war ja ein Gegner dieser Ansichten Kants. Wie können wir von einem «Dinge an sich» etwas wissen, wie können wir überhaupt nur ein Wort über dasselbe aussprechen, wenn wir nur von Vorstellungen wissen, und das «Ding an sich» gänzlich außerhalb aller Vorstellung liegt? Schopenhauer mußte einen anderen Weg suchen, um zum «Ding an sich» zu kommen. Er wurde bei diesem Suchen viel mehr von den zeitgenössischen Weltanschauungen beeinflußt, als er je zugegeben hat. Das Element, das Schopenhauer zu seiner aus Kant und Plato gewonnenen Überzeugung hinzufügte, als «Ding an sich», das treffen wir bei Fichte, dessen Vorlesungen er 1811 in Berlin gehört hat. Und wir treffen es auch bei Schelling. Die reifste Form der Ansichten Fichtes konnte Schopenhauer in Berlin hören. Es ist diese Form in den nachgelassenen Schriften Fichtes überliefert. Dieser verkündet eindringlich, während ihm Schopenhauer - nach eigenem Geständnis - «aufmerksam zuhört», daß alles Sein zuletzt in einem *Universalwillen* begründet ist. Sobald der Mensch den Willen in sich vorfindet, gewinnt er die Überzeugung, daß es eine von seinem Individuum unabhängige Welt gibt. Der Wille ist nicht Wissen des Individuums, sondern eine Form des wirklichen *Seins.* Fichte hätte diese seine Weltanschauung auch bezeichnen können: «*Die Welt als Wissen und Wille*». Und in Schellings Schrift: «Über das Wesen der menschlichen Freiheit und die damit zusammenhängenden Gegenstände» steht doch der Satz: «Es gibt in der letzten und höchsten Instanz gar kein anderes Sein als *Wollen. Wollen ist Ursein* und auf dieses allein passen alle Prädikate desselben: Grundlosigkeit, Ewigkeit, Unabhängigkeit von der Zeit, Selbstbejahung. Die ganze Philosophie strebt nur dahin, diesen höchsten Ausdruck zu finden.» - Daß Wollen Ursein ist, wird auch zu Schopenhauers Ansicht. Wenn das Wissen ausgelöscht wird, bleibt der Wille übrig. Denn der Wille geht dem Wissen voran. Das Wissen hat seinen Ursprung in meinem Gehirn, sagt sich Schopenhauer. Dieses muß aber hervorgebracht sein durch eine tätige, schöpferische Kraft. Der Mensch kennt eine solche schöpferische Kraft in seinem eigenen Wollen. Schopenhauer sucht nun nachzuweisen, daß auch das, was in den übrigen Dingen wirksam ist, *Wille* ist. Der Wille liegt somit als «Ding an sich» der bloß vorgestellten Wirklichkeit zugrunde. Und von diesem «Ding an sich» können wir wissen. Es liegt nicht, wie das Kantische, jenseits unseres Vorstellens, wir erleben sein Wirken innerhalb unseres eigenen Organismus.

Es schreitet die Weltanschauungsentwickelung der neueren Zeit durch Schopenhauer insofern weiter, als mit ihm einer der Versuche beginnt, *eine* der Grundkräfte des Selbstbewußtseins zum allgemeinen Weltprinzipe zu erheben. Im tätigen Selbstbewußtsein liegt das Rätsel des Zeitalters. Schopenhauer ist nicht in der Lage, ein Weltbild zu finden, das in sich die Wurzeln des Selbstbewußtseins enthält. Das haben Fichte, Schelling, Hegel versucht. Schopenhauer nimmt *eine* Kraft des Selbstbewußtseins heraus, den *Willen*, und behauptet von diesem, er sei nicht bloß in der Menschenseele, sondern in der ganzen Welt. So ist für ihn zwar der Mensch nicht mit seinem vollen Selbstbewußtsein in den Weltursprüngen gelegen, wohl aber mit einem Teil desselben, mit dem Willen. Schopenhauer stellt sich damit als einer derjenigen Repräsentanten der neueren Weltanschauungsentwickelung dar, welche das Grundrätsel der Zeit nur teilweise in ihr Bewußtsein zu fassen vermochten.

Auch Goethe übte einen tiefgehenden Einfluß auf Schopenhauer aus. Vom Herbst 1813 bis zum Mai 1814 genoß dieser den Umgang mit dem Dichter. Goethe führte den Philosophen persönlich in die Lehre von den Farben ein. Die Anschauungsart des ersteren entsprach vollständig den Vorstellungen, die sich Schopenhauer über die Art gebildet hatte, wie unsere Sinnesorgane und unser Geist verfahren, wenn sie Dinge und Vorgänge wahrnehmen. Goethe hatte über die Wahrnehmungen des Auges, über Licht und Farben sorgfältige und ausgedehnte Untersuchungen angestellt und deren Ergebnis in seinem Werke «Zur Farbenlehre» verarbeitet. Er ist zu Ansichten gelangt, die von denen Newtons, des Begründers der modernen Farbenlehre, abweichen. Man kann den Gegensatz, der zwischen Newton und Goethe auf diesem Gebiete besteht, nicht von dem richtigen Gesichtspunkte aus beurteilen, wenn man nicht von dem Grundunterschied in den Weltauffassungen der beiden Persönlichkeiten ausgeht. Goethe betrachtet die Sinnesorgane des Menschen als die besten, die höchsten physikalischen Apparate. Für die Farbenwelt muß ihm daher das Auge die höchste Instanz sein zur Feststellung der gesetzmäßigen Zusammenhänge. Newton und die Physiker untersuchen die in Frage kommenden Erscheinungen in der Weise, die von Goethe als das «größte Unheil der neueren Physik» bezeichnet wird und die, wie bereits im anderen Zusammenhang (S. 206) angeführt, darin besteht, daß «man die Experimente gleichsam vom Menschen abgesondert hat, und bloß in dem, was künstliche Instrumente zeigen, die Natur erkennen, ja, was sie leisten kann, dadurch beschränken und beweisen will». Das Auge nimmt Hell und Dunkel oder Licht und Finsternis und innerhalb des hell-dunklen Beobachtungsfeldes die Farben wahr. Goethe bleibt innerhalb dieses Feldes stehen und sucht nachzuweisen, wie Licht, Finsternis und Farbe zusammenhängen. Newton und seine Anhänger wollen die Licht- und Farbenvorgänge beobachten, wie sie sich außerhalb des menschlichen Organismus im Raum abspielen, wie sie also auch verlaufen müßten, wenn es kein Auge gäbe. Eine solche vom Menschen abgesonderte Außensphäre hat aber für die Goethesche Weltanschauung keine Berechtigung. Nicht dadurch gelangen wir zum Wesen eines Dinges, daß wir von den Wirkungen absehen, die wir gewahr werden, sondern in der genauen, mit dem Geiste erfaßten Gesetzmäßigkeit dieser Wirkungen haben wir dieses Wesen gegeben. Die Wirkungen, die das Auge wahrnimmt, in ihrer Gesamtheit erfaßt und in ihrem gesetzmäßigen Zusammenhange dargestellt, sind das Wesen des Lichtes und der Farben, - nicht eine vom Auge abgesonderte Welt äußerer Vorgänge, die mit künstlichen Instrumenten festgestellt werden soll. «Denn eigentlich unternehmen wir umsonst, das Wesen eines Dinges auszudrücken. Wirkungen werden wir gewahr *und eine vollständige Geschichte dieser Wir-*

kungen umfaßte allenfalls das Wesen jenes Dinges. Vergebens bemühen wir uns, den Charakter eines Menschen zu schildern; man stelle dagegen seine Handlungen, seine Taten zusammen, und ein Bild des Charakters wird uns entgegentreten. Die Farben sind Taten des Lichtes, Taten und Leiden. In diesem Sinne können wir von denselben Aufschlüsse über das Licht erwarten. Farben und Licht stehen zwar untereinander in dem genauesten Verhältnis, aber wir müssen uns beide als der ganzen Natur angehörig denken; *denn sie ist es ganz, die sich dadurch dem Sinne des Auges besonders offenbaren will.*» Man findet hier Goethes Weltansicht auf einen speziellen Fall angewendet. Im menschlichen Organismus, durch seine Sinne, durch seine Seele offenbart sich, was in der übrigen Natur verborgen liegt. Diese gelangt im Menschen auf ihren Gipfel. Wer daher die Wahrheit der Natur außer dem Menschen sucht, wie Newton, der kann sie, nach Goethes Grundansicht, nicht finden.

Schopenhauer sieht in der Welt, die dem Geiste in Raum und Zeit gegeben ist, nur eine Vorstellung dieses Geistes. Das Wesen dieser Vorstellungswelt enthüllt sich uns in dem Willen, von dem wir unseren eigenen Organismus durchdrungen sehen. Er kann daher sich nicht einlassen auf eine physikalische Lehre, die das Wesen der Licht- und Farbenerscheinungen nicht in den dem Auge gegebenen Vorstellungen sieht, sondern in einer Welt, die abgesondert von dem Auge vorhanden sein soll. Goethes Vorstellungsart mußte ihm daher sympathisch sein, weil sie innerhalb der Vorstellungswelt des Auges stehen bleibt. Er fand in ihr eine Bestätigung dessen, was er selbst über diese Welt annehmen mußte. Der Kampf zwischen Goethe und Newton ist nicht etwa bloß eine physikalische Frage, sondern eine Angelegenheit der ganzen Weltanschauung. Wer der Ansicht ist, daß sich über die Natur etwas ausmachen läßt durch Experimente, die vom Menschen abgesondert sind, der muß auf dem Boden der Newtonschen Farbenlehre stehen bleiben. Die moderne Physik ist dieser Ansicht. Sie kann daher über Goethes Farbenlehre nur das Urteil fällen, das Hermann Helmholtz in seiner Abhandlung «Goethes Vorahnungen kommender naturwissenschaftlicher Ideen» ausgesprochen hat: «Wo es sich um Aufgaben handelt, die durch die in Anschauungsbildern sich ergehenden dichterischen Divinationen gelöst werden können, hat sich der Dichter der höchsten Leistungen fähig gezeigt, wo nur die bewußt durchgeführte induktive Methode hätte helfen können, ist er gescheitert.» Sieht man in den menschlichen Anschauungsbildern nur Produkte, die zu der Natur hinzukommen, so muß man feststellen, was in der Natur, abgesehen von diesen Anschauungsbildern, geschieht. Sieht man in ihnen, wie Goethe, Offenbarungen der in der Natur enthaltenen Wesenheiten, so wird man sich an sie halten, wenn man die Wahrheit erforschen will. Schopenhauer steht allerdings weder auf dem einen, noch auf dem anderen Standpunkte. Er will in den Wahrnehmungen der Sinne gar nicht das Wesen der Dinge erkennen; er lehnt die physikalische Methode ab, weil diese nicht bei dem stehen bleibt, was uns einzig und allein vorliegt, bei den Vorstellungen. Aber auch er hat die Frage aus einer rein physikalischen zu einer Weltanschauungsfrage gemacht. Und da er im Grunde doch auch bei seiner Weltanschauung von dem Menschen ausgegangen ist, nicht von einer vom Menschen abgesonderten Außenwelt, so mußte er sich für Goethe entscheiden. Denn dieser hat für die Farbenlehre die Konsequenz gezogen, die sich notwendig für den ergeben muß, der in dem Menschen mit seinen gesunden Sinnen den «größten und genauesten physikalischen Apparat» sieht. Hegel, der als Philosoph ganz auf dem Boden dieser Weltanschauung steht, muß daher energisch für Goethes Farbenlehre eintreten. Wir lesen in seiner Naturphilosophie: «Die dem Begriffe angemessene Darstellung der Farben verdanken wir *Goethe,* den die Farben und das Licht früh angezogen haben, sie zu betrachten, besonders dann von seiten der Malerei; und sein reiner, einfacher Natursinn, die erste Bedingung des Dichters, mußte solcher Barbarei der Reflexion, wie sie sich in Newton findet, widerstreben. Was von *Plato* an über Licht und Farbe statuiert und experimentiert worden ist, hat er durchgenommen. Er hat das Phänomen einfach aufgefaßt; und der wahrhafte Instinkt der Vernunft besteht darin, das Phänomen von der Seite aufzufassen, wo es sich am einfachsten darstellt.»

Der wesentliche Grund aller Weltvorgänge ist für Schopenhauer der *Wille.* Er ist ein ewiges, dunkles Streben nach Dasein. Er enthält keine Vernunft. Denn die Vernunft entsteht erst in dem menschlichen Gehirn, das vom Willen geschaffen wird. Während Hegel die selbstbewußte Vernunft, den Geist zum Weltengrunde macht und in der menschlichen Vernunft nur eine individuelle Verwirklichung der allgemeinen Weltvernunft sieht, läßt Schopenhauer die Vernunft nur als Produkt des Gehirnes gelten, als eine Schaumblase, die zuletzt entsteht, wenn der vernunftlose, dunkle Drang, der Wille, alles andere geschaffen hat. Bei Hegel sind alle Dinge und Vorgänge vernünftig, denn sie werden ja von der Vernunft hervorgebracht; bei Schopenhauer ist alles unvernünftig, denn es ist von dem unvernünftigen Willen hervorgebracht. An Schopenhauer sieht man so deutlich wie nur irgend möglich das Wort Fichtes bestätigt: Was man für eine Weltanschauung wähle, das hängt davon ab, was für ein Mensch man ist. Schopenhauer hat böse Erfahrungen gemacht, er hat die Welt von ihrer schlechtesten Seite kennengelernt, bevor er sich entschlossen hat, über sie nachzudenken. Ihn befriedigt es daher, diese Welt als in ihrem Wesen unvernünftig vorzustellen, als das Ergebnis eines blinden Willens. Die Vernunft hat, nach seiner Denkweise, keine Macht über die Unvernunft. Denn sie entsteht selbst als das Ergebnis der Unvernunft, sie ist Schein und Traum, aus dem Willen herausgezeugt. Schopenhauers Weltanschauung ist die in Gedanken umgesetzte düstere Grundstimmung seines Gemütes. Sein Auge war nicht darauf eingestellt, die vernünftigen Einrichtungen des Daseins mit Freuden zu verfolgen; es sah nur die in Leiden und Schmerzen sich ausdrückende Unvernunft des blinden Willens. Seine Sittenlehre konnte sich daher auch nur auf die Wahrnehmung des Leidens gründen. Moralisch ist ihm eine Handlung nur, wenn sie auf dieser Wahrnehmung beruht. Das *Mitleid* muß Quelle der menschlichen Taten sein. Was könnte der Besseres tun, der einsieht, daß alle Wesen leiden, als alle seine Handlungen von dem Mitgefühl leiten lassen? Da in dem Willen das Unvernünftige und Schlechte liegt, so wird der Mensch moralisch um so höher stehen, je mehr er das ungestüme Wollen in sich ertötet. Der Ausdruck des Willens in der einzelnen Person ist die Selbstsucht, der Egoismus. Wer sich dem Mitgefühl hingibt, also nicht für sich, sondern für andere will, der ist über den Willen Herr geworden. - Ein Weg, um von dem Willen loszukommen, besteht in der Hingabe an das Kunstschaffen und an die Eindrücke, die von Kunstwerken ausgehen. Der Künstler schafft nicht, weil er etwas begehrt, nicht weil sein eigensüchtiges Wollen auf Dinge und Vorgänge gerichtet ist. Er schafft aus unegoistischer Freude. Er versenkt sich in das Wesen der Dinge als reiner Betrachter. Ebenso ist es bei dem Genießen der Kunstwerke. Wenn wir vor einem Kunstwerke stehen und sich die Begierde in uns regt, wir möchten es besitzen, dann sind wir noch in die niedrigen Gelüste des Willens verstrickt. Erst wenn wir die Schönheit bewundern, ohne sie zu begehren, haben wir uns auf den erhabenen Standpunkt erhoben, auf dem wir nicht mehr von dem blinden Willen abhängig sind. Dann aber ist die Kunst für uns etwas geworden, was uns für Augenblicke erlöst von der Unvernunft des blind wollenden Daseins. Am reinsten ist diese Erlösung im Genusse der *musikalischen* Kunstwerke. Denn die Musik spricht nicht durch die Vorstellung zu uns wie die anderen Kunstarten. Sie bildet nichts ab in der Natur. Da alle Naturdinge und Vorgänge nur Vorstellungen sind, so können die Künste, welche diese Dinge und Vorgänge zum Vorbild nehmen, auch nur als Verkörperungen und Vorstellungen an uns herankommen. Die Töne erzeugt der Mensch ohne natürliches Vorbild aus sich heraus. Weil er den Willen als sein Wesen in sich hat, so kann es auch nur der Wille sein, der die Welt der Musik aus sich ganz unmittelbar ausströmt. Deshalb spricht die Musik so stark zum menschlichen Gemüte, weil sie die Verkörperung dessen ist, was das innerste Wesen des Menschen, sein wahres Sein, den Willen, ausdrückt. Und es ist ein Triumph des Menschen, daß er eine Kunst hat, in der er willensfrei, selbstlos das genießt, was der Ursprung alles Begehrens, der Ursprung aller Unvernunft ist. Diese Anschauung Schopenhauers über die Musik ist wieder das Ergebnis seiner ganz persönlichen Eigenart. Schon als Hamburger Kaufmannslehrling schreibt er an seine Mutter: «Wie fand das himmlische Samenkorn Raum auf unserem harten Boden, auf welchem Notwendigkeit und Mangel um jedes Plätzchen streiten? Wir sind ja verbannt vom Urgeist und sollen nicht zu ihm empordringen. ... Und doch hat ein mitleidender Engel die himmlische Blume für uns erfleht und sie prangt hoch in voller Herrlichkeit auf diesem Boden des Jammers gewurzelt. - Die Pulsschläge der *göttlichen Tonkunst* haben nicht aufgehört zu schlagen durch die Jahrhunderte der Barbarei und ein *unmittelbarer Widerhall des Ewigen* ist uns in ihr geblieben, jedem Sinn verständlich und selbst über Laster und Tugend erhaben.»

Man kann an der Stellung, welche die beiden Gegenfüßler der Weltanschauung, Hegel und Schopenhauer, zur Kunst einnehmen, sehen, wie die Weltauffassung eingreift in das persönliche Verhältnis des Menschen zu den einzelnen Gebieten des Lebens. Hegel, der in der Vorstellungs- und Ideenwelt des Menschen das sah, worauf die ganze äußere Natur als zu ihrer Vollendung hinstrebt, kann als vollkommenste Kunst auch nur diejenige anerkennen, in welcher der Geist am höchsten, am vollendetsten erscheint, und wo er doch zugleich an demjenigen haftet, was fortwährend nach ihm hinstrebt. Jedes Gebilde der äußeren Natur will Geist sein; aber es erreicht ihn nicht. Wenn nun der Mensch ein solches äußeres, räumliches Gebilde schafft, dem er den Geist einprägt, den es sucht, aber durch sich selbst nicht erreichen kann, dann hat er ein vollkommenes Kunstwerk geschaffen. Das ist in der *Plastik* der Fall. Was sonst nur im Innern der menschlichen Seele als gestaltloser Geist, als Idee erscheint, das gestaltet der plastische Künstler aus dem rohen Stoff heraus. Die Seele, das Gemüt, die wir in unserem Bewußtsein ohne Gestalt wahrnehmen: sie sprechen aus der Statue, aus einem Gebilde des Raumes. In dieser Vermählung von Sinnenwelt und geistiger Welt liegt das Kunstideal einer Weltanschauung, die im Hervorbringen des Geistes den Zweck der Natur sieht, also das Schöne auch nur in einem Werke sehen kann, das als unmittelbarer Ausdruck des an der Natur zum Vorschein kommenden Geistes erscheint. Wer dagegen wie Schopenhauer in aller Natur nur Vorstellung sieht, der kann unmöglich dieses Ideal in einem Werke sehen, das die Natur nachahmt. Er muß zu einer Kunstart greifen, die frei von aller Natur ist: das ist die *Musik*.

Alles, was zur Austilgung, ja Abtötung des Willens führt, sah Schopenhauer folgerichtig für erstrebenswert an. Denn ein Vertilgen des Willens bedeutet Vertilgen des Unvernünftigen in der Welt. Der Mensch soll nicht wollen. Er soll alles Begehren in sich ertöten. Die *Askese* ist daher Schopenhauers moralisches Ideal. Der Weise wird alle Wünsche in sich auslöschen, seinen Willen vollständig verneinen. Er bringt es so weit, daß kein Motiv ihn noch zum Wollen nötigt. Sein Streben besteht nur noch in dem *quietistischen* Drange nach Erlösung von allem Leben. In den weltverneinenden Lebensansichten des Buddhismus sah Schopenhauer eine hohe Weisheitslehre. Man kann daher seine Weltansicht gegenüber der Hegelschen eine reaktionäre nennen. Hegel suchte den Menschen überall mit dem Leben auszusöhnen, er strebte danach, alles Handeln als die Mitarbeit an einer vernünftigen Ordnung der Welt darzustellen. Schopenhauer betrachtet die Lebensfeindschaft, die Abkehr von der Wirklichkeit, die Weltflucht als Ideal des Weisen.

*

In der Hegelschen Art der Welt- und Lebensanschauung liegt etwas, was Zweifel und Fragen hervortreiben kann. Hegels Ausgangspunkt ist das reine Denken, die abstrakte Idee, die er selbst als «austernhaftes, graues oder ganz schwarzes» Wesen bezeichnet (Brief an Goethe vom 20. Februar 1821), von der er aber zugleich behauptet, daß sie aufzufassen sei als die «Darstellung Gottes, wie er in seinem ewigen Wesen vor der Erschaffung der Natur und eines endlichen Geistes ist.» Das Ziel, zu dem er kommt, ist der inhaltvolle, individuelle Menschengeist, durch den das erst zum Vorschein kommt, was in dem Grauen, Austernhaften nur ein schattenhaftes Dasein führt. Er kann leicht so verstanden werden, daß eine *Persönlichkeit* als lebendiges, selbstbewußtes Wesen außer dem menschlichen Geiste nicht vorhanden sei. Hegel leitet das Inhaltreiche, das wir in uns *erleben*, aus dem Ideellen ab, das wir *erdenken* müssen. Man kann es verstehen, daß Geister von einer gewissen Gemütsanlage sich von dieser Welt- und Lebensansicht abgestoßen fühlten. Nur Denker von solch selbstlos hingebungsvoller Art wie *Karl Rosenkranz* (1805—1879) waren imstande, sich ganz in den Gedankengang Hegels einzuleben und in voller Übereinstimmung mit diesem selbst ein Ideengebäude zu schaffen, das wie eine Wiedergabe des Hegelschen aus einer weniger bedeutenden Natur heraus erscheint. Andere konnten nicht begreifen, wie sich der Mensch durch die reine Idee aufklären soll über die Unendlichkeit und Mannigfaltigkeit der Eindrücke, die auf ihn einstürmen, wenn er den Blick auf die farben- und formenreiche Natur richtet, und wie er dadurch etwas gewinnen soll, daß er von den Erlebnissen der Empfindungs-, Gefühls- und Vorstellungswelt seiner Seele den Blick erhebt zu der eisigen Höhe des reinen Gedankens. Man wird zwar Hegel mißverstehen, wenn man ihn so auslegt; doch ist dieses Mißverstehen begreiflich. Einen Ausdruck fand diese durch Hegels Vorstellungsart unbefriedigte Stimmung in der Gedankenströmung, die ihre Vertreter hatte in *Franz Benedikt Baader* (1765—1841), *Karl Christian Friedrich Krause* (1781 bis 1832), *Immanuel Hermann Fichte* (1796—1879), *Christian Hermann Weiße* (1801—1866), *Anton Günther* (1783—1863), *K. F. E. Trahndorff* (1782—1863), *Martin Deutinger* (1815—1864) und *Hermann Ulrici* (1806 bis 1884). Sie waren bestrebt, an die Stelle des grauen, austernhaften, reinen Gedankens Hegels ein lebenerfülltes, persönliches Urwesen, einen individuellen Gott zu setzen. Baader nannte es eine «gottesleugnerische Vorstellung», zu glauben, Gott erlange erst im Menschen sein vollkommenes Dasein. Gott muß eine Persönlichkeit sein; und die Welt darf nicht so, wie sich das Hegel vorstellt, als ein logischer Prozeß aus ihm hervorgehen, in dem mit Notwendigkeit immer ein Begriff einen anderen hervortreibt. Nein, die Welt muß Gottes freie Tat, eine Schöpfung seines allmächtigen Willens sein. Es nähern sich diese Denker der christlichen Offenbarungslehre. Sie zu rechtfertigen und wissenschaftlich zu begründen, wird der mehr oder weniger bewußte Zweck ihres Nachsinnens. Baader versenkte sich in die Mystik Jacob Böhmes, des Meisters Eckhart, Taulers und Paracelsus', in deren bilderreicher Sprache er ein viel geeigneteres Mittel fand, die tiefsten Wahrheiten auszusprechen, als in den reinen Gedanken der Hegelschen Lehre. Daß er auch Schelling veranlaßte, seine Gedanken durch Aufnahme Jacob Böhmescher Vorstellungen zu vertiefen, mit wärmerem Inhalt zu erfüllen, ist bereits ausgeführt worden (vgl. S. 221 f.). Bemerkenswerte

Erscheinungen innerhalb der Weltanschauungsentwickelung werden immer Persönlichkeiten wie *Krause* sein. Er war Mathematiker. Er hat sich durch den stolzen, logisch-vollkommenen Charakter dieser Wissenschaft nicht bestimmen lassen, die Weltanschauungsfragen, die seine tiefsten Geistesbedürfnisse befriedigen sollten, nach dem Muster der Methode zu lösen, die ihm in dieser Wissenschaft geläufig war. Der Typus für solche Denker ist der große Mathematiker Newton, der die Erscheinungen des sichtbaren Weltalls wie ein Rechenexempel behandelte und daneben die Grundfragen der Weltanschauung für sich in einer dem Offenbarungsglauben nahestehenden Weise befriedigte. Eine Ansicht, die das Urwesen der Welt in den Dingen und Vorgängen sucht, kann Krause nicht anerkennen. Wer Gott in der Welt sucht, wie Hegel, kann ihn nicht finden. Denn zwar ist die Welt in Gott, Gott aber nicht in der Welt, sondern als selbständiges, in sich selig ruhendes Wesen vorhanden. Krauses Ideenwelt liegt zugrunde der «Gedanke eines unendlichen, selbständigen Wesens, welches außer sich nichts hat, an sich aber und in sich als der *eine* Grund alles ist, und welches wir mithin auch als den Grund denken von Vernunft, Natur und Menschheit». Er will nichts gemeinsam haben mit einer Anschauung, welche «das Endliche oder die Welt als den Inbegriff des Endlichen für Gott selbst hält, vergöttert, mit Gott verwechselt». Man möge sich in die unseren Sinnen und unserem Geiste gegebene Wirklichkeit noch so vertiefen, niemals wird man dadurch zum Urgrunde alles Seins kommen, von dem man nur dadurch eine Vorstellung erhalten kann, daß man die Beobachtung alles endlichen Daseins begleitet sein läßt von dem ahnenden Schauen eines Überweltlichen. *Immanuel Hermann*

Fichte hielt in seinen Schriften «Sätze zur Vorschule der Theologie» (1826) und «Beiträge zur Charakteristik der neueren Philosophie» (1829) eine scharfe Abrechnung mit dem Hegelianismus. Er hat in zahlreichen Werken dann seine Auffassung, daß ein bewußtes, persönliches Wesen den Welterscheinungen zugrunde gelegt werden müsse, zu begründen und zu vertiefen gesucht. Um der Gegnerschaft gegen die von dem reinen Denken ausgehende Anschauung Hegels eine nachdrückliche Wirkung zu verschaffen, verband er sich mit den gleichgesinnten Freunden *Weiße, Sengler, K. Ph. Fischer, Chalybäus, Fr. Hoffmann, Ulrici, Wirth* und anderen im Jahre 1837 zur Herausgabe der «Zeitschrift für Philosophie und spekulative Theologie». Nach I. H. Fichtes Überzeugung ist nur derjenige zu der höchsten Erkenntnis emporgestiegen, der begriffen hat, daß «der höchste, wahrhaft das Weltproblem lösende Gedanke die Idee des in seiner idealen wie realen Unendlichkeit sich wissenden, durchschauenden Ursubjekts oder der *absoluten Persönlichkeit*» ist. «Die Weltschöpfung und Erhaltung, was eben die *Weltwirklichkeit* ausmacht, besteht lediglich in der ununterbrochenen, vom Bewußtsein durchdrungenen Willenserweisung Gottes, so daß er nur Bewußtsein und Wille, beides aber in höchster Einheit, er allein mithin *Person*, oder sie im eminentesten Sinne ist.» *Chr. Hermann Weiße* glaubte von der Hegelschen Weltanschauung zu einer vollkommen theologischen Betrachtungsweise aufsteigen zu müssen. In der christlichen Idee von den drei Persönlichkeiten in der *einigen* Gottheit sah er das Ziel seines Denkens. Diese Idee suchte er daher mit einem ungemeinen Aufwand von Scharfsinn als Ergebnis eines natürlichen, unbefangenen Denkens hinzustellen. Etwas *unendlich Reicheres* als Hegel mit seiner grauen Idee glaubte Weiße zu besitzen in seiner dreieinigen persönlichen Gottheit, der lebendiger Wille eigen ist. Dieser lebendige Wille «wird, mit einem Worte, der innergöttlichen Natur ausdrücklich die Gestalt und keine andere geben, welche in der Heiligen Schrift Alten und Neuen Testamentes allerorten vorausgesetzt wird, wenn sie Gott sowohl vor der Schöpfung der Welt, als auch bei und nach derselben in dem lichten Elemente seiner Herrlichkeit, als umgeben von einer unabsehbaren Heerschar dienender Geister mit einer flüssigen, immateriellen Leiblichkeit vorstellt, durch die ihm überall ausdrücklich auch sein Verkehr mit der geschaffenen Welt vermittelt wird».

Anton Günther, der «Wiener Philosoph» und der unter seinem Einfluß stehende *Martin Deutinger* bewegen sich mit ihren Weltanschauungsgedanken ganz innerhalb des Rahmens der katholisch-theologischen Vorstellungsart. Der erstere sucht den Menschen dadurch von der natürlichen Weltordnung loszulösen, daß er ihn in zwei Stücke zertrennt, in ein Naturwesen, das der notwendigen Gesetzmäßigkeit wie die niedrigeren Dinge angehört, und in ein Geistwesen, das ein selbständiger Teil einer höheren Geisterwelt ist und ein Dasein hat wie ein «seiendes» Wesen bei Herbart. Er glaubte dadurch das Hegeltum, das im Geiste nur eine höhere Stufe des Naturdaseins sieht, zu überwinden und eine christliche Weltanschauung zu begründen. Die Kirche selbst war nicht dieser Ansicht, denn in Rom wurden Günthers Schriften auf den Index der verbotenen Bücher gesetzt. Deutinger kämpfte heftig gegen Hegels reines Denken, das, nach seiner Ansicht, das lebensvolle Sein nicht verschlingen dürfe. Der lebendige Wille gilt ihm höher als der reine Gedanke. Jener kann als schaffender wirklich etwas hervorbringen; dieser ist machtlos und abstrakt. Diesen lebendigen Willen macht auch *Trahndorff* zu seinem Ausgangspunkte. Nicht aus dem Schattenreich der Ideen kann die Welt erklärt werden, sondern der kraftvolle Wille muß diese Ideen ergreifen, um wirkliches Dasein zu schaffen. Nicht im denkenden Begreifen der Welt erschließt sich dem Menschen deren tiefster Gehalt, sondern in einer Gemütserregung, in der *Liebe,* durch die sich der einzelne an die Gesamtheit, an den im All waltenden Willen hingibt. Man sieht es ganz deutlich: alle diese Denker sind bemüht, das Denken und seinen Gegenstand, die reine Idee, zu überwinden. Sie wollen dieses Denken nicht als die höchste Geistesäußerung des Menschen gelten lassen. Trahndorff will, um das Urwesen der Welt zu begreifen, dieses nicht *erkennen,* sondern *lieben.* Es soll ein Gegenstand für das Gemüt, nicht für die Vernunft sein. Durch das klare, reine Denken, glauben diese Philosophen, werde die warme, religiöse Hingabe an die Urkräfte des Daseins zerstört.

Dieser letzteren Vorstellung liegt eine mißverständliche Auffassung der Hegelschen Gedankenwelt zugrunde. Dieses Mißverständnis trat besonders in den Anschauungen zutage, die sich nach Hegels Tode über dessen Stellung zur Religion geltend machten. Die Unklarheit, die über diese Stellung herrschend wurde, spaltete die Anhängerschaft Hegels in eine Partei, die in seiner Weltanschauung eine feste Stütze des geoffenbarten Christentums erblickte, und in eine solche, die seine Lehre gerade dazu benutzte, die christlichen Anschauungen aufzulösen und durch eine radikal freigeistige Ansicht zu ersetzen.

Weder die eine noch die andere Partei hätte sich auf Hegel berufen können, wenn sie ihn richtig verstanden hätten. Denn in Hegels Weltanschauung liegt nichts, was zur Stütze einer Religion dienen oder zu deren Auflösung führen kann. So wenig Hegel irgendeine Erscheinung der Natur aus dem reinen Gedanken heraus schaffen wollte, so wenig wollte er das mit einer Religion tun. Wie er aus den Vorgängen der Natur den reinen Gedanken herauslösen und sie dadurch *begreifen* wollte, so verfolgte er auch bei der Religion lediglich das Ziel, ihren Gedankengehalt an die Oberfläche zu bringen. Wie er alles in der Welt als vernünftig ansah, weil es wirklich ist, so auch die Religion. Sie muß da sein, geschaffen durch ganz andere Seelenkräfte als dem Denker zur Verfügung stehen, wenn dieser an sie herantritt, um sie zu begreifen. Es war auch der Irrtum der I. H. Fichte, Chr. H. Weiße, Deutinger und anderer, daß sie Hegel deshalb bekämpften, weil er nicht von der Sphäre des reinen Gedankens fortgeschritten sei zu dem religiösen Erfassen der persönlichen Gottheit. Eine solche Aufgabe hat sich aber Hegel nie gestellt. Sie betrachtete er als Sache des religiösen Bewußtseins. Fichte, Weiße, Krause, Deutinger und andere wollten aus der Weltanschauung heraus eine Religion *schaffen.* Hegel wäre eine solche Aufgabe ebenso absurd vorgekommen, wie wenn jemand aus der Idee des Lichtes heraus die Welt hätte erleuchten wollen, oder aus dem Gedanken des Magnetismus einen Magneten erschaffen. Allerdings stammt, nach seiner Ansicht, so wie die ganze Natur- und Geisteswelt, auch die Religion aus der Idee. Deshalb kann der menschliche Geist diese Idee in der Religion wiederfinden. Aber wie der Magnet aus dem Gedanken des Magnetismus geschaffen ist *vor* dem Entstehen des menschlichen Geistes und dieser *hinterher* diese Entstehung nur zu *begreifen* hat, so ist auch die Religion aus dem Gedanken *geworden,* bevor dieser Gedanke in der menschlichen Seele als ein Bestandteil der Weltanschauung aufleuchtete. Hegel würde, wenn er die Religionskritik seiner Schüler erlebt hätte, zu dem Ausspruche gedrängt worden sein: Lasset die Hände weg von aller Grundlegung einer Religion, von allem Schaffen religiöser Vorstellungen, solange ihr Denker bleiben wollt und nicht Messiasse werden wollt. Die Weltanschauung Hegels kann, richtig verstanden, nicht zurückwirken auf das religiöse Bewußtsein. Wer über die Kunst nachdenkt, steht zu dieser in dem gleichen Verhältnisse wie derjenige zur Religion, der deren Wesen ergründen will.

*

Dem Kampf der Weltanschauungen dienten die von *Arnold Ruge* und *Theodor Echtermeyer* in den Jahren 1838 bis 1843 herausgegebenen «Hallischen Jahrbücher». Von einer Verteidigung und Erklärung Hegels gingen sie bald zu einer selbständigen Fortbildung seiner Ideen weiter und führten auf diese Weise zu den Gesichtspunkten hinüber, die wir im nächsten Aufsatz als diejenigen der «radikalen Weltanschauungen» kennzeichnen. Vom Jahre 1841 an nennen die Herausgeber ihre Zeitschrift «Deutsche Jahrbücher» und betrachten als eines ihrer Ziele den «Kampf gegen die politische Unfreiheit, gegen Feudal- und Landgutstheorie». Sie griffen als radikale Politiker in die Zeitentwickelung ein, forderten einen Staat, in dem vollkommene Freiheit herrscht. Sie entfernten sich somit von dem Geiste Hegels, der nicht Geschichte machen, sondern Geschichte begreifen wollte.

Im Beginne der vierziger Jahre führt ein Mann kräftige Schläge gegen die Weltanschauung Hegels, der sich vorher gründlich und intim in sie eingelebt hatte. Es ist *Ludwig Feuerbach* (1804—1872). Die Kriegserklärung gegen die Weltanschauung, aus der er herausgewachsen war, ist in radikaler Form gegeben in seinen Schriften «Vorläufige Thesen zur Reform der Philosophie» (1842) und in den «Grundsätzen der Philosophie der Zukunft» (1843). Die weitere Ausführung seiner Gedanken können wir in seinen anderen Schriften verfolgen «Das Wesen des Christentums» (1841), «Das Wesen der Religion» (1845) und in der «Theogonie» (1857). - In dem Wirken Ludwig Feuerbachs wiederholte sich auf dem Gebiete der Geisteswissenschaft ein Vorgang, der sich fast ein Jahrhundert früher auf dem naturwissenschaftlichen Gebiet (1759) durch das Auftreten *Caspar Friedrich Wolffs* vollzogen hat. Die Tat Wolffs bedeutet eine Reform der Idee der Entwickelung auf dem Felde der Wissenschaft von den Lebewesen. Wie die Entwickelung vor Wolff verstanden wurde, das ist am deutlichsten aus den Ansichten des Mannes zu ersehen, welcher der Umwandlung dieser Vorstellung den heftigsten Widerspruch entgegengesetzt hat: *Albrecht von Hallers*. Dieser Mann, in dem die Physiologen mit Recht einen der bedeutendsten Geister ihrer Wissenschaft verehren, konnte sich die Entwickelung eines lebendigen Wesens nicht anders vorstellen als so, daß der Keim bereits alle Teile, die während des Lebensverlaufes auftreten, im kleinen, aber vollkommen vorgebildet enthalte. Die Entwickelung soll also Auswickelung eines schon Dagewesenen sein, das zuerst wegen seiner Kleinheit oder aus anderen Gründen für die Wahrnehmung verborgen war. Wird diese Anschauung konsequent festgehalten, so entsteht im Laufe der Entwickelung nichts Neues, sondern es wird ein Verborgenes, Eingeschachteltes fortlaufend an das Licht des Tages gebracht. Haller hat diese Ansicht ganz schroff vertreten. In der Urmutter Eva war im kleinen, verborgen, schon das ganze Menschengeschlecht vorhanden. Diese Menschenkeime sind nur im Laufe der Weltgeschichte ausgewickelt worden. Man sehe, wie der Philosoph *Leibniz* (1646—1716) die gleiche Vorstellung ausspricht: «So sollte ich meinen, daß die Seelen, welche eines Tages menschliche Seelen sein werden, im Samen, wie jene von anderen Spezies, dagewesen sind, daß sie in den Voreltern bis auf Adam, also seit dem Anfang der Dinge, immer in der Form organisierter Dinge existiert haben.» Nun hat Wolff in seiner 1759 erschienenen «Theoria generationis» dieser Idee der Entwickelung eine andere gegenübergestellt, die von der Annahme ausgeht, daß Glieder, die im Verlaufe des Lebens eines Organismus auftreten, vorher in keiner Weise vorhanden waren, sondern in dem Zeitpunkte, in dem sie wahrnehmbar werden, auch als wirkliche *Neubildungen* erst entstehen. Wolff zeigte, daß in dem Ei nichts von der Form des ausgebildeten Organismus vorhanden ist, sondern daß dessen Entwickelung eine Kette von Neubildungen ist. Diese Ansicht macht erst die Vorstellung eines wirklichen *Werdens* möglich. Denn sie erklärt, daß etwas entsteht, was noch nicht dagewesen ist, also im wahren Sinne «wird».

Hallers Ansicht leugnet das Werden, da sie nur ein fortlaufendes Sichtbarwerden eines schon Dagewesenen zugibt. Dieser Naturforscher setzte daher der Idee Wolffs den Machtspruch entgegen: «Es gibt kein Werden». (Nulla est epigenesis!) Damit hat er in der Tat bewirkt, daß Wolffs Anschauung jahrzehntelang gänzlich unberücksichtigt geblieben ist. Goethe schiebt den Widerstand, der seinen Bemühungen um die Erklärung der Lebewesen entgegengebracht worden ist, der Einschachtelungslehre in die Schuhe. Er hat sich bestrebt, die Gestaltungen innerhalb der organischen Natur aus ihrem Werden, ganz im Sinne einer wahrhaften Entwickelungsansicht zu verstehen, wonach das an einem Lebewesen zum Vorschein Kommende nicht schon verborgen dagewesen ist, sondern wirklich erst *entsteht*, wenn es erscheint. Er schreibt 1817, daß dieser Versuch, der seiner 1790 verfaßten Schrift über die Metamorphose der Pflanzen zugrunde lag, eine «kalte, fast unfreundliche Begegnung zu erfahren hatte. Solcher Widerwille jedoch war ganz natürlich: die *Einschachtelungslehre*, der Begriff von Präformation, von sukzessiver Entwickelung des von Adams Zeiten her schon Vorhandenen hatten sich selbst der besten Köpfe im allgemeinen bemächtigt.» Auch in Hegels Weltanschauung konnte man noch einen Rest der alten Einschachtelungslehre sehen. Der reine Gedanke, der im Menschengeiste erscheint: er sollte in allen Erscheinungen eingeschachtelt liegen, bevor er in dem Menschen zum wahrnehmbaren Dasein gelangt. Vor die Natur und den individuellen Geist setzt Hegel diesen reinen Gedanken, der gleichsam sein soll die «Darstellung Gottes, wie er in seinem ewigen Wesen vor der Erschaffung» der Welt war. Die Entwickelung der Welt stellt sich somit als eine Auswickelung des reinen Gedankens dar. So stellte sich Feuerbach zu Hegel. Der Protest *Ludwig Feuerbachs* gegen die Weltanschauung Hegels beruht darauf, daß er ein Vorhandensein des Geistes *vor* seinem wirklichen Auftreten in dem Menschen ebensowenig anerkennen konnte, wie Wolff zuzugeben imstande war, daß die Teile des lebendigen Organismus schon im Ei vorgebildet seien. Wie dieser in den Organen des Lebewesens *Neubildungen* sah, so Feuerbach in dem individuellen Geiste des Menschen. Dieser ist in keiner Weise vor seinem wahrnehmbaren Dasein vorhanden; er *entsteht* erst in dem Zeitpunkte, in dem er wirklich auftritt. Es ist also für Feuerbach unberechtigt, von einem Allgeist, von einem Wesen zu sprechen, in dem der einzelne Geist seinen Ursprung habe. Es ist kein vernünftiges Sein vor seinem tatsächlichen Auftreten in der Welt vorhanden, das sich den Stoff, die wahrnehmbare Welt so gestaltet, daß zuletzt im Menschen sein Abbild zur Erscheinung kommt, sondern vor der Entstehung des Menschengeistes sind nur vernunftlose Stoffe und Kräfte vorhanden, die aus sich heraus ein Nervensystem gestalten, das sich im Gehirn konzentriert; und in diesem *entsteht* als vollkommene *Neubildung* etwas noch nicht Dagewesenes: die menschliche, vernunftbegabte Seele. Für eine solche Weltanschauung gibt es keine Möglichkeit, die Vorgänge und Dinge von einem geistigen Urwesen abzuleiten. Denn ein Geistwesen ist eine Neubildung infolge der Organisation des Gehirns. Und wenn der Mensch Geistiges in die Außenwelt versetzt, so stellt er sich völlig willkürlich vor, daß ein Wesen, wie es seinen eigenen Handlungen zugrunde liegt, außer ihm vorhanden sei und die Welt regiere. Jegliches geistige Urwesen muß der Mensch aus seiner Phantasie heraus erst erschaffen; die Dinge und Vorgänge der Welt geben keine Veranlassung, ein solches anzunehmen. Nicht das geistige Urwesen, in dem die Dinge eingeschachtelt liegen, hat den Menschen nach seinem Ebenbilde geschaffen, sondern der Mensch hat sich nach seinem eigenen Wesen das Phantasiebild eines solchen Urwesens geformt. Das ist Feuerbachs Überzeugung. «Das Wissen des Menschen von Gott ist das Wissen des Menschen von sich, von seinem eigenen Wesen. Nur die Einheit des Wesens und Bewußtseins ist Wahrheit. Wo das Bewußtsein Gottes, da ist auch das Wesen Gottes - *also im Menschen.*» Der Mensch fühlte sich nicht stark genug, sich ganz auf sich selbst zu stützen; deshalb schuf er sich nach dem eigenen Bilde ein unendliches Wesen, das er verehrt und anbetet. Die Hegelsche Weltanschauung hat zwar alle anderen Eigenschaften aus dem Urwesen entfernt; sie hat aber für dasselbe noch die Vernünftigkeit beibehalten. Feuerbach entfernt auch diese; und damit hat er das Urwesen selbst beseitigt. Er setzt an die Stelle der Gottesweisheit völlig die Weltweisheit. Als einen notwendigen Wendepunkt in der Weltanschauungsentwickelung bezeichnet Feuerbach das «offene Bekenntnis und Eingeständnis, daß das Bewußtsein Gottes nichts anderes ist als das Bewußtsein» der Menschheit, daß der Mensch kein «anderes Wesen als absolutes, als göttliches Wesen denken, ahnen, vorstellen, fühlen, glauben, wollen, lieben und verehren kann *als das menschliche Wesen*». Es gibt eine Anschauung von der Natur und eine solche von dem Menschengeiste, aber keine von dem Wesen Gottes. Nichts ist wirklich als das Tatsächliche. «Das Wirkliche in seiner Wirklichkeit oder als Wirkliches ist das Wirkliche als Objekt des Sinns, ist das *Sinnliche*. Wahrheit, Wirklichkeit, Sinnlichkeit sind identisch. Nur ein sinnliches Wesen ist ein wahres, ein wirkliches Wesen. Nur durch die Sinne wird ein Gegenstand im wahren Sinne gegeben - nicht durch das Denken für sich selbst. Das mit dem Denken gegebene oder identische Objekt ist nur Gedanke.» Das heißt denn doch nichts anderes als: das Denken tritt im menschlichen Organismus als Neubildung auf, und man ist nicht berechtigt, sich vorzustellen, daß der Gedanke *vor* seinem Auftreten schon in irgendeiner Form in der Welt eingeschachtelt verborgen gelegen hat. Man soll nicht die Beschaffenheit des tatsächlich Vorhandenen dadurch erklären wollen, daß man es aus einem schon Dagewesenen ableitet. Wahr und göttlich ist nur das Tatsächliche, was «unmittelbar ... sich selbst gewiß ist, unmittelbar für sich spricht und einnimmt, unmittelbar die Bejahung, daß es ist, nach sich zieht - das schlechthin Entschiedene, schlechthin Unzweifelhafte, das Sonnenklare. Aber sonnenklar ist nur das Sinnliche; nur wo die Sinnlichkeit anfängt, hört aller Zweifel und Streit auf. Das Geheimnis des unmittelbaren Wissens ist die Sinnlichkeit.» Feuerbachs Bekenntnis gipfelt in den Worten: «Die Philosophie zur Sache der Menschheit zu machen, das war mein erstes Bestreben. Aber wer einmal diesen Weg einschlägt, kommt notwendig zuletzt dahin, *den Menschen zur Sache der Philosophie zu machen.*» «Die neue Philosophie macht den Menschen mit Einschluß der Natur, als der Basis des Menschen, zum alleinigen, universalen und höchsten Gegenstand der Philosophie - die Anthropologie also, mit Einschluß der Physiologie zur Universalwissenschaft.» Feuerbach fordert, daß die Vernunft nicht als Ausgangspunkt an die Spitze der Weltanschauung gestellt werde, wie dies Hegel tut, sondern daß sie als Entwickelungsprodukt, als Neubildung betrachtet werde an dem menschlichen Organismus, an dem sie tatsächlich auftritt. Und ihm ist jede Abtrennung des Geistigen von dem Leiblichen zuwider, weil es nicht anders verstanden werden kann, denn als Entwickelungsergebnis des Leiblichen.

«Wenn der Psycholog sagt: ‚Ich unterscheide mich von meinem Leibe', so ist damit ebensoviel gesagt, als wenn der Philosoph in der Logik oder in der Metaphysik der Sitten sagt: ‚Ich abstrahiere von der menschlichen Natur. Ist es möglich, daß du von deinem Wesen abstrahierst? Abstrahierst du denn nicht als Mensch? Denkst du ohne Kopf? ... Die Gedanken sind abgeschiedene Seelen. Gut; aber ist nicht auch die abgeschiedene Seele noch ein treues Bild des weiland leibhaftigen Menschen? Ändern sich nicht selbst die allgemeinsten metaphysischen Begriffe ... von Sein und Wesen, so wie sich das wirkliche Sein und Wesen der Menschen ändert? Was heißt also: Ich abstrahiere von der menschlichen Natur? Nichts weiter, als ich abstrahiere vom Menschen, wie er Gegenstand meines Bewußtseins und Denkens ist, aber nimmermehr vom Menschen, der hinter meinem Bewußtsein liegt, das heißt von meiner Natur, an die nolens volens unauflöslich meine Abstraktion gebunden ist. So abstrahierst du denn auch als Psycholog in Gedanken von deinem Leibe, aber gleichwohl bist du im Wesen aufs innigste mit ihm verbunden, das heißt, du *denkst dich* unterschieden von ihm, aber du bist deswegen noch lange nicht von ihm wirklich unterschieden. ... Hat aber nicht auch *Lichtenberg* recht, wenn er behauptet: man sollte eigentlich nicht sagen, *ich denke,* sondern *es denkt.* Wenn also gleich das: *Ich denke,* sich vom Leibe unterscheidet, folgt daraus, daß auch das: *Es denkt,* das Unwillkürliche in unserem Denken, die Wurzel und Basis des: *Ich denke,* vom Leibe unterschieden ist? Woher kommt es denn, daß wir nicht zu jeder Zeit denken können, daß uns nicht die Gedanken nach Belieben zu Gebote stehen, daß wir oft mitten in einer geistigen Arbeit trotz der angestrengtesten Willensbestrebungen nicht von der Stelle kommen, bis irgendeine äußere Veranlassung, oft nur eine Witterungsveränderung, die Gedanken wieder flott macht? *Daher, daß auch die Denktätigkeit eine organische Tätigkeit ist.* Warum müssen wir oft jahrelang Gedanken mit uns herumtragen, ehe sie uns klar und deutlich werden? *Darum, weil auch die Gedanken einer organischen Entwickelung unterworfen sind, auch die Gedanken reifen und zeitigen müssen, so gut als die Früchte auf dem Felde und die Kinder im Mutterleibe.*»

*

Feuerbach weist auf *Georg Christoph Lichtenberg* hin, den im Jahre 1799 verstorbenen Denker, der mit mancher seiner Ideen als ein Vorläufer der Weltanschauung betrachtet werden muß, die in Geistern wie Feuerbach einen Ausdruck gefunden hat und der mit seinen anregenden Vorstellungen wohl nur deshalb nicht so befruchtend für das neunzehnte Jahrhundert geworden ist, weil die alles überschattenden mächtigen Gedankengebäude Fichtes, Schellings, Hegels die Gedankenentwickelung so in Anspruch genommen haben, daß aphoristische Ideenblitze, wenn sie auch so erhellend waren wie die Lichtenbergs, übersehen werden konnten. Man braucht nur an einzelne Aussprüche des bedeutenden Mannes zu erinnern, um zu zeigen, wie in der von Feuerbach eingeleiteten Gedankenbewegung sein Geist wieder auflebte. «Gott schuf den Menschen nach seinem Bilde, das heißt vermutlich, der Mensch schuf Gott nach dem seinigen.» «Unsere Welt wird noch so fein werden, daß es so lächerlich sein wird, einen Gott zu glauben als heutzutage Gespenster.» «Ist denn wohl unser Begriff von Gott etwas anderes als personifizierte Unbegreiflichkeit?» «Die Vorstellung, die wir uns von einer Seele machen, hat viel Ähnlichkeit mit der von einem Magneten in der Erde. Es ist bloß Bild. Es ist ein dem Menschen angeborenes Erfindungsmittel, sich alles unter dieser Form zu denken.» «Anstatt daß sich die Welt in uns spiegelt, sollten wir vielmehr sagen, unsere Vernunft spiegelt sich in der Welt. Wir können nichts anderes, wir müssen Ordnung und weise Regierung in der Welt erkennen, dies folgt aus der Einrichtung unserer Denkkraft. Es ist aber noch keine Folge, daß etwas, was wir notwendig denken müssen, auch wirklich so ist ... also daraus ... läßt sich kein Gott erweisen.» «Wir werden uns gewisser Vorstellungen bewußt, die nicht von uns abhängen; andere, glauben wir wenigstens, hängen von uns ab; wo ist die Grenze? Wir kennen nur allein die Existenz unserer Empfindungen, Vorstellungen und Gedanken. *Es denkt,* sollte man sagen, so wie man sagt: *es blitzt.*» Hätte Lichtenberg bei solchen Gedankenansätzen die Fähigkeit gehabt, eine in sich harmonische Weltanschauung auszubilden: er hätte nicht in dem Grade unberücksichtigt bleiben können, in dem dies geschehen ist. Zur Bildung einer Weltanschauung gehört nicht nur Überlegenheit des Geistes, die er besaß, sondern auch das Vermögen, Ideen im Zusammenhange allseitig auszugestalten und plastisch zu runden. Dies Vermögen ging ihm ab. Seine Überlegenheit spricht sich in einem vortrefflichen Urteile über das Verhältnis Kants zu seinen Zeitgenossen aus: «Ich glaube, daß, so wie die Anhänger des Herrn Kant ihren Gegnern immer vorwerfen, sie verständen ihn nicht, so auch manche glauben, Herr Kant habe recht, weil sie ihn verstehen. Seine Vorstellungsart ist neu und weicht von der gewöhnlichen sehr ab; und wenn man nun auf einmal Einsicht in dieselbe erlangt, so ist man auch sehr geneigt, sie für wahr zu halten, zumal da er so viele eifrige Anhänger hat. Man sollte aber dabei immer bedenken, daß dieses Verstehen noch kein Grund ist, es selbst für wahr zu halten. Ich glaube, daß die meisten über der Freude, ein sehr abstraktes und dunkel abgefaßtes System zu verstehen, zugleich geglaubt haben, es sei demonstriert.» - Wie geistesverwandt sich Ludwig Feuerbach mit Lichtenberg fühlen mußte, das zeigt sich besonders, wenn man vergleicht, auf welche Gesichtspunkte sich beide Denker stellten, wenn sie das Verhältnis ihrer Weltanschauung zum praktischen Leben in Betracht zogen. Die Vorlesungen, die Feuerbach vor einer Anzahl von Studenten im Winter 1848 über das «Wesen der Religion» hielt, schloß er mit den Worten: «Ich wünsche nur, daß ich die mir ... gestellte, in einer der ersten Stunden ausgesprochene Aufgabe nicht verfehlt habe, die Aufgabe nämlich, Sie aus Gottesfreunden zu Menschenfreunden, aus Gläubigen zu Denkern, aus Betern zu Arbeitern, aus Kandidaten des Jenseits zu Studenten des Diesseits, aus Christen, welche ihrem eigenen Bekenntnis und Geständnis zufolge ‚halb Tier, halb Engel' sind, zu Menschen, zu ganzen Menschen zu machen.» Wer, wie Feuerbach das getan hat, alle Weltanschauung auf die Grundlage der Natur- und Menschenerkenntnis stellt, der muß auch auf dem Gebiete der Moral alle Aufgaben, alle Pflichten ablehnen, die aus einem anderen Gebiet stammen als aus den natürlichen Anlagen des Menschen, oder die ein anderes Ziel haben als ein solches, das sich ganz auf die wahrnehmbare Welt bezieht. «Mein Recht ist mein gesetzlich anerkannter Glückseligkeitstrieb; meine Pflicht der mich zur Anerkennung zwingende Glückseligkeitstrieb anderer.» Nicht im Ausblick auf ein Jenseits wird mir Aufschluß, was ich tun soll, sondern aus der Betrachtung des Diesseits. Soviel Kraft ich darauf verwende, irgendwelche Aufgaben zu erfüllen, die sich auf das Jenseits beziehen, so viel entziehe ich von meinen Fähigkeiten dem Diesseits, für das ich einzig bestimmt bin. «Konzentration auf das *Diesseits*» ist es daher, was Ludwig Feuerbach verlangt. Wir können in Lichtenbergs Schriften ähnliche Worte lesen. Aber gerade diese sind zugleich mit Bestandteilen vermischt, die zeigen, wie wenig es einem Denker, der nicht das Vermögen hat, seine Ideen in sich harmonisch auszubilden, gelingt, eine Idee bis in ihre äußersten Konsequenzen zu verfolgen. Lichtenberg fordert schon die Konzentration auf das Diesseits, aber er durchsetzt diese Forderung noch immer mit Vorstellungen, die auf ein Jenseits zielen. «Ich glaube, sehr viele Menschen vergessen über ihre Erziehung für den Himmel, die für die Erde. *Ich sollte denken, der Mensch handelte am weisesten, wenn er erstere ganz an ihren Ort gestellt sein ließe.* Denn wenn wir von einem weisen Wesen an diese Stelle gesetzt worden sind, woran kein Zweifel ist, *so laßt uns das Beste in dieser Station tun,* und uns nicht durch Offenbarungen blenden. Was der Mensch zu seiner Glückseligkeit zu wissen nötig hat, das weiß er gewiß ohne alle andere Offenbarung als die, die er seinem Wesen nach besitzt.» Vergleiche, wie der zwischen Lichtenberg und Feuerbach, sind für die Geschichte der Weltanschauungsentwickelung bedeutsam. Sie zeigen den Fortgang der Geister am anschaulichsten, weil man aus ihnen erkennt, was der Zeitabstand, der zwischen ihnen liegt, an diesem Fortgang bewirkt hat. Feuerbach ist durch Hegels Weltanschauung durchgegangen; er hat aus ihr die Kraft gezogen, seine entgegengesetzte Ansicht allseitig auszubilden. Er wurde nicht mehr gestört durch die Kantsche Frage: ob wir denn wirklich auch ein Recht haben, der Welt, die wir wahrnehmen, auch Wirklichkeit zuzuschreiben oder ob diese Welt nur in unserer Vorstellung existiere? Wer das letztere behauptet, der kann in die jenseits der Vorstellungen liegende wahre Welt alle möglichen Triebkräfte für den Menschen verlegen. Er kann neben der natürlichen eine übernatürliche Weltordnung gelten lassen, wie dies Kant getan hat. Wer aber im Sinne Feuerbachs das Wahrnehmbare für das Wirkliche erklärt, der muß alle übernatürliche Weltordnung ablehnen. Für ihn gibt es keinen irgendwoher aus dem Jenseits stammenden kategorischen Imperativ; für ihn sind nur Pflichten vorhanden, die sich aus den natürlichen Trieben und Zielen des Menschen ergeben.

Um eine zur Hegelschen in solchem Gegensatz stehende Weltanschauung auszubilden, wie dies Feuerbach getan hat, dazu gehörte allerdings auch eine Persönlichkeit, die von der Hegels so verschieden war wie die seinige. Hegel fühlte sich *wohl* mitten im Getriebe des ihm gegenwärtigen Lebens. Das unmittelbare Treiben der Welt mit seinem philosopischem Geiste zu beherrschen, war ihm eine schöne Aufgabe. Als er von seiner Lehrtätigkeit in Heidelberg enthoben sein wollte, um nach Preußen überzugehen, da ließ er in seinem Abschiedsgesuch deutlich durchblicken, daß ihn die Aussicht lockte, einmal einen Tätigkeitskreis zu finden, der ihn nicht auf das bloße Lehren beschränke, sondern ihm das Eingreifen in die Praxis möglich mache. «Es müsse für ihn vornehmlich die Aussicht von größter Wichtigkeit sein, zu mehrer Gelegenheit bei weiter vorrückendem Alter von der prekären Funktion, Philosophie an einer Universität zu dozieren, zu einer anderen Tätigkeit übergehen und gebraucht werden zu können.» Wer eine solche Denkergesinnung hat, der muß in Frieden leben mit der Gestalt des praktischen Lebens, die dieses zu seiner Zeit angenommen hat. Er muß die Ideen, von denen es durchtränkt ist, vernünftig finden. Nur daraus kann er die Begeisterung schöpfen, an ihrem Ausbau mitzuwirken. Feuerbach war dem Leben seiner Zeit nicht freundlich gesinnt. Ihm war die Stille eines abgeschiedenen Ortes lieber als das Getriebe des in seiner Zeit «modernen» Lebens. Er spricht sich darüber deutlich aus: «Überhaupt werde ich mich nie mit dem Städteleben versöhnen. Von Zeit zu Zeit in die Stadt zu ziehen, um zu lehren, das halte ich, nach den Eindrücken ..., die ich bereits hier hervorgebracht habe, für gut, ja für meine Pflicht; aber dann muß ich wieder zurück in die ländliche Einsamkeit, um hier im Schoße der Natur zu studieren und auszuruhen. ... Meine nächste Aufgabe ist, meine Vorlesungen, wie meine Zuhörer wünschen, oder die Papiere Vaters zum Drucke vorzubereiten.» Von seiner Einsamkeit aus glaubte Feuerbach am besten beurteilen zu können, was an der Gestalt, die das wirkliche Leben angenommen hat, nicht natürlich, sondern nur durch die menschliche Illusion in dasselbe hineingetragen worden ist. Die Reinigung des Lebens von den Illusionen, das betrachtete er als seine Aufgabe. Dazu mußte er dem Leben in diesen Illusionen so fern als möglich stehen. Er suchte nach dem wahren Leben; das konnte er in der Form, die das Leben durch die Zeitkultur angenommen hatte, nicht finden. Wie ehrlich er es mit der «Konzentration auf das Diesseits» meinte, das zeigt ein Ausspruch, den er über die Märzrevolution getan hat. Sie schien ihm unfruchtbar, weil in den Vorstellungen, die ihr zugrunde lagen, noch der alte Jenseitsglaube fortlebte:

«Die Märzrevolution war überhaupt noch ein, wenn auch illegitimes Kind des christlichen Glaubens. Die Konstitutionellen glaubten, daß der Herr nur zu sprechen brauche: es sei Freiheit! es sei Recht! so ist auch schon Recht und Freiheit; und die Republikaner glaubten, daß man eine Republik nur zu *wollen* brauche, um sie auch schon ins Leben zu rufen; glaubten also an die Schöpfung gleichsam einer Republik aus *Nichts.* Jene versetzten die christlichen Wortwunder, diese die christlichen Tatwunder auf das Gebiet der Politik.» Nur eine Persönlichkeit, die die Harmonie des Lebens, deren der Mensch bedarf, in sich selbst zu tragen vermeint, kann bei dem tiefen Unfrieden, in dem Feuerbach mit der Wirklichkeit lebte, zugleich die Hymnen auf die Wirklichkeit sprechen, die er gesprochen hat. Dieses hören wir aus Worten wie diese: «In Ermangelung einer Aussicht ins Jenseits kann ich im Diesseits, im Jammertal der deutschen, ja europäischen Politik überhaupt, nur dadurch mich bei Leben und Verstand erhalten, daß ich die Gegenwart zu einem Gegenstande aristophanischen Gelächters . . . mache.» Nur eine solche Persönlichkeit konnte aber auch alle die Kraft, die andere von einer äußeren Macht ableiten, im Menschen selbst suchen.

Die Geburt des Gedankens hatte in der griechischen Weltanschauung bewirkt, daß der Mensch sich nicht mehr so verwachsen mit der Welt fühlen konnte, wie ihm das beim alten Bildvorstellen möglich war. Es war dies die erste Stufe in dem Bilden eines Abgrundes zwischen Mensch und Welt. Eine weitere Stufe war gegeben mit der Entwickelung der neueren naturwissenschaftlichen Denkungsart. Diese Entwickelung riß die Natur und die Menschenseele völlig auseinander. Es mußte auf der einen Seite entstehen ein Bild der Natur, in welchem der Mensch, seinem geistig-seelischen Wesen nach, nicht zu finden ist; und auf der anderen Seite eine Idee von der Menschenseele, welche zu der Natur keine Brücke fand. In der Natur fand man gesetzmäßige Notwendigkeit. Innerhalb dieser hatte keinen Platz, was in der Menschenseele sich findet: Impuls der Freiheit, der Sinn für ein Leben, das in einer geistigen Welt wurzelt und mit dem Sinnesdasein nicht erschöpft ist. Geister wie Kant fanden nur einen Ausweg, indem sie beide Welten völlig schieden: in der einen Naturwissen, in der anderen Glauben fanden. Goethe, Schiller, Fichte, Schelling, Hegel dachten die Idee der selbstbewußten Seele so umfassend, daß diese in einer höheren Geistnatur zu wurzeln schien, die *über* Natur und Menschenseele steht. Mit Feuerbach tritt ein Geist auf, welcher durch das Bild der Welt, welches die neue naturwissenschaftliche Vorstellungsart geben kann, sich genötigt glaubt, der Menschenseele alles absprechen zu müssen, was dem Naturbild widerspricht. Er macht die Menschenseele zu einem Gliede der Natur. Er kann dies nur, weil er alles aus dieser Menschenseele erst herausdenkt, was ihn stört, sie als ein Glied der Natur anzuerkennen. Fichte, Schelling, Hegel nahmen die selbstbewußte Seele als das, was sie ist; Feuerbach macht sie zu dem, was er für sein Weltbild braucht. Mit ihm tritt eine Vorstellungsart auf, welche sich überwältigt fühlt von dem Bilde der Natur. Sie kann mit den beiden Teilen des modernen Weltbildes, dem Naturbilde und dem Seelenbilde, nicht fertig werden; deshalb geht sie an dem *einen*, dem Seelenbilde, ganz vorbei. Wolffs Idee von der Neubildung führt dem Naturbilde fruchtbare Impulse zu; Feuerbach verwendet diese Impulse für eine Geistwissenschaft, die nur dadurch bestehen kann, daß sie sich auf den Geist gar nicht einläßt. Er begründet eine Weltanschauungsströmung, welche dem mächtigsten Impuls des modernen Seelenlebens, dem lebendigen Selbstbewußtsein, ratlos gegenübersteht. In dieser Weltanschauungsströmung zeigt sich dieser Impuls in der Art, daß er nicht nur als unbegreiflich genommen wird, sondern daß man sich, weil er unbegreiflich scheint, über seine wahre Gestalt hinwegsetzt und ihn zu etwas macht - einem Naturfaktor -, das er vor einer unbefangenen Beobachtung nicht ist.

*

«Gott war mein erster Gedanke, die Vernunft mein zweiter, der *Mensch* mein dritter und letzter Gedanke.» So schildert Feuerbach den Weg, den er gegangen war vom Gläubigen zum Anhänger der Hegelschen und dann zu seiner eigenen Weltanschauung. Dasselbe hätte der Denker von sich sagen können, der im Jahre 1835 eines der wirksamsten Bücher des Jahrhunderts geliefert hat, das «Leben Jesu». Es war *David Friedrich Strauß* (1808 bis 1874). Feuerbach ging von einer Untersuchung der menschlichen Seele aus und fand, daß sie das Bestreben hat, ihr eigenes Wesen in die Welt hinaus zu versetzen und als göttliches Urwesen zu verehren. Er versuchte eine psychologische Erklärung dafür, wie der Gottesbegriff entsteht. Den Anschauungen von Strauß lag ein ähnliches Ziel zugrunde, er ging aber nicht wie Feuerbach den Weg des Psychologen, sondern den des Geschichtsforschers. Und er stellte nicht den Gottesbegriff im allgemeinen, in dem umfassenden Sinn, in dem das Feuerbach getan hat, in den Mittelpunkt seines Nachsinnens, sondern den christlichen Begriff des Gottmenschen Jesu. Er wollte zeigen, wie die Menschheit zu dieser Vorstellung im Verlaufe der

Geschichte gelangt ist. Daß im menschlichen Geiste sich das göttliche Urwesen offenbart, war die Überzeugung der Hegelschen Weltanschauung. Diese hatte auch Strauß aufgenommen. Aber nicht in einem einzelnen Menschen kann sich, nach seiner Meinung, die göttliche Idee in ihrer ganzen Vollkommenheit verwirklichen. Der individuelle Einzelmensch ist immer nur ein unvollkommener Abdruck des göttlichen Geistes. Was dem einen Menschen zur Vollkommenheit fehlt, das hat der andere. Wenn man das ganze Menschengeschlecht ansieht, so wird man in ihm, auf unzählige Individuen verteilt, alle Vollkommenheiten finden, die der Göttlichkeit eigen sind. Das Menschengeschlecht im ganzen ist somit der fleischgewordene Gott, der Gottmensch. Dies ist, nach Strauß' Meinung, der Jesusbegriff des Denkers. Von diesem Gesichtspunkt aus tritt Strauß an die Kritik des christlichen Begriffes vom Gottmenschen heran. Was dem Gedanken nach auf das ganze Menschengeschlecht verteilt ist, legt das Christentum einer Persönlichkeit bei, die *einmal* im Verlauf der Geschichte wirklich existiert haben soll. «In einem Individuum, einem Gottmenschen, gedacht, widersprechen sich die Eigenschaften und Funktionen, welche die Kirchenlehre Christo zuschreibt: in der *Idee der [menschlichen] Gattung* stimmen sie zusammen.» Gestützt auf sorgfältige Untersuchungen über die historischen Grundlagen der Evangelien, sucht Strauß nachzuweisen, daß die Vorstellungen des Christentums Ergebnisse der religiösen Phantasie sind. Diese habe die religiöse Wahrheit, daß die menschliche Gattung der Gottmensch sei, zwar dunkel geahnt, aber nicht in klare Begriffe gefaßt, sondern in einer dichterischen Gestalt, in einem Mythus zum Ausdrucke gebracht. Die Geschichte des Gottessohnes wird so für Strauß zum Mythus, in dem die Idee der Menschheit dichterisch gestaltet wurde, lange bevor sie von den Denkern in der Form des reinen Gedankens erkannt wurde. Von diesem Gesichtspunkt aus gewinnt alles Wunderbare der christlichen Geschichte eine Erklärung, ohne daß man gezwungen ist, zu der vorher oft angenommenen trivialen Auffassung zu greifen, in den Wundern absichtliche Täuschungen oder Betrügereien zu sehen, zu denen der Religionsstifter entweder selbst gegriffen haben soll, um mit seiner Lehre einen möglichst großen Eindruck zu machen, oder welche die Apostel zu diesem Zwecke ersonnen haben sollen. Auch eine andere Ansicht, welche in den Wundern allerlei natürliche Vorgänge sehen wollte, war beseitigt. Die Wunder stellten sich dar als dichterisches Gewand für wirkliche Wahrheiten. Wie die Menschheit von ihren endlichen Interessen, dem Leben des Alltags, sich erhebt zu ihren unendlichen, zur Erkenntnis der göttlichen Wahrheit und Vernünftigkeit: das stellt der Mythus in dem Bilde des sterbenden und auferstehenden Heilandes dar. Das Endliche stirbt, um als Unendliches wieder zu erstehen.

Im Mythus der alten Völker ist der Niederschlag des Bildervorstellens der Urzeit zu sehen, aus dem sich das Gedankenerleben herausentwickelt hat. Ein Gefühl von dieser Tatsache lebt im neunzehnten Jahrhundert bei einer Persönlichkeit wie Strauß auf. Er will sich über den Fortgang und die Bedeutung des Gedankenlebens orientieren, indem er sich in den Zusammenhang der Weltanschauung mit dem mythischen Denken in der geschichtlichen Zeit vertieft. Er will wissen, wie die mythenbildende Vorstellungsart noch in die neuere Weltanschauung hereinwirkt. Und zugleich will er das menschliche Selbstbewußtsein in einer Wesenheit verankern, die außerhalb der einzelnen

Persönlichkeit liegt, indem er die ganze Menschheit als eine Verkörperung des Gottwesens sich vorstellt. Dadurch gewinnt er für die einzelne Menschenseele eine Stütze in der All-Menschenseele, welche ihre Entfaltung in dem Verlauf des geschichtlichen Werdens findet.

Noch radikaler geht Strauß zu Werke in seinem 1840 bis 1841 erschienenen Buche «Die christliche Glaubenslehre in ihrer geschichtlichen Entwickelung und im Kampfe mit der modernen Wissenschaft.» Hier handelt es sich ihm um Auflösung der christlichen Dogmen aus ihrer dichterischen Gestalt in die Gedankenwahrheiten, die ihnen zugrunde liegen. Er betont jetzt die Unverträglichkeit des modernen Bewußtseins mit demjenigen, das sich an die alten bildlich-mythischen Darstellungen der Wahrheit hält. «Also lasse der Glaubende den Wissenden, wie dieser jenen, ruhig seine Straße ziehen; wir lassen ihnen ihren Glauben, so lassen sie uns unsere Philosophie; und wenn es den Überfrommen gelingen sollte, uns aus ihrer Kirche auszuschließen, so werden wir dies für Gewinn achten. Falsche Vermittelungsversuche sind jetzt genug gemacht; nur die Scheidung der Gegensätze kann weiterführen.» Eine ungeheure Aufregung der Gemüter hatten Strauß' Anschauungen hervorgebracht. Bitter wurde es empfunden, daß die moderne Weltanschauung sich nicht mehr begnügte, die religiösen Grundvorstellungen im allgemeinen zu treffen, sondern daß sie durch eine mit allen wissenschaftlichen Mitteln ausgerüstete Geschichtsforschung die «Inkonsequenz» beseitigen wollte, von der einst Lichtenberg gesagt hatte, sie bestehe darin, daß sich die menschliche Natur sogar unter das Joch eines *Buches* geschmiegt habe. «Man kann sich» – fährt er fort – «nichts Entsetzlicheres denken, und dieses Beispiel allein zeigt, was für ein hilfloses Geschöpf der Mensch in concreto, ich meine in diese zweibeinige Phiole aus Erde, Wasser und Salz eingeschlossen, ist. Wäre es möglich, daß die Vernunft sich je einen despotischen Thron erbaute, so müßte ein Mann, der im Ernst das kopernikanische System durch die Autorität eines Buches widerlegen wollte, gehenkt werden. Daß in einem Buche steht, es sei von Gott, ist noch kein Beweis, daß es von Gott sei; daß aber unsere Vernunft von Gott sei, ist gewiß, man mag nun das Wort Gott nehmen, wie man will. - Die Vernunft straft da, wo sie herrscht, bloß mit den natürlichen Folgen des Vergehens oder mit Belehrung, wenn belehren strafen genannt werden kann.» Strauß wurde seiner Stelle als Repetent am Tübinger Stift infolge des «Lebens Jesu» enthoben; und als er dann eine Professur der Theologie an der Universität Zürich antrat, kam das Landvolk mit Dreschflegeln herbei, um den Auflöser des Mythus unmöglich zu machen und seine Pensionierung zu erzwingen.

Weit über das Ziel hinaus, das sich Strauß setzte, ging ein anderer Denker in seiner Kritik der alten Weltanschauung vom Standpunkte der neuen aus: *Bruno Bauer.* Die Ansicht, die Feuerbach vertritt, daß das Wesen des Menschen auch dessen höchstes Wesen sei und jedes andere höhere nur eine Illusion, die er nach seinem Ebenbild geschaffen und selbst über sich gesetzt hat, treffen wir auch bei Bruno Bauer, aber in grotesker Form. Er schildert, wie das menschliche Ich dazu kam, sich ein illusorisches Gegenbild zu schaffen, in Ausdrücken, denen man ansieht, daß sie nicht aus dem Bedürfnis eines liebevollen Begreifens des religiösen Bewußtseins, wie bei Strauß, sondern aus Freude an der Zerstörung hervorgingen. Er sagt, dem «alles verschlingenden Ich graute vor sich selbst;

es wagte sich nicht als alles und als die allgemeinste Macht zu fassen, das heißt, es blieb noch der religiöse Geist und vollendete seine Entfremdung, indem es seine allgemeine Macht als eine fremde sich selbst gegenüberstellte und dieser Macht gegenüber in Furcht und Zittern für seine Erhaltung und Seligkeit arbeitete». Bruno Bauer ist eine Persönlichkeit, die darauf ausgeht, ihr temperamentvolles Denken an allem Vorhandenen kritisch zu erproben. Daß das Denken berufen sei, zum Wesen der Dinge vorzudringen, hat er, als seine Überzeugung, aus Hegels Weltanschauung übernommen. Aber er ist nicht, gleich Hegel, dazu veranlagt, das Denken sich in einem Ergebnis, in einem Gedankengebäude ausleben zu lassen. Sein Denken ist kein hervorbringendes, sondern ein kritisches. Durch einen bestimmten Gedanken, durch eine positive Idee hätte er sich beschränkt gefühlt. Er will die kritische Kraft des Denkens nicht dadurch festlegen, daß er von einem Gedanken als von einem bestimmten Gesichtspunkt ausgeht, wie Hegel das getan hat. «Die Kritik ist einerseits die letzte Tat einer bestimmten Philosophie, welche sich darin von einer positiven Bestimmtheit, die ihre wahre Allgemeinheit noch beschränkt, befreien muß, und darum andererseits die Voraussetzung, ohne welche sie sich nicht zur letzten Allgemeinheit des Selbstbewußtseins erheben kann.» Dies ist das Glaubensbekenntnis der «*Kritik der Weltanschauung*», zu dem sich Bruno Bauer bekannte. Die «Kritik» glaubt nicht an Gedanken, Ideen, sondern nur an das Denken. «Der Mensch ist nun erst gefunden», triumphiert Bauer. Denn der Mensch ist nun durch nichts mehr gebunden als durch sein Denken. Menschlich ist nicht, sich an irgend etwas Außermenschliches hinzugeben, sondern alles im Schmelztiegel des Denkens zu bearbeiten.

Nicht Ebenbild eines anderen Wesens soll der Mensch sein, sondern vor allen Dingen «Mensch», und das kann er nur dadurch, daß er sich durch sein Denken dazu macht. Der denkende Mensch ist der wahre Mensch. Nicht irgend etwas Äußeres, nicht Religion, Recht, Staat, Gesetz usw. kann den Menschen zum Menschen machen, sondern allein sein Denken. In Bauer tritt die Ohnmacht des Denkens auf, die an das Selbstbewußtsein heranreichen will aber nicht kann.

*

Was Feuerbach als des Menschen höchstes Wesen erklärt hat, wovon Bruno Bauer behauptet hat, daß es durch die Kritik als Weltanschauung erst gefunden sei: «*den Menschen*», ihn sich völlig unbefangen und voraussetzungslos anzusehen, ist die Aufgabe, die sich *Max Stirner* (1806—1856) in seinem 1845 erschienenen Buche «Der Einzige und sein Eigentum» gestellt hat. Stirner findet: «Mit der Kraft der *Verzweiflung* greift Feuerbach nach dem gesamten Inhalt des Christentums, nicht, um ihn wegzuwerfen, nein, um ihn an sich zu reißen, um ihn, den langersehnten, immer ferngebliebenen, mit einer letzten Anstrengung aus seinem Himmel zu ziehen und auf ewig bei sich zu behalten. Ist dies nicht ein Griff der letzten Verzweiflung, ein Griff auf Leben und Tod, und ist es nicht zugleich die christliche Sehnsucht und Begierde nach dem Jenseits? Der Heros will nicht in das Jenseits eingehen, sondern das Jenseits an sich heranziehen und zwingen, daß es zum Diesseits werde! Und schreit seitdem nicht alle Welt, mit mehr oder weniger Bewußtsein, aufs ‚Diesseits' komme es an, und der Himmel müsse auf die Erde kommen und hier schon erlebt werden?» Stirner stellt der Ansicht Feuerbachs einen heftigen Widerspruch gegenüber: «Das höchste Wesen ist allerdings das Wesen des Menschen, aber eben weil es sein *Wesen* und nicht er selbst ist, so bleibt es sich ganz gleich, ob wir es außer ihm sehen und als ‚Gott' anschauen, oder in ihm finden und ‚Wesen des Menschen' oder ‚der Mensch' nennen. Ich bin weder Gott noch *der* Mensch, weder das höchste Wesen noch *mein* Wesen, und darum ist's in der Hauptsache einerlei, ob *ich* das Wesen in *mir* oder außer *mir* denke. Ja, wir denken auch wirklich immer das höchste Wesen in beiderlei Jenseitigkeit, in der innerlichen und äußerlichen, zugleich, denn der ‚Geist Gottes' ist nach christlicher Anschauung auch ‚Unser Geist' und ‚wohnet in uns'. Er wohnt im Himmel und wohnt in uns; wir armen Dinger sind eben nur seine ‚Wohnung', und wenn Feuerbach noch die himmlische Wohnung desselben zerstört und ihn nötigt, mit Sack und Pack zu uns zu ziehen, so werden wir, sein irdisches Logis, sehr überfüllt werden.» Solange das einzelne menschliche Ich noch irgendeine Kraft setzt, von der es sich abhängig fühlt, sieht es sich selbst nicht von seinem eigenen Gesichtspunkte, sondern von demjenigen dieser fremden Macht aus. Es besitzt sich nicht selbst, es wird von dieser Macht besessen. Der Religiöse sagt: Es gibt ein göttliches Urwesen, und dessen Abbild ist der Mensch. Er ist von dem göttlichen Urbilde *besessen*. Der Hegelianer sagt: Es gibt eine allgemeine Weltvernunft, und diese verwirklicht sich in der Welt, um im menschlichen Ich zu ihrem Gipfel zu gelangen. Das Ich ist also von der Weltvernunft besessen. Feuerbach sagt, es gibt ein Wesen des Menschen, und jeder einzelne ist ein individuelles Abbild dieses Wesens. Jeder einzelne ist also von dem «Wesen der Menschheit» besessen. Denn *wirklich vorhanden* ist nur der einzelne Mensch, nicht der «Gattungsbegriff der Menschheit», den Feuerbach an die Stelle des göttlichen Wesens setzt. Wenn also der einzelne Mensch die «Gattung Mensch» über sich setzt, so gibt er sich genau so an eine Illusion verloren, wie wenn er sich von einem persönlichen Gotte abhängig fühlt. Für Feuerbach werden daher die Gebote, die der Christ als von Gott eingesetzt glaubt und deshalb für verbindlich hält, zu Geboten, die bestehen, weil sie der allgemeinen Idee der Menschheit entsprechen. Der Mensch beurteilt sich sittlich so, daß er sich fragt: Entsprechen meine Handlungen als einzelner dem, was dem Wesen des Allgemein-Menschlichen angemessen ist? Denn Feuerbach sagt: «Ist das Wesen des Menschen das höchste Wesen des Menschen, so muß auch praktisch das höchste und erste Gesetz die Liebe des Menschen zum Menschen sein. Homo homini deus est. Die *Ethik ist ... an und für sich eine göttliche Macht.* Die moralischen Verhältnisse sind durch sich wahrhaft religiöse Verhältnisse. Das Leben ist überhaupt in seinen wesentlichen substantiellen Verhältnissen durchaus göttlicher Natur. Alles Richtige, Wahre, Gute hat überall seinen Heiligungsgrund in sich selbst, in seinen Eigenschaften. Heilig ist und sei die Freundschaft, heilig das Eigentum, heilig die Ehe, heilig das Wohl jedes Menschen, aber heilig an und für sich selbst.» Es gibt also allgemeinmenschliche Mächte; die Ethik ist eine solche. Sie ist heilig an und für sich selbst; ihr hat sich das Individuum zu fügen. Dieses Individuum soll nicht wollen, was es von sich aus will, sondern was im Sinne der heiligen Ethik liegt. Es ist von der Ethik *besessen.* Stirner charakterisiert diese Ansicht: «Für den Gott des einzelnen ist nun der Gott aller, nämlich ‚der Mensch' erhöht worden: ‚es ist ja unser aller Höchstes, Mensch zu sein'. Da aber niemand ganz das werden kann, was die Idee ‚Mensch' besagt, so bleibt der Mensch dem Einzelnen ein erhabenes Jenseits, ein unerreichtes höchstes Wesen, ein Gott.» Ein solch höchstes Wesen ist aber auch das *Denken*, das die Kritik als Weltanschauung zum Gott gemacht hat. Stirner kann daher auch vor ihm nicht haltmachen. «Der Kritiker fürchtet sich, ‚dogmatisch' zu werden oder Dogmen aufzustellen. Natürlich, er würde dadurch ja zum Gegensatz des Kritikers, zum Dogmatiker, er würde, wie er als Kritiker gut ist, nun böse. ... ‚Nur kein Dogma!' das ist sein - Dogma. Denn es bleibt der Kritiker mit dem Dogmatiker auf ein und demselben Boden, dem der *Gedanken*. Gleich dem letzteren geht er stets von einem Gedanken aus, aber darin weicht er ab, daß er's nicht aufgibt, den prinzipiellen Gedanken im *Denkprozesse* zu erhalten, ihn also nicht stabil werden läßt. Er macht nur den Denkprozeß gegen die Denkgläubigkeit, den Fortschritt im Denken gegen den Stillstand in demselben geltend. Vor der Kritik ist kein Gedanke sicher, da sie das Denken oder der denkende Geist selber ist ... Ich bin kein Gegner der Kritik, das heißt, ich bin kein Dogmatiker, und fühle mich von dem Zahne des Kritikers, womit er den Dogmatiker zerfleischt, nicht getroffen. Wäre ich ein ‚Dogmatiker', so stellte ich ein Dogma, das heißt, einen Gedanken, eine Idee, ein Prinzip obenan, und vollendete dies als ‚Systematiker', indem ich's zu einem System, das heißt, zu einem Gedankenbau ausspönne. Wäre ich umgekehrt ein Kritiker, nämlich ein Gegner des Dogmatikers, so führte ich den Kampf des freien Denkens gegen den knechtenden Gedanken, verteidigte das Denken gegen das Gedachte. Ich bin aber weder der Champion eines Gedankens, noch der des Denkens ...» Auch jeder Gedanke ist von dem individuellen Ich eines einzelnen erzeugt, und wäre er auch der Gedanke der eigenen Wesenheit. Und wenn der Mensch sein eigenes Ich zu erkennen glaubt, es irgendwie seiner Wesenheit nach beschreiben will, so macht er es schon von dieser Wesenheit abhängig. Ich mag ersinnen, was ich will: sobald ich mich begrifflich bestimme, definiere, mache ich mich zu einem Sklaven dessen, was mir der Begriff, die Definition liefert. Hegel machte das Ich zur Erscheinung der Vernunft, das heißt, er machte es von dieser abhängig. Aber alle solche Abhängigkeiten können dem Ich gegenüber nicht gelten; denn sie sind ja alle aus ihm selbst entnommen. Sie beruhen also darauf, daß das Ich sich täuscht. Es ist in Wahrheit nicht abhängig. Denn alles, wovon es abhängig sein soll, muß es erst selbst erzeugen. Es muß etwas aus sich nehmen, um es als «Spuk» über sich zu setzen. «Mensch, es spukt in deinem Kopfe; du hast einen Sparren zuviel! Du bildest dir große Dinge ein und malst dir eine ganze Götterwelt aus, die für dich da sei, ein Geisterreich, zu welchem du berufen seist, ein Ideal, das dir winkt. Du hast eine fixe Idee!» In Wahrheit kann kein Denken an das heranrücken, was als Ich in mir lebt. Ich kann mit meinem Denken an alles kommen, nur vor meinem Ich muß ich haltmachen. Das kann ich nicht denken, das kann ich nur *erleben.* Ich bin nicht Wille; ich bin nicht Idee, ebensowenig, wie ich Ebenbild einer Gottheit bin. Alle anderen Dinge mache ich mir durch mein Denken begreiflich. Das Ich lebe ich. Ich brauche mich nicht weiter zu definieren, zu beschreiben; denn ich erlebe mich in jedem Augenblicke. Zu beschreiben brauche ich mir nur, was ich nicht unmittelbar erlebe, was außer mir ist. Es ist widersinnig, daß ich mich selbst, da ich mich immer als Ding habe, auch noch als Gedanken, als Idee erfassen will. Wenn ich einen Stein vor mir habe, so suche ich mir durch mein Denken zu erklären, was dieser Stein ist. Was ich selbst bin, brauche ich mir nicht erst zu erklären; denn ich lebe es ja. Stirner antwortet auf einen Angriff gegen sein Buch: «Der Einzige ist ein Wort, und bei einem Worte müßte man sich doch etwas *denken* können, ein Wort müßte doch einen Gedankeninhalt haben. Aber der Einzige ist ein *gedankenloses* Wort, es hat keinen Gedankeninhalt. - Was ist dann aber sein Inhalt, wenn der Gedanke es nicht ist? Einer, der nicht zum zweiten Male da sein, folglich auch nicht *ausgedrückt* werden kann; denn könnte er ausgedrückt, wirklich und ganz ausgedrückt werden, so wäre er zum zweiten Male da, wäre im ‚Ausdruck' da. - Weil der Inhalt des Einzigen kein Gedankeninhalt ist, darum ist er auch undenkbar und unsagbar, weil aber unsagbar, darum ist er, diese vollständige Phrase, zugleich *keine Phrase*. - Erst dann, wenn nichts von dir ausgesagt und du nur *genannt* wirst, wirst du anerkannt als du. Solange *etwas* von dir ausgesagt wird, wirst du nur als dieses Etwas (Mensch, Geist, Christ und so fort) anerkannt. Der Einzige sagt aber nichts aus, weil er nur Name ist, nur dies sagt, daß du *du*, und nichts anderes als du bist, daß du ein einziges ‚Du' und du selber bist. Hierdurch bist du prädikatlos, damit aber zugleich bestimmungslos, beruflos, gesetzlos und so weiter.» - (Vergleiche Stirners Kleine Schriften, herausgegeben von J. H. Mackay, S. 116). Stirner hat bereits 1842 in einem Aufsatz der «Rheinischen Zeitung» über das «unwahre Prinzip unserer Erziehung oder der Humanismus und Realismus» (vergleiche Kleine Schriften S. 5 ff.) sich darüber ausgesprochen, daß für ihn das Denken, das Wissen nicht bis zu dem Kern der Persönlichkeit vordringen kann. Er betrachtet es daher als ein unwahres Erziehungsprinzip, wenn nicht dieser Kern der Persönlichkeit zum Mittelpunkt gemacht wird, sondern in einseitiger Weise das Wissen. «Ein Wissen, welches sich nicht so läutert und konzentriert, daß es zum Wollen fortreißt, oder mit anderen Worten, ein Wissen, welches mich nur als ein Haben und Besitz beschwert, statt ganz und gar mit mir zusammen gegangen zu sein, so daß das frei bewegliche Ich, von keiner nachschleppenden Habe geniert, frischen Sinnes die Welt durchzieht, ein Wissen also, das nicht *persönlich* geworden, gibt eine ärmliche Vorbereitung aufs Leben ab ... Ist es der Drang unserer Zeit, nachdem die *Denkfreiheit* errungen, diese bis zu jener Vollendung zu verfolgen, durch welche sie in die *Willensfreiheit* umschlägt, um die letztere als das Prinzip einer neuen Epoche zu verwirklichen, so kann auch das letzte Ziel der Erziehung nicht mehr das *Wissen* sein, sondern das aus dem Wissen geborene Wollen, und der sprechende Ausdruck dessen, was sie zu erstreben hat, ist: *der persönliche oder freie Mensch.* ... Wie in gewissen anderen Sphären, so läßt man auch in der pädagogischen die Freiheit nicht zum Durchbruch, die Kraft der *Opposition* nicht zu Worte kommen: man will *Unterwürfigkeit.* Nur ein formelles und materielles Abrichten wird bezweckt, und nur Gelehrte gehen aus den Menagerien der Humanisten, nur ‚brauchbare Bürger' aus denen der Realisten hervor, die doch beide nichts als *unterwürfige* Menschen sind ... Das *Wissen* muß sterben, um als *Wille* wieder aufzuerstehen und als freie *Person* sich täglich neu zu schaffen.» In der *Person* des einzelnen kann nur der Quell dessen liegen, was er tut. Die sittlichen Pflichten können nicht Gebote sein, die dem Menschen von irgendwoher gegeben werden, sondern

Ziele, die er sich selbst vorsetzt. Es ist eine Täuschung, wenn der Mensch glaubt, er tue etwas deshalb, weil er ein Gebot einer allgemeinen heiligen Ethik befolgt. Er tut es, weil das Leben seines Ich ihn dazu antreibt. Ich liebe meinen Nächsten nicht deshalb, weil ich ein heiliges Gebot der Nächstenliebe befolge, sondern weil mich mein Ich zum Nächsten hinzieht. Ich *soll* ihn nicht lieben; ich *will* ihn lieben. Was die Menschen gewollt haben, das haben sie als Gebote über sich gesetzt. In diesem Punkte ist Stirner am leichtesten mißzuverstehen. Er leugnet nicht das *moralische Handeln*. Er leugnet bloß das *moralische Gebot*. Wie der Mensch handelt, wenn er sich nur richtig versteht, das wird von selbst eine moralische Weltordnung ergeben. Moralische Vorschriften sind für Stirner ein Spuk, eine fixe Idee. Sie setzen etwas fest, wozu der Mensch von selbst kommt, wenn er sich seiner Natur ganz überläßt. Die abstrakten Denker wenden da natürlich ein: Gibt es nicht Verbrecher? Dürfen diese danach handeln, was ihnen ihre Natur vorzeichnet? Diese abstrakten Denker sehen das allgemeine Chaos voraus, wenn den Menschen nicht Moralvorschriften heilig sind. Ihnen könnte Stirner antworten: Gibt es in der Natur nicht auch Krankheiten? Sind diese nicht ebenso nach ewigen, ehernen Gesetzen hervorgebracht wie alles Gesunde? Aber kann man deshalb nicht doch das Kranke von dem Gesunden unterscheiden? So wenig es je einem vernünftigen Menschen einfallen wird, das Kranke zum Gesunden zu rechnen, weil es ebenso wie jenes durch Naturgesetze hervorgebracht ist, so wenig möchte Stirner das Unmoralische zum Moralischen zählen, weil es ebenso wie dieses entsteht, wenn der einzelne sich selbst überlassen ist. Was aber Stirner von den abstrakten Denkern unterscheidet, das ist seine Überzeugung, daß im Menschenleben, wenn die einzelnen sich selbst überlassen sind, das Moralische ebenso das Herrschende sein werde, wie in der Natur es das Gesunde ist. Er glaubt an den sittlichen Adel der Menschennatur, an die freie Entwickelung der Moralität aus den Individuen heraus; die abstrakten Denker scheinen ihm nicht an diesen Adel zu glauben; deshalb meint er, sie erniedrigen die Natur des Individuums zur Sklavin allgemeiner Gebote, den Zuchtmitteln des menschlichen Handelns. Sie müssen viel Böses und Ruchloses auf dem Grunde ihrer Seele haben, diese «moralischen Menschen», meint Stirner, weil sie durchaus nach moralischen Vorschriften verlangen; sie müßten recht liebelos sein, weil sie sich die Liebe, die doch als freier Trieb in ihnen entstehen sollte, durch ein Gebot anbefehlen lassen wollen. Wenn vor zwanzig Jahren in einer ernsten Schrift noch tadelnd gesagt werden konnte: «Max Stirners Schrift ‚Der Einzige und sein Eigentum' zertrümmerte Geist und Menschheit, Recht und Staat, Wahrheit und Tugend als Götzenbilder der Gedankenknechtschaft und bekannte frei: ‚Mir geht nichts über mich'!» (Heinrich von Treitschke, Deutsche Geschichte), so ist das nur ein Beweis dafür, wie leicht durch die radikale Ausdrucksweise Stirner mißverstanden werden kann, dem das menschliche Individuum als etwas so Hehres, Erhabenes, Einziges und Freies vor Augen stand, daß nicht einmal der Hochflug der Gedankenwelt imstande sein soll, es zu erreichen. In der zweiten Hälfte des Jahrhunderts war Max Stirner so gut wie vergessen. Den Bemühungen John Henry Mackays ist es zu danken, daß wir heute von ihm ein Lebens- und Charakterbild haben. Er hat in seinem Buche «Max Stirner, sein Leben und sein Werk» (Berlin 1898) alles verarbeitet, was jahrelanges Suchen als Stoff für die Charakteristik des nach seiner Auffassung «kühnsten und konsequentesten Denkers» geliefert hat.

Stirner steht wie andere Denker der neueren Zeit der Tatsache des zu erfassenden selbstbewußten Ich gegenüber. Andere suchen die Mittel, dieses Ich zu begreifen. Dies Begreifen stößt auf Schwierigkeiten, weil zwischen Naturbild und Bild des Geisteslebens eine weite Kluft sich gebildet hat. Stirner läßt das alles unberücksichtigt. Er stellt sich vor die Tatsache des selbstbewußten Ich hin und gebraucht alles, was er zum Ausdrucke bringen kann, allein dazu, auf diese Tatsache hinzuweisen. Er will so von dem Ich sprechen, daß ein jeder auf dieses Ich selbst hinsieht, und niemand sich dieses Hinsehen dadurch erspare, daß gesagt wird: das Ich ist dieses oder jenes. Nicht auf eine Idee, einen Gedanken des Ich will Stirner weisen, sondern auf das lebende Ich selbst, das die Persönlichkeit in sich findet.

Stirners Vorstellungsart, als der entgegengesetzte Pol derjenigen Goethes, Schillers, Fichtes, Schellings, Hegels, ist eine Erscheinung, die mit einer gewissen Notwendigkeit in der neueren Weltanschauungsentwickelung auftreten mußte. Grell trat vor seinen Geist die Tatsache des selbstbewußten Ich hin. Ihm kam jede Gedankenschöpfung so vor wie einem Denker, der die Welt nur in Gedanken erfassen will, die mythische Bilderwelt vorkommen kann. Vor dieser Tatsache verschwand ihm aller übrige Weltinhalt, insofern dieser einen Zusammenhang mit dem selbstbewußten Ich zeigt. Ganz isoliert stellte er das selbstbewußte Ich hin.

Daß es Schwierigkeiten geben könne, das Ich so hinzustellen, empfindet Stirner nicht. Die folgenden Jahrzehnte konnten keine Beziehung zu dieser isolierten Stellung des Ich gewinnen. Denn diese Jahrzehnte sind vor allem damit beschäftigt, das Bild der Natur unter dem Einflusse der naturwissenschaftlichen Denkweise zu gewinnen. Nachdem Stirner die eine Seite des neueren Bewußtseins hingestellt hat, die Tatsache des selbstbewußten Ich, lenkt das Zeitalter zunächst die Blicke ab von diesem Ich und wendet sie dahin, wo dies «Ich» nicht zu finden ist, auf das Bild der Natur.

Die erste Hälfte des neunzehnten Jahrhunderts hat ihre Weltanschauungen aus dem Idealismus geboren. Wenn eine Brücke zur Naturwissenschaft gezogen wird, wie bei Schelling, *Lorenz Oken* (1779—1851), *Henrik Steffens* (1773 bis 1845), so geschieht es vom Gesichtspunkte der idealistischen Weltanschauung aus und im Interesse derselben. Die Zeit ist so wenig reif, naturwissenschaftliche Gedanken für die Weltanschauung fruchtbar zu machen, daß Jean Lamarcks geniale Anschauung von der Entwickelung der vollkommensten Organismen aus den einfachen, die 1809 ans Licht trat, völlig unberücksichtigt geblieben ist, und daß, als Geoffroy de St. Hilaire den Gedanken einer allgemeinen natürlichen Verwandtschaft aller Organismenformen 1830 im Kampf gegen Cuvier vertrat, Goethes Genius dazu gehörte, die Tragweite dieser Idee einzusehen. Die zahlreichen naturwissenschaftlichen Ergebnisse, die auch die erste Jahrhunderthälfte gebracht hat, wurden für die Weltanschauungsentwickelung erst zu neuen Welträtseln, namentlich, nachdem Charles Darwin für die Erkenntnis der Lebewelt im Jahre 1859 der Naturauffassung selbst neue Aussichten eröffnet hatte.

ZWEITER BAND

EINLEITENDE BEMERKUNGEN ZUR NEUAUFLAGE 1914

Die Schilderung des philosophischen Geisteslebens von der Mitte des neunzehnten Jahrhunderts bis zur Gegenwart, welche in diesem zweiten Bande der «Rätsel der Philosophie» versucht worden ist, kann nicht das gleiche Gepräge tragen wie die Überschau über die vorangehenden Denkerarbeiten, die man im ersten Bande findet. - Diese Überschau hat sich im engsten Kreise der philosophischen Fragen gehalten. Die letzten sechzig Jahre sind das Zeitalter, in dem die naturwissenschaftliche Vorstellungsart, von verschiedenen Gesichtspunkten aus, den Boden zu erschüttern beabsichtigt, auf dem vorher die Philosophie stand. Die Anschauung trat in dieser Zeit hervor, daß über das Wesen des Menschen, über sein Verhältnis zur Welt und über andere Daseinsrätsel die Ergebnisse des naturwissenschaftlichen Forschens das Licht verbreiten, das früher durch die philosophische Geistesarbeit gesucht worden ist. Viele Denker, welche der Philosophie jetzt dienen wollten, bemühten sich, die Art ihres Forschens der Naturwissenschaft nachzubilden; andere gestalteten Grundlegendes für ihre Weltanschauung nicht nach Art der alten philosophischen Denkungsart, sondern entnahmen es aus den Anschauungen der Naturforschung, der Biologie, Physiologie. Und diejenigen, welche der Philosophie ihre Selbständigkeit wahren wollten, glaubten das Richtige zu tun, indem sie die Ergebnisse der Naturwissenschaft einer gründlichen Betrachtung unterwarfen, um ihr Eindringen in die Philosophie zu verhindern. Man hat deshalb für die Darstellung des philosophischen Lebens in diesem Zeitalter nötig, die Blicke auf die Ansichten zu richten, die aus der Naturwissenschaft heraus in die Weltanschauungen eingetreten sind. Die Bedeutung dieser Ansichten für die Philosophie tritt nur hervor, wenn man die wissenschaftlichen Unterlagen betrachtet, aus denen sie fließen, und wenn man sich in die Atmosphäre der naturwissenschaftlichen Vorstellungsart versetzt, in der sie zur Entwickelung kommen. Diese Verhältnisse kommen in den Ausführungen dieses Buches dadurch zum Ausdruck, daß manches in demselben fast so gestaltet ist, als ob eine Darstellung allgemeiner naturwissenschaftlicher Ideen und nicht eine solche der philosophischen Arbeiten beabsichtigt wäre. Es kann die Meinung berechtigt erscheinen, daß durch solche Art der Darstellung zum deutlichen Ausdruck komme, wie einflußreich die Naturwissenschaft für das philosophische Leben der Gegenwart geworden ist.

Wer es mit seiner Denkungsart vereinbar findet, die Entwickelung des philosophischen Lebens so vorzustellen, wie es die orientierende Einleitung über die «Leitlinien der Darstellung» im ersten Bande dieses Buches andeutet und wie es dessen weitere Ausführungen zu begründen versuchen, der wird in dem charakterisierten Verhältnis zwischen Philosophie und Naturerkenntnis im gegenwärtigen Zeitalter ein notwendiges Glied dieser Entwickelung sehen können. Durch die Jahrhunderte hindurch, seit dem Aufkommen der griechischen Philosophie, drängte diese Entwickelung dahin, die Menschenseele zum Erleben ihrer inneren Wesenskräfte zu führen. Mit diesem ihrem inneren Erleben wurde die Seele fremd und fremder in der Welt, welche sich die Erkenntnis der äußeren Natur aufbaute. Es entstand eine Naturanschauung, die so ausschließlich auf die Beobachtung der Außenwelt gerichtet ist, daß sie keinen Trieb fühlt, in ihr Weltbild das aufzunehmen, was die Seele in ihrer inneren Welt erlebt. Dieses Weltbild so zu malen, daß sich in demselben auch diese inneren Erlebnisse der Menschenseele ebenso finden wie die Forschungsergebnisse der Naturwissenschaft, hält diese Anschauung für unberechtigt. Damit ist die Lage gekennzeichnet, in der sich die Philosophie in der zweiten Hälfte des neunzehnten Jahrhunderts befunden hat, und in welcher viele Gedankenrichtungen in der Gegenwart noch stehen. Man braucht das hier Gekennzeichnete nicht künstlich in die Betrachtung der Philosophie dieses Zeitalters hineinzutragen. Man kann es aus den Tatsachen ablesen, welche dieser Betrachtung vorliegen. Im zweiten Band dieses Buches ist dies versucht worden. - Daß ein solcher Versuch unternommen wurde, hat dazu geführt, der zweiten Auflage dieses Buches das Schlußkapitel hinzuzufügen, das eine «skizzenhafte Darstellung des Ausblickes auf eine Anthroposophie» enthält. Man kann die Meinung haben, daß diese Darstellung ganz aus dem Rahmen des in diesem Buche Dargestellten herausfällt. Doch wurde schon in der Vorrede des ersten Bandes gesagt, daß das Ziel dieser Darstellung «*nicht nur* ist, einen kurzen Abriß der Geschichte der philosophischen Fragen zu geben, sondern über diese Fragen und ihre Lösungsversuche selbst durch ihre geschichtliche Betrachtung zu sprechen». Nun versucht die Betrachtung, die in dem Buche zum Ausdruck kommt, zu erweisen, daß manche Lösungsverhältnisse in der Philosophie der Gegenwart dahin arbeiten, in dem inneren Erleben der Menschenseele etwas zu finden, das in solcher Art sich offenbart, daß ihm im neueren Weltbilde der Platz von der Naturerkenntnis nicht streitig gemacht werden kann. Wenn es des Verfassers dieses Buches philosophische Anschauung ist, daß das in dem Schlußkapitel

Dargestellte von Seelenerlebnissen spricht, welche diesem Suchen der neueren Philosophien Erfüllung bringen können, so durfte er wohl dieses Kapitel seiner Darstellung anfügen. Ihm scheint die Beobachtung zu ergeben, daß es zum Grundcharakter dieser Philosophien und zu ihrem geschichtlichen Gepräge gehört, in ihrem Suchen die eigene Richtung nach dem Gesuchten nicht einzuhalten, und daß diese Richtung in die Weltanschauung führen müsse, die am Ende des Buches skizziert ist. Sie will eine wirkliche «*Wissenschaft des Geistes*» sein. Wer dieses richtig findet, dem wird diese Weltanschauung als das sich zeigen, was die *Antwort* gibt auf Fragen, welche die Philosophie der Gegenwart stellt, obwohl sie diese Antwort nicht selbst ausspricht. Und ist dieses richtig, dann fällt durch das im Schlußkapitel Gesagte auch Licht auf die *geschichtliche* Stellung der neueren Philosophie.

Der Verfasser dieses Buches stellt sich nicht vor, daß, wer sich zu dem im Schlußkapitel Gesagten bekennen kann, der Ansicht sein müsse, es sei eine Weltanschauung notwendig, welche die Philosophie ersetzt durch etwas, was diese selbst nicht mehr als Philosophie ansehen kann. Die Ansicht, die in dem Buche sich aussprechen will, ist vielmehr die, daß die Philosophie, wenn sie dazu kommt, sich wirklich selbst zu verstehen, mit ihrem Geistesfahrzeug landen müsse bei einem seelischen Erleben, das wohl die Frucht ihrer Arbeit ist, das aber über diese Arbeit hinauswächst. Philosophie behält damit ihre Bedeutung für jeden Menschen, der eine sichere geistige Grundlage für die Ergebnisse dieses seelischen Erlebens durch seine Denkungsart fordern muß. Wer sich durch das natürliche Wahrheitsgefühl die Überzeugung von diesen Ergebnissen verschaffen kann, der ist berechtigt, sich auf einem sicheren Boden zu fühlen, auch wenn er einer philosophischen Grundlegung dieser Ergebnisse keine Aufmerksamkeit widmet. Wer die *wissenschaftliche* Rechtfertigung der Weltanschauung sucht, von der am Ende dieses Buches gesprochen wird, der muß den Weg durch die philosophische Grundlegung nehmen.

Daß dieser Weg, wenn er zu Ende gegangen wird, zum Erleben in einer geistigen Welt führt, und daß die Seele durch dieses Erleben ihre eigene geistige Wesenheit sich auf eine Art zum Bewußtsein bringen kann, die unabhängig ist von ihrem Erleben und Erkennen durch die Sinneswelt: das ist, was die Darstellung dieses Buches zu erweisen versucht. Der Darsteller wollte diesen Gedanken nicht als eine vorgefaßte Meinung in die Beobachtung des philosophischen Lebens hineintragen. Er wollte unbefangen die Anschauung aufsuchen, welche aus diesem Leben selbst spricht. Wenigstens war er bestrebt, so zu verfahren. Er glaubt, dieser Gedanke könne in der Darstellung dieses Buches dadurch auf einer ihm angemessenen Grundlage stehen, daß die naturwissenschaftliche Vorstellungsart an manchen Stellen des Buches so ausgesprochen sich findet, als ob sie durch einen Bekenner dieser Vorstellungsart selbst zum Ausdrucke käme. Man wird einer Anschauung nur dann völlige Gerechtigkeit widerfahren lassen können, wenn man sich ganz in sie zu versetzen vermag. Und eben dieses Sichhineinversetzen in eine Weltansicht läßt auch am sichersten die Menschenseele dazu gelangen, wieder aus ihr heraus in Vorstellungsarten zu kommen, welche Gebieten entspringen, die von dieser Weltansicht nicht umfaßt werden.

*

Dieser zweite Band der «Rätsel der Philosophie» war bis zur Seite 206* gedruckt vor dem Ausbruch des großen Krieges, den gegenwärtig die Menschheit erlebt. Die Beendigung des Buches fällt in die Zeit dieses Ereignisses. Ich wollte damit nur hindeuten auf dasjenige, was meine Seele von der äußeren Welt her tief bewegt und mich beschäftigt, während die letzten Gedanken vom Inhalte dieses Buches mir durch das Innere ziehen mußten.

Berlin, am 1. September 1914.

Rudolf Steiner

* In der vorliegenden Ausgabe Seite 566.

Hegel fühlte sich mit seinem Gedankengebäude an dem Ziel, nach dem die Weltanschauungsentwickelung gestrebt hatte, seit sie innerhalb der Gedankenerlebnisse die Rätselfragen des Daseins zu bewältigen suchte. In diesem Gefühle schrieb er am Ende seiner «Enzyklopädie der philosophischen Wissenschaften» die Worte: Der «Begriff der Philosophie ist *die sich denkende* Idee, die wissende Wahrheit ... Die Wissenschaft ist auf diese Weise in ihren Anfang zurückgegangen, und das Logische ihr *Resultat,* als das *Geistige,* welches sich als die an und für sich seiende Wahrheit erwiesen ... hat.»

Sich selbst im Gedanken erleben, soll im Sinne Hegels der Menschenseele das Bewußtsein geben, bei ihrem wahren Urquell zu sein. Und indem sie aus diesem Urquell schöpft und sich aus ihm mit Gedanken erfüllt, lebt sie in ihrem eigenen wahren Wesen und zugleich in dem Wesen der Natur. Denn diese Natur ist ebenso Offenbarung des Gedankens wie die Seele selbst. Durch die Erscheinungen der Natur blickt die Gedankenwelt die Seele an; und diese ergreift in sich die schöpferische Gedankenkraft, so daß sie sich eins weiß mit allem Weltgeschehen. Die Seele sieht ihr enges Selbstbewußtsein dadurch erweitert, daß sich in ihr die Welt selbst wissend anschaut. Die Seele hört dadurch auf, sich bloß als das anzusehen, was in dem vergänglichen Sinnenleibe sich zwischen Geburt und Tod erfaßt; in ihr weiß sich der unvergängliche, an keine Schranken des Sinnenseins gebundene Geist, und sie weiß sich mit diesem Geiste in unzertrennlicher Einheit verbunden.

Man versetze sich in eine Menschenseele, welche mit

Hegels Ideenrichtung so weit mitgehen kann, daß sie die Anwesenheit des Gedankens im Bewußtsein so zu erleben vermeint, wie Hegel selbst; und man wird empfinden, wie für eine solche Seele jahrhundertealte Rätselfragen in ein Licht gerückt erscheinen, das den Fragenden in einem hohen Grade befriedigen kann. Eine solche Befriedigung lebt tatsächlich zum Beispiel in den zahlreichen Schriften des Hegelianers *Karl Rosenkranz.* Wer diese Schriften (u. a. System der Wissenschaft 1850; Psychologie 1837; Kritische Erläuterungen des Hegelschen Systems 1840) auf sich wirken läßt, der sieht sich einer Persönlichkeit gegenüber, die in Hegels Ideen gefunden zu haben glaubt, was die Menschenseele in ein für sie befriedigendes Erkenntnisverhältnis zur Welt setzen kann. Rosenkranz darf in dieser Beziehung als bedeutsam genannt werden, weil er im einzelnen keineswegs ein blinder Nachbeter Hegels ist, sondern weil in ihm ein Geist lebt, der das Bewußtsein hat: in Hegels Stellung zur Welt und zum Menschen liegt die Möglichkeit, einer Weltanschauung die gesunde Grundlage zu geben.

Wie konnte ein solcher Geist gegenüber dieser Grundlage empfinden? - Im Laufe der Jahrhunderte, seit der Geburt des Gedankens im alten Griechenland, haben innerhalb des philosophischen Forschens die Rätsel des Daseins, denen sich jede Seele im Grunde gegenübergestellt sieht, sich zu einer Anzahl von Hauptfragen kristallisiert. In der neueren Zeit ist als Grundfrage diejenige nach der *Bedeutung, dem Werte und den Grenzen der Erkenntnis* in den Mittelpunkt des philosophischen Nachdenkens getreten. Wie steht dasjenige, was der Mensch wahrnehmen, vorstellen, denken kann, im Verhältnisse zur wirklichen Welt? Kann dieses Wahrnehmen und Denken ein solches

Wissen geben, das den Menschen aufzuklären vermag über dasjenige, worüber er aufgeklärt sein möchte? Für denjenigen, der im Sinne Hegels denkt, beantwortet sich diese Frage durch sein Bewußtsein von der Natur des Gedankens. Er glaubt, wenn er sich des Gedankens bemächtigt, den schaffenden Geist der Welt zu erleben. In diesem Vereintsein mit dem schaffenden Gedanken fühlt er den Wert und die wahre Bedeutung des Erkennens. Er kann nicht fragen: welche Bedeutung hat das Erkennen? Denn, indem er erkennt, erlebt er diese Bedeutung. Damit sieht sich der Hegelianer allem Kantianismus schroff entgegengestellt. Man sehe, was Hegel selbst vorbringt gegen die Kantsche Art, das Erkennen zu untersuchen, bevor man erkennt: «Ein Hauptgesichtspunkt der *kritischen* Philosophie ist, daß, ehe daran gegangen werde, Gott, das Wesen der Dinge usf. zu erkennen, das Erkenntnisvermögen selbst vorher zu untersuchen sei, ob es solches zu leisten fähig sei; man müsse das *Instrument* vorher kennen lernen, ehe man die Arbeit unternehme, die vermittelst desselben zustande kommen soll; wenn es unzureichend sei, würde sonst alle Mühe vergebens verschwendet sein. Dieser Gedanke hat so *plausibel* geschienen, daß er die größte Bewunderung und Zustimmung erweckt, und das Erkennen aus seinem Interesse für die *Gegenstände,* und dem Geschäfte mit denselben, auf sich selbst zurückgeführt hat. Will man sich jedoch nicht mit Worten täuschen, so ist leicht zu sehen, daß wohl andere Instrumente sich auf sonstige Weise etwa untersuchen und beurteilen lassen als durch das Vornehmen der eigentümlichen Arbeit, der sie bestimmt sind. Aber das Erkennen kann nicht anders als *erkennend* untersucht werden; bei diesem sogenannten Werkzeuge heißt dasselbe untersuchen nichts anderes als

Erkennen. Erkennen wollen aber, ehe man erkennt, ist ebenso ungereimt als der weise Vorsatz jenes Scholastikus, *schwimmen* zu lernen, *ehe er sich ins Wasser wage.*» Für Hegel handelt es sich darum, daß die Seele sich, mit dem Weltgedanken erfüllt, erlebe. So wächst sie über ihr gewöhnliches Sein hinaus; sie wird gewissermaßen das Gefäß, in dem sich der im Denken lebende Weltgedanke bewußt erfaßt. Aber sie fühlt sich nicht bloß als Gefäß dieses Weltengeistes, sondern sie weiß sich eins mit ihm. Man kann also das Wesen des Erkennens im Sinne Hegels nicht untersuchen; man muß sich zum Erleben dieses Wesens erheben und steht damit unmittelbar im Erkennen darin. Steht man darin, so *hat* man es und braucht es nicht mehr nach seiner Bedeutung zu fragen; steht man noch nicht darinnen, so hat man auch noch nicht die Fähigkeit, es zu untersuchen. Die Kantsche Philosophie ist für die Hegelsche Weltanschauung eine Unmöglichkeit. Denn, um die Frage zu beantworten: Wie ist Erkenntnis möglich, - müßte die Seele erst die Erkenntnis schaffen; dann aber könnte sie sich nicht beifallen lassen, nach deren Möglichkeit erst zu fragen.

Hegels Philosophie läuft in gewissem Sinne darauf hinaus, die Seele über sich emporwachsen zu lassen zu einer Höhe, auf der sie mit der Welt in eins verwächst. Mit der Geburt des Gedankens in der griechischen Philosophie trennte sich die Seele von der Welt. Sie lernte, sich dieser in Einsamkeit gegenüberzufühlen. In dieser Einsamkeit entdeckt sie sich mit dem in ihr waltenden Gedanken. Hegel will dieses Erleben des Gedankens bis zu seiner Höhe führen. Er findet im höchsten Gedankenerlebnis zugleich das schöpferische Weltprinzip. Damit hat die Seele einen Kreislauf beschrieben, indem sie sich erst von der Welt getrennt hat, um den Gedanken zu suchen. Sie fühlt sich so lange von der Welt getrennt, als sie den Gedanken *nur* als Gedanken erkennt. Sie fühlt sich aber mit ihr wieder vereinigt, indem sie im Gedanken den Urquell der Welt entdeckt; und der Kreislauf ist geschlossen. Hegel kann sagen: «Die Wissenschaft ist auf diese Weise in ihren Anfang zurückgegangen.»

Von solchem Gesichtspunkt aus werden die andern Hauptfragen der menschlichen Erkenntnis in ein solches Licht gerückt, daß man glauben kann, das Dasein in einer lückenlosen Weltanschauung zu überblicken. Als eine zweite Hauptfrage kann die *nach dem Göttlichen als Weltengrund angesehen werden.* Für Hegel ist diejenige Erhebung der Seele, durch welche sich der Weltengedanke in ihr lebend erkennt, zugleich ein Einswerden mit dem göttlichen Weltengrunde. Man kann also in seinem Sinne nicht fragen: *was* ist der göttliche Weltengrund, oder: wie verhält sich der Mensch zu ihm? Man kann nur sagen: wenn die Seele wirklich die Wahrheit erkennend erlebt, so versenkt sie sich in diesen Weltengrund.

Eine dritte Hauptfrage in dem angedeuteten Sinne ist die *kosmologische;* das ist die nach dem inneren Wesen der äußeren Welt. Für Hegel kann dieses Wesen nur im Gedanken selbst gesucht werden. Gelangt die Seele dazu, den Gedanken in sich zu erleben, so findet sie in ihrem Selbsterlebnis auch jene Form des Gedankens, die sie wiederzuerkennen vermag, wenn sie in die Vorgänge und Wesenheiten der äußeren Welt blickt. So kann die Seele zum Beispiel in ihren Gedankenerlebnissen etwas finden, wovon sie unmittelbar weiß: Das ist das Wesen des Lichtes. Blickt sie dann mit dem Auge in die Natur, so sieht sie im äußeren Lichte die Offenbarung des Gedankenwesens des Lichtes.

So löst sich für Hegel die ganze Welt in Gedankenwesenheit auf. Die Natur schwimmt in dem Gedankenkosmos gleichsam als ein erstarrter Teil in demselben; und die menschliche Seele ist Gedanke in der Gedankenwelt.

Die vierte Hauptfrage der Philosophie, diejenige nach dem Wesen des Seelischen und nach dessen Schicksalen, scheint sich im Hegelschen Sinne durch den wahren Fortgang des Gedankenerlebens in befriedigender Weise zu beantworten. Die Seele findet sich zunächst mit der Natur verbunden; in dieser Verbindung erkennt sie noch nicht ihre wahre Wesenheit. Sie löst sich aus diesem Natursein, findet sich dann getrennt im Gedanken, sieht aber zuletzt, daß sie im Gedanken mit dem wahren Wesen der Natur auch ihr eigenes wahres Wesen als das des lebendigen Geistes erfaßt hat, in dem sie als ein Glied desselben lebt und webt.

Aller Materialismus scheint damit überwunden. Die Materie selbst erscheint nur als eine *Offenbarung des Geistes.* Die Menschenseele darf sich fühlen als im Geistesall werdend und wesend.

Nun enthüllt sich wohl am deutlichsten an der Seelenfrage das Unbefriedigende der Hegelschen Weltanschauung. Mit dem Blicke auf diese Weltanschauung muß die Menschenseele fragen: Kann ich mich in dem wirklich finden, was Hegel als ein umfassendes Gedanken-Weltengebäude hingestellt hat? Es hat sich gezeigt, wie alle neuere Weltanschauung nach einem solchen Bilde der Welt suchen mußte, in dem die Menschenseele mit ihrer Wesenheit einen entsprechenden Platz hat. Hegel läßt die ganze Welt Gedanke sein; in dem Gedanken hat auch die Seele ihr übersinnliches Gedankensein. Kann sich aber die Seele damit für befriedigt erklären, als Weltengedanke in der allgemeinen Gedankenwelt enthalten zu sein? Diese Frage tauchte bei denjenigen auf, welche sich in der Mitte des neunzehnten Jahrhunderts den Anregungen der Hegelschen Philosophie gegenübersahen.

Welches sind doch die bedrängenden Seelenrätsel? Diejenigen, nach deren Beantwortung die Seele sich sehnen muß, um innere Sicherheit und Halt im Leben zu haben. Es ist zunächst die Frage: Was ist die Menschenseele ihrem innersten Wesen nach? Ist sie eins mit dem körperlichen Dasein und hören ihre Äußerungen mit dem Hingange des Körpers auf, wie die Bewegung der Uhrzeiger aufhört, wenn die Uhr in ihre Glieder zerlegt ist? Oder ist die Seele gegenüber dem Körper ein selbständiges Wesen, das Leben und Bedeutung hat noch in einer anderen Welt als diejenige ist, in welcher der Körper entsteht und vergeht? Damit aber hängt dann die andere Frage zusammen: Wie gelangt der Mensch zur Erkenntnis einer solchen anderen Welt? Erst mit der Beantwortung *dieser* Frage kann dann der Mensch hoffen, auch Licht zu erhalten für die Fragen des Lebens: Warum bin ich diesem oder jenem Schicksal unterworfen? Woher stammt das Leiden? Wo liegt der Ursprung des Sittlichen?

Eine befriedigende Weltanschauung kann nur diejenige sein, welche auf eine Welt hinweist, aus der Antwort kommt auf die angedeuteten Fragen. Und welche zugleich ihr Recht nachweist, solche Antworten geben zu dürfen.

Hegel gab eine Welt der Gedanken. Soll diese Welt der alles erschöpfende Kosmos sein, so sieht sich ihr gegenüber die Seele genötigt, sich in ihrem innersten Wesen als Gedanke anzusehen. Macht man mit diesem Gedankenkosmos Ernst, so verschwimmt ihm gegenüber das individuelle Seelenleben des Menschen. Man muß davon absehen, dieses zu erklären und zu verstehen; man muß sagen: Bedeutungsvoll in der Seele ist *nicht* ihr individuelles Erleben, sondern ihr Enthaltensein in der allgemeinen Gedankenwelt. Und so sagt im Grunde doch die Hegelsche Weltanschauung. Man vergleiche sie, um sie in dieser Beziehung zu erkennen, mit dem, was *Lessing* vorschwebte, als er die Gedanken seiner «Erziehung des Menschengeschlechts» faßte. Er fragte nach einer Bedeutung der *einzelnen* Menschenseele über das Leben hinaus, das zwischen Geburt und Tod eingeschlossen ist. Man kann in der Verfolgung dieses Lessingschen Gedankens davon sprechen, daß die Seele nach dem physischen Tode eine Daseinsform in einer Welt durchmacht, welche außerhalb derjenigen liegt, in welcher der Mensch im Körper lebt, wahrnimmt, denkt, und daß nach entsprechender Zeit solches rein geistiges Erleben übergeht in ein neues Erdenleben. Damit ist in eine Welt verwiesen, mit welcher die Menschenseele als einzelnes, individuelles Wesen verknüpft ist. Auf *diese* Welt sieht sie sich verwiesen, wenn sie nach ihrem wahren Wesen sucht. Sobald man sich diese Seele herausgehoben denkt aus ihrem Zusammenhange mit dem leiblichen Dasein, hat man sie sich in *dieser* Welt zu denken. Für Hegel dagegen läuft das Leben der Seele, mit Abstreifung alles Individuellen, in den allgemeinen Gedankenprozeß zunächst des geschichtlichen Werdens, dann der allgemeinen geistig-gedanklichen Weltvorgänge ein. Man löst in seinem Sinne das Seelenrätsel, indem man alles Individuelle an der Seele unberücksichtigt läßt. Nicht die einzelne Seele ist wirklich, der geschichtliche Prozeß ist es. Man nehme, was am Ende von Hegels «Philosophie der

Geschichte» steht: «Wir haben den Fortgang des Begriffs allein betrachtet und haben dem Reize entsagen müssen, das Glück, die Perioden der Blüte der Völker, die Schönheit und Größe der Individuen, das Interesse ihres Schicksals in Leid und Freud näher zu schildern. Die Philosophie hat es nur mit dem Glanze der Idee zu tun, die sich in der Weltgeschichte spiegelt. Aus dem Überdruß an den Bewegungen der unmittelbaren Leidenschaften in der Wirklichkeit macht sich die Philosophie zur Betrachtung heraus; ihr Interesse ist, den Entwickelungsgang der sich verwirklichenden Idee zu erkennen.»

Man überblicke die Seelenlehre Hegels. Man findet in ihr geschildert, wie sich die Seele innerhalb des Leibes als «natürliche Seele» entwickelt, wie sie das Bewußtsein, das Selbstbewußtsein, die Vernunft entfaltet; wie sie dann in der Außenwelt die Ideen des Rechtes, der Sittlichkeit, des Staates verwirklicht, wie sie in der Weltgeschichte das in einem fortdauernden *Leben* schaut, was sie als Ideen denkt, wie sie diese Ideen als Kunst, als Religion darlebt, um dann in dem Einswerden mit der sich denkenden Wahrheit sich selbst in dem lebendig wirksamen Allgeist zu schauen.

Daß die Welt, in welche sich der Mensch gestellt sieht, ganz Geist ist, daß auch alles materielle Dasein nur Offenbarung des Geistes ist, das muß für jeden Hegelisch Fühlenden feststehen. Sucht ein solcher diesen Geist, so findet er ihn, seinem Wesen nach, als wirksamen *Gedanken, als lebendig schöpferische Idee.* Davor steht nun die Seele und muß sich fragen: Kann ich wirklich mich als ein Wesen ansehen, das im Gedankensein erschöpft ist? Es kann als das Große, das Unwiderlegliche der Hegelschen Weltanschauung empfunden werden, daß die Seele, wenn sie sich zu dem wahren Gedanken erhebt, sich in das schöpferische des Daseins entrückt fühlt. So sich in ihrem Verhältnisse zur Welt fühlen zu dürfen, empfanden diejenigen Persönlichkeiten als tief befriedigend, welche mehr oder weniger weit Hegels Gedankenentwickelung folgten.

Wie sich mit dem Gedanken leben läßt? Das war die große Rätselfrage der neueren Weltanschauungsentwickelung. Sie hatte sich ergeben aus dem Fortgange dessen, was in der griechischen Philosophie aufgetreten ist aus dem Aufleben des Gedankens und der damit gegebenen Loslösung der Seele aus dem äußeren Dasein. Hegel hat nun versucht, den ganzen Umfang des Gedankenerlebens vor die Seele hinzustellen, ihr gewissermaßen alles gegenüberzuhalten, was sie aus ihren Tiefen als Gedanke heraufzaubern kann. Diesem Gedankenerleben gegenüber fordert er nun von der Seele: Erkenne dich deiner tiefsten Wesenheit nach in diesem Erlebnis, erfühle dich darinnen als in deinem tiefsten Grunde.

Die Menschenseele ist mit dieser Hegelschen Forderung vor einen entscheidenden Punkt gebracht in der Erkenntnis ihres eigenen Wesens. Wohin soll sie sich wenden, wenn sie beim reinen Gedanken angekommen ist und bei demselben nicht stehenbleiben will? Vom Wahrnehmen, vom Fühlen, vom Wollen kann sie zum Gedanken gehen und fragen: Was ergibt sich, wenn ich über das Wahrnehmen, das Fühlen, das Wollen denke? Vom Denken aus kann sie zunächst nicht weitergehen; sie kann nur immer wieder *denken*. Es kann dem, der die neuere Weltanschauungsentwickelung bis zum Zeitalter Hegels verfolgt, als das Bedeutungsvolle an diesem Philosophen erscheinen, daß derselbe die Impulse dieser Entwickelung bis zu einem Punkte verfolgt, über den sie nicht hinausgebracht werden können, wenn man den Charakter beibehält, mit dem sie sich bis zu ihm gezeigt haben. Wer solches wahrnimmt, der kann zu der Frage kommen: Wenn das Denken zunächst im Sinne des Hegeltums dazu führt, ein Gedankengemälde im Sinne eines Weltbildes vor der Seele auszubreiten: hat damit das Denken *alles* dasjenige wirklich aus sich heraus entwickelt, was lebendig in ihm beschlossen liegt? Es könnte doch sein, daß im Denken noch mehr liege als bloßes Denken. Man betrachte eine Pflanze, welche sich von der Wurzel, durch Stamm und Blätter hindurch, zur Blüte und Frucht entwickelt. Man kann nun das Leben dieser Pflanze damit beendigen, daß man der Frucht die Keime entnimmt und sie zum Beispiel zur menschlichen Nahrung verwendet. Man kann aber auch den Pflanzenkeim in geeignete Verhältnisse bringen, so daß er sich zu einer neuen Pflanze entwickelt.

Wer den Blick auf den Sinn der Hegelschen Philosophie richtet, dem kann diese so erscheinen, daß in ihr das ganze Bild, welches sich der Mensch von der Welt macht, sich gleich einer Pflanze entfaltet; daß diese Entfaltung bis zu dem Keime, dem Gedanken, gebracht wird, dann aber abgeschlossen wird wie das Leben einer Pflanze, deren Keim nicht im Sinne des Pflanzenlebens weiterentwickelt wird, sondern zu etwas verwandt wird, was diesem Leben äußerlich gegenübersteht, wie die menschliche Ernährung. In der Tat: Sobald Hegel zu dem Gedanken gekommen ist, setzt er den Weg nicht fort, der ihn bis zu dem Gedanken geführt hat. Er geht aus von der Wahrnehmung der Sinne und entwickelt nun alles in der menschlichen Seele, was zuletzt zum Gedanken führt. Bei diesem bleibt er stehen und zeigt an ihm, wie er zur Erklärung der Weltvorgänge und Weltwesenheiten führen könne. Dazu kann der Gedanke gewiß dienen, ebenso wie der Pflanzenkeim zur menschlichen Nahrung. Aber sollte aus dem Gedanken nicht Lebendiges sich entwickeln können? Sollte er nicht *seinem eigenen Leben* durch den Gebrauch entzogen werden, welchen Hegel von ihm macht, wie der Pflanzenkeim seinem Leben entzogen wird, wenn er zur menschlichen Nahrung verwendet wird? In welchem Lichte muß die Hegelsche Philosophie erscheinen, wenn es etwa Wahrheit wäre, daß der Gedanke zwar zur Aufhellung, zur Erklärung der Weltvorgänge dienen kann, wie der Pflanzensame zur Nahrung, daß er dies aber nur dadurch kann, daß er seinem fortlaufenden Wachstum entzogen wird? Der Pflanzenkeim wird allerdings nur eine Pflanze gleicher Art aus sich hervorgehen lassen. Der Gedanke als Erkenntniskeim könnte aber, wenn er seiner lebendigen Entwickelung zugeführt wird, etwas völlig Neues gegenüber dem Weltbilde hervorbringen, aus dem er sich entwickelt hat. Wie im Pflanzenleben *Wiederholung* herrscht, so könnte *Steigerung* im Erkenntnisleben stattfinden. Ist es denn undenkbar, daß alle Verwendung des Gedankens zur Erklärung der Welt im Sinne der äußeren Wissenschaft nur gewissermaßen eine Verwendung des Gedankens ist, die einen Nebenweg der Entwickelung verfolgt, wie im Gebrauch des Pflanzensamens zur Nahrung ein Nebenweg gegenüber der fortlaufenden Entwickelung liegt? Es ist ganz selbstverständlich, daß man von solchen Gedankengängen sagen kann, sie seien der bloßen Willkür entsprungen und stellen nur wertlose Möglichkeiten dar. Ebenso selbstverständlich ist es, daß man einwenden kann, wo der Gedanke in dem angedeuteten Sinne weitergeführt wird, da beginne das Reich der willkürlichen Phantasievorstellungen. Dem Betrachter der geschichtlichen Entfaltung des Weltanschauungslebens im neunzehnten Jahrhundert kann die Sache doch anders erscheinen. Die Art, wie Hegel den Gedanken auffaßt, führt in der Tat die Weltanschauungsentwickelung zu einem toten Punkt. Man fühlt, man hat es mit dem Gedanken zu einem Äußersten gebracht; doch will man den Gedanken so, wie man ihn erfaßt hat, in das unmittelbare Leben des Erkennens überführen, so versagt er; und man lechzt nach einem Leben, das aus der Weltanschauung ersprießen möge, zu der man es gebracht hat. *Friedrich Theodor Vischer* beginnt um die Mitte des Jahrhunderts seine «Ästhetik» im Sinne der Hegelschen Philosophie zu schreiben. Er vollendet sie als ein monumentales Werk. Nach der Vollendung wird er selbst der scharfsinnigste Kritiker dieses Werkes. Und sucht man nach dem tieferen Grund dieses sonderbaren Vorganges, so findet man, daß Vischer gewahr wird, er habe sein Werk mit dem Hegelschen Gedanken als mit einem Elemente durchsetzt, das, aus seinen Lebensbedingungen herausgenommen, tot geworden ist, wie der Pflanzenkeim als Totes wirkt, wenn er seiner Entwickelungsströmung entrissen wird. Eine eigenartige Perspektive eröffnet sich, wenn man die Hegelsche Weltanschauung in dieses Licht rückt. Der Gedanke könnte fordern, daß er als lebendiger Keim erfaßt und unter gewissen Bedingungen in der Seele zur Entfaltung gebracht werde, damit er über das Weltbild Hegels hinaus zu einer Weltanschauung führe, in der sich die Seele, ihrem Wesen nach, erst erkennen könne und mit der sie sich erst wahrhaft in die Außenwelt versetzt fühlen könne. Hegel hat die Seele so weit gebracht, daß sie sich mit dem Gedanken erleben kann; der Fortgang über Hegel hinaus würde dazu führen, daß *in der Seele* der Gedanke *über sich hinaus* und *in eine geistige Welt hinein* wächst. Hegel hat begriffen, wie die Seele den Gedanken aus sich hervorzaubert und sich in dem Gedanken erlebt; er hat der Nachwelt die Aufgabe überlassen, mit dem lebendigen Gedanken als in einer wahrhaft geistigen Welt das Wesen der Seele zu finden, das sich im bloßen Gedanken nicht in seiner Ganzheit erleben kann.

Es hat sich in den vorangegangenen Ausführungen gezeigt, wie die neuere Weltanschauungsentwickelung von der *Wahrnehmung* des Gedankens zu einem *Erleben* des Gedankens hinstrebt; in Hegels Weltanschauung scheint die Welt als selbsterzeugtes Gedankenerlebnis vor der Seele zu stehen; doch die Entwickelung scheint auf einen weiteren Fortgang hinzuweisen. Der Gedanke darf nicht als Gedanke verharren; er darf nicht bloß gedacht, nicht nur *denkend erlebt* werden; er muß zu einem noch höheren Leben erwachen.

So willkürlich alles dies erscheinen mag, so notwendig muß es sich einer tiefer dringenden Betrachtung der Weltanschauungsentwickelung im neunzehnten Jahrhundert aufdrängen. Man sieht bei einer solchen Betrachtung, wie die Forderungen eines Zeitalters in den Tiefen der geschichtlichen Entwickelung wirken und wie die Bestrebungen der Menschen *Versuche* sind, mit diesen Forderungen sich abzufinden. Dem naturwissenschaftlichen Weltbilde stand die neuere Zeit gegenüber. Unter Aufrechterhaltung desselben mußten Vorstellungen über das Seelenleben gefunden werden, welche diesem Weltbilde gegenüber bestehen können. Die ganze Entwickelung über Descartes, Spinoza, Leibniz, Locke bis zu Hegel erscheint als ein Ringen um solche Vorstellungen. Hegel bringt das Ringen zu einem gewissen Abschlusse. Wie er die Welt als Gedanke hinstellt, das scheint bei seinen Vorgängern überall veranlagt; er faßt den kühnen Denkerentschluß, alle Weltanschauungsvorstellungen in ein umfassendes Gedankengemälde einlaufen zu lassen. - Mit ihm hat das Zeitalter zunächst die vorwärtsstrebende Kraft der Impulse erschöpft. Was oben ausgesprochen ist - die Forderung, das Leben des Gedankens zu erfühlen: es wird *unbewußt* empfunden; es lastet auf den Gemütern um die Mitte des neunzehnten Jahrhunderts. Man verzweifelt an der Möglichkeit, diese Forderung zu erfüllen; doch man bringt sich dieses Verzweifeln nicht zum Bewußtsein. So tritt ein Nicht-Vorwärts-Können auf dem philosophischen Felde ein. Die Produktivität an philosophischen Ideen hört auf. Sie müßte sich in der angedeuteten Richtung bewegen; doch scheint erst nötig zu sein, daß man sich über das Erlangte besinne. Man sucht an diesen oder jenen Punkt bei philosophischen Vorgängern anzuknüpfen; doch fehlt die Kraft zu fruchtbarer Weiterbildung des Hegelschen Weltbildes. - Man sehe, was Karl Rosenkranz in der Vorrede zu seinem «Leben Hegels» 1844 schreibt: «Nicht ohne Wehmut trenne ich mich von dieser Arbeit, müßte man doch nicht irgendeinmal das Werden auch zum Dasein kommen lassen. Denn scheint es nicht, als seien wir Heutigen nur die Totengräber und Denkmalsetzer für die Philosophen, welche die zweite Hälfte des vorigen (achtzehnten) Jahrhunderts gebar, um in der ersten des jetzigen zu sterben? Kant fing 1804 dies Sterben der deutschen Philosophen an. Ihm folgten Fichte, Jacobi, Solger, Reinhold, Krause, Schleiermacher, W. v. Humboldt, Fr. Schlegel, Herbart, Baader, Wagner, Windischmann, Fries und so viele andere. ... Sehen wir Nachwuchs für jene Ernte des Todes? Sind wir fähig, in die zweite Hälfte unseres Jahrhunderts ebenfalls eine heilige Denkerschar hinüberzusenden? Leben unter unseren Jünglingen die, welchen platonischer Enthusiasmus und aristotelische Arbeitsseligkeit das Gemüt zu unsterblicher Anstrengung für die Spekulation begeistert? ... Seltsam genug scheinen in unseren Tagen gerade die Talente nicht recht aushalten zu können. Schnell nutzen sie sich ab, werden nach einigen versprechenden Blüten unfruchtbar und beginnen sich selbst zu kopieren und zu wiederholen, wo nach Überwindung der unreiferen und unvollkommeneren, einseitigen und stürmischen Jugendversuche die Periode kräftigen und gesammelten Wirkens erst folgen sollte. Manche, schönen Eifers voll, überstürzen sich im Lauf und müssen, wie Constantin Frantz, in jeder nächsten Schrift ihre vorangehende schon wieder teilweise zurücknehmen ...»

Daß man nach der Mitte des neunzehnten Jahrhunderts sich gedrängt fand, bei einer solchen Beurteilung der philosophischen Zeitlage zu verharren, kommt oft zum Ausdrucke. Der ausgezeichnete Denker Franz Brentano sprach in der Antrittsrede für seine Wiener Professur «Über die Gründe der Entmutigung auf philosophischem Gebiete» 1874 die Worte: «In den ersten Dezennien unseres Jahrhunderts waren die Hörsäle der deutschen Philosophen überfüllt: in neuerer Zeit ist der Flut eine tiefe Ebbe gefolgt. Man hört darum oft, wie bejahrtere Männer die jüngere Generation anklagen, als ob ihr der Sinn für die höchsten Zweige des Wissens mangele. - Das wäre eine traurige, aber zugleich auch eine unbegreifliche Tatsache. Woher sollte es kommen, daß das neue Geschlecht in seiner Gesamtheit an geistigem Schwung und Adel so tief hinter dem früheren zurückstände? - In Wahrheit war nicht ein Mangel an Begabung, sondern ... (ein) Mangel an

Vertrauen die Ursache, welche die Abnahme des philosophischen Studiums zur Folge hatte. Wäre die Hoffnung auf Erfolg zurückgekehrt, so würde sicher auch jetzt die schönste Palme der Forschung nicht vergeblich winken ...»

Schon in der Zeit, als Hegel noch lebte und kurz nachher, fühlten einzelne Persönlichkeiten, wie sein Weltgemälde eben darin seine Schwäche bekundet, worin seine Größe liegt. Es führt die Weltanschauung zum Gedanken, nötigt dafür aber auch die Seele, ihr Wesen im Gedanken erschöpft zu sehen. Brächte es im oben geschilderten Sinne den Gedanken zu einem ihm eigenen Leben, so könnte dies nur innerhalb des individuellen Seelenlebens geschehen; die Seele würde dadurch als individuelles Wesen ihr Verhältnis zum gesamten Kosmos finden. Dies fühlte zum Beispiel *Troxler;* doch kam es bei ihm über ein dunkles Gefühl davon nicht hinaus. Er spricht sich 1835 in Vorträgen, die er an der Hochschule in Bern gehalten hat, in der folgenden Art aus: «Nicht erst jetzt, sondern schon vor zwanzig Jahren lebten wir der innigsten Überzeugung, und suchten in wissenschaftlicher Schrift und Rede darzutun, daß eine Philosophie und Anthropologie, welche den einen und ganzen Menschen und Gott und Welt umfassen sollte, nur auf die Idee und Wirklichkeit der Individualität und Unsterblichkeit des Menschen begründet werden könnte. Dafür ist die ganze im Jahre 1811 erschienene Schrift: ‚Blicke in das Wesen des Menschen‘ der unwidersprechlichste Beweis, und der mit dem Titel ‚Die absolute Persönlichkeit‘ überschriebene letzte Abschnitt unserer, in Heften vielfältig verbreiteten Anthropologie der sicherste Beleg. Wir erlauben uns demnach, aus letzterer die Anfangsstelle des erwähnten Abschnitts anzuführen: Es ist die ganze Natur des Menschen auf *göttliche Mißverhält-*

nisse in ihrem Innern gebaut, die in der Herrlichkeit einer überirdischen Bestimmung sich auflösen, indem alle treibenden Federn im Geiste, und nur die Gewichte in der Welt liegen. Wir haben nun diese Mißverhältnisse mit ihren Erscheinungen von der dunklen, irdischen Wurzel an verfolgt, und sind den Gewinden des himmlischen Gewächses nachgegangen, die uns nur einen großen, edlen Stamm von allen Seiten und in allen Richtungen zu umranken schienen; bis an den Wipfel sind wir nun gekommen, aber der erhebt sich unerklimmbar und unabsehlich in die obern, lichtern Räume einer andern Welt, deren Licht uns leise dämmert, deren Luft wir wittern mögen . . .» - Solche Worte klingen für den gegenwärtigen Menschen sentimental und wenig wissenschaftlich. Man hat jedoch nur nötig, das Ziel zu beachten, auf das Troxler zusteuert. Er will das Wesen des Menschen nicht in eine Ideenwelt aufgelöst wissen, sondern er sucht zu erfassen «*den Menschen im Menschen*», als die «individuelle und unsterbliche Persönlichkeit». Troxler will die Menschennatur verankert wissen in einer Welt, die nicht bloßer Gedanke ist; daher macht er darauf aufmerksam, daß man von etwas im Menschen sprechen könne, welches den Menschen an eine über die Sinneswelt hinausliegende Welt bindet, und das *nicht* bloßer Gedanke ist. «Schon früher haben die Philosophen einen feinen, hehren Seelleib unterschieden von dem gröberen Körper, oder in diesem Sinne eine Art von Hülle des Geistes angenommen, eine Seele, die ein Bild des Leibes an sich habe, das sie *Schema* nannten und das ihnen der innere höhere Mensch war.» Troxler selbst hat den Menschen gegliedert in Körper, Leib, Seele und Geist. Damit hat er auf das Wesen der Seele so hingewiesen, daß dieses mit Körper und Leib in die Sinnes-, mit Seele und Geist in eine übersinnliche Welt so hineinragt, daß sie in der letzteren als individuelles Wesen wurzelt, und nicht sich individuell nur in der Sinneswelt betätigt, in der geistigen Welt jedoch in die Allgemeinheit des Gedankens verliert. Nur kommt Troxler nicht dazu, den Gedanken als lebendigen Erkenntniskeim zu erfassen und etwa durch das Lebenlassen dieses Erkenntniskeimes in der Seele die individuellen Seelenwesensglieder Seele und Geist wirklich aus einer Erkenntnis heraus zu rechtfertigen. Er ahnt nicht, daß der Gedanke in seinem Leben sich zu dem gewissermaßen auswachsen könne, was als individuelles Leben der Seele anzusprechen ist; sondern er kann über dieses individuelle Wesen der Seele nur wie aus einer Ahnung heraus sprechen. - Zu etwas anderem als zu einer Ahnung über diese Zusammenhänge konnte Troxler nicht kommen, weil er zu sehr von positiv-dogmatischen religiösen Vorstellungen abhängig war. Da er aber einen weiten Überblick über die Wissenschaft seiner Zeit und einen tiefen Einblick in den Entwickelungsgang des Weltanschauungslebens hatte, so darf seine Ablehnung der Hegelschen Philosophie doch als mehr denn nur als aus persönlicher Antipathie entspringend angesehen werden. Sie kann als ein Ausdruck dessen gelten, was man aus der Stimmung des Hegelschen Zeitalters selbst heraus gegen Hegel vorbringen konnte. So ist zu betrachten, wenn Troxler sagt: «Hegel hat die Spekulation auf die höchste Stufe ihrer Ausbildung geführt und sie eben dadurch vernichtet. Sein System ist das: bis hierher und nicht weiter! in dieser Richtung des Geistes geworden.» - In dieser Form stellt Troxler die Frage, die von der Ahnung zur deutlichen Idee gebracht, wohl heißen müßte: Wie kommt die Weltanschauung über das bloße Erleben des Gedankens im Hegelschen Sinne hinaus zu einer Teilnahme an dem Lebendigwerden des Gedankens?

Für die Stellung der Hegelschen Weltanschauung zur Stimmung der Zeit ist charakteristisch eine Schrift, die 1834 *C. H. Weiße* erscheinen ließ und welche den Titel trägt «Die philosophische Geheimlehre von der Unsterblichkeit des menschlichen Individuums.» In derselben heißt es: «Wer die Hegelsche Philosophie in ... ihrem ... Zusammenhange studiert hat, dem ist es bekannt, wie sie auf eine Weise, die durchaus folgerecht in ihrer dialektischen Methode begründet ist, den subjektiven Geist des endlichen Individuums erst in dem objektiven Geiste, dem Geiste des Rechtes, des Staates und der Sitte ... *aufgehoben* werden, das heißt als untergeordnetes, zugleich bejahtes und verneintes, kurz als unselbständiges Moment in diesen höheren Geist eingehen läßt. Das endliche Individuum wird hierdurch, wie man schon längst sowohl innerhalb als außerhalb der Schule Hegels bemerkt hat, zu einer vorübergehenden Erscheinung ... Was für einen Zweck, was für eine Bedeutung könnte ... die Fortdauer eines solchen Individuums haben, nachdem durch dasselbe der Weltgeist *hindurchgezogen* ist ...» Weiße sucht dieser Bedeutungslosigkeit der individuellen Seele gegenüber auf seine Art deren Unvergänglichkeit darzulegen. Daß auch er über Hegels Darstellung hinaus es zu keinem wirklichen Fortschritt bringen kann, wird aus den von ihm befolgten Gedankengängen, welche ein voriges Kapitel dieses Buches skizziert, begreiflich sein.

Wie man die Ohnmacht des Hegelschen Gedankengemäldes empfinden konnte gegenüber dem individuellen Wesen der Seele, so konnte man sie auch gewahr werden gegenüber der Forderung, wirklich in weitere Tiefen der Natur einzudringen, als diejenigen sind, welche auch der Sinnenwelt offen sind. Daß alles dasjenige, was den Sinnen sich darbietet, in Wahrheit Gedanke und als solcher *Geist* ist, das war für Hegel klar; ob aber mit *diesem* «Geiste der Natur» *aller* Geist in der Natur durchschaut ist, das konnte als eine neue Frage empfunden werden. Wenn die Seele mit dem Gedanken ihr eigenes Wesen nicht erfaßt, könnte es dann nicht sein, daß sie bei einem andersartigen Erleben ihres eigenen Wesens doch tiefere Kräfte und Wesenheiten in der Natur erlebte? Ob man sich solche Fragen mit aller Deutlichkeit stellt oder nicht, darauf kommt es nicht an; sondern darauf, ob sie gegenüber einer Weltanschauung *gestellt werden können.* Können sie es, dann macht durch diese Möglichkeit die Weltanschauung den Eindruck des Unbefriedigenden. Weil dies bei der Hegelschen Weltanschauung der Fall war, *deshalb* empfand man ihr gegenüber nicht, daß sie das rechte Bild der Welt gebe, auf die sich die höchsten Rätselfragen des Daseins beziehen. Dies muß ins Auge gefaßt werden, wenn das Bild in dem richtigen Lichte gesehen werden soll, in dem sich die Weltanschauungsentwickelung in der Mitte des neunzehnten Jahrhunderts darstellt. In dieser Zeit machte man in bezug auf das Bild von der äußeren Natur weitere Fortschritte. Noch gewaltiger als vorher drückte dieses Bild auf die gesamte menschliche Weltanschauung. Begreiflich muß es erscheinen, daß die philosophischen Vorstellungen in dieser Zeit in einen harten Kampf verwickelt wurden, da sie gewissermaßen in dem geschilderten Sinne an einem kritischen Punkte angelangt waren. - Bedeutsam ist zunächst, wie Hegels Anhänger die Verteidigung von dessen Philosophie versuchten.

Carl Ludwig Michelet, der Herausgeber von Hegels «Naturphilosophie» hat in seiner Vorrede zu derselben 1841 geschrieben: «Wird man es noch länger für eine Schranke der Philosophie halten, nur Gedanken, nicht einmal einen Grashalm schaffen zu können? Das heißt nur das Allgemeine, Bleibende, einzig Wertvolle, nicht das Einzelne, Sinnliche, Vergängliche? Soll aber die Schranke der Philosophie nicht bloß darin bestehen, daß sie nichts Individuelles machen könne, sondern auch darin, daß sie nicht einmal wisse, wie es gemacht werde: so ist zu antworten, daß dies Wie nicht über dem Wissen, sondern vielmehr unter dem Wissen steht, dieses also keine Schranke daran haben kann. Bei dem Wie dieser Wandlung der Idee in die Wirklichkeit geht nämlich das Wissen verloren, eben weil die Natur die bewußtlose Idee ist und der Grashalm ohne irgendein Wissen wächst. Das wahre Schaffen, das des Allgemeinen, bleibt aber der Philosophie, in ihrer Erkenntnis selber, unverloren ... Und nun behaupten wir: die keuscheste Gedankenentwickelung der Spekulation wird am vollständigsten mit den Resultaten der Erfahrung übereinstimmen, und der große Natursinn in dieser wiederum am unverhohlensten nichts weiter als die verkörperten Ideen erblicken lassen.»

Michelet spricht in derselben Vorrede auch noch eine Hoffnung aus: «So sind *Goethe* und *Hegel* die zwei Genien, welche, meiner Ansicht nach, bestimmt sind, einer spekulativen Physik in der Zukunft die Bahn zu brechen, indem sie die Versöhnung der Spekulation mit der Erfahrung vorbereiteten ... Namentlich möchte es diesen Hegelschen Vorlesungen am ersten gelingen, sich in dieser Hinsicht Anerkennung zu verschaffen; denn da sie von umfassenden empirischen Kenntnissen zeugen, so hat *He-*

gel an diesen die sicherste Probe seiner Spekulationen bei der Hand gehabt.»

Die Folgezeit hat eine solche Versöhnung nicht herbeigeführt. Eine gewisse Animosität gegen *Hegel* ergriff immer weitere Kreise. Man sieht, wie diese Stimmung ihm gegenüber sich im Laufe der fünfziger Jahre immer weiter verbreitete an den Worten, die *Friedrich Albert Lange* in seiner «Geschichte des Materialismus» (1866) gebraucht: «Sein (Hegels) ganzes System bewegt sich innerhalb unserer Gedanken und Phantasien über die Dinge, denen hochklingende Namen gegeben werden, ohne daß es zur Besinnung darüber kommt, welche Geltung den Erscheinungen und den aus ihnen abgeleiteten Begriffen überhaupt zukommen kann . . . Durch Schelling und Hegel wurde der Pantheismus zur herrschenden Denkweise in der Naturphilosophie, eine Weltanschauung, welche bei einer gewissen mystischen Tiefe zugleich die Gefahr phantastischer Ausschweifungen fast im Prinzip schon in sich schließt. Statt die Erfahrung und die Sinnenwelt vom Idealen streng zu scheiden und dann in der Natur des Menschen die Versöhnung dieser Gebiete zu suchen, vollzieht der Pantheist die Versöhnung von Geist und Natur durch einen Machtspruch der dichtenden Vernunft ohne alle kritische Vermittelung.»

Zwar entspricht diese Anschauung über Hegels Denkweise dessen Weltanschauung so wenig als möglich (vergleiche die Darstellung derselben in dem Kapitel «Die Klassiker der Weltanschauung»); aber sie beherrschte um die Mitte des Jahrhunderts schon zahlreiche Geister, und sie eroberte sich einen immer weiteren Boden. Ein Mann, der von 1833 bis 1872 als Philosophieprofessor in Berlin eine einflußreiche Stellung innerhalb des deutschen Geisteslebens innehatte, *Trendelenburg*, konnte eines großen Beifalles sicher sein, als er über Hegel urteilte: dieser wollte durch seine Methode «lehren, ohne zu lernen», weil er «sich im Besitze des göttlichen Begriffes wähnend, die mühsame Forschung in ihrem sicheren Besitze hemmt». Vergeblich suchte Michelet solches zu berichtigen mit Hegels eigenen Worten, wie diesen: «Der Erfahrung ist die Entwickelung der Philosophie zu verdanken. Die empirischen Wissenschaften bereiten den Inhalt des Besonderen dazu vor, in die Philosophie aufgenommen zu werden. Anderseits enthalten sie damit die Nötigung für das Denken selbst, zu diesen konkreten Bestimmungen fortzugehen.»

Charakteristisch für den Gang der Weltanschauungsentwickelung in den mittleren Jahrzehnten des 19. Jahrhunderts ist der Ausspruch eines bedeutenden, aber leider wenig zur Geltung gekommenen Denkers: *K. Ch. Planck*. Von ihm erschien 1850 eine hervorragende Schrift «Die Weltalter», in deren Vorrede er sagt: «Zugleich die rein natürliche Gesetzmäßigkeit und Bedingtheit alles Seins zum Bewußtsein zu bringen und wiederum die volle selbstbewußte Freiheit des Geistes, das selbständige innere Gesetz seines Wesens herzustellen, diese doppelte Tendenz, welche der unterscheidende Grundzug der neueren Geschichte ist, bildet in ihrer ausgesprochensten und reinsten Gestalt auch die Aufgabe der vorliegenden Schrift. Jene erstere Tendenz liegt seit dem Wiederaufleben der Wissenschaften in der erwachten selbständigen und umfassenden Naturforschung und ihrer Befreiung von der Herrschaft des rein Religiösen, in der durch sie hervorgebrachten Umwandlung der ganzen physischen Weltanschauung und der immer mehr nüchtern-verständig gewordenen Betrachtung der Dinge überhaupt, wie endlich in höchster Form in dem philosophischen Streben, die Naturgesetze nach ihrer inneren Notwendigkeit zu begreifen, nach allen Seiten hin zutage; sie zeigt sich aber auch praktisch in der immer vollständigeren Ausbildung dieses unmittelbar gegenwärtigen Lebens nach seinen natürlichen Bedingungen.» Der wachsende Einfluß der Naturwissenschaften drückt sich in solchen Sätzen aus. Das Vertrauen zu diesen Wissenschaften wurde immer größer. Der Glaube wurde maßgebend, daß sich aus den Mitteln und Ergebnissen der Naturwissenschaften heraus eine Weltanschauung gewinnen lasse, welche das Unbefriedigende der Hegelschen nicht an sich hat.

Eine Vorstellung des Umschwunges, der sich in dieser Richtung vollzog, gibt ein Buch, das im vollsten Sinne des Wortes für diese Zeit als ein repräsentatives angesehen werden kann: *Alexander von Humboldts* «Kosmos, Entwurf einer physischen Weltbeschreibung». Der auf der Höhe der naturwissenschaftlichen Bildung seiner Zeit stehende Mann spricht von seinem Vertrauen in eine naturwissenschaftliche Weltbetrachtung: «Meine Zuversicht gründet sich auf den glänzenden Zustand der Naturwissenschaften selbst: deren Reichtum nicht mehr die Fülle, sondern die Verkettung des Beobachteten ist. Die allgemeinen Resultate, die jedem gebildeten Verstande Interesse einflößen, haben sich seit dem Ende des achtzehnten Jahrhunderts wundervoll vermehrt. Die Tatsachen stehen minder vereinzelt da; die Klüfte zwischen den Wesen werden ausgefüllt. Was in einem engeren Gesichtskreise, in unserer Nähe, dem forschenden Geiste lange unerklärlich blieb, wird durch Beobachtungen aufgehellt, die auf einer Wanderung in die entlegensten Regionen angestellt worden sind. Pflanzen- und Tiergebilde, die lange isoliert erschienen, reihen sich durch neu entdeckte Mittelglieder oder durch Übergangsformen aneinander. Eine allgemeine Verkettung: nicht in einfacher linearer Richtung, sondern in netzartig verschlungenem Gewebe, nach höherer Ausbildung oder Verkümmerung gewisser Organe, nach vielseitigem Schwanken in der relativen Übermacht der Teile, stellt sich allmählich dem forschenden Natursinne dar.... Das Studium der allgemeinen Naturkunde weckt gleichsam Organe in uns, die lange geschlummert haben. Wir treten in einen innigeren Verkehr mit der Außenwelt.» Humboldt selbst führt im «Kosmos» die Naturbeschreibung nur bis zu der Pforte, die den Zugang zur Weltanschauung eröffnet. Er sucht nicht danach, die Fülle der Erscheinungen durch allgemeine Naturideen zu verknüpfen; er reiht die Dinge und Tatsachen in naturgemäßer Weise aneinander, wie es «der ganz objektiven Richtung seiner Sinnesart» entspricht.

Bald aber griffen andere Denker in die Geistesentwickelung ein, die kühn im Verknüpfen waren, die vom Boden der Naturwissenschaft aus in das Wesen der Dinge einzudringen suchten. Was sie herbeiführen wollten, war nichts Geringeres als eine durchgreifende Umgestaltung aller bisherigen philosophischen Welt- und Lebensanschauung auf Grund moderner Wissenschaft und Naturerkenntnis. In der kräftigsten Weise hatte ihnen die Naturerkenntnis des neunzehnten Jahrhunderts vorgearbeitet. In radikaler Weise deutet Feuerbach auf das hin, was sie wollten: «Gott früher setzen als die Natur ist ebensoviel, als wenn man die Kirche früher setzen wollte als die Steine, woraus sie gebaut wird, oder die Architektur, die Kunst, welche die Steine zu einem Gebäude zusammengesetzt hat, früher als die Verbindung der chemischen Stoffe zu einem Steine, kurz, als die natürliche Entstehung und Bildung des Steines.» Die erste Jahrhunderthälfte hat zahlreiche naturwissenschaftliche Steine zu der Architektur eines neuen Weltanschauungsgebäudes geschaffen. Nun ist gewiß richtig, daß man ein Gebäude nicht aufführen kann, wenn keine Bausteine dazu vorhanden sind. Aber nicht weniger richtig ist es, daß man mit den Steinen nichts anfangen kann, wenn man nicht *unabhängig von ihnen* ein Bild des aufzuführenden Baues hat. Wie aus dem planlosen Übereinander- und Nebeneinanderlegen und Verkitten der Steine kein Bau entstehen kann, so aus den erkannten Wahrheiten der Naturforschung keine Weltanschauung, wenn nicht *unabhängig von dem, was die Naturforschung geben kann*, in der Menschenseele die Kraft zu dem Bilden der Weltanschauung vorhanden ist. Dieses wurde von den Bekämpfern einer selbständigen Philosophie durchaus unberücksichtigt gelassen.

Wenn man die Persönlichkeiten, die sich in den fünfziger Jahren an der Aufführung eines Weltanschauungsgebäudes beteiligten, betrachtet, so treten die Physiognomien dreier Männer mit besonderer Schärfe hervor: *Ludwig Büchner* (geboren 1824, gestorben 1899), *Carl Vogt* (1817—1895) und *Jacob Moleschott* (1822—1893). - Will man die Grundempfindung, die diese drei Männer beseelt, charakterisieren, so kann man es mit den Worten des letzteren tun: «Hat der Mensch alle Eigenschaften der Stoffe erforscht, die auf seine entwickelten Sinne einen Eindruck zu machen vermögen, dann hat er auch das Wesen der Dinge erfaßt. Damit erreicht er sein, das heißt: der Menschheit absolutes Wissen. Ein anderes Wissen hat für den Menschen keinen Bestand.» Alle bisherige Philosophie hat, nach der Meinung dieser Männer, dem Menschen ein solches bestandloses Wissen überliefert. Die idealistischen Philosophen glauben, nach der Meinung Büchners und seiner Gesinnungsgenossen, aus der Vernunft zu schöpfen; durch ein solches Verfahren könne aber, behauptet Büchner, kein inhaltvolles Vorstellungsgebäude zustande kommen. «Die Wahrheit aber kann nur der Natur und ihrem Walten abgelauscht werden», sagt Moleschott. In ihrer und der folgenden Zeit faßte man die Kämpfer für eine solche der Natur abgelauschte Weltanschauung als Materialisten zusammen. Und man hat betont, daß dieser ihr Materialismus eine uralte Weltanschauung sei, von der hervorragende Geister längst erkannt haben, wie unbefriedigend sie für ein höheres Denken sei. Büchner hat sich gegen eine solche Ansicht gewandt. Er hebt hervor: «Erstens ist der Materialismus oder die ganze Richtung überhaupt nie widerlegt worden, und sie ist nicht nur die älteste philosophische Weltbetrachtung, welche existiert, sondern sie ist auch bei jedem Wiederaufleben der Philosophie in der Geschichte mit erneuten Kräften wieder aufgetaucht; und zweitens ist der Materialismus von heute nicht mehr der ehemalige des Epikur oder der Enzyklopädisten, sondern eine ganz andere, von den Errungenschaften der positiven Wissenschaften getragene Richtung oder Methode, die sich überdem von ihren Vorgängern sehr wesentlich dadurch unterscheidet, daß sie nicht mehr, wie der ehemalige Materialismus, System, sondern eine einfache realistisch-philosophische Betrachtung des Daseins ist, welche vor allem die einheitlichen Prinzipien in der Welt der Natur und des Geistes aufsucht und überall die Darlegung eines natürlichen und gesetzmäßigen Zusammenhangs der gesamten Erscheinungen jener Welt anstrebt.»

Man kann an dem Verhalten eines Geistes, der im eminentesten Sinne nach einem naturgemäßen Denken strebte, Goethes, zu einem der hervorragendsten Materialisten der Franzosen - der Enzyklopädisten des vorigen Jahrhunderts - zu Holbach, zeigen, wie ein Geist, der naturwissenschaftlichem Vorstellen sein vollstes Recht widerfahren läßt, sich zu dem Materialismus zu stellen vermag. *Paul Heinrich Dietrich von Holbach* (geboren 1723), ließ 1770 das «Système de la nature» erscheinen. Goethe, dem das Buch in Straßburg in die Hände fiel, schildert in «Dichtung und Wahrheit» den abstoßenden Eindruck, den er von ihm erhalten hat: «Eine Materie sollte sein von Ewigkeit, und von Ewigkeit her bewegt, und sollte nun mit dieser Bewegung rechts und links und nach allen Seiten, ohne weiteres, die unendlichen Phänomene des Daseins hervorbringen. Dies alles wären wir sogar zufrieden gewesen, wenn der Verfasser wirklich aus seiner bewegten Materie die Welt vor unseren Augen aufgebaut hätte. Aber er mochte von der Natur so wenig wissen als wir; denn indem er einige allgemeine Begriffe hingepfahlt, verläßt er sie sogleich, um dasjenige, was höher als die Natur, oder was als höhere Natur in der Natur erscheint, zur materiellen, schweren, zwar bewegten, aber doch richtungs- und gestaltlosen Natur zu verwandeln, und glaubt dadurch recht viel gewonnen zu haben.» Goethe war von der Überzeugung durchdrungen: «Die Theorie an und für sich ist nichts nütze, als insofern sie uns an den Zusammenhang der Erscheinungen glauben macht.» (Sprüche in Prosa. Deutsche Nationalliteratur, Goethes Werke, Bd. 36, 2. Abt, S. 357).

Die naturwissenschaftlichen Ergebnisse aus der ersten Hälfte des neunzehnten Jahrhunderts waren nun allerdings als Tatsachenerkenntnisse geeignet, den Materialisten der fünfziger Jahre eine Unterlage für ihre Weltanschauung zu liefern. Denn man war immer tiefer in die Zusammenhänge der materiellen Vorgänge eingedrungen, sofern sich diese der Sinnenbeobachtung und demjenigen Denken ergeben, das sich nur auf diese Sinnesbeobachtung stützen will. Wenn man nun auch bei einem solchen Eindringen vor sich und anderen ableugnen will, daß in der Materie Geist wirkt, so enthüllt man doch unbewußt diesen Geist. In gewissem Sinne ist nämlich durchaus richtig, was Friedrich Theodor Vischer im dritten Heft von «Altes und Neues» sagt: «Daß die sogenannte Materie etwas hervorbringen kann, dessen Funktion Geist ist, das eben ist ja der volle Beweis gegen den Materialismus.» Und in diesem Sinne widerlegt unbewußt Büchner den Materialismus, indem er versucht zu beweisen, daß die geistigen Vorgänge aus den Tiefen der materiellen Tatsachen für die Sinnesbeobachtung hervorgehen.

Ein Beispiel, wie die naturwissenschaftlichen Erkenntnisse solche Formen annahmen, die von tiefgehendem Einflusse auf die Weltanschauung sein konnten, gibt die Entdeckung *Wöhlers* vom Jahre 1828. Diesem gelang es, einen Stoff, der sich im lebendigen Organismus bildet, außerhalb desselben künstlich darzustellen. Dadurch schien der Beweis geliefert, daß der bisher bestandene Glaube unrichtig sei, welcher annahm, gewisse Stoffverbindungen könnten sich nur unter dem Einfluß einer besonderen Lebenskraft, die im Organismus vorhanden sei, bilden. Wenn man außerhalb des lebendigen Körpers ohne Lebenskraft solche Stoffverbindungen herstellen konnte, so durfte gefolgert werden, daß auch der Organismus nur mit den Kräften arbeitet, mit denen es die Chemie zu tun hat.

Für die Materialisten lag es nahe, zu sagen, wenn der lebendige Organismus keiner besonderen Lebenskraft bedarf, um das hervorzubringen, was man früher einer solchen zuschrieb: warum sollte er besonderer geistiger Kräfte bedürfen, damit in ihm die Vorgänge zustande kommen, an welche die geistig-seelischen Erlebnisse gebunden sind? Der Stoff mit seinen Eigenschaften wurde nunmehr den Materialisten dasjenige, was aus seinem Mutterschoß alle Dinge und Vorgänge erzeugt. Es war nicht weit von der Tatsache, daß Kohlenstoff, Wasserstoff, Sauerstoff und Stickstoff zu einer organischen Verbindung sich zusammenschließen, zu der Behauptung Büchners: «Die Worte Seele, Geist, Gedanke, Empfindung, Wille, Leben bezeichnen keine Wesenheiten, keine wirklichen Dinge, sondern nur Eigenschaften, Fähigkeiten, Verrichtungen der lebenden Substanz oder Resultate von Wesenheiten, welche in den materiellen Daseinsformen begründet sind.» Nicht mehr ein göttliches Wesen, nicht mehr die menschliche Seele, sondern den Stoff mit seiner Kraft nannte Büchner unsterblich. Und Moleschott kleidet dieselbe Überzeugung in die Worte: «Die Kraft ist kein stoßender Gott, kein von der stofflichen Grundlage getrenntes Wesen der Dinge. Sie ist des Stoffes unzertrennliche, ihm von Ewigkeit innewohnende Eigenschaft. - Kohlensäure, Wasser- und Sauerstoff sind die Mächte, die auch den festesten Felsen zerlegen und in den Fluß bringen, dessen Strömung das Leben erzeugt. - Wechsel von Stoff und Form in den einzelnen Teilen, während die Grundgestalt dieselbe bleibt, ist das Geheimnis des tierischen Lebens.»

Die naturwissenschaftliche Forscherarbeit der ersten Jahrhunderthälfte gab Ludwig Büchner die Möglichkeit, Anschauungen wie diese auszusprechen: «In ähnlicher

Weise nun, wie die Dampfmaschine Bewegung hervorbringt, erzeugt die verwickelte organische Komplikation kraftbegabter Stoffe im Tierleibe eine Gesamtsumme Effekte, welche, zu einer Einheit verbunden, von uns Geist, Seele, Gedanke genannt wird.» Und Karl Gustav Reuschle erklärt in seinem Buche «Philosophie und Naturwissenschaft. Zur Erinnerung an David Friedrich Strauß» (1874), daß die naturwissenschaftlichen Ergebnisse selbst ein philosophisches Moment in sich schlössen. Die Verwandtschaften, die man zwischen den Naturkräften entdeckte, betrachtete man als Führer in die Geheimnisse des Daseins.

Eine solche wichtige Verwandtschaft fand 1819 *Oersted* in Kopenhagen. Es zeigte sich ihm, daß die Magnetnadel durch den elektrischen Strom abgelenkt wird. *Faraday* entdeckte 1831 dazu das Gegenstück, daß durch die Annäherung eines Magneten in einem spiralförmig gewundenen Kupferdraht Elektrizität hervorgerufen werden kann. Elektrizität und Magnetismus waren damit als miteinander verwandte Naturphänomene erkannt. Beide Kräfte standen nicht mehr isoliert nebeneinander da; man wurde darauf hingewiesen, daß ihnen im materiellen Dasein etwas Gemeinsames zugrunde liege. Einen tiefen Blick in das Wesen von Stoff und Kraft hat *Julius Robert Mayer* in den vierziger Jahren getan, als ihm klar wurde, daß zwischen mechanischer Arbeitsleistung und Wärme eine ganz bestimmte, durch eine Zahl ausdrückbare Beziehung herrscht. Durch Druck, Stoß, Reibung usw., das heißt aus Arbeit, entsteht Wärme. In der Dampfmaschine wird Wärme wieder in Arbeitsleistung umgewandelt. Die Menge der Wärme, die aus Arbeit entsteht, läßt sich aus der Menge dieser Arbeit berechnen. Wenn man die Wärmemenge, die notwendig ist, um ein Kilogramm Wasser um einen Grad zu erwärmen, in Arbeit umwandelt, so kann man mit dieser Arbeit 424 Kilogramm ein Meter hoch heben. Es ist nicht zu verwundern, daß in solchen Tatsachen ein ungeheurer Fortschritt gesehen wurde gegen Erklärungen über die Materie, wie sie Hegel gegeben hat: «Der Übergang von der Idealität zur Realität, von der Abstraktion zum konkreten Dasein, hier von Raum und Zeit zu der Realität, welche als Materie erscheint, ist für den Verstand unbegreiflich, und macht sich für ihn daher immer äußerlich und als ein Gegebenes.» Solch eine Bemerkung wird nur in ihrer Bedeutung erkannt, wenn man in dem *Gedanken* als solchen etwas Wertvolles sehen kann. Das aber lag den hier genannten Denkern ganz fern.

Zu solchen Entdeckungen über den einheitlichen Charakter der unorganischen Naturkräfte kamen andere, die über die Zusammensetzung der Organismenwelt Aufschluß gaben. 1838 erkannte der Botaniker *Schleiden* die Bedeutung der einfachen Zelle für den Pflanzenkörper. Er zeigte, wie sich alle Gewebe der Pflanze und daher diese selbst aus diesen «Elementarorganismen» aufbauen. Schleiden hatte diesen «Elementarorganismus» als ein Klümpchen flüssigen Pflanzenschleimes, das von einer Hülle (Zellhaut) umgeben ist und einen festeren Zellkern enthält, erkannt. Diese Zellen vermehren sich und lagern sich so aneinander, daß sie pflanzliche Wesen aufbauen. Bald darauf entdeckte *Schwann* das gleiche auch für die Tierwelt. Im Jahre 1827 hat der geniale *Carl Ernst Baer* das menschliche Ei entdeckt. Er hat auch die Vorgänge der Entwickelung der höheren Tiere und des Menschen aus dem Ei verfolgt.

So war man überall davon abgekommen, die Ideen zu suchen, die den Naturdingen zugrunde liegen. Man hat dafür die Tatsachen beobachtet, die zeigen, wie sich die höheren, komplizierteren Naturprozesse und Naturwesen aus einfachen und niedrigen aufbauen. Die Männer wurden immer seltener, die nach einer idealistischen Deutung der Welterscheinungen suchten. Es war noch der Geist der idealistischen Weltanschauung, der 1837 dem Anthropologen *Burdach* die Ansicht eingab, daß das Leben seinen Grund nicht in der Materie habe, sondern daß es vielmehr durch eine höhere Kraft die Materie umbilde, wie es sie brauchen kann. Moleschott konnte bereits sagen: «Die Lebenskraft, wie das Leben, ist nichts anderes als das Ergebnis der verwickelt zusammenwirkenden und ineinandergreifenden physischen und chemischen Kräfte.»

Das Zeitbewußtsein drängte dazu, das Weltall durch keine anderen Erscheinungen zu erklären, als diejenigen sind, die sich vor den Augen der Menschen abspielen. *Charles Lyells* 1830 veröffentlichtes Werk «Principles of geology» hatte mit diesem Erklärungsgrundsatz die ganze alte Geologie gestürzt. Bis zu Lyells epochemachender Tat glaubte man, daß die Entwickelung der Erde sich sprungweise vollzogen habe. Wiederholt soll alles, was auf der Erde entstanden war, durch totale Katastrophen zerstört worden, und über dem Grabe vergangener Wesen soll eine neue Schöpfung entstanden sein. Man erklärte daraus das Vorhandensein der Pflanzen- und Tierreste in den Erdschichten. *Cuvier* war der Hauptvertreter solcher wiederholter Schöpfungsepochen. Lyell kam zu der Anschauung, daß man keine solche Durchbrechung des stetigen Ganges der Erdentwickelung braucht. Wenn man nur genügend lange Zeiträume voraussetzt, dann könne man sagen, daß die Kräfte, die heute noch auf der Erde tätig sind, diese ganze Entwickelung bewirkt haben. In Deutschland haben sich Goethe und *Karl von Hoff* schon früher zu einer solchen Ansicht bekannt. Der letztere vertrat sie in seiner 1822 erschienenen «Geschichte der durch Überlieferung nachgewiesenen natürlichen Veränderungen der Erdoberfläche».

Mit der ganzen Kühnheit von Enthusiasten des Gedankens gingen Vogt, Büchner und Moleschott an die Erklärung aller Erscheinungen aus materiellen Vorgängen, wie sie sich vor den menschlichen Sinnen abspielen.

Einen bedeutsamen Ausdruck fand der Kampf, den der Materialismus zu führen hatte, als sich der Göttinger Physiologe *Rudolf Wagner* und *Carl Vogt* gegenüberstanden. Wagner trat 1852 in der «Allgemeinen Zeitung» für ein selbständiges Seelenwesen gegen die Anschauung des Materialismus ein. Er sprach davon, «daß die Seele sich teilen könne, da ja das Kind vieles vom Vater und vieles von der Mutter erbe». Vogt antwortete zunächst in seinen «Bildern aus dem Tierleben». Man erkennt Vogts Stellung in dem Streite, wenn man in seiner Antwort folgenden Satz liest: «Die Seele, welche gerade der Inbegriff, das Wesen der Individualität des einzelnen, unteilbaren Wesens ausmachen soll, die Seele soll sich teilen können! Theologen, nehmt Euch diesen Ketzer zur Beute - er war bisher der Euren Einer! Geteilte Seelen! Wenn sich die Seele im Akte der Zeugung, wie Herr R. Wagner meint, teilen kann, so könnte sie sich auch vielleicht im Tode teilen, und die eine mit Sünden beladene Portion ins Fegefeuer gehen, während die andere direkt ins Paradies geht. Herr Wagner verspricht zum Schlusse seiner physiologischen Briefe auch Exkurse in das Gebiet der Physiologie – wir sind sehr begierig auf diese Physiologie der geteilten Seelen.» Heftig wurde der Kampf, als Wagner 1854 auf der Naturforscherversammlung in Göttingen einen Vortrag über «Menschenschöpfung und Seelensubstanz» gegen den Materialismus hielt. Er wollte zweierlei beweisen. Erstens, daß die Ergebnisse der neueren Naturwissenschaft dem biblischen Glauben an die Abstammung des Menschengeschlechtes von einem Paare nicht widersprechen; zweitens, daß diese Ergebnisse nichts über die Seele entscheiden. Vogt schrieb 1855 gegen Wagner eine Streitschrift «Köhlerglaube und Wissenschaft», die ihn einerseits auf der vollen Höhe naturwissenschaftlicher Einsicht seiner Zeit zeigt, anderseits aber auch als scharfen Denker, der rückhaltlos die Schlußfolgerungen des Gegners als Truggebilde enthüllt. Sein Widerspruch gegen Wagners erste Behauptung gipfelt in den Sätzen: «Alle historischen wie naturgeschichtlichen Forschungen liefern den positiven Beweis von dem vielfältigen Ursprung der Menschenarten. Die Lehren der Schrift über Adam und Noah und die zweimalige Abstammung der Menschen von einem Paare sind wissenschaftlich durchaus unhaltbare Märchen.» Und gegen die Wagnersche Seelenlehre wandte Vogt ein: Wir sehen die Seelentätigkeiten des Menschen sich allmählich entwickeln mit der Entwickelung der körperlichen Organe. Wir sehen die geistigen Verrichtungen vom Kindesalter an bis zur Reife des Lebens vollkommener werden; wir sehen, daß mit jeder Einschrumpfung der Sinne und des Gehirnes auch der «Geist» entsprechend einschrumpft. «Eine solche Entwickelung ist unvereinbar mit der Annahme einer unsterblichen Seelensubstanz, die in das Gehirn als Organ hineingepflanzt ist.» Daß die Materialisten bei ihren Gegnern nicht allein Verstandesgründe, sondern auch Empfindungen zu bekämpfen hatten, zeigt gerade der Streit zwischen Vogt und Wagner mit vollkommener Klarheit. Hat doch der letztere in seinem Göttinger Vortrage an das moralische Bedürfnis appelliert, das es nicht verträgt, wenn «mechanische, auf zwei Armen und Beinen herumlaufende Apparate» zuletzt sich in gleichgültige Stoffe auflösen, ohne daß man die Hoffnung haben könnte, daß das Gute, das sie tun, belohnt und ihr Böses bestraft werde. Vogt erwidert darauf: «Die Existenz einer unsterblichen Seele ist Herrn Wagner nicht das Resultat der Forschung oder des Nachdenkens. ... Er bedarf einer unsterblichen Seele, um sie nach dem Tode des Menschen quälen und strafen zu können.»

Daß es einen Gesichtspunkt gibt, von dem aus auch die moralische Weltordnung der materialistischen Ansicht zustimmen kann, das versuchte *Heinrich Czolbe* (1819 bis 1873) zu zeigen. Er setzt in seiner 1865 erschienenen Schrift «Die Grenzen und der Ursprung der menschlichen Erkenntnis im Gegensatz zu Kant und Hegel» auseinander, daß jede Theologie aus der Unzufriedenheit mit dieser Welt entspringe. «Zur Ausschließung des Übernatürlichen oder alles des Unbegreiflichen, was zur Annahme einer zweiten Welt führt, mit einem Worte, zum Naturalismus, nötigt also keineswegs die Macht naturwissenschaftlicher Tatsachen, zunächst auch nicht die alles begreifen wollende Philosophie: sondern in tiefstem Grunde die Moral, nämlich dasjenige sittliche Verhältnis des Menschen zur Weltordnung, was ich Zufriedenheit mit der natürlichen Welt genannt habe.» Czolbe sieht in dem Begehren einer übernatürlichen Welt geradezu einen Ausfluß der Undankbarkeit gegen die natürliche. Die Fundamente der Jenseitsphilosophie sind ihm moralische Fehler, Sünden wider den Geist der natürlichen Weltordnung. Denn sie führen ab von «dem Streben nach dem möglichsten Glücke jedes einzelnen» und der Pflichterfüllung, die aus solchem Streben folgt «gegen uns selbst und andere ohne Rücksicht auf übernatürlichen Lohn und Strafe». Nach seiner Ansicht soll der Mensch erfüllt sein von «dankbarer Hinnahme des ihm zufallenden, vielleicht geringen irdischen Glücks nebst der in der Zufriedenheit mit der natürlichen Welt liegenden Demütigung unter ihre Schranken, ihr notwendiges Leid». Wir begegnen hier einer Ablehnung der übernatürlichen moralischen Weltordnung - aus moralischen Gründen.

In Czolbes Weltanschauung sieht man auch klar, welche Eigenschaften den Materialismus für das menschliche Denken so annehmbar machen. Denn das ist zweifellos, daß Büchner, Vogt und Moleschott nicht Philosophen genug waren, um die Fundamente ihrer Ansicht logisch klarzulegen. Auf sie wirkte die Macht der naturwissenschaftlichen Tatsachen. Ohne sich bis in die Höhen einer ideengemäßen Denkweise, wie Goethe sich auszudrücken pflegte, zu versteigen, zogen sie mehr als Naturdenker die Folgerungen aus dem, was die Sinne wahrnehmen. Sich aus der Natur des menschlichen Erkennens Rechenschaft zu geben über ihr Verfahren, war nicht ihre Sache. Czolbe tat das. In seiner «Neuen Darstellung des Sensualismus» (1855) finden wir Gründe angegeben, warum er nur eine Erkenntnis auf der Grundlage der sinnlichen Wahrnehmungen für wertvoll hält. Nur eine solche Erkenntnis liefert deutlich vorstellbare und anschauliche Begriffe, Urteile und Schlüsse. Jeder Schluß auf etwas Unvorstellbares, sowie jeder undeutliche Begriff sind abzuweisen. Anschaulich klar ist nun, nach Czolbes Ansicht, nicht das Seelische als solches, sondern das Materielle, an dem das

Geistige als Eigenschaft erscheint. Deshalb bemüht er sich in seiner 1856 erschienenen Schrift «Die Entstehung des Selbstbewußtseins, eine Antwort an Herrn Professor Lotze», das Selbstbewußtsein auf materiell-anschauliche Vorgänge zurückzuführen. Er nimmt eine Kreisbewegung der Teile des Gehirns an. Durch eine solche in sich selbst zurückkehrende Bewegung werde ein Eindruck, den ein Ding auf die Sinne mache, zu einer bewußten Empfindung. Merkwürdig ist, daß diese physikalische Erklärung des Bewußtseins für Czolbe zugleich die Veranlassung wurde, seinem Materialismus untreu zu werden. Hier zeigt sich an ihm eine der Schwächen, die dem Materialismus anhaften. Wenn er seinen Grundsätzen treu bliebe, dann würde er mit seinen Erklärungen niemals weiter gehen, als ihm die mit den Sinnen erforschten Tatsachen gestatten. Er würde von keinen anderen Vorgängen im Gehirn sprechen, als solchen, die sich mit naturwissenschaftlichen Mitteln wirklich feststellen lassen. Das, was er sich vorsetzt, ist somit ein unendlich fernes Ziel. Geister wie Czolbe sind nicht zufrieden mit dem, was erforscht ist; sie nehmen hypothetisch Tatsachen an, die noch nicht erforscht sind. Eine solche Tatsache ist die erwähnte Kreisbewegung der Gehirnteile. Eine vollständige Durchforschung des Gehirns wird sicherlich solche Vorgänge innerhalb desselben kennen lehren, die sonst nirgends in der Welt vorkommen. Daraus wird folgen, daß die durch Gehirnvorgänge bedingten seelischen Vorgänge auch nur im Zusammenhange mit einem Gehirne vorkommen. Von seiner hypothetischen Kreisbewegung konnte Czolbe nicht behaupten, daß sie nur auf das Gehirn beschränkt sei. Sie könnte auch außerhalb des tierischen Organismus vorkommen. Dann aber müßte sie seelische Erscheinungen auch in unbelebten

Dingen mit sich führen. Der auf anschauliche Klarheit dringende Czolbe hält tatsächlich eine Beseeltheit der ganzen Natur nicht für ausgeschlossen. «Sollte» - sagt er - «meine Ansicht nicht eine Realisierung der schon von *Plato* in seinem Timäus verteidigten Weltseele sein? Sollte hier nicht der Vereinigungspunkt» des Leibnizschen Idealismus, der die ganze Welt aus beseelten Wesen (Monaden) bestehen ließ, mit dem modernen Naturalismus liegen?

In vergrößertem Maße tritt der Fehler, den Czolbe mit seiner Gehirnkreisbewegung gemacht hat, bei dem genialen *Karl Christian Planck* (1819—1880) auf. Die Schriften dieses Mannes sind ganz vergessen worden, trotzdem sie zu dem Interessantesten gehören, was die neuere Philosophie hervorgebracht hat. Ebenso lebhaft wie der Materialismus strebte Planck nach einer Welterklärung aus der wahrnehmbaren Wirklichkeit heraus. Er tadelt an dem deutschen Idealismus Fichtes, Schellings und Hegels, daß dieser einseitig in der Idee das Wesen der Dinge suchte. «Die Dinge wahrhaft unabhängig aus sich selbst erklären, heißt sie in ihrer ursprünglichen Bedingtheit und Endlichkeit erkennen.» (Vgl. Planck, Die Weltalter, S. 103.) «Es ist nur die eine und wahrhafte reine Natur, so daß die bloße Natur im engeren Sinne und der Geist nur Gegensätze innerhalb der einen Natur im höheren und umfassenden Sinne sind» (a. a. O. S. 101). Nun tritt aber bei Planck das Merkwürdige ein, daß er das Reale, das Ausgedehnte für dasjenige erklärt, was die Welterklärung suchen muß, und daß er dennoch nicht an die sinnliche Erfahrung, an die Beobachtung der Tatsachen herantritt, um zu dem Realen, zu dem Ausgedehnten zu gelangen. Denn er glaubt, daß die menschliche Vernunft durch sich selbst bis zu dem Realen vordringen kann. Hegel habe den Fehler gemacht, daß er die Vernunft sich selbst betrachten ließ, so daß sie in allen Dingen auch sich selbst sah; er aber wolle die Vernunft nicht in sich selbst verharren lassen, sondern sie über sich hinausführen zu dem Ausgedehnten, als dem Wahrhaft-Wirklichen. Planck tadelt Hegel, weil dieser die Vernunft ihr eigenes Gespinst aus sich spinnen läßt; er selbst ist verwegen genug, die Vernunft das objektive Dasein spinnen zu lassen. Hegel sagte, der Geist kann das Wesen der Dinge begreifen, weil die Vernunft das Wesen der Dinge ist und die Vernunft im Menschengeiste zum Dasein kommt; Planck erklärt: das Wesen der Dinge ist nicht die Vernunft; dennoch gebraucht er lediglich die Vernunft, um dieses Wesen darzustellen. Eine kühne Weltkonstruktion, geistvoll erdacht, aber erdacht fern von wirklicher Beobachtung, fern von den realen Dingen, und dennoch in dem Glauben entworfen, sie sei ganz durchtränkt mit echtester Wirklichkeit, das ist Plancks Ideengebäude. Als ein lebendiges Wechselspiel von Ausbreitung und Zusammenziehung sieht er das Weltgeschehen an. Die Schwerkraft ist für ihn das Streben der im Raum ausgebreiteten Körper, sich zusammenzuziehen. Die Wärme und das Licht sind das Streben eines Körpers, seinen zusammengezogenen Stoff in der Entfernung zur Wirksamkeit zu bringen, also das Streben nach Ausbreitung.

Plancks Verhältnis zu seinen Zeitgenossen ist ein höchst interessantes. Feuerbach sagt von sich: «Hegel steht auf einem die Welt konstruierenden, ich auf einem die Welt ... als seiend erkennen wollenden Standpunkt; er steigt herab, ich hinauf. Hegel stellt den Menschen auf den Kopf, ich auf seine auf der Geologie ruhenden Füße.» Damit hätten auch die Materialisten ihr Glaubensbekenntnis charakterisieren können. Planck aber verfährt der Art und Weise nach genau so wie Hegel. Dennoch glaubt er so zu verfahren wie Feuerbach und die Materialisten. Sie aber hätten ihm, wenn sie seine Art in ihrem Sinne gedeutet hätten, sagen müssen: Du stehst auf einem die Welt konstruierenden Standpunkt; dennoch glaubst du, sie als seiend zu erkennen; du steigst herab, und hältst den Abstieg für einen Aufstieg; du stellst die Welt auf den Kopf und bist der Ansicht, der Kopf sei Fuß. Der Drang nach natürlicher, tatsächlicher Wirklichkeit im dritten Viertel des neunzehnten Jahrhunderts konnte wohl nicht schärfer zum Ausdruck gelangen als durch die Weltanschauung eines Mannes, der nicht nur Ideen, sondern Realität aus der Vernunft hervorzaubern wollte. Nicht minder interessant wirkt Plancks Persönlichkeit, wenn man sie mit derjenigen seines Zeitgenossen *Max Stirner* vergleicht. In dieser Beziehung kommt in Betracht, wie Planck über die Motive des menschlichen Handelns und des Gemeinschaftslebens dachte. Wie die Materialisten von den wirklich den Sinnen gegebenen Stoffen und Kräften für die Naturerklärung ausgingen, so Stirner von der wirklichen Einzelpersönlichkeit für die Richtschnur des menschlichen Verhaltens. Die Vernunft ist nur bei dem einzelnen. Was sie als Richtschnur des Handelns bestimmt, kann daher auch nur für den einzelnen gelten. Das Zusammenleben wird sich von selbst ergeben aus der naturgemäßen Wechselwirkung der Einzelpersönlichkeiten. Wenn jeder seiner Vernunft gemäß handelt, so wird durch freies Zusammenwirken aller der wünschenswerteste Zustand entstehen. Das naturgemäße Zusammenleben entsteht von selbst, wenn jeder in seiner Individualität die Vernunft walten läßt, im Sinne Stirners ebenso, wie nach der Ansicht der Materialisten die naturgemäße Ansicht von den Welterscheinungen entsteht, wenn man die Dinge ihr Wesen selbst aussprechen läßt und die Tätigkeit der Vernunft lediglich darauf beschränkt, die Aussagen der Sinne entsprechend zu verbinden und zu deuten. Wie nun Planck die Welt nicht dadurch erklärt, daß er die Dinge für sich sprechen läßt, sondern durch seine Vernunft entscheidet, was sie angeblich sagen; so läßt er es auch in bezug auf das Gemeinschaftsleben nicht auf eine reale Wechselwirkung der Persönlichkeiten ankommen, sondern er träumt von einem durch die Vernunft geregelten, dem allgemeinen Wohle dienenden Völkerverband mit einer obersten Rechtsgewalt. Er hält es also auch hier für möglich, daß die Vernunft das meistere, was jenseits der Persönlichkeit liegt. «Das ursprüngliche allgemeine Rechtsgesetz fordert notwendig sein äußeres Dasein in einer allgemeinen Rechtsmacht; denn es wäre selbst gar nicht wirklich als allgemeines auf äußere Weise vorhanden, wenn es nur den einzelnen selbst überlassen wäre, es durchzuführen, da die einzelnen für sich ihrer rechtlichen Stellung nach nur Vertreter ihres Rechtes, nicht des allgemeinen als solchen sind.» Planck konstruiert eine allgemeine Rechtsmacht, weil die Rechtsidee nur auf diese Weise sich wirklich machen kann. Fünf Jahre vorher hat Max Stirner geschrieben: «Eigener und Schöpfer meines Rechts, erkenne ich keine andere Rechtsquelle als - mich, weder Gott, noch den Staat, noch die Natur, noch auch den Menschen selbst mit seinen ‚ewigen Menschenrechten', weder göttliches, noch menschliches Recht.» Er ist der Ansicht, daß das wirkliche Recht des einzelnen innerhalb eines allgemeinen Rechtes nicht bestehen kann. Durst nach Wirklichkeit ist es, was Stirner zur Verneinung eines unwirklichen allgemeinen Rechtes treibt; aber Durst nach

Wirklichkeit ist es auch, was Planck zu dem Streben bringt, aus einer Idee einen realen, den Rechtszustand, herauskonstruieren zu wollen.

Wie eine Planck im stärksten Maße beunruhigende Macht liest man aus seinen Schriften das Gefühl heraus, daß der Glaube an zwei ineinanderspielende Weltordnungen, eine naturgemäße und eine rein geistige, nicht naturgemäße, unerträglich ist.

Nun hat es ja schon in früherer Zeit Denker gegeben, die nach einer rein naturwissenschaftlichen Vorstellungsart strebten. Von mehr oder minder klaren Versuchen anderer abgesehen, hat *Lamarck* im Jahre 1809 ein Bild von der Entstehung und Entwickelung der Lebewesen entworfen, das, nach dem Stande der damaligen Kenntnisse, für eine zeitgemäße Weltanschauung viel Anziehendes hätte haben sollen. Er dachte sich die einfachsten Lebewesen durch unorganische Vorgänge unter gewissen Bedingungen entstanden. Ist einmal auf diesem Wege ein Lebewesen gebildet, dann entwickelt es, durch Anpassung an gegebene Verhältnisse der Außenwelt, aus sich neue Gebilde, die seinem Leben dienen. Es treibt neue Organe aus sich heraus, weil es sie für sich nötig hat. Die Wesen können sich also umbilden und in dieser Umbildung auch vervollkommnen. Die Umbildung stellt sich Lamarck zum Beispiel so vor: Es gibt ein Tier, das darauf angewiesen ist, seine Nahrung hohen Bäumen zu entnehmen. Es muß zu diesem Zwecke seinen Hals in die Länge strecken. Im Laufe der Zeit verlängert sich dann der Hals unter dem Einflusse des Bedürfnisses. Aus einem kurzhalsigen Tiere entsteht die Giraffe mit dem langen Hals. Die Lebewesen sind also nicht in der Mannigfaltigkeit entstanden, sondern diese Mannigfaltigkeit hat sich naturgemäß im Laufe der Zeit durch die Verhältnisse erst entwickelt. Lamarck ist der Ansicht, daß der Mensch in diese Entwickelung eingeschlossen ist. Er hat sich im Laufe der Zeit aus ihm ähnlichen affenähnlichen Tieren entwickelt zu Formen, die es ihm gestatten, höhere leibliche und geistige Bedürfnisse zu befriedigen. Bis zum Menschen herauf hatte also Lamarck die ganze Organismenwelt an das Reich des Unorganischen angeschlossen.

Lamarcks Versuch einer Erklärung der Lebensmannigfaltigkeit brachte seine Zeit wenig Beachtung entgegen. Zwei Jahrzehnte später brach in der französischen Akademie ein Streit zwischen *Geoffroy St. Hilaire* und *Cuvier* aus. Geoffroy St. Hilaire glaubte in der Fülle der tierischen Organismen, trotz ihrer Mannigfaltigkeit, einen gemeinsamen Bauplan zu erkennen. Ein solcher war die Vorbedingung für eine Erklärung ihrer Entwickelung aus einander. Wenn sie sich aus einander entwickelt haben, so muß ihnen trotz ihrer Mannigfaltigkeit etwas Gemeinsames zugrunde liegen. In dem niedersten Tiere muß noch etwas zu erkennen sein, das nur der Vervollkommnung bedarf, um im Laufe der Zeit zu dem Gebilde des höheren Tieres zu werden. Cuvier wandte sich energisch gegen die Konsequenzen dieser Anschauung. Er war der vorsichtige Mann, der darauf hinwies, daß die Tatsachen zu solch weitgehenden Schlüssen keine Veranlassung geben. Goethe betrachtete diesen Streit, sofort als er davon hörte, als das wichtigste Ereignis der Zeit. Für ihn verblaßte gegenüber diesem Kampfe das Interesse an einem gleichzeitigen politischen Ereignisse, wie es die französische Julirevolution war, vollständig. Er sprach das deutlich genug in einem Gespräche mit Soret (im August 1830) aus. Es war ihm klar, daß an dieser Streitfrage die naturgemäße Auffassung der organischen Welt hing. In einem Aufsatz, den er schrieb, trat er intensiv für Geoffroy St. Hilaire ein (vgl. Goethes Naturwissenschaftliche Schriften im 33. Band der Goethe-Ausgabe von Kürschners deutscher Nationalliteratur). Zu Johannes von Müller sagte er, daß Geoffroy St. Hilaire auf einem Wege wandle, den er selbst vor fünfzig Jahren betreten habe. Daraus ergibt sich klar, was Goethe wollte, als er bald nach seinem Eintritte in Weimar anfing, Studien über das Tier- und Pflanzenwesen zu treiben. Ihm schwebte schon dazumal eine naturgemäße Erklärung der lebendigen Mannigfaltigkeit vor; aber auch er war vorsichtig. Er behauptete nie mehr, als wozu ihn die Tatsachen berechtigten. Und er sagt in seiner Einleitung zur «Metamorphose der Pflanzen», daß die damalige Zeit in bezug auf diese Tatsachen unklar genug war. Man glaubte, so drückt er sich aus, der Affe brauche sich nur aufzurichten und auf den Hinterbeinen zu gehen, dann könne er zum Menschen werden.

Die naturwissenschaftlichen Denker lebten in einer ganz anderen Vorstellungsart als die Hegelianer. Diese konnten innerhalb ihrer ideellen Welt stehen bleiben. Sie konnten ihre Idee des Menschen aus ihrer Idee des Affen heraus entwickeln, ohne sich darum zu kümmern, wie die Natur es fertigbringt, in der wirklichen Welt den Menschen neben dem Affen entstehen zu lassen. Hatte doch noch Michelet gesagt (vgl. oben S. 348), es sei nicht Sache der Idee, sich über das «Wie» der Vorgänge in der wirklichen Welt auszusprechen. Der Bildner einer idealistischen Weltanschauung ist in dieser Beziehung in dem Falle des Mathematikers, der auch nur zu sagen braucht, durch welche Gedankenoperationen ein Kreis in eine Ellipse und diese in eine Parabel oder Hyperbel sich verwandelt. Wer aber eine Erklärung aus Tatsachen anstrebt, müßte die wirklichen Vorgänge aufzeigen, durch die eine solche Umwandlung sich vollziehen könnte. In diesem Falle ist er Bildner einer realistischen Weltanschauung. Er wird sich nicht auf den Standpunkt stellen, den Hegel mit den Worten andeutet: «Es ist eine ungeschickte Vorstellung älterer, auch neuerer Naturphilosophie gewesen, die Fortbildung und den Übergang einer Naturform und Sphäre in eine höhere für eine äußerlich-wirkliche Produktion anzusehen, die man jedoch, um sie deutlicher zu machen, in das Dunkel der Vergangenheit zurückgelegt hat. Der Natur ist gerade die Äußerlichkeit eigentümlich, die Unterschiede auseinanderfallen und sie als gleichgültige Existenzen auftreten zu lassen; der dialektische Begriff, der die Stufen fortleitet, ist das Innere derselben. Solcher nebuloser im Grunde sinnlicher Vorstellungen, wie insbesondere das sogenannte Hervorgehen zum Beispiel der Pflanzen und Tiere aus dem Wasser und dann das Hervorgehen der entwickelteren Tierorganisationen aus den niedrigeren usw. ist, muß sich die denkende Betrachtung entschlagen» (Hegels Werke, 1847, 7. Band, 1. Abt., S. 33). Einem solchen Ausspruch eines idealistischen Denkers steht der des realistischen, Lamarcks, gegenüber: «Im ersten Anfang sind nur die allereinfachsten und niedrigsten Tiere und Pflanzen entstanden und erst zuletzt diejenigen von der höchst zusammengesetzten Organisation. Der Entwickelungsgang der Erde und ihrer organischen Bevölkerung war ganz kontinuierlich, nicht durch gewaltsame Revolutionen unterbrochen. ... Die einfachsten Tiere und die einfachsten Pflanzen, welche auf der tiefsten Stufe der Organisationsleiter stehen, sind entstanden und entstehen noch heute durch Urzeugung (Generatio spontanea).»

Lamarck hatte auch in Deutschland einen Gesinnungsgenossen. Auch *Lorenz Oken* (1779—1851) vertrat eine auf «sinnliche Vorstellungen» gegründete natürliche Entwickelung der Lebewesen. «Alles Organische ist aus Schleim hervorgegangen, ist nichts als verschieden gestalteter Schleim. Dieser Urschleim ist im Meere im Verfolge der Planetenentwickelung aus anorganischer Materie entstanden.»

Trotz solch eingreifender Gedankengänge mußten gerade bei Denkern, die in vorsichtiger Weise niemals den leitenden Faden der Tatsachenerkenntnis verlassen wollten, Zweifel gegenüber einer naturgemäßen Anschauungsart bestehen, solange die Zweckmäßigkeit der belebten Wesen unaufgeklärt war. Selbst einem so bahnbrechenden und richtungweisenden Denker und Forscher wie *Johannes Müller* legte die Betrachtung dieser Zweckmäßigkeit die Idee nahe: «Die organischen Körper unterscheiden sich nicht bloß von den unorganischen durch die Art ihrer Zusammensetzung aus Elementen, sondern die beständige Tätigkeit, welche in der lebenden organischen Materie wirkt, schafft auch in den Gesetzen eines vernünftigen Planes mit Zweckmäßigkeit, indem die Teile zum Zwecke eines Ganzen angeordnet werden, und dies ist gerade, was den Organismus auszeichnet» (J. Müllers Handbuch der Physiologie des Menschen, 3. Aufl., 1838, I, S. 19). Bei einem Manne wie Johannes Müller, der sich streng innerhalb der Grenzen der Naturforschung hielt, und bei dem die Anschauung von der Zweckmäßigkeit als Privatgedanke im Hintergrunde seiner Tatsachenforschung blieb, konnte diese Anschauung allerdings keine besonderen Konsequenzen hervorbringen. Er untersuchte streng sachlich die Gesetze der Organismen trotz ihres zweckmäßigen Zusammenhanges und wurde durch seinen umfassenden Sinn, der sich in uneingeschränktem Maße des physikalischen, chemischen, anatomischen, zoologischen, mikroskopischen und embryologischen Wissens zu bedienen wußte, ein Reformator der modernen Naturlehre. Ihn hinderte seine Ansicht nicht, die Erkenntnis der seelischen Eigenschaften der Wesen auf ihre körperlichen Eigentümlichkeiten zu stützen. Eine seiner Grundanschauungen war, daß man nicht Psychologe sein könne, ohne Physiologe zu sein. Wer aber aus den Grenzen der Naturforschung heraus in das Gebiet der allgemeinen Weltanschauung kam, war nicht in der glücklichen Lage, die Zweckmäßigkeitsidee ohne weiteres in den Hintergrund treten zu lassen. Und so scheint es denn nur zu verständlich, wenn ein so bedeutender Denker wie *Gustav Theodor Fechner* (1801–1887) in seinem 1852 erschienenen Buch «Zend-Avesta oder über die Dinge des Himmels und des Jenseits» den Gedanken ausspricht, daß es in jedem Falle sonderbar sei, zu glauben, es gehöre kein Bewußtsein dazu, bewußte Wesen zu schaffen, wie die Menschen sind, da die unbewußten Maschinen doch nur durch den bewußten Menschen geschaffen werden können. Hat doch auch *Carl Ernst von Baer*, der die Entwickelung des tierischen Wesens bis in ihre Anfangszustände hinauf verfolgt hat, von dem Gedanken nicht lassen können, daß die Vorgänge im lebendigen Körper bestimmten Zielen zustreben, ja, daß für die Gesamtheit der Natur der volle Zweckbegriff anzuwenden sei. (C. E. v. Baer, Studien aus dem Gebiete der Naturwissenschaft, 1876, S. 73 und 82.)

Solche Schwierigkeiten, die sich für gewisse Denker einem Weltbild entgegenstellen, das seine Elemente nur aus der sinnenfällig wahrnehmbaren Natur entnehmen will, bemerkten die materialistisch gesinnten Denker nicht. Sie strebten danach, dem idealistischen Weltbild der ersten Jahrhunderthälfte ein solches gegenüberzustellen, das alles Licht für eine Welterklärung nur aus den Tatsachen der Natur empfängt. Zu den Erkenntnissen, die auf Grund dieser Tatsachen gewonnen sind, hatten sie allein Vertrauen.

Nichts läßt uns besser als dieses Vertrauen in die Herzen der Materialisten schauen. Man hat ihnen vorgeworfen, daß sie den Dingen die Seele nehmen und damit dasjenige, was zum Herzen, zum Gemüte des Menschen spricht. Und scheint es nicht, daß sie alle das Gemüt erhebenden Eigenschaften der Natur dieser rauben und sie zu einem toten Ding herabwürdigen, an dem ihr Verstand nur den Trieb befriedigt, für alles die Ursachen zu suchen, die das menschliche Herz ohne Teilnahme lassen? Scheint es nicht, als ob sie die über die bloßen Naturtriebe sich erhebenden, nach höheren, rein geistigen Motiven ausschauende Moral untergraben und die Fahne der tierischen Triebe entrollen wollten, die sich sagen: Essen und trinken wir, befriedigen wir unsere leiblichen Instinkte, denn morgen sind wir tot? Lotze (1817–1881) sagt geradezu von der Zeit, von der hier die Rede ist, ihre Angehörigen schätzen die Wahrheit der nüchternen Erfahrungserkenntnis nach dem Grade der Feindseligkeit, mit welchem sie alles beleidigte, was das Gemüt für unantastbar erachtet.

Man lernt aber in *Carl Vogt* einen Mann kennen, der ein tiefes Verständnis für die Schönheiten der Natur hatte und diese als Dilettant in der Malerei festzuhalten suchte. Einen Mann, der nicht stumpf war für die Geschöpfe der menschlichen Phantasie, sondern in dem Umgang mit Malern und Dichtern sich wohl fühlte. Nicht zum wenigsten scheint es der ästhetische Genuß an dem wunderbaren Bau der organischen Wesen zu sein, der die Materialisten bei dem Gedanken zur Begeisterung fortriß, daß die herrlichen Phänomene des Körperlichen auch den Seelen ihren Ursprung geben können. Sollten sie sich nicht gesagt haben: Wieviel mehr Anspruch, als Ursache des Geistes zu gelten, hat der großartige Bau des menschlichen Gehirnes, als die abstrakten Begriffswesen, mit denen die Philosophie sich beschäftigt?

Und auch der Vorwurf einer Herabwürdigung des Sittlichen trifft die Materialisten nicht unbedingt. Mit ihrer Naturerkenntnis verbanden sich bei ihnen tiefe ethische Motive. Was Czolbe besonders betont, daß der Naturalismus einen sittlichen Grund hat, empfanden auch andere Materialisten. Sie wollten dem Menschen die Freude an dem natürlichen Dasein einpflanzen; sie wollten in ihm das Gefühl erwecken, daß er auf der Erde Pflichten und Aufgaben zu suchen habe. Sie betrachteten es als eine Erhöhung der menschlichen Würde, wenn in dem Menschen das Bewußtsein wirkt, daß er sich aus untergeordneten Wesen heraufentwickelt habe zu seiner gegenwärtigen Vollkommenheit. Und sie versprachen sich allein von dem die richtige Beurteilung der menschlichen Handlungen, der die naturgemäßen Notwendigkeiten kennt, aus denen heraus die Persönlichkeit wirksam ist. Sie sagten sich, nur der vermag einen Menschen nach seinem Werte zu erkennen, der weiß, daß mit dem Stoffe das Leben durch das Weltall kreist, daß mit dem Leben der Gedanke, mit dem Gedanken der gute oder böse Wille naturnotwendig verbunden sind. Denjenigen, welche die sittliche Freiheit durch den Materialismus gefährdet glauben, antwortet Moleschott, «daß jeder frei ist, der sich der Naturnotwendigkeit seines Daseins, seiner Verhältnisse, seiner Bedürfnisse, Ansprüche und Forderungen, der Schranken und Tragweite seines Wirkungskreises mit Freude bewußt ist. Wer diese Naturnotwendigkeit begriffen hat, der kennt auch sein Recht, Forderungen durchzukämpfen, die dem Bedürfnis der Gattung entspringen. Ja, mehr noch, weil nur die Freiheit, die mit dem echt Menschlichen im Einklang ist, mit Naturnotwendigkeit von der Gattung verfochten wird, darum ist in jedem Freiheitskampf um menschliche Güter der endliche Sieg über die Unterdrücker verbürgt.»

Mit solchen Gefühlen, mit solcher Hingabe an die Wunder der Naturvorgänge, mit solchen sittlichen Empfindungen konnten die Materialisten den Mann erwarten, der nach ihrer Ansicht über kurz oder lang kommen mußte, den Mann, der das große Hindernis zu einer naturgemäßen Weltanschauung überwand. Dieser Mann erschien für sie in *Charles Darwin,* und sein Werk, durch das auch die Zweckmäßigkeitsidee auf den Boden der Naturerkenntnis gestellt wurde, ist 1859 erschienen unter dem Titel: «Die Entstehung der Arten durch natürliche Zuchtwahl oder Erhaltung der bevorzugten Rassen im Kampfe ums Dasein.»

Für die Erkenntnis der Impulse, welche in der philosophischen Weltanschauungsentwickelung tätig sind, sind die als Beispiele erwähnten naturwissenschaftlichen Fortschritte (zu denen noch andere hinzugefügt werden könnten) *nicht als solche* von Bedeutung, sondern die Tatsache, daß Fortschritte *solcher Art* zusammenfielen mit der Entstehung des *Hegelschen Weltbildes.* Es hat die Darstellung des Entwickelungsganges der Philosophie in den vorangegangenen Kapiteln gezeigt, wie das neuere Weltbild seit den Zeiten des *Kopernikus*, *Galilei* usw. unter dem Einflusse der naturwissenschaftlichen Vorstellungsart stand. Dieser Einfluß konnte aber kein so bedeutsamer sein wie derjenige von seiten der naturwissenschaftlichen Errungenschaften des neunzehnten Jahrhunderts. An der Wende des achtzehnten und neunzehnten Jahrhunderts wurden auch bedeutsame naturwissenschaftliche Fortschritte gemacht. Man denke an die Entdeckung des Sauerstoffes durch *Lavoisier* und an diejenigen auf dem Gebiete der Elektrizität durch *Volta* und an vieles andere. *Trotzdem* konnten Geister wie Fichte, Schelling, Goethe bei voller Anerkennung dieser Fortschritte zu einem Weltbilde kommen, das vom Geiste ausging. Auf sie konnte die naturwissenschaftliche Vorstellungsart noch nicht mit solcher Macht wirken wie auf die materialistisch gesinnten Denker in der Mitte des Jahrhunderts. Man konnte noch auf die *eine* Seite des Weltanschauungsbildes die naturwissenschaftlichen Vorstellungen stellen und hatte für die *andere* Seite gewisse Vorstellungen, die *mehr* enthielten als «bloße Gedanken». Eine solche Vorstellung war zum Beispiel die der «Lebenskraft» oder diejenige des «zweckmäßigen Aufbaues» eines Lebewesens. Solche Vorstellungen machten es möglich, zu sagen: In der Welt wirkt etwas, das nicht unter die gewöhnliche Naturgesetzlichkeit fällt, das geistartig ist. Das ergab eine Vorstellung vom Geiste, die gewissermaßen einen «tatsächlichen Inhalt» hatte. Hegel hatte nun aus dem Geiste alles «Tatsächliche» herausgetrieben. Er hatte ihn bis zum «bloßen Gedanken» verdünnt. Für diejenigen, für welche «bloße Gedanken» nichts sein können als *Bilder* des Tatsächlichen, war damit durch die Philosophie selbst der Geist in seiner Nichtigkeit aufgezeigt. Sie mußten an Stelle der «bloßen Gedankendinge» Hegels etwas setzen, das für sie einen wirklichen Inhalt hat. Deshalb suchten sie für die «geistigen Erscheinungen» den Ursprung in den materiellen Vorgängen, die man «als Tatsachen» sinnlich beobachten kann. Die Weltanschauung wurde durch das, was Hegel aus dem Geiste gemacht hatte, zu dem Gedanken an den materiellen Ursprung des Geistes hingedrängt.

Wer einsieht, daß in dem geschichtlichen Verlauf der Menschheitsentwickelung tiefere Kräfte als die an der Oberfläche erscheinenden mitwirken, der wird etwas für die Weltanschauungsentwickelung Bedeutsames finden in der Art, wie der Materialismus des neunzehnten Jahrhunderts zum Entstehen der Hegelschen Philosophie steht. - In Goethes Gedanken lagen Keime für einen Fortgang der Philosophie, die von Hegel nur mangelhaft aufgegriffen worden sind. Wenn Goethe von der «Urpflanze» eine solche Vorstellung zu gewinnen suchte, daß er mit dieser Vorstellung innerlich leben und aus ihr gedanklich solche speziellen Pflanzengebilde hervorgehen lassen konnte, die lebensmöglich sind, so zeigt er, daß er nach einem Lebendigwerden der Gedanken in der Seele strebt. Er stand vor dem Eintritt des Gedankens in eine lebendige Entwickelung dieses Gedankens, während Hegel bei dem Gedanken stehen blieb. In dem seelischen Zusammensein mit dem lebendig gewordenen Gedanken, wie es Goethe anstrebte, hätte man ein geistiges Erlebnis gehabt, das den Geist auch im Stoffe hätte anerkennen können; in dem «bloßen Gedanken» hatte man ein solches nicht. So war die Weltentwickelung vor eine harte Probe gestellt. Nach den tieferen geschichtlichen Impulsen drängte die neue Zeit dazu, *nicht nur* den Gedanken zu erleben, sondern für das selbstbewußte Ich eine Vorstellung zu finden, durch die man sagen konnte: Dieses Ich steht fest im Weltengefüge darinnen. Dadurch, daß man es als Ergebnis stofflicher Vorgänge dachte, hatte man dies in einer der Zeitbildung verständlichen Art erreicht. Auch in der Verleugnung der geistigen Wesenheit des selbstbewußten Ich durch den Materialismus des neunzehnten Jahrhunderts liegt noch der Impuls des Suchens nach dem Wesen dieses Ich. Deshalb gehört der naturwissenschaftliche Anstoß, der in diesem Zeitalter auf die Weltanschauung ausgeübt wurde, in ganz anderem Sinne in deren Geschichte als die Einflüsse der naturwissenschaftlichen Vorstellungsart auf vorangegangene materialistische Strömungen. Diese waren noch nicht von einer Hegelschen Gedankenphilosophie gedrängt worden, nach einer Sicherheit von den Naturwissenschaften her zu suchen. Dieses Drängen spielt sich nun allerdings nicht so ab, daß es mit voller Klarheit den führenden Persönlichkeiten zum Bewußtsein kommt; allein es wirkt als Zeitimpuls in den unterbewußten Seelengründen.

Sollte der Zweckmäßigkeitsgedanke eine Reform im Sinne einer naturgemäßen Weltanschauung erfahren, so mußten die zweckmäßigen Gebilde der belebten Natur in derselben Art erklärt werden, wie der Physiker, der Chemiker die unbelebten Vorgänge erklären. Wenn ein Magnetstab Eisenspäne an sich zieht, so denkt kein Physiker daran, daß in dem Stab eine auf das Ziel, den Zweck des Anziehens hinarbeitende Kraft wirke. Wenn Wasserstoff und Sauerstoff zu Wasser sich verbinden, so deutet das der Chemiker nicht so, als wenn in den beiden Materien etwas wirkte, dem der Zweck der Wasserbildung vorschwebt. Eine von eben solcher naturgemäßen Sinnesart beherrschte Erklärung der Lebewesen muß sich sagen: Die Organismen werden zweckmäßig, ohne daß etwas in der Natur auf diese Zweckmäßigkeit abzielt. Die Zweckmäßigkeit entsteht, ohne daß sie irgendwo als solche ver anlagt wäre. Eine solche Erklärung des Zweckmäßigen hat *Charles Darwin* gegeben. Er stellte sich auf den Standpunkt, anzuerkennen, daß nichts in der Natur das Zweckmäßige will. Es kommt für die Natur gar nicht in Betracht, ob das, was in ihr entsteht, zweckmäßig ist oder nicht. Sie bringt also wahllos das Unzweckmäßige und das Zweckmäßige hervor.

Was ist überhaupt zweckmäßig? Doch das, was so eingerichtet ist, daß seinen Bedürfnissen, seinen Lebensbedingungen die äußeren Verhältnisse des Daseins entsprechen. Unzweckmäßig dagegen ist, bei dem solches nicht der Fall ist. Was wird geschehen, wenn bei der vollständigen Planlosigkeit der Natur von dem Zweckmäßigsten bis zu dem Unzweckmäßigsten alle Grade von mehr oder minder

Zweckmäßigem entstehen? Jedes Wesen wird suchen, sein Dasein in Gemäßheit der gegebenen Verhältnisse zu gestalten. Dem Zweckmäßigen gelingt das ohne weiteres, dem mehr oder weniger Zweckmäßigen nur in geringem Grade. Nun kommt eines hinzu: die Natur ist keine sparsame Wirtin in bezug auf die Hervorbringung der Lebewesen. Die Zahl der Keime ist eine ungeheure. Dieser Überfülle in der Produktion der Keime steht nur ein beschränktes Maß der Mittel des Lebens gegenüber. Die Folge wird sein, daß diejenigen Wesen ein leichteres Spiel für ihre Entwickelung haben, die zweckmäßiger für die Aneignung der Lebensmittel gebildet sind. Strebt ein zweckmäßiger eingerichtetes neben einem unzweckmäßiger eingerichteten Wesen nach Erhaltung seines Daseins, so wird das Zweckmäßigere dem Unzweckmäßigeren den Rang ablaufen. Das Letzte muß neben dem Ersten zugrunde gehen. Das Tüchtige, das heißt das Zweckmäßige, erhält sich, das Untüchtige, das heißt das Unzweckmäßige, erhält sich nicht. Das ist der «Kampf ums Dasein». Er bewirkt, daß Zweckmäßiges sich erhält, auch wenn in der Natur wahllos das Unzweckmäßige neben dem Zweckmäßigen entsteht. Durch ein Gesetz, das so objektiv, so weisheitlos ist, wie nur ein mathematisches oder mechanisches Naturgesetz sein kann, erhält der Gang der Naturentwickelung die Tendenz zur Zweckmäßigkeit, ohne daß diese Tendenz irgendwie in die Natur gelegt wäre.

Darwin wurde auf diesen Gedanken durch das Werk des Nationalökonomen *Malthus* geführt «Über die Bedingungen und die Folgen der Volksvermehrung». In diesem ist ausgeführt, daß innerhalb der menschlichen Gesellschaft ein unaufhörlicher Wettkampf stattfindet, weil die Bevölkerung in viel rascherem Maße wächst als die Nahrungsmittelmenge. Dieses hier für die Menschheitsgeschichte aufgestellte Gesetz verallgemeinerte Darwin zu einem umfassenden Gesetz der ganzen Lebewelt.

Darwin wollte nun zeigen, wie dieser Kampf ums Dasein zum Schöpfer der mannigfaltigen Formen lebender Wesen wird, wie durch ihn der alte Linnésche Grundsatz umgestoßen wird, daß wir «Spezies im Tier- und Pflanzenreich so viele zählen, als verschiedene Formen im Prinzip geschaffen sind». Die Zweifel an diesem Grundsatz bildeten sich bei Darwin klar aus, als er sich im Sommer 1835 auf einer Reise nach Südamerika und Australien befand. Er teilt mit, wie diese Zweifel bei ihm sich festsetzten: «Als ich während der Fahrt des Beagle den Galapagosarchipel, der im Stillen Ozean etwa fünfhundert englische Meilen von der südamerikanischen Küste entfernt liegt, besuchte, sah ich mich von eigentümlichen Arten von Vögeln, Reptilien und Schlangen umgeben, die sonst nirgends in der Welt existieren. Doch trugen sie fast alle amerikanisches Gepräge an sich. Im Gesang der Spottdrossel, in dem scharfen Geschrei des Aasgeiers, in den großen, leuchterähnlichen Opuntien bemerkte ich deutlich die Nachbarschaft mit Amerika; und doch waren diese Inseln durch so viele Meilen vom Festlande entfernt und wichen in ihrer geologischen Konstitution, in ihrem Klima weit von ihm ab. Noch überraschender war die Tatsache, daß die meisten Bewohner jeder einzelnen Insel dieses kleinen Archipels spezifisch verschieden waren, wenn auch untereinander nahe verwandt. Ich habe mich damals oft gefragt, wie diese eigentümlichen Tiere und Menschen entstanden seien. Die einfachste Art schien zu sein, daß die Bewohner der verschiedenen Inseln voneinander abstammen und im Verlauf ihrer Abstammung Modifikationen erlitten hätten, und daß alle Bewohner des Archipels von denen des nächsten Festlandes, nämlich Amerika, von welchem die Kolonisation natürlich herrühren würde, abstammen. Es blieb mir aber lange ein unerklärliches Problem, wie der notwendige Modifikationsgrad erreicht worden sein könne.» In der Antwort auf dieses Wie liegt die naturgemäße Auffassung der Entwickelung des Lebendigen. Wie der Physiker einen Stoff in verschiedene Verhältnisse bringt, um seine Eigenschaften kennen zu lernen, so beobachtete Darwin nach seiner Heimkehr die Erscheinungen, die sich am lebendigen Wesen in verschiedenen Verhältnissen ergeben. Er machte Züchtungsversuche mit Tauben, Hühnern, Hunden, Kaninchen und Kulturgewächsen. Durch sie zeigte sich, wie die lebenden Formen im Verlaufe ihrer Fortpflanzung sich fortwährend verändern. In gewissen Verhältnissen verändern sich gewisse Lebewesen nach wenigen Generationen so, daß man, falls man die neuentstandenen Formen mit ihren Ahnen vergleicht, von zwei ganz verschiedenen Spezies sprechen könnte, von denen jede nach einem eigenen Organisationsplan sich richtet. Solche Veränderlichkeit der Formen benutzt der Züchter, um Kulturorganismen zur Entwickelung zu bringen, die gewissen Absichten entsprechen. Er kann eine Schafsorte mit besonders feiner Wolle züchten, wenn er nur diejenigen Individuen seiner Herde sich fortpflanzen läßt, die die feinste Wolle haben. Innerhalb der Nachkommenschaft sucht er wieder die Individuen heraus, die mit der feinsten Wolle ausgestattet sind. Die Feinheit der Wolle steigert sich dann im Laufe der Generationen. Man erlangt nach einiger Zeit eine Schafspezies, die in der Bildung der Wolle sich sehr weit von ihren Vorfahren entfernt. Ein Gleiches ist bei anderen Eigenschaften der Lebewesen der Fall. Es folgt zweierlei aus dieser Tatsache. Einmal, daß in der Natur die Tendenz liegt, die Lebewesen zu wandeln; und dann, daß eine Eigenschaft, die nach einer gewissen Richtung sich zu wandeln angefangen hat, sich nach dieser Richtung steigert, wenn bei der Fortpflanzung der Lebewesen diejenigen Individuen ferngehalten werden, welche diese Eigenschaft noch nicht haben. Die organischen Formen nehmen also im Laufe der Zeit andere Eigenschaften an und halten sich in der Richtung ihrer einmal eingeschlagenen Verwandlung. Sie verwandeln sich und vererben gewandelte Eigenschaften auf ihre Nachkommen.

Die natürliche Folgerung aus dieser Beobachtung ist, daß Wandlung und Vererbung zwei in der Entwickelung der Lebewesen treibende Prinzipien sind. Nimmt man nun an, daß in naturgemäßer Weise in der Welt die Wesen sich so wandeln, daß Zweckmäßiges neben Unzweckmäßigem und mehr oder minder Zweckmäßigem entsteht, so muß man auch einen Kampf der mannigfaltigen gewandelten Formen voraussetzen. Dieser Kampf bewirkt planlos, was der Züchter planvoll macht. Wie dieser diejenigen Individuen von der Fortpflanzung ausschließt, die in die Entwickelung dasjenige hineinbringen würden, was er nicht will, so beseitigt der Kampf ums Dasein das Unzweckmäßige. Es bleibt nur das Zweckmäßige für die Entwickelung. In diese wird dadurch, wie ein mechanisches Gesetz, die Tendenz zur steten Vervollkommnung gelegt. Darwin durfte, nachdem er dieses erkannt und damit der naturgemäßen Weltanschauung ein sicheres Fundament gelegt hatte, an das Ende seines eine neue Epoche des Denkens einleitenden Werkes «Die Entstehung der Arten» die enthusiastischen Worte setzen: «Aus dem Kampf der

Natur, aus Hunger und Tod geht daher das Höchste, was wir zu erfassen vermögen, die Produktion der höheren Tiere direkt hervor. Es liegt etwas Großartiges in dieser Ansicht vom Leben, wonach es mit allen seinen verschiedenen Kräften von dem Schöpfer aus wenig Formen, oder vielleicht nur einer, ursprünglich erschaffen wurde; und daß, während dieser Planet gemäß den bestimmten Gesetzen der Schwerkraft im Kreise sich bewegt, aus einem so schlichten Anfang eine endlose Zahl der schönsten und wundervollsten Formen entwickelt wurden und noch entwickelt werden.» Zugleich ist aus diesem Satze zu ersehen, daß Darwin nicht durch irgendwelche antireligiöse Empfindungen, sondern allein aus den Folgerungen heraus, die sich ihm aus den deutlich sprechenden Tatsachen ergeben haben, zu seiner Anschauung gelangt ist. Bei ihm war es gewiß nicht der Fall, daß Feindseligkeit gegen die Bedürfnisse des Gefühls ihn zu einer vernünftigen Naturansicht bestimmte, denn er sagt uns in seinem Buche deutlich, wie die gewonnene Ideenwelt zu seinem Herzen spricht: «Sehr hervorragende Schriftsteller scheinen von der Ansicht, daß jede der Arten unabhängig erschaffen wurde, völlig befriedigt zu sein. Meiner Meinung nach stimmt es besser mit den, soweit wir es wissen, der Materie vom Schöpfer eingeprägten Gesetzen überein, daß das Hervorbringen und Erlöschen der früheren und jetzigen Bewohner der Erde, ebenso wie die Bestimmungen über Geburt und Tod eines Individuums, von sekundären Ursachen abhängig sind. Betrachte ich alle Wesen nicht als Sonderschöpfungen, sondern als lineare Abkömmlinge einiger weniger Wesen, die schon lange, bevor die jüngeren geologischen Schichten abgelagert waren, lebten, so scheinen sie mir dadurch veredelt zu sein . . . Wir dürfen vertrauensvoll einer Zukunft von großer Länge entgegensehen. Und da die natürliche Zuchtwahl nur durch und für das Gute jedes Wesens wirkt, so werden alle körperlichen und geistigen Begabungen der Vollkommenheit zustreben.»

An einer Fülle von Tatsachen zeigte Darwin, wie die Organismen wachsen und sich fortpflanzen, wie sie im Verlaufe ihrer Fortentwickelung einmal angenommene Eigenschaften vererben, wie neue Organe entstehen und sich durch Gebrauch oder Nichtgebrauch wandeln, wie sich also die Geschöpfe an ihre Daseinsbedingungen anpassen; und endlich wie der Kampf ums Dasein eine natürliche Auswahl (Zuchtwahl) trifft, wodurch mannigfaltige, immer vollkommenere Formen entstehen.

Damit scheint eine Erklärung zweckmäßiger Wesen gefunden, die es nicht nötig macht, in der organischen Natur anders zu verfahren als in der unorganischen. Solange man eine solche Erklärung nicht geben konnte, mußte man, wenn man folgerichtig sein wollte, zugeben, daß überall da, wo innerhalb der Natur ein Zweckmäßiges entsteht, eine der Natur fremde Macht eingreift. Damit war im Grunde für jeden solchen Fall ein Wunder zugegeben.

Diejenigen, die sich jahrzehntelang vor dem Erscheinen des Darwinschen Werkes um eine naturgemäße Welt- und Lebensansicht bemühten, empfanden nunmehr in der allerlebhaftesten Weise, daß eine neue Richtung des Denkens gegeben war. Eine solche Empfindung hat 1872 *David Friedrich Strauß* in seinem «Alten und neuen Glauben» mit den Worten zum Ausdruck gebracht: «Man sieht, dahin . . . muß es gehen, wo die Fähnlein lustig im Winde flattern. Ja lustig, und zwar im Sinne der reinsten erhabensten Geistesfreude. Wir Philosophen und kritischen Theologen haben gut reden gehabt, wenn wir das Wunder in Abgang dekretierten; unser Machtspruch verhallte ohne Wirkung, weil wir es nicht entbehrlich zu machen, keine Naturkraft nachzuweisen wußten, die es an den Stellen, wo es bisher am meisten für unerläßlich galt, ersetzen konnte. Darwin hat diese Naturkraft, dieses Naturverfahren nachgewiesen, er hat die Tür geöffnet, durch welche eine glücklichere Nachwelt das Wunder auf Nimmerwiederkehr hinauswerfen wird. Jeder, der weiß, was am Wunder hängt, wird ihn dafür als einen der größten Wohltäter des menschlichen Geschlechts preisen.»

Durch Darwins Zweckmäßigkeitsidee ist es möglich, den Begriff der Entwickelung wirklich in naturgesetzlicher Weise zu denken. Der alten Einschachtelungslehre, die annimmt, daß alles, was entsteht, in verborgener Form schon früher vorhanden war (vgl. Seite 286 des ersten Bandes dieses Buches), waren damit ihre letzten Hoffnungen geraubt. Innerhalb eines im Sinne Darwins gedachten Entwickelungsvorgangs ist das Vollkommene in keiner Weise in dem Unvollkommenen schon enthalten. Denn die Vollkommenheit eines höheren Wesens entsteht durch Vorgänge, die mit den Vorfahren dieses Wesens schlechterdings gar nichts zu tun haben. Man denke: eine gewisse Entwickelungsreihe sei bei den Beuteltieren angelangt. In der Form der Beuteltiere liegt nichts, rein gar nichts von einer höheren, vollkommeneren Form. Es liegt in ihr nur die Fähigkeit, sich im weiteren Verlaufe ihrer Fortpflanzung wahllos zu verwandeln. Es treten nun Verhältnisse ein, die von jeder «inneren» Entwickelungsanlage der Beuteltierform unabhängig sind, die aber solche sind, daß sich von allen möglichen Wandelformen aus den Beuteltieren die Halbaffen erhalten. Es war in der Beuteltierform so wenig die Halbaffenform enthalten, wie in der Richtung einer rollenden Billardkugel der Weg enthalten ist, den sie einschlägt, nachdem sie von einer zweiten Kugel gestoßen worden ist.

Denen, die an eine idealistische Denkweise gewöhnt waren, wurde die Auffassung dieses reformierten Entwickelungsbegriffes nicht leicht. Der aus Hegels Schule hervorgegangene, äußerst scharfsinnige und feine Geist *Friedrich Theodor Vischer* schreibt noch 1874 in einem Aufsatze: «Entwickelung ist ein Herauswickeln aus einem Keime, welches von Versuch zu Versuch fortschreitet, bis das Bild, das als Möglichkeit im Keime lag, wirklich geworden ist, dann aber stillstehend die gefundene Form als bleibende festhält. Überhaupt jeder Begriff kommt ins Schwanken, wenn wir die Typen, die nun seit so vielen Jahrtausenden auf unserem Planeten bestehen, und vor allem, wenn wir unseren eigenen Menschentypus für immer noch veränderlich halten sollen. Wir können dann unseren Gedanken, ja unseren Denkgesetzen, unseren Gefühlen, den Idealbildern unserer Phantasie, die doch nichts anderes sind als läuternde Nachbildungen von Formen der uns bekannten Natur: wir können keinem dieser festen Halte unserer Seele mehr trauen. Alles ist in Frage gestellt.» Und an einer anderen Stelle desselben Aufsatzes lesen wir: «Es wird mir zum Beispiel immer noch etwas schwer, zu glauben, daß man das Auge vom Sehen, das Ohr vom Hören bekomme. Das ungemeine Gewicht, das auf die Zuchtwahl gelegt wird, will mir auch nicht einleuchten.»

Wenn Vischer gefragt worden wäre, ob er sich vorstellt, daß im Wasserstoff und Sauerstoff ein Bild des Wassers im Keime liege, damit dieses sich aus ihnen herausentwickeln könne, so würde er ohne Zweifel geantwortet haben: Nein; weder im Sauerstoff noch im Wasserstoff liegt etwas vom Wasser; die Bedingungen zur Entstehung dieses Stoffes sind erst in dem Augenblicke vorhanden, in dem Wasserstoff und Sauerstoff unter gewissen Verhältnissen zusammentreten. Braucht es nun anders zu sein, wenn aus dem Zusammenwirken der Beuteltiere mit den äußeren Daseinsbedingungen die Halbaffen entstehen? Warum sollen die Halbaffen schon als Möglichkeit, als Bild in den Beuteltieren verborgen liegen, damit sie sich aus ihnen herausentwickeln können? Was durch Entwickelung entsteht, entsteht neu, ohne daß es vorher in irgendeiner Form vorhanden gewesen ist.

Besonnene Naturforscher empfanden das Gewicht der neuen Zweckmäßigkeitslehre nicht weniger als Denker wie Strauß. Ohne Zweifel gehört *Hermann Helmholtz* zu denen, die in den fünfziger und sechziger Jahren als Repräsentanten solcher besonnenen Naturforscher gelten konnten. Er betont, wie die wunderbare und vor der wachsenden Wissenschaft immer reicher sich entfaltende Zweckmäßigkeit im Aufbau und in den Verrichtungen der Lebewesen geradezu herausfordert, die Lebensvorgänge mit menschlichen Handlungen zu vergleichen. Denn diese sind die einzige Reihe von Erscheinungen, die einen ähnlichen Charakter wie die organischen Phänomene tragen. Ja, die zweckmäßigen Einrichtungen in der Organismenwelt übersteigen für unser Beurteilungsvermögen zumeist das weit, was menschliche Intelligenz zu schaffen vermag. Es ist also nicht zu verwundern, wenn man darauf verfallen ist, Bau und Tätigkeit der Lebewelt auf eine der menschlichen weit überlegene Intelligenz zurückzuführen. «Man wußte daher» - sagt Helmholtz - «vor Darwin nur zwei Erklärungen der organischen Zweckmäßigkeit zu geben, welche aber beide auf Eingriffe freier Intelligenz in den Ablauf der Naturprozesse zurückführten. Entweder betrachtete man, der vitalistischen Theorie gemäß, die Lebensprozesse als fortdauernd geleitet durch eine Lebensseele; oder man griff für jede lebende Spezies auf einen Akt übernatürlicher Intelligenz zurück, durch die sie entstanden sein sollte. . . . Darwins Theorie enthält einen wesentlich neuen schöpferischen Gedanken. Sie zeigt, wie Zweckmäßigkeit der Bildung in den Organismen auch ohne alle Einmischung von Intelligenz durch das blinde Walten eines Naturgesetzes entstehen kann. Es ist dies das Gesetz der Forterbung der individuellen Eigentümlichkeiten von den Eltern auf die Nachkommen; ein Gesetz, das längst bekannt und anerkannt war und nur eine bestimmte Abgrenzung zu erhalten brauchte.» Helmholtz ist nun der Ansicht, daß durch das Prinzip der natürlichen Zuchtwahl im Kampf ums Dasein eine solche Abgrenzung des Gesetzes gegeben worden sei.

Und ein Forscher, der nicht weniger als Helmholtz zu den vorsichtigsten gehörte, *J. Henle*, führt in einem Vortrag aus: «Sollten die Erfahrungen der künstlichen Züchtung auf die Oken-Lamarcksche Hypothese Anwendung finden, so mußte gezeigt werden, wie die Natur es anfängt, um von sich aus die Veranstaltungen zu treffen, mittels deren der Experimentator sein Ziel erreicht. Dies ist die Aufgabe, welche Darwin sich gestellt und mit bewundernswertem Eifer und Scharfsinn verfolgt hat.»

Die größte Begeisterung unter allen empfanden die Materialisten über *Darwins Tat*. Ihnen war ja längst klar, daß ein solcher Mann über kurz oder lang kommen mußte, der das aufgehäufte, nach einem leitenden Gedanken drängende Tatsachengebiet philosophisch beleuchtete. Nach ihrer Meinung konnte, nach Darwins Entdeckung, der Weltanschauung, für die sie sich eingesetzt hatten, der Sieg nicht ausbleiben.

Darwin ist als Naturforscher an seine Aufgabe herangetreten. Er hat sich zunächst innerhalb der Grenzen eines solchen gehalten. Daß seine Gedanken auf die Grundfragen der Weltanschauung, auf das Verhältnis des Menschen zur Natur, ein helles Licht werfen können, das wird in seinem grundlegenden Buch nur gestreift: «In der Zukunft sehe ich ein offenes Feld für weit wichtigere Forschungen. Die Psychologie wird sich sicherlich auf . . . die Grundlage stützen: die Notwendigkeit, jede geistige Kraft und Fähigkeit stufenweise zu erwerben. Viel Licht mag auch noch über den Ursprung des Menschen und seine Geschichte verbreitet werden.» Diese Frage nach dem Ursprung des Menschen wurde den Materialisten, nach Büchners Ausdruck, geradezu zur Herzensangelegenheit. Er sagte in den Vorlesungen, die er in dem Winter 1866/67 in Offenbach hielt: «Muß die Umwandlungstheorie auch auf unser eigenes Geschlecht, auf den Menschen oder auf uns selbst angewendet werden? Müssen wir uns gefallen lassen, daß dieselben Prinzipien oder Regeln, welche die übrigen Organismen in das Leben gerufen haben, auch für unsere eigene Entstehung und Herkunft gelten sollen? Oder machen wir - die Herren der Schöpfung - eine Ausnahme?»

Die Naturwissenschaft lehrte deutlich, daß der Mensch keine Ausnahme machen könne. Auf Grund genauer anatomischer Untersuchungen konnte der englische Naturforscher *Huxley* 1863 in seinen «Zeugnissen für die Stellung des Menschen in der Natur» den Satz aussprechen:

«Die kritische Vergleichung aller Organe und ihrer Modifikationen innerhalb der Affenreihe führt uns zu diesem einen und demselben Resultate, daß die anatomischen Verschiedenheiten, welche den Menschen vom Gorilla und Schimpansen trennen, nicht so groß sind, als die Unterschiede, welche diese Menschenaffen von den niedrigeren Affenarten scheiden.» Konnte man solchen Tatsachen gegenüber noch zweifeln, daß die naturgemäße Entwickelung, die durch Wachstum und Fortpflanzung, durch Erblichkeit, Veränderlichkeit der Formen und Kampf ums Dasein die Reihe der organischen Wesen bis zum Affen herauf hat entstehen lassen, zuletzt auf dem ganz gleichen Wege auch den Menschen erzeugt hat?

Die Grundanschauung drang eben im Laufe des Jahrhunderts immer tiefer ein in den Bestand der naturwissenschaftlichen Erkenntnisse, von der Goethe - allerdings auf *seine Art* - durchdrungen war, und wegen welcher er mit aller Energie daran ging, die Meinung seiner Zeitgenossen zu berichtigen, daß dem Menschen in der oberen Kinnlade ein sogenannter Zwischenkieferknochen fehle. Alle Tiere sollen diesen Knochen haben, nur der Mensch nicht, dachte man. Und darin sah man den Beweis, daß der Mensch anatomisch von den Tieren sich unterscheide, daß er, seinem Bauplan nach, anders gedacht sei. Die naturgemäße Denkart Goethes forderte von ihm, daß er zur Hinwegschaffung dieses Irrtums emsige anatomische Studien betrieb. Und als ihm sein Ziel gelungen war, schrieb er im Vollgefühl davon, daß er etwas getan, was der Erkenntnis der Natur im höchsten Maße förderlich sei, an Herder: «Ich verglich ... Menschen- und Tierschädel, kam auf die Spur, und siehe, da ist es! Nun bitt' ich dich, laß dich nichts merken; denn es muß geheim behandelt werden. Es soll dich auch recht herzlich freuen; denn es ist wie der Schlußstein zum Menschen, fehlt nicht, ist auch da! Aber wie!»

Unter dem Einflusse solcher Vorstellungen wurde die große Weltanschauungsfrage nach dem Verhältnis des Menschen zu sich selbst und zur Außenwelt zu der Aufgabe, auf naturwissenschaftlichem Wege zu zeigen, welches die tatsächlichen Vorgänge sind, die im Laufe der Entwickelung zur Bildung des Menschen geführt haben. Damit änderte sich der Gesichtspunkt, von dem aus man die Naturerscheinungen zu erklären suchte. Solange man in jedem Organismus, und damit auch im Menschen, einen zweckmäßigen Bauplan verwirklicht sah, mußte man bei der Erklärung der Wesen diesen Zweck ins Auge fassen. Man mußte eben darauf Bedacht nehmen, daß im Embryo sich der spätere Organismus in der Anlage vorher verkündigt. Aufs ganze Weltall ausgedehnt, bedeutete dies, daß diejenige Naturerklärung ihre Aufgabe am besten erfülle, die zeigt, wie die Natur auf den früheren Stufen ihrer Entwickelung sich darauf vorbereitet, die späteren, und, auf dem Gipfel, den Menschen zu erzeugen.

Die moderne Entwickelungsidee verwarf alle Neigung der Erkenntnis, in dem Früheren bereits das Spätere zu sehen. Für sie war ja in keiner Weise das Spätere im Früheren enthalten. Dagegen bildete sich in ihr immer mehr der Grundsatz aus, in dem Späteren das Frühere zu suchen. Dieser Grundsatz bildete ja ein Bestandstück des Prinzips der Vererbung. Man darf geradezu von einer Umkehrung der Richtung des Erklärungsbedürfnisses sprechen. Wichtig wurde diese Umkehrung für die Ausbildung der Gedanken über die Entwickelung des einzelnen organischen Individuums vom Ei bis zum reifen Zustande, für die sogenannte Keimesgeschichte (Ontogenie). Statt sich vorzuhalten, daß sich im Embryo die späteren Organe vorbereiten, ging man daran, die Formen, die der Organismus im Laufe seiner individuellen Entwickelung vom Ei bis zur Reife annimmt, mit anderen Organismenformen zu vergleichen. Schon *Lorenz Oken* verfolgte eine solche Spur. Er schrieb im vierten Band seiner «Allgemeinen Naturgeschichte für alle Stände» (S. 468): «Ich bin durch meine physiologischen Untersuchungen schon vor einer Reihe von Jahren auf die Ansicht gekommen, daß die Entwickelungszustände des Küchelchens im Ei Ähnlichkeit haben mit den verschiedenen Tierklassen, so daß es anfangs gleichsam nur die Organe der Infusorien besitze, dann allmählich die der Polypen, Quallen, Muscheln, Schnecken usw. erhalte. Umgekehrt mußte ich dann auch die Tierklassen als Entwickelungsstufen betrachten, welche denen des Küchelchens parallel gingen. Diese Ansicht von der Natur forderte die genaueste Vergleichung derjenigen Organe, welche in einer jeden höheren Tierklasse neu zu den andern hinzukommen, und ebenso derjenigen, welche im Küchelchen sich während des Brütens nacheinander entwickeln. Ein vollkommener Parallelismus ist natürlich nicht so leicht bei einem so schwierigen und noch lange nicht hinlänglich beobachteten Gegenstande herzustellen. Zu beweisen aber, daß er wirklich vorhanden sei, ist in der Tat nicht schwer: dieses zeigt am deutlichsten die Verwandlung der Insekten, welche nichts weiter ist, als eine Entwickelung der Jungen, die außerhalb dem Ei vor unsern Augen vorgeht, und zwar so langsam, daß wir jeden embryonischen Zustand mit Muße betrachten und untersuchen können.» Oken vergleicht die Verwandlungszustände der Insekten mit anderen Tieren und findet, daß die Raupen die größte Ähnlichkeit mit den Würmern haben, die Puppen mit den Krebsen. Aus solchen Ähnlichkeiten schließt der geniale Denker: «Es ist daher kein Zweifel, daß hier eine auffallende Ähnlichkeit besteht, welche die Idee rechtfertigt, daß die Entwicklungsgeschichte im Ei nichts anderes sei, als eine Wiederholung der Schöpfungsgeschichte der Tierklassen.» Es lag in der Natur dieses geistvollen Mannes, eine große Idee auf Grund eines glücklichen Aperçus zu ahnen. Er brauchte zu einer solchen Ahnung nicht einmal die entsprechend vollrichtigen Tatsachen. Aber es liegt auch in der Natur solcher geahnten Ideen, daß sie auf die Arbeiter im Felde der Wissenschaft keinen großen Eindruck machen. Wie ein Komet blitzt Oken am deutschen Weltanschauungshimmel auf. Eine Fülle von Licht entwickelt er. Aus einem reichen Ideenbesitz heraus gibt er Leitbegriffe für die verschiedensten Tatsachengebiete. Doch hatte die Art, wie er sich Tatsachenzusammenhänge zurechtlegte, zumeist etwas Gewaltsames. Er arbeitete auf die Pointe los. Das war auch bei dem oben genannten Gesetze der Wiederholung gewisser Tierformen in der Keimentwickelung anderer der Fall.

Im Gegensatz zu Oken hielt sich *Carl Ernst von Baer* möglichst an das rein Tatsächliche, als er 1828 in seiner «Entwickelungsgeschichte der Tiere» von dem sprach, was Oken zu seiner Idee geführt hat. «Die Embryonen der Säugetiere, Vögel, Eidechsen und Schlangen, wahrscheinlich auch der Schildkröten, sind in früheren Zuständen einander ungemein ähnlich im Ganzen sowie in der Entwickelung der einzelnen Teile; so ähnlich, daß man oft die Embryonen nur nach der Größe unterscheiden kann. Ich besitze zwei kleine Embryonen in Weingeist, für die ich versäumt habe, die Namen zu notieren; und ich bin jetzt durchaus nicht imstande, die Klasse zu bestimmen, der sie angehören. Es können Eidechsen, kleine Vögel oder ganz junge Säugetiere sein. So übereinstimmend ist Kopf- und Rumpfbildung in diesen Tieren. Die Extremitäten fehlen aber jenen Embryonen noch. Wären sie auch da, auf der ersten Stufe der Ausbildung begriffen, so würden sie doch nichts lehren, da die Füße der Eidechsen und Säugetiere, die Flügel und Füße der Vögel, sowie die Hände und Füße der Menschen sich aus derselben Grundform entwickeln.»

Solche Tatsachen der Keimesgeschichte mußten bei denjenigen Denkern, die zum Darwinismus mit ihren Überzeugungen neigten, das größte Interesse hervorrufen. Darwin hatte die Möglichkeit erwiesen, daß die organischen Formen sich wandeln, und daß auf dem Wege der Umwandlung die heute lebenden Arten von wenigen, vielleicht nur von *einer* ursprünglichen abstammen. Nun zeigen sich die mannigfaltigen Lebewesen auf ihren ersten Entwickelungsstufen so ähnlich, daß man sie kaum oder gar nicht unterscheiden kann. Beides, diese Tatsache der Ähnlichkeit und jene Abstammungsidee, brachte 1864 *Fritz Müller* in einer gedankenvollen Schrift «Für Darwin» in organische Verbindung. Müller ist eine von denjenigen hochsinnigen Persönlichkeiten, deren Seelen eine naturgemäße Weltanschauung zum geistigen Atmen unbedingt brauchen. Er empfand auch an seinem eigenen Handeln allein Befriedigung, wenn er nur den Motiven gegenüber das Gefühl haben konnte, daß sie notwendig wie eine Naturkraft sind. Im Jahre 1852 übersiedelte Müller nach Brasilien. Er bekleidete zwölf Jahre lang eine Gymnasiallehrerstelle in Desterro (auf der Insel Santa Catharina unweit der Küste von Brasilien). 1867 mußte er auch diese Stellung aufgeben. Der Mann der neuen Weltanschauung mußte der Reaktion weichen, die sich unter dem Einflusse der Jesuiten seiner Lehranstalt bemächtigte. Ernst Haeckel hat in der «Jenaischen Zeitschrift für Naturwissenschaft» (XXXI. Band N. F. XXIV, 1897) das Leben und die Wirksamkeit Fritz Müllers beschrieben. Von Darwin wurde dieser als «Fürst der Beobachter» bezeichnet. Und aus einer Fülle von Beobachtungen heraus ist die kleine, aber bedeutungsvolle Schrift «Für Darwin» entstanden. Sie behandelte eine einzelne Gruppe von organischen Formen, die Krebse, in dem Geiste, von dem Fritz Müller glaubte, daß er sich aus der Darwinschen Anschauung ergeben müsse. Er zeigte, daß die in ihren reifen Zuständen voneinander verschiedenen Krebsformen einander vollkommen ähnlich sind in der Zeit, in der sie aus dem Ei schlüpfen. Setzt man voraus, daß im Sinne der Darwinschen Abstammungslehre die Krebsformen aus einer Ur-Krebsform sich entwickelt haben, und nimmt man an, daß die Ähnlichkeit in Jugendzuständen dieser Tiere ein Erbstück von ihrer gemeinsamen Ahnenform her ist, so hat man die Ideen Darwins vereinigt mit denen Okens von der Wiederholung der Schöpfungsgeschichte der Tierklassen in der Entwickelung der einzelnen Tierform. Diese Vereinigung hat Fritz Müller auch vollzogen. Er brachte dadurch die frühen Formen einer Tierklasse in eine bestimmte gesetzmäßige Verbindung mit den späteren, die sich durch Umwandlung aus ihnen gebildet haben. Daß einmal eine Ahnenform eines heute lebenden Wesens so und so ausgesehen hat, das hat bewirkt, daß dieses heute lebende Wesen in einer Zeit seiner Entwickelung so und so aussieht. An den Entwickelungsstadien der Organismen erkennt man ihre Ahnen; und die

Beschaffenheit der letzten bewirkt die Charaktere der Keimformen. Stammesgeschichte und Keimesgeschichte (Phylogenie und Ontogenie) sind in Fritz Müllers Buch verbunden wie Ursache und Wirkung. Damit war ein neuer Zug in die Darwinsche Ideenrichtung gekommen. Dieses wird auch dadurch nicht abgeschwächt, daß Müllers Krebsforschungen durch die späteren Untersuchungen *Arnold Langs* modifiziert wurden.

Es waren erst vier Jahre vergangen seit dem Erscheinen von Darwins Buch «Entstehung der Arten», als Müllers Schrift zu seiner Verteidigung und Bestätigung erschien. Er hatte an einer einzelnen Tierklasse gezeigt, wie man im Geiste der neuen Ideen arbeiten soll. Sieben Jahre nach der «Entstehung der Arten», im Jahre 1866, erschien bereits ein Buch, das ganz durchdrungen von diesem neuen Geiste war, das von hoher Warte herab mit den Ideen des Darwinismus den Zusammenhang der Lebenserscheinungen beleuchtete: *Ernst Haeckels* «Generelle Morphologie der Organismen». Jede Seite dieses Buches verrät das große Ziel, von den neuen Gedanken aus eine Umschau über die Gesamtheit der Naturerscheinungen zu halten. Aus dem Darwinismus heraus suchte Haeckel eine Weltanschauung.

Nach zwei Richtungen hin war Haeckel bestrebt, für die neue Weltanschauung das Möglichste zu tun: er bereicherte unablässig das Wissen von den Tatsachen, die Aufschluß geben über den Zusammenhang der Naturwesen und Naturkräfte; und er zog mit eiserner Konsequenz aus diesen Tatsachen die Ideen, die das menschliche Erklärungsbedürfnis befriedigen sollen. Er ist von der unerschütterlichen Überzeugung durchdrungen, daß der Mensch für alle seine Seelenbedürfnisse aus diesen Tatsachen und diesen Ideen volle Befriedigung gewinnen kann. Wie es Goethe auf seine Art klar war, so ist es auch ihm auf die seinige klar, daß die Natur «nach ewigen, notwendigen, dergestalt göttlichen Gesetzen wirkt, daß die Gottheit selbst daran nichts ändern könnte». Und weil ihm dieses klar ist, verehrt er in den ewigen und notwendigen Gesetzen der Natur und in den Stoffen, an denen sich diese Gesetze betätigen, seine Gottheit. Wie die Harmonie der in sich mit Notwendigkeit zusammenhängenden Naturgesetze, nach seiner Anschauung, die Vernunft befriedigt, so bietet sie auch dem fühlenden Herzen, dem ethisch und religiös gestimmten Gemüt, wonach dieses dürstet. In dem Stein, der von der Erde angezogen, zu dieser hinfällt, spricht sich das gleiche Göttliche aus wie in der Pflanzenblüte und in dem menschlichen Geiste, der den «Wilhelm Tell» dramatisch formt.

Wie irrtümlich es ist, zu glauben, daß durch ein vernünftiges Eindringen in das Walten der Natur, durch Erforschung ihrer Gesetze, das Gefühl für die wunderbaren Schönheiten der Natur zerstört wird, das zeigt sich so recht anschaulich an dem Wirken Ernst Haeckels. Man hat der vernunftgemäßen Naturerklärung die Fähigkeit abgesprochen, die Bedürfnisse des Gemütes zu befriedigen. Es darf behauptet werden, daß, wo immer ein Mensch in seiner Gemütswelt durch die Naturerkenntnis beeinträchtigt wird, dies nicht an dieser Erkenntnis, sondern an dem Menschen liegt, dessen Empfindungen sich in einer falschen Richtung bewegen. Wer unbefangen den Forscherwegen eines Naturbetrachters, wie es Haeckel ist, folgt, der wird bei jedem Schritte in der Naturerkenntnis auch sein Herz höher schlagen fühlen. Die anatomische Zergliederung, die mikroskopische Untersuchung wird ihm keine

Naturschönheit zerstören, aber unzählige neue enthüllen. Es ist zweifellos, daß in unserer Zeit ein Kampf besteht zwischen Verstand und Phantasie, zwischen Reflexion und Intuition. *Ellen Key,* die geistvolle Essayistin, hat unbedingt recht, wenn sie in diesem Kampfe eine der wichtigsten Erscheinungen in der gegenwärtigen Zeit sieht. (Vgl. Ellen Key: Essays. Berlin, S. Fischers Verlag, 1899.) Wer, wie Ernst Haeckel, tief hinuntergräbt in den Schacht der Tatsachen und kühn hinaufsteigt mit den Gedanken, die uns aus diesen Tatsachen sich ergeben, zu den Gipfeln menschlicher Erkenntnis, der kann nur in der Naturerklärung die versöhnende Macht finden «zwischen den beiden noch gleich starken Rennern, der Reflexion und der Intuition, die sich wechselseitig in die Knie zwingen». (Ellen Key, ebd.) Fast gleichzeitig mit der Veröffentlichung, durch die Haeckel mit rückhaltloser Redlichkeit seine aus der Naturerkenntnis fließende Weltanschauung darlegt, mit dem 1899 erfolgten Erscheinen seiner «Welträtsel», hat er mit der Herausgabe eines Lieferungswerkes begonnen, «Kunstformen der Natur», in dem er Nachbildungen gibt von der unerschöpflichen Fülle der wunderbaren Gestalten, welche die Natur in ihrem Schoße erzeugt, und welche an Schönheit und Mannigfaltigkeit «alle vom Menschen geschaffenen Kunstformen weitaus» übertreffen. Derselbe Mann, der unseren Verstand in die Gesetzmäßigkeit der Natur führt, lenkt unsere Phantasie auf die Schönheit der Natur.

Das Bedürfnis, die großen Weltanschauungsfragen in unmittelbare Berührung zu bringen mit den wissenschaftlichen Einzeluntersuchungen, hat Haeckel zu einer derjenigen Tatsachen geführt, von denen Goethe sagt, daß sie prägnante Punkte bezeichnen, an denen die Natur die

Grundideen zu ihrer Erklärung freiwillig hergibt und uns entgegenträgt. Diese Tatsache bot sich für Haeckel dadurch, daß er untersuchte, inwiefern sich der alte Okensche Gedanke, den Fritz Müller auf die Krebstiere anwendete, für das ganze Tierreich fruchtbar machen lasse. Bei allen Tieren, mit Ausnahme der Protisten, die zeitlebens nur aus einer Zelle bestehen, bildet sich aus der Eizelle, mit der das Wesen seine Keimesentwickelung beginnt, ein becherförmiger oder krugförmiger Körper, der sogenannte Becherkeim oder die Gastrula. Dieser Becherkeim ist eine tierische Form, die alle Tiere, von den Schwämmen bis herauf zum Menschen, in ihrem ersten Entwickelungsstadium annehmen. Diese Form hat nur Haut, Mund und Magen. Nun gibt es niedere Pflanzentiere, die während ihres ganzen Lebens nur diese Organe haben, die also dem Becherkeim ähnlich sind. Diese Tatsache deutete Haeckel im Sinne der Entwickelungstheorie. Die Gastrulaform ist ein Erbstück, das die Tiere von ihrer gemeinsamen Ahnenform überkommen haben. Es hat eine wahrscheinlich vor Jahrmillionen ausgestorbene Tierart gegeben, die Gastraea, die ähnlich gebaut war wie die heute noch lebenden niederen Pflanzentiere: die Spongien, Polypen usw. Aus dieser Tierart hat sich alles entwickelt, was heute an mannigfaltigen Formen zwischen den Polypen, Schwämmen und Menschen lebt. Alle diese Tiere wiederholen im Verlaufe ihrer Keimesgeschichte diese ihre Stammform.

Eine Idee von ungeheurer Tragweite war damit gewonnen. Der Weg vom Einfachen zum Zusammengesetzten, zum Vollkommenen in der Organismenwelt war vorgezeichnet. Eine einfache Tierform entwickelt sich unter gewissen Umständen. Eines oder mehrere Individuen dieser Form verwandeln sich nach Maßgabe der Lebensverhältnisse, in die sie kommen, in eine andere Form. Was durch Verwandlung entstanden ist, vererbt sich wieder auf Nachkommen. Es leben bereits zweierlei Formen. Die alte, die auf der ersten Stufe stehen geblieben ist, und eine neue. Beide Formen können sich nach verschiedenen Richtungen und Vollkommenheitsgraden weiterbilden. Nach großen Zeiträumen entsteht durch Vererbung der entstandenen Formen und durch Neubildungen auf dem Wege der Anpassung an die Lebensbedingungen eine Fülle von Arten.

So schließt sich für Haeckel zusammen, was heute in der Organismenwelt geschieht, mit dem, was in Urzeiten geschehen ist. Wollen wir irgendein Organ an einem Tiere unserer Gegenwart erklären, so blicken wir zurück auf die Ahnen, die bei sich dieses Organ unter den Verhältnissen, in denen sie lebten, ausgebildet haben. Was in früheren Zeiten aus natürlichen Ursachen entstanden ist, hat sich bis heute vererbt. Durch die Geschichte des Stammes klärt sich die Entwickelung des Individuums auf. In der Stammesentwickelung (Phylogenesis) liegen somit die Ursachen der Individualentwickelung (Ontogenesis). Haeckel drückt diese Tatsache in seinem biogenetischen Grundgesetze mit den Worten aus: «Die kurze Ontogenese oder die Entwickelung des Individuums ist eine schnelle und zusammengezogene Wiederholung, eine gedrängte Rekapitulation der langen Phylogenese oder Entwickelung der Art.»

Damit ist aus dem Reiche des Organischen alle Erklärung im Sinne besonderer Zwecke, alle Teleologie im alten Sinne, entfernt. Man sucht nicht mehr nach dem Zweck eines Organes, man sucht nach den Ursachen, aus denen es sich entwickelt hat; eine Form weist nicht nach dem Ziel hin, dem sie zustrebt, sondern nach dem Ursprunge, aus dem sie hervorgegangen ist. Die Erklärungsweise des Organischen ist der des Unorganischen gleich geworden. Man sucht das Wasser nicht als Ziel im Sauerstoff und man sucht auch nicht den Menschen als Zweck in der Schöpfung. Man forscht nach dem Ursprunge, nach den tatsächlichen Ursachen der Wesen. Die dualistische Anschauungsweise, die erklärt, daß Unorganisches und Organisches nach zwei verschiedenen Prinzipien erklärt werden müssen, verwandelt sich in eine monistische Vorstellungsart, in den Monismus, der für die ganze Natur nur eine einheitliche Erklärungsweise hat.

Haeckel weist mit bedeutsamen Worten darauf hin, daß durch seine Entdeckung der Weg gefunden ist, auf dem aller Dualismus in dem oben gemeinten Sinne überwunden werden muß. «Die Phylogenesis ist die mechanische Ursache der Ontogenesis. Mit diesem einen Satz ist unsere prinzipielle monistische Auffassung der organischen Entwickelung klar bezeichnet, und von der Wahrheit dieses Grundsatzes hängt in erster Linie die Wahrheit der Gastraeatheorie ab. ... Für und wider diesen Grundsatz wird in Zukunft jeder Naturforscher sich entscheiden müssen, der in der Biogenie sich nicht mit der bloßen Bewunderung merkwürdiger Erscheinungen begnügt, sondern darüber hinaus nach dem Verständnis ihrer Bedeutung strebt. Mit diesem Satz ist zugleich die unausfüllbare Kluft bezeichnet, welche die ältere teleologische und dualistische Morphologie von der neueren mechanischen und monistischen trennt. Wenn die physiologischen Funktionen der Vererbung und Anpassung als die alleinigen Ursachen der organischen Formbildung nachgewiesen sind, so ist damit zugleich jede Art von Teleologie, von dualistischer und metaphysischer Betrachtungsweise aus dem Gebiete der Biogenie entfernt; der scharfe Gegensatz zwischen den leitenden Prinzipien ist damit klar bezeichnet. Entweder existiert ein direkter und kausaler Zusammenhang zwischen Ontogenie und Phylogenie oder er existiert nicht. Entweder ist die Ontogenese ein gedrängter Auszug der Phylogenese oder sie ist dies nicht. Zwischen diesen beiden Annahmen gibt es keine dritte! Entweder Epigenesis und Deszendenz - oder Präformation und Schöpfung.» (Vgl. auch Band 1, S. 286ff. dieses Buches.) Haeckel ist eine philosophische Denkerpersönlichkeit. Deshalb trat er, bald nachdem er die Darwinsche Anschauung in sich aufgenommen hatte, mit aller Energie für die wichtige Schlußfolgerung ein, die sich aus dieser Anschauung für den Ursprung des Menschen ergibt. Er konnte sich nicht damit begnügen, schüchtern wie Darwin auf diese «Frage aller Fragen» hinzudeuten. Der Mensch unterscheidet sich anatomisch und physiologisch nicht von den höheren Tieren, folglich muß ihm auch der gleiche Ursprung wie diesen zugeschrieben werden. Mit großer Kühnheit trat er sogleich für diese Meinung und für alle Folgen ein, die sich in bezug auf die Weltanschauung daraus ergeben. Es war für ihn nicht zweifelhaft, daß fortan die höchsten Lebensäußerungen des Menschen, die Taten seines Geistes, unter einem gleichen Gesichtspunkt zu betrachten sind wie die Verrichtungen der einfachsten Lebewesen. Die Betrachtung der niedersten Tiere, der Urtiere, Infusorien und Rhizopoden, lehrte ihn, daß auch diese Organismen eine Seele haben. In ihren Bewegungen, in den Andeutungen von Empfindungen, die sie erkennen lassen, erkannte er Lebensäußerungen, die nur gesteigerter, vollkommener zu werden brauchen, um zu den komplizierten Vernunft- und Willenshandlungen des Menschen zu werden.

Welche Schritte vollführt die Natur, um von der Gastraea, dem Urdarmtiere, das vor Jahrmillionen gelebt hat, zum Menschen zu gelangen? Das war die umfassende Frage, die sich Haeckel vorlegte. Die Antwort gab er in seiner 1874 erschienenen «Anthropogenie». Sie behandelt in einem ersten Teil die Keimesgeschichte des Menschen, und in einem zweiten die Stammesgeschichte. Von Punkt zu Punkt wurde gezeigt, wie in der letzteren die Ursachen für die erstere liegen. Die Stellung des Menschen in der Natur war damit nach den Grundsätzen der Entwickelungslehre bestimmt. Auf Werke, wie Haeckels «Anthropogenie» eines ist, darf man das Wort anwenden, daß der große Anatom *Karl Gegenbaur* in seiner «Vergleichenden Anatomie» (2. Aufl., 1870) ausgesprochen hat, daß der Darwinismus als Theorie reichlich das von der Wissenschaft zurückempfängt, was er dieser an Methode gegeben hat: Klarheit und Sicherheit. Mit der darwinistischen Methode ist für Haeckel auch die Theorie von der Herkunft des Menschen der Wissenschaft geschenkt.

Was damit getan war, wird man, seinem vollen Umfange nach, nur ermessen, wenn man auf die Opposition blickt, mit der Haeckels umfassende Anwendung der darwinistischen Grundsätze von den Anhängern idealistischer Weltauffassungen aufgenommen worden sind. Man braucht dabei gar nicht auf diejenigen zu sehen, die sich in dem blinden Glauben an eine überlieferte Meinung gegen die «Affentheorie» wandten, oder auf diejenigen, die alle feinere, höhere Sittlichkeit gefährdet glauben, wenn die Menschen nicht mehr der Ansicht sind, daß sie einen «reineren, höheren Ursprung» haben. Man kann sich auch an solche halten, die durchaus geneigt sind, neue Wahrheiten in sich aufzunehmen. Aber auch solchen wurde es schwer, sich in diese neue Wahrheit zu finden. Sie fragten sich: Verleugnen wir nicht unser vernunftgemäßes Denken, wenn wir seinen Ursprung nicht mehr in einer allgemeinen Weltvernunft über uns, sondern in dem tierischen Reiche unter uns suchen? Solche Geister wiesen mit großem Eifer auf die Punkte hin, an denen die Haeckelsche Auffassung durch die Tatsachen noch im Stich gelassen zu werden schien. Und diese Geister haben mächtige Bundesgenossen in einer Anzahl von Naturforschern, die, aus einer merkwürdigen Befangenheit heraus, ihre Tatsachenkenntnis dazu benützen, fortwährend zu betonen, wo die Erfahrung noch nicht ausreiche, um Haeckels Schlußfolgerungen zu ziehen. Der typische Repräsentant und zugleich der eindrucksvollste Vertreter dieses Naturforscherstandpunktes ist *Rudolf Virchow.* Man darf den Gegensatz Haeckels und Virchows etwa so charakterisieren: Haeckel vertraut auf die innere Konsequenz der Natur, von der Goethe meint, daß sie über die Inkonsequenz der Menschen hinwegtröste, und sagt sich: Wenn sich für gewisse Fälle ein Naturprinzip als richtig ergeben hat und uns die Erfahrung fehlt, seine Richtigkeit in andern Fällen nachzuweisen, so ist kein Grund vorhanden, dem Fortgang unserer Erkenntnis Fesseln anzulegen; was uns heute noch die Erfahrung versagt, kann uns morgen gebracht werden. Virchow ist anderer Meinung. Er will ein umfassendes Prinzip so wenig wie möglich Boden gewinnen lassen. Er scheint zu glauben, daß man einem solchen Prinzip das Leben nicht sauer genug machen kann. Scharf spitzte sich der Gegensatz beider Geister auf der fünfzigsten Versammlung deutscher Naturforscher und Ärzte, im September 1877, zu. Haeckel hielt einen Vortrag über «Die heutige Entwickelungslehre im Verhältnisse zur Gesamtwissenschaft.»

Im Jahre 1894 fand sich Virchow genötigt, zu sagen: «Auf dem Wege der Spekulation ist man zu der Affentheorie gekommen; man hätte ebenso gut zu einer Elefanten- oder einer Schaftheorie kommen können.» Virchow fordert unumstößliche Beweise für diese Anschauung. Sobald aber etwas in die Erscheinung tritt, was sich als ein Glied in der Beweiskette ergibt, sucht Virchow seinen Wert auf jede mögliche Art zu entkräften.

Ein solches Glied in der Beweiskette bilden die Knochenreste, die *Eugen Dubois* 1894 in Java gefunden hat. Sie bestehen aus einem Schädeldach, einem Oberschenkel und einigen Zähnen. Über diesen Fund entspann sich auf dem Leydener Zoologenkongreß eine interessante Diskussion. Von zwölf Zoologen waren drei der Meinung, daß die Knochenreste von einem Affen, drei, daß sie von einem Menschen stammen; sechs vertraten aber die Meinung, daß man es mit einer Übergangsform zwischen Mensch und Affen zu tun habe. Dubois hat in einleuchtender Weise gezeigt, in welchem Verhältnis das Wesen, dessen Reste man vor sich hatte, einerseits zu den gegenwärtigen Affen, anderseits zu den gegenwärtigen Menschen stehe. Die naturwissenschaftliche Entwickelungslehre muß solche Zwischenformen in besonderem Maße für sich in Anspruch nehmen. Sie füllen die Lücken aus, die zwischen den zahlreichen Formen der Organismen bestehen. Jede solche Zwischenform liefert einen neuen Beweis für die Verwandtschaft alles Lebendigen. Virchow widersetzte sich der Auffassung, daß die Knochenreste von einer solchen Zwischenform herrühren. Zunächst erklärte er, der Schädel stamme von einem Affen, der Oberschenkel von einem Menschen. Sachkundige Paläontologen sprachen sich aber nach dem gewissenhaften Fundberichte mit Entschiedenheit für die Zusammengehörigkeit der Reste aus. Virchow suchte seine Ansicht, daß der Oberschenkel nur von einem Menschen herrühren könne, durch die Behauptung zu stützen, eine Knochenwucherung an demselben beweise, daß an ihm eine Krankheit vorhanden gewesen sei, die nur durch sorgfältige menschliche Pflege geheilt worden sein könne. Dagegen sprach sich der Paläontologe *Marsch* dahin aus, daß ähnliche Knochenwucherungen auch bei wilden Affen vorkommen. Einer weiteren Behauptung Virchows, daß die tiefe Einschnürung zwischen dem Oberrand der Augenhöhlen und dem niederen Schädeldach des vermeintlichen Zwischenwesens für dessen Affennatur spreche, widersprach eine Bemerkung des Naturforschers *Nehring*, daß sich dieselbe Bildung an einem Menschenschädel von Santos in Brasilien finde. Diese Einwände Virchows kamen aus derselben Gesinnung, die ihn auch in den berühmten Schädeln von Neandertal, von Spy usw. krankhafte, abnorme Bildungen sehen läßt, während sie Haeckels Gesinnungsgenossen für Zwischenformen zwischen Affe und Mensch halten.

Haeckel ließ sich durch keine Einwände das Vertrauen in seine Vorstellungsart rauben. Er behandelt unablässig die Wissenschaft von den gewonnenen Gesichtspunkten aus, und er wirkt durch populäre Darstellung seiner Naturauffassung auf das öffentliche Bewußtsein. In seiner «Systematischen Phylogenie, Entwurf eines natürlichen Systems der Organismen auf Grund der Stammesgeschichte» (1894—1896) suchte er die natürlichen Verwandtschaften der Organismen in streng wissenschaftlicher Weise darzustellen. In seiner «Natürlichen Schöpfungsgeschichte», die von 1868 bis 1908 elf Auflagen erlebt hat, gab er eine allgemeinverständliche Auseinandersetzung seiner Anschauungen. In seinen gemeinverständlichen Studien zur monistischen Philosophie «Welträtsel» lieferte er 1899 einen Überblick über seine naturphilosophischen Ideen, der rückhaltlos nach allen Seiten hin die Folgerungen seiner Grundgedanken darlegt. Zwischen allen diesen Arbeiten veröffentlichte er Studien über die mannigfaltigsten Spezialforschungen, überall den philosophischen Prinzipien und dem wissenschaftlichen Detailwissen in gleicher Weise in seiner Art Rechnung tragend.

Das Licht, das von der monistischen Weltanschauung ausgeht, ist, nach Haeckels Überzeugung, dasjenige, das «die schweren Wolken der Unwissenheit und des Aberglaubens zerstreut, welche bisher undurchdringliches Dunkel über das wichtigste aller Erkenntnisprobleme verbreiteten, über die Frage nach dem Ursprung des Menschen, von seinem wahren Wesen und von seiner Stellung in der Natur». So hat er sich in der Rede ausgesprochen, die er am 26. August 1898 auf dem vierten internationalen Zoologenkongreß in Cambridge «Über unsere gegenwärtige Kenntnis vom Ursprung des Menschen» gehalten hat. Inwiefern seine Weltanschauung ein Band knüpft zwischen Religion und Wissenschaft, hat Haeckel auf eindringliche Weise dargelegt in seiner 1892 erschienenen Schrift «Der Monismus als Band zwischen Religion und Wissenschaft. Glaubensbekenntnis eines Naturforschers».

Wenn man Haeckel mit Hegel vergleicht, so ergibt sich in scharfen Zügen der Unterschied der Weltanschauungsinteressen in den beiden Hälften des neunzehnten Jahrhunderts. Hegel lebt ganz in der Idee und nimmt aus der naturwissenschaftlichen Tatsachenwelt nur so viel auf, als er zur Illustration seines idealen Weltbildes braucht. Haekkel wurzelt mit allen Fasern seines Seins in der Tatsachenwelt und zieht aus dieser nur die Summe von Ideen, zu denen diese notwendig drängt. Hegel ist immer bestrebt, zu zeigen, wie alle Wesen darauf hinarbeiten, zuletzt im menschlichen Geiste den Gipfel ihres Werdens zu erreichen; Haeckel ist stets bemüht, zu erweisen, wie die kompliziertesten menschlichen Verrichtungen zurückweisen auf die einfachsten Ursprünge des Daeins. Hegel erklärt die Natur aus dem Geist; Haeckel leitet den Geist aus der Natur ab. Es darf deshalb von einer Umkehrung der Denkrichtung im Laufe des Jahrhunderts gesprochen werden. Innerhalb des deutschen Geisteslebens haben Strauß, Feuerbach und andere diese Umkehrung eingeleitet; in dem Materialismus hat die neue Richtung einen vorläufigen, extremen, in der Gedankenwelt Haeckels einen streng methodisch-wissenschaftlichen Ausdruck gefunden. Denn das ist das Bedeutsame bei Haeckel, daß seine ganze Forschertätigkeit von einem philosophischen Geiste durchdrungen ist. Er arbeitet durchaus nicht nach Resultaten hin, die aus irgendwelchen Motiven als Ziele der Weltanschauung oder des philosophischen Denkens aufgestellt sind; aber sein Verfahren ist philosophisch. Die Wissenschaft tritt bei ihm unmittelbar mit dem Charakter der Weltanschauung auf. Die ganze Art seines Anschauens der Dinge hat ihn zum Bekenner des entschiedensten Monismus bestimmt. Er sieht Geist und Natur mit gleicher Liebe an. Deshalb konnte er den Geist in den einfachsten Lebewesen noch finden. Ja, er geht noch weiter. Er forscht nach den Spuren des Geistes in den unorganischen Massenteilchen. «Jedes Atom» - sagt er - «besitzt eine inhärente Summe von Kraft und ist in diesem Sinne «beseelt». Ohne die Annahme einer «Atomseele» sind die gewöhnlichsten und allgemeinsten Erscheinungen der Chemie unerklärlich. Lust und Unlust, Begierde und Abneigung, Anziehung und Abstoßung müssen allen Massenatomen gemeinsam sein; denn die Bewegungen der Atome, die bei Bildung und Auflösung einer jeden chemischen Verbindung stattfinden müssen, sind nur erklärbar, wenn wir ihnen Empfindung und Willen beilegen, und nur hierauf allein beruht im Grunde die allgemein angenommene chemische Lehre von der Wahlverwandtschaft.» Und wie er den Geist bis ins Atom hinein verfolgt, so das rein materiell-mechanische Geschehen bis in die erhabensten Geistesleistungen herauf. «'Geist' und 'Seele' des Menschen sind auch nichts anderes, als Kräfte, die an das materielle Substrat unseres Körpers untrennbar gebunden sind. Wie die Bewegungskraft unseres Fleisches an die Formelemente der Muskeln, so ist die Denkkraft unseres Geistes an die Formelemente des Gehirns gebunden. Unsere Geisteskräfte sind ebenso Funktionen dieser Körperteile, wie jede 'Kraft' die Funktion eines materiellen Körpers ist.»

Man darf aber diese Vorstellungsweise nicht verwechseln mit derjenigen, die in unklar-mystischer Art in die Naturwesen Seelen hineinträumt und diese der menschlichen mehr oder weniger ähnlich sein läßt. Haeckel ist ein scharfer Gegner der Weltanschauung, die Eigenschaften und Tätigkeiten des Menschen in die Außenwelt verlegt. Seine Verurteilung der Vermenschlichung der Natur, des Anthropomorphismus, hat er wiederholt mit nicht mißzuverstehender Deutlichkeit ausgesprochen. Wenn er der unorganischen Masse oder den einfachsten Organismen eine Beseeltheit zuschreibt, so meint er damit nichts weiter, als die Summe der Kraftäußerungen, die wir an ihnen beobachten. Er hält sich streng an die Tatsachen. Empfindung und Wille des Atoms sind ihm keine mystischen Seelenkräfte, sondern sie erschöpfen sich in dem, was wir als Anziehung und Abstoßung wahrnehmen. Er will nicht sagen: Anziehung und Abstoßung sind eigentlich Empfindung und Wille, sondern Anziehung und Abstoßung sind auf niedrigster Stufe das, was Empfindung und Wille auf höherer Stufe sind. Die Entwickelung ist ja nicht ein bloßes Herausentwickeln der höheren Stufen des Geistigen aus dem Niedrigen, in denen sie schon verborgen liegen, sondern ein wirkliches Aufsteigen zu neuen Bildungen (vgl. oben S. 403 ff.), eine Steigerung von Anziehung und Abstoßung zu Empfindung und Wille. Diese Grundanschauung Haeckels stimmt in gewissem Sinne mit der Goethes überein, der sich darüber mit den Worten ausspricht: Die Erfüllung seiner Naturanschauung sei ihm durch die Erkenntnis der «zwei großen Triebräder aller Natur» geworden, der Polarität und der Steigerung, jene «der Materie, insofern wir sie materiell, diese ihr dagegen, insofern wir sie geistig denken, angehörig; jene ist in immerwährendem Anziehen und Abstoßen, diese in immerstrebendem Aufsteigen. Weil aber die Materie nie ohne Geist, der Geist nie ohne Materie existiert und wirksam sein kann, so vermag auch die Materie sich zu steigern, so wie sich's der Geist nicht nehmen läßt anzuziehen und abzustoßen.»

Der Bekenner einer solchen Weltanschauung läßt sich daran genügen, die tatsächlich in der Welt vorhandenen Dinge und Vorgänge auseinander abzuleiten. Die idealistischen Weltanschauungen bedürfen zu der Ableitung eines Dinges oder Vorganges Wesenheiten, die nicht innerhalb des Bereiches des Tatsächlichen gefunden werden. Haeckel leitet die Form des Becherkeimes, die im Laufe der tierischen Entwickelung auftritt, aus einem tatsächlich einmal vorhandenen Organismus ab. Ein Idealist sucht nach ideellen Kräften, unter deren Einfluß der sich entwickelnde Keim zur Gastrula wird. Der Monismus Haekkels zieht alles, was er zur Erklärung der wirklichen Welt braucht, auch aus dieser wirklichen Welt heraus. Er hält im Reiche des Wirklichen Umschau, um zu erkennen, wie die Dinge und Vorgänge einander erklären. Seine Theorien sind ihm nicht wie die des Idealisten dazu da, zu dem Tatsächlichen ein Höheres zu suchen, einen ideellen Inhalt, der das Wirkliche erklärt, sondern dazu, daß sie ihm den Zusammenhang des Tatsächlichen selbst begreiflich machen. Fichte, der Idealist, hat nach der Bestimmung des Menschen gefragt. Er meinte damit etwas, was sich nicht in den Formen des Wirklichen, des Tatsächlichen erschöpft; er meinte etwas, was die Vernunft zu dem tatsächlich gegebenen Dasein hinzufindet; etwas, was mit einem höheren Lichte die reale Existenz des Menschen durchleuchtet. Haeckel, der monistische Weltbetrachter, fragt nach dem Ursprunge des Menschen, und er meint damit den realen Ursprung, die niederen Wesenheiten, aus denen sich der Mensch durch tatsächliche Vorgänge entwickelt hat.

Es ist bezeichnend, wie Haeckel die Beseelung der niederen Lebewesen begründet. Ein Idealist würde sich dabei auf Vernunftschlüsse berufen. Er würde mit Denknotwendigkeiten kommen. Haeckel beruft sich darauf, was er gesehen hat. «Jeder Naturforscher, der gleich mir lange Jahre hindurch die Lebenstätigkeit der einzelligen Protisten beobachtet hat, ist positiv überzeugt, daß auch sie eine Seele besitzen; auch diese Zellseele besteht aus einer

Summe von Empfindungen, Vorstellungen und Willenstätigkeiten; das Empfinden, Denken und Wollen unserer menschlichen Seelen ist nur stufenweise davon verschieden.» Der Idealist spricht der Materie den Geist zu, weil er sich nicht denken kann, daß aus geistloser Materie Geist entstehen kann. Er glaubt, man müsse den Geist leugnen, wenn man ihn nicht da sein läßt, bevor er da ist, das heißt in all den Daseinsformen, wo noch kein Organ, kein Gehirn für ihn da ist. Für den Monisten gibt es einen solchen Ideengang gar nicht. Er spricht nicht von einem Dasein, das sich als solches nicht auch äußerlich darstellt. Er teilt nicht den Dingen zweierlei Eigenschaften zu: solche, die an ihnen wirklich sind, und sich an ihnen äußern, und solche, die insgeheim in ihnen sind, um sich erst auf einer höheren Stufe, zu der sich die Dinge entwickeln, zu äußern. Für ihn ist da, was er beobachtet, weiter nichts. Und wenn sich das Beobachtete weiter entwickelt, und sich im Laufe seiner Entwickelung steigert, so sind die späteren Formen erst in dem Augenblicke vorhanden, in dem sie sich wirklich zeigen.

Wie leicht der Haeckelsche Monismus nach dieser Richtung hin mißverstanden werden kann, das zeigen die Einwände, die der geistvolle *Bartholomäus von Carneri* gemacht hat, der auf der andern Seite für den Aufbau einer Ethik dieser Weltanschauung Unvergängliches geleistet hat. In seiner Schrift «Empfindung und Bewußtsein. Monistische Bedenken» (1893) meint er, der Satz: «Kein Geist ohne Materie, aber auch keine Materie ohne Geist – würde uns berechtigen, die Frage auf die Pflanze, ja auf den nächsten besten Felsblock auszudehnen», und auch diesen Geist zuzuschreiben. Es sei aber doch zweifellos, daß dadurch eine Verwirrung geschaffen werde. Es sei doch nicht zu übersehen, daß nur durch die Tätigkeit der Zellen der grauen Hirnrinde Bewußtsein entstehe. «Die Überzeugung, daß es keinen Geist ohne Materie gebe, daß heißt, daß alle geistige Tätigkeit an eine materielle Tätigkeit gebunden sei, mit deren Ende auch sie ihr Ende erreicht, fußt auf Erfahrung, während nichts in der Erfahrung dafür spricht, daß mit der Materie überhaupt Geist verbunden sei.» Wer die Materie, die keinen Geist verrät, beseele, gliche dem, der nicht dem Mechanismus der Uhr, sondern schon dem Metalle, aus dem sie verfertigt ist, die Fähigkeit zuschriebe, Zeitangaben zu machen.

Haeckels Auffassung wird, richtig verstanden, von den Bedenken Carneris nicht getroffen. Davor wird sie dadurch geschützt, daß sie sich streng an die Beobachtung hält. In seinen «Welträtseln» sagt Haeckel: «Ich selbst habe die Hypothese des Atombewußtseins niemals vertreten. ... Ich habe vielmehr ausdrücklich betont, daß ich mir die elementaren psychischen Tätigkeiten der Empfindung und des Willens, die man den Atomen zuschreiben kann, unbewußt vorstelle.» Was Haeckel will, ist nichts anderes, als daß man in der Erklärung der Naturerscheinungen keinen Sprung eintreten lasse, daß man die komplizierte Art, wie durch das Gehirn Geist erscheint, zurückverfolge bis zu der einfachsten Art, wie die Masse sich anzieht und abstößt. Haeckel sieht als eine der wichtigsten Erkenntnisse der modernen Wissenschaft die Entdeckung der Denkorgane durch *Paul Flechsig* an. Dieser hat betont, daß in der grauen Rindenzone des Hirnmantels vier Gebiete für die zentralen Sinnesorgane liegen, vier «innere Empfindungssphären», die Körperfühlsphäre, die Riechsphäre, die Sehsphäre und die Hörsphäre. Zwischen diesen vier Sinnesherden liegen die Denkherde, die «realen Organe des Geisteslebens»; sie «sind die höchsten Werkzeuge der Seelentätigkeit, welche das Denken und das Bewußtsein vermitteln ... Diese vier Denkherde, durch eigentümliche und höchst verwickelte Nervenstruktur vor den zwischenliegenden Sinnesherden ausgezeichnet, sind die wahren Denkorgane, die einzigen Organe unseres Bewußtseins. In neuester Zeit hat Flechsig nachgewiesen, daß in einem Teile derselben sich beim Menschen noch ganz besonders verwickelte Strukturen finden, welche den übrigen Säugetieren fehlen, und welche die Überlegenheit des menschlichen Bewußtseins erklären.»

Solche Ausführungen zeigen deutlich genug, daß es Haeckel nicht wie den idealistischen Welterklärern darauf ankommt, in die niederen Stufen des materiellen Daseins den Geist schon hineinzulegen, um ihn auf den höheren wiederzufinden, sondern darauf, an der Hand der Beobachtung die einfachen Erscheinungen bis zu den komplizierten zu verfolgen, um zu zeigen, wie die Tätigkeit der Materie, die sich auf primitivem Gebiete als Anziehung und Abstoßung äußert, sich zu den höheren geistigen Verrichtungen steigert.

Haeckel sucht nicht ein allgemeines geistiges Prinzip, weil er mit der allgemeinen Gesetzmäßigkeit der Natur- und Geisteserscheinungen nicht ausreicht, sondern er reicht für sein Bedürfnis völlig mit dieser allgemeinen Gesetzmäßigkeit aus. Die Gesetzmäßigkeit, die sich in den geistigen Verrichtungen ausspricht, ist ihm von gleicher Art mit derjenigen, die im Anziehen und Abstoßen der Massenteilchen zum Vorschein kommt. Wenn er die Atome beseelt nennt, so hat das eine ganz andere Bedeutung, als wenn dies ein Bekenner einer idealistischen Weltanschauung tut. Der letztere geht vom Geiste aus, und nimmt die Vorstellungen, die er an der Betrachtung des Geistes gewonnen hat, mit hinunter in die einfachen Verrichtungen der Atome, wenn er diese beseelt denkt. Er erklärt also die Naturerscheinungen aus den Wesenheiten, die er erst selbst in sie hineingelegt hat. Haeckel geht von der Betrachtung der einfachsten Naturerscheinungen aus und verfolgt diese bis in die geistigen Verrichtungen herauf. Er erklärt also die Geisteserscheinungen aus Gesetzen, die er an den einfachsten Naturerscheinungen beobachtet hat.

Haeckels Weltbild kann in einer Seele entstehen, deren Beobachtung sich nur auf Naturvorgänge und Naturwesen erstreckt. Eine solche Seele wird den Zusammenhang innerhalb dieser Vorgänge und Wesen *verstehen* wollen. Ihr Ideal kann werden, zu durchschauen, was die Vorgänge und Wesenheiten über ihr Werden und Zusammenwirken *selbst* sagen und alles streng abzulehnen, was zu einer Erklärung des Geschehens und Wirkens von außen hinzugedacht wird. Ein solches Ideal verfährt mit der ganzen Natur so, wie man etwa bei Erklärung des Mechanismus einer Uhr verfährt. Man braucht nichts zu wissen über den Uhrmacher, über dessen Geschicklichkeiten und über die Gedanken, welche er sich bei dem Verfertigen der Uhr gemacht hat. Man versteht den Gang der Uhr, wenn man die mechanischen Gesetze des Zusammenwirkens der Teile durchschauen kann. Innerhalb gewisser Grenzen hat man mit einem solchen Durchschauen alles getan, was zur Erklärung des Ganges der Uhr zulässig ist. Ja, man muß sich klar darüber sein, daß die Uhr selbst - als solche - *nicht* erklärt werden kann, wenn man eine andere Erklärungsweise zuläßt. Wenn man zum Beispiel außer den mechanischen Kräften und Gesetzen noch besondere geistige Kräfte ersinnen würde, welche die Zeiger der Uhr in Gemäßheit des Ganges der Sonne vorwärts rückten. Als *solche* zu den Naturvorgängen *hinzuersonnene* Kräfte erscheint Haeckel alles, was einer besonderen Lebenskraft ähnlich ist, oder eine Macht, die auf eine «Zweckmäßigkeit» in den Wesen hinarbeitet. Er will über die Naturvorgänge nichts anderes *denken*, als was diese selbst für die Beobachtung aussprechen. *Sein* Gedankengebäude soll das der Natur abgelauschte sein. Für die Betrachtung der Weltanschauungsentwickelung stellt sich dieses Gedankengebäude gewissermaßen als Gegengabe von seiten der Naturwissenschaft an die Hegelsche Weltanschauung dar, die in ihrem Gedankengemälde *nichts* aus der Natur, sondern *alles* aus der Seele geschöpft haben will. Wenn Hegels Weltanschauung sagte: Das selbstbewußte Ich findet sich, indem es das reine Gedankenerlebnis in sich hat, - so könnte die Haeckelsche Naturanschauung erwidern: Dieses Gedankenerlebnis ist ein Ergebnis der Naturvorgänge, ist deren höchstes Erzeugnis. Und wenn sich die Hegelsche Weltanschauung von solcher Erwiderung nicht befriedigt fühlte, so könnte die Haeckelsche Naturanschauung fordern: Zeige mir *solche* innere Gedankenerlebnisse, die *nicht* wie ein Spiegel dessen erscheinen, was *außer* den Gedanken geschieht. Darauf müßte eine Philosophie zeigen, wie der Gedanke in der Seele lebendig werden und wirklich eine Welt zeugen kann, die nicht bloß der gedankliche Widerschein der Außenwelt ist. Der Gedanke, der bloß gedacht ist, kann der Haeckelschen Naturanschauung nichts entgegenstellen. Diese kann zum Vergleich behaupten: Man kann doch auch in der Uhr nichts finden, was auf die Person usw. des Uhrmachers schließen läßt. Haeckels Naturanschauung ist auf dem Wege, zu zeigen, wie man, solange man bloß der Natur gegenübersteht, über diese nichts aussagen kann, als was diese selbst aussagt. Insofern tritt diese Naturanschauung in dem Gange der Weltanschauungsentwickelung bedeutsam auf. Sie beweist, daß Philosophie sich ein Feld *schaffen* muß, das, über die an der Natur gewonnenen Gedanken hinaus, in dem selbstschöpferischen Gebiete des Gedankenlebens liegt. Sie muß den in einem vorigen Abschnitt angedeuteten über Hegel hinausgehenden Schritt machen. Sie kann *nicht* bestehen in einem bloßen Verfahren, das auf demselben Felde stehenbleibt, auf dem die Naturwissenschaft steht. Haeckel hat wohl nicht das mindeste Bedürfnis, auf einen solchen Schritt der Philosophie auch nur im geringsten die Aufmerksamkeit zu wenden. Seine Weltanschauung läßt die Gedanken in der Seele lebendig werden, doch dies nur insoweit, als deren Leben durch die Beobachtung der Naturvorgänge angeregt ist. Was der Gedanke als Weltbild schaffen kann, wenn er ohne diese Anregung in der Seele lebendig wird, das müßte nun eine höhere Weltanschauung zu dem Haeckelschen Naturbilde hinzufügen. Man muß ja auch über dasjenige hinausgehen, was die Uhr selbst sagt, wenn man zum Beispiel die Gesichtsform des Uhrmachers kennenlernen will. Man hat deshalb kein Recht, zu behaupten, daß die Haekkelsche Naturanschauung über die Natur selbst anders sprechen sollte, als Haeckel da spricht, wo er vorbringt, was er positiv über Naturvorgänge und Naturwesen beobachtet hat.

Neben der Weltanschauungsströmung, die durch den Entwickelungsgedanken eine volle Einheit in die Auffassung von Natur- und Geisteserscheinungen bringen will, läuft eine andere, die diesen Gegensatz in der denkbar schärfsten Form wieder zur Geltung bringt. Auch sie ist aus der Naturwissenschaft heraus geboren. Ihre Bekenner fragen sich: Worauf stützen wir uns denn, die wir aus der Beobachtung durch Denken eine Weltanschauung aufbauen? Wir hören, sehen und tasten die Körperwelt durch unsere Sinne. Wir denken dann über dasjenige nach, was uns die Sinne über die Welt sagen. Wir machen uns also unsere Gedanken über die Welt auf das Zeugnis der Sinne hin. Aber sind denn die Aussagen unserer Sinne untrüglich? Fragen wir die Beobachtung. Das Auge bringt uns die Lichterscheinungen. Wir sagen, ein Körper sende uns rotes Licht, wenn das Auge rot empfindet. Aber das Auge überliefert uns eine Lichtempfindung auch in anderen Fällen. Wenn es gestoßen oder gedrückt wird, wenn ein elektrischer Strom den Kopf durchfließt, so hat das Auge auch eine Lichtempfindung. Es könnte somit auch in den Fällen, in denen wir einen Körper als leuchtend empfinden, in dem Körper etwas vorgehen, was gar keine Ähnlichkeit hat mit unserer Empfindung des Lichtes: das Auge würde uns doch Licht übermitteln. Der Physiologe *Johannes Müller* (1801—1858) hat aus diesen Tatsachen gefolgert, daß es nicht von den äußeren Vorgängen abhängt, was der Mensch empfinde, sondern von dessen Organisation. Unsere Nerven vermitteln uns die Empfindungen. So wie wir nicht das Messer empfinden, das uns schneidet, sondern einen Zustand unserer Nerven, der uns schmerzhaft erscheint; so empfinden wir auch nicht einen Vorgang der Außenwelt, wenn uns Licht erscheint, sondern einen Zustand unseres Sehnerven. Draußen mag vorgehen, was will: der Sehnerv übersetzt diesen außer uns liegenden Vorgang in Lichtempfindung. «Die Empfindung ist nicht die Leitung einer Qualität oder eines Zustandes der äußeren Körper zum Bewußtsein, sondern die Leitung einer Qualität, eines Zustandes unserer Nerven zum Bewußtsein, veranlaßt durch eine äußere Ursache.» Dies Gesetz hat Johannes Müller das der spezifischen Sinnesenergien genannt. Ist es richtig, so haben wir in unseren Beobachtungen nichts von der Außenwelt gegeben, sondern nur die Summe unserer eigenen Zustände. Was wir wahrnehmen, hat mit der Außenwelt nichts zu tun; es ist ein Erzeugnis unserer eigenen Organisation. Wir nehmen im Grunde nur wahr, was in uns ist.

Bedeutende Naturforscher sehen in diesen Gedanken eine unwiderlegliche Grundlage ihrer Weltauffassung. *Hermann Helmholtz* (1821—1894) fand in ihr den Kantschen Gedanken, daß sich alle unsere Erkenntnisse nicht auf Dinge außer uns beziehen, sondern auf Vorgänge in uns (vgl. I. Band dieser Weltanschauungsgeschichte) ins Naturwissenschaftliche übersetzt. Er ist der Ansicht, daß unsere Empfindungswelt uns nur Zeichen gibt von den Vorgängen in den Körpern draußen in der Welt. «Ich habe die Beziehung zwischen der Empfindung und ihrem Objekte so formulieren zu müssen geglaubt, daß ich die Empfindung nur für ein Zeichen von der Einwirkung des Objekts erklärte. Zum Wesen eines Zeichens gehört nur, daß für das gleiche Objekt immer dasselbe Zeichen gegeben werde. Übrigens ist gar keine Art von Ähnlichkeit zwischen ihm und seinem Objekt nötig, ebensowenig wie zwischen dem gesprochenen Worte und dem Gegenstand, den wir dadurch bezeichnen. - Wir können unsere Sinneseindrücke nicht einmal Bilder nennen; denn das Bild bildet Gleiches durch Gleiches ab. In einer Statue geben wir Körperform durch Körperform, in einer Zeichnung den perspektivischen Anblick des Objekts durch den gleichen des Bildes, in einem Gemälde Farbe durch Farbe wieder.» Verschiedener als Bilder von dem Abgebildeten müssen somit unsere Empfindungen von dem sein, was draußen in der Welt vorgeht. Wir haben es in unserem sinnlichen Weltbild nicht mit etwas Objektivem, sondern mit einem ganz und gar Subjektiven zu tun, das wir selbst aus uns aufbauen auf Grund der Wirkungen einer nie in uns dringenden Außenwelt.

Dieser Vorstellungsweise kommt die physikalische Betrachtung der Sinneserscheinungen von einer anderen Seite entgegen. Ein Schall, den wir hören, weist uns auf einen Körper in der Außenwelt, dessen Teile sich in einem bestimmten Bewegungszustande befinden. Eine gespannte Saite schwingt, und wir hören einen Ton. Die Saite versetzt die Luft in Schwingungen. Diese breiten sich aus, gelangen bis zu unserem Ohre: uns teilt sich eine Tonempfindung mit. Der Physiker untersucht die Gesetze, nach denen draußen die Körperteile sich bewegen, während wir diese oder jene Töne hören. Man sagt, die subjektive Tonempfindung beruht auf der objektiven Bewegung der Körperteilchen. Ähnliche Verhältnisse sieht der Physiker in bezug auf die Lichtempfindungen. Auch das Licht beruht auf Bewegung. Nur wird diese Bewegung nicht durch die schwingenden Luftteilchen uns überbracht, sondern durch die Schwingungen des Äthers, dieses feinsten Stoffes, der alle Räume des Weltalls durchflutet. Durch jeden selbstleuchtenden Körper wird der Äther in wellenförmige Schwingungen versetzt, die bis zur Netzhaut unseres Auges sich ausbreiten und den Sehnerv erregen, der dann die Empfindung des Lichtes in uns hervorruft. Was in unserem Weltbilde sich als Licht und Farbe darstellt, das ist draußen im Raume Bewegung. *Schleiden* drückt diese Ansicht mit den Worten aus: «Das Licht außer uns in der Natur ist Bewegung des Äthers, eine Bewegung kann langsam und schnell sein, diese oder jene Richtung haben, aber es hat offenbar keinen Sinn, von einer hellen oder dunklen, von einer grünen oder roten Bewegung zu sprechen; kurz: außer uns, den empfindenden Wesen, gibt es kein Hell und Dunkel, keine Farben.»

Der Physiker drängt also die Farben und das Licht aus der Außenwelt heraus, weil er in ihr nur Bewegung findet; der Physiologe sieht sich genötigt, sie in die Seele hereinzunehmen, weil er der Ansicht ist, daß der Nerv nur seinen eigenen Zustand anzeigt, mag er von was immer erregt sein. Scharf spricht die dadurch gegebene Anschauung *H. Taine* in seinem Buche «Der Verstand» (Deutsche Ausgabe, Bonn 1880) aus. Die äußere Wahrnehmung ist, seiner Meinung nach, eine Halluzination. Der Halluzinär, der drei Schritte weit von sich entfernt einen Totenkopf sieht, macht genau die gleiche Wahrnehmung wie derjenige, der die Lichtstrahlen empfängt, die ihm ein wirklicher Totenkopf zusendet. Es ist in uns dasselbe innere Phantom vorhanden, gleichgültig, ob wir einen wirklichen Totenkopf vor uns haben oder ob wir eine Halluzination haben. Der einzige Unterschied zwischen der einen und der anderen Wahrnehmung ist der, daß in dem einen Fall die ausgestreckte Hand ins Leere tappt, in dem anderen auf einen festen Widerstand stößt. Der Tastsinn unterstützt also den Gesichtssinn. Aber ist die Unterstützung wirklich so, daß durch sie ein untrügliches Zeugnis überliefert wird? Was für den einen Sinn gilt, gilt natürlich auch für den anderen. Auch die Tastempfindungen erweisen sich als Halluzinationen. Der Anatom *Henle* bringt dieselbe Anschauung in seinen «Anthropologischen Vorträgen» (1876) auf den Ausdruck: «Alles, wodurch wir von einer Außenwelt unterrichtet zu sein glauben, sind Formen des Bewußtseins, zu welchen die Außenwelt sich nur als anregende Ursache, als Reiz im Sinne der Physiologen verhält. Die Außenwelt hat nicht Farben, nicht Töne, nicht Geschmäcke; was sie wirklich hat, erfahren wir nur auf Umwegen oder gar nicht; was das sei, wodurch sie einen Sinn affiziert, erschließen wir nur aus ihrem Verhalten gegen die anderen, wie wir beispielsweise den Ton, d. h. die Schwingungen der Stimmgabel mit dem Auge sehen und mit den Fingern fühlen; das Wesen mancher Reize, die nur einem Sinne sich offenbaren, zum Beispiel der Reize des Geruchsinns, ist uns noch heute unzugänglich. Die Zahl der Eigenschaften der Materie richtet sich nach der Zahl und der Schärfe der Sinne; wem ein Sinn gebricht, dem ist eine Gruppe von Eigenschaften unersetzlich verloren; wer einen Sinn mehr hätte, besäße ein Organ zum Erfassen von Qualitäten, die wir so wenig ahnen, wie der Blinde die Farbe.»

Eine Umschau auf dem Gebiete der physiologischen Literatur aus der zweiten Hälfte des neunzehnten Jahrhunderts zeigt, daß diese Anschauung von der subjektiven Natur des Wahrnehmungsbildes weite Kreise gezogen hat. Man wird da immer wieder auf Variationen des Gedankens stoßen, den *J. Rosenthal* in seiner «Allgemeinen Physiologie der Muskeln und Nerven» (1877) ausgesprochen hat: «Die Empfindungen, welche wir durch äußere Eindrücke erhalten, sind nicht abhängig von der Natur dieser Eindrücke, sondern von der Natur unserer Nervenzellen. Wir empfinden nicht, was auf unseren Körper einwirkt, sondern nur, was in unserem Gehirn vorgeht.»

Inwiefern unser subjektives Weltbild uns Zeichen von der objektiven Außenwelt gibt, davon gibt Helmholtz in seiner «Physiologischen Optik» eine Vorstellung: «Die Frage zu stellen, ob der Zinnober wirklich rot sei, wie wir ihn sehen, oder ob dies nur eine sinnliche Täuschung sei, ist sinnlos. Die Empfindung von Rot ist die normale Reaktion normal gebildeter Augen für das von Zinnober reflektierte Licht. Ein Rotblinder wird den Zinnober schwarz oder dunkelgraugelb sehen; auch dies ist die richtige Reaktion für sein besonders geartetes Auge. Er muß nur wissen, daß sein Auge eben anders geartet ist, als das anderer Menschen. An sich ist die eine Empfindung nicht richtiger und nicht falscher als die andere, wenn auch die Rotsehenden eine große Majorität für sich haben. Überhaupt existiert die rote Farbe des Zinnobers nur, insofern es Augen gibt, die denen der Majorität der Menschen ähnlich beschaffen sind. Genau mit demselben Rechte ist es eine Eigenschaft des Zinnobers, schwarz zu sein, nämlich für die Rotblinden. Überhaupt ist das vom Zinnober zurückgeworfene Licht an sich durchaus nicht rot zu nennen, es ist nur für bestimmte Arten von Augen rot. - Etwas anderes ist es, wenn wir behaupten, daß die Wellenlängen des vom Zinnober zurückgeworfenen Lichtes eine gewisse Länge haben. Das ist eine Aussage, die wir unabhängig von der besonderen Natur unseres Auges machen können, bei der es sich dann aber auch nur um Beziehungen zwischen der

Substanz und den verschiedenen Ätherwellensystemen handelt.»

Es ist klar, daß für eine solche Anschauung die gesamte Summe der Welterscheinungen in eine Zweiheit auseinanderfällt, in eine Welt der Bewegungszustände, die unabhängig von der besonderen Natur unseres Wahrnehmungsvermögens ist, und in eine Welt subjektiver Zustände, die nur innerhalb der wahrnehmenden Wesen sind. Scharf pointiert hat diese Anschauung der Physiologe *Du Bois-Reymond* in seinem Vortrag «Über die Grenzen des Naturerkennens» auf der fünfundvierzigsten Versammlung deutscher Naturforscher und Ärzte in Leipzig am 14. August 1872 zur Darstellung gebracht. Naturerkennen ist Zurückführen der von uns wahrgenommenen Vorgänge in der Welt auf Bewegungen der kleinsten Körperteile, «oder Auflösung der Naturvorgänge in Mechanik der Atome». Denn es ist «eine psychologische Erfahrungstatsache, daß, wo solche Auflösung gelingt», unser Erklärungsbedürfnis vorläufig befriedigt ist. Nun sind unser Nervensystem und unser Gehirn auch körperlicher Natur. Die Vorgänge, die sich in ihnen abspielen, können auch nur Bewegungsvorgänge sein. Wenn sich Ton- oder Lichtschwingungen bis zu meinen Sinnesorganen, und von da bis in mein Gehirn fortpflanzen, so können sie hier auch nichts sein als Bewegungen. Ich kann nur sagen: in meinem Gehirn findet ein bestimmter Bewegungsvorgang statt; und dabei empfinde ich «rot». Denn wenn es sinnlos ist, vom Zinnober zu sagen: er sei rot, so ist es nicht minder sinnlos, von einer Bewegung der Gehirnteile zu sagen, sie sei hell oder dunkel, grün oder rot. «Stumm und finster an sich, das heißt eigenschaftslos» ist die Welt für die durch naturwissenschaftliche Betrachtung gewonnene Anschauung, welche «statt Schalles und Lichtes nur Schwingungen eines eigenschaftlosen, dort zur wägbaren, hier zur unwägbaren Materie gewordenen Urstoffes kennt.... Das mosaische: Es ward Licht, ist physiologisch falsch. Licht ward erst, als der erste rote Augenpunkt eines Infusoriums zum ersten Mal Hell und Dunkel unterschied. Ohne Seh- und ohne Gehörsinnsubstanz wäre diese farbenglühende, tönende Welt um uns her finster und stumm.» (Grenzen des Naturerkennens, S. 6f.) Durch die Vorgänge in unserer Seh- und Gehörsinnsubstanz wird also aus der stummen und finsteren Welt - dieser Ansicht gemäß - eine tönende und in Farben leuchtende hervorgezaubert. Die finstere und stumme Welt ist körperlich; die tönende und farbige Welt ist seelisch. Wodurch erhebt sich die letztere aus der ersteren; wodurch wird aus Bewegung Empfindung? Hier zeigt sich uns, meint Du Bois-Reymond, eine «Grenze des Naturerkennens». In unserem Gehirn und in der Außenwelt gibt es nur Bewegungen; in unserer Seele erscheinen Empfindungen. Nie werden wir begreifen können, wie das eine aus dem anderen entsteht. «Es scheint zwar bei oberflächlicher Betrachtung, als könnten durch die Kenntnis der materiellen Vorgänge im Gehirne gewisse geistige Vorgänge und Anlagen uns verständlich werden. Ich rechne dahin das Gedächtnis, den Fluß und die Assoziation der Vorstellungen, die Folgen der Übung, die spezifischen Talente und dergleichen mehr. Das geringste Nachdenken lehrt, daß dies Täuschung ist. Nur über gewisse innere Bedingungen des Geisteslebens, welche mit den äußeren durch die Sinneseindrücke gesetzten etwa gleichbedeutend sind, würden wir unterrichtet sein, nicht über das Zustandekommen des Geisteslebens durch diese Bedingungen. - Welche denkbare Verbindung besteht zwischen bestimmten Bewegungen bestimmter Atome in meinem Gehirn einerseits, anderseits in den für mich ursprünglichen, nicht weiter definierbaren, nicht wegzuleugnenden Tatsachen: Ich fühle Schmerz, fühle Lust, ich schmecke süß, rieche Rosenduft, höre Orgelton, sehe Rot, und der ebenso unmittelbar daraus fließenden Gewißheit: Also bin ich? Es ist eben durchaus und für immer unbegreiflich, daß es einer Anzahl von Kohlenstoff-, Wasserstoff-, Stickstoff-, Sauerstoff- usw. Atomen nicht sollte gleichgültig sein, wie sie liegen und sich bewegen, wie sie lagen und sich bewegten, wie sie liegen und sich bewegen werden.» Es gibt für die Erkenntnis keine Brücke von der Bewegung zur Empfindung: das ist Du Bois-Reymonds Glaubensbekenntnis. Wir kommen aus der Bewegung in der materiellen Welt nicht herein in die seelische Welt der Empfindungen. Wir wissen, daß durch bewegte Materie Empfindung entsteht; jedoch wissen wir nicht, wie das möglich ist. Aber wir kommen in der Welt der Bewegung auch nicht über die Bewegung hinaus. Wir können für unsere subjektiven Wahrnehmungen gewisse Bewegungsformen angeben, weil wir aus dem Verlauf der Wahrnehmungen auf den Verlauf der Bewegungen schließen können. Doch haben wir keine Vorstellung, was sich draußen im Raume bewegt. Wir sagen: die Materie bewegt sich. Wir verfolgen ihre Bewegungen an den Aussagen unserer seelischen Zustände. Da wir aber das Bewegte selbst nicht wahrnehmen, sondern nur ein subjektives Zeichen davon, können wir auch nie wissen, was Materie ist. Vielleicht würden wir, meint Du Bois-Reymond, auch das Rätsel der Empfindung lösen können, wenn erst das der Materie offen vor uns läge. Wüßten wir, was Materie ist, so wüßten wir vermutlich auch, wie sie empfindet. Beides sei unserer Erkenntnis unzugänglich. Die über diese Grenze hinwegkommen wollen, die sollen Du Bois-Reymonds Worte treffen: «Mögen sie es doch mit dem einzigen anderen Ausweg versuchen, dem des Supranaturalismus. Nur daß, wo Supranaturalismus anfängt, Wissenschaft aufhört.»

In zwei scharfen Gegensätzen lebt sich die neuere Naturwissenschaft aus. Die eine, die monistische Strömung, scheint auf dem Wege zu sein, aus dem Gebiete der Naturerkenntnis heraus zu den wichtigsten Weltanschauungsfragen vorzudringen; die andere erklärt sich außerstande, mit naturwissenschaftlichen Mitteln weiter zu kommen als bis zu der Erkenntnis: diesem oder jenem subjektiven Zustand entspricht dieser oder jener Bewegungsvorgang. Und scharf stehen sich die Vertreter beider Strömungen gegenüber. Du Bois-Reymond hat Haeckels «Schöpfungsgeschichte» als einen Roman abgetan. (Vgl. Du Bois-Reymonds Rede «Darwin versus Galiani».) Die Stammbäume, die Haeckel auf Grund der vergleichenden Anatomie, der Keimungsgeschichte und der Paläontologie entwirft, sind ihm «etwa so viel wert, wie in den Augen der historischen Kritik die Stammbäume homerischer Helden». Haeckel aber sieht in Du Bois-Reymonds Anschauung einen unwissenschaftlichen Dualismus, der naturgemäß den rückschrittlichen Weltbetrachtungen eine Stütze liefern muß. «Der Jubel der Spiritualisten» über Du Bois-Reymonds ‚Grenzrede' «war um so heller und berechtigter, als E. Du Bois-Reymond bis dahin als bedeutender prinzipieller Vertreter des wissenschaftlichen Materialismus gegolten hat.»

Was viele für die Zweiteilung der Welt in äußere Vorgänge der Bewegungen und in innere (subjektive) der Empfindung und Vorstellung gefangen nimmt, das ist die Anwendbarkeit der Mathematik auf die erste Art von Vorgängen. Wenn man materielle Teile (Atome) mit Kräften annimmt, so kann man berechnen, wie sich diese Atome unter dem Einfluß dieser Kräfte bewegen müssen. Man hat das Anziehende, das die Astronomie mit ihren strengen rechnerischen Methoden hat, in das Kleinste der Körper hineingetragen. Der Astronom berechnet aus den Gesetzen der Himmelsmechanik die Art, wie sich die Weltkörper bewegen. In der Entdeckung des Neptun hat man einen Triumph dieser Himmelsmechanik erlebt. Auf solche Gesetze, wie die Bewegungen der Himmelskörper, kann man nun auch die Bewegungen bringen, welche in der äußeren Welt vor sich gehen, wenn wir einen Ton hören, eine Farbe sehen; man wird vielleicht einmal die Bewegungen, die sich in unserem Gehirn abspielen, berechnen können, während wir das Urteil fällen: zweimal zwei ist vier. In dem Augenblicke, wo man alles berechnen kann, was sich auf Rechnungsformeln bringen läßt, ist die Welt mathematisch erklärt. *Laplace* hat in seinem «Essai philosophique sur les Probabilités» (1814) eine bestrickende Schilderung des Ideals einer solchen Welterklärung gegeben: «Ein Geist, der für einen gegebenen Augenblick alle Kräfte kennt, welche die Natur beleben, und die gegenseitige Lage der Wesen, aus denen sie besteht, wenn sonst er umfassend genug wäre, um diese Angaben der Analyse zu unterwerfen, würde in derselben Formel die Bewegungen der größten Weltkörper und des leichtesten Atoms begreifen: nichts wäre ungewiß für ihn, und Zukunft wie Vergangenheit wäre seinem Blicke gegenwärtig. Der menschliche Verstand bietet in der Vollendung, die er der Astronomie zu geben gewußt hat, ein schwaches Abbild eines solchen Geistes dar.» Und Du Bois-Reymond sagt anschließend an diese Worte: «Wie der Astronom den Tag vorhersagt, an dem nach Jahren ein Komet aus den Tiefen des Weltraumes am Himmelsgewölbe wieder auftaucht, so läse jener Geist in seinen Gleichungen den Tag, da das griechische Kreuz von der Sophienmoschee blitzen oder da England seine letzte Steinkohle verbrennen wird.»

Es kann nicht bezweifelt werden, daß ich auch durch die vollkommenste mathematische Kenntnis eines Bewegungsvorgangs nichts gewinne, was mich darüber aufklärt, warum dieser Bewegungsvorgang als rote Farbe auftritt. Wenn eine Kugel an eine andere stößt, so können wir - so scheint es - die Richtung der zweiten Kugel erklären. Wir können mathematisch angeben, was für eine Bewegung aus einer anderen entsteht. Wir können aber nicht in dieser Weise angeben, wie aus einer bestimmten Bewegung die rote Farbe hervorgeht. Wir können nur sagen: Wenn diese oder jene Bewegung vorhanden ist, ist diese oder jene Farbe vorhanden. Wir können in diesem Falle nur eine Tatsache beschreiben. Während wir also das rechnerisch Bestimmbare - scheinbar im Gegensatze zur bloßen Beschreibung - erklären können, kommen wir allem gegenüber, was sich der Rechnung entzieht, nur zu einer Beschreibung.

Ein bedeutungsvolles wissenschaftliches Bekenntnis hat *Kirchhoff* getan, als er 1874 die Aufgabe der Mechanik in die Worte faßte, sie solle «die in der Natur vor sich gehenden Bewegungen vollständig und auf die einfachste Weise beschreiben.» Die Mechanik bringt die Mathematik zur Anwendung. Kirchhoff bekennt, daß mit Hilfe der Mathematik nichts erreicht werden kann, als eine vollständige und einfache Beschreibung der Vorgänge in der Natur.

Für diejenigen Persönlichkeiten, die von einer Erklärung etwas wesentlich anderes verlangen als eine Beschreibung nach gewissen Gesichtspunkten, konnte das Kirchhoffsche Bekenntnis als eine Bestätigung ihrer Ansicht dienen, daß es «Grenzen des Naturerkennens» gäbe. Du Bois-Reymond preist die «weise Zurückhaltung des Meisters» (Kirchhoffs), der als Aufgabe der Mechanik hinstellt, die Bewegungen der Körper zu beschreiben, und stellt sie in Gegensatz zu Ernst Haeckel, der von «Atom-Seelen» spreche.

*

Einen bedeutungsvollen Versuch, die Weltanschauung auf die Vorstellung aufzubauen, daß alles, was wir wahrnehmen, nur das Ergebnis unserer eigenen Organisation sei, hat *Friedrich Albert Lange* (1828—1875) mit seiner «Geschichte des Materialismus» (1866) gemacht. Er hatte die Kühnheit und vor nichts haltmachende Konsequenz, diese Grundvorstellung wirklich zu Ende zu denken. Langes Stärke lag in einem scharf und möglichst allseitig sich auslebenden Charakter. Er war eine von den Persönlichkeiten, die vieles ergreifen können und für das Ergriffene mit ihrem Können ausreichen.

Und bedeutend wurde die mit Zuhilfenahme der neueren Naturwissenschaft von ihm besonders wirksam erneuerte Kantsche Vorstellungsart, daß wir die Dinge wahrnehmen, nicht wie sie es verlangen, sondern wie es von unserer Organisation gefordert wird. Lange hat im Grunde keine neuen Vorstellungen produziert; aber er hat in gegebene Gedankenwelten mit einem Licht hineingeleuchtet, das an Helligkeit etwas Seltenes hat. Unsere Organisation, unser Gehirn mit den Sinnen bringt die Welt unserer Empfindungen hervor. Ich sehe «blau», ich fühle «Härte», weil ich so und so organisiert bin. Aber ich verbinde auch die Empfindungen zu Gegenständen. Aus den Empfindungen des «Weißen» und «Weichen» usw. verbinde ich zum Beispiel die Vorstellung des Wachses. Wenn ich meine Empfindungen denkend betrachte, so bewege ich mich in keiner Außenwelt. Mein Verstand bringt Zusammenhang in meine Empfindungswelt, nach meinen Verstandesgesetzen. Wenn ich sage, die Eigenschaften, die ich an einem Körper wahrnehme, setzen eine Materie voraus mit Bewegungsvorgängen, so komme ich auch nicht aus mir heraus. Ich finde mich durch meine Organisation genötigt, zu den Empfindungen, die ich wahrnehme, materielle Bewegungsvorgänge hinzuzudenken. Derselbe Mechanismus, welcher unsere sämtlichen Empfindungen hervorbringt, erzeugt auch unsere Vorstellung von der Materie. Die Materie ist ebensogut nur Produkt meiner Organisation wie die Farbe oder der Ton. Auch wenn wir von Dingen an sich sprechen, müssen wir uns klar darüber sein, daß wir damit nicht aus unserem eigenen Bereiche hinauskommen können. Wir sind so eingerichtet, daß wir unmöglich aus uns heraus können. Ja, wir können uns auch das, was jenseits unseres Bereiches liegt, nur durch unsere Vorstellung vergegenwärtigen. Wir spüren eine Grenze unseres Bereiches; wir sagen uns, jenseits der Grenze muß etwas sein, was in uns Empfindungen bewirkt. Aber wir kommen nur bis zur Grenze. Auch diese Grenze setzen wir uns selbst, weil wir nicht weiter können. «Der Fisch im Teiche kann im Wasser schwimmen, nicht in der Erde; aber er kann doch mit dem Kopf gegen Boden und Wände stoßen.» So können wir innerhalb unseres Vorstellungs- und Empfindungswesens leben, nicht aber in äußeren Dingen; aber wir stoßen an eine Grenze, wo wir nicht weiter können, wo wir uns nicht *mehr* sagen dürfen als: Jenseits liegt das Unbekannte. Alle Vorstellungen, die wir uns über dieses Unbekannte machen, sind unberechtigt; denn wir könnten doch nichts tun, als die in uns gewonnenen Vorstellungen auf das Unbekannte übertragen. Wir wären, wenn wir solches tun wollten, genau so klug wie der Fisch, der sich sagt: Hier kann ich nicht weiter, also ist von da ab ein anderes Wasser, in dem ich anders zu schwimmen probieren will. Er kann eben nur im Wasser schwimmen und nirgends anders.

Nun aber kommt eine andere Wendung des Gedankens. Sie gehört zu der ersten. Lange hat sie als Geist von unerbittlichem Folgerichtigkeitsdrang herangezogen. Wie steht es denn mit mir, wenn ich mich selbst betrachte? Bin ich denn dabei nicht ebensogut an die Gesetze meiner eigenen Organisation gebunden, wie wenn ich etwas anderes betrachte? Mein Auge betrachtet den Gegenstand, vielmehr: es erzeugt ihn. Ohne Auge keine Farbe. Ich glaube einen Gegenstand vor mir zu haben und finde, wenn ich genauer zusehe, daß mein Auge, also ich, den Gegenstand erzeuge. Nun aber will ich mein Auge selbst betrachten. Kann ich das anders als wieder mit meinen Organen? Ist also nicht auch die Vorstellung, die ich mir von mir selbst mache, nur meine Vorstellung? Die Sinnenwelt ist Produkt unserer Organisation. Unsere sichtbaren Organe sind gleich allen anderen Teilen der Erscheinungswelt nur Bilder eines unbekannten Gegenstandes. Unsere wirkliche Organisation bleibt uns daher ebenso verborgen wie die wirklichen Außendinge. Wir haben stets nur das Produkt von beiden vor uns. Wir erzeugen auf Grund einer uns unbekannten Welt aus einem uns unbekannten Ich heraus eine Vorstellungswelt, die alles ist, womit wir uns beschäftigen können.

Lange fragt sich: Wohin führt der konsequente Materialismus? Es sei, daß alle unsere Verstandesschlüsse und Sinnesempfindungen durch die Tätigkeit unseres an materielle Bedingungen gebundenen Gehirnes und der ebenfalls materiellen Organe hervorgebracht werden. Dann stehen wir vor der Notwendigkeit, unseren Organismus zu untersuchen, um zu sehen, wie er tätig ist. Das können wir nur wieder mit unseren Organen. Keine Farbe ohne Auge; aber auch kein Auge ohne Auge. «Die konsequent materialistische Betrachtung schlägt dadurch sofort um in eine konsequent idealistische. Es ist keine Kluft in unserem Wesen anzunehmen. Wir haben nicht einzelne Funktionen unseres Wesens einer physischen, andere einer geistigen Natur zuzuschreiben, sondern wir sind in unserem Recht, wenn wir für alles, auch für den Mechanismus des Denkens, physische Bedingungen voraussetzen und nicht rasten, bis wir sie gefunden haben. Wir sind aber nicht minder in unserem Recht, wenn wir nicht nur die uns erscheinende Außenwelt, sondern auch die Organe, mit denen wir diese auffassen, als bloße Bilder des wahrhaft Vorhandenen betrachten. Das Auge, mit dem wir zu sehen glauben, ist selbst nur ein Produkt unserer Vorstellung, und wenn wir finden, daß unsere Gesichtsbilder durch die Einrichtung des Auges hervorgerufen werden, so dürfen wir nie vergessen, daß auch das Auge samt seinen Einrichtungen, der Sehnerv samt dem Hirn und all den Strukturen, die wir dort noch etwa als Ursachen des Denkens entdecken möchten, nur Vorstellungen sind, die zwar eine in sich selbst zusammenhängende Welt bilden, jedoch eine Welt, die über sich selbst hinausweist. ... Die Sinne geben uns, wie Helmholtz sagt, Wirkungen der Dinge, nicht getreue Bilder, oder gar die Dinge selbst. Zu diesen bloßen Wirkungen gehören aber auch die Sinne selbst samt dem Hirn und den in ihm gedachten Molekularbewegungen». (Geschichte des Materialismus, S. 734 f.) Lange nimmt deshalb eine Welt jenseits der unsrigen an, möge diese nun auf Dingen an sich selbst beruhen, oder möge sie in irgend etwas bestehen, was nicht einmal mit dem «Ding an sich» etwas zu tun hat, da ja selbst dieser Begriff, den wir uns an der Grenze unseres Bereiches bilden, nur unserer Vorstellungswelt angehört.

Langes Weltanschauung führt also zu der Meinung, daß wir nur eine Vorstellungswelt haben. Diese aber zwingt uns, ein Etwas jenseits ihrer selbst gelten zu lassen; sie erweist sich aber auch ganz ungeeignet, über dieses Etwas eine irgendwie geartete Aussage zu machen. Dies ist die Weltanschauung des absoluten Nichtwissens, des Agnostizismus.

Daß alles wissenschaftliche Streben unfruchtbar bleiben muß, das sich nicht an die Aussagen der Sinne und an den logischen Verstand hält, der diese Aussagen verknüpft: dies ist Langes Überzeugung. Daß aber Sinne und Verstand zusammen uns nichts liefern als ein Ergebnis unserer eigenen Organisation, ist ihm aus seinen Betrachtungen über den Ursprung der Erkenntnis klar. Die Welt ist ihm also im Grunde eine Dichtung der Sinne und des Verstandes. Diese Meinung bringt ihn dazu, den Ideen gegenüber gar nicht mehr die Frage nach ihrer Wahrheit aufzuwerfen. Eine Wahrheit, die uns über das Wesen der Welt aufklärt, erkennt Lange nicht an. Nun glaubt er gerade dadurch, daß er den Erkenntnissen der Sinne und des Verstandes keine Wahrheit zuzugestehen braucht, auch die

Bahn frei zu bekommen für die Ideen und Ideale, die sich der menschliche Geist über das hinaus bildet, was ihm Sinne und Verstand geben. Unbedenklich hält er alles, was über die sinnliche Beobachtung und verstandesmäßige Erkenntnis hinausgeht, für Erdichtung. Was immer ein idealistischer Philosoph erdacht hat über das Wesen der Tatsachen: es ist Dichtung. Notwendig entsteht durch die Wendung, die Lange dem Materialismus gegeben hat, die Frage: Warum sollten die höheren Ideendichtungen nicht gelten, da doch die Sinne selbst dichten? Wodurch unterscheidet sich die eine Dichtungsart von der anderen? Es muß für den, der so denkt, ein ganz anderer Grund vorhanden sein, warum er eine Vorstellung gelten läßt, als für den, der glaubt, sie gelten lassen zu müssen, weil sie wahr ist. Und Lange findet diesen Grund darin, daß eine Vorstellung Wert für das Leben hat. Nicht darauf komme es an, daß eine Vorstellung wahr ist; sondern darauf, daß sie für den Menschen wertvoll ist. Nur eines muß deutlich erkannt werden: daß ich eine Rose rot sehe, daß ich die Wirkung mit der Ursache verknüpfe, habe ich mit allen empfindenden und denkenden Geschöpfen gemein. Meine Sinne und mein Verstand können sich keine Extrawerte schaffen. Gehe ich aber über dasjenige hinaus, was Sinne und Verstand dichten, dann bin ich nicht mehr an die Organisation der ganzen menschlichen Gattung gebunden. Schiller, Hegel, Hinz und Kunz sehen eine Blume auf gleiche Weise; was Schiller über die Blume dichtet, was Hegel über sie denkt, dichten und denken Hinz und Kunz nicht in der gleichen Weise. So wie aber Hinz und Kunz im Irrtum sind, wenn sie ihre Vorstellung von der Blume für eine außer ihnen befindliche Wesenheit halten: so wären Schiller und Hegel im Irrtum, wenn sie ihre Ideen für etwas anderes ansähen, denn als Dichtungen, die ihrem geistigen Bedürfnisse entsprechen. Was die Sinne und der Verstand dichten, gehört der ganzen menschlichen Gattung an; keiner kann da von dem anderen abweichen. Was über Sinnes- und Verstandesdichtung hinausgeht, ist Sache des einzelnen Individuums. Aber dieser Dichtung des Individuums spricht Lange doch einen Wert auch für die ganze menschliche Gattung zu, wenn der einzelne, welcher «sie erzeugt, reich und normal begabt und in seiner Denkweise typisch, durch seine Geisteskraft zum Führer berufen ist». So vermeint Lange dadurch der idealen Welt ihren Wert zu sichern, daß er auch die sogenannte wirkliche zur Dichtung macht. Er sieht überall, wohin wir blicken können, nur Dichtung, von der untersten Stufe der Sinnesanschauung, auf der «das Individuum noch ganz an die Grundlage der Gattung gebunden erscheint, bis hinauf zu dem schöpferischen Walten in der Poesie». «Man kann die Funktionen der Sinne und des verknüpfenden Verstandes, welche uns die Wirklichkeit erzeugen, im einzelnen niedrig nennen gegenüber dem hohen Fluge des Geistes in der frei schaffenden Kunst. Im ganzen aber und in ihrem Zusammenhange lassen sie sich keiner anderen Geistestätigkeit unterordnen. So wenig unsere Wirklichkeit eine Wirklichkeit nach dem Wunsche unseres Herzens ist, so ist sie doch die feste Grundlage unserer ganzen geistigen Existenz. Das Individuum wächst aus dem Boden der Gattung hervor, und das allgemeine und notwendige Erkennen bildet die einzig sichere Grundlage für die Erhebung des Individuums zu einer ästhetischen Auffassung der Welt.» (Geschichte des Materialismus, 1887, S. 824 f.)

Nicht das sieht Lange als den Irrtum der idealistischen Weltanschauungen an, daß diese mit ihren Ideen über die

Sinnes- und Verstandeswelt hinausgegangen sind, sondern ihren Glauben, daß mit diesen Ideen mehr erreicht ist als individuelle Dichtung. Man soll sich eine ideale Welt aufbauen; aber man soll sich bewußt sein, daß diese Idealwelt nichts weiter ist als Dichtung. Behauptet man, sie sei mehr, so wird immer wieder und wieder der Materialismus auftauchen, der da sagt: Ich habe die Wahrheit; der Idealismus ist Dichtung. Wohlan, sagt Lange, der Idealismus ist Dichtung, aber auch der Materialismus ist Dichtung. Im Idealismus dichtet das Individuum, im Materialismus die Gattung. Sind sich beide ihrer Wesenheit bewußt, so ist alles in Ordnung: die Sinnes- und Verstandeswissenschaft mit ihren strengen, für die ganze Gattung bindenden Beweisen, die Ideendichtung mit ihren vom Individuum erzeugten, aber doch für die Gattung wertvollen höheren Vorstellungswelten. «Eins ist sicher: daß der Mensch einer Ergänzung der Wirklichkeit durch eine von ihm selbst geschaffene Idealwelt bedarf, und daß die höchsten und edelsten Funktionen seines Geistes in solchen Schöpfungen zusammenwirken. Soll aber diese freie Tat des Geistes immer und immer wieder die Truggestalt einer beweisenden Wissenschaft annehmen? Dann wird auch der Materialismus immer wieder hervortreten und die kühneren Spekulationen zerstören, indem er dem Einheitstriebe der Vernunft mit einem Minimum von Erhebung über das Wirkliche und Beweisbare zu entsprechen sucht». (Geschichte des Materialismus, S. 828.)

Ein vollständiger Idealismus geht bei Lange neben einem vollständigen Aufgeben der Wahrheit einher. Die Welt ist ihm Dichtung, aber eine Dichtung, die er als solche nicht geringer schätzt, als wenn er sie für Wirklichkeit erkennen könnte.

Zwei Strömungen mit scharf ausgeprägtem naturwissenschaftlichen Charakter stehen innerhalb der modernen Weltanschauungsentwickelung einander schroff gegenüber. Die monistische, in der sich die Vorstellungsart Haeckels bewegt, und eine dualistische, deren energischster und konsequentester Verteidiger Friedrich Albert Lange ist. Der Monismus sieht in der Welt, die der Mensch beobachten kann, eine wahre Wirklichkeit und zweifelt nicht daran, daß er mit seinem an die Beobachtung sich haltenden Denken auch Erkenntnisse von wesenhafter Bedeutung über diese Wirklichkeit gewinnen kann. Er bildet sich nicht ein, mit einigen kühn erdachten Formeln das Grundwesen der Welt erschöpfen zu können; er schreitet an der Hand von Tatsachen vorwärts und bildet sich Ideen über die Zusammenhänge dieser Tatsachen. Von diesen seinen Ideen ist er aber überzeugt, daß sie ihm ein Wissen von einem wahren Dasein geben. Die dualistische Anschauung Langes teilt die Welt in ein Bekanntes und in ein Unbekanntes. Das erste behandelt sie in ebenderselben Art wie der Monismus, am Leitfaden der Beobachtung und des betrachtenden Denkens. Aber sie hat den Glauben, daß durch diese Beobachtung und durch dieses Denken über den wahren Wesenskern der Welt nicht das Geringste gewußt werden kann. Der Monismus glaubt an die Wahrheit des Wirklichen und sieht die beste Stütze für die menschliche Ideenwelt darin, daß er diese fest auf die Beobachtungswelt gründet. In den Ideen und Idealen, die er aus dem natürlichen Dasein schöpft, sieht er Wesenheiten, die sein Gemüt, sein sittliches Bedürfnis voll befriedigen. In der Natur findet er das höchste Dasein, das er nicht nur denkend erkennen will, sondern an das er eine herzliche Hingabe, seine ganze Liebe verschenkt. Langes Dualismus hält die Natur für ungeeignet, des Geistes höchste Bedürfnisse zu befriedigen. Er muß für diesen Geist eine besondere Welt der höheren Dichtung annehmen, die ihn über das hinausführt, was Beobachtung und Denken offenbaren. Dem Monismus ist in der wahren Erkenntnis ein höchster Geisteswert gegeben, der wegen seiner Wahrheit dem Menschen auch das reinste sittliche und religiöse Pathos verleiht. Dem Dualismus kann die Erkenntnis eine solche Befriedigung nicht gewähren. Er muß den Wert des Lebens an anderen Wesenheiten als an der Wahrheit abmessen. Die Ideen haben nicht Wert, weil sie aus der Wahrheit sind. Sie haben Wert, weil sie dem Leben in seinen höchsten Formen dienen. Das Leben wird nicht an den Ideen gewertet, sondern die Ideen werden an ihrer Fruchtbarkeit für das Leben bewertet. Nicht wahre Erkenntnisse strebt der Mensch an, sondern wertvolle Gedanken.

*

In der Anerkennung der naturwissenschaftlichen Denkweise stimmt Friedrich Albert Lange mit dem Monismus insofern überein, als er jeder anderen Quelle für die Erkenntnis des Wirklichen ihre Berechtigung bestreitet; nur spricht er dieser Denkweise jede Fähigkeit ab, ins Wesenhafte der Dinge zu dringen. Damit er sich auf sicherem Boden bewege, beschneidet er der menschlichen Vorstellungsart die Flügel. Was Lange auf eindringliche Art tut, entspricht einer tief in der Weltanschauungsentwickelung der neueren Zeit wurzelnden Gedankenneigung. Dies zeigt sich mit vollkommener Klarheit auch auf einem anderen Gebiet der Ideenwelt des neunzehnten Jahrhunderts. Durch verschiedene Phasen hindurch entwickelt sich diese

Ideenwelt zu Gesichtspunkten, von denen aus *Herbert Spencer* ungefähr um dieselbe Zeit in England wie Lange in Deutschland einen Dualismus begründet, der auf der einen Seite vollständige naturwissenschaftliche Welterkenntnis anstrebt, auf der anderen Seite gegenüber dem Wesen des Daseins sich zum Agnostizismus bekennt. Als Darwin sein Werk von der «Entstehung der Arten» erscheinen ließ und damit dem Monismus eine seiner festen Stützen überlieferte, konnte er die naturwissenschaftliche Denkart Spencers rühmend anerkennen: «In einem seiner Essays (1852) stellt Herbert Spencer die Theorie der Schöpfung und die der organischen Entwickelung in merkwürdig geschickter und wirksamer Weise einander gegenüber. Er schließt aus der Analogie mit den Züchtungsprodukten, aus der Veränderung, der die Embryonen vieler Arten unterliegen, aus der Schwierigkeit, Art von Varietät zu unterscheiden, und aus dem Grundsatz einer allgemeinen Stufenreihe, daß Arten abgeändert worden sind. Diese Abänderungen macht er von den veränderten Verhältnissen abhängig. Der Verfasser hat auch (1855) die Psychologie nach dem Prinzip der notwendig stufenweisen Erwerbung jeder geistigen Kraft und Fähigkeit behandelt.» Wie der Begründer der modernen Ansicht von den Lebensvorgängen, so fühlen sich auch andere naturwissenschaftlich Denkende zu Spencer hingezogen, der die Wirklichkeit von der unorganischen Tatsache bis in die Psychologie herauf in der Richtung zu erklären strebt, die in obigem Ausspruch Darwins zum Ausdruck kommt. Spencer steht aber auch auf der Seite der Agnostiker, so daß Friedrich Albert Lange sagen darf: «Herbert Spencer huldigt, unserem eignen Standpunkt verwandt, einem Materialismus der Erscheinung, dessen relative Berechtigung in der

Naturwissenschaft ihre Schranken findet an dem Gedanken eines unerkennbaren Absoluten.»

Man darf sich vorstellen, daß Spencer von ähnlichen Ausgangspunkten wie Lange zu seinem Standpunkt geführt worden ist. Ihm gingen in der Gedankenentwickelung Englands Geister voran, die von einem doppelten Interesse geleitet waren. Sie wollten bestimmen, was der Mensch an seiner Erkenntnis eigentlich besitzt. Sie wollten aber auch das Wesenhafte der Welt durch keine Zweifel und durch keine Vernunft erschüttern. In mehr oder weniger ausgesprochener Weise waren sie alle von der Empfindung beherrscht, die Kant zum Ausdruck bringt, wenn er sagt: «Ich mußte das Wissen aufheben, um zum Glauben Platz zu bekommen.» (Vgl. Band I. dieser Weltanschauungsgeschichte, S. 146 ff.)

Vor dem Eingange der Weltanschauungsentwickelung des neunzehnten Jahrhunderts steht in England *Thomas Reid* (1710—1796). Es bildet den Grundzug der Überzeugung dieses Mannes, was auch Goethe als seine Anschauung mit den Worten ausspricht: «Es sind am Ende doch nur, wie mich dünkt, die praktischen und sich selbst rektifizierenden Operationen des gemeinen Menschenverstandes, der sich in einer höheren Sphäre zu üben wagt.» (Vgl. Goethes Werke, Band 36, S. 595 in Kürschners Deutscher National-Literatur.) Dieser gemeine Menschenverstand zweifelt nicht daran, daß er es mit wirklichen, wesenhaften Dingen und Vorgängen zu tun habe, wenn er die Tatsachen der Welt betrachtet. Reid sieht nur eine solche Weltanschauung für lebensfähig an, die an dieser Grundansicht des gesunden Menschenverstandes festhält. Wenn man selbst zugäbe, daß uns unsere Beobachtung täuschen könne, und das wahre Wesen der Dinge ein ganz anderes wäre als uns Sinne und Verstand sagen, so brauchten wir uns um eine solche Möglichkeit nicht zu kümmern. Wir kommen im Leben nur zurecht, wenn wir unserer Beobachtung glauben; alles weitere geht uns nichts an. Von diesem Gesichtspunkte aus glaubt Reid zu wirklich befriedigenden Wahrheiten zu kommen. Er sucht nicht durch komplizierte Denkverrichtungen zu einer Anschauung über die Dinge zu kommen, sondern durch Zurückgehen auf die von der Seele instinktiv angenommenen Ansichten. Und instinktiv, unbewußt, besitzt die Seele schon das Richtige, bevor sie es unternimmt, mit der Fackel des Bewußtseins in ihre eigene Wesenheit hineinzuleuchten. Instinktiv weiß sie, was sie von den Eigenschaften und Vorgängen in der Körperwelt zu halten hat; instinktiv ist ihr aber auch die Richtung ihres moralischen Verhaltens, ein Urteil über Gut und Böse eigen. Reid lenkt das Denken, durch seine Berufung auf die dem gesunden Menschenverstand eingeborenen Wahrheiten, auf die Beobachtung der Seele hin. Dieser Zug nach Seelenbeobachtung bleibt fortan der englischen Weltanschauungsentwickelung eigen. Hervorragende Persönlichkeiten, die innerhalb dieser Entwickelung stehen, sind *William Hamilton* (1788—1856), *Henry Mansel* (1820—1871), *William Whewell* (1794 bis 1866), *John Herschel* (1792—1871), *James Mill* (1773 bis 1836), *John Stuart Mill* (1806—1873), *Alexander Bain* (1818—1903), *Herbert Spencer* (1820—1903). Sie alle stellen die Psychologie in den Mittelpunkt ihrer Weltanschauung.

Auch für Hamilton gilt als wahr, was die Seele ursprünglich als wahr anzunehmen sich genötigt findet. Ursprünglichen Wahrheiten gegenüber hört das Beweisen und Begreifen auf; man kann einfach ihr Auftauchen am

Horizonte des Bewußtseins feststellen. Sie sind in diesem Sinne unbegreiflich. Aber es gehört zu den ursprünglichen Aussagen des Bewußtseins auch die, daß ein jegliches Ding in dieser Welt von etwas abhängig ist, das wir nicht kennen. Wir finden in der Welt, in der wir leben, nur abhängige Dinge, nirgends ein unbedingt unabhängiges. Ein solches muß es aber doch geben. Wenn Abhängiges angetroffen wird, muß ein Unabhängiges vorausgesetzt werden. Mit unserem Denken kommen wir in das Unabhängige nicht hinein. Das menschliche Wissen ist auf das Abhängige berechnet und verwickelt sich in Widersprüche, wenn es seine Gedanken, die für Abhängiges sehr wohl geeignet sind, auf Unabhängiges anwendet. Das Wissen muß also abtreten, wenn wir an den Eingang zum Unabhängigen kommen. Der religiöse Glaube ist da an seinem Platze. Durch das Bekenntnis, daß er von dem Wesenskern der Welt nichts wissen kann, kann der Mensch erst ein moralisches Wesen sein. Er kann einen Gott annehmen, der in der Welt eine moralische Ordnung bewirkt. Keine Logik kann diesen Glauben an einen unendlichen Gott rauben, sobald erkannt ist, daß alle Logik sich nur auf Abhängiges, nicht auf Unabhängiges richtet. - *Mansel* ist Schüler und Fortsetzer Hamiltons. Er kleidet dessen Ansichten nur in noch extremere Formen. Man geht nicht zu weit, wenn man sagt, Mansel ist ein Advokat des Glaubens, der nicht unparteiisch zwischen Religion und Wissen urteilt, sondern parteiisch für das religiöse Dogma eintritt. Er ist der Ansicht, daß die religiösen Offenbarungswahrheiten unbedingt das Erkennen in Widersprüche verwikkeln. Das rühre aber nicht von einem Mangel in den Offenbarungswahrheiten her, sondern davon, daß der menschliche Geist begrenzt sei und niemals in die Regionen kommen könne, über die die Offenbarung Aussagen macht. - *William Whewell* glaubt am besten dadurch eine Ansicht für die Bedeutung, den Ursprung und Wert des menschlichen Wissens zu erlangen, daß er untersucht, wie bahnbrechende Geister der Wissenschaften zu ihren Erkenntnissen gelangt sind. Seine «Geschichte der induktiven Wissenschaften» (1837) und seine «Philosophie der induktiven Wissenschaften» (1840) gehen darauf aus, die Psychologie des wissenschaftlichen Forschens zu durchschauen. An den hervorragenden wissenschaftlichen Entdeckungen sucht er zu erkennen, wieviel von unseren Vorstellungen der Außenwelt und wieviel dem Menschen selbst angehört. Whewell findet, daß die Seele in jeglicher Wissenschaft die Beobachtung aus eigenem ergänzt. Kepler hatte den Begriff der Ellipse, bevor er fand, daß die Planeten sich in Ellipsen bewegen. Die Wissenschaften kommen also nicht durch bloßes Empfangen von außen, sondern durch tätiges Eingreifen des Menschengeistes zustande, der seine Gesetze dem Empfangenen einprägt. Aber die Wissenschaften reichen nicht bis zu den letzten Wesenheiten der Dinge. Sie beschäftigen sich mit den Einzelheiten der Welt. Wie man aber für jedes einzelne Ding zum Beispiel eine Ursache annimmt, muß man eine solche auch für die ganze Welt voraussetzen. Da einer solchen gegenüber das Wissen versagt, muß das religiöse Dogma ergänzend eintreten. Wie Whewell sucht auch *Herschel* eine Ansicht über das Zustandekommen des Wissens im menschlichen Geiste durch Betrachtung zahlreicher Beispiele zu gewinnen. («A Preliminary Discourse on the Study of Natural Philosophy» ist 1831 erschienen.)

John Stuart Mill gehört zum Typus derjenigen Denker, die von der Empfindung durchdrungen sind: man könne nicht vorsichtig genug sein, wenn es sich um Feststellung dessen handelt, was in der menschlichen Erkenntnis gewiß, was ungewiß ist. Daß er schon im Knabenalter in die verschiedensten Zweige des Wissens eingeführt wurde, dürfte seinem Geiste das ihm eigentümliche Gepräge gegeben haben. Er empfing als dreijähriges Kind Unterricht im Griechischen, bald darauf wurde er in der Arithmetik unterwiesen. Die anderen Unterrichtsgebiete traten entsprechend früh an ihn heran. Noch mehr wirkte wohl die Art des Unterrichtes, die sein Vater, der als Denker bedeutende *James Mill* so gestaltete, daß John Stuart die schärfste Logik wie zur Natur wurde. Aus der Selbstbiographie erfahren wir: «Was sich durch Denken ausfindig machen ließ, das sagte mein Vater mir nie, bevor ich meine Kräfte erschöpft hatte, um auf alles selbst zu kommen.» Bei einem solchen Menschen müssen die Dinge, die sein Denken beschäftigen, im eigentlichsten Sinne des Wortes das Schicksal seines Lebens werden. «Ich bin nie Kind gewesen, habe nie Kricket gespielt; es ist doch besser, die Natur ihre eigenen Bahnen wandeln zu lassen», sagt John Stuart Mill, nicht ohne Beziehung auf die Erfahrungen, die jemand macht, dessen Schicksal so einzig das Denken ist. Mit aller Stärke mußten auf ihm, der diese Entwickelung durchgemacht hat, die Fragen nach der Bedeutung des Wissens lasten. Inwiefern kann die Erkenntnis, die ihm das Leben ist, auch zu den Quellen der Welterscheinungen führen? Die Richtung, die Mills Gedankenentwickelung nahm, um über diese Fragen Aufschluß zu gewinnen, ist wohl auch frühzeitig von seinem Vater bestimmt worden. James Mills Denken ging von der psychologischen Erfahrung aus. Er beobachtete, wie sich im Menschen Vorstellung an Vorstellung angliedert. Durch die Angliederung einer Vorstellung an die andere gewinnt der Mensch sein Wissen von der Welt. Er muß sich also fragen: In welchem Verhältnis steht die Gliederung der Vorstellungen zu der Gliederung der Dinge in der Welt? Durch eine solche Betrachtungsweise wird das Denken mißtrauisch gegen sich selbst. Im Menschen könnten sich die Vorstellungen möglicherweise in einer ganz anderen Weise verknüpfen, als draußen in der Welt die Dinge. Auf dieses Mißtrauen ist John Stuart Mills Logik aufgebaut, die 1843 als sein Hauptwerk, unter dem Titel «System of Logic» erschienen ist.

Man kann sich in Dingen der Weltanschauung kaum einen schärferen Gegensatz denken, als diese Millsche «Logik» und die siebenundzwanzig Jahre früher erschienene «Wissenschaft der Logik» Hegels. Bei Hegel findet man das höchste Vertrauen in das Denken, die volle Sicherheit darüber, daß uns das nicht täuschen kann, was wir in uns selbst erleben. Hegel fühlt sich als Glied der Welt. Was er in sich erlebt, muß also auch zu der Welt gehören. Und da er am unmittelbarsten sich selbst erkennt, so glaubt er an dieses in sich Erkannte und beurteilt danach die ganze übrige Welt. Er sagt sich: Wenn ich ein äußeres Ding wahrnehme, so kann es mir vielleicht nur seine Außenseite zeigen, und sein Wesen bleibt verhüllt. Bei mir selbst ist das unmöglich. Mich durchschaue ich. Ich kann aber dann die Dinge draußen mit meinem eigenen Wesen vergleichen. Wenn sie in ihrer Außenseite etwas von meinem eigenen Wesen verraten, dann darf ich ihnen auch etwas von meinem Wesen zusprechen. Deshalb sucht Hegel vertrauensvoll den Geist, die Gedankenverbindungen, die er in sich findet, auch draußen in der Natur. Mill fühlt sich zunächst nicht als Glied, sondern als Zuschauer der Welt.

Die Dinge draußen sind ihm ein Unbekanntes, und den Gedanken, die der Mensch sich über diese Dinge macht, begegnet er mit Mißtrauen. Man nimmt Menschen wahr. Man hat bisher immer die Beobachtung gemacht, daß die Menschen gestorben sind. Deshalb hat man sich das Urteil gebildet: Alle Menschen sind sterblich. «Alle Menschen sind sterblich; der Herzog von Wellington ist ein Mensch; also ist der Herzog von Wellington sterblich.» So schließen die Menschen. Was gibt ihnen ein Recht dazu? fragt John Stuart Mill. Wenn sich einmal ein einziger Mensch als unsterblich erwiese, so wäre das ganze Urteil umgestoßen. Dürfen wir deshalb, weil bis jetzt alle Menschen gestorben sind, auch voraussetzen, daß sie dies auch in Zukunft tun werden? Alles Wissen ist unsicher. Denn wir schließen von Beobachtungen, die wir gemacht haben, auf Dinge, über die wir nichts wissen können, solange wir nicht die betreffenden Beobachtungen auch an ihnen gemacht haben. Was müßte jemand, der im Sinne Hegels denkt, zu einer solchen Anschauung sagen? Man kann sich unschwer darüber eine Vorstellung bilden. Man weiß aus sicheren Begriffen, daß in jedem Kreise alle Halbmesser gleich sind. Trifft man in der Wirklichkeit auf einen Kreis, so behauptet man von diesem wirklichen Kreise auch, daß seine Halbmesser gleich seien. Beobachtet man denselben Kreis nach einer Viertelstunde und findet man seine Halbmesser ungleich, so entschließt man sich nun nicht zu dem Urteile: In einem Kreise können unter Umständen auch die Halbmesser ungleich sein, - sondern man sagt sich: Was ehedem Kreis war, hat sich aus irgendwelchen Gründen zu einer Ellipse verlängert. So etwa stellte sich ein in Hegels Sinn Denkender zu dem Urteile: Alle Menschen sind sterblich. Der Mensch hat sich nicht durch Beobachtung, sondern als inneres Gedankenerlebnis den Begriff des Menschen gebildet, wie er sich den Begriff des Kreises gebildet hat. Zu dem Begriff des Menschen gehört die Sterblichkeit, wie zu dem des Kreises die Gleichheit der Halbmesser. Trifft man in der Wirklichkeit auf ein Wesen, das alle anderen Merkmale des Menschen hat, so muß dieses Wesen auch das der Sterblichkeit haben, wie alle anderen Merkmale des Kreises das der Halbmessergleichheit nach sich ziehen. Hegel könnte, wenn er auf ein Wesen träfe, das nicht stirbt, sich nur sagen: Das ist kein Mensch, - nicht aber: Ein Mensch kann auch unsterblich sein. Er setzt eben voraus, daß sich die Begriffe in uns nicht willkürlich bilden, sondern daß sie im Wesen der Welt wurzeln, wie wir selbst diesem Wesen angehören. Hat sich der Begriff des Menschen in uns einmal gebildet, so stammt er aus dem Wesen der Dinge; und wir haben das volle Recht, ihn auch auf dieses Wesen anzuwenden. Warum ist in uns der Begriff des sterblichen Menschen entstanden? Doch nur, weil er seinen Grund in der Natur der Dinge hat. Wer glaubt, daß der Mensch ganz außerhalb der Dinge stehe und sich als Außenstehender seine Urteile bilde, kann sich sagen: Wir haben bisher die Menschen sterben sehen, also bilden wir den Zuschauerbegriff: sterbliche Menschen. Wer sich bewußt ist, daß er selbst zu den Dingen gehört, und diese sich in seinen Gedanken aussprechen, der sagt sich: bisher sind alle Menschen gestorben; also gehört es zu ihrem Wesen, zu sterben; und wer nicht stirbt, der ist eben kein Mensch, sondern etwas anderes. Hegels Logik ist eine Logik der Dinge geworden; denn Hegel ist die Sprache der Logik eine Wirkung des Wesens der Welt; nicht etwas zu diesem Wesen von dem menschlichen Geiste von außen Hinzugefügtes. Mills Logik ist eine Zuschauerlogik, die zunächst den Faden zerschneidet, der sie mit der Welt verbindet.

Mill weist darauf hin, wie Gedanken, die einem gewissen Zeitalter als unbedingt sichere innere Erlebnisse erscheinen, doch von einem folgenden umgestoßen werden. Zum Beispiel hat man im Mittelalter daran geglaubt, daß es unmöglich Gegenfüßler geben könne, und daß die Sterne herunterfallen müßten, wenn sie nicht an festen Sphären hingen. Der Mensch wird also ein rechtes Verhältnis zu seinem Wissen nur gewinnen können, wenn er sich, trotz des Bewußtseins, daß die Logik der Welt sich in ihm ausspricht, im einzelnen nur durch methodische Prüfung seiner Vorstellungszusammenhänge an der Hand der Beobachtung ein der fortwährenden Korrektur bedürftiges Urteil bildet. Und die Methoden der Beobachtung sind es, die John Stuart Mill in kalt berechnender Weise in seiner Logik festzustellen sucht. Ein Beispiel dafür ist dieses: Man nehme an, eine Erscheinung wäre unter gewissen Bedingungen immer eingetreten. In einem bestimmten Falle treten von diesen Bedingungen eine ganze Reihe wieder ein; nur einzelne fehlen. Die Erscheinung tritt nicht ein. Dann muß man schließen, daß die nicht eingetretenen Bedingungen mit der nicht eingetretenen Erscheinung in einem ursächlichen Zusammenhange stehen. Wenn zwei Stoffe sich stets zu einer chemischen Verbindung zusammengefügt haben, und sie dies einmal nicht tun, so muß man nachforschen, was diesmal nicht da ist und sonst immer da war. Durch eine solche Methode kommen wir zu Vorstellungen über Tatsachenzusammhänge, welche mit Berechtigung von uns als solche angesehen werden, die ihren Grund in der Natur der Dinge haben. Den Beobachtungsmethoden will Mill nachgehen. Die Logik, von der

Kant gesagt hat, daß sie seit Aristoteles um keinen Schritt weiter gekommen sei, ist ein Orientierungsmittel innerhalb des Denkens selbst. Sie zeigt, wie man von einem richtigen Gedanken auf den anderen kommt. Mills Logik ist ein Orientierungsmittel innerhalb der Welt der Tatsachen. Sie will zeigen, wie man aus Beobachtungen zu gültigen Urteilen über die Dinge gelangt. Mill macht keinen Unterschied zwischen den menschlichen Urteilen. Ihm geht alles aus der Beobachtung hervor, was der Mensch über die Dinge denkt. Nicht einmal bezüglich der Mathematik läßt er eine Ausnahme gelten. Auch sie muß ihre Grunderkenntnisse aus der Beobachtung gewinnen. Wir haben in allen Fällen, die wir bisher beobachtet haben, gesehen, daß zwei gerade Linien, die sich einmal geschnitten haben, auseinanderlaufen (divergieren) und sich nicht ein zweites Mal geschnitten haben. Daraus schließen wir, daß sie sich nicht schneiden können. Aber einen vollkommenen Beweis dafür haben wir nicht. Für John Stuart Mill ist also die Welt ein dem Menschen Fremdes. Der Mensch betrachtet ihre Erscheinungen und ordnet sie nach den Aussagen, die sie ihm in seinem Vorstellungsleben macht. Er nimmt Regelmäßigkeiten in den Erscheinungen wahr und gelangt durch logisch-methodische Untersuchungen dieser Regelmäßigkeiten zu Naturgesetzen. Aber nichts führt in den Grund der Dinge selbst. Man kann deshalb ganz gut sich vorstellen, daß alles in der Welt auch anders sein könnte. Mill ist überzeugt, daß jeder, der an Abstraktion und Analyse gewöhnt ist, und seine Fähigkeiten redlich anwendet, nach genügender Übung seiner Vorstellungskraft keine Schwierigkeit in der Idee findet, es könne in einem anderen Sternsystem als dem unsrigen nichts von den Gesetzen zu finden sein, die im unsrigen gelten.

Es ist nur konsequent, wenn dieser Weltzuschauerstandpunkt von Mill auch auf das eigene Ich des Menschen ausgedehnt wird. Vorstellungen kommen und gehen, verknüpfen sich und trennen sich in seinem Innern; das nimmt der Mensch wahr. Ein Wesen, das sich als «Ich» gleich bleibt in diesem Kommen und Gehen, Trennen und Verbinden der Vorstellungen, nimmt er nicht wahr. Er hat bisher Vorstellungen in sich auftauchen sehen und setzt voraus, daß dies auch weiter der Fall sein werde. Aus dieser Möglichkeit, daß sich um einen Mittelpunkt herum eine Vorstellungswelt gliedert, entsteht die Vorstellung des «Ich». Auch seinem eigenen «Ich» gegenüber ist der Mensch also Zuschauer. Er läßt sich von seinen Vorstellungen sagen, was er über sich wissen kann. Mill betrachtet die Tatsachen der Erinnerung und der Erwartung. Wenn alles, was ich von mir weiß, sich in Vorstellungen erschöpfen soll, so kann ich nicht sagen: Ich erinnere mich an eine früher von mir gehabte Vorstellung, oder ich erwarte den Eintritt eines gewissen Erlebnisses; sondern: eine Vorstellung erinnert sich an sich selbst oder erwartet ihr zukünftiges Auftreten. «Wenn wir» - sagt Mill - «vom Geiste als von einer Reihe von Wahrnehmungen sprechen, dann müssen wir von einer Wahrnehmungsreihe sprechen, die sich selbst als werdend und vergangen bewußt ist. Und nun befinden wir uns in dem Dilemma, entweder zu sagen, das ‚Ich' oder der Geist sei etwas von den Wahrnehmungen Verschiedenes; oder das Paradoxon zu behaupten, eine bloße Vorstellungsreihe könne ein Bewußtsein von ihrer Vergangenheit und Zukunft haben.» Mill kommt über dieses Dilemma nicht hinaus. Für ihn birgt es ein unlösbares Rätsel. Er hat eben das Band zwischen sich, dem Beobachter, und der Welt zerrissen, und ist nicht imstande, es wieder zu knüpfen. Die Welt bleibt ihm das jenseitige Unbekannte, das auf den Menschen Eindrücke macht. Alles, was dieser von dem jenseitigen Unbekannten weiß, ist, daß die Möglichkeit vorhanden ist, es könne in ihm Wahrnehmungen hervorrufen. Statt also von wirklichen Dingen außer sich, kann der Mensch im Grunde nur davon sprechen, daß Wahrnehmungsmöglichkeiten vorhanden sind. Wer von Dingen an sich spricht, ergeht sich in leeren Worten; nur wer von der beständigen Möglichkeit des Eintretens von Empfindungen, Wahrnehmungen, Vorstellungen spricht, bewegt sich auf dem Boden des Tatsächlichen.

John Stuart Mill hat eine heftige Abneigung gegen alle Gedanken, die auf anderem Wege gewonnen sind als durch Vergleichung der Tatsachen, durch Verfolgen des Ähnlichen, Analogen und Zusammengehörigen in den Erscheinungen. Er meint, der menschlichen Lebensführung könne nur der größte Schaden zugefügt werden, wenn man sich in dem Glauben wiege, man könne zu irgendeiner Wahrheit auf eine andere Weise gelangen als durch Beobachtung. Man fühlt in dieser Abneigung Mills die Scheu davor, sich bei allem Erkenntnisstreben anders als rein empfangend (passiv) den Dingen gegenüber zu verhalten. Sie sollen dem Menschen diktieren, was er über sie zu denken hat. Sucht er über das Empfangen hinauszugehen und aus sich selbst heraus etwas über die Dinge zu sagen, so fehlt ihm jede Garantie dafür, daß dieses sein eigenes Erzeugnis auch wirklich etwas mit den Dingen zu tun habe. Zuletzt kommt es bei dieser Anschauung darauf an, daß ihr Bekenner sich nicht entschließen kann, sein eigenes selbsttätiges Denken mit zu der Welt zu rechnen. Gerade, daß er dabei selbsttätig ist, das beirrt ihn. Er möchte sein Selbst am liebsten ganz ausschalten, um nur ja nichts Falsches in das einzumischen, was die Erscheinungen über sich sagen. Er würdigt die Tatsache nicht in richtiger Weise, daß sein Denken ebenso zur Natur gehört wie das Wachsen eines Grashalmes. So klar es nun ist, daß man den Grashalm beobachten muß, wenn man etwas von ihm wissen will, so klar sollte es sein, daß man auch sein eigenes selbsttätiges Denken befragen muß, wenn man über dasselbe etwas erfahren will. Wie soll man, nach dem Goetheschen Worte, sein Verhältnis zu sich selbst und zur Außenwelt kennenlernen, wenn man im Erkenntnisprozesse sich selbst ganz ausschalten will? Wie groß die Verdienste Mills auch sind um die Auffindung der Methoden, durch die der Mensch alles das erkennt, was von ihm nicht abhängt: eine Ansicht darüber, in welchem Verhältnisse der Mensch zu sich selbst und mit seinem Selbst zur Außenwelt steht, kann durch keine solche Methode gewonnen werden. Alle diese Methoden haben ihre Gültigkeit daher für die einzelnen Wissenschaften, nicht aber für eine umfassende Weltanschauung. Was das selbsttätige Denken ist, kann keine Beobachtung lehren; das kann nur das Denken aus sich selbst erfahren. Und da das Denken über sich nur durch sich etwas aussagen kann, so kann es sich auch nur selbst etwas über sein Verhältnis zur Außenwelt sagen. Mills Vorstellungsart schließt also die Gewinnung einer Weltanschauung vollständig aus. Eine solche kann nur durch ein sich in sich versenkendes und dadurch sich und seine Beziehung zur Außenwelt überschauendes Denken gewonnen werden. Daß John Stuart Mill eine Antipathie gegen ein solches auf sich selbst bauendes Denken hegte, ist aus seinem Charakter wohl zu begreifen. *Gladstone* hat in einem Briefe (vgl. Gomperz, John Stuart Mill, Wien 1889) gesagt, daß er Mill in Gesprächen den «Heiligen des Rationalismus» zu nennen pflegte. Ein Mann, der in dieser Weise sich ganz im Denken auslebt, stellt an das Denken große Anforderungen und sucht nach den größtmöglichen Vorsichtsmaßregeln, daß es ihn nicht täuschen könne. Er wird dadurch dem Denken gegenüber mißtrauisch. Er glaubt, leicht ins Unsichere zu kommen, wenn er feste Anhaltspunkte verliert. Und Unsicherheit gegenüber allen Fragen, die über das strenge Beobachtungswissen hinausgehen, ist ein Grundzug in Mills Persönlichkeit. Wer seine Schriften verfolgt, wird überall sehen, wie Mill solche Fragen als offene betrachtet, über die er ein sicheres Urteil nicht wagt.

*

An der Unerkennbarkeit des wahren Wesens der Dinge hält auch *Herbert Spencer* fest. Er fragt sich zunächst: Wodurch komme ich zu dem, was ich Wahrheiten über die Welt nenne? Ich beobachte einzelnes an den Dingen und bilde mir über diese Urteile. Ich beobachte, daß Wasserstoff und Sauerstoff unter gewissen Bedingungen sich zu Wasser verbinden. Ich bilde mir ein Urteil darüber. Das ist eine einzelne Wahrheit, die sich nur über einen kleinen Kreis von Dingen erstreckt. Ich beobachte dann auch, unter welchen Verhältnissen sich andere Stoffe verbinden. Ich vergleiche die einzelnen Beobachtungen und komme dadurch zu umfassenderen, allgemeineren Wahrheiten darüber, wie sich Stoffe überhaupt chemisch verbinden. Alles Erkennen beruht darauf, daß der Mensch von einzelnen Wahrheiten zu immer allgemeineren Wahrheiten übergeht, um zuletzt bei der höchsten Wahrheit zu endigen, die er auf keine andere zurückführen kann; die er also hinnehmen muß, ohne sie weiter begreifen zu können. In diesem Erkenntnisweg haben wir aber kein Mittel, zum absoluten Wesen der Welt vorzudringen. Das Denken kann ja, nach dieser Meinung, nichts tun, als die verschiedenen Dinge miteinander vergleichen und sich über das, was in ihnen Gleichartiges ist, sich allgemeine Wahrheiten bilden. Das unbedingte Weltwesen kann aber, in seiner Einzigartigkeit, mit keinem anderen Ding verglichen werden. Deshalb versagt das Denken ihm gegenüber. Es kommt an dasselbe nicht heran.

Wir hören in solchen Vorstellungsarten immer den Gedanken mitsprechen, der auch auf Grund der Sinnesphysiologie sich ausgebildet hat (vgl. oben S. 422 ff.). Bei vielen Denkern ist dieser Gedanke so mit ihrem geistigen Leben verwachsen, daß sie ihn für das Gewisseste halten, das es geben kann. Sie sagen sich, der Mensch erkennt die Dinge nur dadurch, daß er sich ihrer bewußt wird. Sie verwandeln nun, mehr oder weniger unwillkürlich, diesen Gedanken in den anderen: Man kann nur von dem wissen, was in das Bewußtsein eintritt; es bleibt aber unbekannt, wie die Dinge waren, bevor sie in das Bewußtsein eingetreten sind. Deshalb sieht man auch die Sinnesempfindungen so an, als wären sie im Bewußtsein; denn man meint, sie müssen doch erst in dasselbe eintreten, also Teile desselben (Vorstellungen) werden, wenn man von ihnen etwas wissen will.

Auch Spencer hält daran fest, daß es von uns Menschen abhängt, wie wir erkennen können und daß wir deshalb jenseits dessen, was unsere Sinne und unser Denken uns übermitteln, ein Unerkennbares annehmen müssen. Wir haben ein klares Bewußtsein von allem, was uns unsere Vorstellungen sagen. Aber diesem klaren ist ein unbestimmtes Bewußtsein beigemischt, das besagt, daß allem, was wir beobachten und denken, etwas zugrunde liegt, was wir nicht mehr beobachten und denken können. Wir wissen, daß wir es mit bloßen Erscheinungen, nicht mit vollen für sich bestehenden Realitäten zu tun haben. Aber eben weil wir genau wissen, daß unsere Welt nur Erscheinung ist, so wissen wir auch, daß ihr eine unvorstellbare wirkliche zugrunde liegt. Durch solche Wendungen seines Denkens glaubt Spencer die volle Versöhnung von Religion und Erkenntnis herbeiführen zu können. Es gibt etwas, das keinem Erkennen zugänglich ist; also gibt es auch etwas, was die Religion in Glauben fassen kann; in einen Glauben, den die ohnmächtige Erkenntnis nicht erschüttern kann.

Dasjenige Gebiet nun, das Spencer der Erkenntnis zugänglich hält, macht er völlig zum Felde naturwissenschaftlicher Vorstellungen. Wo er zu erklären unternimmt, tut er das nur in naturwissenschaftlichem Sinne.

Naturwissenschaftlich denkt sich Spencer den Erkenntnisprozeß. Ein jegliches Organ eines Lebewesens ist dadurch entstanden, daß sich dieses Wesen den Bedingungen angepaßt hat, unter denen es lebt. Zu den menschlichen Lebensbedingungen gehört, daß sich der Mensch denkend in der Welt zurechtfindet. Sein Erkenntnisorgan entsteht durch Anpassung seines Vorstellungslebens an die Bedingungen der Außenwelt. Wenn der Mensch über ein Ding oder einen Vorgang etwas aussagt, so bedeutet dies nichts anderes als: er paßt sich der ihn umgebenden Welt an. Alle Wahrheiten sind auf diesem Wege der Anpassung entstanden. Was aber durch Anpassung erworben ist, kann sich auf die Nachkommen vererben. Diejenigen haben nicht recht, die behaupten, dem Menschen komme durch seine Natur ein für allemal eine gewisse Disposition zu allgemeinen Wahrheiten zu. Was als solche Disposition erscheint, war einmal bei den Vorfahren des Menschen nicht da, sondern ist durch Anpassung erworben worden und hat sich auf die Nachkommen vererbt. Wenn gewisse Philosophen von Wahrheiten sprechen, die der Mensch nicht aus seiner eigenen individuellen Erfahrung zu schöpfen braucht, sondern die von vornherein in seiner Organisation liegen, so haben sie in gewisser Beziehung recht. Aber solche Wahrheiten sind doch auch erworben, nur nicht von dem Menschen als Individuum, sondern als Gattung. Der einzelne hat das in früherer Zeit Erworbene fertig ererbt. - Goethe sagt, daß er manchem Gespräch über Kants «Kritik der reinen Vernunft» beigewohnt und dabei gesehen habe, daß die alte Hauptfrage sich erneuere, «wieviel unser Selbst und wieviel die Außenwelt zu unserem geistigen Dasein beitrage?» Und er fährt fort: «Ich hatte beide niemals gesondert, und wenn ich nach meiner Weise über Gegenstände philosophierte, so tat ich es mit unbewußter Naivität und glaubte wirklich, ich sähe meine Meinungen vor Augen.» Spencer rückte diese «alte Hauptfrage» in das Licht der naturwissenschaftlichen Anschauungsart. Er glaubte, zu zeigen, daß der entwickelte Mensch allerdings auch aus seinem Selbst zu seinem geistigen Dasein beizutragen hat; aber dieses Selbst setzt sich doch auch aus den Erbstücken zusammen, die unsere Vorfahren im Kampfe mit der Außenwelt erworben haben. Wenn wir heute unsere Meinungen vor Augen zu sehen glauben, so waren dies nicht immer unsere Meinungen, sondern sie waren einst Beobachtungen, die wirklich mit den Augen an der Außenwelt gemacht worden sind. Spencers Weg ist also wie der Mills ein solcher, der von der Psychologie ausgeht. Aber Mill bleibt bei der Psychologie des Individuums stehen. Spencer steigt von dem Individuum zu dessen Vorfahren auf. Die Individualpsychologie ist in derselben Lage wie die Keimesgeschichte der Zoologie. Gewisse Erscheinungen der Keimung sind nur erklärlich, wenn man sie zurückführt auf Erscheinungen der Stammesgeschichte. Ebenso sind die Tatsachen des individuellen Bewußtseins aus sich selbst nicht verständlich. Man muß aufsteigen zu der Gattung, ja über die Menschengattung noch hinausgehen bis zu den Erkenntniserwerbungen, welche die tierischen Vorfahren des Menschen schon gemacht haben. Spencer wendet seinen großen Scharfsinn an, um diese seine Entwickelungsgeschichte des Erkenntnisprozesses zu stützen. Er zeigt, wie die geistigen Fähigkeiten aus niedrigen Anfängen sich allmählich entwickelt haben durch immer entsprechendere Anpassungen des Geistes an die Außenwelt und durch Vererbung dieser Anpassungen. Alles, was der einzelne Mensch ohne Erfahrung, durch reines Denken über die Dinge gewinnt, hat die Menschheit oder haben deren Voreltern durch Beobachtung, durch Erfahrung gewonnen. Leibniz hat die Übereinstimmung des menschlichen Innern mit der Außenwelt nur dadurch erklären zu können geglaubt, daß er eine vom Schöpfer vorherbestimmte Harmonie angenommen hat. Spencer erklärt diese Übereinstimmung naturwissenschaftlich. Sie ist nicht vorher bestimmt, sondern geworden. Man hat hier die Fortsetzung des naturwissenschaftlichen Denkens bis in die höchsten, dem Menschen gegebenen Tatsachen. Linné erklärt, jede lebendige Wesensform sei vorhanden, weil der Schöpfer sie so geschaffen hat, wie sie ist. Darwin erklärt, sie sei so, wie sie sich durch Anpassung und Vererbung allmählich entwickelt hat. Leibniz erklärt, das Denken stimme mit der Außenwelt überein, weil der Schöpfer die Übereinstimmung geschaffen hat. Spencer erklärt, diese Übereinstimmung sei vorhanden, weil sie sich durch Anpassung und Vererbung der Gedankenwelt entwickelt hat.

Von dem Bedürfnis nach einer naturgemäßen Erklärung der geistigen Erscheinungen ist Spencer ausgegangen. Die Richtung auf eine solche hat ihm Lyells Geologie gegeben (vgl. S. 360). In ihr wird zwar der Gedanke noch bekämpft, daß die organischen Formen sich durch allmähliche Entwickelung auseinander gebildet haben; aber er erfährt doch eine wichtige Stütze dadurch, daß die unorganischen (geologischen) Bildungen der Erdoberfläche durch eine solche allmähliche Entwickelung, nicht durch gewaltsame Katastrophen, erklärt werden. Spencer, der eine naturwissenschaftliche Bildung hatte, sich auch einige Zeit als Zivilingenieur betätigt hatte, erkannte die volle Tragweite des Entwickelungsgedankens sofort und wendete ihn an, trotz der Bekämpfung durch Lyell. Ja, er wendete ihn sogar auf die geistigen Vorgänge an. Schon 1850, in seiner Schrift «Social Statics», beschrieb er die soziale Entwickelung in Analogie mit der organischen. Er machte sich auch mit Harveys und Wolffs (vgl. Bd. I, S. 286 ff.) Studien über Keimesgeschichte der Organismen bekannt und vertiefte sich in die Arbeiten Carl Ernst von Baers (vgl. oben S. 397 f.), die ihm zeigten, wie die Entwickelung darin bestehe, daß aus einem Zustande der Gleichartigkeit, der Einförmigkeit ein solcher der Verschiedenheit, der Mannigfaltigkeit, des Reichtums sich entwickele. In den ersten Keimstadien sehen sich die Organismen ähnlich; später werden sie voneinander verschieden (vgl. oben S. 397 ff.). Durch Darwin erfuhr dieser Entwickelungsgedanke dann eine vollkommene Bekräftigung. Aus einigen wenigen Urorganismen hat sich der ganze Reichtum der heutigen mannigfaltigen Formenwelt entwickelt.

Von dem Entwickelungsgedanken aus wollte Spencer aufsteigen zu den allgemeinsten Wahrheiten, die nach seiner Meinung das Ziel des menschlichen Erkenntnisstrebens ausmachen. In den einfachsten Erscheinungen glaubte er den Entwickelungsgedanken schon zu finden. Wenn aus zerstreuten Wasserteilchen sich eine Wolke am Himmel, aus zerstreuten Sandkörpern ein Sandhaufen sich bildet, so hat man es mit einem Entwickelungsprozesse zu tun. Zerstreuter Stoff wird zusammengezogen (konzentriert) zu einem Ganzen. Keinen anderen Prozeß hat man in der Kant-Laplaceschen Weltbildungshypothese vor sich. Zerstreute Teile eines chaotischen Weltnebels haben sich zusammengezogen. Der Organismus entsteht auf eben diese Weise. Zerstreute Elemente werden in Geweben konzentriert. Der Psychologe kann beobachten, wie der Mensch zerstreute Beobachtungen zu allgemeinen Wahrheiten zusammenzieht. Innerhalb des konzentrierten Ganzen gliedert sich dann das Zusammengezogene (es differenziert sich). Die Urmasse gliedert sich zu den einzelnen Himmelskörpern des Sonnensystems; der Organismus differenziert sich zu mannigfaltigen Organen.

Mit der Zusammenziehung wechselt die Auflösung ab. Wenn ein Entwickelungsprozeß einen gewissen Höhepunkt erreicht hat, dann tritt ein Gleichgewicht ein. Der Mensch entwickelt sich zum Beispiel so lange, bis sich eine möglichst große Harmonie seiner inneren Fähigkeiten und der äußeren Natur herausgebildet hat. Ein solcher Gleichgewichtszustand kann aber nicht dauern; äußere Kräfte werden zerstörend an ihn herantreten. Auf die Entwickelung muß der absteigende, der Auflösungsprozeß folgen;

das Zusammengezogene dehnt sich wieder aus; das Kosmische wird wieder zum Chaos. Der Prozeß der Entwickelung kann von neuem beginnen. Ein rhythmisches Bewegungsspiel sieht Spencer also im Weltprozeß.

Es ist eine gewiß nicht uninteressante Beobachtung für die vergleichende Entwickelungsgeschichte der Weltanschauungen, daß Spencer hier aus der Betrachtung des Werdens der Welterscheinungen zu einem ähnlichen Gedanken kommt, den auch Goethe auf Grund seiner Ideen über das Werden des Lebens ausgesprochen hat. Dieser beschreibt das Wachstum der Pflanze so: «Es mag die Pflanze sprossen, blühen oder Früchte bringen, so sind es doch nur immer dieselbigen Organe, welche in vielfältigen Bestimmungen und unter oft veränderten Gestalten die Vorschrift der Natur erfüllen. Dasselbe Organ, welches am Stengel als Blatt sich ausgedehnt und eine höchst mannigfaltige Gestalt angenommen hat, zieht sich nun im Kelche zusammen, dehnt sich im Blumenblatte wieder aus, zieht sich in den Geschlechtswerkzeugen zusammen, um sich als Frucht zum letztenmal auszudehnen.» Man denke sich diese Vorstellung auf den ganzen Weltprozeß übertragen, so gelangt man zu Spencers Zusammenziehung und Zerstreuung des Stoffes.

*

Spencer und Mill haben auf die Weltanschauungsentwickelung der letzten Jahrhunderthälfte einen großen Einfluß geübt. Das strenge Betonen der Beobachtung und die einseitige Bearbeitung der Methoden des beobachtenden Erkennens durch Mill; die Anwendung naturwissenschaftlicher Vorstellungen auf den ganzen Umfang des menschlichen Wissens durch Spencer: sie mußten den Empfindungen eines Zeitalters entsprechen, das in den idealistischen Weltanschauungen Fichtes, Schellings, Hegels nur Entartungen des menschlichen Denkens sah und dem die Erfolge der naturwissenschaftlichen Forschung alleinige Schätzung abgewannen, während die Uneinigkeit der idealistischen Denker und die, nach Meinung vieler, völlige Unfruchtbarkeit des in sich selbst sich vertiefenden Denkens ein tiefes Mißtrauen gegenüber dem Idealismus erzeugten. Man darf wohl behaupten, daß eine in den letzten vier Jahrzehnten weit verbreitete Anschauung zum Ausdruck bringt, was Rudolf Virchow 1893 in seiner Rede «Die Gründung der Berliner Universität und der Übergang aus dem philosophischen in das naturwissenschaftliche Zeitalter» sagt: «Seitdem der Glaube an Zauberformeln in die äußersten Kreise des Volkes zurückgedrängt war, fanden auch die Formeln der Naturphilosophen wenig Anklang mehr.» Und einer der bedeutendsten Philosophen von der zweiten Hälfte des Jahrhunderts, Eduard von Hartmann, faßt den Charakter seiner Weltanschauung in dem Motto zusammen, das er an die Spitze seines Buches «Philosophie des Unbewußten» gestellt hat: «Spekulative Resultate nach induktiv-naturwissenschaftlicher Methode.» Ja, er ist der Meinung, man müsse die «Größe des von Mill bewirkten ... Fortschrittes» anerkennen, durch «den alle Versuche eines deduktiven Philosophierens für immer überwunden sind». (Vgl. E. von Hartmann, Geschichte der Metaphysik. 2. Teil, S. 479.)

Auch wirkte die Anerkennung gewisser Grenzen des menschlichen Erkennens, die viele Naturforscher zeigten, auf religiös gestimmte Gemüter sympathisch. Sie sagten sich: Die Naturforscher beobachten die unorganischen und organischen Tatsachen und suchen durch Verknüpfung der einzelnen Erscheinungen allgemeine Gesetze zu finden, mit deren Hilfe sich Vorgänge erklären lassen, ja sogar der regelmäßige Verlauf zukünftiger Erscheinungen vorausbestimmt werden kann. Ebenso soll die zusammenfassende Weltanschauung vorgehen; sie soll sich an die Tatsachen halten, aus ihnen allgemeine Wahrheiten innerhalb bescheidener Grenzen erforschen und keinen Anspruch darauf machen, in das Gebiet des «Unbegreiflichen» zu dringen. Spencer mit seiner vollkommenen Scheidung des «Begreiflichen» und des «Unbegreiflichen» kam solchen religiösen Bedürfnissen im höchsten Maße entgegen. Dagegen betrachteten diese religiös gestimmten Geister die idealistische Vorstellungsart als eine Verstiegenheit. Diese kann eben im Prinzip ein Unbegreifliches nicht anerkennen, weil sie daran festhalten muß, daß durch die Versenkung in das menschliche Innenleben die Erkenntnis nicht nur der Außenseite des Weltdaseins, sondern auch des wirklichen Kernes desselben möglich ist.

Ganz in der Richtung solcher religiös gestimmten Geister bewegt sich auch das Denken einflußreicher Naturforscher, wie das Huxleys, der sich zu einem vollkommenen Agnostizismus gegenüber dem Weltwesen bekennt und einen im Sinne der Darwinschen Erkenntnisse gehaltenen Monismus nur für die dem Menschen gegebene Außenseite der Natur für anwendbar erklärt. Er ist als einer der ersten für die Darwinschen Vorstellungen eingetreten; ist aber zugleich einer der entschiedensten Vertreter der Beschränktheit dieser Vorstellungsart. Zu einer ähnlichen Ansicht bekannte sich der Physiker *John Tyndall* (1820—1893), der in dem Weltprozesse eine dem menschlichen Verstande vollkommen unzugängliche Kraft anerkennt. Denn gerade, wenn man annehme, daß in der Welt alles durch natürliche Entwickelung entstehe, könne man nimmermehr zugeben, daß der Stoff, der doch der Träger der ganzen Entwickelung ist, nichts weiter sei als das, was unser Verstand von ihm begreifen kann.

*

Eine für seine Zeit charakteristische Erscheinung ist die Persönlichkeit des englischen Staatsmannes *James Balfour* (1848—1930), der 1879 (in seinem Buche «A defence of philosophic doubt, being an Essay on the foundations of belief») ein Glaubensbekenntnis ablegte, das demjenigen weiter Kreise zweifellos ähnlich ist. Er stellt sich in bezug auf alles, was der Mensch erklären kann, ganz auf den Boden des naturwissenschaftlichen Denkens. Er läßt im Naturerkennen sich die gesamte Erkenntnis erschöpfen. Aber er behauptet zugleich, daß nur derjenige das naturwissenschaftliche Erkennen recht verstehe, der einsehe, daß die Gemüts- und Vernunftbedürfnisse des Menschen durch dasselbe niemals befriedigt werden können. Man brauche nur einzusehen, daß zuletzt alles auch in der Naturwissenschaft darauf ankomme, die letzten Wahrheiten, die man nicht mehr beweisen kann, zu glauben. Es schadet aber nichts, daß wir in dieser Richtung bloß zu einem Glauben kommen, denn dieser Glaube leitet uns sicher bei unseren Handlungen im täglichen Leben. Wir glauben an die Naturgesetze und beherrschen sie durch diesen Glauben; wir zwingen durch ihn die Natur, uns für unsere Zwecke zu dienen. Der religiöse Glaube soll eine gleiche Übereinstimmung zwischen den Handlungen des Menschen und den höheren, über das Alltägliche hinausgehenden Bedürfnissen herstellen.

Die Weltanschauungen, welche hier zusammengefaßt erscheinen durch die Bezeichnung «Die Welt als Illusion», zeigen, daß ihnen ein Suchen nach dem befriedigend[en] Verhältnis der Vorstellung vom selbstbewußten Ich zu einem Gesamtweltbilde zugrunde liegt. Sie erscheinen eben dadurch besonders bedeutsam, daß sie dieses Suchen nicht als ihr bewußtes philosophisches Ziel ansehen und ihre Untersuchungen nicht nach diesem Ziele hin ausgesprochen richten, sondern daß sie wie instinktiv ihrer Vorstellungsart das Gepräge geben, welches von diesem Suchen als unbewußtem Impuls bestimmt ist. Und es ist die Art dieses Suchens eine solche, wie sie durch die neueren naturwissenschaftlichen Vorstellungen bedingt werden mußte. - Man kommt dem Grundcharakter dieser Vorstellungen nahe, wenn man sich an den Begriff des «Bewußtseins» hält. Dieser Begriff ist deutlich erst seit Descartes in das neuere Weltanschauungsleben eingeströmt. Vorher hielt man sich an den Begriff der «Seele» als solcher. Daß die Seele nur einen Teil ihres Lebens in ihr bewußten Erscheinungen durchmacht, wurde weniger beachtet. Im Schlafe lebt die Seele doch nicht bewußt. Gegenüber dem bewußten Leben muß ihr Wesen also in tieferen Kräften bestehen, die sie aus dem Grunde dieses Wesens doch nur im Wachen zum Bewußtsein heraufhebt. Je mehr man aber dazu kam, nach der Berechtigung und dem Wert der Erkenntnis auf Grund einleuchtender Vorstellungen zu fragen, um so mehr kam man auch dazu, zu empfinden, daß das Gewisseste aus aller Erkenntnis die Seele dann findet, wenn sie über sich selbst nicht hinaus- und in sich selbst auch nicht tiefer hineingeht, als das Bewußtsein reicht. Man meinte: Möge auch alles andere ungewiß sein; was im Bewußtsein ist, das zum mindesten ist, als solches, gewiß. Mag selbst das Haus, an dem ich vorbeigehe, nicht außer mir existieren; daß das *Bild* dieses Hauses jetzt in meinem Bewußtsein lebt: das darf ich behaupten. Sobald man aber die Aufmerksamkeit auf das Bewußtsein richtet, kann es nicht ausbleiben, daß der Begriff des Ich mit dem des Bewußtseins zusammenwächst. Mag das «Ich» außer dem Bewußtsein was immer für ein Wesen sein: so weit das Bewußtsein geht, so weit darf der Bereich des «Ich» vorgestellt werden. Nun kann doch gar nicht geleugnet werden, daß sich von dem bewußt vor der Seele stehenden sinnlichen Weltbilde sagen läßt, es komme durch den Eindruck zustande, der von der Welt auf den Menschen gemacht wird. Sobald man sich aber an dieser Aussage festklammert, kommt man nicht leicht wieder von ihr los. Denn es unterschiebt sich das Urteil: Die Vorgänge der Welt sind Ursache; das, was im Bewußtsein sich darstellt, ist Wirkung. Da man so im Bewußtsein allein die Wirkung zu haben glaubt, meint man, die Ursache müsse ganz in einer *außer* dem Menschen liegenden Welt als unwahrnehmbares «Ding an sich» vorhanden sein. Die obigen Darstellungen zeigen, wie die neueren physiologischen Erkenntnisse zur Bekräftigung einer solchen Meinung führen. Es ist nun diese Meinung, durch welche sich das «Ich» mit seinen subjektiven Erlebnissen ganz in seiner eigenen Welt eingeschlossen findet. Diese intellektuelle, scharfsinnig erzeugte Illusion kann so lange nicht zerstört werden, wenn sie einmal gebildet ist, als das «Ich» nicht in sich selbst etwas findet, von dem es weiß, daß es, obwohl es im Bewußtsein abgebildet ist, doch außerhalb des subjektiven Bewußtseins sein Wesen hat. Das Ich muß sich außerhalb des sinnlichen Bewußtseins von Wesen berührt fühlen, die ihr Sein durch sich selbst verbürgen. Es muß in *sich* etwas finden, das es *außerhalb seiner selbst* führt. Was von dem Lebendigwerden des Gedankens gesagt worden ist, kann solches bewirken. Hat das Ich den Gedanken nur in sich erlebt, so fühlt es sich mit ihm in sich selbst. Beginnt der Gedanke sein Eigenleben, so entreißt er das Ich seinem subjektiven Leben. Es vollzieht sich ein Vorgang, den das Ich zwar subjektiv erlebt, der jedoch durch seine eigene Natur objektiv ist, und der das «Ich» all dem entreißt, was es nur als subjektiv empfinden kann. Man sieht, daß auch die Vorstellungen, welchen die Welt Illusion wird, nach dem Ziele hindrängen, das in der Weiterführung des Hegelschen Weltbildes zum lebendig gewordenen Gedanken liegt. Diese Vorstellungen gestalten sich so, wie das Weltanschauungsbild werden muß, das von dem in diesem Ziele gelegenen Impuls unbewußt getrieben wird, doch aber nicht die Kraft hat, zu diesem Ziele sich hindurchzuarbeiten. Dieses Ziel waltet in den Untergründen der neueren Weltanschauungsentwickelung. Den Weltanschauungen, welche auftreten, fehlt die Kraft, zu ihm durchzubrechen. Sie erhalten auch in ihrer Unvollkommenheit ihr Gepräge von diesem Ziel; und die Ideen, welche auftreten, sind die äußeren Symptome verborgen bleibender Wirkenskräfte.

Persönlichkeiten, welche durch Sich-Versenken in die Hegelsche Ideenart eine Sicherheit suchten für das Verhältnis einer Vorstellung über das selbstbewußte Ich zu dem allgemeinen Weltbilde, gibt es in der zweiten Hälfte des neunzehnten Jahrhunderts nur wenige. Einer der Besten ist der zu früh verstorbene *Paul Asmus* (1842—1876), der 1873 eine Schrift veröffentlichte «Das Ich und das Ding an sich». Er zeigt, wie in der Art, in der Hegel das Denken und die Ideenwelt ansah, ein Verhältnis des Menschen zum Wesen der Dinge zu gewinnen ist. Er setzt in scharfsinniger Weise auseinander, daß im Denken des Menschen nicht etwas Wirklichkeitsfremdes, sondern etwas Lebensvolles, Urwirkliches gegeben ist, in das man sich nur zu versenken braucht, um zum Wesen des Daseins zu kommen. Er stellte in lichtvoller Weise den Gang dar, den die Weltanschauungsentwickelung genommen hat, um von Kant, der das «Ding an sich» als etwas dem Menschen Fremdes, Unzugängliches angesehen hatte, zu Hegel zu kommen, welcher meinte, daß der Gedanke nicht nur sich selbst als ideelle Wesenheit, sondern auch das «Ding an sich» umspanne. Solche Stimmen fanden aber kaum Gehör. Am schärfsten kam dies in dem Ruf zum Ausdruck, der seit *Eduard Zellers* Heidelberger Universitätsrede «Über Bedeutung und Aufgabe der Erkenntnistheorie» in einer gewissen philosophischen Strömung beliebt wurde: «Zurück zu Kant». Die teils unbewußten, teils bewußten Vorstellungen, die zu diesem Ruf führten, sind etwa diese: Die Naturwissenschaft hat das Vertrauen zu dem selbständigen Denken erschüttert, das von sich aus zu den höchsten Daseinsfragen vordringen will. Wir können uns aber doch bei den bloßen naturwissenschaftlichen Ergebnissen nicht beruhigen. Denn sie führen über die Außenseite der Dinge nicht hinweg. Es muß hinter dieser Außenseite noch verborgene Daseinsgründe geben. Hat ja doch die Naturwissenschaft selbst gezeigt, daß die Welt der Farben, Töne usw., die uns umgibt, nicht eine Wirklichkeit draußen in der objektiven Welt ist, sondern daß sie hervorgebracht ist durch die Einrichtung unserer Sinne und unseres Gehirns. (Vgl. oben S. 422 ff.) Man muß also die Fragen stellen: Inwiefern weisen die naturwissenschaftlichen Ergebnisse über sich selbst hinaus zu höheren Aufgaben? Welches ist das Wesen unseres Erkennens? Kann dieses Erkennen zur Lösung dieser höheren Aufgaben führen? Kant hatte in eindringender Weise solche Fragen gestellt. Man wollte sehen, wie er es gemacht hat, um ihnen gegenüber Stellung zu nehmen. Man wollte in aller Schärfe Kants Gedankengänge nachdenken, um durch Fortführung seiner Ideen, durch Vermeidung seiner Irrtümer einen Ausweg aus der Ratlosigkeit zu finden.

Eine Reihe von Denkern mühte sich ab, von Kantschen Ausgangspunkten aus zu irgendeinem Ziele zu kommen. Die bedeutendsten unter ihnen sind *Hermann Cohen* (1842 bis 1918), *Otto Liebmann* (1840—1912), *Wilhelm Windelband* (1848—1915), *Johannes Volkelt* (1848—1930), *Benno Erdmann* (1851—1921). Es ist viel Scharfsinn in den Schriften dieser Männer zu finden. Eine große Arbeit ist daran gewendet worden, die Natur und Tragweite der menschlichen Erkenntnisfähigkeit zu untersuchen. *Johannes Volkelt*, der, insofern er als Erkenntnistheoretiker sich betätigt, ganz in dieser Strömung lebt, auch selbst ein gründliches Werk über Kants «Erkenntnistheorie» (1879) geliefert hat, und der aus dieser Strömung heraus ein Buch über «Erfahrung und Denken» (1886) geschrieben hat, in dem alle diese Vorstellungsart bestimmenden Fragen erörtert werden, hat 1884 beim Antritt seines Lehramtes in Basel eine Rede gehalten, in welcher er ausspricht, daß alles Denken, das über die Ergebnisse der einzelnen Tatsachenwissenschaften hinausgeht, den «unruhigen Charakter des Suchens und Nachspürens, des Probierens, Abwehrens und Zugestehens an sich» haben müsse; «es ist ein Vorwärtsgehen, das doch wieder teilweise zurückweicht; ein Nachgeben, das doch wieder bis zu einem gewissen Grade zugreift». (Volkelt, Über die Möglichkeit der Metaphysik, Hamburg und Leipzig, 1884.) – Scharf nuanciert erscheint die neuere Anknüpfung an Kant bei *Otto Liebmann*. Seine Schriften «Zur Analysis der Wirklichkeit» (1876), «Gedanken und Tatsachen» (1882), «Die Klimax der Theorien» (1884) sind wahre Musterbeispiele philosophischer Kritik. Ein ätzender Verstand deckt da in genialischer Weise Widersprüche in den Gedankenwelten auf, zeigt Halbheiten in sicher erscheinenden Urteilen und rechnet gründlich den einzelnen Wissenschaften vor, was sie Unbefriedigendes enthalten, wenn ihre Ergebnisse vor ein höchstes Denktribunal gestellt werden. Liebmann rechnet dem Darwinismus seine Widersprüche vor; er zeigt seine nicht ganz begründeten Annahmen und seine Gedankenlücken. Er sagt, daß etwas da sein muß, das über die Widersprüche hinwegführt, das die Lücken ausfüllt, das die Annahmen begründet. Er schließt einmal die Betrachtung, die er der Natur der Lebewesen widmet, mit den Worten: «Der Umstand, daß Pflanzensamen trotz äonenlangen Trockenliegens seine Keimfähigkeit nicht verliert, daß zum Beispiel die in ägyptischen Mumiensärgen aufgefundenen Weizenkörner, nachdem sie

Jahrtausende hindurch hermetisch begraben gewesen sind, heute in feuchten Acker gesät aufs vortrefflichste gedeihen; daß ferner Rädertierchen und andere Infusorien, die man ganz vertrocknet aus der Dachrinne aufgesammelt hat, bei Befeuchtung mit Regenwasser neubelebt umherwimmeln; ja daß Frösche und Fische, die im gefrierenden Waszu festen Eisklumpen erstarrt sind, bei sorgfältigem Auftauen das verlorene Leben wiedergewinnen; - dieser Umstand läßt ganz entgegengesetzte Deutungen zu. ... Kurz: jedes kategorische Absprechen in dieser Angelegenheit wäre plumper Dogmatismus. Daher brechen wir hier ab.» Dieses «Daher brechen wir hier ab» ist im Grunde, wenn auch nicht dem Worte, doch dem Sinne nach, der Schlußgedanke jeder Liebmannschen Betrachtung. Ja, es ist das Schlußergebnis vieler neuer Anhänger und Bearbeiter des Kantianismus. - Die Bekenner dieser Richtung kommen nicht darüber hinaus, zu betonen, daß sie die Dinge in ihr Bewußtsein aufnehmen, daß also alles, was sie sehen, hören usw. nicht draußen in der Welt, sondern drinnen in ihnen selbst ist, und daß sie folglich über das, was draußen ist, nichts ausmachen können. Vor mir steht ein Tisch, - sagt sich der Neukantianer. Doch nein, das scheint nur so. Nur wer naiv ist in bezug auf Weltanschauungsfragen, kann sagen: Außer mir ist ein Tisch. Wer die Naivität abgelegt hat, sagt sich: Irgend etwas Unbekanntes macht auf mein Auge einen Eindruck; dieses Auge und mein Gehirn machen aus diesem Eindruck eine braune Empfindung. Und weil ich die braune Empfindung nicht nur in einem einzigen Punkte habe, sondern mein Auge hinschweifen lassen kann über eine Fläche und über vier säulenartige Gebilde, so formt sich mir die Braunheit zu einem Gegenstand, der eben der Tisch ist. Und wenn ich den Tisch berühre, so leistet er mir Widerstand. Er macht einen Eindruck auf meinen Tastsinn, den ich dadurch ausdrücke, daß ich dem vom Auge geschaffenen Gebilde eine Härte zuschreibe. Ich habe also auf Anlaß irgendeines «Dinges an sich», das ich nicht kenne, aus mir heraus den Tisch geschaffen. Der Tisch ist meine Vorstellung. Er ist nur in meinem Bewußtsein. Volkelt stellt diese Ansicht an den Beginn seines Buches über Kants Erkenntnistheorie: «Der erste Fundamentalsatz, den sich der Philosoph zu deutlichem Bewußtsein zu bringen hat, besteht in der Erkenntnis, daß unser Wissen sich zunächst auf nichts weiter als auf unsere Vorstellungen erstreckt. Unsere Vorstellungen sind das Einzige, das wir unmittelbar erfahren, unmittelbar erleben; und eben weil wir sie unmittelbar erfahren, deswegen vermag uns auch der radikalste Zweifel das Wissen von denselben nicht zu entreißen. Dagegen ist das Wissen, das über mein Vorstellen - ich nehme diesen Ausdruck hier überall im weitesten Sinne, so daß alles psychische Geschehen darunter fällt - hinausgeht, vor dem Zweifel nicht geschützt. Daher muß zu Beginn des Philosophierens alles über die Vorstellungen hinausgehende Wissen ausdrücklich als bezweifelbar hingestellt werden.» Otto Liebmann verwendet diesen Gedanken auch dazu, die Behauptung zu verteidigen: Der Mensch könne ebensowenig wissen, ob die von ihm vorgestellten Dinge außerhalb seines Bewußtseins nicht seien, wie er wissen könne, ob sie seien. «Gerade deshalb, weil in der Tat kein vorstellendes Subjekt aus der Sphäre seines subjektiven Vorstellens hinaus kann; gerade deshalb, weil es nie und nimmermehr mit Überspringung des eigenen Bewußtseins, unter Emanzipation von sich selber, dasjenige zu erfassen und zu konstatieren imstande ist, was jenseits und außerhalb seiner Subjektivität existieren oder nicht existieren mag; gerade deshalb ist es ungereimt, behaupten zu wollen, daß das vorgestellte Objekt außerhalb der subjektiven Vorstellung nicht da sei.» (O. Liebmann, Zur Analysis der Wirklichkeit, S. 28.)

Sowohl Volkelt wie Liebmann sind aber doch bemüht, nachzuweisen, daß der Mensch innerhalb seiner Vorstellungswelt etwas vorfindet, das nicht bloß beobachtet, wahrgenommen, sondern zu dem Wahrgenommenen hinzugedacht ist, und das auf das Wesen der Dinge wenigstens hindeutet. Volkelt ist der Ansicht, daß es eine Tatsache innerhalb des Vorstellungslebens selbst gibt, die hinausweist über das bloße Vorstellungsleben, auf etwas, das außerhalb dieses Vorstellungslebens liegt. Diese Tatsache ist die, daß sich gewisse Vorstellungen dem Menschen mit logischer Notwendigkeit aufdrängen. In seiner 1906 erschienenen Schrift «Die Quellen der menschlichen Gewißheit» liest man (S. 3) die Volkeltsche Ansicht: «Fragt man, worauf die Gewißheit unseres Erkennens beruht, so stößt man auf zwei Ursprünge, auf zwei Gewißheitsquellen. Mag auch ein noch so inniges Zusammenwirken beider Gewißheitsweisen nötig sein, wenn Erkenntnis entstehen soll, so ist es doch unmöglich, die eine auf die andere zurückzuführen. Die eine Gewißheitsquelle ist die Selbstgewißheit des Bewußtseins, das Innesein meiner Bewußtseinstatsachen. So wahr ich Bewußtsein bin, so wahr bezeugt mir mein Bewußtsein das Vorhandensein gewisser Verläufe und Zustände, gewisser Inhalte und Formen. Ohne diese Gewißheitsquelle gäbe es überhaupt kein Erkennen; sie gibt uns den Stoff, aus dessen Bearbeitung alle Erkenntnisse allererst hervorgehen. Die andere Gewißheitsquelle ist die Denknotwendigkeit, die Gewißheit des logischen Zwanges, das sachliche Notwendigkeitsbewußtsein. Hiermit ist etwas schlechtweg Neues gegeben, das sich aus der Selbstgewißheit des Bewußtseins unmöglich gewinnen läßt.» Über diese zweite Gewißheitsquelle spricht sich Volkelt in seiner früher genannten Schrift in folgender Art aus: «Die unmittelbare Erfahrung läßt uns in der Tat erleben, daß gewisse Begriffsverknüpfungen eine höchst eigentümliche Nötigung bei sich führen, welche von allen anderen Arten der Nötigung, von denen Vorstellungen begleitet sind, wesentlich unterschieden ist. Diese Nötigung zwingt uns, gewisse Begriffe nicht nur als in dem bewußten Vorstellen notwendig zusammengehörig zu denken, sondern auch eine entsprechende objektive, unabhängig von den bewußten Vorstellungen existierende notwendige Zusammengehörigkeit anzunehmen. Und ferner zwingt uns diese Nötigung nicht etwa in der Weise, daß sie uns sagte, es wäre, falls das von ihr Vorgeschriebene nicht stattfände, um unsere moralische Befriedigung oder um unser inneres Glück, unser Heil usw. geschehen, sondern ihr Zwang enthält dies, daß das objektive Sein sich in sich selbst aufheben, seine Existenzmöglichkeit verlieren müßte, wenn das Gegenteil von dem, was sie vorschreibt, bestehen sollte. Das Ausgezeichnete dieses Zwanges besteht also darin, daß der Gedanke, es soll das Gegenteil der sich uns aufdrängenden Notwendigkeit existieren, sich uns unmittelbar als eine Forderung, daß sich die Realität gegen ihre Existenzbedingungen empören solle, kundtut. Wir bezeichnen bekanntlich diesen eigentümlichen unmittelbar erlebten Zwang als logischen Zwang, als Denknotwendigkeit. Das logisch Notwendige offenbart sich uns unmittelbar als ein Ausspruch der Sache selbst. Und zwar ist es die eigentümliche sinnvolle Bedeutung, die vernunftvolle Durchleuchtung, die alles Logische enthält, wodurch mit unmittelbarer Evidenz für die sachliche, reale Geltung der logischen Begriffsverknüpfungen gezeugt wird.» (Volkelt, Kants Erkenntnistheorie, S. 208 f.) Und Otto Liebmann legt gegen das Ende seiner Schrift «Die Klimax der Theorien» das Bekenntnis ab, daß, seiner Ansicht nach, das ganze Gedankengebäude menschlicher Erkenntnis, vom Erdgeschoß der Beobachtungswissenschaft bis in die luftigsten Regionen höchster Weltanschauungshypothesen, durchzogen ist von Gedanken, die über die Wahrnehmung hinausweisen, und daß die «Wahrnehmungsbruchstücke erst nach Maßgabe bestimmter Verfahrungsarten des Verstandes durch außerordentlich viel Nichtbeobachtetes ergänzt, verbunden, in fester Ordnung aneinandergereiht werden müssen.» Wie kann man aber dem menschlichen Denken die Fähigkeit absprechen, aus sich heraus, durch eigene Tätigkeit etwas zu erkennen, wenn es schon zur Ordnung der beobachteten Wahrnehmungstatsachen diese seine eigene Tätigkeit zu Hilfe rufen muß? Der Neukantianismus ist in einer sonderbaren Lage. Er möchte innerhalb des Bewußtseins, innerhalb des Vorstellungslebens bleiben, muß sich aber gestehen, daß er in diesem «Innerhalb» keinen Schritt machen kann, der ihn nicht links und rechts hinausführte. Otto Liebmann schließt das zweite seiner Hefte «Gedanken und Tatsachen» so: «Wenn einerseits, aus dem Gesichtspunkt der Naturwissenschaft betrachtet, der Mensch nichts weiter wäre als belebter Staub, so ist andererseits, aus dem allein uns unmittelbar zugänglichen, unmittelbar gegebenen Gesichtspunkt betrachtet, die ganze im Raum und in der Zeit erscheinende Natur ein anthropozentrisches Phänomen.»

Trotzdem die Anschauung, daß die Beobachtungswelt nur menschliche Vorstellung ist, sich selbst auslöschen muß, wenn sie richtig verstanden wird, sind ihre Bekenner zahlreich. Sie wird in den verschiedensten Schattierungen im Laufe der letzten Jahrzehnte des Jahrhunderts immer wiederholt. *Ernst Laas* (1837—1885) vertritt energisch den Standpunkt, daß nur positive Wahrnehmungstatsachen innerhalb der Erkenntnis verarbeitet werden dürfen. *Aloys Riehl* (1844—1924) erklärt, weil er von derselben Grundanschauung ausgeht, daß es überhaupt keine allgemeine Weltanschauung geben könne, sondern daß alles, was über die einzelnen Wissenschaften hinausgeht, nichts anderes sein dürfe, als eine Kritik der Erkenntnis. Erkannt wird nur in den einzelnen Wissenschaften; die Philosophie hat die Aufgabe, zu zeigen, wie erkannt wird, und darüber zu wachen, daß das Denken nur ja nichts in das Erkennen einmische, was sich durch die Tatsachen nicht rechtfertigen lasse. Am radikalsten ist *Richard Wahle* in seinem Buche «Das Ganze der Philosophie und ihr Ende» vorgegangen (1894). Er sondert in der denkbar scharfsinnigsten Weise aus der Erkenntnis alles aus, was durch den menschlichen Geist zu den «Vorkommnissen» der Welt hinzugebracht ist. Zuletzt steht dieser Geist da in dem Meere der vorüberflutenden Vorkommnisse, sich selbst in diesem Meere als ein solches Vorkommnis schauend und nirgends einen Anhaltspunkt findend, sich über die Vorkommnisse sinnvoll aufzuklären. Dieser Geist müßte ja seine eigene Kraft anspannen, um von sich aus die Vorkommnisse zu ordnen. Aber dann ist es ja er selbst, der diese Ordnung in die Natur bringt. Wenn er etwas über das Wesen der Vorkommnisse sagt, dann hat er es nicht aus den Dingen, sondern aus sich genommen. Er könnte das nur, wenn er sich zugestünde, daß in seinem eigenen Tun etwas Wesenhaftes sich abspielte, wenn er annehmen dürfte, daß es auch für die Dinge etwas bedeutet, wenn er etwas sagt. Dieses Vertrauen darf im Sinne der Weltanschauung Wahles der Geist nicht haben. Er muß die Hände in den Schoß legen und zusehen, was um ihn und in ihm abflutet; und er prellte sich selbst, wenn er auf eine Anschauung etwas gäbe, die er sich über die Vorkommnisse bildet. «Was könnte der Geist, der, ins Weltgehäuse spähend und in sich die Fragen nach dem Wesen und dem Ziele des Geschehens herumwälzte, endlich als Antwort finden? Es ist ihm widerfahren, daß er, wie er so scheinbar im Gegensatze zur umgebenden Welt dastand, sich auflöste und in einer Flucht von Vorkommnissen mit allen Vorkommnissen zusammenfloß. Er ‚wußte' nicht mehr die Welt; er sagte, ich bin nicht sicher, daß Wissende da sind, sondern Vorkommnisse sind da schlechthin. Sie kommen freilich in solcher Weise, daß der Begriff eines Wissens vorschnell, ungerechtfertigt entstehen konnte.... Und ‚Begriffe' huschten empor, um Licht in die Vorkommnisse zu bringen, aber es waren Irrlichter, Seelen der Wünsche nach Wissen, erbärmliche, in ihrer Evidenz nichtssagende Postulate einer unausgefüllten Wissensform. Unbekannte Faktoren müssen im Wechsel walten. Über ihre Natur war Dunkel gebreitet, Vorkommnisse sind der Schleier des Wahrhaften. ...» Wahle schließt sein Buch, das die «Vermächtnisse» der Philosophie an die einzelnen Wissenschaften darstellen soll, an Theologie, Physiologie, Ästhetik und Staatspädagogik, mit den Worten: «Möge die Zeit anbrechen, in der man sagen wird, einst war Philosophie.»

Wahles genanntes Buch (wie seine anderen: «Geschichtlicher Überblick über die Entwickelung der Philosophie», 1894, «Über den Mechanismus des geistigen Lebens», 1906) ist eines der bedeutsamsten Symptome der Weltanschauungsentwickelung im neunzehnten Jahrhundert. Die Vertrauenslosigkeit gegenüber dem Erkennen, die von Kant ihren Ausgangspunkt nimmt, endet für eine Gedankenwelt, wie sie bei Wahle auftritt, mit dem vollständigen Unglauben an alle Weltanschauung.

WELTANSCHAUUNGEN DER WISSENSCHAFTLICHEN TATSÄCHLICHKEIT

Ein Versuch, von der bloßen Grundlage der strengen Wissenschaft aus eine Gesamtansicht über die Welt und das Leben zu gewinnen, wurde im Verlaufe des neunzehnten Jahrhunderts in Frankreich durch *Auguste Comte* (1798 bis 1857) unternommen. Dieses Unternehmen, das in Comtes «Cours de philosophie positive» (6 Bände, 1830—1842) ein umfassendes Weltbild gezeigt hat, steht in schroffem Gegensatze zu den idealistischen Ansichten Fichtes, Schellings, Hegels in der ersten Jahrhunderthälfte, wie auch in einem, zwar minder starken, aber doch deutlichen zu allen Gedankengebäuden, die aus den Lamarck-Darwinschen Entwickelungsideen ihre Ergebnisse nehmen. Was bei Hegel im Mittelpunkt aller Weltanschauung steht, die Betrachtung und Erfassung des eigenen Geistes im Menschen: sie lehnt Comte vollständig ab. Er sagt sich: Wollte der menschliche Geist sich selbst betrachten, so müßte er sich ja geradezu in zwei Persönlichkeiten teilen; er müßte aus sich herausschlüpfen, und sich sich selbst gegenüberstellen. Schon die Psychologie, die sich nicht in der physiologischen Betrachtung erschöpft, sondern die geistigen Vorgänge für sich betrachten will, läßt Comte nicht gelten. Alles, was Gegenstand der Erkenntnis werden will, muß sich auf objektive Zusammenhänge der Tatsachen beziehen, muß sich so objektiv darstellen wie die Gesetze der mathematischen Wissenschaften. Und hieraus ergibt sich auch der Gegensatz Comtes zu dem, was Spencer und die auf Lamarck und Darwin bauenden naturwissenschaftlichen Denker mit ihren Weltbildern versucht haben. Für Comte ist die menschliche Art als feststehend und unveränderlich gegeben; er will von der Theorie Lamarcks nichts wissen. Einfache, durchsichtige Naturgesetze, wie sie die Physik bei ihren Erscheinungen anwendet, sind ihm Ideale der Erkenntnis. Solange eine Wissenschaft noch nicht mit solchen einfachen Gesetzen arbeitet, ist sie für Comte als Erkenntnis unbefriedigend. Er ist ein mathematischer Kopf. Und was sich nicht durchsichtig und einfach wie ein mathematisches Problem behandeln läßt, ist ihm noch unreif für die Wissenschaft. Comte hat keine Empfindung dafür, daß man um so lebensvollere Ideen braucht, je mehr man von den rein mechanischen und physikalischen Vorgängen zu den höheren Naturgebilden und zum Menschen heraufsteigt. Seine Weltanschauung gewinnt dadurch etwas Totes, Starres. Die ganze Welt stellt sich wie das Räderwerk einer Maschine dar. Comte sieht überall am Lebendigen vorbei; er treibt das Leben und den Geist aus den Dingen heraus und erklärt dann lediglich, was an ihnen mechanisch, maschinenmäßig ist. Das inhaltvolle geschichtliche Leben des Menschen nimmt sich in seiner Darstellung aus wie das Begriffsbild, das der Astronom von den Bewegungen der Himmelskörper entwirft. Comte hat eine Stufenleiter der Wissenschaften aufgebaut. Mathematik ist die unterste Stufe; dann folgen Physik, Chemie, dann die Wissenschaft der Lebewesen; den Abschluß bildet die Soziologie, die Erkenntnis der menschlichen Gesellschaft. Sein Bestreben geht dahin, alle diese Wissenschaften so einfach zu machen, wie die Mathematik ist. Die Erscheinungen, mit denen sich die einzelnen Wissenschaften beschäftigen, seien immer andere; die Gesetze seien im Grunde immer dieselben.

*

Die Wellen, die *Holbachs, Condillacs* und anderer Gedanken geschlagen, sind noch deutlich vernehmbar in den Vorlesungen über das «Verhältnis der Seele zum Körper», die *Pierre Jean Georges Cabanis* (1757—1808) 1797 bis 1798 an der vom Konvent errichteten Hochschule zu Paris hielt. Dennoch dürften diese Vorträge als der Anfang der Weltanschauungsentwickelung Frankreichs im neunzehnten Jahrhundert bezeichnet werden. Es spricht sich in ihnen ein deutliches Bewußtsein davon aus, daß die Betrachtungsweise Condillacs für die Erscheinungen des Seelenlebens doch zu stark den Anschauungen nachgebildet sei, die man von dem Zustandekommen rein mechanischer Vorgänge der unorganischen Natur hat. Cabanis untersucht den Einfluß des Lebensalters, des Geschlechts, der Lebensweise, des Temperamentes auf die Denk- und Empfindungsweise des Menschen. Er bildet die Vorstellung aus, daß sich Geistiges und Körperliches nicht wie zwei Wesenheiten gegenüberstehen, die nichts miteinander gemein haben, sondern daß sie ein untrennbares Ganzes ausmachen. Was ihn von seinen Vorgängern unterscheidet, ist nicht die Grundanschauung, sondern die Art, wie er diese ausbaut. Jene tragen die Anschauungen, die in der unorganischen Welt gewonnen sind, einfach in die geistige hinein; Cabanis sagt sich: Betrachten wir zunächst so unbefangen, wie wir das Unorganische ansehen, auch die Geisteswelt; dann wird sie uns sagen, wie sie sich zu den übrigen Naturerscheinungen stellt. - In ähnlicher Weise verfuhr *Destutt de Tracy* (1754 bis 1836). Auch er wollte die geistigen Vorgänge zunächst unbefangen betrachten, wie sie sich darstellen, wenn man ohne philosophisches, aber auch ohne naturwissenschaftliches Vorurteil an sie herantritt. Man gibt sich, nach der Meinung dieses Denkers, einem Irrtum hin, wenn man die

Seele sich so automatisch vorstellt, wie das Condillac und seine Anhänger getan haben. Man kann diese Automatenhaftigkeit nicht mehr aufrecht erhalten, wenn man sich aufrichtig selbst betrachtet. Wir finden in uns keinen Automaten, nicht ein Wesen, das bloß von außen her am Gängelbande geführt wird. Wir finden in uns stets Selbsttätigkeit und Eigenwesen. Ja, wir wüßten von Wirkungen der Außenwelt gar nichts, wenn wir nicht in unserem Eigenleben eine Störung durch Zusammenstöße mit der Außenwelt empfänden. Wir erleben uns selbst; wir entwickeln aus uns unsere Tätigkeit; aber indem wir dieses tun, stoßen wir auf Widerstand; wir merken, daß nicht nur wir da sind, sondern auch noch etwas, das sich uns widersetzt, eine Außenwelt.

Obgleich ausgehend von Destutt de Tracy führte die Selbstbeobachtung der Seele auf ganz andere Wege zwei Denker: *Maine de Biran* (1766—1824) und *André-Marie Ampère* (1775—1836). Biran ist ein feinsinniger Beobachter des menschlichen Geistes. Was bei Rousseau wie eine tumultuarisch auftretende, nur von einer willkürlichen Laune hervorgerufene Betrachtungsweise erscheint, das tritt uns bei ihm als klares, inhaltsvolles Denken entgegen. Was in dem Menschen durch die Natur seiner Wesenheit, durch sein Temperament ist, und was er durch sein tätiges Eingreifen aus sich macht, seinen Charakter: diese beiden Faktoren seines Innenlebens macht Biran als tief denkender Psychologe zum Gegenstand seiner Betrachtungen. Er sucht die Verzweigungen und Wandlungen des Innenlebens auf; im Innern des Menschen findet er den Quell der Erkenntnis. Die Kräfte, die wir in unserm Innern kennenlernen, sind die intimen Bekannten unseres Lebens; und eine Außenwelt kennen wir doch nur insofern, als sie sich mehr oder weniger ähnlich und verwandt mit unserer Innenwelt darstellt. Was wüßten wir von Kräften in der Natur draußen, wenn wir nicht in der selbsttätigen Seele eine Kraft wirklich als Erlebnis kennenlernten und mit dieser daher vergleichen könnten, was uns in der Außenwelt Kraft-Ähnliches entgegentritt. Unermüdlich ist Biran daher in dem Aufsuchen der Vorgänge in der eigenen Seele des Menschen. Auf das Unwillkürliche, Unbewußte im Innenleben richtet er sein Augenmerk, auf die geistigen Vorgänge, die in der Seele schon da sind, wenn in ihr das Licht des Bewußtseins auftritt. - Birans Suchen nach Weisheit im Innern der Seele führte ihn in späteren Jahren zu einer eigenartigen Mystik. Wenn wir die tiefste Weisheit aus der Seele schöpfen, so müssen wir auch den Urgründen des Daseins dann am nächsten kommen, wenn wir uns in uns selbst vertiefen. Das Erleben der tiefsten Seelenvorgänge ist also ein Hineinleben in den Urquell des Daseins, in den Gott in uns.

Das Anziehende der Biranschen Weisheit liegt in der intimen Art, mit der er sie vorträgt. Er fand auch keine geeignetere Darstellungsform als die eines «Journal intime», eine tagebuchartige. Die Schriften Birans, die am tiefsten in seine Gedankenwelt führen, sind erst nach seinem Tode durch *E. Naville* herausgegeben worden. (Vgl. dessen «Maine de Biran. Sa vie et ses pensées», 1857, und die von Naville herausgegebenen «Oeuvres inédites de M. de Biran».) Cabanis, Destutt de Tracy gehörten als ältere Männer einem engeren Kreise von Philosophen an, Biran lebte als jüngerer unter ihnen. - Zu denen, die schon bei Birans Lebzeiten vollständig in dessen Anschauungen eingeweiht waren, gehörte Ampère, der als Naturforscher durch seine Erweiterung der Oerstedschen Beobachtungen über das Verhältnis von Elektrizität und Magnetismus bedeutend ist (vgl. oben S. 358). Birans Betrachtungsweise ist intimer, diejenige Ampères wissenschaftlich-methodischer. Dieser verfolgt einerseits, wie sich Empfindungen und Vorstellungen in der Seele verketten, und anderseits, wie der Geist mit Hilfe seines Denkens zu einer Wissenschaft von den Welterscheinungen gelangt.

Das Bedeutungsvolle dieser Weltanschauungsströmung, die sich zeitlich als eine Fortsetzung der Condillacschen Lehren darstellt, ist darin zu suchen, daß das Eigenleben der Seele entschieden betont wird, daß die Selbsttätigkeit der menschlichen Innenpersönlichkeit in den Vordergrund der Betrachtung rückt, und daß dabei dennoch alle die hier in Betracht kommenden Geister auf Erkenntnisse im streng naturwissenschaftlichen Sinne losarbeiten. Sie untersuchen den Geist naturwissenschaftlich; aber sie wollen seine Erscheinungen nicht von vornherein gleichstellen den anderen Vorgängen in der Natur. Und aus ihren mehr materialistischen Anfängen wird zuletzt ein Streben nach einer ausgesprochen zum Geiste neigenden Weltanschauung.

Victor Cousin (1792—1867) unternahm mehrere Reisen durch Deutschland und lernte durch dieselben die führenden Geister der idealistischen Epoche persönlich kennen. Den tiefsten Eindruck haben auf ihn Hegel und Goethe gemacht. Ihren Idealismus brachte er nach Frankreich. Er konnte für ihn wirken durch seine hinreißende Rednergabe, mit der er tiefen Eindruck machte, erst als Professor an der Ecole Normale (von 1814 ab), dann an der Sorbonne. Daß nicht durch die Betrachtung der Außenwelt, sondern durch diejenige des Menschengeistes ein befriedigender Weltanschauungsstandpunkt zu gewinnen ist, das hatte Cousin aus dem idealistischen Geistesleben herübergenommen. Auf die Selbstbeobachtung der Seele gründete er, was er sagen wollte. Und von Hegel hat er sich angeeignet, daß Geist, Idee, Gedanke nicht nur im Innern des Menschen, sondern auch draußen in der Natur und im Fortgange des geschichtlichen Lebens walten, daß Vernunft in der Wirklichkeit vorhanden ist. Er lehrte, daß in dem Charakter eines Volkes, eines Zeitalters nicht das blinde Ohngefähr, die Willkür einzelner Menschen herrschen, sondern daß sich ein notwendiger Gedanke, eine wirkliche Idee darinnen aussprechen, ja, daß ein großer Mann in der Welt nur als der Sendbote einer großen Idee erscheint, um sie innerhalb des Werdeganges der Geschichte zu verwirklichen. Es mußte auf seine französischen Zuhörer, die weltgeschichtliche Stürme ohnegleichen in den jüngsten Entwickelungsphasen ihres Volkes zu begreifen hatten, einen tiefen Eindruck machen, von einem glanzvollen Redner die Vernünftigkeit des geschichtlichen Werdens auf Grund großer Weltanschauungsgedanken dargelegt zu hören.

Energisch, zielbewußt stellt sich *Comte* in diesen Gang der französischen Weltanschauungsentwickelung hinein mit seinem Grundsatze: Nur in der Wissenschaftlichkeit, die von so strengen mathematischen und beobachteten Wahrheiten ausgeht wie die Physik oder die Chemie kann der Ausgangspunkt für eine Weltanschauung gesucht werden. Er kann nur ein solches menschliches Denken für reif gelten lassen, das sich zu dieser Anschauung durchgerungen hat. Um dahin zu kommen, mußte die Menschheit zwei Epochen der Unreife durchmachen, eine solche, in der sie an Götter glaubte, und eine folgende, in der sie sich abstrakten Ideen hingegeben hat. In dem Aufsteigen von der theologischen durch die idealistische zu der wissenschaftlichen Weltanschauung sieht Comte den notwendigen Entwickelungsgang der Menschheit. Im ersten Stadium dachte sich der Mensch in die Naturvorgänge menschenähnliche Götter hinein, welche diese Vorgänge so willkürlich zustandebringen wie der Mensch seine Verrichtungen. Später setzte er an die Stelle der Götter abstrakte Ideen, wie Lebenskraft, allgemeine Weltvernunft, Weltzweck und so weiter. Auch diese Entwickelungsphase muß einer höheren Platz machen. Es muß eingesehen werden, daß nur in der Beobachtung und in der streng mathematischen und logischen Betrachtung der Tatsachen eine Erklärung der Welterscheinungen gefunden werden kann. Nur was auf diesem Wege die Physik, die Chemie und die Wissenschaft von den Lebewesen (die Biologie) erforschen, hat das Denken zum Zwecke einer Weltanschauung zu verbinden. Es hat zu dem, was die einzelnen Wissenschaften erforscht haben, nichts hinzuzufügen, wie es die Theologie mit ihren göttlichen Wesenheiten, die idealistische Philosophie mit ihren abstrakten Gedanken tun. Auch die Anschauungen über den Gang der Menschheitsentwickelung, über das Zusammenleben der Menschen im Staate, in der Gesellschaft usw. werden erst dann vollständig klar werden, wenn sie solche Gesetze suchen wie die strengen Naturwissenschaften. Die Ursachen, warum Familien, Verbände, Rechtsanschauungen, Staatseinrichtungen entstehen, müssen ebenso gesucht werden wie diejenigen, warum Körper zur Erde fallen, oder warum die Verdauungswerkzeuge des Tieres ihre Arbeit tun. Die Wissenschaft vom menschlichen Zusammenleben, von der menschlichen Entwickelung, die Soziologie, liegt daher Comte besonders auf der Seele. Ihr sucht er den strengen Charakter zu geben, den andere Wissenschaften allmählich angenommen haben. In dieser Richtung hat er an *Claude-Henri de Saint-Simon* (1760—1825) einen Vorgänger. Dieser schon stellte die Ansicht hin, daß der Mensch nur dann ein vollkommener Lenker seiner eigenen Geschicke sein werde, wenn er sein eigenes Leben im Staate, in der Gesellschaft, im Verlaufe der Geschichte im streng wissenschaftlichen Sinne auffasse und im Sinne eines naturgesetzlichen Werdens einrichte. Comte stand eine Zeitlang in vertraulichem Umgang mit Saint-Simon. Er trennte sich von ihm, als dieser sich mit seinen Ansichten in allerlei bodenlose Träumereien und Utopien zu verlieren schien. In der einmal eingeschlagenen Richtung arbeitete Comte mit seltenem Eifer weiter. Sein «Cours de philosophie positive» ist ein Versuch, im geistfremden Stil die wissenschaftlichen Errungenschaften seiner Zeit durch bloße orientierende Zusammenstellung und durch Ausbau der Soziologie in ihrem Geiste, ohne Zuhilfenahme theologischer oder idealistischer Gedanken zu einer Weltanschauung auszubauen. Dem Philosophen stellte Comte keine andere Aufgabe als die einer solchen orientierenden Zusammenstellung. Zu dem, was die Wissenschaften über den Zusammenhang der Tatsachen festgestellt haben, hat er aus Eigenem nichts hinzuzutun. Damit war in schärfster Art die Meinung zum Ausdruck gekommen, daß allein die Wissenschaften mit ihrer Beobachtung der Wirklichkeit, mit ihren Methoden mitzusprechen haben, wenn es sich um den Ausbau der Weltanschauung handelt.

*

Innerhalb des deutschen Geisteslebens trat als tatkräftiger Verfechter dieses Gedankens von einer Alleinberechtigung des wissenschaftlichen Denkens *Eugen Dühring* (1833 bis 1921) im Jahre 1865 mit seiner «Natürlichen Dialektik» auf. In weiterer Ausführung legte er dann 1875 der Welt seine Ansichten in seinem Buche: «Kursus der Philosophie als streng wissenschaftlicher Weltanschauung und Lebensgestaltung», und in zahlreichen anderen mathematischen, naturwissenschaftlichen, philosophischen, wissenschaftsgeschichtlichen und national-ökonomischen Schriften dar. Dührings ganzes Schaffen geht aus einer im strengsten Sinne mathematischen und mechanistischen Denkweise hervor. In dem Durchdenken alles dessen, was sich in den Welterscheinungen mit mathematischer Gesetzmäßigkeit erreichen läßt, ist Dühring bewundernswert. Wo aber ein solches Denken nicht hinreicht, da verliert er jede Möglichkeit, sich im Leben zurechtzufinden. Aus diesem seinem geistigen Charakter heraus ist die Willkür, die Voreingenommenheit zu erklären, mit der Dühring so vieles beurteilt. Wo man nach höheren Ideen urteilen muß, wie in den komplizierten Verhältnissen des menschlichen Zusammenlebens, da hat er deshalb keinen anderen Anhaltspunkt als seine durch zufällige persönliche Verhältnisse in ihn gepflanzten Sympathien und Antipathien. Er, der mathematisch-objektive Kopf, verfällt in die völlige Willkür, wenn er menschliche Leistungen der geschichtlichen Vergangenheit oder der Gegenwart zu bewerten unternimmt. Seine nüchterne mathematische Vorstellungsart hat ihn dazu gebracht, eine Persönlichkeit, wie Goethe eine ist, als den unwissenschaftlichsten Kopf der neueren Zeit zu verketzern, dessen ganze Bedeutung sich, seiner Meinung nach, in einigen lyrischen Leistungen erschöpft. Man kann in der Unterschätzung alles dessen, was die nüchterne Wirklichkeit überschreitet, nicht weiter gehen, als dies Dühring in seinem Buche «Die Größen der modernen

Literatur» getan hat. Trotz dieser Einseitigkeit ist Dühring eine der anregendsten Gestalten der modernen Weltanschauungsentwickelung. Keiner, der sich in seine gedankenvollen Bücher vertieft hat, kann sich etwas anderes als dieses gestehen, daß er von ihnen tiefe Wirkungen empfangen hat.

Mit den derbsten Ausdrücken belegt Dühring alle Weltanschauungen, die von anderen als streng wissenschaftlichen Gesichtspunkten ausgehen. Alle solche unwissenschaftlichen Denkungsarten «begreifen sich im Stadium der kindischen Unreife oder in fieberhaften Anwandlungen, oder in den Rückbildungen der Greisenhaftigkeit, sie mögen unter diesen Voraussetzungen ganze Epochen und Teile der Menschheit oder gelegentlich einzelne Elemente oder verkommene Schichten der Gesellschaft heimsuchen, aber sie gehören stets in die Gebiete des Unreifen, des Pathologischen oder der bereits von der Fäulnis zersetzten Überreife» (Kursus der Philosophie S. 44). Was Kant, was Fichte, Schelling, Hegel geleistet haben, verurteilt er als Ausfluß charlatanhafter Professorenweisheit; der Idealismus als Weltanschauung ist ihm eine Theorie des Wahnsinns. Er will eine Wirklichkeitsphilosophie schaffen, die allein naturgemäß ist, weil sie «die künstlichen und naturwidrigen Erdichtungen beseitigt und zum erstenmal den Begriff der Wirklichkeit zum Maß aller ideellen Konzeptionen macht»; die Wirklichkeit wird von ihr «in einer Weise gedacht, die jede Anwandlung zu einer traumhaften und subjektivistisch beschränkten Weltvorstellung ausschließt». (Kursus der Philosophie S. 13.)

Man denke wie der richtige Mechaniker, der richtige Physiker denkt, der sich an das hält, was die Sinne wahrnehmen, der Verstand logisch kombinieren und die Rechnung feststellen können. Alles, was darüber hinausgeht, ist müßige Spielerei mit Begriffen. So sagt sich Dühring. Aber diesem Denken will er auch zu seinem vollkommenen Rechte verhelfen. Wer sich ausschließlich an dieses Denken hält, der kann sicher sein, daß es ihm Aufschlüsse über die Wirklichkeit gibt. Alles Nachsinnen darüber, ob wir mit unserem Denken auch tatsächlich in die Geheimnisse des Weltgeschehens dringen können, alle Forschungen, die wie die Kantschen das Erkenntnisvermögen begrenzen wollen, entspringen einer logischen Verkehrtheit. Man soll nicht in die aufopfernde Selbstverleugnung des Verstandes verfallen, die sich nicht wagt, etwas Positives über die Welt auszumachen. Was wir wissen können, ist eine wirkliche ungetrübte Darstellung des Wirklichen. «Das Ganze der Dinge hat eine systematische Gliederung und innere logische Konsequenz. Natur und Geschichte haben eine Verfassung und Entwickelung, deren Wesen zu einem großen Teil den allgemeinen logischen Beziehungen aller Begriffe entspricht. Die allgemeinen Eigenschaften und Verhältnisse der Denkbegriffe, mit denen sich die Logik beschäftigt, müssen auch für den besonders auszuzeichnenden Fall gelten, daß ihr Gegenstand die Gesamtheit des Seins nebst dessen Hauptgestalten ist. Da das allgemeinste Denken in einem weiten Umfange über das entscheidet, was sein und wie es sein kann, so müssen die obersten Grundsätze und Hauptformen der Logik auch für alle Wirklichkeit und deren Formen die maßgebende Bedeutung erhalten» (Kursus der Philosophie S. 11). Die Wirklichkeit hat sich in dem menschlichen Denken ein Organ geschaffen, durch das sie sich gedankenmäßig in einem ideellen Bilde wiedererzeugen, geistig nachschaffen kann. Die Natur ist überall von einer durchgängigen Gesetzmäßigkeit beherrscht, die durch sich selbst im Rechte ist, an der keine Kritik geübt werden kann. Wie sollte es einen Sinn haben, an der Tragweite des Denkens, des Organes der Natur, Kritik zu üben. Es ist eine Torheit, der Natur zuzumuten, daß sie sich ein Organ schafft, durch das sie sich nur unvollkommen oder lückenhaft spiegelte. Die Ordnung und Gesetzmäßigkeit draußen in der Wirklichkeit müssen daher der logischen Ordnung und Gesetzmäßigkeit im menschlichen Denken entsprechen. «Das ideelle System unserer Gedanken ist das Bild des realen Systems der objektiven Wirklichkeit; das vollendete Wissen hat in Form von Gedanken dieselbe Gestalt, welche die Dinge in der Form des wirklichen Daseins haben.» - Trotz dieser allgemeinen Übereinstimmung zwischen Denken und Wirklichkeit gibt es für das erstere doch die Möglichkeit, über die letztere hinauszugehen. Das Denken setzt in der Idee die Verrichtungen fort, die ihm von der Wirklichkeit aufgedrängt werden. In der Wirklichkeit ist jeder Körper teilbar, aber nur bis zu einer gewissen Grenze. Das Denken bleibt bei dieser Grenze nicht stehen, sondern teilt in der Idee noch weiter. Der Gedanke schweift über die Wirklichkeit hinaus; er läßt den Körper ins Unendliche teilbar sein, aus unendlich kleinen Teilen bestehen. In Wirklichkeit besteht dieser Körper nur aus einer ganz bestimmten endlichen Anzahl kleiner, aber nicht unendlich kleiner Teile. - Auf solche Art entstehen alle die Wirklichkeit überschreitenden Unendlichkeitsbegriffe. Man schreitet von jedem Ereignisse fort zu einem anderen, das dessen Ursache ist; von dieser Ursache wieder zu deren Ursache und so fort. Sogleich, wenn das Denken den Boden der Wirklichkeit verläßt, schweift es in eine Unendlichkeit. Es stellt sich vor, daß zu jeder Ursache wieder eine Ursache gesucht werden müsse, daß also die Welt ohne einen Anfang in der Zeit sei. Auch mit der Raumerfüllung verfährt das Denken auf ähnliche Weise. Es findet, wenn es den Himmelsraum durchmißt, außerhalb der fernsten Sterne immer noch andere; es geht über diese wirkliche Tatsache hinaus und stellt sich den Raum unendlich und erfüllt mit einer endlosen Zahl von Weltkörpern vor. Man müsse sich, meint Dühring, klar darüber sein, daß alle solche Unendlichkeitsvorstellungen mit der Wirklichkeit nichts zu tun haben. Sie entstehen nur dadurch, daß das Denken mit den Methoden, die innerhalb der Wirklichkeit dieser völlig entsprechen, diese überfliegt und dadurch ins Uferlose kommt.

Wenn das Denken sich dieses seines Auseinandergehens mit der Wirklichkeit bewußt bleibt, dann braucht es im übrigen, nach Dührings Ansicht, nicht zurückhaltend zu sein in der Übertragung von Begriffen, die dem menschlichen Tun entlehnt sind, auf die Natur. Dühring schreckt, von solchen Gesichtspunkten ausgehend, nicht einmal davor zurück, der Natur ebenso bei ihrem Schaffen Phantasie zuzuerkennen wie dem Menschen bei dem seinigen. «Die Phantasie» reicht in die Natur selbst hinab, sie «wurzelt, wie überhaupt alles Denken, in Regungen, die dem fertigen Bewußtsein vorausgehen und selbst gar keine Elemente des subjektiv Empfundenen bilden» (Kursus der Philosophie S. 50). Der von Comte verteidigte Gedanke, daß alle Weltanschauung nichts weiter sein dürfe, als eine Zurechtlegung des rein Tatsächlichen, beherrscht Dühring so vollständig, daß er die Phantasie in die Tatsachenwelt verlegt, weil er glaubt, sie einfach ablehnen zu müssen, wenn sie nur im Gebiete des menschlichen Geistes auftrete. Von diesen Vorstellungen ausgehend, gelangt er auch noch zu anderen Übertragungen solcher Begriffe, die dem menschlichen Wirken entnommen sind, auf die Natur. Er denkt zum Beispiel nicht nur, der Mensch könne bei seinem Tun erfolglose Versuche machen, von denen er abläßt, weil sie nicht zum Ziel führen, sondern auch in den Verrichtungen der Natur sähe man Versuche nach dieser oder jener Richtung. «Der Charakter des Versuchsartigen in den Gestaltungen ist der Wirklichkeit nichts weniger als fremd, und man sieht nicht ein, warum man aus Gefälligkeit für eine oberflächliche Philosophie die Parallele der Natur außer dem Menschen und der Natur im Menschen nur zur Hälfte gelten lassen soll. ... Wenn der subjektive Irrtum des Denkens und Imaginierens aus der relativen Getrenntheit und Selbständigkeit dieser Sphäre hervorgeht, warum soll nicht auch ein praktischer Irrtum oder Fehlgriff der objektiven und nicht denkenden Natur die Folge einer verhältnismäßigen Absonderung und gegenseitigen Entfremdung ihrer verschiedenen Teile und Triebkräfte sein können? Eine wahre und nicht vor den gemeinen Vorurteilen zurückschreckende Philosophie wird schließlich den vollständigen Parallelismus und die durchgängige Einheit der Konstitution nach beiden Seiten hin anerkennen» (Kursus der Philosophie S. 51).

Dühring ist also nicht spröde, wenn es sich darum handelt, die Begriffe, die das Denken in sich erzeugt, auf die Wirklichkeit zu übertragen. Weil er aber, seiner ganzen Veranlagung nach, nur Sinn für mathematische Vorstellungen hat, so gewinnt auch das Bild, das er von der Welt entwirft, ein mathematisch-schematisches Gepräge. Der Betrachtungsweise, die sich durch Darwin und Haeckel ausgebildet hat, steht er ablehnend gegenüber. Für die Aufsuchung der Gründe, warum sich ein Wesen aus dem anderen entwickelt, hat er kein Verständnis. Der Mathematiker stellt doch auch die Gebilde: Dreieck, Viereck, Kreis, Ellipse nebeneinander; warum sollte man sich nicht bei einem ähnlichen schematischen Nebeneinander in der Natur beruhigen? Nicht auf das Werden in der Natur, sondern auf die festen Gestaltungen, welche die Natur herausarbeitet durch Kombination ihrer Kräfte, geht Dühring los, wie der Mathematiker die bestimmten, streng umrissenen Raumgebilde betrachtet. Und Dühring findet es nicht unangemessen, der Natur auch ein zweckvolles Hinarbeiten auf solche feste Gebilde zuzuschreiben. Nicht als bewußtes Wirken, wie es sich beim Menschen ausbildet, stellt sich Dühring dieses zweckvolle Naturstreben vor; aber doch ist es ebenso deutlich in dem Tun der Natur ausgeprägt, wie die übrige Naturgesetzmäßigkeit. - Dührings Ansicht ist also in dieser Beziehung der entgegengesetzte Pol der von Friedrich Albert Lange vertretenen. Dieser erklärt die höheren Begriffe, namentlich alle, an denen die Phantasie einen Anteil hat, für berechtigte Dichtung; Dühring lehnt alle Dichtung in Begriffen ab, schreibt aber dafür gewissen, ihm unentbehrlichen höheren Ideen tatsächliche Wirklichkeit zu. Ganz folgerichtig erscheint es daher, wenn Lange die Grundlage der Moral allen in der Wirklichkeit wurzelnden Ideen entziehen will (vgl. oben S. 434), und auch, wenn Dühring Ideen, die er im Gebiete der Sittlichkeit für geltend hält, auch auf die Natur ausdehnt. Er ist eben vollkommen davon überzeugt, daß sich das, was im Menschen und durch den Menschen geschieht, ebenso natürlich abspielt wie die leblosen Vorgänge. Was also im Menschenleben richtig ist, kann in der Natur nicht falsch sein. Solche Erwägungen wirkten mit, um Dühring zum energischen Gegner der Darwinschen Lehre vom «Kampf ums Dasein» zu machen. Wenn in der Natur der Kampf aller gegen alle die Bedingung der Vervollkommnung wäre, so müßte er es auch im Menschenleben sein. «Eine solche Vorstellung, die sich obenein den Anstrich der Wissenschaftlichkeit gibt, ist das erdenklich Moralwidrigste von allem. Der Charakter der Natur wird auf diese Weise im antimoralischen Sinne gefaßt. Er gilt nicht bloß als gleichgültig gegen die bessere Menschenmoral, sondern geradezu als übereinstimmend und im Bunde mit derjenigen schlechten Moral, der auch die Gauner huldigen.» – Was der Mensch als moralische Antriebe empfindet, muß, im Sinne der Dühringschen Lebensanschauung, schon in der Natur veranlagt sein. In der Natur muß ein Hinzielen auf das Moralische beobachtet werden. Wie die Natur andere Kräfte schafft, die sich zweckmäßig zu festen Gebilden kombinieren, so legt sie in den Menschen sympathische Instinkte. Durch sie läßt er sich in seinem Zusammenleben mit den Nebenmenschen bestimmen. Im Menschen setzt sich also auf hoher Stufe die Tätigkeit der Natur fort. Den leblosen mechanischen Kräften schreibt Dühring das Vermögen zu, aus sich selbst, maschinenartig, die Empfindung zu erzeugen. «Die mechanische Kausalität der Naturkräfte wird in der Fundamentalempfindung sozusagen subjektiviert. Die Tatsache dieses elementaren Subjektivierungsvorgangs kann offenbar nicht weiter erklärt werden; denn irgendwo und unter irgendwelchen Bedingungen muß die bewußtlose Mechanik der Welt zum Gefühl ihrer selbst gelangen» (Kursus der Philosophie S. 147). Wenn sie aber dazu gelangt, dann beginnt nicht eine neue Gesetzmäßigkeit, ein Reich des Geistes, sondern es setzt sich nur fort, was schon in der bewußtlosen Mechanik vorhanden war. Diese Mechanik ist somit zwar bewußtlos, aber doch weise, denn «die Erde mit allem, was sie hervorbringt, nebst den außerhalb, namentlich in der Sonne liegenden Ursachen der Lebenserhaltung, sowie überhaupt einschließlich aller Einflüsse, die aus der umgebenden Gesamtwelt stammen, diese ganze Anlage und Einrichtung muß als wesentlich für den Menschen hergestellt, das heißt, als mit seinem Wohl in Übereinstimmung gedacht werden».

*

Dühring schreibt der Natur Gedanken zu, ja sogar Ziel und moralische Tendenzen, ohne zuzugeben, daß er sie damit idealisiert. Zur Naturerklärung gehören höhere, über das Wirkliche hinausgehende Ideen; solche darf es aber nach Dühring nicht geben; folglich deutet er sie zu Tatsachen um. Etwas Ähnliches lebte sich in der Weltanschauung *Julius Heinrich v. Kirchmanns* aus, der mit seiner «Philosophie des Wissens» um dieselbe Zeit auftrat (1864) wie Dühring mit seiner «Natürlichen Dialektik». Nur das ist wirklich, was wahrgenommen wird: davon geht Kirchmann aus. Durch seine Wahrnehmung steht der Mensch mit dem Dasein in Verbindung. Alles, was der Mensch nicht aus der Wahrnehmung gewinnt, muß er aus seiner Erkenntnis des Wirklichen ausscheiden. Dies erreicht er, wenn er alles Widerspruchsvolle ablehnt. «Der Widerspruch ist nicht»; dies ist Kirchmanns zweiter Grundsatz neben dem ersten: «Das Wahrgenommene ist.»

Kirchmann läßt nur die Gefühle und die Begierden als solche Seelenzustände des Menschen gelten, die ein Dasein für sich haben. Das Wissen setzt er in Gegensatz zu diesen seienden Zuständen der Seele. «Das Wissen bildet zu den zwei andern Zuständen, zu dem Fühlen und Begehren, einen Gegensatz . . . Es mag dem Wissen irgendein geistiger Vorgang, ja vielleicht ein Ähnliches, wie Druck, Spannung, zugrunde liegen; aber so aufgefaßt ist das Wissen nicht in seinem Wesen gefaßt. Als Wissen, und nur als solches ist es hier zu untersuchen, verbirgt es sein eigenes Sein und macht sich nur zu dem Spiegel eines fremden Seins. Es gibt kein besseres Gleichnis dafür, wie den Spiegel. So wie dieser um so vollkommener ist, je mehr er nicht sich selbst sehen läßt, sondern nur fremdes Sein abspiegelt, so auch das Wissen. Sein Wesen ist dieses reine Spiegeln eines fremden Seins, ohne Beimischung des eigenen seienden Zustandes.» Man kann sich allerdings keinen stärkeren Gegensatz gegen die Vorstellungsweise Hegels denken, als diese Anschauung vom Wissen. Während bei Hegel in dem Gedanken, also in dem, was die Seele durch ihre eigene Tätigkeit zu der Wahrnehmung hinzubringt, das Wesen einer Sache zum Vorschein kommt, stellt Kirchmann ein Ideal vom Wissen hin, in dem dieses ein von allen eigenen Zutaten der Seele befreites Spiegelbild der Wahrnehmungen ist.

Will man Kirchmanns Stellung im Geistesleben richtig beurteilen, so muß man die großen Schwierigkeiten in Betracht ziehen, die zur Zeit seines Auftretens jemand fand, der den Trieb in sich hatte, ein selbständiges Weltanschauungsgebäude aufzurichten. Die naturwissenschaftlichen Ergebnisse, die einen tiefgehenden Einfluß auf die Weltanschauungsentwickelung haben mußten, waren noch jung. Ihr Zustand reichte gerade hin, um den Glauben an die klassische, idealistische Weltanschauung zu erschüttern, die ihr stolzes Gebäude ohne die Hilfe der neueren Naturwissenschaft hatte aufführen müssen. Nicht leicht aber war es, der Fülle der Einzelergebnisse gegenüber in neuer Form zu orientierenden Grundgedanken zu kommen. Man verlor in weiten Kreisen den Faden, der von der wissenschaftlichen Tatsachenkenntnis zu einer befriedigenden Gesamtanschauung der Welt führte. Eine gewisse Ratlosigkeit in Weltanschauungsfragen bemächtigte sich vieler. Das Verständnis für einen Gedankenschwung, wie sich ein solcher in der Anschauung Hegels ausgelebt hatte, war kaum mehr zu finden.

MODERNE IDEALISTISCHE WELTANSCHAUUNGEN

Durch drei Denkerköpfe ist in der zweiten Hälfte des Jahrhunderts die naturwissenschaftliche Vorstellungsart mit den idealistischen Traditionen aus der ersten Jahrhunderthälfte dreimal zu Weltanschauungen verschmolzen worden, die eine scharfe individuelle Physiognomie tragen, durch *Hermann Lotze* (1817-1881), *Gustav Theodor Fechner* (1801-1887) und *Eduard von Hartmann* (1842-1906).

Lotze trat in seiner 1843 veröffentlichten Arbeit über «Leben und Lebenskraft» (in R. Wagners Handwörterbuch der Physiologie) mit Entschiedenheit gegen den Glauben auf, daß in den Lebewesen eine besondere Kraft, die Lebenskraft, vorhanden sei, und verteidigte den Gedanken, daß die Lebenserscheinungen nur durch komplizierte Vorgänge von der Art zu erklären sind, wie sie sich auch in der leblosen Natur abspielen. Er stellte sich in dieser Beziehung also durchaus auf die Seite der neueren naturwissenschaftlichen Vorstellungsart, die den alten Gegensatz zwischen dem Leblosen und dem Lebendigen zu überbrücken suchte. Im Sinne eines solchen Gesichtspunktes sind seine Werke gehalten, die naturwissenschaftliche Dinge behandeln: seine «Allgemeine Pathologie und Therapie als mechanische Naturwissenschaften» (1842) und «Allgemeine Physiologie des körperlichen Lebens» (1851). *Fechner* lieferte in seinen «Elementen der Psychophysik» (1860) und in seiner «Vorschule der Ästhetik» (1876) Werke, die den Geist streng naturwissenschaftlicher Vorstellungsart in sich tragen, und zwar auf Gebieten, die vor ihm fast ausnahmslos im Sinne einer idealistischen Denkweise bearbeitet worden waren. Lotze und Fechner hatten aber das entschiedene Bedürfnis, über die naturwissenschaftliche Betrachtungsart hinaus sich eine idealistische Gedankenwelt zu erbauen. Lotze wurde zu einer solchen durch die Beschaffenheit seines Gemütes gedrängt, das von ihm nicht nur ein denkendes Verfolgen der natürlichen Gesetzmäßigkeit in der Welt forderte, sondern das ihn in allen Dingen und Vorgängen Leben und Innerlichkeit von der Art suchen ließ, wie sie der Mensch selbst in seiner Brust empfindet. Er will «beständig gegen die Vorstellungen streiten, die von der Welt nur die eine und geringere Hälfte kennen wollen, nur das Entfalten von Tatsachen zu neuen Tatsachen, von Formen zu neuen Formen, aber nicht die beständige Wiederverinnerlichung all dieses Äußerlichen zu dem, was in der Welt allein Wert hat und Wahrheit, zu der Seligkeit und Verzweiflung, der Bewunderung und dem Abscheu, der Liebe und dem Haß, zu der fröhlichen Gewißheit und der zweifelnden Sehnsucht, zu all dem namenlosen Hangen und Bangen, in welchem das Leben verläuft, das allein Leben zu heißen verdient». Lotze hat wie so viele das Gefühl, daß das menschliche Bild der Natur kalt und nüchtern wird, wenn wir in dasselbe nicht Vorstellungen hineintragen, die der menschlichen Seele entnommen sind. (Vgl. oben S. 375.) Was bei Lotze eine Folge seiner Gemütsanlage ist, das erscheint bei Fechner als Ergebnis einer reich entwickelten Phantasie, die so wirkt, daß sie von einer logischen Erfassung der Dinge stets zu einer poesievollen Auslegung derselben führt. Er kann nicht als naturwissenschaftlicher Denker bloß die Entstehungsbedingungen des Menschen suchen, und die Gesetze, die diesen nach einer gewissen Zeit wieder sterben lassen. Ihm werden Geburt und Tod zu Ereignissen, die seine Phantasie zu einem Leben vor der Geburt, und zu einem solchen nach dem Tode leiten. «Der Mensch» - so führt Fechner in dem «Büchlein vom Leben nach dem Tode» aus - «lebt auf der Erde nicht einmal, sondern dreimal. Seine erste Lebensstufe ist ein steter Schlaf, die zweite eine Abwechslung zwischen Schlaf und Wachen, die dritte ein ewiges Wachen. - Auf der ersten Stufe lebt der Mensch einsam im Dunkel; auf der zweiten lebt er gesellig, aber gesondert neben und zwischen andern in einem Lichte, das ihm die Oberfläche abspiegelt; auf der dritten verflicht sich sein Leben mit dem von andern Geistern zu einem höhern Leben in dem höchsten Geiste und schaut er in das Wesen der endlichen Dinge. - Auf der ersten Stufe entwickelt sich der Körper aus dem Keime und erschafft sich seine Werkzeuge für die zweite; auf der zweiten entwickelt sich der Geist aus dem Keime und erschafft sich seine Werkzeuge für die dritte; auf der dritten entwickelt sich der göttliche Keim, der in jedes Menschen Geiste liegt und schon hier in ein für uns dunkles, für den Geist der dritten Stufe tageshelles, Jenseits durch Ahnung, Glaube, Gefühl und Instinkt des Genius über den Menschen hinausweist. - Der Übergang von der ersten zur zweiten Lebensstufe heißt Geburt; der Übergang von der zweiten zur dritten heißt Tod.»

Lotze hat eine Auslegung der Welterscheinungen, wie sie den Bedürfnissen seines Gemütes entspricht, in seinem Werke «Mikrokosmos» (1856—1864) und in seinen Schriften «Drei Bücher der Logik» (1874) und «Drei Bücher Metaphysik» (1879) gegeben. Auch sind die Nachschriften der Vorträge erschienen, die er über die verschiedenen Gebiete der Philosophie gehalten hat. Sein Verfahren stellt sich dar als ein Verfolgen der streng natürlichen Gesetzmäßigkeit in der Welt, und ein nachheriges Zurechtlegen dieser Gesetzmäßigkeit im Sinne einer idealen, harmonischen, seelenvollen Ordnung und Wirksamkeit des Weltgrundes. Wir sehen ein Ding auf das andere wirken; aber das erstere könnte das zweite gar nicht zu einer Wirkung vermögen, wenn nicht eine ursprüngliche Verwandtschaft und Einheit zwischen den beiden bestünde. Dem zweiten Dinge müßte es gleichgültig bleiben, was das erste vollbringt, wenn es nicht die Fähigkeit hätte, im Sinne dessen, was das erste will, sein eigenes Tun einzurichten. Eine Kugel kann durch eine andere, von der sie gestoßen wird, nur dann zu einer Bewegung veranlaßt werden, wenn sie gewissermaßen der anderen mit Verständnis entgegenkommt, wenn in ihr dasselbe Verständnis von Bewegung ist wie in der ersten. Die Bewegungsfähigkeit ist etwas, was sowohl in der einen wie in der andern Kugel als ihr Gemeinsames enthalten ist. Alle Dinge und Vorgänge müssen ein solches Gemeinsames haben. Daß wir sie als Dinge und Vorkommnisse wahrnehmen, die voneinander getrennt sind, rührt daher, daß wir bei unserer Beobachtung nur ihre Außenseite kennenlernen; könnten wir in ihr Inneres sehen, so erschiene uns das, was sie nicht trennt, sondern zu einem großen Weltganzen verbindet. Nur ein Wesen gibt es für uns, das wir nicht bloß von außen, sondern von innen kennen, das wir nicht nur anschauen, sondern in das wir hineinschauen können. Das ist unsere eigene Seele, das Ganze unserer geistigen Persönlichkeit. Weil aber alle Dinge in ihrem Innern ein Gemeinsames aufweisen müssen, so muß ihnen allen auch mit unserer Seele das gemeinsam sein, was deren innersten Kern ausmacht. Wir dürfen daher uns das Innere der Dinge ähnlich der Beschaffenheit unserer eigenen Seele vorstellen. Und der Weltgrund, der als das Gemeinsame aller Dinge waltet, kann von uns nicht anders gedacht werden, denn als eine umfassende Persönlichkeit nach dem Bilde unserer eigenen Persönlichkeit. «Der Sehnsucht des Gemütes, das Höchste, was ihm zu ahnen gestattet ist, als Wirklichkeit zu fassen, kann keine andere Gestalt seines Daseins als die der Persönlichkeit genügen oder nur in Frage kommen. So sehr ist sie davon überzeugt, daß lebendige, sich selbst besitzende und genießende Ichheit die unabweisliche Vorbedingung und die einzige mögliche Heimat alles Guten und aller Güter ist, so sehr von stiller Geringschätzung gegen alles anscheinend leblose Dasein erfüllt, daß wir stets die beginnende Religion in ihren mythenbildenden Anfängen beschäftigt finden, die natürliche Wirklichkeit zur geistigen zu verklären, nie hat sie dagegen ein Bedürfnis empfunden, geistige Lebendigkeit auf blinde Realität als festeren Grund zurückzudeuten.» Und seine eigene Empfindung gegenüber den Dingen der Natur kleidet Lotze in die Worte: «Ich kenne sie nicht, die toten Massen, von denen ihr redet; mir ist alles Leben und Regsamkeit und auch die Ruhe und der Tod nur dumpfer vorübergehender Schein rastlosen inneren Webens.» Und wenn die Naturvorgänge, wie sie in der Beobachtung erscheinen, nur solch ein dumpfer vorübergehender Schein sind, so kann auch ihr tiefstes Wesen nicht in dieser der Beobachtung vorliegenden Gesetzmäßigkeit, sondern in dem «rastlosen Weben» der sie alle beseligenden Gesamtpersönlichkeit, in deren Zielen und Zwecken gesucht werden. Lotze stellt sich daher vor, daß sich in allem natürlichen Wirken ein von einer Persönlichkeit gesetzter moralischer Zweck zum Ausdrucke bringt, dem die Welt zustrebt. Die Naturgesetze sind der äußere Ausdruck einer allwaltenden ethischen Gesetzmäßigkeit der Welt. Es steht mit dieser ethischen Auslegung der Welt vollkommen im Einklang, was Lotze über das Fortleben der menschlichen Seele nach dem Tode vorbringt: «Kein anderer Grundsatz steht uns außer der allgemeinen idealistischen Überzeugung zu Gebote: fortdauern werde jedes Geschaffene, dessen Fortdauer zu dem Sinne der Welt gehört; ... vergehen werde alles, dessen Wirklichkeit nur in einer vorübergehenden Phase des Weltlaufs seine berechtigte Stelle hatte. Daß dieser Grundsatz keine weitere Anwendung in menschlichen Händen gestatte, bedarf kaum der Erwähnung; wir kennen sicher die Verdienste nicht, die dem einen Wesen Anspruch auf ewiges Bestehen erwerben können, noch die Mängel, die ihn anderen versagen.» (Drei Bücher Metaphysik, § 245.) Wo Lotze seine Betrachtungen einmünden läßt in das Gebiet der großen philosophischen Rätselfragen, erhalten seine Gedanken einen unsicheren Charakter. Es ist ihnen anzumerken, daß ihr Träger aus seinen beiden Erkenntnisquellen, der Naturwissenschaft und der seelischen Selbstbeobachtung, keine sichere Vorstellung gewinnen kann über das Verhältnis des Menschen zum Weltverlauf. Die innere Kraft der Selbstbeobachtung dringt nicht durch zu einem Gedanken, welcher dem Ich ein Recht geben könnte, sich als eine bestimmte Wesenheit innerhalb des Weltganzen zu erfühlen. In seinen Vorlesungen über «Religionsphilosophie» steht zu lesen: «Der ‚Glaube an *Unsterblichkeit*' hat kein anderes sicheres Fundament als das ‚*religiöse Bedürfnis*'. Es läßt sich daher auch philosophisch über die Art der Fortdauer nichts weiter bestimmen, als was aus einem einfachen metaphysischen Satze fließen könnte. Nämlich: da wir jedes Wesen nur als *Geschöpf Gottes* betrachten, so gibt es durchaus kein ursprünglich gültiges *Recht*, auf welches die einzelne Seele, etwa als «Substanz» sich berufen könnte, um ewige individuelle Fortdauer zu fordern. Vielmehr können wir bloß behaupten: jedes Wesen werde *so lange* von Gott *erhalten* werden, als sein Dasein eine wertvolle Bedeutung für das Ganze seines Weltplanes hat ...» In der Unbestimmtheit solcher Sätze drückt sich aus, welche *Tragweite* die Lotzeschen Ideen in das Gebiet der großen philosophischen Rätselfragen hinein entwickeln können.

*

In dem Schriftchen «Vom Leben nach dem Tode» spricht sich *Fechner* über das Verhältnis des Menschen zur Welt aus. «Was sieht der Anatom, wenn er in das Gehirn des Menschen blickt? Ein Gewirr von weißen Fasern, dessen Sinn er nicht enträtseln kann. Und was sieht es in sich selbst? Eine Welt von Licht, Tönen, Gedanken, Erinnerungen, Phantasien, Empfindungen von Liebe und von Haß. So denke dir das Verhältnis dessen, was du, äußerlich der Welt gegenüberstehend, in ihr siehst, und was sie in sich selbst sieht, und verlange nicht, daß beides, das Äußere und Innere, sich im Ganzen der Welt mehr ähnlich sehe als in dir, der nur ihr Teil. Und nur, daß du ein Teil von dieser Welt bist, läßt dich auch einen Teil von dem, was sie in sich sieht, in dir sehen.» Fechner stellt sich vor, daß der Weltgeist zu der Weltmaterie dasselbe Verhältnis habe wie der Menschengeist zum Menschenkörper. Er sagt sich nun: der Mensch spricht von sich, wenn er von seinem Körper spricht; und er spricht auch von sich, wenn er von seinem Geiste redet. Der Anatom, der das Gewirr der Gehirnfasern untersucht, hat das Organ vor sich, dem einst Gedanken und Phantasien entsprungen sind. Als der Mensch noch lebte, dessen Gehirn der Anatom betrachtet, standen vor seiner Seele nicht die Gehirnfasern und ihre körperliche Tätigkeit, sondern eine Welt von Vorstellungen. Was ändert sich nun, wenn statt des Menschen, der in seine Seele blickt, der Anatom in das Gehirn, das körperliche Organ dieser Seele, schaut? Ist es nicht dasselbe Wesen, derselbe Mensch, der in dem einen und in dem andern Falle betrachtet wird? Das Wesen, meint Fechner, sei dasselbe, nur der Standpunkt des Beobachters habe sich geändert. Der Anatom sieht sich von außen an, was der Mensch früher von innen angesehen hat. Es ist, wie wenn man einen Kreis einmal von außen, einmal von innen ansieht. Im ersten Fall erscheint er erhaben, im zweiten hohl. Beide Male ist es derselbe Kreis. So ist es auch mit dem Menschen: sieht er sich selbst von innen an, so ist er Geist; sieht ihn der Naturforscher von außen an, so ist er Körper, Materie. Im Sinne der Fechnerschen Vorstellungsart ist es nicht angebracht, darüber nachzudenken, wie Körper und Geist aufeinander wirken. Denn beides sind gar nicht zwei verschiedene Wesen; sie sind eines und dasselbe. Sie stellen sich nur als verschieden dar, wenn man sie von verschiedenen Standorten aus beobachtet. Im Menschen sieht Fechner einen Körper, der Geist zugleich ist. - Von diesem Gesichtspunkte aus ergibt sich für Fechner die Möglichkeit, sich die ganze Natur geistig, beseelt vorzustellen. Bei sich selbst ist der Mensch in der Lage, das Körperliche von innen anzuschauen, also die Innenseite unmittelbar als Geistiges zu erkennen. Liegt nun nicht der Gedanke nahe, daß alles Körperliche, wenn es von innen angeschaut werden könnte, als Geistiges erschiene? Die Pflanze können wir nur von außen sehen. Ist es nicht aber möglich, daß auch sie, von innen angeschaut, sich als Seele erwiese? Diese Vorstellung wuchs sich in Fechners Phantasie zur

Überzeugung aus: Alles Körperliche ist zugleich ein Geistiges. Das kleinste Materielle ist beseelt. Und wenn sich die materiellen Teile zu vollkommeneren materiellen Körpern aufbauen, so ist dieser Vorgang nur ein von außen angesehener; ihm entspricht ein innerer, der sich als Zusammensetzung von Einzelseelen zu vollkommeneren Gesamtseelen darstellen würde, wenn man ihn betrachten könnte. Wäre jemand imstande, das körperliche Getriebe auf unserer Erde mit den auf ihr lebenden Pflanzen, mit den sich darauf tummelnden Tieren und Menschen von innen anzusehen, so stellte sich ihm dieses Ganze als Erdseele dar. Und ebenso wäre es beim ganzen Sonnensystem, ja bei der ganzen Welt. Das Universum ist, von außen gesehen, der körperliche Kosmos; von innen angeschaut, Allgeist, vollkommenste Persönlichkeit, Gott.

Wer zu einer Weltanschauung gelangen will, muß über die Tatsachen, die ohne sein Zutun sich ihm darbieten, hinausgehen. Was durch ein solches Hinausgehen über die Welt der unmittelbaren Wahrnehmung erreicht wird, darüber herrschen die verschiedensten Ansichten. Kirchhoff hat 1874 die seinige (vgl. oben S. 433 f.) dahin ausgesprochen, daß man auch durch die strengste Wissenschaft zu nichts anderem komme als zu einer vollständigen und einfachen Beschreibung der tatsächlichen Vorgänge. Fechner geht von einem anderen Gesichtspunkt aus. Er ist der Meinung, es sei «das die große Kunst des Schlusses vom Diesseits auf das Jenseits, nicht von Gründen, die wir nicht kennen, noch von Voraussetzungen, die wir machen, sondern von Tatsachen, die wir kennen, auf die größeren und höheren Tatsachen des Jenseits zu schließen, und dadurch den praktisch geforderten, an höheren Gesichtspunkten hängenden Glauben von unten her zu festigen, zu stützen, und mit dem Leben in lebendigen Bezug zu setzen». (Das Büchlein vom Leben nach dem Tode, 4. Aufl. S. 69). Im Sinne dieser Meinung sucht Fechner nicht nur den Zusammenhang der körperlichen Erscheinungen, die der Beobachtung gegeben sind, mit den geistigen Erscheinungen der Beobachtung; sondern er fügt zu den beobachteten Seelenerscheinungen andere hinzu, den Erdgeist, den Planetengeist, den Weltgeist.

Fechner läßt sich durch sein auf sicherer Grundlage ruhendes naturwissenschaftliches Wissen nicht abhalten, die Gedanken von der Sinnenwelt aus zu erheben in Regionen, wo ihnen Weltenwesen und Weltenvorgänge vorschweben, die der Sinnenbeobachtung entrückt sein müssen, wenn sie existieren. Er fühlt sich zu solcher Erhebung angeregt durch sein sinniges Betrachten der Sinnenwelt, die seinem Denken mehr sagt, als ihm die bloße Sinneswahrnehmung sagen kann. Dieses «Mehr» fühlt er sich veranlaßt zur Ersinnung außersinnlicher Wesen zu gebrauchen. Auf diese *seine* Art strebt er danach, sich eine Welt auszumalen, in welche der lebendig gewordene Gedanke hineinzuführen verspricht. Solche Überschreitung der Sinnesgrenzen hat Fechner nicht abgehalten, sogar in einem Gebiete, das an das Seelische grenzt, nach strengster naturwissenschaftlicher Methode zu verfahren. Er ist es gewesen, der für dieses Gebiet die wissenschaftlichen Methoden geschaffen hat. Seine «Elemente der Psychophysik» (1860) sind auf diesem Felde das grundlegende Werk. Das Grundgesetz, auf das er die Psychophysik stellte, ist, daß die Empfindungszunahme, die im Menschen durch einen wachsenden Eindruck von außen bewirkt wird, in einem bestimmten Verhältnisse langsamer erfolgt als der Stärkezuwachs des Eindruckes. Die Empfindung wächst um so weniger, je größer die bereits vorhandene Stärke des Reizes war. Von diesem Gedanken ausgehend, ist es möglich, ein Maßverhältnis zwischen dem äußeren Reiz (zum Beispiel der physischen Lichtstärke) und der Empfindung (zum Beispiel der Lichtempfindung) zu gewinnen. Das Beschreiten des von Fechner eingeschlagenen Weges hat zum Ausbau der Psychophysik als einer ganz neuen Wissenschaft von dem Verhältnis der Reize zu den Empfindungen, also des Körperlichen zu dem Seelischen geführt. Wilhelm Wundt, der auf diesem Gebiete in Fechners Geist weitergearbeitet hat, charakterisiert den Begründer der «Psychophysik» in ausgezeichneter Weise: «Vielleicht in keiner seiner sonstigen wissenschaftlichen Leistungen tritt die seltene Vereinigung von Gaben, über die Fechner verfügte, so glänzend hervor, wie in seinen psychophysischen Arbeiten. Zu einem Werke, wie den Elementen der Psychophysik, bedurfte es einer Vertrautheit mit den Prinzipien exakter physikalisch-mathematischer Methodik und zugleich einer Neigung, in die tiefsten Probleme des Seins sich zu vertiefen, wie in dieser Vereinigung nur er sie besaß. Und dazu brauchte er jene Ursprünglichkeit des Denkens, welche die überkommenen Hilfsmittel frei nach eigenen Bedürfnissen umzugestalten wußte und kein Bedenken trug, neue und ungewohnte Wege einzuschlagen. Die um ihrer genialen Einfachheit halber bewundernswerten, aber doch nur beschränkten Beobachtungen *E. H. Webers,* die vereinzelten, oft mehr zufällig als planmäßig gefundenen Versuchsweisen und Ergebnisse anderer Physiologen - sie bildeten das bescheidene Material, aus dem er eine neue Wissenschaft aufbaute.» Wichtige Aufschlüsse über die Wechselwirkungen von Leib und Seele ergaben sich durch die von Fechner angeregte experimentelle Methode auf diesem Gebiete. Wundt charakterisiert die neue Wissenschaft in seinen «Vorlesungen über die Menschen- und Tierseele» (1863): «Ich werde in den nachfolgenden Untersuchungen zeigen, daß das Experiment in der Psychologie das Haupthilfsmittel ist, das uns von den Tatsachen des Bewußtseins auf jene Vorgänge hinleitet, die im dunklen Hintergrunde der Seele das bewußte Leben vorbereiten. Die Selbstbeobachtung liefert uns, wie die Beobachtung überhaupt, nur die zusammengesetzte Erscheinung. In dem Experiment erst entkleiden wir die Erscheinung aller der zufälligen Umstände, an die sie in der Natur gebunden ist. Durch das Experiment erzeugen wir die Erscheinung künstlich aus den Bedingungen heraus, die wir in der Hand halten. Wir verändern diese Bedingungen und verändern dadurch in meßbarer Weise auch die Erscheinung. So leitet uns immer und überall erst das Experiment zu den Naturgesetzen, weil wir nur im Experiment gleichzeitig die Ursachen und die Erfolge zu überschauen vermögen.» Zweifellos ist es nur ein Grenzgebiet der Psychologie, auf dem das Experiment fruchtbar ist, eben das Gebiet, auf dem die bewußten Vorgänge hinüberführen in die nicht mehr bewußten, ins Materielle leitenden Hintergründe des Seelenlebens. Die eigentlichen Seelenerscheinungen sind ja doch nur durch die rein geistige Beobachtung zu gewinnen. Dennoch hat der Satz *E. Kraepelins*, eines Psychophysikers, volle Berechtigung, daß «die junge Wissenschaft . . . dauernd ihren selbständigen Platz neben den übrigen Zweigen der Naturwissenschaft und insonderheit der Physiologie zu behaupten imstande sein wird». (Psychologische Arbeiten, herausgegeben von E. Kraepelin.)

*

Eduard von Hartmann hatte, als er 1869 mit seiner «Philosophie des Unbewußten» auftrat, weniger eine Weltanschauung im Auge, die mit den Ergebnissen der modernen Naturwissenschaft rechnet, als vielmehr eine solche, welche die ihm in vielen Punkten ungenügend erscheinenden Ideen der idealistischen Systeme aus der ersten Jahrhunderthälfte auf eine höhere Stufe hebt, sie von Widersprüchen reinigt und allseitig ausgestaltet. Ihm schienen sowohl in Hegels wie in Schellings und auch in Schopenhauers Gedanken richtige Keime zu stecken, die nur zur Reife gebracht werden müßten. Der Mensch kann sich nicht mit der Beobachtung der Tatsachen begnügen, wenn er die Dinge und Vorgänge der Welt erkennen will. Er muß von den Tatsachen zu Ideen fortschreiten. Diese Ideen können nicht etwas sein, das durch das Denken willkürlich zu den Tatsachen hinzugefügt wird. Es muß ihnen in den Dingen und Vorkommnissen etwas entsprechen. Dieses Entsprechende können nicht bewußte Ideen sein, denn solche kommen nur durch die materiellen Vorgänge des menschlichen Gehirns zustande. Ohne Gehirn gibt es kein Bewußtsein. Man muß sich also vorstellen, daß den bewußten Ideen des menschlichen Geistes ein unbewußtes Ideelles in der Wirklichkeit entspricht. Wie Hegel, betrachtet auch Hartmann die Idee als das Wirkliche in den Dingen, das in ihnen vorhanden ist über das bloß Wahrnehmbare, der sinnlichen Beobachtung zugängliche, hinaus. - Der bloße Ideengehalt der Dinge könnte aber niemals ein wirkliches Geschehen in ihnen hervorbringen. Die Idee einer Kugel kann nicht die Idee einer anderen Kugel stoßen. Die Idee eines Tisches kann auch auf das menschliche Auge keinen Eindruck hervorrufen. Ein wirkliches Geschehen setzt eine wirkliche Kraft voraus. Um über eine solche eine Vorstellung zu gewinnen, lehnt sich Hartmann an Schopenhauer an. Der Mensch findet in der eigenen Seele eine Kraft, durch die er seinen eigenen Gedanken, seinen Entschlüssen Wirklichkeit verleiht, den Willen. So wie der Wille in der menschlichen Seele sich äußert, hat er das Vorhandensein des menschlichen Organismus zur Voraussetzung. Durch den Organismus ist der Wille ein bewußter. Wollen wir uns in den Dingen eine Kraft denken, so können wir sie uns nur ähnlich dem Willen, der einzigen uns unmittelbar bekannten Kraft, vorstellen. Nur muß man wieder vom Bewußtsein absehen. Außer uns herrscht also in den Dingen ein unbewußter Wille, welcher den Ideen die Möglichkeit gibt, sich zu verwirklichen. Der Ideen- und der Willensgehalt der Welt machen in ihrer Vereinigung die unbewußte Grundlage der Welt aus. - Wenn auch die Welt wegen ihres Ideengehaltes eine durchaus logische Struktur aufweist, so verdankt sie ihr wirkliches Dasein doch dem unlogischen, vernunftlosen Willen. Ihr Inhalt ist vernünftig; daß dieser Inhalt eine Wirklichkeit ist, hat seinen Grund in der Unvernunft. Das Walten des Unvernünftigen drückt sich in dem Vorhandensein der Schmerzen aus, die alle Wesen quälen. Der Schmerz überwiegt in der Welt gegenüber der Lust. Diese Tatsache, die philosophisch aus dem unlogischen Willenselemente des Daseins zu erklären ist, sucht Eduard von Hartmann durch sorgfältige Betrachtungen über das Verhältnis von Lust und Unlust in der Welt zu erhärten. Wer sich keiner Illusion hingibt, sondern objektiv die Übel der Welt betrachtet, kann zu keinem anderen Ergebnis gelangen, als daß die Unlust in weit größerem Maße vorhanden ist als die Lust. Daraus aber folgt, daß das Nichtsein dem Dasein vorzuziehen ist. Das Nichtsein kann aber nur erreicht werden, wenn die logisch-vernünftige Idee den Willen, das Dasein vernichtet. Als eine allmähliche Vernichtung des unvernünftigen Willens durch die vernünftige Ideenwelt sieht daher Hartmann den Weltprozeß an. Es muß die höchste sittliche Aufgabe des Menschen die sein, an der Überwindung des Willens mitzuwirken. Aller Kulturfortschritt muß zuletzt darauf hinauslaufen, diese Überwindung endlich herbeizuführen. Der Mensch ist mithin sittlich gut, wenn er an dem Kulturfortschritt teilnimmt, wenn er nichts für sich verlangt, sondern sich selbstlos dem großen Werke der Befreiung vom Dasein widmet. Er wird das zweifellos tun, wenn er einsieht, daß die Unlust immer größer sein muß als die Lust, ein Glück demnach unmöglich ist. Nur der kann in egoistischer Weise nach dem Glück Verlangen tragen, der es für möglich hält. Die pessimistische Ansicht von dem Überwiegen des Schmerzes über die Lust ist das beste Heilmittel gegen den Egoismus. Nur in dem Aufgehen im Weltprozesse kann der einzelne sein Heil finden. Der wahre Pessimist wird zu einem unegoistischen Handeln geführt. - Was der Mensch bewußt vollbringt, ist aber nur das ins Bewußtsein heraufgehobene Unbewußte. Dem bewußten menschlichen Mitarbeiten an dem Kulturfortschritt entspricht ein unbewußter Gesamtprozeß, der in der fortschreitenden Befreiung des Urwesens der Welt von dem Willen besteht. Diesem Ziel muß auch schon der Weltanfang dienstbar gewesen sein. Das Urwesen mußte die Welt schaffen, um sich allmählich mit Hilfe der Idee vom Willen zu befreien. «Das reale Dasein ist die Inkarnation der Gottheit, der Weltprozeß die Passionsgeschichte des fleischgewordenen Gottes, und zugleich der Weg zur Erlösung des im Fleische Gekreuzigten; die Sittlichkeit aber ist die Mitarbeit an der Abkürzung dieses Leidens- und Erlösungsweges.» (Hartmann, Phänomenologie des sittlichen Bewußtseins, 1879, S. 871.) Hartmann hat in einer Reihe umfassender Werke und in einer großen Zahl von Monographien und Aufsätzen seine Weltanschauung allseitig ausgebaut. Diese Schriften bergen geistige Schätze von hervorragender Bedeutung in sich. Dies ist namentlich deswegen der Fall, weil Hartmann es versteht, bei der Behandlung einzelner Fragen der Wissenschaft und des Lebens sich von seinen Grundgedanken nicht tyrannisieren zu lassen, sondern sich einer unbefangenen Betrachtung der Dinge hinzugeben. In besonders hohem Grade gilt dies von seiner «Phänomenologie des sittlichen Bewußtseins», in der er die verschiedenen Arten menschlicher Sittenlehren in logischer Gliederung vorführt. Er hat damit eine Art «Naturgeschichte» der verschiedenen sittlichen Standpunkte gegeben, von der egoistischen Jagd nach Glück durch viele Zwischenstufen hindurch bis zu der selbstlosen Hingabe an den allgemeinen Weltprozeß, durch den das göttliche Urwesen sich von der Unseligkeit des Daseins befreit.

Da Hartmann den Zweckgedanken in sein Weltbild aufnimmt, so ist es begreiflich, daß ihm die auf dem Darwinismus ruhende naturwissenschaftliche Denkweise als eine einseitige Ideenströmung erscheint. Wie die Idee im Ganzen der Welt nach dem Ziele des Nichtseins hinarbeitet, so ist auch im einzelnen der ideelle Gehalt ein zweckvoller. In der Entwickelung des Organismus sieht Hartmann einen sich verwirklichenden Zweck; und der Kampf ums Dasein mit der natürlichen Zuchtwahl sind nur Handlanger der zweckvoll waltenden Ideen. (Philosophie des Unbewußten, 10. Aufl., Band III, S. 403.)

*

Von verschiedenen Seiten her mündet das Gedankenleben des neunzehnten Jahrhunderts in eine Weltanschauung der Denkunsicherheit und der Trostlosigkeit. *Richard Wahle* erklärt dem Denken mit aller Bestimmheit, daß es unfähig sei, für die Lösung «überschwänglicher» höchster Fragen etwas zu tun; und Eduard von Hartmann sieht in der ganzen Kulturarbeit nur einen Umweg, um endlich die völlige Erlösung vom Dasein, als letzten Endzweck, herbeizuführen. Gegen solche Ideenströmungen darf ein schönes Wort gehalten werden, das ein deutscher Sprachforscher, *Wilhelm Wackernagel,* 1843 (in seinem Buche «Über den Unterricht in der Muttersprache») niedergeschrieben hat. Er meint, der Zweifel könne keine Grundlage zu einer Weltanschauung abgeben; er sei vielmehr eine «Injurie» gegen die Persönlichkeit, die etwas erkennen will, und ebenso gegen die Dinge, die erkannt werden sollen. «Erkenntnis fängt mit Vertrauen an.»

Solches Vertrauen hat die neuere Zeit allerdings für die Ideen gezeitigt, welche auf den Methoden der naturwissenschaftlichen Forschung ruhen; nicht aber für ein Erkennen, das sich die Kraft der Wahrheit aus dem selbstbewußten Ich holt. Die Impulse, welche in den Tiefen der Entwickelung des geistigen Lebens liegen, fordern eine solche Kraft der Wahrheit. Die forschende Menschenseele fühlt instinktiv, daß sie nur durch eine solche Kraft sich befriedigt finden kann. Es ringt die philosophische Forschung nach einer solchen Kraft. Sie kann sie aber nicht in dem finden, was sie an Gedanken für eine Weltanschauung aus sich herauszutreiben vermag. Die Leistungen des Gedankenlebens bleiben hinter dem zurück, was die Seele fordert. Die naturwissenschaftlichen Vorstellungen empfangen ihre Gewißheit von der Beobachtung der Außenwelt. Im Innern der Seele fühlt man nicht eine Kraft, welche die gleiche Gewißheit verbürgt. Man möchte Wahrheiten über die geistige Welt, über das Schicksal der Seele und deren Zusammenhang mit der Welt, die so gewonnen sind wie die naturwissenschaftlichen Vorstellungen. Der Denker, der ebenso gründlich aus dem philosophischen Denken der Vergangenheit schöpfte, wie er sich in die Art der naturwissenschaftlichen Forschung eingelebt hat, *Franz Brentano,* hat für die Philosophie die Forderung aufgestellt, sie müsse zu ihren Ergebnissen auf die gleiche Art gelangen wie die Naturwissenschaft. Er hoffte, daß zum Beispiel die Seelenwissenschaft (Psychologie) wegen dieser Nachbildung der naturwissenschaftlichen Methoden nicht darauf zu verzichten brauchte, Aufschluß über die wertvollsten Fragen des Seelenlebens zu gewinnen. «Für die Hoffnungen eines Platon und Aristoteles, über das Fortleben unseres besseren Teiles nach der Auflösung des Leibes Sicherheit zu gewinnen, würden dagegen die Gesetze der Assoziation von Vorstellungen, der Entwickelung von Überzeugungen und Meinungen und des Keimens und Treibens von Lust und Liebe alles andere, nur nicht eine wahre Entschädigung sein ... Und wenn wirklich» - die neue naturwissenschaftliche Denkungsart - «den Ausschluß der Frage nach der Unsterblichkeit besagte, so wäre er für die Psychologie ein überaus bedeutender zu nennen.» Solches spricht Brentano in seiner «Psychologie vom empirischen Standpunkt» 1874 (S. 20) aus. Bedeutungsvoll für die geringe Tragfähigkeit der Seelenforschung, die sich völlig der Naturwissenschaft nachbilden will, ist, daß ein solch ernster Wahrheitssucher wie Franz Brentano dem ersten Bande seiner Psychologie, der sich nur mit Fragen beschäftigt, die «alles andere, nur nicht eine wahre Entschädigung» für die höchsten Seelenfragen sein können, keinen weiteren hat nachfolgen lassen, der an die höchsten Fragen wirklich herantrete. Es fehlt den Denkern die Spannkraft, welche den Forderungen der neueren Zeit wirklich entsprechen könnte. Der griechische Gedanke bewältigte das Naturbild und das Bild des Seelenlebens so, daß die beiden sich zu einem Gesamtgemälde vereinigten. In der Folgezeit entfaltete sich in den Tiefen des Seelenlebens das Gedankenleben selbständig, in Absonderung von der Natur; die neuere Naturwissenschaft lieferte ein Bild der Natur. Diesem gegenüber entstand die Notwendigkeit, ein Bild des Seelenlebens - im selbstbewußten Ich - zu finden, das sich stark genug erweist, um mit dem Bilde der Natur zusammen in einem allgemeinen Weltbilde bestehen zu können. Dazu ist notwendig, in der Seele selbst einen Stützpunkt der Gewißheit zu finden, der so sicher trägt wie die Ergebnisse der naturwissenschaftlichen Forschung. Spinoza glaubte ihn gefunden zu haben dadurch, daß er sein Weltbild der mathematischen Art nachbildete; Kant gibt die Erkenntnisse einer an sich bestehenden Welt preis und sucht Ideen zu gewinnen, welche durch ihre moralische Schwerkraft zwar kein Wissen, wohl aber einen sicheren Glauben ergeben sollen. Man sieht das Streben nach einer Verankerung des Seelenlebens in dem Gesamtgebäude der Welt bei den forschenden Philosophen. Doch die Spannkraft will sich nicht einstellen, welche die Vorstellungen über das Seelenleben so gestaltet, daß daraus sich Aussichten für eine Lösung der Seelenfragen ergeben. Unsicherheit entsteht über die wahre Bedeutung dessen, was man als Mensch in der Seele erlebt. Die Naturwissenschaft im Sinne Haeckels verfolgt die durch die Sinne wahrnehmbaren Naturvorgänge und sieht in dem Seelenleben eine höhere Stufe solcher Naturvorgänge. Andere Denker finden, daß in allem, was die Seele so wahrnimmt, nur die Wirkungen unbekannter, nie zu erkennender außermenschlicher Vorgänge gegeben sind. Die Welt wird für diese Denker zur «Illusion», wenn auch zu einer durch die menschliche Organisation naturnotwendig hervorgerufenen Illusion. «Solange das Kunststück, um die Ecke zu schauen, das heißt ohne Vorstellung vorzustellen, nicht erfunden ist, wird es bei der stolzen Selbstbescheidung Kants sein Bewenden haben, daß vom Seienden dessen *Daß*, niemals aber dessen *Was* erkennbar ist.» So spricht ein Philosoph aus der zweiten Hälfte des neunzehnten Jahrhunderts: Robert Zimmermann. - Für eine solche Weltanschauung segelt die Menschenseele, welche von ihrer Wesenheit - ihrem «Was» - nichts wissen kann, in dem Meer der Vorstellungen, ohne sich ihrer Fähigkeit bewußt zu werden, in dem weiten Vorstellungsmeere etwas zu finden, was Ausblicke in das Wesen des Daseins geben könnte. Hegel hatte vermeint, in dem Denken selbst die innere Lebekraft zu vernehmen, welche das Menschen-Ich in das Sein führt. Der folgenden Zeit wurde das «bloße Denken» zu einem leichten Vorstellungsgebilde, das nichts in sich schließt von dem Wesen des wahren Seins. - Wo eine Meinung über einen im Denken liegenden Schwerpunkt des Wahrheitsuchens auftaucht, da klingt Unsicherheit durch die vorgebrachten Gedanken. So, wenn Gideon Spicker sagt: «Daß das Denken an sich richtig sei, können wir nie erfahren, weder empirisch noch logisch mit Sicherheit feststellen . . .» (Lessings Weltanschauung, 1883, S. 5.)

In hinreißender Form hat *Philipp Mainländer* (1841 bis 1876) in seiner «Philosophie der Erlösung» (1876) die Vertrauenslosigkeit gegenüber dem Dasein zum Ausdruck gebracht. Mainländer sieht sich dem Weltbilde gegenüber, zu dem die moderne Naturwissenschaft drängt. Aber er sucht vergebens nach einer Möglichkeit, das selbstbewußte Ich in einer geistigen Welt zu verankern. Er kann nicht dazu kommen, aus diesem selbstbewußten Ich heraus das zu gewinnen, wozu bei Goethe die Ansätze vorhanden waren: nämlich in der Seele innere lebendige Wesenheit auferstehen zu fühlen, welche sich als geistig-lebendig in einem Geistig-Lebendigen hinter der bloßen äußeren Natur empfindet. So erscheint ihm die Welt ohne Geist. Da er sie aber doch nur so denken kann, als ob sie aus dem Geiste stamme, so wird sie ihm zu dem Überbleibsel eines vergangenen Geisteslebens. Ergreifend wirken Sätze wie der folgende Mainländers: «Jetzt haben wir das Recht, diesem Wesen den bekannten Namen zu geben, der von jeher das bezeichnete, was keine Vorstellungskraft, kein Flug der kühnsten Phantasie, kein abstraktes, noch so tiefes Denken, kein gesammeltes, andachtsvolles Gemüt, kein entzückter, erdentrückter Geist je erreicht hat: *Gott.* Aber diese einfache Einheit *ist gewesen;* sie ist nicht mehr. Sie hat sich, ihr Wesen verändernd, voll und ganz zu einer Welt der Vielheit zersplittert.» (Hingewiesen sei auf Max Seilings Schrift «Mainländer, ein neuer Messias».) Bietet der Anblick des Daseins nur Wertloses, nur den Rest von Wertvollem, so kann nur dessen Vernichtung das Ziel der Welt sein. Der Mensch kann seine Aufgabe nur darin sehen, an der Vernichtung mitzuwirken. (Mainländer endete durch Selbstmord.) Gott hat, nach der Meinung Mainländers, die Welt nur geschaffen, um sich durch sie von der Qual des eigenen Daseins zu befreien. «Die Welt ist das Mittel zum Zwecke des Nichtseins, und zwar ist die Welt das einzig mögliche Mittel zum Zwecke. Gott erkannte, daß er nur durch das Werden einer realen Welt der Vielheit ... aus dem Übersein in das Nichtsein treten könne». (Philosophie der Erlösung, S. 325).

In kraftvoller Weise ist der Dichter *Robert Hamerling* (1830—1889) in seinem Weltanschauungswerk «Atomistik des Willens» (das nach seinem Tode erschienen ist) der Ansicht entgegengetreten, die aus dem Mißtrauen in die Welt entspringt. Er lehnt logische Untersuchungen über den Wert oder Unwert des Daseins ab und nimmt seinen Ausgangspunkt von einem ursprünglichen Erlebnis. «Die Hauptsache ist nicht, ob die Menschen recht haben, daß sie alle, alle mit verschwindend kleinen Ausnahmen, leben wollen, leben um jeden Preis, - gleichviel, ob es ihnen gut ergeht, ob schlecht. Die Hauptsache ist, daß sie es wollen: und dies ist schlechterdings nicht zu leugnen. Und doch rechnen mit dieser entscheidenden Tatsache die doktrinären Pessimisten nicht. Sie wägen immer nur in gelehrten Erörterungen Lust und Unlust, wie es das Leben im besonderen bringt, verständig gegeneinander ab; aber da Lust und Unlust Gefühlssache sind, so ist es das Gefühl, und nicht der Verstand, welcher die Bilanz zwischen Lust und Unlust endgültig und entscheidend zieht. Und diese Bilanz fällt tatsächlich bei der gesamten Menschheit, ja man kann sagen bei allem, was Leben hat, zugunsten der Lust des Daseins aus. Daß alles, was da lebt, leben will, leben unter allen Umständen, leben um jeden Preis, das ist die große Tatsache, und dieser Tatsache gegenüber ist alles doktrinäre Gerede machtlos.» Vor Hamerlings Seele steht somit der Gedanke: In den Tiefen der Seele gibt es etwas, das an einem Dasein hängt und welches *wahrer* das Wesen der Seele ausspricht als die Urteile, die unter der Last neuerer naturwissenschaftlicher Vorstellungsart über den Wert des Lebens sprechen. Man möchte sagen, Hamerling *ahnt* in den Tiefen der Seele einen geistigen Schwerpunkt, welcher das selbstbewußte Ich im Weltenleben befestigt. Er möchte deswegen in diesem Ich etwas sehen, was dessen Dasein mehr verbürgt als die Gedankengebäude der Philosophen der neueren Zeit. Er sieht einen Hauptfehler der neueren Weltanschauungen in der Meinung: «daß in der neuesten Philosophie so viel am Ich herumgenörgelt wird», und er möchte dies erklären «aus der Angst vor einer Seele, einem Seelensein oder gar einem Seelending». Hamerling deutet bedeutungsvoll auf das, worauf es ankommt: «In den Ichgedanken spielen Gefühlsmomente hinein . . . Was der Geist nicht erlebt hat, das ist er auch zu denken nicht fähig . . .» Es hängt für Hamerling alle höhere Weltanschauung davon ab, das Denken selbst zu fühlen, es zu erleben. Vor die Möglichkeit eines Eindringens in diejenigen Seelentiefen, in denen die lebendigen Vorstellungen zu gewinnen sind, welche zum Erkennen des Seelenwesens - durch die innere Tragkraft des selbstbewußten Ich - führen, lagern sich für Hamerling die aus der neueren Weltanschauungsentwickelung stammenden Begriffe, welche das Weltbild doch zu einem bloßen Meere von Vorstellungen machen. So leitet er denn seine Weltbetrachtungen mit Worten ein wie diese: «Gewisse Reizungen erzeugen den Geruch in unserem Riechorgan. . . . Die Rose duftet also nicht, wenn sie niemand riecht. - Gewisse Luftschwingungen erzeugen in unserem Ohr den Klang. Der Klang existiert also nicht ohne ein Ohr. Der Flintenschuß würde also nicht knallen, wenn ihn niemand hörte.» Solche Vorstellungen sind durch die Macht der neueren Weltanschauungsentwickelung zu einem so festen Bestandteil des Denkens geworden, daß Hamerling an die angeführte Auseinandersetzung die Worte fügt: «Leuchtet dir, lieber Leser, das nicht ein und bäumt dein Verstand sich vor dieser Tatsache wie ein scheues Pferd, so lies keine Zeile weiter; laß dies und alle anderen Bücher, die von philosophischen und naturwissenschaftlichen Dingen handeln, ungelesen; denn es fehlt dir die hierzu nötige Fähigkeit, eine Tatsache unbefangen aufzufassen und in Gedanken festzuhalten.» – Hamerling rang sich von der Seele als sein letztes poetisches Werk seinen «Homunculus». Er wollte in demselben eine Kritik der modernen Gesittung geben. In radikaler Weise entwickelt er in poetischer Bilderreihe, wohin eine seelenlos werdende, nur an die Macht der äußerlich-natürlichen Gesetze glaubende Menschheit treibe. Er macht als *Dichter* des «Homunculus» vor nichts halt, was ihm an der modernen Gesittung diesem falschen Glauben entsprungen scheint; als *Denker* streicht aber Hamerling im vollsten Sinne des Wortes doch die Segel ein vor der Vorstellungsart, die in dieser Schrift im Kapitel «Die Welt als Illusion» dargestellt ist. Er schreckt nicht zurück vor Worten wie diesen: «Die ausgedehnte, räumliche Körperwelt existiert also als solche nur, insofern wir sie wahrnehmen. – Wer dies festhält, wird begreifen, welch ein naiver Irrtum es ist, zu glauben, daß neben der von uns ‚Pferd' genannten ... Vorstellung noch ein anderes, und zwar erst das rechte, wirkliche Pferd existiere, von welchem unsere Anschauung eine Art von Abbild ist. Außer mir ist - wiederholt sei es gesagt - nur die Summe jener Bedingungen, welche bewirken, daß sich in meinen Sinnen eine Anschauung erzeugt, die ich Pferd nenne.» - Hamerling fühlt sich dem Seelenleben so gegenüber, als ob in dessen Vorstellungsmeer nichts hineinspielen könnte von dem Eigenwesen der Welt. Er hat aber eine Empfindung von dem, was in den Tiefen der neueren Seelenentwickelung sich abspielt. Er fühlt: Die Erkenntnis der neuzeitlichen Menschen muß mit ihrer eigenen Wahrheitskraft lebendig in dem selbstbewußten Ich aufleuchten, wie sie sich in dem wahrgenommenen Gedanken dem griechischen Menschen dargestellt hat. Er tastet immer wieder an den Punkt, wo das selbstbewußte Ich sich innerlich mit der Kraft seines wahren Seins begabt fühlt, das zugleich sich in dem Geistesleben der Welt stehend fühlt. Da sich ihm anderes nicht offenbart, indem er so tastet, hält er sich an das in der Seele lebende *Seinsgefühl*, das ihm wesenhafter, daseinsvoller zu sein scheint als die *bloße Vorstellung* vom Ich, als der Ich-Gedanke. «Aus dem Bewußtsein oder Gefühl des *eigenen Seins* gewinnen wir den Begriff eines Seins, welches über das bloße Gedachtwerden hinausgeht. Wir gewinnen den Begriff eines Seins, das nicht bloß gedacht *wird*, sondern *denkt*.» Von diesem in seinem Existenzgefühl sich ergreifenden Ich aus sucht nun Hamerling ein Weltbild zu gewinnen. Was das Ich in seinem Existenzgefühl erlebt, ist - so spricht sich Hamerling aus - «das Atomgefühl in uns». Das Ich weiß, sich fühlend, von sich; und es weiß sich dadurch der Welt gegenüber als «*Atom*». Es muß sich andere Wesen so vorstellen, wie es sich selbst in sich erfindet; als sich erlebende, sich erfühlende Atome; was gleichbedeutend erscheint für Hamerling mit Willensatomen, wollenden *Monaden*. Die Welt wird in Hamerlings «Atomistik des Willens» zu einer Vielheit von Willensmonaden; und die menschliche Seele ist eine dieser Willensmonaden. Der Denker eines solchen Weltbildes blickt um sich und schaut die Welt zwar als Geist, doch alles, was er in diesem Geiste erblicken kann, ist Willensoffenbarung. Mehr läßt sich darüber nicht sagen. Aus diesem Weltbilde spricht nichts, was auf die Fragen antwortet: Wie steht die Menschenseele in dem Werden der Welt darinnen? Denn ob man diese Seele als das ansieht, als was sie vor allem philosophischen Denken erscheint, oder ob man sie, nach diesem Denken, als Willensmonade charakterisiert: man hat beiden Seelenvorstellungen gegenüber die gleichen Rätselfragen aufzuwerfen. Und ein mit Brentano Denkender könnte sagen: Für die Hoffnungen eines Platon und Aristoteles, über das Fortleben unseres besseren Teiles nach der Auflösung des Leibes Sicherheit zu gewinnen, würde das Wissen, daß die Seele Willensmonade unter anderen Willensmonaden ist, alles andere, nur nicht eine wahre Entschädigung sein.

In vielen Strömungen des neueren Weltanschauungslebens bemerkt man den instinktiven (im Unterbewußtsein der Denker lebenden) Drang, im selbstbewußten Ich eine Kraft zu finden, welche nicht diejenige des Spinoza, Kant, Leibniz und anderer ist, und durch welche dieses Ich - der Kern der menschlichen Seele - so vorgestellt werden kann, daß sich die Stellung des Menschen im Weltgange und im Werden der Welt offenbare. Zugleich zeigt sich an diesen Weltanschauungsströmungen, daß die Mittel, die angewendet werden, eine solche Kraft zu finden, nicht Spannkraft genug haben, um die «Hoffnung des Platon und Aristoteles» (im Sinne Brentanos) so zu erfüllen, wie es den neueren Seelenerfordernissen entspricht. Man bringt es dazu, Meinungen zu entwickeln, wie sich die Wahrnehmung etwa zu den Dingen außerhalb der Seele verhalten könnte, wie sich Vorstellungen entwickeln und verketten, wie Erinnerung entsteht, wie sich das Gefühl und der Wille zum Vorstellen verhalten; man schließt sich aber die Türe durch die eigene Vorstellungsart zu, wenn es sich um die «Hoffnungen des Platon und Aristoteles» handelt. Man glaubt durch alles, was über diese «Hoffnungen» erdacht werden könnte, sogleich die Forderungen einer strengen Wissenschaftlichkeit zu verletzen, welche durch die naturwissenschaftliche Denkungsart gestellt sind.

Ein philosophisches Gedankenbild, welches sich mit seinen Ideen nirgends höher erheben will, als es der naturwissenschaftliche Boden gestattet, ist dasjenige *Wilhelm Wundts* (1832—1920). Für Wundt ist Philosophie «die allgemeine Wissenschaft, welche die durch die Einzelwissenschaften vermittelten allgemeinen Erkenntnisse zu einem widerspruchslosen System zu vereinigen hat». (Wundt, System der Philosophie, S. 21.) Auf dem Wege, der mit einer derartigen Philosophie gesucht wird, ist nur möglich, die durch die Einzelwissenschaften geschaffenen Gedankengänge weiterzuführen, sie zu verbinden und zu einem übersichtlichen Ganzen zu ordnen. Das vollbringt Wundt, und er verfährt dabei so, daß das Gepräge, welches er seinen Ideen gibt, ganz abhängig ist von den Vorstellungsgewohnheiten, die sich bei einem Denker ausbilden, der - wie Wundt - ein Kenner der einzelnen Wissenschaften ist und eine Persönlichkeit, welche praktisch in einzelnen Wissensgebieten (zum Beispiel dem psychophysischen Teil der Seelenkunde) gearbeitet hat. Wundts Blick ist auf das Weltbild gerichtet, welches durch die Sinneserfahrung von der menschlichen Seele aufgebaut wird, und auf die Vorstellungen, welche in der Seele unter dem Eindrucke dieses Weltbildes erlebt werden. Die naturwissenschaftliche Vorstellungsart betrachtet die Sinnesempfindungen so, daß sie dieselben als Wirkungen auffaßt von außer dem Menschen befindlichen Vorgängen. Für Wundt ist diese Vorstellungsart in gewissem Sinne etwas

Selbstverständliches. Deshalb betrachtet er als äußere Wirklichkeit diejenige, welche auf Grund der Sinneswahrnehmungen begrifflich erschlossen wird. Diese äußere Wirklichkeit wird also nicht erlebt; sie wird auf solche Art von der Seele vorausgesetzt, wie vorausgesetzt wird, es sei ein Vorgang außer dem Menschen vorhanden, der auf das Auge wirkt und im Auge durch dessen Tätigkeit die Lichtempfindung hervorruft. Im Gegensatze hierzu werden die Vorgänge in der Seele *unmittelbar* erlebt. Bei diesen Vorgängen hat die Erkenntnis nichts zu erschließen, sondern nur zu *beobachten,* wie die Vorstellungen sich bilden, verknüpfen, wie sie mit Gefühlen und Willensimpulsen in Verbindung stehen. Innerhalb dieser Beobachtung hat man es nur mit seelischen Tätigkeiten zu tun, die im Strom des inneren Erlebens sich darbieten; außer diesem Strome des dahinflutenden Seelenlebens noch von einer in diesem Leben sich offenbarenden Seele zu sprechen, hat man keine Berechtigung. Den Naturerscheinungen die Materie zugrunde zu legen, ist berechtigt, denn man muß auf die Vorgänge in dem materiellen Sein von den Sinneswahrnehmungen aus begrifflich schließen; nicht in gleichem Sinne kann man auf eine Seele aus den seelischen Vorgängen schließen. «Der Hilfsbegriff der Materie ist ... an die mittelbare oder *begriffliche* Beschaffenheit aller Naturerkenntnis gebunden. Es ist schlechterdings nicht abzusehen, wie die unmittelbare und anschauliche innere Erfahrung ebenfalls einen solchen Hilfsbegriff fordern sollte ...» (System der Philosophie, S. 369 f.). So ist die Frage nach dem Wesen der Seele für Wundt ein Problem, zu dem im Grunde weder die Beobachtung der inneren Erlebnisse führt, noch irgend etwas, das aus diesen inneren Erlebnissen zu erschließen wäre. Wundt nimmt keine Seele wahr; nur seelische Tätigkeit. Und diese seelische Tätigkeit stellt sich so dar, daß überall da, wo Seelisches vorliegt, ein mit diesem parallel laufender körperlicher Vorgang stattfindet. Beides, seelische Tätigkeit und körperlicher Vorgang, bilden eine Einheit: sie sind im Grunde eines und dasselbe; nur der beobachtende Mensch trennt sie in seiner Anschauung. Wundt meint, daß die wissenschaftliche Erfahrung nur solche geistige Vorgänge anerkennen kann, welche an körperliche Vorgänge gebunden sind. Für Wundt zerfließt das selbstbewußte Ich in den seelischen Organismus der geistigen Vorgänge, die ihm das gleiche sind wie die körperlichen Vorgänge; nur daß diese, von innen angesehen, eben als geistig-seelisch erscheinen. Wenn das Ich nun aber versucht, das in sich zu erfinden, was es als ein ihm Charakteristisches ansehen kann, so entdeckt es seine Willenstätigkeit. Nur im *Wollen* unterscheidet es sich als selbständige Wesenheit von der übrigen Welt. Dadurch sieht es sich veranlaßt, in dem *Willen* den Grundcharakter des Seins anzuerkennen. Es gesteht sich, daß es im Hinblick auf seine eigene Wesenheit den Quell der Welt in Willenstätigkeit annehmen darf. Das *eigene Sein* der Dinge, die der Mensch in der äußeren Welt beobachtet, bleibt ihm hinter der Beobachtung verborgen; in seinem inneren Sein erkennt er den Willen als das Wesentliche; er darf schließen, daß, was von der Außenwelt her auf seinen Willen stößt, mit diesem gleichartig ist. Indem die Willenstätigkeiten der Welt in Wechselwirkung treten, bringen sie ineinander die Vorstellungen, das innere Leben der Willenseinheiten hervor. - Aus all dem ergibt sich, wie Wundt getrieben wird von dem Grundimpuls des selbstbewußten Ich. Er steigt bis zu dem sich als Willen betätigenden Ich in die eigene menschliche Wesenheit hinunter; und in dem Willenswesen des Ich stehend, fühlt er sich berechtigt, der gesamten Welt das gleiche Wesen zuzuschreiben, das die Seele in sich erlebt. - Auch aus dieser Willenswelt antwortet nichts auf die «Hoffnungen des Platon und Aristoteles».

Hamerling stellt sich den Welt- und Seelenrätseln gegenüber als ein Mensch des neunzehnten Jahrhunderts mit einer Gesinnung, welche die in seiner Zeit wirksamen Geistesimpulse in der Seele beleben. Er empfindet diese Geistesimpulse aus einem vollen freien Menschentum heraus, dem es selbstverständlich ist, die Daseinsrätselfragen zu stellen, wie es dem natürlichen Menschen selbstverständlich ist, Hunger und Durst zu fühlen. Er sagt über sein Verhältnis zur Philosophie: «Ich habe mich vor allem als Mensch gefühlt, als ganzer voller Mensch, und da lagen mir von allen geistigen Interessen die großen Probleme des Daseins und Lebens am nächsten.» «Ich habe mich nicht plötzlich auf die Philosophie geworfen, ... etwa weil ich zufällig Lust dazu bekam oder weil ich mich einmal auf einem anderen Gebiete versuchen wollte. Ich habe mich mit den großen Problemen der menschlichen Erkenntnis beschäftigt von meiner frühen Jugend an, infolge des natürlichen unabweisbaren Dranges, welcher den Menschen überhaupt zur Erforschung der Wahrheit und zur Lösung der Rätsel des Daseins treibt. Ich habe in der Philosophie niemals eine spezielle Fachwissenschaft erblicken können, deren Studium man betreiben oder beiseite lassen kann, wie das der Statistik oder der Forstwissenschaft, sondern sie stets als die Erforschung desjenigen betrachtet, was jedem das Nächste, Wichtigste und Interessanteste ist.» Auf den Wegen, welche Hamerling zu dieser Erforschung nahm, drängten sich in seine Betrachtung ein die Richtkräfte des Denkens, welche bei Kant dem Wissen die Macht entzogen haben, in den Daseinsquell zu dringen, und welche dann im Laufe des neunzehnten Jahrhunderts die Welt als eine Vorstellungsillusion erscheinen ließen. Hamerling ergab sich diesen Richtkräften nicht unbedingt; doch lasteten sie auf seiner Betrachtung. Diese suchte im selbstbewußten Ich nach einem Schwerpunkt, in dem das Sein zu erleben ist, und glaubte diesen in dem Willen zu finden. Das Denken wollte auf Hamerling nicht so wirken, wie es auf Hegel wirkte. Es ergab sich ihm nur als «bloßes Denken», welches das Sein nicht in sich ergreifen kann, um, in sich erkraftet, in das Meer des Weltendaseins hineinzusegeln; so ergab sich Hamerling dem Willen, in dem er die Kraft des Seins zu fühlen vermeinte; und erkraftet durch den im Ich erfaßten Willen dachte Hamerling in eine Welt von Willensmonaden seinskräftig unterzutauchen.

Hamerling nimmt seinen Ausgangspunkt von dem, was im Menschen *ganz unmittelbar* die Weltenrätselfragen wie ein seelisches Hungergefühl belebt, Wundt läßt sich zur Stellung dieser Fragen drängen durch alles das, was auf dem breiten Boden der einzelnen Wissenschaften die neuere Zeit gereift hat. In der Art, wie er aus diesen Wissenschaften heraus die Fragen stellt, waltet die eigene Kraft und Gesinnung dieser Wissenschaften; in dem, was er zur Antwort für dieses Fragen aufzubringen hat, leben wie bei Hamerling die Richtkräfte des neueren Denkens, welche aus diesem Denken die Macht entfernen, sich im Quellpunkte des Daseins zu erleben. Im Grunde wird daher Wundts Weltbild eine «bloß ideelle Überschau» über das Naturbild der neueren Vorstellungsart. Und auch bei Wundt erweist sich nur der *Wille* in der Menschenseele als ein Element, welches sich von der Ohnmacht des Denkens nicht um das Sein bringen läßt. Der Wille drängt sich der Weltbetrachtung so auf, daß er allwaltend im Umkreis des Daseins sich zu verraten scheint.

Mit Hamerling und Wundt stehen zwei Persönlichkeiten in der neuzeitlichen Weltanschauungsentwickelung, in deren Seelen die Kräfte wirken, welche diese Entwickelung innerhalb gewisser Strömungen hervorgebracht hat, um denkend die Welträtsel zu bewältigen, welche Erleben und Wissenschaft der Menschenseele stellen. In beiden Persönlichkeiten wirken diese Kräfte so, daß sie in ihrer Entfaltung *in sich selber* nichts finden, durch das sich das selbstbewußte Ich in dem Quell seines Daseins erfühlt. Es kommen diese Kräfte vielmehr an einem Punkte an, in dem sie sich nur noch etwas bewahren können, was mit den großen Welträtseln nicht mehr sich beschäftigen kann. Es klammern sich diese Kräfte an den Willen; doch auch aus der errungenen Willenswelt heraus tönt nichts, was «über das Fortleben unseres besseren Teiles nach der Auflösung des Leibes» Sicherheit gewinnen läßt, oder was dergleichen Seelen- und Weltenrätsel berührt. Solche Weltanschauungen entspringen dem natürlichen, unabweisbaren Drange, «welcher den Menschen überhaupt zur Erforschung der Wahrheit und zur Lösung der Rätsel des Daseins treibt»; aber, indem sie sich der Mittel zu dieser Lösung bedienen, welche ihnen nach der Meinung gewisser Zeitströmungen als die einzig berechtigten erscheinen, dringen sie zu einer Betrachtung vor, innerhalb welcher keine Erlebniselemente mehr vorhanden sind, um die Lösung zu bewirken. Man sieht: dem Menschen werden in einer gewissen Zeit die Weltenfragen auf ganz bestimmte Art gestellt; er empfindet instinktiv das, was ihm obliegt.

An ihm ist, die Mittel der Antwort zu finden. Er kann in der Betätigung dieser Mittel zurückbleiben hinter dem, was in den Tiefen der Entwickelung als Forderung an ihn herantritt. Philosophien, welche sich in solcher Betätigung bewegen, stellen das *Ringen* nach einem im Bewußtsein noch nicht vollergriffenen Ziele dar. Das Ziel der neueren Weltanschauungsentwickelung ist, im selbstbewußten Ich etwas zu erleben, was den Ideen des Weltbildes Sein und Wesen gibt; die charakterisierten philosophischen Strömungen erweisen sich ohnmächtig, es zu solchem Leben, zu solchem Sein zu bringen. Der wahrgenommene Gedanke gibt dem Ich - der selbstbewußten Seele - nicht mehr, was Dasein verbürgt; dieses Ich hat sich, um an solche Bürgschaft so glauben zu können, wie daran in Griechenland geglaubt worden ist, zu weit von dem Naturboden entfernt; und es hat in sich selbst noch nicht belebt, was dieser Naturboden, ohne seelische Eigenschöpfungen zu fordern, ihm einst gewährt hat.

DER MODERNE MENSCH UND SEINE WELTANSCHAUUNG

Weite Perspektiven der Weltanschauung und Lebensgestaltung suchte aus dem Darwinismus heraus der österreichische Denker *Bartholomäus Carneri* (1821—1909) zu eröffnen. Er trat elf Jahre nach dem Erscheinen von Darwins «Entstehung der Arten» mit seinem Buche «Sittlichkeit und Darwinismus» (Wien 1871) hervor, in dem er in umfassender Weise die neue Ideenwelt zur Grundlage einer ethischen Weltanschauung machte. Seitdem war er unablässig bemüht, die Darwinistische Ethik auszubauen. (Vgl. seine Schriften «Grundlegung der Ethik», 1881; «Der Mensch als Selbstzweck», 1877, und «Der moderne Mensch. Versuche über Lebensführung», 1890.) Carneri versucht, in dem Bild der Natur die Elemente zu finden, durch welche sich das selbstbewußte Ich innerhalb dieses Bildes vorstellen läßt. Er möchte dieses Naturbild so weit und groß denken, daß es die menschliche Seele mit umfassen kann. So ist es ihm um Wiedervereinigung des Ich, das sich von dem Naturmutterboden abgetrennt hat, mit diesem Mutterboden zu tun. Er stellt in seiner Weltauffassung den Gegensatz zu derjenigen dar, welcher die Welt zur Vorstellungsillusion wird, und die dadurch auf allen Zusammenhang mit dem Weltendasein für das Wissen verzichtet. Carneri lehnt alle Moralanschauung ab, die dem Menschen andere Sittengebote geben will als diejenigen sind, die sich aus der eigenen menschlichen Natur ergeben. Man muß an dem Gedanken festhalten, daß der Mensch nicht als ein besonderes Wesen neben allen anderen Naturdingen aufgefaßt werde, sondern als ein solches, das sich aus niederen Wesenheiten allmählich nach rein natürlichen

Gesetzen entwickelt hat. Carneri ist davon überzeugt, daß alles Leben wie ein chemischer Prozeß ist: «Die Verdauung beim Menschen ist ein solcher wie die Ernährung der Pflanze.» Er betont aber zugleich, daß sich der chemische Prozeß zu einer höheren Entwickelungsform erheben muß, wenn er Pflanze oder Tier werden soll. «Das Leben ist ein chemischer Prozeß eigener Art, es ist der individuell... gewordene chemische Prozeß. Der chemische Prozeß kann nämlich einen Punkt erreichen, auf welchem er gewisser Bedingungen, deren er bis dahin bedurfte, . . . entraten kann.» Man sieht, Carneri verfolgt, wie sich niedere natürliche Vorgänge steigern zu höheren, wie der Stoff durch Vervollkommnung seiner Wirkungsweisen zu höheren Daseinsformen kommt. «Als Materie fassen wir den Stoff, insofern die aus seiner Teilbarkeit und Bewegung sich ergebenden Erscheinungen körperlich, das ist als Masse, auf unsere Sinne wirken. Geht die Teilung oder Differenzierung so weit, daß die daraus sich ergebenden Erscheinungen nicht mehr sinnlich, sondern nur mehr dem Denken wahrnehmbar sind, so ist die Wirkung des Stoffes eine geistige.» Auch das Sittliche ist nicht als eine besondere Form des Daseins vorhanden; es ist ein Naturprozeß auf einer höheren Stufe. Es kann demnach nicht die Frage entstehen: Was soll der Mensch im Sinne irgendwelcher besonders für ihn geltenden Sittengebote tun? - sondern nur die: Was erscheint als Sittlichkeit, wenn die niederen Vorgänge sich zu den höchsten geistigen steigern? «Während die Moralphilosophie bestimmte Sittengesetze aufstellt und zu halten befiehlt, damit der Mensch sei, was er soll, entwickelt die Ethik den Menschen, wie er ist, darauf sich beschränkend, ihm zu zeigen, was noch aus ihm werden kann: dort gibt es Pflichten, deren Befolgung Strafen zu erzwingen suchen, hier gibt es ein Ideal, von dem aller Zwang ablenken würde, weil die Annäherung nur auf dem Wege der Erkenntnis und Freiheit vor sich geht.» So wie der chemische Prozeß sich auf höherer Stufe zum Lebewesen individualisiert, so erhebt sich auf noch höherer das Leben zum Selbstbewußtsein. Das seiner selbst bewußte Wesen sieht nicht mehr bloß hinaus in die Natur; es schaut in sich hinein. «Das erwachende Selbstbewußtsein war, dualistisch aufgefaßt, ein Bruch mit der Natur, und der Mensch fühlte sich von ihr abgetrennt. Der Riß war nur für ihn da, aber für ihn war er vollständig. So plötzlich, wie es die Genesis lehrt, war er nicht entstanden, wie auch die Schöpfungstage nicht wörtlich zu nehmen sind; aber mit der Vollendung des Selbstbewußtseins war der Riß eine Tatsache, und mit dem Gefühl grenzenloser Vereinsamung, das damit den Menschen überkam, hat seine ethische Entwickelung begonnen.» Bis zu einem gewissen Punkte führt die Natur das Leben. Auf diesem Punkte entsteht das Selbstbewußtsein, es entsteht der Mensch. «Seine weitere Entwickelung ist sein eigenes Werk, und, was auf der Bahn des Fortschritts ihn erhalten hat, war die Macht und allmähliche Klärung seiner Wünsche.» Für alle übrigen Wesen sorgt die Natur: den Menschen begabt sie mit Begierden, für deren Befriedigung sie ihn selbst sorgen läßt. Er hat den Trieb in sich, sich sein Dasein seinen Wünschen entsprechend zu gestalten. Dieser Trieb ist der Glückseligkeitstrieb. «Dem Tiere ist dieser Trieb fremd: es kennt nur den Selbsterhaltungstrieb, und ihn zum Glückseligkeitstrieb zu erheben, hat das menschliche Selbstbewußtsein zur Grundbedingung.» Das Streben nach Glück liegt allem Handeln zugrunde. «Der Märtyrer, der hier für seine wissenschaftliche Überzeugung, dort für seinen Gottesglauben das Leben hingibt, hat auch nichts anderes im Sinn als sein Glück; jener findet es in seiner Überzeugungstreue, dieser sucht es in einer besseren Welt. Allen ist Glückseligkeit das letzte Ziel und wie verschieden auch das Bild sein mag, das sich das Individuum von ihr macht, von den rohesten Zeiten bis zu den gebildetsten, ist sie dem empfindenden Lebewesen Anfang und Ende seines Denkens und Fühlens.» Da die Natur dem Menschen nur das Bedürfnis nach dem Glücke gibt, muß das Bild des Glückes aus ihm selbst entspringen. Der Mensch schafft sich die Bilder seines Glückes. Sie entspringen aus seiner ethischen Phantasie. In dieser Phantasie findet Carneri den neuen Begriff, der unserem Denken die Ideale unseres Handelns vorzeichnet. Das «Gute» ist für Carneri «identisch mit Fortentwickelung. Und da die Fortentwickelung Lust ist, so bildet ... die Glückseligkeit nicht nur sein Ziel, sondern auch das bewegende Element, das seinem Ziel ihn entgegentreibt.»

Carneri suchte den Weg zu finden von der Naturgesetzlichkeit zu den Quellen des Sittlichen. Er glaubt die ideale Macht gefunden zu haben, die als treibendes Element der sittlichen Weltordnung ebenso schöpferisch von ethischem Vorkommnis zu ethischem Vorkommnis wirkt, wie die materiellen Kräfte im Physischen Gebilde aus Gebilde, Tatsache aus Tatsache entwickeln.

Die Vorstellungsart Carneris ist ganz im Sinne der Entwickelungsidee, die nicht das Spätere im Früheren schon vorgebildet sein läßt, sondern der das Spätere eine wirkliche Neubildung ist. (Vergleiche S. 286 ff.) Der chemische Prozeß enthält nicht das tierische Leben schon eingewickelt, die Glückseligkeit bildet sich als vollkommen neues Element auf Grund des Selbsterhaltungstriebes der

Tiere. Die Schwierigkeit, die in diesem Gedanken liegt, gab einem scharfsinnigen Denker, *W. H. Rolph*, den Anstoß zu den Ausführungen, die er in dem Buche «Biologische Probleme, zugleich als Versuch zur Entwickelung einer rationellen Ethik» niedergelegt hat. (Leipzig 1884.) Rolph fragt sich: Welches ist der Grund, daß eine Lebensform nicht auf einer bestimmten Stufe stehen bleibt, sondern sich weiterentwickelt, vervollkommnet? Wer das Spätere in dem Früheren schon eingewickelt sein läßt, findet in dieser Frage keine Schwierigkeit. Denn es ist für ihn ohne weiteres klar, daß sich das Eingewickelte in einem bestimmten Zeitpunkt auswickelt. Rolph aber wollte sich diese Antwort nicht geben. Anderseits genügte ihm aber auch der bloße «Kampf ums Dasein» der Lebewesen nicht. Kämpft ein Lebewesen nur um Erfüllung seiner notwendigen Bedürfnisse, so wird es zwar andere schwächere Formen aus dem Felde schlagen; aber es wird selbst das bleiben, was es ist. Will man in dasselbe nicht ein geheimnisvolles, mystisches Streben nach Vervollkommnung legen, so muß man die Gründe zu dieser Vervollkommnung in äußeren, natürlichen Verhältnissen suchen. Rolph findet sie darin, daß jedes Wesen seine Bedürfnisse in reichlicherem Maße befriedigt, wenn dazu die Möglichkeit vorhanden ist, als die unmittelbare Notdurft verlangt. «Erst durch die Einführung der Unersättlichkeit wird das Darwinistische Prinzip der Vervollkommnung im Lebenskampfe annehmbar. Denn nun erst haben wir eine Erklärung für die Tatsache, daß das Geschöpf, wo immer es kann, mehr erwirbt, als es zur Erhaltung seines Status quo bedarf, daß es im Übermaß wächst, wo die Gelegenheit dazu gegeben ist.» Nach Rolphs Meinung spielt sich im Reich der Lebewesen nicht ein Kampf um die Erwerbung der notwendigsten Lebensbedürfnisse ab, sondern ein «Kampf um Mehrerwerb». «Während es also für den Darwinisten überall da keinen Daseinskampf gibt, wo die Existenz des Geschöpfes nicht bedroht ist, ist für mich der Lebenskampf ein allgegenwärtiger. Er ist eben primär ein Lebenskampf, ein Kampf um Lebensmehrung, aber kein Kampf ums Dasein.» Rolph zieht aus diesen naturwissenschaftlichen Voraussetzungen die Folgerungen für die Ethik. «Lebensmehrung, nicht Lebenserhaltung, Kampf um Bevorzugung, nicht um die Existenz ist die Losung. Der bloße Erwerb der Lebensnotdurft und Nahrung genügt nicht, es muß auch Gemächlichkeit, wenn nicht gar Reichtum, Macht und Einfluß erworben werden. Die Sucht, das Streben nach stetiger Verbesserung der Lebenslage ist der charakteristische Trieb von Tier und Mensch.» (Biologische Probleme, S. 222 f.)

Von Rolphs Gedanken angeregt wurde *Friedrich Nietzsche* (1844—1900) zu seinen Entwickelungsideen, nachdem er erst durch andere Gestaltungen seines Seelenlebens hindurchgegangen war. Er stand im Beginne seiner schriftstellerischen Laufbahn dem Entwickelungsgedanken wie überhaupt der Naturwissenschaft fern. Er empfing zunächst einen großen Eindruck von der Weltanschauung Arthur Schopenhauers. Der Schmerz auf dem Grunde alles Daseins ist eine Vorstellung, die er von Schopenhauer aufnahm. Er suchte die Erlösung von diesem Schmerz nicht in der Erfüllung moralischer Aufgaben wie Schopenhauer und Eduard von Hartmann; er glaubte vielmehr, daß die Gestaltung des Lebens zum Kunstwerke über den Daseinsschmerz hinwegführe. Die Griechen haben sich eine Welt des Schönen, des Scheins erschaffen, um sich das schmerzerfüllte Dasein erträglich zu machen. Und in *Richard*

Wagners musikalischem Drama glaubte er eine Welt zu finden, die durch das Schöne den Menschen über den Schmerz erhebt. Es war in gewissem Sinne eine Welt der Illusion, die Nietzsche ganz bewußt suchte, um über das Elend der Welt hinwegzukommen. Er war der Meinung, daß der ältesten griechischen Kultur der Trieb des Menschen zugrunde liege, sich durch Versetzung in einen Rauschzustand zum Vergessen der wirklichen Welt zu bringen. «Singend und tanzend äußert sich der Mensch als Mitglied einer höheren Gemeinschaft. Er hat das Gehen und Sprechen verlernt und ist auf dem Wege, tanzend in die Lüfte emporzufliegen.» So schildert und erläutert Nietzsche den Kultus der alten Dionysos-Diener, in dem die Wurzel aller Kunst liegt. Sokrates habe diesen dionysischen Trieb dadurch gebändigt, daß er den Verstand zum Richter über die Impulse gesetzt habe. Der Satz «Die Tugend ist lehrbar», bedeutet die Ablösung einer umfassenden impulsiven Kultur durch eine verwässerte, vom Denken im Zaum gehaltene. Solche Ideen entstanden in Nietzsche unter Schopenhauers Einfluß, der den ungebändigten, rastlosen Willen über die ordnende Vorstellung setzte, und durch Richard Wagner, der sich als Mensch und Künstler zu Schopenhauer bekannte. Aber Nietzsche war, seinem Wesen nach, zugleich eine betrachtende Natur. Er empfand, nachdem er sich der Anschauung von einer Welterlösung durch den schönen Schein eine Zeitlang hingegeben hatte, diese Anschauung als ein fremdes Element in seinem eigensten Wesen, das durch den persönlichen Einfluß des ihm befreundeten Richard Wagner in ihn verpflanzt worden war. Er suchte sich von dieser Ideenrichtung loszumachen und einer ihm entsprechenderen Auffassung der Wirklichkeit hinzugeben. Nietzsche war durch den Grundcharakter seiner Persönlichkeit dazu gedrängt, in sich die Ideen und Impulse der neueren Weltanschauungsentwickelung als unmittelbares individuelles Schicksal zu erleben. Andere haben Weltanschauungsbilder geformt, und in diesem Formen ging ihr Philosophieren auf. Nietzsche stellt sich den Weltanschauungen der zweiten Hälfte des neunzehnten Jahrhunderts gegenüber. Und sein Schicksal wird es, alle Seligkeit, aber auch alles Leid persönlich durchzuleben, das diese Weltanschauungen erzeugen können, wenn sie sich über das ganze Sein der Menschenseele ergießen. Nicht theoretisch, nein, mit Einsetzung seiner ganzen Individualität gestaltete sich das Weltanschauungsleben in Nietzsche so, daß charakteristische Weltanschauungen der neueren Zeit ihn ganz ergriffen und er im allerpersönlichsten Dasein die Lebenslösungen durchdringen mußte. *Wie läßt sich leben,* wenn man sich vorzuhalten hat, die Welt sei so, wie sie von Schopenhauer und Richard Wagner vorgestellt wird, das wurde für ihn das Rätsel; aber nicht ein Rätsel, auf das er durch Denken, durch Wissen Antwort suchte, sondern dessen Lösung er mit jeder Faser seines Wesens *erleben* mußte. Andere *denken* Philosophie; Nietzsche mußte Philosophie *leben.* Das neuere Weltanschauungsleben wird in Nietzsche selbst Persönlichkeit. Dem Betrachter treten die Weltanschauungen anderer Denker so entgegen, daß ihm die Vorstellungen aufstoßen: das ist einseitig, das ist unrichtig usw.; bei Nietzsche sieht sich dieser Betrachter dem Leben der Weltanschauung in einem Menschenwesen gegenübergestellt; und er sieht, dieses Menschenwesen wird gesund durch die eine, leidend durch die andere Idee. Dies ist der Grund, warum Nietzsche immer mehr in seiner Weltanschauungsdarstellung zum Dichter wird, und warum derjenige, der sich mit dieser Darstellung als Philosophie nicht befreunden will, noch immer sie durch ihre dichterische Kraft bewundern kann. Welch ein ganz anderer Ton kommt in die neuere Weltanschauungsentwickelung durch Nietzsche als durch Hamerling, Wundt, ja selbst durch Schopenhauer! Diese suchen durch Betrachtung nach dem Daseinsgrunde und kommen zu dem Willen, den sie in den Tiefen der Menschenseele finden. In Nietzsche lebt dieser Wille; und er nimmt in sich auf die philosophischen Ideen, durchglüht sie mit seiner Willensnatur und stellt dann ein Neues hin: ein Leben, in dem willengetragene Idee, ideendurchleuchteter Wille pulsen. So geschieht es durch Nietzsche in seiner ersten Schaffensperiode, die mit der «Geburt der Tragödie» 1870) begann, und die in den vier «Unzeitgemäßen Betrachtungen» (David Strauß, der Bekenner und der Schriftsteller; Vom Nutzen und Nachteil der Historie für das Leben; Schopenhauer als Erzieher; Richard Wagner in Bayreuth) zur Offenbarung kam. - In einer zweiten Lebensperiode war es Nietzsches Geschick, zu durchleben, was der Menschenseele eine Weltanschauung sein kann, welche nur auf die naturwissenschaftlichen Denkgewohnheiten sich stützt. Dieser Lebensabschnitt kommt in den Werken «Menschliches, Allzumenschliches» (1878), «Morgenröte», «Die fröhliche Wissenschaft» (1881) zum Ausdrucke. Die Ideale, die Nietzsches Seele in seiner ersten Periode beleben, erkalten in ihm nun; sie erweisen sich als leichte Erkenntnis-Schaumgebilde; die Seele will sich durchkraften, in ihrem Erfühlen verstärken durch den «realen» Inhalt dessen, was die naturwissenschaftliche Vorstellungsart geben kann. Doch Nietzsches Seele ist voll Leben; die Kraft dieses inneren Lebens strebt hinaus über das, was sie der Naturbetrachtung verdanken kann. Die Naturbetrachtung zeigt, wie das Tier zum Menschen wird, im Erfühlen der inneren Lebekraft der Seele entsteht die Vorstellung: Das Tier hat den Menschen in sich getragen; muß nicht der Mensch in sich ein Höheres, den *Übermenschen* tragen? Und nun erlebt Nietzsches Seele in sich das Sich-Entringen des Übermenschen aus dem Menschen; diese Seele schwelgt darin, die neuere Entwickelungsidee, welche sich auf die Sinneswelt stützt, hinaufzuheben in das Gebiet, das die Sinne nicht schauen, das erfühlt wird, wenn die Seele den Sinn der Entwickelung in sich erlebt. Was Rolph durch seine *Betrachtung* sich errungen hat: «Der bloße Erwerb der Lebensnotdurft und Nahrung genügt nicht, es muß auch Gemächlichkeit, wenn nicht gar Reichtum, Macht und Einfluß erworben werden. Die Sucht, das Streben nach stetiger Verbesserung der Lebenslage ist der charakteristische Trieb von Tier und Mensch», - bei Nietzsche wird dies Betrachtungsergebnis zum inneren Erlebnis, zum grandiosen Erkenntnishymnus. Das Erkennen, das die Außenwelt wiedergibt, genügt nicht: es muß diese Erkenntnis in sich fruchtbar sich steigern; Selbstbetrachtung ist innere Armut. Erzeugnis eines neuen Innern, das alles überstrahlt, was der Mensch in sich schon ist, ersteht in Nietzsches Seele: im Menschen wird das Noch-nicht-Daseiende, der Übermensch, als der Sinn des Daseins, geboren. Erkenntnis wächst über das hinaus, was sie war; sie wird zur schaffenden Macht. Und indem der Mensch *schafft,* stellt er sich in den Sinn des Lebens hinein. In lyrischen Schwung kleidet sich bei Nietzsche in seinem «Zarathustra» (1884) das, was seine Seele erfühlt, erlebt in der Schaffensseligkeit des «Übermenschen» aus dem Menschen heraus. - Solch sich schaffend fühlende Erkenntnis empfindet im Ich des Menschen mehr, als was sich im Einzel-Lebenslaufe ausleben läßt; was da in diesem Einzelleben vorhanden ist, kann sich in diesem nicht erschöpfen. Es wird immer wiederkehren zu neuem Leben. So drängte sich bei Nietzsche zur Idee des Übermenschen diejenige der «ewigen Wiederkehr» der Menschenseele hinzu.

Rolphs Idee von der «Lebensmehrung» wächst sich bei Nietzsche zu der Vorstellung des «Willens zur Macht» aus, den er allem Sein und Leben in Tier- und Menschenwelt zuschreibt. Dieser sieht im Leben «Aneignung, Verletzung, Überwältigung des Fremden und Schwächeren, Unterdrückung, Härte, Aufzwängung eigener Formen, Einverleibung und mindestens, mildestens Ausbeutung». In «Also sprach Zarathustra» hat Nietzsche dem Glauben an die Wirklichkeit, an die Entwickelung des Menschen zum «Übermenschen» ein «Hohes Lied» gesungen; in dem unvollendet gebliebenen Werke «Der Wille zur Macht (Umwertung aller Werte)» wollte er die Umprägung aller Vorstellungen von dem Gesichtspunkte aus vollziehen, daß kein anderer Wille im Menschen die höchste Herrschaft habe als allein derjenige zur «Macht».

Das Erkenntnisstreben wird bei Nietzsche zu einem Daseinswesen, das sich in der Menschenseele *belebt.* Indem Nietzsche diese Belebung in sich erfühlt, stellt sich ihm das Leben über die nicht zum Leben sich befeuernde Erkenntnis und Wahrheit. Das hat bei ihm zu einer Absage an alle Wahrheit geführt und zum Ersatz des Willens zur Wahrheit durch den «Willen zur Macht», der nicht mehr fragt: Ist eine Erkenntnis wahr, sondern: Ist sie lebenerhaltend, lebenfördernd? «Bei allem Philosophieren handelte es sich bisher gar nicht um ‚Wahrheit', sondern um etwas anderes, sagen wir um Gesundheit, Zukunft, Wachstum, Macht, Leben . . .» Eigentlich strebte der Mensch immer nach Macht; nur gab er sich der Illusion hin, daß er «Wahrheit» wolle. Er verwechselte das Mittel mit dem Zweck. Die Wahrheit ist nur Mittel zum Zweck «Macht». «Die Falschheit eines Urteils ist noch kein Einwand gegen das Urteil.» Es kommt nicht darauf an, ob ein Urteil wahr ist, sondern «wie weit es lebenfördernd, lebenerhaltend, arterhaltend, vielleicht gar artzüchtend» ist. «Das meiste bewußte Denken eines Philosophen ist durch seine Instinkte heimlich geführt und in bestimmte Bahnen gezwungen.» Nietzsches Weltanschauung ist persönliche Empfindung als individuelles Erlebnis und Schicksal. Bei Goethe trat der tiefe Impuls des neueren Weltanschauungslebens hervor; er fühlte im selbstbewußten Ich die Idee sich so beleben, daß mit der belebten Idee dieses Ich sich im Innern des Weltendaseins wissen kann; bei Nietzsche ist der Trieb vorhanden, den Menschen über sich hinausleben zu lassen; er fühlt, daß dann im innerlich Selbsterzeugten der Sinn des Lebens sich enthüllen muß. Doch er dringt nicht wesenhaft vor zu dem, was sich im Menschen über den Menschen hinaus als Sinn des Lebens erzeugt. Er besingt in grandioser Weise den Übermenschen, doch er gestaltet ihn nicht; er *fühlt* sein webendes Dasein, doch er *schaut ihn nicht*. Er spricht von einer «ewigen Wiederkehr», doch er schildert nicht, was wiederkehrt. Er spricht von Lebenserhöhung durch den Willen zur Macht, doch die Gestalt des erhöhten Lebens –: wo ist deren Schilderung? Nietzsche spricht von etwas, das im Unbekannten da sein muß, doch bleibt es bei der Hindeutung auf das Unbekannte. Die im selbstbewußten Ich entfalteten Kräfte reichen auch bei Nietzsche nicht aus, um anschaulich zu schaffen, wovon er weiß, daß es webt und weht in der Menschennatur.

Ein Gegenbild hat Nietzsches Weltauffassung in der materialistischen Geschichtsauffassung und Lebensanschauung, die ihren prägnantesten Ausdruck durch *Karl Marx* (1818—1883) gefunden hat. Marx hat der Idee jeden Anteil an der geschichtlichen Entwickelung abgesprochen. Was dieser Entwickelung wirklich zugrunde liegen soll, sind die realen Faktoren des Lebens, aus denen die Meinungen über die Welt entstanden sind, welche sich die Menschen haben bilden können, je nachdem sie in ihre besonderen Lebenslagen gebracht worden sind. Der physisch Arbeitende, von einem andern beherrscht, hat eine andere Weltauffassung als der geistig Arbeitende. Ein Zeitalter, das eine alte Wirtschaftsform durch eine andere ersetzt, bringt auch andere Lebensanschauungen an die Oberfläche der Geschichte. Will man irgendein Zeitalter verstehen, so muß man zur Erklärung seine sozialen Verhältnisse, seine wirtschaftlichen Vorkommnisse heranziehen. Alle politischen und geistigen Strömungen sind nur ein an der Oberfläche sich abspielendes Spiegelbild dieser Vorkommnisse. Sie stellen sich ihrem Wesen nach als ideale Folgen der realen Tatsachen dar; an diesen Tatsachen selbst haben sie keinen Anteil. Es kann somit auch keine durch ideale Faktoren zustande gekommene Weltanschauung Anteil haben an der Fortentwickelung der gegenwärtigen Lebensführung; sondern es ist die Aufgabe, die realen Konflikte da aufzunehmen, wo sie heute angelangt sind und sie in gleichem Sinne fortzuführen. Diese Anschauung ist durch eine materialistische Umdeutung des Hegelianismus entstanden. Bei Hegel ist die Idee in ewiger Fortentwickelung, und die Folgen dieser Fortentwickelung sind die tatsächlichen Vorkommnisse des Lebens. - Was August Comte aus naturwissenschaftlichen Vorstellungen heraus gestaltet, eine Gesellschaftsauffassung auf der Grundlage der tatsächlichen Vorkommnisse des Lebens, dazu will Karl Marx durch die unmittelbare Anschauung der wirtschaftlichen Entwickelung gelangen. Der Marxismus ist die kühnste Ausgestaltung einer Geistesströmung, die in der Beobachtung der äußeren, der unmittelbaren Wahrnehmung zugänglichen geschichtlichen Erscheinungen den Ausgangspunkt nimmt, um das geistige Leben, die ganze Kulturentwickelung des Menschen zu verstehen. Es ist dies die moderne «Soziologie». Sie nimmt den Menschen nach keiner Richtung hin als Einzelwesen, sondern als ein Glied der sozialen Entwickelung. Wie der Mensch vorstellt, erkennt, handelt, fühlt: das alles wird als ein Ergebnis sozialer Mächte aufgefaßt, unter deren Einfluß der einzelne steht. *Hippolyte Taine* (1828—1893) nennt die Gesamtheit der Mächte, die jedes Kulturvorkommnis bestimmen, das «Milieu». Jedes Kunstwerk, jede Einrichtung, jede Handlung ist aus den vorhergehenden und gleichzeitigen Umständen zu erklären. Kennt man Rasse, Milieu und Moment, aus denen und in dem ein menschliches Werk entsteht, so hat man es erklärt. *Ferdinand Lassalle* (1825 bis 1864) hat in seinem «System der erworbenen Rechte» gezeigt, wie Rechtseinrichtungen: Eigentum, Vertrag, Familie, Erbrecht usw. aus den Vorstellungskreisen eines Volkes entstehen und sich entwickeln. Die Vorstellungsart des Römers hat eine andere Art von Rechten geschaffen als die des Deutschen. Es wird bei allen diesen Gedankenkreisen nicht die Frage aufgeworfen: Was entsteht im einzelnen menschlichen Individuum, was vollbringt dieses aus seiner ureigensten Natur heraus? sondern die: Welche Ursachen liegen in den geselligen sozialen Verbänden für den Lebensinhalt des einzelnen? Man kann in dieser Strömung eine entgegengesetzte Vorliebe gegenüber derjenigen sehen, die in bezug auf die Fragen nach dem Verhältnis des Menschen zur Welt am Anfange des Jahrhunderts geherrscht hat. Damals fragte man: Welche Rechte kommen dem einzelnen Menschen durch seine eigene Wesenheit zu (Naturrechte), oder wie erkennt der Mensch in Gemäßheit seiner individuellen Vernunft? Die soziologische Strömung fragt dagegen: Welche Rechtsvorstellungen, welche Erkenntnisbegriffe legen die sozialen Verbände in den einzelnen? Daß ich mir gewisse Vorstellungen über die Dinge mache, hängt nicht von meiner Vernunft ab, sondern ist ein Ergebnis der Entwickelung, aus der ich herausgeboren bin. In dem Marxismus wird das selbstbewußte Ich seiner eigenen Wesenheit völlig entkleidet; es treibt in dem Meere der Tatsachen, welche nach den Gesetzen der Naturwissenschaft und der sozialen Verhältnisse sich abspielen. In dieser Weltauffassung drängt die *Ohnmacht* des neueren Philosophierens gegenüber der Menschenseele zu einem Extrem. Das «Ich» - die selbstbewußte Menschenseele - will in sich das Wesen finden, durch das es sich im Weltendasein Geltung schafft; es will aber nicht *in sich* sich vertiefen; es *fürchtet,* in den eigenen Tiefen nicht das zu finden, was ihm Dasein und Wesenheit gibt. Es will sich aus einem Wesen, das *außer ihm* liegt, seine eigene Wesenheit verleihen lassen. Dabei wendet es sich nach den Denkgewohnheiten, welche die neuere Zeit unter naturwissenschaftlichem Einfluß erzeugt hat, entweder an die Welt des materiellen Geschehens oder des sozialen Werdens. Es glaubt, sich im Lebensganzen zu verstehen, wenn es sich sagen kann: Ich bin von diesem Geschehen, von diesem Werden in einer gewissen Art bedingt. An solchem Weltanschauungsstreben tritt hervor, wie in den Seelen Kräfte nach Erkenntnis hinarbeiten, von denen diese Seelen ein dunkles Gefühl haben, denen sie aber zunächst keine Befriedigung verschaffen können mit dem, was die neueren Denk- und Forschungsgewohnheiten hervorgebracht haben. Ein dem Bewußtsein verborgenes Geistesleben arbeitet in den Seelen. Es treibt diese Seelen, in das selbstbewußte Ich so tief hinunterzusteigen, daß dieses Ich in seinen Tiefen etwas finden kann, was in den Quell des Weltendaseins führt, - in jenen Quell, in dem die Menschenseele sich mit einem Weltenwesen verwandt fühlt, das *nicht* in den bloßen Naturerscheinungen und Naturwesen selbst zutage tritt. Diesen Naturerscheinungen und Naturwesen gegenüber hat es die neuere Zeit zu einem Ideal der Forschung gebracht, mit dem sie sich in ihrem Suchen sicher fühlt. So sicher fühlen möchte man sich nun auch bei Erforschung der menschlichen Seelenwesenheit. Die vorangehenden Ausführungen haben gezeigt, wie bei tonangebenden Denkern das Streben nach solcher Sicherheit im Forschen zu Weltbildern geführt hat, welche nichts mehr von Elementen enthalten, aus denen befriedigende Vorstellungen über die Menschenseele gewonnen werden können. Man will die Philosophie naturwissenschaftlich gestalten; doch man verliert bei dieser Gestaltung den Sinn der philosophischen Fragestellungen. Die Aufgabe, welche der Menschenseele aus ihren Tiefen herauf gestellt ist, geht weit über dasjenige hinaus, was die Denkerpersönlichkeiten als sichere Forschungsweisen nach den neueren Denkgewohnheiten anerkennen wollen.

Überblickt man die so charakterisierte Lage der neueren Weltanschauungsentwickelung, so ergibt sich als ihr hervorragendstes Kennzeichen der *Druck*, welchen die naturwissenschaftliche Denkungsart seit ihrem Emporblühen auf die Geister ausgeübt hat. Und als Grund für diesen Druck erkennt man die Fruchtbarkeit, die Tragkraft dieser Denkungsart. Man blicke, um das bekräftigt zu sehen, auf einen naturwissenschaftlichen Denker wie *Thomas Henry Huxley* (1825—1895). Dieser bekennt sich *nicht* zu der Ansicht, daß in der naturwissenschaftlichen Erkenntnis etwas gesehen werden könne, was die letzten Fragen über die Menschenseele beantwortet. Aber er glaubt, daß das menschliche Forschen innerhalb der naturwissenschaftlichen Betrachtungsart stehenbleiben und sich eingestehen müsse, der Mensch habe eben kein Mittel, um ein Wissen über das zu erwerben, was hinter der Natur liegt. Es ist das Ergebnis dieser Meinung: Naturwissenschaft sagt nichts aus über des Menschen höchste Erkenntnishoffnungen; aber sie gibt das Gefühl, daß sie das Forschen auf einen sicheren Boden stellt; also lasse man alles andere, was nicht in ihrem Bereich liegt, auf sich beruhen oder Gegenstand des Glaubens sein.

Deutlich ausgeprägt zeigt sich die Wirkung dieses aus der naturwissenschaftlichen Vorstellungsart kommenden Druckes an der Gedankenströmung, die unter dem Namen des «Pragmatismus» an der Wende des neunzehnten und zwanzigsten Jahrhunderts alles menschliche Wahrheitsstreben auf einen sicheren Boden stellen will. Der Name «Pragmatismus» stammt aus einem 1878 in der amerikanischen Zeitschrift «Popular Science» von Charles Peirce veröffentlichten Aufsatz. Die wirkungsvollsten Träger dieser Vorstellungsart sind *William James* (1842—1910) in Amerika und *F. C. Schiller* in England. (Der letztere gebraucht den Namen «Humanismus»: vgl. «Humanism» 1903, «Studies in Humanism» 1907.) Man kann den Pragmatismus Unglauben an die Kraft des Gedankens nennen.

Er spricht dem Denken, das in sich bleiben wollte, die Fähigkeit ab, etwas zu erzeugen, das sich als Wahrheit, als durch sich berechtigte Erkenntnis ausweisen kann. Der Mensch steht den Vorgängen der Welt gegenüber und muß handeln. Dabei dient ihm das Denken als Helfer. Es faßt die Tatsachen der äußeren Welt in Ideen zusammen, kombiniert sie. Und diejenigen Ideen sind die besten, welche dem Menschen zu rechtem Handeln so verhelfen, daß er seine Ziele im Einklange mit den Welterscheinungen finden kann. Und solche beste Ideen anerkennt der Mensch als seine Wahrheit. Der Wille ist Herrscher im Verhältnis des Menschen zur Welt, nicht das Denken. In seinem Buche «Der Wille zum Glauben» (1899 ins Deutsche übersetzt) spricht sich James so aus: «Der Wille bestimmt das Leben, das ist sein Urrecht; also wird er auch ein Recht haben, auf die Gedanken einen Einfluß zu üben. Nicht zwar auf die Feststellung der Tatsachen im einzelnen: hier soll sich der Verstand allein nach den Tatsachen selbst richten; wohl aber auf die Auffassung und Deutung der Wirklichkeit im ganzen. Reichte die wissenschaftliche Erkenntnis bis an das Ende der Dinge, dann möchten wir allein auf Wissenschaft leben. Da sie uns nur die Ränder des dunklen Kontinents, den wir das Universum nennen, ein wenig erleuchtet, und da wir uns doch auf unsere Gefahr irgendwelche Gedanken von dem Universum, dem wir mit unserem Leben angehören, bilden müssen, so werden wir recht tun, wenn wir uns solche Gedanken bilden, als sie unserem ganzen Wesen entsprechen, Gedanken, die uns möglich machen, zu wirken, zu hoffen, zu leben.» Der Gedanke hat nach dieser Anschauung kein Eigenleben, das sich in sich vertiefen und, etwa im Sinne Hegels, zum Quell des Daseins dringen könne; er leuchtet im menschlichen Ich nur auf, um dem Ich zu folgen, wenn es wollend und lebend in die Welt eingreift. Der Pragmatismus entkleidet den Gedanken der Macht, welche er seit dem Heraufkommen der griechischen Weltanschauung gehabt hat. Die Erkenntnis ist dadurch zu einem Erzeugnis des menschlichen Wollens gemacht; sie kann im Grunde nicht mehr das Element sein, in welches der Mensch untertaucht, um sich selbst in seinem wahren Wesen zu finden. Das selbstbewußte Ich taucht nicht *denkend* in sich unter; es verliert sich in die dunklen Untergründe des Willens, in denen der Gedanke nichts beleuchtet als die Ziele des Lebens, die als solche aber *nicht* aus dem Gedanken entspringen. - Die Macht der äußeren Tatsachen über den Menschen ist überstark geworden; das Bewußtsein, im Eigenleben des Denkens ein Licht zu finden, das letzte Daseinsfragen beleuchtet, ist auf den Nullpunkt herabgesunken. Im Pragmatismus ist die *Leistung* der neueren Weltanschauungsentwickelung am meisten von dem entfernt, was der Geist dieser Entwickelung fordert: mit dem selbstbewußten Ich denkend in Weltentiefen sich zu finden, in denen sich dieses Ich so mit dem Quellpunkt des Daseins verbunden fühlt wie das griechische Forschen durch den wahrgenommenen Gedanken. Daß dieser Geist ein solches fordert, offenbart sich aber besonders durch den Pragmatismus. Er stellt «den Menschen» in den Blickpunkt seines Weltbildes. Am *Menschen* soll sich zeigen, wie Wirklichkeit im Dasein waltet. So richtet sich die Hauptfrage nach dem Elemente, in dem das selbstbewußte Ich ruht. Aber die Kraft des Gedankens reicht nicht aus, Licht in dieses Element zu tragen. Der Gedanke bleibt in den oberen Schichten der Seele zurück, wenn das Ich den Weg in seine Tiefen gehen will.

Auf den gleichen Wegen wie der Pragmatismus wandelt

in Deutschland die «Philosophie des Als ob» *Hans Vaihingers* (1852—1933). Dieser Philosoph sieht in den leitenden Ideen, welche sich der Mensch über die Welterscheinungen macht, nicht Gedankenbilder, durch die sich die erkennende Seele in eine geistige Wirklichkeit hineinstellt, sondern Fiktionen, die ihn führen, wenn es gilt, sich in der Welt zurechtzufinden. Das «Atom» zum Beispiel ist unwahrnehmbar. Der Mensch bildet den Gedanken des «Atoms». Er kann ihn nicht so bilden, daß er damit von einer Wirklichkeit etwas weiß, sondern so, «*als ob*» die äußeren Naturerscheinungen durch das Zusammenwirken von Atomen entständen. Stellt man sich vor, es seien Atome vorhanden, dann kommt Ordnung in das Chaos der wahrgenommenen Naturerscheinungen. Und so ist es mit allen leitenden Ideen. Sie werden nicht angenommen, um Tatsächliches abzubilden, was allein durch die Wahrnehmung gegeben ist; sie werden erdacht, und die Wirklichkeit wird so zurechtgelegt, «*als ob*» das in ihnen Vorgestellte dieser Wirklichkeit zugrunde läge. Die Ohnmacht des Gedankens wird damit bewußt in den Mittelpunkt des Philosophierens gerückt. Die Macht der äußeren Tatsachen drückt so gewaltig auf den Geist des Denkers, daß er es nicht wagt, mit dem «bloßen Gedanken» in diejenigen Regionen vorzudringen, aus denen die äußere Wirklichkeit als aus ihrem Urgrunde hervorquillt. Da aber nur dann eine Hoffnung besteht, über die Wesenheit des Menschen etwas zu ergründen, wenn man ein geistiges Mittel hat, bis in die charakterisierten Regionen vorzudringen, so kann von einem Nahen an die höchsten Weltenrätsel bei der «Als-ob-Philosophie» keine Rede sein.

Nun sind sowohl der Pragmatismus wie die Als-ob-Philosophie aus der Denkerpraxis des durch die naturwissenschaftliche Vorstellungsart beherrschten Zeitalters herausgewachsen. Der Naturwissenschaft kann es nur auf die Erforschung des Zusammenhanges der äußeren Tatsachen ankommen, - derjenigen Tatsachen, welche sich auf dem Felde der Sinnesbeobachtung abspielen. Dabei kann es sich für sie nicht darum handeln, daß auch die Zusammenhänge, welche sie erforscht, sinnlich wahrnehmbar sind, sondern darauf, daß sich diese Zusammenhänge auf dem angedeuteten Felde ergeben. Durch die Beachtung dieser ihrer Grundlage ist die neuere Naturwissenschaft zum *Vorbild* für alles wissenschaftliche Erkennen geworden. Und sie ist gegen die Gegenwart zu immer mehr zu einer Denkpraxis getrieben worden, welche im Sinne des Pragmatismus und der Als-ob-Philosophie liegt. Der Darwinismus zum Beispiel wurde zuerst dazu getrieben, eine Entwickelungslinie der Lebewesen von den unvollkommensten zu den vollkommensten aufzustellen, und dabei den Menschen wie eine höhere Entwickelungsform der menschenähnlichen Affen aufzufassen. Der Anatom Karl Gegenbaur (vgl. oben S. 407) hat aber bereits 1870 darauf aufmerksam gemacht, daß die *Art der Forschung*, welche für eine solche Entwickelungsidee angewendet wird, das Fruchtbare ist. Nun wurde diese Art der Forschung in der neueren Zeit fortgesetzt; und man ist wohl berechtigt zu sagen, daß diese Forschungsart, indem sie sich selbst treu geblieben ist, über die Ansichten hinausgeführt hat, mit denen sie zuerst verbunden war. Man forschte, «*als ob*» der Mensch in der Fortschrittslinie der menschenähnlichen Affen zu suchen sei; und man ist gegenwärtig nahe daran zu erkennen, daß dies nicht sein kann, sondern daß es in der Vorzeit ein Wesen gegeben haben müsse, das im Menschen seinen wahren Nachkommen habe, während die menschenähnlichen Affen sich von diesem Wesen hinweg zu einer unvollkommeneren Art gebildet haben. So war der ursprüngliche neuere Entwickelungsgedanke nur ein Helfer der Forschung.

Indem solche Denkpraxis in der Naturwissenschaft waltet, scheint es bei ihr berechtigt, einem reinen Gedankenforschen, einem Sinnen nach der Lösung der Welträtsel im selbstbewußten Ich jeden wissenschaftlichen Erkenntniswert abzusprechen. Der Naturforscher fühlt, daß er auf einer sicheren Grundlage steht, wenn er in dem Denken nur ein Mittel sieht, um sich in der Welt der äußeren Tatsachen zu orientieren. Die großen Errungenschaften, welche die Naturwissenschaft an der Wende des neunzehnten und zwanzigsten Jahrhunderts aufzuweisen hat, vertragen sich gut mit solcher Denkpraxis. In der Forschungsart der Naturwissenschaft wirkt der Pragmatismus und die Als-ob-Philosophie; wenn nun diese auch noch als philosophische Gedankenrichtungen auftauchen, so offenbart sich in dieser Tatsache das naturwissenschaftliche Grundgepräge der neueren Weltanschauungsentwickelung.

Denker, welche instinktiv die Forderung des im Verborgenen wirkenden neueren Weltanschauungsgeistes empfinden, werden daher begreiflicherweise vor die Frage gestellt: Wie läßt sich der *vorbildlichen* Naturwissenschaft gegenüber eine Vorstellung des selbstbewußten Ich halten? Man kann sagen, die Naturwissenschaft ist auf dem Wege, ein Weltbild hervorzubringen, in dem das selbstbewußte Ich keine Stelle hat. Denn was die Naturwissenschaft als Bild des (äußeren) Menschen geben kann, das enthält die selbstbewußte Seele nur so, wie der Magnet seine Kraft an sich hat. Man hat nun zwei Möglichkeiten. Entweder man gibt sich der Täuschung hin, daß man mit dem Ausdruck «das Gehirn denkt» wirklich etwas Ernstliches gesagt hat, und daß der «geistige Mensch» nur die Oberflächenäußerung des Materiellen ist; oder man *erkennt* in diesem «geistigen Menschen» eine in sich selbständig wesenhafte Wirklichkeit, dann wird man mit der Erkenntnis des Menschen aus der Naturwissenschaft herausgetrieben. Denker, welche unter dem Eindrucke der letzteren Möglichkeit stehen, sind die französischen Philosophen *Emile Boutroux* (1845 bis 1921) und *Henri Bergson* (1859—1941).

Boutroux nimmt zum Ausgangspunkt eine Kritik der neueren Vorstellungsart, welche alles Weltgeschehen auf naturwissenschaftlich begreifliche Gesetze zurückführen will. Man versteht seinen Gedankengang, wenn man erwägt, daß zum Beispiel eine Pflanze wohl Vorgänge in sich enthält, welche nach den Gesetzen verlaufen, die auch in der mineralischen Welt wirksam sind, daß es aber gänzlich unmöglich ist, sich vorzustellen, die mineralischen Gesetze rufen aus ihrem eigenen Inhalte Pflanzenleben hervor. Will man anerkennen, daß sich Pflanzendasein auf dem Boden mineralischer Wirksamkeit entwickele, so muß man voraussetzen, daß es dem Mineralischen ganz gleichgültig ist, ob aus ihm das Pflanzliche hervorgehe. Es muß vielmehr etwas Eigenschöpferisches zu dem Mineralischen hinzutreten, wenn Pflanzliches entstehen soll. In der Naturordnung waltet daher überall Schöpferisches. Das Mineralreich ist da; aber hinter ihm steht ein Schöpferisches. Dieses läßt *aus sich* hervorgehen das Pflanzliche und stellt es auf den Boden des Mineralischen. Und so ist es mit allen Sphären in der Naturordnung bis herauf zur bewußten Menschenseele, ja bis zum soziologischen Geschehen. Die Menschenseele entspringt nicht aus den bloßen

Lebensgesetzen, sondern unmittelbar aus dem Urschöpferischen und eignet sich zu ihrer Wesenheit die Lebensgesetze an. Auch im Soziologischen offenbart sich ein Urschöpferisches, das die Menschenseelen in den entsprechenden Zusammenhang und in Wechselwirkung bringt. In Boutroux' Buche «Über den Begriff des Naturgesetzes in der Wissenschaft und in der Philosophie der Gegenwart» finden sich die Sätze: «Die Wissenschaft zeigt uns ... eine Hierarchie der Wissenschaften, eine Hierarchie der Gesetze, die wir zwar einander näher bringen, aber nicht zu einer einzigen Wissenschaft und zu einem einzigen Gesetz verschmelzen können. Zudem zeigt sie uns, nebst der relativen Ungleichartigkeit der Gesetze, ihre gegenseitige Beeinflussung. Die physikalischen Gesetze nötigen sich dem Lebewesen auf, aber die biologischen Gesetze wirken mit den physikalischen mit.» (Deutsche Ausgabe, 1907, S. 130.) So wendet Boutroux den betrachtenden Blick von den im Denken vergegenwärtigten Naturgesetzen hinweg zu dem hinter diesen Gesetzen waltenden Schöpferischen. Und aus diesem unmittelbar hervorgehend sind ihm die die Welt erfüllenden Wesen. Wie sich diese Wesen zueinander verhalten, wie sie in Wechselwirkung treten, das kann durch Gesetze ausgedrückt werden, die im Denken erfaßbar sind. Das Gedachte wird damit zu einer Offenbarung der Wesen in der Welt. Und wie zu einer Grundlage der Naturgesetze wird für diese Vorstellungsart die Materie. Die Wesen sind wirklich und offenbaren sich nach Gesetzen; die Gesamtheit dieser Gesetze, also im Grunde das Unwirkliche, an ein vorgestelltes Sein geknüpft, gibt die Materie. So kann Boutroux sagen: «Die Bewegung» (er meint die Gesamtheit dessen, was nach Naturgesetzen durch die Wesen zwischen diesen geschieht) «an sich ist offenbar ebensogut eine Abstraktion wie das Denken an sich. Tatsächlich gibt es nur Lebewesen, deren Natur ein Mittelding zwischen dem reinen Begriff des Denkens und der Bewegung ist. Diese Lebewesen bilden eine Hierarchie, und die Tätigkeit zirkuliert in ihnen von oben nach unten und von unten nach oben. Der Geist bewegt weder unmittelbar noch mittelbar die Materie. Aber es gibt keine rohe Materie, und das, was das Wesen der Materie ausmacht, hängt mit dem, was das Wesen des Geistes ausmacht, eng zusammen.» (In demselben Buche, S. 131.) Wenn aber die Naturgesetze nur die Zusammenfassung des Wechselverhältnisses der Wesen sind, so steht auch die Menschenseele im Weltganzen nicht so darinnen, daß sie aus den Naturgesetzen heraus erklärbar ist, sondern sie bringt aus ihrem Eigenwesen zu den anderen Gesetzen ihre Offenbarung hinzu. Damit aber ist der Menschenseele die Freiheit, die Selbstoffenbarung ihres Wesens gesichert. Man kann in dieser philosophischen Denkungsart den Versuch sehen, über das wahre Wesen des Naturbildes ins klare zu kommen, um zu ergründen, wie sich die Menschenseele zu diesem Bilde verhält. Und Boutroux kommt zu einer solchen Vorstellung der Menschenseele, welche nur der *Selbstoffenbarung* derselben selbst entspringen kann. In früheren Zeiten sah man, so meint Boutroux, in den Wechselwirkungen der Wesen die Offenbarung von «Laune und Willkür» geistiger Wesen; davon ist das neuere Denken durch die Erkenntnis der Naturgesetze befreit. Da diese nur im Zusammenwirken der Wesen Bestand haben, kann in ihnen nichts enthalten sein, was die Wesen bestimmt. «Die durch die moderne Wissenschaft entdeckten mechanischen Naturgesetze sind in der Tat das Band, welches das Äußere mit dem Inneren verknüpft. Weit davon entfernt, eine Notwendigkeit zu sein, befreien sie uns; sie gestatten uns, zu der Kontemplation, in der die Alten eingeschlossen waren, hinzuzusetzen eine *Wissenschaft der Tat.*» (Am Schlusse des erwähnten Buches.) Dies ist ein Hinweis auf die öfters in dieser Schrift erwähnte Forderung des neueren Weltanschauungsgeistes. Die Alten mußten bei der Kontemplation (Betrachtung) stehenbleiben. Für ihre Empfindung war eben in der Gedankenbetrachtung die Seele im Elemente ihrer wahren Wesenheit. Die neuere Entwickelung fordert eine «Wissenschaft der Tat». Die könnte aber nur entstehen, wenn die Seele sich im selbstbewußten Ich denkend ergriffe und in geistigem Erleben zu inneren Selbsterzeugnissen käme, mit denen sie sich in ihrem Wesen stehend sehen kann.

Auf einem anderen Wege sucht *Henri Bergson* zu dem Wesen des selbstbewußten Ich so vorzudringen, daß bei diesem Vordringen die naturwissenschaftliche Vorstellungsart nicht zum Hemmnis wird. Das *Wesen des Denkens* ist durch die Entwickelung der Weltanschauungen von der Griechenzeit bis zur Gegenwart selbst wie zu einem Welträtsel geworden. Der Gedanke hat die Menschenseele herausgehoben aus dem Weltganzen. So lebt sie gleichsam mit dem Gedanken und muß an ihn die Frage richten: Wie bringst du mich wieder zu einem Elemente, in dem ich mich wirklich in dem Weltganzen geborgen fühlen kann? Bergson betrachtet das wissenschaftliche Denken. Er findet in ihm nicht die Kraft, durch welche es sich gewissermaßen in eine wahre Wirklichkeit hineinschwingen könnte. Es steht die denkende Seele der Wirklichkeit gegenüber und gewinnt von ihr Gedankenbilder. Diese setzt sie zusammen. Aber, was sie so gewinnt, steht nicht in der Wirklichkeit darinnen; es steht außerhalb derselben. Bergson spricht vom Denken so: «Man begreift, daß durch unser Denken feste Begriffe aus der beweglichen Realität gezogen werden können; aber es ist durchaus unmöglich, mit der Festigkeit der Begriffe die Beweglichkeit des Wirklichen zu rekonstruieren . . .» (So in der Schrift «Einführung in die Metaphysik». Deutsche Ausgabe, 1909, S. 42.) Von solchen Gedanken ausgehend findet Bergson, daß alle Versuche, vom Denken aus in die Wirklichkeit zu dringen, scheitern mußten, weil sie etwas unternommen haben, wozu das Denken - so wie es im Leben und in der Wissenschaft waltet - ohnmächtig ist, in die wahre Wirklichkeit einzudringen. Wenn in dieser Art Bergson die Ohnmacht des Denkens zu erkennen vermeint, so ist dies für ihn kein Grund, durch rechtes Erleben im selbstbewußten Ich zur wahren Wirklichkeit zu kommen. Denn es gibt einen außergedanklichen Weg im Ich, eben den Weg des unmittelbaren Erlebens, der Intuition. «Philosophieren besteht darin, die gewohnte Richtung der Denkarbeit umzukehren.» «Relativ ist die symbolische Erkenntnis durch vorher bestehende Begriffe, welche vom Festen zum sich Bewegenden geht, aber keineswegs die intuitive Erkenntnis, die sich in das sich Bewegende hineinversetzt und das Leben der Dinge selbst sich zu eigen macht.» (Einführung in die Metaphysik, S. 46.) Bergson hält eine Umwandlung des gewöhnlichen Denkens für möglich, so daß durch diese Umwandlung die Seele sich in einer Tätigkeit - in einem intuitiven Wahrnehmen - erlebt, die *eins* ist mit einem Dasein hinter demjenigen, welches durch die gewöhnliche Erkenntnis wahrgenommen wird. In solchem intuitiven Wahrnehmen erlebt sich die Seele als ein Wesen, das nicht bedingt ist durch die körperlichen Vorgänge. Durch diese Vorgänge wird die Empfindung hervorgerufen und werden die Bewegungen des Menschen zustande gebracht. Wenn der Mensch durch die Sinne wahrnimmt, wenn er seine Glieder bewegt, so ist in ihm ein körperliches Wesen tätig; aber schon, wenn er sich an eine Vorstellung *erinnert*, so spielt sich ein rein seelisch-geistiger Vorgang ab, der *nicht* durch entsprechende körperliche Vorgänge bedingt ist. Und so ist das ganze Seelen-Innenleben ein Eigenleben seelisch-geistiger Art, das im und am Leibe, nicht aber durch denselben abläuft. Bergson hat in ausführlicher Art diejenigen naturwissenschaftlichen Ergebnisse untersucht, welche seiner Anschauung entgegenstehen. Es scheint ja in der Tat der Gedanke so berechtigt, daß die seelischen Äußerungen nur in leiblichen Vorgängen wurzeln, wenn man sich vergegenwärtigt, wie zum Beispiel die Erkrankung eines Gehirnteiles den Ausfall der Sprachtätigkeit bedingt. Eine unbegrenzte Zahl von Tatsachen dieser Art kann angeführt werden. Bergson setzt sich mit ihnen auseinander in seiner Schrift «Materie und Gedächtnis» (deutsch 1908). Und er findet, daß sie nichts Beweisendes erbringen gegen die Anschauung von dem geistig-seelischen Eigenleben.

So scheint sich die neuzeitliche Philosophie in Bergson zu ihrer von der Zeit geforderten Aufgabe zu wenden, der Vertiefung in das Erleben des selbstbewußten Ich; aber sie vollbringt diesen Schritt, indem sie dem Gedanken seine Ohnmacht dekretiert. Da, wo das Ich sich in seinem Wesen *erleben* sollte, kann es mit dem Denken nichts anfangen. Und so ist es auch für Bergson mit der Erforschung des Lebens. Was da in der Entwickelung der Lebewesen treibt, was diese Wesen hinstellt in die Welt in einer Reihe vom Unvollkommenen zum Vollkommenen, ergibt sich dem Erkennen nicht durch die denkende Betrachtung der Lebewesen, wie sie vor den Menschen in ihren Formen sich hinstellen. Nein, wenn der Mensch als seelisches Wesen sich in sich selbst erlebt, so steht er in dem Lebenselement, das in den Wesen lebt, und das in ihm erkennend sich selbst anschaut. Dieses Lebenselement hat sich erst in den unzähligen Formen ausgießen müssen, um sich durch dieses Ausgießen vorzubereiten zu dem, was es im Menschen geworden ist. Die Lebensschwungkraft, die im Menschen zum denkenden Wesen sich errafft, ist schon da, wenn sie sich in dem einfachsten Lebewesen offenbart; sie hat dann im Schaffen der Lebewesen sich so verausgabt, daß ihr bei der Offenbarung im Menschen nur ein Teil ihrer Gesamtwesenheit zurückgeblieben ist, allerdings derjenige, der sich als Frucht alles vorangehenden Lebensschaffens offenbart. So ist die Wesenheit des Menschen *vor* allen anderen Lebewesen vorhanden; sie kann sich aber erst als Mensch ausleben, wenn sie die anderen Lebensformen abgestoßen hat, die der Mensch dann nur von außen, als *eine* unter denselben, beobachten kann. Aus seinem intuitiven Erkennen will Bergson sich die naturwissenschaftlichen Ergebnisse so beleben lassen, daß er aussprechen kann: «Alles geht vor sich, als ob ein unbestimmtes und wallendes Wesen, mag man es nun *Mensch* oder *Übermensch* nennen, nach Verwirklichung getrachtet und diese nur dadurch erreicht hätte, daß es einen Teil seines Wesens unterwegs aufgab. Diese Verluste sind es, welche die übrige Tierheit, ja auch die Pflanzenwelt darstellt; insoweit mindestens, als sie etwas Positives, etwas den Zufällen der Entwickelung Enthobenes bedeuten.» (Bergson, Schöpferische Entwickelung. Deutsche Ausgabe, 1912, Seite 270.)

Aus leicht gewobenem, leicht erringbarem Nachdenken

bringt damit Bergson eine Idee der Entwickelung hervor, welche bereits vorher 1882 *Wilhelm Heinrich Preuß* in seinem Buche «Geist und Stoff» (Oldenburg 2. Auflage 1899) gedankentief ausgesprochen hat. Auch diesem Denker ist der Mensch nicht hervorgegangen aus den anderen Naturwesen, sondern er ist, vom Anfang an, die Grundwesenheit, die nur, bevor sie sich die ihr auf der Erde zukommende Gestalt geben konnte, erst in den anderen Lebewesen ihre Vorstufen abstoßen mußte. Man liest in dem genannten Buche: «Es dürfte ... an der Zeit sein, eine ... Lehre von der Entstehung der organischen Arten aufzustellen, welche sich nicht allein auf einseitig aufgestellte Sätze aus der beschreibenden Naturwissenschaft gründet, sondern auch mit den übrigen Naturgesetzen, welche zugleich auch Gesetze des menschlichen Denkens sind, in voller Übereinstimmung ist. Eine Lehre zugleich, *die alles Hypothetisierens bar ist* und nur auf strengen Schlüssen aus naturwissenschaftlichen Beobachtungen im weitesten Sinne beruht; eine Lehre, die den Artbegriff nach tatsächlicher Möglichkeit rettet, aber zugleich den von Darwin aufgestellten Begriff der Entwickelung hinübernimmt auf ihr Gebiet und fruchtbar zu machen sucht. - Der Mittelpunkt dieser neuen Lehre nun ist der Mensch, die nur *einmal auf unserem Planeten wiederkehrende Spezies: Homo sapiens.* Merkwürdig, daß die älteren Beobachter bei den Naturgegenständen anfingen und sich dann dermaßen verirrten, daß sie den Weg zum Menschen nicht fanden, was ja auch Darwin nur in kümmerlichster und durchaus unbefriedigender Weise gelang, indem er den Stammvater des Herrn der Schöpfung unter den Tieren suchte - während der Naturforscher bei sich als Menschen anfangen müßte, um so fortschreitend *durch das ganze Gebiet des*

Seins und Denkens zur Menschheit zurückzukehren. . . . Es war nicht Zufall, daß die menschliche Natur aus der Entwickelung alles Irdischen hervorging, sondern Notwendigkeit. Der Mensch ist das Ziel aller tellurischen Vorgänge und jede andere neben ihm auftauchende Form hat aus der seinigen ihre Züge entlehnt. Der Mensch ist das erstgeborene Wesen des ganzen Kosmos . . . Als seine Keime entstanden waren, hatte der gebliebene organische Rückstand nicht die nötige Kraft mehr, um weitere menschliche Keime zu erzeugen. Was noch entstand, wurde Tier oder Pflanze . . .»

Solche Anschauung strebt dahin, den durch die neuere Weltanschauungsentwickelung auf sich selbst - außer die Natur - gestellten Menschen zu erkennen, um dann in solcher Menschenkenntnis etwas zu finden, das Licht wirft auf das Wesen der den Menschen umgebenden Welt. In dem wenig gekannten Denker von Elsfleth, W. H. Preuß, taucht die Sehnsucht auf, durch Menschen-Erkenntnis zugleich Welt-Erkenntnis zu gewinnen. Seine energischen und bedeutsamen Ideen sind unmittelbar auf die Menschenwesenheit hin gerichtet. Er schaut diese Wesenheit sich ins Dasein ringend. Und was *sie* auf ihrem Wege zurücklassen - von sich abstreifen - muß, das bleibt als die Natur mit ihren Wesenheiten in der Entwickelung auf niederer Stufe stehen und stellt sich als des Menschen Umwelt hin. - Daß der Weg zu den Welträtseln in der neueren Philosophie durch eine Ergründung der Menschenwesenheit, die sich im selbstbewußten Ich offenbart, zu nehmen ist: das zeigt die Entwickelung dieser Philosophie. Je mehr man in deren Streben und Suchen einzudringen sich bemüht, um so mehr kann man gewahr werden, wie dieses Suchen nach solchen Erlebnissen in der Menschenseele gerichtet ist, die nicht bloß über diese Menschenseele selber aufklären, sondern in denen etwas aufleuchtet, das über die außerhalb des Menschen liegende Welt sicheren Aufschluß gibt. Der Blick auf die Anschauung Hegels und verwandter Denker erzeugte bei den neueren Philosophen Zweifel daran, daß im *Gedankenleben* die Kraft liegen könne, über den Umkreis des Seelenwesens hinauszuleuchten. Es schien das Gedankenelement zu schwach zu sein, um in sich ein Leben zu entfalten, in dem Enthüllungen über das Wesen der Welt enthalten sein könnten. Die naturwissenschaftliche Vorstellungsart verlangte ein solches Eindringen in den Seelenkern, das sich auf einen festeren Boden stellt, als der Gedanke ihn liefern kann.

Bedeutsam stellen sich in dieses Suchen und Streben der neuesten Zeit die Bemühungen *Wilhelm Diltheys* (1833 bis 1911) hinein. Er hat in Schriften wie «Einleitung in die Geisteswissenschaften» und in seiner Berliner Akademieabhandlung «Beiträge zur Lösung der Frage vom Ursprung unseres Glaubens an die Realität der Außenwelt und seinem Recht» (1890) Ausführungen geboten, die unmittelbar erfüllt sind von allem, was als philosophische Rätsel auf der neueren Weltanschauungsentwickelung lastet. Die in der gegenwärtig gebräuchlichen gelehrten Ausdrucksform gehaltene Darstellung Diltheys verhindert allerdings, daß allgemeineren Eindruck machte, was er zu sagen hatte. - Diltheys Anschauung ist, daß mit dem, was in seiner Seele gedankenhaft, vorstellungsmäßig ist, der Mensch nicht einmal zu einer Gewißheit darüber kommen könne, ob dem, was die Sinne wahrnehmen, eine wirkliche, vom Menschen unabhängige Wesenheit entspreche. Alles Gedankenhafte, Vorstellungsgemäße, Sinnlich-Empfundene ist Bild; und die Welt, welche den Menschen umgibt, könnte ein Traum von Bildern seiner eigenen Wesenheit, ohne von ihm unabhängige Wirklichkeit sein, wenn er *nur* allein darauf angewiesen wäre, die Wirklichkeit durch solche Bilder gewahrzuwerden. Doch offenbaren sich in der Seele nicht allein diese Bilder. Es offenbart sich in ihr ein Lebenszusammenhang in Wille, Streben, Gefühl, der von ihr ausgeht, in dem sie sich selbst darinnen erfühlt, und dessen Wirklichkeit sie nicht nur durch gedankenhafte Erkenntnis, sondern durch unmittelbares Erleben anerkennen muß. Wollend und fühlend erlebt sich die Seele selbst als Wirklichkeit. Doch wenn sie sich nur *so* erlebte, müßte sie glauben, daß *ihre* Wirklichkeit die einzige in der Welt sei. Das wäre nur berechtigt, wenn ihr Wollen nach allen Seiten ausstrahlen könnte, ohne *Widerstand* zu finden. Das aber ist nicht der Fall. Die Absichten des Willens können sich so nicht ausleben. Es drängt sich etwas in sie herein, das sie nicht selbst hervorbringen, und das sie doch in sich selber aufnehmen müssen.Haarspalterisch kann dem «gesunden Menschenverstand» solcher Gedankengang eines Philosophen erscheinen. Die geschichtliche Betrachtung darf nicht auf solche Beurteilung sehen. Für sie ist wichtig, Einblick zu gewinnen in die Schwierigkeit, welche die neuere Philosophie sich selbst bereiten muß gegenüber der einfachen, dem «gesunden Menschenverstand» sogar überflüssig dünkenden Frage: Ob denn die Welt, welche der Mensch sieht, hört usw., mit Recht *wirklich* genannt werden dürfe? Das «Ich», das sich - wie die hier vorliegende Entwickelungsgeschichte der philosophischen Weltenrätsel gezeigt hat - von der Welt losgelöst hat, will in seiner für die eigene Betrachtung einsam gewordenen Wesenheit den Weg wieder zurück zur Welt finden. Dilthey meint, dieser Weg könne nicht etwa dadurch gefunden werden, daß man sagt: Die Seele erlebt Bilder (Gedanken, Vorstellungen, Empfindungen), und da diese Bilder im Bewußtsein auftreten, so müssen sie in einer wirklichen Außenwelt ihre Ursachen haben. Solch ein Schluß gäbe - nach Diltheys Meinung - kein Recht, von einer wirklichen Außenwelt zu sprechen. Denn es ist dieser Schluß *innerhalb der Seele,* nach den Bedürfnissen dieser Seele, vollzogen; und nichts bürgt dafür, daß in der Außenwelt wirklich dasjenige sei, wovon die Seele nach ihren Bedürfnissen *glaubt,* daß es sein müsse. Nein, *schließen* auf eine Außenwelt kann die Seele nicht; sie setzt sich damit der Gefahr aus, daß ihre Schlußfolgerung nur ein Leben in ihr selber hat und für die Außenwelt ohne alle Bedeutung bleibt. Sicherheit über eine Außenwelt kann die Seele nur gewinnen, wenn diese Außenwelt in das innere Leben des «Ich» hereindringt, so daß in diesem «Ich» nicht bloß das «Ich», sondern die Außenwelt selbst lebt. Das geschieht - nach Diltheys Ansicht -, wenn die Seele in ihrem *Wollen* und *Fühlen* etwas erfährt, was nicht aus ihr selbst stammt. Dilthey bemüht sich, an den allerselbstverständlichsten Tatbeständen eine Frage zu entscheiden, die ihm eine Grundfrage aller Weltanschauung ist. Man nehme die folgende Ausführung, die er gibt: «Indem ein Kind die Hand gegen den Stuhl stemmt, ihn zu bewegen, mißt sich seine Kraft am Widerstande: Eigenleben und Objekte werden zusammen erfahren. Nun aber sei das Kind eingesperrt, es rüttle umsonst an der Tür: dann wird sein ganzes aufgeregtes Willensleben den Druck einer übermächtigen Außenwelt inne, welche sein Eigenleben hemmt, beschränkt und gleichsam zusammendrückt. Dem Streben, der Unlust zu entrinnen, all seinen Trieben Befriedigung zu verschaffen, folgt Bewußtsein der Hemmung, Unlust, Unbefriedigung. Was das Kind erfährt, geht durch das ganze Leben des Erwachsenen hindurch. Der Widerstand wird zum Druck, ringsum scheinen uns Wände von Tatsächlichkeit zu umgeben, die wir nicht durchbrechen können. Die Eindrücke halten stand, gleichviel, ob wir sie ändern möchten; sie verschwinden, obwohl wir sie festzuhalten streben; gewissen Bewegungsantrieben, die von der Vorstellung, dem Unlusterregenden auszuweichen, geleitet werden, folgen unter bestimmten Umständen regelmäßig Gemütsbewegungen, die uns in dem Bezirk des Unlustvollen festhalten. Und so verdichtet sich um uns gleichsam immer mehr die Realität der Außenwelt.» Wozu wird solch eine für viele Menschen unbeträchtlich erscheinende Betrachtung im Zusammenhang mit hohen Weltanschauungsfragen angestellt? Aussichtslos erscheint es doch, von solchen Ausgangspunkten aus zu einer Ansicht darüber zu kommen, was die Stellung der Menschenseele im Weltganzen ist. Das Wesentliche aber ist, *daß* die Philosophie zu solcher Betrachtung gelangt ist auf dem Wege, der - noch einmal sei an Brentanos Worte erinnert - unternommen worden ist, «für die Hoffnungen eines Platon und Aristoteles über das Fortleben unseres besseren Teiles nach der Auflösung unseres Leibes Sicherheit zu gewinnen . . .» Solche Sicherheit zu gewinnen, erscheint immer schwieriger, je weiter die Gedankenentwickelung fortschreitet. Das «selbstbewußte Ich» fühlt sich immer mehr herausgestoßen aus der Welt; es scheint immer weniger in sich die Elemente zu finden, welche es mit der Welt verbinden noch in einer anderen Weise als durch den der «Auflösung» unterworfenen «Leib». Indem es nach einer sicheren Erkenntnis über seinen Zusammenhang mit einer ewigen Welt des Geistes suchte, verlor es selbst die Sicherheit einer Einsicht in den Zusammenhang mit der Welt, welche den Wahrnehmungen der Sinne sich offenbart. - Bei Betrachtung von Goethes Weltanschauung durfte darauf aufmerksam gemacht werden, wie innerhalb derselben gesucht wird nach solchen Erlebnissen in der Seele, die diese Seele hinaustragen in eine Wirklichkeit, welche hinter der Sinneswahrnehmung als eine geistige Welt liegt. Da wird also *innerhalb* der Seele etwas zu erleben gesucht, durch das die Seele nicht mehr bloß in sich steht, trotzdem sie das Erlebte als ihr eigenes erfühlt. Die Seele sucht *in sich* Welterlebnisse, durch welche sie dasjenige in der Welt *miterlebt*, was zu erleben ihr durch die Vermittelung der bloßen Leibesorgane unmöglich ist. Dilthey steht trotz des scheinbar Überflüssigen seiner Betrachtungsart in derselben Strömung der Philosophieentwickelung darinnen. Er möchte *innerhalb* der Seele etwas aufzeigen, das, so wahr es in der Seele erlebt wird, doch *nicht ihr* angehört, sondern einem von ihr Unabhängigen. Er möchte beweisen, daß die Welt in das Erleben der Seele hereinragt. Daß dieses Hereinragen im Gedankenhaften sein könne, daran glaubt er nicht, wohl aber nimmt für ihn die Seele in ihren ganzen Lebensinhalt, in Wollen, Streben und Fühlen etwas in sich herein, das nicht bloß Seele, sondern die wirkliche Außenwelt ist. Nicht dadurch erkennt die Seele einen ihr gegenüberstehenden Menschen als in der Außenwelt wirklich, daß ihr dieser Mensch gegenübersteht und sie sich eine *Vorstellung* von ihm bildet, sondern dadurch, daß sie sein Wollen, sein Fühlen, seinen lebendigen Seelenzusammenhang in ihr eigenes Wollen und Empfinden aufnimmt. Somit läßt die Menschenseele im Sinne Diltheys eine wirkliche Außenwelt nicht deshalb gelten, weil diese Außenwelt sich dem Gedankenhaften als wirklich verkündet, sondern weil die Seele, das selbstbewußte Ich, *in sich selbst* die Außenwelt *erlebt*. Damit steht dieser Philosoph vor der Anerkennung der höheren Bedeutung des Geisteslebens gegenüber dem bloßen Naturdasein. Er stellt mit dieser Anschauung der naturwissenschaftlichen Vorstellungsart ein Gegengewicht gegenüber. Ja, er meint, die Natur als wirkliche Außenwelt wird nur deshalb anerkannt, weil sie von dem Geistigen in der Seele erlebt wird. Das Erlebnis des Natürlichen ist ein Untergebiet im allgemeinen Seelenerleben, das geistiger Art ist. Und geistig steht die Seele in einem allgemeinen Geistentfalten des Erdendaseins drinnen. Ein großer Geistorganismus entwickelt und entfaltet sich in den Kultursystemen, in dem geistigen Erleben und Schaffen der Völker und Zeiten. Was in diesem Geistorganismus seine Kräfte entwickelt, das durchdringt die einzelnen Menschenseelen. Diese sind in dem Geistorganismus eingebettet. Was sie erleben, vollbringen, schaffen, erhält nicht bloß von den Naturantrieben her seine Impulse, sondern von dem umfassenden geistigen Leben. - Diltheys Art ist voll des Verständnisses für die naturwissenschaftliche Vorstellungsart. Er kommt bei seinen Ausführungen oft auf die Ergebnisse der Naturforscher zu sprechen. Doch setzt er der Anerkennung der natürlichen Entwickelung den selbständigen Bestand einer geistigen Welt gegenüber. Den Inhalt einer Wissenschaft des Geistigen liefert für ihn der Anblick dessen, was die Kulturen der Völker und Zeiten enthalten.

Zu einer ähnlichen Anerkennung einer selbständigen geistigen Welt gelangt *Rudolf Eucken* (1846—1926). Er findet, daß die naturwissenschaftliche Denkungsart mit sich selbst in Widerspruch gerät, wenn sie mehr sein will als eine Betrachtungsweise von *nur einer* Seite des Daseins, wenn sie dasjenige zur einzigen Wirklichkeit erklären will, was ihr möglich ist zu erkennen. Beobachtete man die Natur, wie sie allein den Sinnen sich darbietet, so könnte man nie zu einer Gesamtanschauung über sie gelangen. Man muß, um die Natur zu erklären, das heranziehen, was der Geist nur durch sich selbst erleben kann, was er aus der Außenbeobachtung niemals holen kann. Eucken geht von dem lebendigen Gefühl aus, das die Seele von ihrem eigenen, in sich selbständigen Arbeiten und Schaffen auch dann hat, wenn sie sich der Betrachtung der äußeren Natur hingibt. Er verkennt nicht, wie die Seele abhängig ist von dem, was sie mit ihren sinnlichen Werkzeugen empfindet, wahrnimmt, wie sie bestimmt ist durch alles, was in der Naturgrundlage des Leibes gelegen ist. Aber er richtet den Blick auf die selbständige, vom Leibe unabhängige, ordnende, belebende Tätigkeit der Seele. Die Seele gibt der Empfindungs-, der Wahrnehmungswelt die Richtung, den in sich geschlossenen Zusammenhang. Sie wird nicht bloß von Impulsen bestimmt, die ihr durch die physische Welt kommen, sondern sie erlebt in sich rein geistige Antriebe. Durch diese weiß sie sich in einer wirklichen geistigen Welt drinnenstehend. In dasjenige, was sie erlebt, schafft, wirken Kräfte aus einer Geisteswelt herein, der sie angehört. Diese geistige Welt wird unmittelbar wirklich in der Seele erlebt, indem sich die Seele eins mit ihr weiß. So sieht sich, im Sinne Euckens, die Seele getragen von einer in sich lebendigen, schaffenden Geisteswelt. - Und Eucken ist der Ansicht, daß das Gedankenhafte, das Intellektuelle nicht mächtig genug ist, um die Tiefen dieser Geisteswelt auszuschöpfen. Was von der Geisteswelt in den Menschen hereinströmt, ergießt sich in das ganze umfassende Seelenleben, nicht bloß in den Intellekt. Von einer wesenhaften, mit Persönlichkeitscharakter ausgestatteten Art ist die Geisteswelt. Sie befruchtet auch das Gedankenhafte, aber nicht allein dieses. In einem wesenhaften Geistzusammenhange darf sich die Seele erfühlen. In einer schwungvollen Art weiß Eucken in seinen zahlreichen Schriften das Weben und Wesen dieser geistigen Welt darzustellen. Im «Kampf um den geistigen Lebensinhalt», in «Der Wahrheitsgehalt der Religion», «Grundlinien einer neuen Lebensanschauung», «Geistige Strömungen der Gegenwart», «Lebensanschauungen der großen Denker», «Erkennen und Leben» sucht er von verschiedenen Gesichtspunkten aus zu zeigen, wie die Menschenseele, indem sie sich selbst erlebt und in diesem Erleben recht versteht, sich durchsetzt und durchpulst weiß von einem schaffenden, lebendigen Geistessein, innerhalb dessen sie ein Teil und Glied ist. Gleich Dilthey schildert auch Eucken als den Inhalt des selbständigen Geisteslebens dasjenige, was sich in der Menschheitskultur, in den sittlichen, technischen, sozialen, künstlerischen Schöpfungen der Völker und Zeiten darstellt.

In einer geschichtlichen Darstellung, wie sie hier angestrebt wird, ist kein Platz für eine Kritik der geschilderten Weltanschaungen. Doch ist es nicht Kritik, wenn darauf hingewiesen wird, wie eine Weltanschauung durch ihren eigenen Charakter neue Fragen aus sich heraustreibt. Denn dadurch wird sie zu einem Glied der geschichtlichen Entwickelung. Dilthey und Eucken sprechen von einer selbständigen Geisteswelt, in welche die einzelne Menschenseele eingebettet ist. Ihre Wissenschaft von dieser Geisteswelt läßt aber die Fragen offen: Was ist diese Geisteswelt und wie gehört ihr die Menschenseele an? Entschwindet die Einzelseele mit der Auflösung des Leibes, nachdem sie innerhalb dieses Leibes an der Entwickelung des Geisteslebens teilgenommen hat, das in den Kulturschöpfungen der Völker und Zeiten sich darlebt? Gewiß, es kann - von Diltheys und Euckens Gesichtspunkt aus - auf diese Fragen geantwortet werden: Zu Ergebnissen über diese Fragen führt eben nicht dasjenige, was die Menschenseele in ihrem Eigenleben erkennen kann. Doch ist gerade dieses zur Charakteristik solcher Weltanschauungen zu sagen, daß sie durch ihre Betrachtungsart *nicht* zu Erkenntnismitteln geführt werden, welche die Seele - oder das selbstbewußte Ich - über das hinausführen, was im Zusammenhange mit dem Leibe erlebt wird. So intensiv Eucken die Selbständigkeit und Wirklichkeit der Geisteswelt betont: was nach seiner Weltansicht die Seele an und mit dieser Geisteswelt erlebt, das erlebt sie mit dem Leibe. Die oft in dieser Schrift angeführten Hoffnungen des Platon und Aristoteles in bezug auf das Wesen der Seele und ihr leibfreies Verhältnis zur Geisteswelt werden durch eine solche Weltanschauung nicht berührt. Es wird nicht mehr gezeigt, als daß die Seele, solange sie im Leibe erscheint, an einer mit Recht wirklich genannten Geisteswelt teilnimmt. Was sie in der Geisteswelt als selbständige geistige Wesenheit ist, davon kann innerhalb dieser Philosophie nicht im eigentlichen Sinne gesprochen werden. Es ist das Charakteristische dieser Vorstellungsarten, daß sie zwar zur Anerkennung einer geistigen Welt und auch der geistigen Natur der Menschenseele kommen, daß sich aber aus dieser Anerkennung keine Erkenntnis darüber ergibt, welche Stellung in der Weltenwirklichkeit die Seele - das selbstbewußte Ich - hat, abgesehen davon, daß sie durch das Leibesleben sich ein Bewußtsein von der Geisteswelt erwirbt. Auf die geschichtliche Stellung dieser Vorstellungsarten in der Philosophieentwickelung wird Licht geworfen, wenn man erkennt, daß sie Fragen erzeugen, die sie mit ihren eigenen Mitteln nicht beantworten können. Energisch behaupten sie, daß die Seele in sich selber sich einer von ihr unabhängigen Geisteswelt bewußt werde. Aber wie ist dieses Bewußtsein errungen? Doch nur mit den Erkenntnismitteln, welche die Seele innerhalb ihres leiblichen Daseins und durch dasselbe hat. *Innerhalb* dieses Daseins entsteht Gewißheit darüber, daß eine geistige Welt besteht. Aber die Seele findet keinen Weg, um ihr eigenes, in sich geschlossenes Wesen *außerhalb* des Leibesdaseins im Geiste zu erleben. Was der Geist *in ihr* auslebt, anregt, schafft, das nimmt sie wahr, soweit ihr das leibliche Dasein die Möglichkeit dazu gibt. Was sie *als Geist* in der Geisteswelt ist, ja *ob* sie darinnen eine besondere Wesenheit ist, das ist eine Frage, die man nicht beantworten kann durch die bloße Anerkennung der Tatsache, daß die Seele *im Leibe* sich eins wissen kann mit einer lebendigen, schaffenden Geisteswelt. Für eine solche Antwort wäre notwendig, daß die selbstbewußte Menschenseele, indem sie zu einer Erkenntnis der geistigen Welt vordringt, sich nun auch bewußt werden könnte, *wie* sie in der Geisteswelt selbst lebt, unabhängig vom Leibesdasein. Die Geisteswelt müßte dem Seelenwesen nicht bloß die Möglichkeit geben, daß es sie anerkennen kann, sondern sie müßte ihm etwas von ihrer eigenen Art mitteilen. Sie müßte ihm zeigen, wie sie anders ist als die Sinnenwelt und wie sie das Seelenwesen Anteil nehmen läßt an dieser ihrer anderen Daseinsart.

Ein Gefühl für diese Frage lebt bei denjenigen Philosophen, welche die geistige Welt dadurch betrachten wollen, daß sie den Blick auf etwas richten, das innerhalb der bloßen Naturbetrachtung nach ihrer Meinung *nicht* auftreten kann. Gäbe es etwas, dem gegenüber sich die naturwissenschaftliche Vorstellungsart machtlos erwiese, so könnte in einem solchen eine Bürgschaft für die Berechtigung zur Annahme einer geistigen Welt liegen. Angedeutet ist eine solche Denkrichtung schon von Lotze (vgl. S. 503); energische Vertreter hat sie in der Gegenwart gefunden in *Wilhelm Windelband* (1848—1915), *Heinrich Rickert* (1863—1936) und anderen Philosophen. Diese sind der Ansicht, daß ein Element in die Betrachtung der Welt eintritt, an dem die naturwissenschaftliche Vorstellungsart abprallt, wenn man die Aufmerksamkeit auf die «*Werte*» lenkt, welche im Menschenleben bestimmend sind. Die Welt ist kein Traum, sondern eine Wirklichkeit, wenn sich nachweisen läßt, daß in den Erlebnissen der Seele etwas von der Seele selbst Unabhängiges lebt. Die Handlungen, Strebungen, Willensimpulse der Seele sind nicht aufblitzende und wieder vergehende Funken im Meere des Daseins, wenn man anerkennen muß, es verleihe ihnen etwas *Werte*, die unabhängig von der Seele sind. Solche *Werte* muß aber die Seele für ihre Willensimpulse, ihre Handlungen genau so gelten lassen, wie sie für ihre Wahrnehmungen gelten lassen muß, daß diese nicht bloß in ihr erzeugt sind. Eine Handlung, ein Wollen des Menschen treten nicht bloß wie Naturtatsachen auf; sie müssen von dem Gesichtspunkte eines rechtlichen, sittlichen, sozialen, ästhetischen, wissenschaftlichen *Wertes* aus gedacht werden. Und wenn auch mit Recht betont wird, daß im Laufe der Entwickelung bei Völkern und im Lauf der Zeiten die Anschauungen der Menschen über Rechts-, Sitten-, Schönheits-, Wahrheitswerte sich ändern, wenn auch Nietzsche von einer «Umwertung aller Werte» sprechen konnte, so muß doch anerkannt werden, daß der

Wert eines Tuns, Denkens, Wollens in ähnlicher Art von außen bestimmt wird, wie einer Vorstellung von außen der Charakter der Wirklichkeit gegeben wird. Im Sinne der «Wert-Philosophie» kann gesagt werden: Wie der *Druck* oder *Widerstand* der natürlichen Außenwelt entscheidet, ob eine Vorstellung Phantasiebild oder Wirklichkeit ist, so entscheidet der *Glanz* und die *Billigung*, die von der geistigen Außenwelt auf das Seelenleben fallen, ob ein Willensimpuls, ein Tun, ein Denken *Wert* im Weltenzusammenhang haben oder nur willkürliche Ausflüsse der Seele sind. - Als ein Strom von Werten fließt die geistige Welt durch das Leben der Menschen im Laufe der Geschichte. Indem die Menschenseele sich in einer Welt stehend empfindet, die von Werten bestimmt ist, erlebt sie sich in einem geistigen Elemente. - Wenn mit dieser Vorstellungsart völlig Ernst gemacht werden sollte, so müßten alle Aussagen, welche der Mensch über das Geistige macht, sich in der Form von Werturteilen kundgeben. Man müßte bei allem, was nicht naturhaft sich offenbart und deshalb durch die naturwissenschaftliche Vorstellungsart nicht erkannt wird, nur davon sprechen, wie und in welcher Richtung ihm ein von der Seele unabhängiger Wert im Weltall zukommt. Als Frage müßte sich diese ergeben: Wenn man bei der Menschenseele von allem absieht, was über sie die Naturwissenschaft zu sagen hat, ist sie dann als Angehörige der Geisteswelt ein Wertvolles, dessen Wert von ihr selbst nicht abhängt? Und können die philosophischen Rätsel in bezug auf die Seele gelöst werden, wenn man nicht von ihrem *Dasein*, sondern nur von ihrem *Werte* sprechen kann? Wird die Wert-Philosophie für diese Rätsel nicht immer eine Redewendung annehmen müssen, ähnlich derjenigen, in welcher Lotze von der Seelenfortdauer spricht? (vgl. S. 508): «Da wir jedes Wesen nur als *Geschöpf Gottes* betrachten, so gibt es durchaus kein ursprünglich gültiges Recht, auf welches die einzelne Seele, etwa als «Substanz» sich berufen könnte, um *ewige individuelle Fortdauer* zu fordern. Vielmehr können wir bloß behaupten: jedes Wesen *werde so lange* von Gott *erhalten* werden, als sein Dasein eine wertvolle Bedeutung für das Ganze seines Weltplanes hat . . .» Hier wird von dem «Wertvollen» der Seele als dem Entscheidenden gesprochen; aber es wird doch darauf Rücksicht genommen, inwiefern dieses Wertvolle mit der *Erhaltung des Daseins* zusammenhängen könne. Die Stellung der Wert-Philosophie in der Weltanschauungsentwickelung kann man verstehen, wenn man bedenkt, daß die naturwissenschaftliche Vorstellungsart die Neigung hat, *alle Erkenntnis des Daseins* für sich in Anspruch zu nehmen. Dann bleibt der Philosopie nur übrig, etwas anderes als das Dasein zu untersuchen. Ein solch Anderes wird in den «Werten» gesehen. Als ungelöste Frage läßt sich aus dem Ausspruch Lotzes diese erkennen: Ist es überhaupt möglich, bei der Wertbestimmung stehen zu bleiben und auf eine Erkenntnis der *Daseinsform* der Werte zu verzichten?

*

Viele der neuesten Gedankenrichtungen stellen sich als Versuche dar, in dem selbstbewußten Ich, das sich mit dem Verlaufe der Philosophieentwickelung immer mehr losgelöst von der Welt empfindet, etwas zu suchen, das wieder zur Verbindung mit ihr führt. Diltheys, Euckens, Windelbands, Rickerts und anderer Vorstellungen sind solche Versuche innerhalb der Philosophie der Gegenwart, welche den Anforderungen der Naturerkenntnis und der

Betrachtung des seelischen Erlebens so Rechnung tragen wollen, daß neben der Naturwissenschaft eine Geisteswissenschaft möglich erscheint. Von einem gleichen Ziele getragen sind die Denkrichtungen, welche *Hermann Cohen* (1842—1918; vgl. S. 473), *Paul Natorp* (1854—1924), *August Stadler* (1850—1910), *Ernst Cassirer* (1874 bis 1945), *Walter Kinkel* (geb. 1871) und deren philosophische Gesinnungsgenossen verfolgen. Indem diese Denker den geistigen Blick auf das *Denken* selbst richten, glauben sie in der höchsten denkerischen Betätigung des selbstbewußten Ich einen Seelenbesitz zu ergreifen, welcher die Seele in das wirkliche Dasein untertauchen läßt. Sie richten ihre Aufmerksamkeit auf dasjenige, was ihnen als höchste Frucht des Denkens erscheint: auf das nicht mehr an der Wahrnehmung hängende, auf das reine, nur mit Gedanken (Begriffen) betätigte Denken. Ein einfaches Beispiel davon wäre das Denken eines Kreises, bei dem man ganz absieht von der Vorstellung dieses oder jenes Kreises. Soviel man in dieser Art *rein* denken kann, so weit reicht in der Seele die Kraft desjenigen, was in die Wirklichkeit untertauchen kann. Denn, was man so denken kann, das spricht sein eigenes Wesen durch das Denken im Menschenbewußtsein aus. Die Wissenschaften streben danach, durch ihre Beobachtungen, Experimente und Methoden hindurch zu solchen Ergebnissen über die Welt zu kommen, welche im reinen Denken erfaßt werden. Sie werden die Erreichung dieses Zieles allerdings einer fernen Zukunft überlassen müssen; aber trotzdem kann man sagen: Insofern sie danach streben, reine Gedanken zu haben, ringen sie auch danach, das wahre Wesen der Dinge in den Besitz des selbstbewußten Ich hereinzubringen. - Wenn der Mensch in der sinnlichen Außenwelt oder auch im Verlauf des geschichtlichen Lebens etwas beobachtet, so hat er - im Sinne dieser Vorstellungsart - keine wahre Wirklichkeit vor sich. Was die Beobachtung der Sinne darbietet, ist nur die Aufforderung, eine Wirklichkeit zu suchen, nicht eine Wirklichkeit selbst. Erst wenn durch die Betätigung der Seele gewissermaßen an der Stelle, wo die Beobachtung auftritt, ein Gedanke gesehen wird, ist die Wirklichkeit dessen erkannt, was an dieser Stelle ist. Die fortschreitende Erkenntnis setzt an die Stelle des in der Welt Beobachteten die Gedanken. Was die Beobachtung zuerst zeigte, war nur da, weil der Mensch mit seinen Sinnen, mit seinen alltäglichen Vorstellungen die Dinge und Wesen in seiner beschränkten Art sich vergegenwärtigt. Was er sich so vergegenwärtigt, hat keine Bedeutung in der Welt außer ihm. Was er als Gedanke an die Stelle des Beobachteten setzt, hat nichts mehr mit seiner Beschränkung zu tun. Es ist so, wie es gedacht wird. Denn der Gedanke bestimmt sich selbst und offenbart sich nach seinem eigenen Charakter im selbstbewußten Ich. Er läßt sich seinen Charakter in keiner Weise von diesem Ich bestimmen.

In dieser Weltanschauung lebt eine Empfindung von der Entwickelung des Gedankenlebens seit dessen philosophischem Erblühen innerhalb des griechischen Geisteslebens. Das Gedankenerleben hat dem selbstbewußten Ich die Kraft gegeben, sich in seiner selbständigen Wesenheit kraftvoll zu wissen. In der Gegenwart kann diese Kraft des Gedankens in der Seele als der Impuls erlebt werden, welcher im selbstbewußten Ich erfaßt, diesem ein Bewußtsein gibt davon, daß es nicht ein bloßer äußerer Betrachter der Dinge ist, sondern wesenhaft mit der Wirklichkeit der Dinge lebt. In dem Gedanken selbst kann die Seele erfühlen, daß in ihm wahres, auf sich selbst gestelltes Dasein vorhanden ist. Indem sich die Seele so mit dem Gedanken als mit einem Lebensinhalt verwoben fühlt, der Wirklichkeit atmet, kann sie die Tragkraft des Gedankens wieder so empfinden, wie sie in der griechischen Philosophie empfunden worden ist, in jener Philosophie, welcher der Gedanke als Wahrnehmung galt. Der Weltanschauung Cohens und verwandter Geister kann allerdings der Gedanke nicht im Sinne der griechischen Philosophie als Wahrnehmung gelten; aber sie erlebt das innere Verwobensein des Ich mit der durch dieses Ich erarbeiteten Gedankenwelt so, daß mit diesem Erleben zugleich das Erleben der Wirklichkeit empfunden wird. Der Zusammenhang mit der griechischen Philosophie wird von den hier in Betracht kommenden Denkern betont. Cohen läßt sich so vernehmen: «Es muß daher bei der Relation verbleiben, die Parmenides als Identität von Denken und Sein geschmiedet hat.» Und ein anderer Bekenner dieser Anschauung, Walter Kinkel, ist davon überzeugt, daß «nur das Denken . . . das Sein erkennen» könne, «denn beide, das Denken und das Sein, sind im Grunde genommen dasselbe. Durch diese Lehre ist Parmenides recht eigentlich zum Schöpfer des wissenschaftlichen Idealismus geworden» (vgl. Kinkel, Idealismus und Realismus, S. 13). Aber ersichtlich wird an den Darstellungen dieser Denker auch, wie sie ihre Worte in einer Art prägen, welche zur Voraussetzung hat die jahrhundertelange Wirkung des Gedankenlebens in der philosophischen Entwickelung der Seelen seit dem Griechentum. Trotz des Ausgangspunktes, den diese Denker von Kant nehmen, und der ihnen Veranlassung sein könnte, von dem Gedanken zu glauben, daß er nur in der Seele, außerhalb der wahren Wirklichkeit lebe, bricht bei ihnen die Tragkraft des Gedankens durch. Dieser ist hinweggeschritten über die Kantsche Einschränkung und drängt Denkern, die sich der Betrachtung seiner Natur hingeben, die Überzeugung auf, daß er selbst Wirklichkeit sei und auch die Seele in die Wirklichkeit führe, wenn sie ihn richtig sich erarbeitet und mit ihm den Weg in die Außenwelt sucht. - In dieser philosophischen Denkweise zeigt sich also der Gedanke mit der Weltbetrachtung des selbstbewußten Ich innig verbunden. Wie ein Gewahrwerden dessen, was der Gedanke dem Ich leisten kann, erscheint der Grundimpuls dieser Denkart. Man liest bei ihren Bekennern Ansichten wie diese: «Nur das Denken selbst kann erzeugen, was als Sein gelten darf.» «Das Sein ist das Sein des Denkens» (Cohen). - Es entsteht nun die Frage: Kann das Gedankenerleben im Sinne dieser Philosophen von dem im selbstbewußten Ich erarbeiteten Gedanken dasselbe erwarten, was der griechische Philosoph von ihm erwartete, da er ihn als Wahrnehmung hinnahm? Vermeint man den Gedanken wahrzunehmen, so kann man der Ansicht sein, daß die wahre Welt es ist, welche den Gedanken offenbart. Und indem die Seele sich mit dem wahrgenommenen Gedanken verbunden fühlt, kann sie sich dem angehörig denken, was in der Welt Gedanke ist, unzerstörbarer Gedanke; wogegen die Sinneswahrnehmung nur Wesen offenbart, die zerstört werden können. Was vom Menschenwesen den Sinnen wahrnehmbar ist, kann man dann vergänglich glauben; was aber in der Menschenseele als Gedanke auflebt, läßt diese als ein Glied des geistigen, des wahrhaft wirklichen Daseins erscheinen. Die Seele kann sich durch solche Anschauung ihre Zugehörigkeit zur wahrhaft wirklichen Welt vorstellen. Das könnte eine neuere Weltanschauung nur, wenn sie zu zeigen vermöchte, daß das Gedanken-

Erleben nicht bloß die *Erkenntnis* in eine wahre Wirklichkeit führt, sondern auch die Kraft entwickelte, die Seele wirklich dem Sinnensein zu entreißen und sie in die wahre Wirklichkeit hineinzustellen. Die Zweifel, die sich darüber erheben, können durch die Einsicht in die Wirklichkeit des Gedankens nicht gebannt werden, wenn dieser nicht als wahrgenommener, sondern als von der Seele erarbeiteter gilt. Denn woher sollte die Gewißheit kommen, daß, was die Seele im Sinnensein erarbeitet, ihr auch eine wirkliche Bedeutung in einer Welt gibt, welche nicht die Sinne wahrnehmen? Es könnte ja sein, daß durch den erarbeiteten Gedanken die Seele zwar die Wirklichkeit erkennend ergreife, daß sie als wirkliches Wesen aber doch nicht in dieser Wirklichkeit wurzele. Auch diese Weltanschauung führt nur dazu, auf ein geistiges Leben hinzudeuten, kann aber nicht vermeiden, daß für den Unbefangenen an ihrem Ende die philosophischen Rätsel Antwort heischend dastehen, nach seelischen Erlebnissen fordernd, zu denen sie nicht die Grundlagen liefert. Sie kann die Wesentlichkeit des Gedankens zur Überzeugung machen, nicht aber durch den Gedanken für die Wesentlichkeit der Seele eine Bürgschaft finden.

*

Wie das Weltanschauungsstreben in den Umkreis des selbstbewußten Ich gebannt werden kann, ohne eine Möglichkeit zu erkennen, aus diesem Umkreise heraus den Weg dahin zu finden, wo dieses Ich sein Dasein an ein Weltensein anknüpfen könnte, das zeigt eine philosophische Denkungsart, welche sich *Anton v. Leclair* (geb. 1848), *Wilhelm Schuppe* (1836—1913), *Johannes Rehmke* (1848 bis 1930), *Richard von Schubert-Soldern* (geb. 1852) und andere erarbeitet haben. Ihre Philosophien weisen Unterschiede auf, doch ist das Charakteristische an ihnen, daß sie vor allem den Blick darauf richten, wie alles, was der Mensch zum Umkreis der Welt zählen kann im Gebiete *seines Bewußtseins* sich offenbaren muß. Auf ihrem Boden kann der Gedanke gar nicht gefaßt werden, irgend etwas über ein Weltgebiet auch nur vorauszusetzen, wenn sich bei dieser Voraussetzung die Seele mit ihren Vorstellungen aus dem Bereich des Bewußtseins herausbewegen wollte. Weil das «Ich» alles, was es erkennt, in sein Bewußtsein hereinfassen muß, es also innerhalb des Bewußtseins hält, *deshalb* erscheint dieser Ansicht die ganze Welt auch *innerhalb* der Grenzen dieser Bewußtheit zu stehen. Daß die Seele sich fragt: Wie stehe ich mit dem Besitze meines Bewußtseins in einer von diesem Bewußtsein unabhängigen Welt? - das ist für diese Weltanschauung eine Unmöglichkeit. Von ihrem Gesichtspunkte aus müßte man sich entschließen, auf alle Fragen zu verzichten, welche in dieser Richtung liegen. Man müßte unaufmerksam sich machen auf die Tatsache, daß im Gebiete des bewußten Seelenlebens selbst Nötigungen liegen, über dieses Gebiet etwa so hinauszublicken, wie man beim Lesen einer Schrift deren Sinn nicht *innerhalb* dessen sucht, was man auf dem Papiere sieht, sondern in dem, was die Schrift zum Ausdrucke bringt. Wie es sich beim Lesen nicht darum handeln kann, die Formen der Buchstaben zu studieren, sondern wie es unwesentlich ist für das, was durch die Schrift vermittelt wird, deren eigenes Wesen in Betracht zu ziehen, so könnte es für die Einsicht in die wahrhafte Wirklichkeit unwesentlich sein, daß innerhalb des «Ich» alles Erkennbare den Charakter der Bewußtheit trägt.

Wie ein Gegenpol zu dieser philosophischen Meinung steht innerhalb der neueren Weltanschauungsentwickelung diejenige *Carl du Prels* (1839—1899). Er gehört zu den Geistern, welche das Ungenügende der Ansicht tief empfunden haben, die in der vielen Menschen gewohnt gewordenen naturwissenschaftlichen Vorstellungsart die einzige Art der Welterklärung findet. Er weist darauf hin, wie diese Vorstellungsart bei ihren Erklärungen sich unbewußt gegen ihre eigenen Behauptungen versündigt. Muß doch die Naturwissenschaft aus ihren Ergebnissen heraus zugeben, «daß wir überhaupt nicht die objektiven Vorgänge der Natur wahrnehmen, sondern nur deren Einwirkung auf uns, nicht Ätherschwingungen, sondern Licht, nicht Luftschwingungen, sondern Töne. Wir haben also gewissermaßen ein subjektiv gefälschtes Weltbild; nur tut dies unserer praktischen Orientierung keinen Eintrag, weil diese Fälschung nicht individuell ist und in gesetzmäßig konstanter Weise verläuft.» «Der Materialismus hat als Naturwissenschaft selber bewiesen, daß die Welt über unsere Sinne hinausragt; er hat sein eigenes Fundament untergraben; er hat den Ast abgesägt, auf dem er selber saß. Als Philosophie aber behauptet er, noch oben zu sitzen. Der Materialismus hat also gar kein Recht, sich eine Weltanschauung zu nennen . . . Er hat nur die Berechtigung eines Wissenszweiges, und noch dazu ist die Welt, das Objekt seines Studiums, eine Welt des bloßen Scheines, und darauf eine Weltanschauung bauen zu wollen, ist ein auf der Hand liegender Widerspruch. Die wirkliche Welt ist eine ganz andere, qualitativ und quantitativ, als die, die der Materialismus kennt, und nur die wirkliche Welt kann Gegenstand einer Philosophie sein.» (Vgl. du Prel, «Das Rätsel des Menschen» S. 17 f.) Solche Einwände muß die materialistisch gefärbte naturwissenschaftliche Denkart hervorrufen. Deren Schwäche bemerkten von einem

Gesichtspunkte aus, auf dem du Prel steht, viele neuere Geister. Dieser darf hier als der Repräsentant einer sich geltend machenden Weltanschauungsströmung betrachtet werden. Für sie ist charakteristisch, wie sie in das Gebiet der *wirklichen* Welt eindringen will. In der Art dieses Eindringens wirkt die naturwissenschaftliche Vorstellungsart doch nach, obgleich sie zugleich auf das heftigste bekämpft wird. Die Naturwissenschaft geht von dem aus, was dem sinnlichen Bewußtsein zugänglich ist. Sie ist genötigt, selbst auf ein Übersinnliches hinzuweisen. Denn sinnlich wahrnehmbar ist nur das Licht, sind nicht die Ätherschwingungen. Diese also gehören einem - wenigstens - außersinnlichen Gebiete an. Aber ist die Naturwissenschaft berechtigt, von einem Außersinnlichen zu sprechen? Sie will doch *nur* im Gebiet des Sinnlichen forschen. Ist überhaupt jemand berechtigt, von einem Übersinnlichen zu reden, der sein Forschen auf das Gebiet dessen beschränkt, was sich dem an die Sinne, also an den Leib, gebundenen Bewußtsein darstellt? Du Prel will das Recht einer Erforschung des Übersinnlichen nur demjenigen zugestehen, welcher die Menschenseele in ihrer Wesenheit selbst nicht im Bereich des Sinnlichen sucht. Nun sieht er die Hauptforderung in dieser Richtung darin, daß Seelenäußerungen aufgezeigt werden, welche beweisen, daß das Seelendasein nicht bloß dann wirkt, wenn es an den Leib gebunden ist. Durch den Leib lebt die Seele sich im *sinnlichen* Bewußtsein aus. In den Erscheinungen des Hypnotismus, der Suggestion, des Somnambulismus zeigt sich aber, daß die Seele in Wirkung tritt, wenn das sinnliche Bewußtsein ausgeschaltet ist. Der Umfang des Seelenlebens reicht somit weiter als derjenige des Bewußtseins. Darinnen ist du Prels Ansicht der Gegenpol zu derjenigen der charakterisierten Bewußtseins-Philosophen, welche in dem Umfang der Bewußtheit zugleich den Umfang dessen gegeben glauben, worüber der Mensch philosophieren kann. Für du Prel ist das Wesen des Seelischen *außerhalb* des Kreises *dieses Bewußtseins* zu suchen. Beobachtet man - das ist in seinem Sinne - die Seele dann, wenn sie ohne den gewöhnlichen Sinnesweg zur Betätigung gelangt, dann habe man den Beweis geliefert, daß sie übersinnlicher Natur ist. Zu den Wegen, auf denen dies geschehen kann, gehört, nach du Prels und vieler Ansicht, außer der Beobachtung der aufgeführten «abnormen» Seelenerscheinungen auch der Spiritismus. Es ist nicht nötig, du Prels Meinung hier in bezug auf dieses Gebiet ins Auge zu fassen. Denn worinnen der Grundnerv seiner Anschauung liegt, das zeigt sich auch, wenn man nur auf seine Stellung zum Hypnotismus, zur Suggestion und zum Somnambulismus hinblickt. Wer die Geistwesenheit der Menschenseele darlegen will, der darf sich nicht damit begnügen, zu zeigen, wie in dem *Erkennen* diese Seele auf eine übersinnliche Welt hingewiesen wird. Denn ihm könnte, wie hier schon gesagt worden ist, die erstarkte naturwissenschaftliche Denkweise erwidern, daß mit ihrem Erkennen der übersinnlichen Welt die Seele, ihrer Wesenheit nach, noch nicht als in dem übersinnlichen Gebiete drinnenstehend gedacht werden darf. Es könnte sehr wohl sein, daß auch eine ins Übersinnliche gehende Erkenntnis nur von dem Wirken des Leibes abhängig sei, somit nur *Bedeutung* für eine an den Leib gebundene Seele hätte. Demgegenüber fühlt du Prel, daß es notwendig ist, zu zeigen, wie die Seele nicht nur im Leibe das Übersinnliche *erkennt*, sondern *außer* dem Leibe das Übersinnliche erlebt. Mit dieser Anschauung wappnet er sich auch gegen Einwände, welche vom Gesichtspunkte der naturwissenschaftlichen Denkart gegen die Ansichten Euckens, Diltheys, Cohens, Kinkels und anderer Verfechter einer Erkenntnis der geistigen Welt gemacht werden können. Anders aber steht es mit den Zweifeln, welche sich gegen seinen eigenen Weg erheben müssen. So wahr es ist, daß die Seele nur einen Weg ins Übersinnliche finden kann, wenn sie imstande ist, darzulegen, wie sie *außer* dem Sinnlichen selbst wirkt, so wenig gesichert ist das Herausheben der Seele aus dem Sinnlichen durch die Erscheinungen des Hypnotismus, Somnambulismus und der Suggestion, sowie auch aller anderen Vorgänge, welche du Prel noch heranzieht. Allen diesen Erscheinungen gegenüber kann gesagt werden, daß der Philosoph, der sie zu erklären versucht, dies ja doch mit den Mitteln seines gewöhnlichen Bewußtseins vollbringt. Wenn nun dieses Bewußtsein undienlich sein soll zur wirklichen Welterklärung, wie sollten seine Erklärungen maßgebend sein für Erscheinungen, welche *im Sinne dieses Bewußtseins* über diese Erscheinungen sich verbreiten? Das ist das Eigenartige bei du Prel, daß er den Blick auf besondere Tatsachen lenkt, welche auf ein Übersinnliches hinweisen, daß er aber ganz auf dem Boden der naturwissenschaftlichen Denkungsart bleiben will, wenn er diese Tatsachen erklärt. Müßte aber nicht die Seele auch mit ihrer *Erklärungsart* in das Übersinnliche eintreten, wenn sie von dem Übersinnlichen reden will? Du Prel sieht auf das Übersinnliche; aber als *Beobachter* bleibt er im Sinnlichen stehen. Wollte er dieses nicht, so müßte er fordern, daß nur ein Hypnotisierter in der Hypnose das Richtige über seine Erlebnisse sagen kann, nur im somnambulen Zustande Erkenntnisse über das Übersinnliche gesammelt werden dürfen, und daß nicht gelten kann, was der Nicht-Hypnotisierte, der Nicht-Somnambule über die in Frage kommenden Erscheinungen denken muß. Diese Konsequenz aber führt ins Unmögliche. Spricht man von einem Versetzen der Seele aus dem Sinnensein heraus in ein anderes Sein, so muß man auch die Wissenschaft selbst, die man erringen will, *innerhalb* dieses Gebietes erwerben wollen. Es *weist* du Prel auf einen Weg, der gegangen werden muß, um ins Übersinnliche zu gelangen. Aber auch er läßt die Frage offen nach den rechten Mitteln, welche auf diesem Wege angewendet werden sollen.

*

Eine neue Gedankenrichtung ist angeregt worden durch die Umwandlung grundlegender physikalischer Begriffe, die *Einstein* (1879—1955) versucht hat. Dieser Versuch ist auch für die Weltanschauungsentwickelung von Bedeutung. Die Physik verfolgte bisher die ihr vorliegenden Erscheinungen so, daß sie sie in dem leeren dreidimensionalen Raum angeordnet und in der eindimensionalen Zeit verlaufend dachte. Der Raum und die Zeit waren dabei als außer den Dingen und Vorgängen angenommen. Sie waren gewissermaßen für sich bestehende, in sich starre Größen. Für die Dinge wurden im Raume die Entfernungen, für die Vorgänge die Zeitdauer gemessen. Entfernung und Dauer gehörten nach dieser Anschauung dem Raum und der Zeit, nicht den Dingen und Vorgängen an. Dem tritt nun die von Einstein eingeleitete Relativitätstheorie entgegen. Für sie ist die Entfernung zweier Dinge etwas, das diesen Dingen selbst zugehört. Wie ein Ding sonstige Eigenschaften hat, so hat es auch diese, von irgendeinem zweiten Dinge eine bestimmte Entfernung zu haben. Außer diesen Beziehungen zueinander, die sich die Dinge durch ihr Wesen geben, ist nirgends etwas wie ein Raum vorhanden. Die Annahme eines Raumes macht eine für diesen Raum gedachte Geometrie möglich. Diese Geometrie kann dann auf die Dingwelt angewendet werden. Sie kommt in der bloßen Gedankenwelt zustande. Die Dinge müssen sich ihr fügen. Man kann sagen, den gedanklich *vor* der Beobachtung der Dinge festgestellten Gesetzen müssen die Verhältnisse der Welt folgen. Im Sinne der Relativitätstheorie wird diese Geometrie entthront. Vorhanden sind nur Dinge, und diese stehen untereinander in Verhältnissen, die sich als geometrisch darstellen. Die Geometrie wird ein Teil der Physik. Dann aber kann man nicht mehr davon sprechen, daß sich ihre Gesetze *vor* der Beobachtung der Dinge feststellen lassen. Kein Ding hat irgendeinen Ort im Raume, sondern nur Entfernungen im Verhältnis zu anderen Dingen.

Ein gleiches wird für die Zeit angenommen. Kein Vorgang ist in einem Zeitpunkte; sondern er geschieht in einer Zeitentfernung von einem andern Vorgang. So aber fliessen Zeitentfernungen der Dinge im Verhältnis zueinander und Raumentfernungen als gleichartig ineinander. Die Zeit wird eine vierte Dimension, die den drei Raumdimensionen gleichartig ist. Ein Vorgang an einem Dinge kann nur bestimmt werden als das, was in einer Zeitentfernung und Raumentfernung von anderen Vorgängen geschieht. Die Bewegung eines Dinges wird etwas, was nur im Verhältnis zu anderen Dingen gedacht werden kann.

Man erwartet, daß nur diese Anschauung einwandfreie Erklärungen gewisser physikalischer Vorgänge liefern werde, während solche Vorgänge bei Annahme eines für sich bestehenden Raumes und einer für sich bestehenden Zeit zu widerspruchsvollen Gedanken führen.

Bedenkt man, daß für viele Denker bisher nur das als Wissenschaft von der Natur galt, was sich mathematisch darstellen läßt, so liegt in dieser Relativitätstheorie nichts geringeres als die Nichtigkeitserklärung einer jeglichen wirklichen Wissenschaft über die Natur. Denn das Wissenschaftliche der Mathematik wurde gerade darin gesehen, daß sie unabhängig von der Naturbeobachtung die Gesetze des Raumes und der Zeit feststellen konnte. Demgegenüber sollen nun die Naturdinge und Naturvorgänge selbst die Raum- und Zeitverhältnisse feststellen. Sie sollen das Mathematische liefern. Das einzig Sichere wird an ihre Unsicherheit abgegeben.

Nach dieser Anschauung wird aus dem Verhältnis des Menschen zur Natur jeder Gedanke an ein Wesenhaftes, das in sich selber sich seine Bestimmung im Sein gibt, ausgeschlossen. Alles ist nur im Verhältnis zu anderem.

Insoferne der Mensch sich innerhalb der Naturdinge und Naturvorgänge betrachtet, wird er den Folgerungen dieser Relativitätstheorie nicht entgehen können. - Will er aber, wie es das Erleben des eigenen Wesens notwendig macht, sich nicht in bloße Relativitäten wie in einer seelischen Ohnmacht verlieren, so wird er das «In-sich-Wesenhafte» fortan nicht im Bereiche der Natur suchen dürfen, sondern in der Erhebung über die Natur im Reiche des Geistes.

Der Relativitätstheorie für die physische Welt wird man nicht entkommen; man wird aber eben dadurch in die Geist-Erkenntnis getrieben werden. In dem Erweisen der Notwendigkeit einer Geist-Erkenntnis, die unabhängig von der Naturbeobachtung auf geistigen Wegen gesucht wird, liegt das Bedeutsame der Relativitätstheorie. Daß sie so zu denken nötigt, macht ihren Wert innerhalb der Weltanschauungsentwickelung aus.

*

Es sollte in dieser Darstellung der Fortgang in der eigentlichen philosophischen Arbeit für die Weltenrätsel geschildert werden. Deshalb muß abgesehen werden von dem Ringen solcher Geister wie Richard Wagner, Leo Tolstoi und anderer, so bedeutsam auch eine Betrachtung dieses Ringens erscheinen müßte, wenn es sich darum handelte, die Strömungen zu verfolgen, welche von der Philosophie in die allgemeine Geisteskultur führen.

SKIZZENHAFT DARGESTELLTER AUSBLICK AUF EINE ANTHROPOSOPHIE

Wer die Gestaltung der philosophischen Weltanschauungen bis in die Gegenwart hinein betrachtet, dem können sich in dem Suchen und Streben der Denkerpersönlichkeiten Unterströmungen offenbaren, die in ihnen gewissermaßen nicht zum bewußten Ausbruch kommen, sondern instinktiv leben. In diesen Strömungen sind Kräfte wirksam, welche den Ideen der Denker die Richtung, oft auch die Form geben, auf welche aber ihr forschender Geistesblick nicht unmittelbar sich richten will. Wie getrieben von verborgenen Gewalten, auf die sie sich nicht einlassen wollen, ja vor denen sie zurückschrecken: so erscheinen oft die Darlegungen dieser Denker. Es leben solche Gewalten in Diltheys, in Euckens, in Cohens Gedankenwelten. Was in diesen Gedankenwelten behauptet wird, ist der Ausdruck von Erkenntniskräften, von denen die Philosophen zwar unbewußt beherrscht sind, die aber in ihren Ideengebäuden keine bewußte Entfaltung finden.

Sicherheit, Gewißheit des Erkennens wird in vielen Ideengebäuden gesucht. Die Richtung, welche befolgt wird, nimmt mehr oder weniger von Kants Vorstellungen den Ausgangspunkt. Bei der Gestaltung der Gedanken wirkt die naturwissenschaftliche Denkungsart bewußt oder unbewußt bestimmend. Daß aber in der «selbstbewußten Seele» die Quelle zu suchen ist, aus der die Erkenntnis zu schöpfen habe, um Aufschluß auch über die außerseelische Welt zu gewinnen, das ahnen viele. Und fast alle sind beherrscht von der Frage: Wie kommt die selbstbewußte Seele dazu, das, was sie in sich erlebt, als einer wahren Wirklichkeit Offenbarung anzusehen? Die alltägliche sinnliche Welt ist zur «Illusion» geworden, weil das selbstbewußte Ich im Laufe der philosophischen Entwickelung mit seinen Innenerlebnissen sich immer mehr in sich selbst isoliert gefunden hat. Es ist dazu gekommen, selbst in den Wahrnehmungen der Sinne nur Innenerlebnisse zu sehen, die in sich selbst keine Kraft verraten, durch die ihnen Dasein und Bestand in der Wirklichkeit verbürgt werden könnte. Man fühlt, wie viel davon abhängt, in dem selbstbewußten Ich einen Stützpunkt für die Erkenntnis zu finden. Aber man kommt in dem Forschen, welches durch dieses Gefühl angeregt wird, zu Anschauungen, welche nicht die Mittel hergeben, um mit dem Ich in eine Welt einzutauchen, welche das Dasein in befriedigender Art tragen kann.

Wer nach Erklärung dieses Tatbestandes sucht, der kann sie finden in der Art, wie sich das durch die Philosophieentwickelung von der äußeren Weltwirklichkeit losgelöste Seelenwesen zu dieser Wirklichkeit gestellt hat. - Es fühlt sich von einer Welt umgeben, die sich ihm zunächst durch die Sinne offenbart. Die Seele ist aber auch auf ihre Selbsttätigkeit, auf ihr inneres schöpferisches Erleben aufmerksam geworden. Sie empfindet es wie eine unumstößliche Wahrheit, daß kein Licht, keine Farbe ohne das licht-, das farbenempfindende Auge geoffenbart werden kann. So fühlt sie das Schöpferische in der Tätigkeit schon des Auges. Wenn aber das Auge die Farbe selbstschöpferisch hervorbringt - so muß man im Sinne dieser Philosophie denken –: wo finde ich etwas, das in sich besteht, das sein Dasein nicht bloß durch meine eigene Schöpferkraft hat? Wenn nun schon die Offenbarungen der Sinne nur Äußerungen der Eigenkraft der Seele sind: muß es dann nicht im erhöhtem Maße das *Denken* sein, das Vorstellungen gewinnen will über eine wahre Wirklichkeit? Ist dieses Denken nicht dazu verurteilt, Vorstellungsbilder zu erzeugen, die im Charakter des Seelenlebens wurzeln, die aber nimmermehr etwas in sich bergen können, das für ein Vordringen zu den Quellen des Daseins irgendwelche Sicherheit gewährt? Solche Fragen brechen aus der neueren Philosophieentwickelung überall hervor.

Solange man den Glauben hegt, in der Welt, welche sich durch die Sinne offenbart, sei ein Abgeschlossenes, ein auf sich Beruhendes gegeben, das man untersuchen müsse, um sein inneres Wesen zu erkennen, solange wird man aus der Wirrnis nicht herauskommen können, welche durch die angedeuteten Fragen sich ergibt. Die Menschenseele kann ihre Erkenntnisse nur in sich *selbstschöpferisch erzeugen.* Das ist eine Überzeugung, die mit Berechtigung sich herausgebildet hat aus den Voraussetzungen, welche in dem Kapitel dieses Buches «Die Welt als Illusion» und bei der Darstellung der Gedanken Hamerlings geschildert worden sind. Dann aber, wenn man zu dieser Überzeugung sich bekennt, kommt man über eine gewisse Klippe der Erkenntnis so lange nicht hinweg, als man sich vorstellt: die Welt der Sinne enthielte die wahren Grundlagen ihres Daseins *in sich;* und man müsse mit dem, was man in der Seele selbst erzeugt, irgendwie etwas abbilden, was *außerhalb* der Seele liegt.

Nur eine Erkenntnis wird über diese Klippe hinwegführen können, welche ins geistige Auge faßt, daß alles, was die Sinne wahrnehmen, sich durch seine eigene Wesenheit nicht als eine fertige, in sich beschlossene Wirklichkeit darstellt, sondern als ein Unvollendetes, gewissermaßen als eine *halbe Wirklichkeit.*

Sobald man voraussetzt, man habe in den Wahrnehmungen der Sinnenwelt eine volle Wirklichkeit vor sich, wird man nie dazu kommen, der Frage Antwort zu finden: Was haben die selbstschöpferischen Erzeugnisse der Seele zu dieser Wirklichkeit erkennend hinzuzubringen? Man wird bei der Kantschen Meinung stehen bleiben müssen: der Mensch muß seine Erkenntnisse als die Eigenprodukte seiner seelischen Organisation ansehen, nicht als etwas, was ihm als eine wahre Wirklichkeit sich offenbart. Liegt die Wirklichkeit *außerhalb* der Seele in ihrer Eigenart gestaltet, dann kann die Seele nicht das hervorbringen, was dieser Wirklichkeit entspricht, sondern nur etwas, das aus ihrer eigenen Organisation fließt.

Anders wird alles, sobald erkannt wird, daß die Organisation der Menschenseele nicht mit dem, was sie in der Erkenntnis selbstschöpferisch erzeugt, sich von der Wirklichkeit entfernt, sondern daß sie in dem Leben, das sie *vor* allem Erkennen entfaltet, sich eine Welt vorzaubert, welche *nicht* die wirkliche ist. Die Menschenseele ist so in die Welt gestellt, daß sie wegen ihrer eigenen Wesenheit die Dinge anders macht, als sie in Wirklichkeit sind. In gewissem Sinne berechtigt ist, wenn Hamerling meint: «Gewisse Reizungen erzeugen den Geruch in unserem Riechorgan. Die Rose duftet also nicht, wenn sie niemand riecht . . . Leuchtet dir, lieber Leser, das nicht ein und bäumt dein Verstand sich vor dieser Tatsache wie ein scheues Pferd, so lies keine Zeile weiter; laß dieses und alle anderen Bücher, die von philosophischen ... Dingen handeln, ungelesen; denn es fehlt dir die hierzu nötige Fähigkeit, eine Tatsache unbefangen aufzufassen und in Gedanken festzuhalten.» (Vgl. S. 525) *Wie* die sinnliche Welt *erscheint*, wenn sich der Mensch ihr unmittelbar gegenüberstellt, das hängt zweifellos von der Wesenheit seiner Seele ab. Folgt aber daraus nicht, daß er diese Erscheinung der Welt eben *durch seine Seele* bewirkt? Nun zeigt eine unbefangene Betrachtung, wie der unwirkliche Charakter der sinnlichen Außenwelt davon herrührt, daß der Mensch, indem er sich unmittelbar den Dingen gegenüberstellt, das in sich unterdrückt, was in Wahrheit zu ihnen gehört. Entfaltet er dann selbstschöpferisch sein Innenleben, läßt er aus den Tiefen seiner Seele aufsteigen, was in diesen Tiefen schlummert, dann fügt er zu dem, was er mit den Sinnen geschaut hat, ein weiteres hinzu, das das halb Wirkliche als ganz Wirkliches in der Erkenntnis gestaltet. Es liegt im Wesen der Seele, beim ersten Anblick der Dinge etwas *auszulöschen*, das zu ihrer Wirklichkeit gehört. Daher sind sie für die Sinne so, wie sie nicht in Wirklichkeit sind, sondern so, wie sie die Seele gestaltet. Aber ihr *Schein* (oder ihre bloße Erscheinung) beruht darauf, daß die Seele ihnen erst weggenommen hat, was zu ihnen gehört. Indem der Mensch nun nicht bei dem ersten Anschauen der Dinge verbleibt, fügt er im Erkennen das zu ihnen hinzu, was ihre volle Wirklichkeit erst offenbart. Nicht durch das Erkennen fügt die Seele etwas zu den Dingen hinzu, was ihnen gegenüber ein unwirkliches Element wäre, sondern *vor* dem Erkennen hat sie den Dingen genommen, was zu ihrer wahren Wirklichkeit gehört. Es wird die Aufgabe der Philosophie sein, einzusehen, daß die dem Menschen offenbare Welt eine «Illusion» ist, bevor er ihr *erkennend* gegenübertritt, daß aber der Erkenntnisweg die Richtung weist nach der vollen Wirklichkeit. Was der Mensch erkennend selbstschöpferisch erzeugt, erscheint nur deshalb als eine Innenoffenbarung der Seele, weil der Mensch sich, bevor er das Erkenntniserlebnis hat, dem verschließen muß, was aus dem Wesen der Dinge kommt. Er kann es *an* den Dingen noch nicht schauen, wenn er ihnen zunächst sich nur entgegenstellt. Im Erkennen schließt er sich selbsttätig das zuerst Verborgene auf. Hält nun der Mensch das, was er zuerst wahrgenommen hat, für eine Wirklichkeit, so wird ihm das erkennend Erzeugte so erscheinen, als ob er es zu dieser Wirklichkeit hinzugebracht hätte. Erkennt er, daß er das nur scheinbar von ihm selbst Erzeugte in den Dingen zu suchen hat, und daß er es vorerst nur von seinem Anblick der Dinge ferngehalten hat, dann wird er empfinden, wie das Erkennen ein Wirklichkeitsprozeß ist, durch den die Seele mit dem Weltensein fortschreitend zusammenwächst, durch den sie ihr inneres isoliertes Erleben zum Weltenerleben erweitert.

In einer kleinen Schrift «Wahrheit und Wissenschaft», 1. Aufl. S. 44, welche 1892 erschienen ist, hat der Verfasser dieses Buches einen schwachen Versuch gemacht, dasjenige philosophisch zu begründen, was eben andeutend dargestellt worden ist. Über Ausblicke spricht er da, welche sich die Philosophie der Gegenwart eröffnen muß, wenn sie über die Klippe hinwegkommen soll, die ihr durch ihre neuere Entwickelung naturgemäß sich ergeben hat. In dieser Schrift wird ein philosophischer Gesichtspunkt mit den Worten dargestellt: «Nicht die erste Gestalt, in der die Wirklichkeit an das Ich herantritt, ist deren wahre, sondern die letzte, die das Ich aus derselben macht. Jene erste Gestalt ist überhaupt ohne Bedeutung für die objektive Welt und hat eine solche nur als Unterlage für den Erkenntnisprozeß. Also nicht die Gestalt der Welt, welche die Theorie derselben gibt, ist die *subjektive*, sondern vielmehr jene, welche dem Ich zuerst gegeben ist.» Eine weitere Ausführung über diesen Gesichtspunkt bildet des Verfassers späterer philosophischer Versuch «Philosophie der Freiheit» (erschienen 1894, 12. Aufl. Gesamtausgabe Dornach 1962). Er bemüht sich da, die philosophischen Grundlagen zu geben für eine Anschauung, die sich innerhalb des genannten Buches so angedeutet findet: «Nicht an den Gegenständen liegt es, daß sie uns zunächst ohne die entsprechenden Begriffe gegeben werden, sondern an unserer geistigen Organisation. Unsere totale Wesenheit funktioniert in der Weise, daß ihr bei jedem Dinge der Wirklichkeit von zwei Seiten her die Elemente zufließen, die für die Sache in Betracht kommen: von seiten des *Wahrnehmens* und des *Denkens*. – Es hat mit der Natur der Dinge nichts zu tun, wie ich organisiert bin, sie zu erfassen. Der Schnitt zwischen Wahrnehmen und Denken ist erst in dem Augenblicke vorhanden, wo ich, der Betrachtende, den Dingen gegenübertrete ...» Und auf S. 247 f.: «Die Wahrnehmung ist der Teil der Wirklichkeit, der objektiv, der Begriff derjenige, der subjektiv (durch Intuition) gegeben wird. Unsere geistige Organisation reißt die Wirklichkeit in diese beiden Faktoren auseinander. Der eine Faktor erscheint dem Wahrnehmen, der andere der Intuition. Erst der Zusammenhang der beiden, die gesetzmäßig sich in das Universum eingliedernde Wahrnehmung, ist volle Wirklichkeit. Betrachten wir die bloße Wahrnehmung für sich, so haben wir keine Wirklichkeit, sondern ein zusammenhangloses Chaos; betrachten wir die Gesetzmäßigkeit der Wahrnehmungen für sich, dann haben wir es bloß mit abstrakten Begriffen zu tun. Nicht der abstrakte Begriff enthält die Wirklichkeit; wohl aber die denkende Beobachtung, die weder einseitig den Begriff, noch die Wahrnehmung für sich betrachtet, sondern den Zusammenhang beider.»

Wer die hier angedeuteten Gesichtspunkte zu den seinigen machen kann, gewinnt die Möglichkeit, mit seinem Seelenleben in dem selbstbewußten Ich die fruchtbare Wirklichkeit verbunden zu denken. Das ist die Anschauung, zu welcher die philosophische Entwickelung seit dem griechischen Zeitalter hinstrebt und die in der Weltanschauung Goethes ihre ersten deutlich erkennbaren Spuren gezeigt hat. - Es wird erkannt, daß dieses selbstbewußte Ich nicht in sich isoliert und außerhalb der objektiven Welt sich erlebt, daß vielmehr sein Losgelöstsein von dieser Welt nur eine Erscheinung des Bewußtseins ist, die überwunden werden kann, überwunden dadurch, daß man einsieht, man habe als Mensch in einem gewissen Entwickelungszustande eine vorübergehende Gestalt des Ich dadurch zu eigen, daß man die Kräfte, welche die Seele mit der Welt verbinden, aus dem Bewußtsein herausdrängt. Wirkten diese Kräfte unaufhörlich in dem Bewußtsein, dann käme man nicht zum kraftvollen, in sich ruhenden Selbstbewußtsein. Man könnte sich als selbstbewußtes Ich nicht erleben. Es hängt also die Entwickelung des Selbstbewußtseins geradezu davon ab, daß der Seele die Möglichkeit gegeben ist, die Welt ohne den Teil der Wirklichkeit wahrzunehmen, welchen das selbstbewußte Ich auf einer gewissen Stufe, auf derjenigen, die vor seiner Erkenntnis liegt, *auslöscht*. - Die Weltenkräfte dieses Wirklichkeitsgliedes arbeiten also am Seelenwesen so, daß sie sich in die Verborgenheit zurückziehen, um das selbstbewußte Ich kraftvoll aufleuchten zu lassen. Dieses muß demnach einsehen, daß es seine Selbsterkenntnis einer Tatsache verdankt, welche über die Welterkenntnis einen

Schleier breitet. Dadurch ist notwendig bedingt, daß alles, was die Seele zum kraftvollen, energischen Erleben des Ich bringt, die tieferen Grundlagen unoffenbar macht, in welchen dieses Ich wurzelt. Nun ist aber alle Erkenntnis des gewöhnlichen Bewußtseins eine solche, welche das Kraftvolle des selbstbewußten Ich bewirkt. Der Mensch erfühlt sich als ein selbstbewußtes Ich dadurch, daß er mit seinen Sinnen eine Außenwelt wahrnimmt, daß er sich außerhalb dieser Außenwelt erlebt, und daß er zu dieser Außenwelt in einem solchen Verhältnisse steht, das auf einer gewissen Stufe der wissenschaftlichen Forschung die «Welt als Illusion» erscheinen läßt. Wenn alles dies nicht so wäre, träte das selbstbewußte Ich nicht in die Erscheinung. Strebt man also danach, im Erkennen nur nachzubilden, was schon *vor* dem Erkennen beobachtet wird, so erlangt man kein wahres Erleben in der *vollen*, sondern ein Abbild der «halben Wirklichkeit».

Gibt man zu, daß die Dinge so stehen, so kann man die Antwort auf die Rätselfragen der Philosophie nicht in den Erlebnissen der Seele suchen, die sich dem gewöhnlichen Bewußtsein darbieten. Dieses Bewußtsein ist dazu berufen, das selbstbewußte Ich zu erkraften; es muß, zu diesem Ziele strebend, den Ausblick in den Zusammenhang des Ich mit der objektiven Welt verschleiern, kann also nicht zeigen, wie die Seele mit der wahren Welt zusammenhängt. - Damit ist der Grund angedeutet, warum ein Erkenntnisstreben, welches mit den Mitteln der naturwissenschaftlichen Vorstellungsart oder mit ähnlichem philosophisch vorwärts kommen will, stets an einem Punkte anlangen muß, wo ihm das Erstrebte im Erkennen zerfällt. Bei vielen Denkern der neueren Zeit mußte dieses Zerfallen von diesem Buche angedeutet werden. Denn im Grunde arbeitet alles wissenschaftliche Streben der neueren Zeit mit den wissenschaftlichen Denkermitteln, welche der Loslösung des selbstbewußten Ich von der wahren Wirklichkeit dienen. Und die Stärke und Größe der neueren Wissenschaft, namentlich der Naturwissenschaft, beruhen auf der rückhaltlosen Anwendung *dieser* Denkmittel.

Einzelne Philosophen wie Dilthey, Eucken und andere lenken die philosophische Betrachtung auf die Selbstbeobachtung der Seele hin. Was sie aber betrachten, das sind diejenigen Erlebnisse der Seele, welche die Grundlage bilden des selbstbewußten Ich. Dadurch dringen sie nicht bis zu jenen Quellen der Welt, in denen die Erlebnisse der Seele aus der wahren Wirklichkeit hervorsprudeln. Diese Quellen können nicht dort liegen, wo die Seele mit dem gewöhnlichen Bewußtsein zunächst sich selbst beobachtend gegenübersteht. Will die Seele zu diesen Quellen kommen, so muß sie aus diesem gewöhnlichen Bewußtsein herausdringen. Sie muß etwas in sich erleben, was ihr dieses Bewußtsein nicht geben kann. Ein solches Erleben erscheint dem gewöhnlichen Erkennen zunächst als vollster Unsinn. Die Seele soll sich in einem Elemente *wissend* erleben, ohne ihr Bewußtsein in dieses Element mit hineinzutragen. Man soll das Bewußtsein überspringen und doch zugleich noch bewußt sein! - Und doch: man wird entweder immer weiter im philosophischen Streben zu Unmöglichem kommen, oder man wird sich den Ausblick darauf eröffnen müssen, daß der angedeutete «volle Unsinn» ein nur scheinbarer ist und daß gerade er den Weg weist, auf dem für die Rätselfragen der Philosophie Hilfe gesucht werden muß.

Man wird sich gestehen müssen, daß der Weg «ins Innere der Seele» ein ganz anderer sein muß als derjenige, den manche Weltanschauungen der neueren Zeit wählen. - Solange man die Seelenerlebnisse nimmt, wie sie sich dem gewöhnlichen Bewußtsein darbieten, solange kommt man nicht in die Tiefen der Seele. Man bleibt bei dem stehen, was diese Tiefen hervortreiben. Euckens Weltanschauung ist in dieser Lage. - Man muß unter die Oberfläche der Seele hinunterstreben. Das kann man aber nicht mit den gewöhnlichen Mitteln des Seelenerlebens. Diese haben ihre Stärke gerade darin, daß sie die Seele in diesem gewöhnlichen Bewußtsein erhalten. - Mittel, tiefer in die Seele einzudringen, bieten sich dar, wenn man den Blick auf dasjenige richtet, was im gewöhnlichen Bewußtsein zwar mitarbeitet, aber in seiner Arbeit gar nicht in dieses Bewußtsein eintritt. Wenn der Mensch denkt, so ist sein Bewußtsein auf die Gedanken gerichtet. Er will durch die Gedanken etwas vorstellen; er will im gewöhnlichen Sinne richtig denken. Man kann aber auch auf anderes seine Aufmerksamkeit richten. Man kann die Tätigkeit des Denkens als solche in das Geistesauge fassen. Man kann zum Beispiel einen Gedanken in den Mittelpunkt des Bewußtseins rücken, der sich auf nichts Äußeres bezieht, der wie ein Sinnbild gedacht ist, bei dem man ganz unberücksichtigt läßt, daß er etwas Äußeres abbildet. Man kann nun in dem Festhalten eines solchen Gedankens verharren. Man kann sich ganz einleben nur in das innere Tun der Seele, während man so verharrt. Es kommt hierbei nicht darauf an, in Gedanken zu leben, sondern darauf, die Denktätigkeit zu erleben. Auf diese Weise reißt sich die Seele los von dem, was sie in ihrem gewöhnlichen Denken vollführt. Sie wird dann, wenn sie solche innere Übung genügend lange fortsetzt, nach einiger Zeit erkennen, wie sie in Erlebnisse hineingeraten ist, welche sie abtrennen von demjenigen Denken und Vorstellen, das an die leiblichen Organe gebunden ist. Ein gleiches kann man vollziehen mit dem Fühlen und Wollen der Seele, ja, auch mit dem Empfinden, dem Wahrnehmen der Außendinge. Man wird auf diesem Wege nur etwas erreichen, wenn man nicht zurückschreckt davor, sich zu gestehen, daß die Selbsterkenntnis der Seele nicht einfach angetreten werden kann, indem man nach dem Innern schaut, das stets vorhanden ist, sondern vielmehr nach demjenigen, das durch innere Seelenarbeit erst aufgedeckt werden muß. Durch eine Seelenarbeit, die durch Übung zu einem solchen Verharren in der inneren Tätigkeit des Denkens, Fühlens und Wollens gelangt, daß diese Erlebnisse gewissermaßen sich geistig in sich «verdichten». Sie offenbaren dann in dieser «Verdichtung» ihr inneres Wesen, das im gewöhnlichen Bewußtsein nicht wahrgenommen werden kann. Man entdeckt durch solche Seelenarbeit, daß für das Zustandekommen des gewöhnlichen Bewußtseins die Seelenkräfte sich so «verdünnen» müssen und daß sie in dieser Verdünnung unwahrnehmbar werden. Die hier gemeinte Seelenarbeit besteht in der *unbegrenzten Steigerung* von Seelenfähigkeiten, welche auch das gewöhnliche Bewußtsein kennt, die dieses aber in solcher Steigerung nicht anwendet. Es sind die Fähigkeiten der *Aufmerksamkeit* und der *liebevollen Hingabe an das von der Seele Erlebte*. Es müssen, um das Angedeutete zu erreichen, diese Fähigkeiten in einem solchen Grade gesteigert werden, daß sie wie völlig neue Seelenkräfte wirken.

Indem man so vorgeht, ergreift man in der Seele ein wirkliches Erleben, dessen eigene Wesenheit sich als eine solche offenbart, welche von den Bedingungen der leiblichen Organe unabhängig ist. Das ist ein Geistesleben, das begrifflich nicht verwechselt werden darf mit dem, was Dilthey und Eucken die geistige Welt nennen. Denn *diese* geistige Welt wird von dem Menschen doch nur erlebt, indem er mit seinen Leibesorganen verbunden ist. Das hier gemeinte Geistesleben ist für die Seele, die an den Leib gebunden ist, nicht vorhanden.

Und als eine erste *Erfahrung* dieses errungenen neuen Geisteslebens stellt sich die wahre Erkenntnis des gewöhnlichen Seelenlebens dar. In Wahrheit ist auch dieses nicht durch den Leib hervorgebracht, sondern es verläuft außerhalb des Leibes. Wenn ich eine Farbe sehe, wenn ich einen Ton höre, so erlebe ich die Farbe, den Ton nicht als ein Ergebnis des Leibes, sondern ich bin als selbstbewußtes Ich mit der Farbe, mit dem Ton außerhalb des Leibes verbunden. Der Leib hat die Aufgabe, so zu wirken, daß man ihn mit einem *Spiegel* vergleichen kann. Wenn ich mit einer Farbe im gewöhnlichen Bewußtsein nur seelisch verbunden bin, so kann ich wegen der Einrichtung dieses Bewußtseins nichts von der Farbe wahrnehmen. Wie ich auch mein Gesicht nicht sehen kann, wenn ich vor mich hinblicke. Steht aber ein Spiegel vor mir, so nehme ich dies Gesicht als Körper wahr. Ohne vor dem Spiegel zu stehen, *bin* ich der Körper, ich erlebe mich als solchen. Vor dem Spiegel stehend nehme ich den Körper als Spiegelbild wahr. So ist es - das selbstverständlich Ungenügende eines Vergleichs muß beachtet werden - mit der Sinneswahrnehmung. Ich lebe mit der Farbe *außer* meinem Leibe; durch die Tätigkeit des Leibes (des Auges, des Nervensystems) wird mir die Farbe zur bewußten Wahrnehmung gemacht. Nicht ein Hervorbringer der Wahrnehmungen, des Seelischen überhaupt, ist der Menschenleib, sondern ein Spiegelungsapparat dessen, was außerhalb des Leibes seelisch-geistig sich abspielt.

Durch solche Anschauung wird die Erkenntnislehre auf eine aussichtsvolle Grundlage gestellt. «Man wird . . . zu einer . . . Vorstellung über das ‚Ich' erkenntnistheoretisch gelangen, wenn man es (das Ich) nicht innerhalb der Leibesorganisation befindlich vorstellt und die Eindrücke ihm ‚von außen' geben läßt, sondern wenn man dieses ‚Ich' in die Gesetzmäßigkeit der Dinge selbst verlegt und in der Leibesorganisation nur etwas wie einen Spiegel sieht, welcher das außer dem Leibe liegende Weben des Ich im wahren Weltwesen diesem durch die organische Leibestätigkeit zurückspiegelt.» Mit solchen Worten versuchte der Verfasser dieses Buches die ihm vorschwebende Aussicht auf eine Erkenntnislehre zu charakterisieren in dem Vortrag, den er für den 1911 in Bologna gehaltenen philosophischen Kongreß ausgearbeitet hat: «Die psychologischen Grundlagen und die erkenntnistheoretische Stellung der Geisteswissenschaft.»

Während des menschlichen Schlafes ist die spiegelnde Wechselwirkung zwischen dem Leibe und der Seele unterbrochen; das «Ich» *lebt* nur im Weben des Seelisch-Geistigen. Für das gewöhnliche Bewußtsein ist aber ein Erleben der Seele nicht vorhanden, wenn der Leib die Erlebnisse nicht spiegelt. Daher verläuft der Schlaf unbewußt. Durch die angedeuteten und ähnlichen Seelenübungen wird bewirkt, daß die Seele ein anderes als das gewöhnliche Bewußtsein entfaltet. Sie gelangt dadurch zu der Fähigkeit, rein seelisch-geistig nicht nur zu erleben, sondern auch das Erlebte in sich so zu erstarken, daß dieses sich gewissermaßen ohne die Hilfe des Leibes in sich selbst spiegelt und so zur geistigen Wahrnehmung kommt. Und in dem so

Erlebten kann erst die Seele sich selbst wahrhaft erkennen, kann sie sich in ihrem Wesen bewußt erleben. - Wie die Erinnerung vergangene Tatsachen des physischen Erlebens aus den Tiefen der Seele heraufzaubert, so treten vor eine Seele, welche sich durch die charakterisierten Verrichtungen dazu bereitgemacht hat, aus deren inneren Tiefen wesenhafte Erlebnisse herauf, welche nicht der Welt des Sinnesseins angehören, doch aber einer Welt, in welcher die Seele ihr Grundwesen hat. - Es liegt nur zu nahe, daß der Gläubige mancher gegenwärtigen Vorstellungsart diese Welt, die hier zum Vorschein kommt, in das Gebiet der Erinnerungsirrtümer, der Illusionen, Halluzinationen, Autosuggestionen und dergleichen verweist. Man kann dem nur erwidern, daß ein ernstes Seelenstreben, das auf dem angedeuteten Wege arbeitet, in der inneren Geistesverfassung, welche es sich anerzieht, so sichere Mittel findet, Illusion von geistiger Wirklichkeit zu unterscheiden, wie man im gewöhnlichen Leben bei *gesunder* Seelenverfassung ein Phantasiegebilde von einer Wahrnehmung unterscheiden kann. Theoretische Beweise, daß die charakterisierte geistige Welt wirklich ist, wird man vergeblich suchen; doch gibt es solche auch nicht für die Wirklichkeit der Wahrnehmungswelt. Wie da zu urteilen ist, darüber entscheidet *das Erleben* selbst in dem einen und dem anderen Falle.

Was viele zurückhält, den Schritt zu unternehmen, der nach dieser Darstellung allein für die philosophischen Rätselfragen aussichtsvoll ist, das ist, daß sie durch denselben in ein Gebiet nebelhafter Mystik zu verfallen glauben. Wer nicht von vornherein den Zug der Seele zu solch nebelhafter Mystik hat, der wird auf dem geschilderten Wege sich den Zugang zu einer Welt seelischen Erlebens eröffnen, welches in sich kristallklar wie das mathematische Ideengebäude ist. Wenn man allerdings den Hang dazu hat, das Geistige im «dunklen Unbekannten», in dem, «was sich nicht erklären läßt», zu suchen, dann wird man weder als Kenner noch als Gegner des geschilderten Weges auf demselben sich zurechtfinden können.

Leicht verständlich ist auch, daß solche Persönlichkeiten, welche in der Vorstellungsart, deren sich die Naturwissenschaft zur Erkenntnis der Sinneswelt bedient, den einzigen wahren wissenschaftlichen Weg erkennen wollen, sich gegen das hier Angedeutete kräftig sträuben. Doch wird, wer solche Einseitigkeit abstreift, erkennen können, daß eben in der echten naturwissenschaftlichen *Gesinnung* die Grundlage liegt für ein Aufnehmen des hier Geschilderten. Man hat an den Ideen, welche in diesem Buche als diejenigen der neueren naturwissenschaftlichen Vorstellungsart geschildert worden sind, die besten Übungsgedanken, welchen die Seele sich hingeben und auf denen sie verharren kann, um sich in ihrem inneren Erleben von dem Gebundensein an den Leib zu lösen. Wer diese naturwissenschaftlichen Ideen verwendet, um mit ihnen so zu verfahren, wie in diesen Ausführungen geschildert worden ist, der wird finden, daß Gedanken, die ursprünglich nur bestimmt scheinen, die Naturvorgänge abzubilden, bei der inneren Geistesübung die Seele wirklich loslösen vom Leibe, und daß daher die hier gemeinte Geisteswissenschaft eine Fortsetzung bilden muß der seelisch recht erlebten naturwissenschaftlichen Denkungsart.

*

Man *erlebt wissend* das wahre Wesen der Menschenseele, wenn man es auf dem charakterisierten Wege sucht. Die Entwickelung der philosophischen Weltanschauungen hat im griechischen Zeitalter zur Geburt des Gedankens auf dem Felde dieser Weltanschauungen geführt. Der Fortschritt dieser Entwickelung ging später dahin, durch die Gedankenerlebnisse die philosophische Betrachtung auf das selbstbewußte Ich hinzuführen. Goethe strebte in dem selbstbewußten Ich nach solchen Erlebnissen, die, indem sie von der Menschenseele erarbeitet werden, zugleich diese Seele in den Bereich derjenigen Wirklichkeit stellen, welche den Sinnen unzugänglich ist. Wenn er nach einer solchen Idee der Pflanze strebt, die nicht mit Sinnen geschaut werden kann, die jedoch das übersinnliche Wesen aller Pflanzen so enthält, daß man, von ihr ausgehend, Pflanzen ersinnen kann, die lebensmöglich sind, so steht Goethe mit solcher Geistesart auf dem hier angezeigten Boden. - Hegel hat dann in dem Gedankenerleben der Menschenseele selbst das «Stehen in dem wahren Weltenwesen» gesehen; ihm wurde die Welt der wahren Gedanken zum inneren Wesen der Welt. - Ein unbefangenes Verfolgen der philosophischen Entwickelung zeigt, daß das Gedankenerleben zwar das Element war, durch welches das selbstbewußte Ich auf sich selbst gestellt werden sollte, daß aber über das Leben in Gedanken fortgeschritten werden muß zu einem solchen seelischen Erleben, das über das gewöhnliche Bewußtsein hinausführt. Denn auch Hegels Gedankenerleben verläuft noch in dem Bereiche dieses gewöhnlichen Bewußtseins.

In der Seele eröffnet sich so der Ausblick auf eine Wirklichkeit, welche den Sinnen unzugänglich ist. Was in der Seele durch das Eindringen in *diese* Wirklichkeit erlebt wird, stellt sich dar als die tiefere Seelenwesenheit. Wie aber ist das Verhältnis dieser tieferen Seelenwesenheit zu der durch Vermittelung des Leibes erlebten Außenwelt? - Die vom Leibe auf die gekennzeichnete Art sich frei erlebende Seele erfühlt sich in einem seelisch-geistigen Weben. Sie ist mit dem Geistigen außerhalb des Leibes. Und sie weiß, daß sie auch im gewöhnlichen Leben außerhalb dieses Leibes ist, der ihr nur ihre seelisch-geistigen Erlebnisse wie ein Spiegelungsapparat zur Wahrnehmung bringt. Dadurch wird für sie das geistige Erleben so erhöht, daß ihr ein neues Element in Wirklichkeit sich offenbart. Betrachtungen über die geistige Welt nach der Art Diltheys oder Euckens finden als geistige Welt die Summe der Kulturerlebnisse der Menschheit. Mit dieser Welt als der einzig erfaßbaren Geisteswelt steht man nicht auf dem Boden, welcher der naturwissenschaftlichen Denkungsart entsprechend sich zeigt. Die Gesamtheit der Weltwesen ordnet sich für den naturwissenschaftlichen Blick so, daß der physische Mensch in seinem individuellen Dasein wie eine Zusammenfassung, eine Einheit erscheint, nach der alle anderen Naturvorgänge und Naturwesen hinweisen. Die Kulturwelt ist dasjenige, was durch diesen Menschen geschaffen wird. Allein eine individuelle Einheit höherer Art gegenüber der Individualität des Menschen ist sie nicht. Die hier gemeinte Geisteswissenschaft zeigt auf ein Erleben, das die Seele unabhängig vom Leibe haben kann. Und dieses Erleben offenbart sich als ein Individuelles. Es tritt auf wie ein höherer Mensch, der zu dem physischen Menschen wie zu seinem Werkzeuge steht. Was durch das geistige Erleben der Seele frei vom physischen Leibe sich erfühlt, ist ein geistig-seelisches einheitliches Menschenwesen, das so einer geistigen Welt angehört, wie der Leib der physischen. Erlebt die Seele dieses ihr geistiges Wesen, dann erkennt sie auch, daß dies in einem gewissen Verhältnisse zum Leibe steht. Der Leib erscheint einerseits wie eine Ablösung von dem seelisch-geistigen Wesen, etwa so, daß man den Vergleich wagen kann mit der Schneckenschale, die sich, die Schnecke umhüllend, wie ein Abbild aus ihr ergibt. Anderseits erscheint das Geistig-Seelische im Leibe wie die Summe von Kräften in der Pflanze, welche, nachdem die Pflanze sich entfaltet hat, nachdem sie ihre Entwickelung durch Blätter und Blüte vollendet hat, sich in dem Keime zusammendrängen, um die Anlage zu einer neuen Pflanze zu bilden. Man kann den geistig-seelischen Menschen nicht erleben, ohne zugleich durch das Erlebnis zu wissen, daß in diesem Menschen etwas enthalten ist, was sich zu einem neuen physischen Menschen gestalten will. Zu einem solchen, der durch sein Erleben in dem physischen Leibe sich Kräfte gesammelt hat, die nicht in diesem gegenwärtigen physischen Leibe zum Ausleben kommen können. Dieser gegenwärtige physische Leib hat wohl der Seele die Möglichkeit gegeben, Erlebnisse im Zusammenhange mit der Außenwelt zu haben, welche den geistig-seelischen Menschen anders machen als er war, da er das Leben *in* diesem physischen Leibe angetreten hat; doch ist dieser Leib gewissermaßen zu bestimmt gestaltet, als daß der geistig-seelische Mensch ihn nach den in ihm gemachten Erlebnissen umformen könnte. So steckt in dem Menschen ein geistig-seelisches Wesen, das die Anlage zu einem neuen Menschen enthält.

Solche Gedanken können hier nur angedeutet werden. Was sie enthalten, eröffnet die Aussicht auf eine Geisteswissenschaft, die in ihrer inneren Wesenheit nach dem Muster der Naturwissenschaft gebaut ist. Der Bearbeiter einer solchen Geisteswissenschaft wird verfahren, wie etwa der Botaniker verfährt. Dieser verfolgt die Pflanze, wie sie Wurzel schlägt, Stamm und Blätter entfaltet, sich zur Blüte und Frucht entwickelt. In der Frucht wird er den Keim des neuen Pflanzenlebens gewahr. Und wenn er eine Pflanze entstehen sieht, so sucht er deren Ursprung in dem Keim, der von einer anderen Pflanze herrührt. Der Geisteswissenschafter wird verfolgen, wie ein Menschenleben, abgesehen von seiner Außenseite, auch ein inneres Wesen entfaltet; er wird die äußeren Erlebnisse gleich den Pflanzenblättern und Blüten hinsterbend finden; im Innern aber den geistig-seelischen Kern verfolgen, der die Anlage zu einem neuen Menschenleben birgt. In dem durch die Geburt ins Leben tretenden Menschen wird er dasjenige wieder in die Sinneswelt kommen sehen, was durch den Tod aus ihr hinausgegangen ist. Er wird beobachten lernen, wie dasjenige, was in der physischen Vererbungsströmung von den Ahnen dem Menschen übergeben wird, nur der Stoff ist, den der seelisch-geistige Mensch formend gestaltet, um das zum physischen Dasein zu bringen, was in einem vorhergegangenen Leben sich keimhaft vorgebildet hat.

Man wird, von dem Gesichtspunkte dieser Weltanschauung aus, manches in der Seelenwissenschaft in einem neuen Lichte sehen. Vieles könnte hier erwähnt werden. Doch sei nur auf eines hingedeutet. Man beobachte, wie die Menschenseele durch Erlebnisse verwandelt wird, die in einem gewissen Sinne eine Wiederkehr früherer Erlebnisse darstellen. Wenn man ein bedeutungsvolles Buch in seinem zwanzigsten Jahre gelesen hat und es in seinem vierzigsten wieder liest, so erlebt man es wie ein anderer Mensch. Und wenn man unbefangen nach dem Grunde dieser Tatsache fragt, so ergibt sich, daß, was man durch das Buch im zwanzigsten Jahre aufgenommen hat, in einem fortlebt und ein Teil der eigenen Wesenheit geworden ist. Man hat in dem eigenen Geistig-Seelischen die Kraft, die in dem Buche liegt; und es liegt in diesem Buche im vierzigsten Jahre des Menschen diese in ihn eingegangene Kraft. So ist es auch mit Lebenserfahrungen. Diese werden zum Menschen selbst. Sie leben in seinem «Ich». Aber man sieht auch, daß während des einen Lebens dieses innere Kräftigen des höheren Menschen geistig-seelisch bleiben muß. Aber auch das andere wird man gewahr, daß dieser Mensch strebt, kräftig genug zu werden, um sich in Leiblichkeit auszuleben. Um das zu erreichen, ist die körperliche Bestimmtheit in dem einen Leben ein Hindernis. Im Innern des Menschen aber lebt anlagehaft der Keim, der ein neues Menschenleben mit dem Erworbenen bilden will, wie im Innern der Pflanze der Keim für eine neue Pflanze lebt.

Dazu kommt, daß das Einleben der Seele in die vom Leibe unabhängige Geisteswelt ihr das wahrhaft Geistig-Seelische auf eine ähnliche Art ins Bewußtsein treten läßt, wie in der Erinnerung Vergangenes auftaucht. Doch zeigt sich dieses Geistig-Seelische als über das Einzelleben hinausreichend. Wie, was ich jetzt in meinem Bewußtsein trage, in sich die Ergebnisse meines früheren physischen Erlebens in sich enthält, so offenbart sich der durch die angedeuteten Übungen gegangenen Seele das ganze physische Erleben, mit der besonderen Gestaltung des Leibes, als geformt von dem geistig-seelischen Wesen, das der Leibesbildung vorangegangen ist. Und dieses der Leibesbildung vorangegangene Leben kündigt sich an als ein solches in einer rein geistigen Welt, in welcher die Seele gelebt hat, bevor sie die Keimanlagen eines vorhergehenden physischen Lebens in einem neuen physischen Leben entwickeln konnte. Man muß sich verschließen vor der doch so einleuchtenden Möglichkeit, daß die Kräfte der menschlichen Seele entwickelungsfähig sind, wenn man sich sträubt, anzuerkennen, daß eine Seele Wahrheit redet, die ihre Erfahrung dahingehend ausspricht, daß sie durch innere Arbeit wirklich dazu gelangt ist, von einer geistigen Welt innerhalb eines von dem gewöhnlichen abweichenden Bewußtseins zu wissen. Und dieses Wissen führt zum geistigen Ergreifen einer Welt, aus welcher anschaulich wird, daß das wahre Wesen der Seele hinter dem gewöhnlichen Erleben liegt; daß sich dieses wahre Wesen geistig im Tode erhält, wie der Pflanzenkeim nach dem Hinsterben der Pflanze sich physisch erhält. Es führt zur Erkenntnis, daß die Menschenseele in wiederholten Erdenleben lebt, und daß zwischen diesen Erdenleben rein geistiges Dasein liegt.

Von solchem Gesichtspunkt aus kommt Wirklichkeit in die Annahme einer geistigen Welt. Die Menschenseelen selbst sind es, welche das in einer Kulturepoche Errungene in die späteren hinübertragen. Die Seele erscheint im physischen Leben mit einer gewissen inneren Verfassung, deren Entfaltung man wahrnimmt, wenn man nur nicht so befangen ist, daß man in dieser Entfaltung nur das Ergebnis der physischen Vererbung sehen *will.* Was in dem von Eucken und Dilthey gemeinten Kulturleben als geistige Welt sich darstellt, ist so gestaltet, daß das Folgende stets an das unmittelbar Vorangehende sich schließt. Doch stellen sich in diesen Fortgang hinein die Menschenseelen, welche das Ergebnis ihrer vorangehenden Leben mitbringen in Form der inneren Seelenstimmung, die aber, was in der physischen Kulturwelt sich entwickelt hat, während sie in einem rein geistigen Dasein waren, durch äußeres Lernen sich aneignen müssen.

In einer geschichtlichen Darstellung kann nicht die volle Auseinandersetzung gegeben werden über das hier Angedeutete. Wer eine solche sucht, den erlaube ich mir zu verweisen auf meine Schriften über die hier gemeinte Geisteswissenschaft. Wenn diese auch anstreben, in einer möglichst allgemein zugänglichen Darstellungsart die Weltanschauung zu geben, deren Gesichtspunkte und Ziele hier *skizziert* sind, so glaube ich doch, daß es möglich ist, auch in dem Gewande dieser Darstellungsart zu erkennen, wie diese Weltanschauung auf einer ernst erstrebten philosophischen Grundlage ruht, und von dieser aus hineinstrebt in die Welt, welche die Menschenseele erschauen kann, wenn sie sich die leibfreie Beobachtung durch innere Arbeit erwirbt.

Einer der Lehrmeister dieser Weltanschauung ist die Philosophiegeschichte selber. Deren Betrachtung zeigt, daß der Gang der philosophischen Arbeit hindrängt nach einer Anschauung, die nicht im gewöhnlichen Bewußtsein errungen werden kann. In den Darstellungen der repräsentativen Denkerpersönlichkeiten zeigt sich in mannigfaltigen Formen, wie die Durchforschung des selbstbewußten Ich, nach allen Seiten, mit den Mitteln des gewöhnlichen Bewußtseins versucht worden ist. Eine theoretische Auseinanderetzung, warum diese Mittel an unbefriedigenden Punkten ankommen müssen, gehört nicht in die geschichtliche Darstellung. Doch sprechen die geschichtlichen Tatsachen selbst deutlich aus, wie das gewöhnliche Bewußtsein, nach allen Seiten durchsucht, nicht dazu kommen kann, Fragen zu lösen, die es doch stellen muß. Und warum dem gewöhnlichen, auch dem gewohnten wissenschaftlichen Bewußtsein die Mittel für die Bearbeitung dieser Fragen fehlen müssen, das sollte dieses Schlußkapitel einerseits zeigen. Anderseits sollte es darlegen, wonach die charakterisierten Weltanschauungen unbewußt strebten. - Wenn von einem gewissen Gesichtspunkte aus dieses letzte Kapitel nicht mehr zur eigentlichen Philosophiegeschichte gehört, so wird es von einem anderen aus doch gerechtfertigt erscheinen, von einem solchen, dem die Ergebnisse dieses Buches einleuchtend sind. Denn diese Ergebnisse bestanden darin, daß die geisteswissenschaftliche Weltanschauung von der neueren Philosophieströmung wie gefordert erscheint, wie eine Antwort auf die von ihr hervorgetriebenen Fragen. Man muß diese Philosophieströmung an einzelnen charakteristischen Punkten betrachten, um dies gewahr zu werden. Franz Brentano spricht in seiner «Psychologie» davon, wie diese Strömung davon abgelenkt worden ist, die tieferen Rätsel des Seelischen zu behandeln (vgl. S. 521). Man kann in seinem Buche lesen: «Indessen, so scheinbar die Notwendigkeit der Beschränkung des Forschungsgebietes nach dieser Seite ist, so ist sie doch vielleicht nicht mehr als scheinbar. David Hume hat sich seinerzeit mit aller Entschiedenheit gegen die Metaphysiker erklärt, welche eine Substanz als Trägerin der psychischen Zustände in sich zu finden behaupteten. ‚Ich für mein Teil', sagt er, ‚wenn ich recht tief in das, was ich *mich selbst* nenne, eingehe, stoße immer auf die eine oder die andere besondere Wahrnehmung von Hitze oder Kälte, Licht oder Schatten, Liebe oder Haß, Schmerz oder Lust. Nie, so oft ich es auch versuche, kann ich *meiner selbst* habhaft werden ohne eine Vorstellung, und nie kann ich etwas entdecken außer der Vorstellung. Sind meine Vorstellungen für irgendwelche Zeit aufgehoben, wie bei gesundem Schlafe, so kann ich ebenso lange nichts von *mir selbst* verspüren, und man könnte in Wahrheit sagen, daß ich gar nicht bestehe.'» (Brentano, Psychologie, S. 20.) - Hume weiß nur von einer Seelenbeobachtung, welche ohne innere Seelenarbeit auf die Seele lossteuert. Eine solche Beobachtung kann eben nicht bis zu dem Wesenhaften der Seele dringen. Brentano knüpft nun an Humes Sätze an und spricht aus: «Nichtsdestoweniger bemerkt derselbe Hume, daß die sämtlichen Beweise für die Unsterblichkeit bei einer Anschauung wie der seinigen noch ganz dieselbe Kraft besitzen wie bei der entgegengesetzten und hergebrachten Annahme.» Dazu muß aber gesagt werden, daß nicht Erkenntnis, sondern nur ein Glaube festhalten könnte an den Worten Humes, wenn seine Meinung richtig wäre, daß nichts in der Seele zu finden ist, als was er angibt. Denn was könnte für einen Fortbestand bürgen dessen, was Hume als Inhalt der Seele findet? Brentano fährt fort: «Denn wenn auch der, welcher die Seelensubstanz leugnet, von einer Unsterblichkeit der Seele im eigentlichen Sinne selbstverständlich nicht reden kann, so ist es doch durchaus nicht richtig, daß die Unsterblichkeitsfrage durch die Leugnung eines substantiellen Trägers der psychischen Erscheinungen allen Sinn verliert. Dies wird sofort einleuchtend, wenn man bedenkt, daß, mit oder ohne Seelensubstanz, ein gewisser Fortbestand unseres psychischen Lebens hier auf Erden jedenfalls nicht geleugnet werden kann. Verwirft einer die Seelensubstanz, so bleibt ihm nur die Annahme übrig, daß es zu einem Fortbestande wie diesem eines substantiellen Trägers nicht bedürfe. Und die Frage, ob unser psychisches Leben etwa auch nach der Zerstörung unserer leiblichen Erscheinung fortbestehen werde, wird darum für ihn ebensowenig wie für andere sinnlos sein. Es ist eigentlich eine bare Inkonsequenz, wenn Denker dieser Richtung die Frage nach der Unsterblichkeit auch in dieser ihrer wesentlichen Bedeutung, in welcher sie allerdings besser Unsterblichkeit des Lebens als Unsterblichkeit der Seele zu nennen ist, auf die angegebenen Gründe hin verwerfen.» (Brentano, Psychologie, S. 21 f.) - Diese Meinung Brentanos läßt sich doch nicht stützen, wenn man nicht auf die hier skizzierte Weltanschauung eingehen will. Denn wo sollen sich Gründe zur Annahme finden, daß die seelischen Erscheinungen nach der Auflösung des Leibes fortbestehen, wenn man bei dem gewöhnlichen Bewußtsein stehen bleiben will? *Dieses* Bewußtsein kann doch nur so lange dauern, als sein Spiegelungsapparat, der physische Leib, besteht. Was ohne diesen fortbestehen kann, darf nicht als Substanz bezeichnet werden; es muß ein *anderes* Bewußtsein sein. Dieses andere Bewußtsein kann aber nur entdeckt werden durch die innere Seelenarbeit, die sich leibfrei macht. Diese lernt erkennen, daß die Seele Bewußtsein auch ohne die leibliche Vermittelung haben kann. Durch diese Arbeit findet die Seele in *übersinnlicher Anschauung* den Zustand, in dem sie sich befindet, wenn sie den Leib abgelegt hat. Und sie findet, daß, während sie den Leib trägt, dieser selbst es ist, der jenes andere Bewußtsein verdunkelt. Mit der Einverleibung in den physischen Körper wirkt dieser so stark auf die Seele, daß sie das charakterisierte andere Bewußtsein im gewöhnlichen Leben nicht zur Entfaltung bringen kann. Das zeigt sich, wenn die in diesem Kapitel angedeuteten Seelenübungen mit Erfolg gemacht werden. Die Seele muß dann bewußt die Kräfte unterdrücken, die, vom Leibe ausgehend, das leibfreie Bewußtsein auslöschen.

Dieses Auslöschen kann nach der Auflösung des Leibes nicht mehr stattfinden. Es ist also das geschilderte andere Bewußtsein dasjenige, das sich hindurcherhält durch die aufeinanderfolgenden Leben der Seele und durch die rein geistigen Leben zwischen Tod und Geburt. Und es wird von diesem Gesichtspunkte aus nicht von einer nebelhaften Seelensubstanz gesprochen, sondern mit einer den naturwissenschaftlichen Ideen ähnlichen Vorstellung gezeigt, wie die Seele deshalb fortbesteht, weil in einem Leben sich keimhaft das nächste vorbereitet, gleich dem Pflanzenkeim in der Pflanze. Es wird in dem gegenwärtigen Leben der Grund des künftigen gefunden. Es wird das Wahrhafte gezeigt, das sich fortsetzt, wenn der Tod den Leib auflöst.

Man befindet sich mit der hier gemeinten Geisteswissenschaft nirgends im Widerspruche mit der neueren naturwissenschaftlichen Vorstellungsart. Man wird nur zugeben müssen, daß über das Gebiet des Geisteslebens mit dieser Vorstellungsart selbst keine Einsichten gewonnen werden können. Erkennt man die Tatsache eines anderen Bewußtseins, als es das gewöhnliche ist, so wird man finden, daß man durch dieses Bewußtsein zu Vorstellungen über die geistige Welt geführt wird, die für diese Welt einen Gesetzeszusammenhang ergeben, ganz ähnlich dem, der sich dem naturwissenschaftlichen Forschen für die physische Welt ergibt.

Von Bedeutung wird sein, daß man von dieser Geisteswissenschaft den Glauben fernhält, als ob ihre Erkenntnisse irgendeiner älteren Religionsform entlehnt seien. Man wird zu diesem Glauben leicht verführt, weil zum Beispiel die Anschauung von den wiederholten Erdenleben ein Bestandstück gewisser Glaubensbekenntnisse ist.

Für den modernen Geistesforscher kann es eine Entlehnung von solchen Glaubensbekenntnissen nicht geben. Er findet, daß die Erringung eines in die Geisteswelt reichenden Bewußtseins eine Tatsache für eine Seele werden kann, die sich gewissen - den geschilderten - Verrichtungen hingibt. Und er lernt als ein Ergebnis dieses Bewußtseins erkennen, daß die Seele in der charakterisierten Art ihren Bestand in der geistigen Welt hat. Für seine Betrachtung zeigt sich in der Philosophiegeschichte seit dem Aufleuchten des Gedankens im Griechentum der Weg, um philosophisch zu der Überzeugung zu kommen, daß man das wahre Seelenwesen findet, wenn man die gewöhnlichen Seelenerlebnisse als Oberfläche betrachtet, unter die hinabgestiegen werden muß. Der Gedanke hat sich als der Erzieher der Seele erwiesen. Er hat diese dahin gebracht, in dem selbstbewußten Ich ganz einsam zu sein. Aber indem er sie zu dieser Einsamkeit geführt hat, hat er ihre Kräfte gestählt, wodurch sie fähig werden kann, sich in sich so zu vertiefen, daß sie, in ihren Untergründen stehend, zugleich in dem tiefer Wirklichen der Welt steht. Denn vom Gesichtspunkte der hier charakterisierten geisteswissenschaftlichen Weltanschauung aus wird nicht der Versuch unternommen, mit den Mitteln des gewöhnlichen Bewußtseins durch bloßes Nachdenken (Hypothetisieren) hinter die Sinneswelt zu kommen. Es wird anerkannt, daß für dieses gewöhnliche Bewußtsein die übersinnliche Welt verschleiert sein muß, und daß die Seele sich durch ihre eigene innere Verwandlung in die übersinnliche Welt hineinstellen muß, wenn sie ein Bewußtsein von ihr erlangen will.

Auf diesem Wege wird auch erkannt, daß der Ursprung der sittlichen Impulse in derjenigen Welt liegt, welche die

Seele leibfrei anschaut. Aus dieser Welt ragen in das Seelenleben herein die Antriebe, welche nicht aus der leiblichen Natur des Menschen stammen, sondern unabhängig von dieser das Handeln des Menschen bestimmen sollen.

Wenn man sich bekannt macht damit, daß das «Ich» mit seiner seelisch-geistigen Welt außerhalb des Leibes lebt, daß es also die Erlebnisse der Außenwelt selbst an diesen Leib heranbringt, so wird man auch den Weg finden zu einer wahrhaft geistgemäßen Auffassung des Schicksalsrätsels. Der Mensch ist in seinem seelischen Erleben durchaus verbunden mit dem, was er als Schicksal erlebt. Man betrachte doch den seelischen Bestand eines dreißigjährigen Menschen. Der wirkliche Inhalt seines inneren Seins wäre ein ganz anderer, wenn er in den vorhergehenden Jahren anderes erlebt hätte, als der Fall ist. Sein «Ich» ist nicht denkbar ohne diese Erlebnisse. Und wenn sie ihn auch als leidvolle Schicksalsschläge getroffen haben, er ist durch sie geworden, was er ist. Sie gehören zu den Kräften, welche in seinem «Ich» wirksam sind, nicht dieses von außen treffen. Wie der Mensch geistig-seelisch mit der Farbe lebt, und diese ihm nur durch die Spiegelung des Leibes zur Wahrnehmung gebracht wird, so lebt er als in einer Einheit mit seinem Schicksal. Mit der Farbe ist man seelisch verbunden; doch wahrnehmen kann man sie nur, wenn der Leib sie spiegelt; mit den Ursachen eines Schicksalsschlages ist der Mensch wesenhaft eins von vorangehenden Leben her, doch *erlebt* er ihn dadurch, daß sich seine Seele in ein neues Erdendasein geführt hat, in dem sie sich in Erlebnisse unbewußt stürzte, die diesen Ursachen entsprechen. Im gewöhnlichen Bewußtsein weiß er *seinen Willen* nicht mit diesem Schicksal verbunden; in dem errungenen leibfreien Bewußtsein kann er finden, daß er sich selbst nicht wollen könnte, wenn er mit demjenigen Teile seiner Seele, der wesenhaft in der Geisteswelt steht, nicht alle Einzelheiten seines Schicksals wollte. Auch das Schicksalsrätsel wird nicht so gelöst, daß man über dasselbe Hypothesen erdenkt, sondern dadurch, daß man verstehen lernt, wie man in einem über das gewöhnliche Bewußtsein hinausgehenden Erleben der Seele mit seinem Schicksal zusammenwächst. Dann erkennt man, daß in den Keimanlagen der dem gegenwärtigen vorangehenden Erdenleben auch die Ursachen liegen, warum man dieses oder jenes Schicksalsmäßige erlebt. Das Schicksal erscheint in der Art, wie es sich dem gewöhnlichen Bewußtsein darstellt, nicht in seiner wahren Gestalt. Es verläuft als Folge der vorangehenden Erdenleben, deren Anblick dem gewöhnlichen Bewußtsein nicht gegeben ist. Einsehen, daß man mit seinen Schicksalsschlägen durch die vorigen Leben verbunden ist, heißt, sich zugleich mit dem Schicksal *versöhnen*.

Auch für solche Philosophierätsel, wie dieses, muß behufs ausführlicher Darstellung auf des Verfassers angeführte Werke über Geisteswissenschaft verwiesen werden. Hier können nur wichtigere *Ergebnisse* dieser Wissenschaft besprochen, nicht aber im einzelnen die Wege angedeutet werden, die dazu führen, von ihr überzeugt zu werden.

Die Philosophie führt durch ihre eigenen Wege zu der Erkenntnis, daß sie von der Betrachtung zu einem *Erleben* schreiten müsse der Welt, die sie sucht. In der Betrachtung der Welt erlebt die Seele etwas, bei dem sie nicht stehenbleiben kann, wenn sie sich nicht unaufhörlich Rätsel sein will. Es ist mit dieser Betrachtung in der Tat so wie mit dem Samenkorn, das sich in der Pflanze entwickelt. Dasselbe kann in einer zweifachen Art seinen Weg finden, wenn es gereift ist. Es kann zur menschlichen Nahrung verwendet werden. Untersucht man es in bezug auf diese seine Verwendbarkeit, so kommen andere Gesichtspunkte in Betracht, als diejenigen sind, welche aus dem fortschreitenden Wege des Korns sich ergeben, den es macht, wenn es in den Boden versenkt, der Keim einer neuen Pflanze wird. Was der Mensch seelisch erlebt, hat in ähnlicher Art einen zweifachen Weg. Es tritt auf der einen Seite in den Dienst der Betrachtung einer äußeren Welt. Untersucht man das seelische Erleben von diesem Gesichtspunkte aus, so wird man die Weltanschauungen ausbilden, welche vor allen Dingen danach fragen: Wie dringt Erkenntnis in das Wesen der Dinge; was kann die Betrachtung der Dinge leisten? Solche Untersuchung ist zu vergleichen mit derjenigen nach dem Nahrungswert des Samenkorns. Doch kann man auch hinblicken auf das seelische Erleben, insofern dieses nicht nach außen abgelenkt wird, sondern in der Seele fortwirkend diese von Daseinsstufe zu Daseinsstufe führt. Dann erfaßt man dieses seelische Erleben in der ihm eingepflanzten treibenden Kraft. Man erkennt es als einen höheren Menschen im Menschen, der in dem einen Leben das andere vorbereitet. Man wird zu der Einsicht kommen, daß dieses der Grundimpuls des seelischen Erlebens ist. Und daß die *Erkenntnis* sich zu diesem Grundimpuls verhält wie die Verwendung des Samenkornes als Nahrung zu dem fortschreitenden Wege dieses Kornes, der es zum Keim einer neuen Pflanze macht. Wenn man dies nicht berücksichtigt, so lebt man in der Täuschung, daß man in dem Wesen des seelischen Erlebens das Wesen des Erkennens suchen kann. Man muß dadurch in einen Irrtum verfallen, dem ähnlich, der entstünde, wenn man das Samenkorn nur chemisch untersuchte auf seinen Nahrungswert hin und in dem Ergebnis dieser Untersuchung das innere Wesen des Samenkorns finden wollte. Die hier charakterisierte Geisteswissenschaft sucht diese Täuschung zu vermeiden, indem sie die selbsteigene innere Wesenheit des seelischen Erlebens offenbar machen will, das auf seinem Wege *auch* in den Dienst der Erkenntnis treten kann, ohne in dieser *betrachtenden Erkenntnis* seine ureigentliche Natur zu haben.

Nicht verwechselt darf werden das hier geschilderte «leibfreie Seelenbewußtsein» mit denjenigen Seelenzuständen, welche nicht durch die charakterisierte innere Seelen-Eigen-Arbeit errungen werden, sondern aus herabgestimmtem Geistesleben (im traumhaften Hellsehen, in der Hypnose usw.) sich ergeben. Bei diesen Seelenzuständen hat man es nicht mit einem wirklichen Erleben der Seele in einem leibfreien Bewußtsein zu tun, sondern mit einer Verbindung des Leibes und der Seele, die von der des gewöhnlichen Lebens abweicht. *Wirkliche* Geisteswissenschaft kann nur errungen werden, wenn die Seele in eigener selbst geleisteter Innenarbeit den Übergang findet von dem gewöhnlichen Bewußtsein zu einem solchen, mit dem sie in der geistigen Welt sich drinnen stehend *klar erlebt.* In einer Innenarbeit, die Steigerung, nicht Herabstimmung des gewohnten Seelenlebens ist.

Durch solche Innenarbeit kann die Menschenseele erreichen, was von der Philosophie angestrebt wird. Die Bedeutung der letztern ist deshalb wahrlich nicht gering, weil sie auf dem Wege, den ihre Bearbeiter zumeist gehen, nicht zu dem kommen kann, was sie erreichen will. Denn wesentlicher als die philosophischen Ergebnisse selbst sind die Kräfte der Seele, welche sich in der philosophischen

Arbeit erringen lassen. Und diese Kräfte müssen zuletzt doch dahin führen, wo der Philosophie die Anerkennung des «leibfreien Seelenlebens» möglich ist. Dort wird sie erkennen, daß die *Welträtsel* nicht bloß wissenschaftlich *bedacht*, sondern von der Menschenseele *erlebt* sein wollen, nachdem diese sich erst in den Zustand gebracht hat, in dem solches Erleben möglich ist.

Naheliegend ist die Frage: Soll also das gewöhnliche, auch das vollwissenschaftliche Erkennen sich verleugnen und für eine Weltanschauung nur das gelten lassen, was ihr von einem Gebiete gereicht wird, das außerhalb des ihrigen liegt? Doch liegt die Sache so, daß die Erlebnisse des charakterisierten, von dem gewöhnlichen unterschiedenen Bewußtseins sogleich auch diesem gewöhnlichen Bewußtsein einleuchtend sind, insofern dieses sich nur nicht selbst Hindernisse dadurch bereitet, daß es sich in seinem eigenen Bereiche einschließen *will. Gefunden* können die übersinnlichen Wahrheiten nur werden von der Seele, die sich in das Übersinnliche stellt. Sind sie da gefunden, so können sie von dem gewöhnlichen Bewußtsein voll begriffen werden. Denn sie schließen sich an die Erkenntnisse ganz notwendig an, die für die sinnliche Welt gewonnen werden können.

Es ist nicht zu leugnen, daß im Laufe der Weltanschauungsentwickelung Gesichtspunkte wiederholt auftreten, die denen ähnlich sind, welche in diesem Schlußkapitel an die Betrachtung des Fortganges der philosophischen Bestrebungen geknüpft sind. Doch erscheinen sie in vorangehenden Zeitaltern wie *Nebenwege* des philosophischen Suchens. Dieses mußte erst alles das durchdringen, was als Fortsetzung des Aufleuchtens der Gedankenerlebnisse im Griechentum gelten kann, um aus seinen eigenen Impulsen heraus, aus dem Erfühlen dessen, was es selbst erreichen und nicht erreichen kann, auf den Weg des übersinnlichen Bewußtseins hinzuweisen. In vergangenen Zeiten war der Weg eines solchen Bewußtseins gewissermaßen ohne philosophische Rechtfertigung; er wurde nicht von der Philosophie selbst gefordert. Die Philosophie der Gegenwart fordert ihn aber durch das, was sie als Fortsetzung der vorangehenden philosophischen Entwickelung *ohne ihn* durchgemacht hat. Sie hat es *ohne ihn* dazu gebracht, das geistige Forschen in Richtungen zu denken, die, naturgemäß verfolgt, in die Anerkennung des übersinnlichen Bewußtseins einmünden. Deshalb wurde im Anfang dieses Schlußkapitels nicht gezeigt, wie die Seele über das Übersinnliche spricht, wenn sie sich ohne weitere Voraussetzung auf dessen Boden stellt, sondern es wurden die Richtungen *philosophisch* zu verfolgen versucht, die aus den neueren Weltanschauungen sich ergeben. Und es wurde angedeutet, wie das Verfolgen dieser Richtungen *durch die in ihnen selbst lebende Seele* diese zur Anerkennung der übersinnlichen Wesenheit des Seelischen führt.

KORREKTURHINWEIS

Mit Ausnahme der nachfolgend angeführten Textstellen und einiger Druckfehlerkorrekturen wurde für die hier vorliegende 9. Auflage der Wortlaut der 8. Auflage (vgl. unten) unverändert beibehalten. – Es handelt sich in allen drei Fällen um *sinngemäße* Korrekturen.

S. 173, 6. Zeile v. u.:	*Erkenntnis*bedürfnis, lt. Manuskript: Erklärungsbedürfnis
S. 564, 3. Zeile v. o.:	seelisches *Wesen*, lt. Manuskript: seelisches Leben
S. 626, 3. Zeile v. u.:	durch*d*ringen, lt. Manuskript: durchringen

BIBLIOGRAPHISCHER NACHWEIS

Erste Ausgabe unter dem Titel *Welt- und Lebensanschauungen im neunzehnten Jahrhundert*, Band I, Berlin 1900; II Berlin 1901; in *Am Ende des Jahrhunderts. Rückschau auf hundert Jahre geistiger Entwickelung*, Band XIV und XIX, Berlin 1900/1901; Einzelausgaben Band I, Berlin 1900; 1901; Band II Berlin 1901; in einem Band 1900/1901, Berlin o. J. (1903)

1. Auflage *Die Rätsel der Philosophie in ihrer Geschichte als Umriß dargestellt* (zugleich neue Ausgabe des Werkes «Welt- und Lebensanschauungen im neunzehnten Jahrhundert», ergänzt durch eine Vorgeschichte über abendländische Philosophie und bis zur Gegenwart fortgesetzt), Band I und II Verlag Siegfried Cronbach, Berlin o. J. (1914)
2. Auflage, durchgesehen und um eine neue Vorrede erweitert, Berlin o. J. (1918)
3. Auflage, Berlin o. J.
4. Auflage, Berlin o. J., Restauflage überklebt: Der Kommende Tag AG Verlag, Stuttgart
5. Auflage, wie 4. Auflage
6. Auflage (10.–14. Tausend) Band I, um eine weitere Vorrede erweitert, Der Kommende Tag AG Verlag, Stuttgart 1924; Restauflage überklebt: Philosophisch-Anthroposophischer Verlag am Goetheanum Dornach/Schweiz 1924
   Band II Dornach 1926
7. Auflage, in einem Band (deutsche Lizenzausgabe) (15.–18. Tausend). In dieser Auflage wurden Lebensdaten und Namen, soweit möglich, nach dem aktuellen Stand ergänzt. Stuttgart 1955
8. Auflage (19.–21. Tausend). Photomechanischer Nachdruck der 7. Auflage. Neu durchgesehen und mit allen vorhandenen Unterlagen verglichen. Als Separatdruck dazu erschien ein Nachweis der in dem Werk enthaltenen Zitate. Gesamtausgabe Dornach 1969
9. Auflage (22.–24. Tausend). Photomechanischer Nachdruck der 8. Auflage. Nachweis der Zitate im Band enthalten. Gesamtausgabe Dornach 1985

NACHWEIS DER ZITATE

1. Teil: Griechische Philosophen

(Zusammengestellt von Karl-Martin Dietz)

Vorbemerkung: Alle frühgriechischen Philosophen («Vorsokratiker»), von denen keine vollständigen Texte überliefert sind, werden zitiert nach der heute noch maßgebenden Sammlung von Hermann Diels («Die Fragmente der Vorsokratiker», 1903. Jetzt: 12. Auflage 1966, herausgegeben von Walther Kranz, 2 Bände und ein Registerband). Die genauen Quellenangaben und die zum Verständnis unerläßlichen Zusammenhänge der Zitate sind bei Diels jeweils vermerkt und werden hier aus Platzgründen weggelassen.

Anaxagoras von Klazomenai (ca. 500–428 v. Chr.)
(Diels Band II, Seite 5–44)

62	Nus	Anaxagoras B 11 bis 14 (Diels)
62 u. 101	Homoiomerien	Anaxagoras A 1 (8), 15, 41, 43 bis 46, 51, 104; B 1, 3, 5 (Diels)

Anaximander von Milet (1. Hälfte des 6. Jahrh. v. Chr.)
(Diels Band I, Seite 81–90)

56	unbestimmtes Urwesen	vgl. Anaximander B1 bis 3 («Apeiron») u. a. vgl. auch A 14 (Diels)
56	die Menschen als Fische	Anaximander A 11 (6), 30 (Diels)

Anaximenes von Milet (6. Jahrh. v. Chr.) (Diels Band I, Seite 90–96)

54	«Wie unsere Seele . . .»	Anaximenes B 2 (Diels)

Archytas von Tarent (4. Jahrh. v. Chr.) (Diels Band I, Seite 421–439)

50	Die Dinge als Zahlen	Archytas B 1 und 4 (Diels)
50	Tonverhältniszahlen	Archytas B 1 und 2 (Diels)

Aristoteles von Stageira (384–322 v. Chr.)

74	Hyle	vgl. Arist. Physik A 187a18 f.
75	Fünf Seelenglieder	z. B. Arist. «Über die Seele», Buch II, 413a1 ff., besonders 414a.
76	geistige Menschenseele	z. B. Arist. «Über die Seele», III, 429a10 ff.
76	Fortleben der Seele	vgl. Arist. «Über die Seele», III, 429a24, 429a26, 429a29. Hierzu: F. Brentano, Die Psychologie des Arist. 1867 (1967), 117–128.
102	Erster Beweger	Arist. Metaphysik 12, 1071b ff.

Chrysippos siehe «Stoiker»

Demokrit von Abdera (Mitte des 5. Jahrh. v. Chr.)
(Diels Band II, Seite 81–230)

61	D. gegen Anaxagoras	vgl. Demokrit B 5 (Diels)
61	Stoffteilchen (Atome)	Demokrit A 1, 37, 38, 43, 49, 50, 51, 56, 57, 59, 60, 60a, 61, 62, 80, 93a, 120, 124, 132, 165 u. a. B 7, 9, 117, 125, 168 (Diels)
61	Bewegung	Demokrit A 1, 38, 40, 43, 47, 50, 62, 80, 101 bis 104a (Diels)
62	Ananke	Demokrit A 83 (Diels)

Empedokles von Akragas (5. Jahrh. v. Chr.) (Diels Band I, Seite 276–375)

60	Haß und Liebe	Empedokles B 16 bis 22, 26, 27a, 30, 35, 36, 38, 59, 109, 115 (Diels)
60	Elemente	Empedokles B 7 bis 9, 15, 17, 23, 35, 37, 107, 109 (Diels)
60	Die Sinne	Empedokles B 2, 3, 17, 71 (Diels)
61	«Lebt wohl . . .»	Empedokles B 112 (Diels)

Epikuros von Samos (341–270 v. Chr.) (Zitate hier nach der Zusammenstellung von P. Von der Mühll, Leipzig 1922)

78	Nur . . . das Seelenleben zwischen Geburt und Tod	Epikur, Aphorismus 3
78	Schmerz	Epikur, Hauptlehrsätze 11 u. a.
79	Vermeidung des Schmerzes	Epikur, Hauptlehrsätze 3, 21; Aphorismus 8 u. a.

Heraklit von Ephesos (um 500 v. Chr.) (Diels Band I, Seite 139–190)

54	Torheit seiner Umgebung, einsames Wesen etc.	Heraklit A 1 (Diels)
54	«Gut wäre es . . .»:	Heraklit B 121 (Diels)
54	«Toren . . .»	Heraklit B 34 (Diels)
54	Feuer	Heraklit A 5 (Diels)
55	«Alles fließt»	Heraklit A 1 (8) (Diels) Ein zwar sehr berühmter, aber keineswegs in dieser Form auf Heraklit zurückzuführender Satz.

Heraklit (Fortsetzung)

55	«Nicht zweimal in denselben Strom»	Heraklit B 91, vgl. B 49a, B 12 (Diels)
55	«Das Meer ist das reinste»	Heraklit B 61 (Diels)
56	«Dasselbe ist Leben und Tod . . .»	Heraklit B 88 (Diels)
56	«Gutes und Böses sind eins»	Heraklit B 58 (Diels)
56	«Der gerade Weg . . .»	Heraklit B 59 (Diels)

Kleanthes siehe «Stoiker»

Kratylos (ca. 450–380 v. Chr.) (Diels Band II, Seite 69–70)

55	«Auch einmal nicht in denselben Fluß»	Kratylos 4 (Diels)

Parmenides von Elea (um 500 v. Chr.) (Diels Band I, Seite 217–246)

57	«Äußere Natur das Unwahre»	z. B. Parmenides B 8 (Diels)
57	«In der Einheit . . . das Wahre»	z. B. Parmenides B 3 und B 8 (Diels)

Pherekydes von Syros (Mitte 6. Jahrh. v. Chr.) (Diels Band I, Seite 43–51)
Weiterer Hinweis auf Ph.: siehe Pythagoras I 38.

35	geflügelte Eiche	Pherekydes B 2, vgl. A 11 (Diels)
35	Chronos, Zeus, Chthon	Pherekydes B 1 (Diels), vgl. A 8 und 9
35	Heptamychos (= «Siebenraum»)	Pherekydes A 2 (Diels). Nach anderer Überlieferung (A 8) hieß das Werk «Pentemychos» (Fünfraum) oder «Pentekosmos» (Fünfwelt).
36	Mensch als beseeltes Wesen	Pherekydes A 5 (Diels)
43	Das Gute (Ariston)	Pherekydes A 7 (Diels). Bei Aristoteles steht wörtlich: Nach Ph. und anderen sei «das erste Erzeugende das Beste».
45	Ophioneus	Pherekydes A 11 und B 4 (Diels)

Philolaos von Kroton (5. Jahrh. v. Chr.) (Diels Band I, Seite 398–419)

50	Dinge als Zahlen	Philolaos B 4, 6, 8, 11 und 20 (Diels)
50	Tonverhältniszahlen	Philolaos B 6 und 11 (Diels)
50	Gedanke	Philolaos B 4 (Diels)

PLATON (427–347 v. Chr.)
Stellenangaben nach der Stefanus-Numerierung. Weitere Hinweise auf Platon unter «Sokrates» und «Protagoras».

58	«Er solle von Zenon die Gedankenkunst lernen ...»	siehe Platon, «Parmenides» 135de
70	Ideen	zu Platons Ideenlehre siehe besonders die Dialoge «Phaidon», «Politeia», «Parmenides» und den «7. Brief».
71	Hyle	wörtlich = «Holz». Dieses Wort bezeichnet nach neueren Forschungen bei Pl. noch nicht «Materie», sondern höchstens «Material». Erst Aristoteles hat es im Sinne von «Materie» gebraucht. Pl. führt den Materie-Begriff im «Timaios» (48e ff.) ein, ohne schon ein Wort dafür zur Verfügung zu haben; er nennt ihn «alles Werdens Aufnahme», «worin etwas wird», «räumliches Seiendes» u. ä.
71	Drei Glieder der Menschenseele (logistikon, thymoeides, epithymetikon)	Platon, «Politeia» 439d ff.
72	Unsterblichkeit der Seele	Platon, «Phaidon» (Thema des Dialogs)
72	Vier Kardinaltugenden	Platon, «Politeia» 427d–434c
366	Weltseele	Platon, «Timaios» 34b ff.

PLOTIN (ca. 205–270 n. Chr.) siehe Plotins Schriften, übersetzt von Richard Harder, Hamburg 1956.

81	Erleuchtung	vgl. Plotin V 3, 8
82	Das Übergedankliche das Vollkommenste	vgl. Plotin V 6, 2, 15; III 8, 11, 42; VI 7, 38, 22

PROTAGORAS von Abdera (5. Jahrh. v. Chr.) (Diels Band II, Seite 253–271)

63	«Der Mensch ist das Maß aller Dinge ...»	Protagoras B 1 (Diels) und vgl. Platon, «Theaetet», 151d bis 187b
63	Was kann es den Menschen bekümmern ... eigene Machtvollkommenheit	vgl. Platon, «Theaetet», 166a bis 167d

---

Pyrrhon (360–270 v. Chr.)

79 Menschliche Meinungen	vgl. Sextus Empiricus, Grundriß der Pyrrhonischen Skepsis I 12 (deutsch = Frankfurt 1968)

Pythagoras von Samos (2. Hälfte d. 6. Jahrh. v. Chr.)
(Diels Band I, Seite 96–105)

47 Geheimnis	vgl. Pythagoras 7 und 13 (Diels)
48 Seelenwanderung	vgl. Pythagoras 1 und 8a (Diels)
48 Pythagoras über seine früheren Inkarnationen	vgl. Pythagoras 8 (Diels)
48 Pherekydes Lehrer des P.	vgl. Pherekydes A 1 und A 4 (Diels)
49 Weite Reisen und Begegnung mit Weisen	vgl. Pythagoras 3 und 4 (Diels)
50 Die Dinge als Zahlen angesehen	siehe unter Philolaos und Archytas.
50 Tonverhältniszahlen	siehe unter Philolaos und Archytas.
50 der Gedanke	vgl. Philolaos B 4 (Diels): «. . . alles, was man erkennen kann, hat Zahl. Denn es ist nicht möglich, irgend etwas mit dem Gedanken zu erfassen oder zu erkennen ohne diese.»

Sokrates (ca. 469–399 v. Chr.). Siehe auch unter «Xenophon».

63 S. Schüler des Prodikos	Platon, «Protagoras» 341a, vgl. «Menon» 96d
68 «Dämonium»	Griechisch: «daimonion» = das Göttliche; vgl. Platon, «Verteidigung des Sokrates» 31cd, auch: «Phaidros», 242bc. Nach dem Bericht Platons sagt das daimonion dem Sokrates nur, was er *nicht* tun soll. Es hindert ihn, wenn er im Begriff ist, falsch zu handeln.
69 und 542 «Die Tugend ist lehrbar»	vgl. etwa Platon, «Laches» 199d (Tugend ist Erkenntnis)
70 Sokrates' Lehrmethode	(«Maieutik» = «Hebammenkunst»), vgl. Platon, «Theaetet» 148d–151d und 210b–d

---

Stoiker (Zenon, Kleanthes, Chrysippos u. a.) – Von den älteren Stoikern sind nur Fragmente erhalten, die Johannes von Arnim in der Sammlung «Stoicorum Veterum Fragmenta», 4 Bände, Leipzig 1903, zusammengestellt hat. Darüber hinaus finden sich Nachweise in dem grundlegenden Werk von Max Pohlenz: «Die Stoa – Geschichte einer geistigen Bewegung». 2 Bände Göttingen 1948 und 1949.

77	Begierden, Leidenschaften, Bedürfnisse	siehe Pohlenz Band I, Seite 141 ff. und Band II, Seite 77
77	naturgemäßes Wesen	vgl. besonders den römischen Stoiker Seneca, Briefe an Lucilius 76, 8–10
77	Bedürfnislosigkeit	siehe Pohlenz Band II, Seite 82 f., und Band I, Seite 150 ff.
77	Der Weise als Ideal	siehe Stoicorum Veterum Fragmenta Band I, Fragm. 216–229, Band III, Fragm. 544–684

Thales von Milet (um 600 v. Chr.) (Diels Band I, Seite 67–81)

52	«Alles stammt aus dem Wasser»	Thales A 12 und B 3 (Diels) u. a.

Xenophanes von Kolophon (ca. 570–460 v. Chr.) (Diels Band I, Seite 113–139)

57	Ablehnung der Volksgötter	Xenophanes B 11, 12, 14 und 15 (Diels)
57	Gott als Einheit	Xenophanes B 23 bis 26 (Diels)

Xenophon (ca. 430–355 v. Chr.)

66	«Erinnerungen an S.»	= «Memorabilia»
69	«Glaubst du nun . . .»	Xenophon, «Memorabilia» IV 2, 20

Zenon von Elea (5. Jahrh. v. Chr.) (Diels Band I, Seite 247–258)

57	Widersprüche	= «Aporien»; Zenon A 24–28 (Diels)
57	Achill und die Schildkröte	Zenon A 26, vgl. A 1 (Diels)

Zenon von Kition: siehe «Stoiker»

---

2. Teil: Nachgriechische Autoren

(Zusammengestellt von Brigitte Ericsson-Skopnik)

Die Zitate wurden mit den Originaltexten verglichen, wobei sich mitunter Abweichungen herausstellten. Geändert wurde im Text nur dort, wo es sich offensichtlich um Fehler handelte. Bei größeren Abweichungen wurde der Originaltext dem Zitaten-Nachweis beigefügt. Einige Zitate konnten bisher nicht aufgefunden werden (= ?).
Es werden die jeweils zu *einem* Werk gehörigen Zitate hintereinander aufgeführt. Dadurch stehen bei manchen Autoren die Seitenzahlen nicht in der Reihenfolge des Buches.

ASMUS Paul

472		*Das Ich und das Ding an sich* (1873)

BAER Karl Ernst von

375		*Studien aus dem Gebiete der Naturwissenschaft* (1876)
397	Die Embryonen der Säugetiere ...	*Über die Entwickelungsgeschichte der Tiere* (1828) Königsberg 1828 1. Teil, Scholion V, § 4, S. 221

BALFOUR Arthur James

468		*A defence of philosophic doubt: Being an Essay on the foundations of belief* (1879)

BAUER Bruno

305	... dem alles verschlingenden Ich ...	(?)
306	Die Kritik ist einerseits ...	*Kritik der evangelischen Geschichte der Synoptiker und des Johannes* Drei Bde., Leipzig 1841, 1. Bd. Vorrede, S. XXI

BERGSON Henri

562	Man begreift, daß ...	*Einführung in die Metaphysik* (1903) Deutsch Jena 1909 S. 42
562	Philosophieren besteht ...	S. 43
562	Relativ ist die symbolische Erkenntnis ...	S. 46

Bergson (Fortsetzung)

563		*Materie und Gedächtnis* (1896) Deutsch Jena 1908
564	Alles geht vor sich ...	*Schöpferische Entwickelung (1907)* Deutsch Jena 1912 Abschn. III, S. 270

Böhme Jakob

100	In solcher Betrachtung findet man ...	*Aurora* oder: *Morgenröte im Aufgang* (1612) Amsterdam 1682 I. Kap., Vers 1, S. 1
221	Wenn du ansiehest die Tiefe ...	23. Kap., Vers 9, S. 300
221	... du bist aus diesem Gott ...	23. Kap., Vers 4, S. 299

Boutroux Emile

559	Die Wissenschaft zeigt uns ...	*Über den Begriff des Naturgesetzes in der Wissenschaft und in der Philosophie der Gegenwart* Vorlesungen gehalten an der Sorbonne 1892–93 Übers. v. J. Benrubi, Jena 1907 Schlußbetrachtung, S. 130
559	Die Bewegung an sich ...	desgl., S. 131
560	Die durch die moderne Wisschaft ...	

Brentano Franz

342	In den ersten Dezennien ...	*Über die Gründe der Entmutigung auf philosophischem Gebiete* Vortrag gehalten beim Antritte der phil. Professur an der Hochschule zu Wien am 22. April 1874 Wien 1874, S. 4 f.
520 u. 570	Für die Hoffnungen ...	*Psychologie vom empirischen Standpunkt.* Leipzig 1874 1. Band, 1. Kap. § 2, S. 20
534	... über das Fortleben ...	
617	Indessen, so scheinbar ...	
618	Nichtsdestoweniger bemerkt ...	desgl., S. 21
618	Denn wenn auch der, ...	

Büchner Ludwig

354	Erstens ist der Materialismus ...	*Sechs Vorlesungen über die Darwin'sche Theorie von der Verwandlung der Arten und die erste Entstehung der Organismenwelt* (1866–1867) Leipzig 1868 6. Vorlesung, S. 387
393	Muß die Umwandlungstheorie ...	3. Vorlesung, S. 171
357	Die Worte, Seele, Geist, Gedanke ...	*Kraft und Stoff oder Grundzüge der natürlichen Weltordnung* Neubearbeitete Volksausgabe Leipzig 1894 Der Gedanke, S. 187
357	In ähnlicher Weise ...	desgl., aber 3. vermehrte Aufl. Frankfurt a.M. 1856 Der Gedanke, S. 159 f.

Cabanis Pierre Jean Georges

485		*Verhältnis der Seele zum Körper* (1802) Zwei Bände

Carneri Bartholomäus von

416	Kein Geist ohne Materie ...	*Empfindung und Bewußtsein. Monistische Bedenken.* Bonn 1893
417	Die Überzeugung, daß es ...	IV. Empfindung, S. 15 u. S. 13
536		*Sittlichkeit und Darwinismus. Drei Bücher Ethik* (1871) 2. Auflage. Wien und Leipzig 1903
537	Die Verdauung beim Menschen ... Das Leben ist ein chemischer ...	II. Das Selbstbewußtsein, S. 68
537	Während die Moralphilosophie ...	Einleitung, S. 1
536		*Grundlegung der Ethik* Wien 1881
537	Als Materie fassen wir den Stoff ...	I. Teil, Kap. 1: Das Leben, S. 30

Carneri (Fortsetzung)

538 Das erwachende Selbstbewußtsein . . .	I. Teil, Kap. 3: Der Mensch, S. 141
538 Seine weitere Entwickelung ist . . .	desgl., S. 143
538 Dem Tiere ist dieser Trieb . . .	desgl., S. 147
538 Der Märtyrer, der hier . . .	desgl., S. 146
536	*Der Mensch als Selbstzweck* (1877)
536	*Der moderne Mensch. Versuche über Lebensführung* (1890) 5. Aufl. Bonn 1901
539 . . . ist das Gute identisch . . .	Sittlichkeit, S. 88

Cohen Hermann

582 Es muß daher bei der Relation . . .	*System der Philosophie* I. Teil: Logik der reinen Erkenntnis, Berlin 1902 Einleitung und Disposition (3), S. 14
583 Nur das Denken selbst . . .	1. Klasse: Die Urteile der Denkgesetze (1), S. 67
583 Das Sein ist das Sein . . .	Einleitung und Disposition (3), S. 14

Comte Auguste

483 u. 491	*Cours de philosophie positive* (1830–42) Sechs Bände

Czolbe Heinrich

363 Zur Ausschließung des Übernatürlichen . . .	*Die Grenzen und der Ursprung der menschlichen Erkenntnis im Gegensatze zu Kant und Hegel* Jena und Leipzig 1865 1. Kap. § 4, S. 50
364 . . . dem Streben nach dem . . .	desgl., S. 47 f.
364	*Neue Darstellung des Sensualismus* (1855)

CZOLBE (Fortsetzung)

365		*Die Entstehung des Selbstbewußtseins.* Eine Antwort an Herrn Professor Lotze, Leipzig 1856
366	Sollte meine Ansicht . . .	S. 9 wörtl.: «Sollte meine Ansicht nicht eine Realisierung der schon von Plato in seinem Timäus verteidigten Weltseele und seiner Auffassung der Gestirne als unsterblicher himmlischer Wesen sein? Sollte hier nicht der Vereinigungspunkt des oben berührten Leibniz'schen Idealismus mit dem Realismus liegen?»

DANTE Alighieri

93	. . . der Meister derer . . .	*Die göttliche Komödie.* Die Hölle, 4. Gesang, Vers 131

DARWIN Charles

378 u. 536		*Die Entstehung der Arten durch natürliche Zuchtwahl oder die Erhaltung der bevorzugten Rassen im Kampfe ums Dasein* (1859) Aus dem Englischen von David Haek. Univ.-Bibl. Leipzig o. J.
386	Aus dem Kampfe der Natur . . .	15. Kap., S. 659
387	Sehr hervorragende Schriftsteller . . .	desgl., S. 658
393	In der Zukunft sehe ich ein offenes . . .	desgl., S. 657
444	In einem seiner Essays . . .	Eine historische Skizze, S. 20
384	Als ich während der Fahrt . . .	*Das Variieren der Tiere und Pflanzen im Zustande der Domestication,* zwei Bände (1867) Aus dem Englischen übersetzt von Victor Carus. Stuttgart 1878, Darwins gesammelte Werke Band 3, Einleitung S. 10

Darwin (Fortsetzung)

		(Diesem Zitat liegt die Carussche Übersetzung mit einigen Abwandlungen zugrunde)

Dilthey Wilhelm

567		*Einleitung in die Geisteswissenschaften* (1883)
567		*Beiträge zur Lösung der Frage vom Ursprung unseres Glaubens an die Realität der Außenwelt und seinem Recht* (1890) Diltheys gesammelte Schriften Band 5, Stuttgart 1957
569	Indem ein Kind ...	Der Druck der Außenwelt, S. 105

Du Bois-Reymond Emil

428	... oder Auflösung der Naturvorgänge ...	*Über die Grenzen des Naturerkennens* Vortr. in der 2. öffentl. Sitzung der 45. Versammlung deutscher Naturforscher und Ärzte zu Leipzig am 14. August 1872 Leipzig 1872, S. 2
428	Stumm und finster ...	S. 7
429	Es scheint zwar bei oberflächlicher ...	S. 25 f.
431	Mögen sie es doch mit dem ...	S. 6
433	Wie der Astronom ...	S. 4
434		Titel erw.
431	... etwa so viel wert ...	*Darwin versus Galiani* Rede in der öffentl. Sitzung der königl. preuß. Akademie der Wissenschaften zur Feier des Leibniz'schen Jahrestages am 6. Juli 1876. Berlin 1876. S. 15

Dühring Eugen

492 u. 500		*Natürliche Dialektik* (1865)

DÜHRING (Fortsetzung)

492		*Kursus der Philosophie als streng wissenschaftlicher Weltanschauung und Lebensgestaltung* Leipzig 1875
493	. . . begreifen sich im Stadium . . .	I. Abschn., Kap. 3, S. 44
493	. . . die künstlichen und naturwidrigen . . .	desgl., Kap. 2, S. 13
494	Das Ganze der Dinge . . .	desgl., Kap. 2, S. 11
495	Das ideelle System unserer Gedanken . . .	(nicht wörtlich) vgl., Kap. 2, S. 39
496	Die Phantasie . . .	desgl., Kap. 3, S. 50
497	Der Charakter . . .	desgl., Kap. 3, S. 51
499	Die mechanische Kausalität . . .	III. Abschn., Kap. 1, S. 147
492		*Die Größen der modernen Literatur.* Zwei Bände, Leipzig 1893
499	Eine solche Vorstellung . . .	*Ersatz aller Religion durch Vollkommneres und die Abstreifung alles Asiatismus.* 3. umgearb. Aufl., Leipzig 1906, 6. Kap., S. 145
500	. . . die Erde mit allem . . .	desgl., 6. Kap., S. 160

ECHTERMEYER Ernst Theodor

285		*Hallische Jahrbücher*, ab 1841 *Deutsche Jahrbücher*

ERDMANN Johann Eduard

246	Das entschiedene Übergewicht . . .	*Grundriß der Geschichte der Philosophie.* Berlin 1866 2. Bd. Anhang: Die deutsche Philosophie seit Hegels Tode § 331 Einleitung, S. 619

EUCKEN Rudolf

574		*Der Kampf um den geistigen Lebensinhalt* (1896) *Der Wahrheitsgehalt der Religion* (1901) *Grundlinien einer neuen Lebensanschauung* (1907)

Eucken (Fortsetzung)

		Geistige Strömungen der Gegenwart (1878)
		Geschichte und Kritik der Grundbegriffe der Gegenwart
		Die Lebensanschauungen der großen Denker (1890)
		Erkennen und Leben (1912)

Fechner Gustav Theodor

375		*Zend-Avesta oder über die Dinge des Himmels und des Jenseits* 3 Bände, Leipzig 1851
503, 512		*Elemente der Psychophysik* 2 Teile, Leipzig 1860
503		*Vorschule der Ästhetik* 2 Teile, Leipzig 1876
505	Der Mensch lebt auf der Erde ...	*Das Büchlein vom Leben nach dem Tode* (1836) 4. Aufl., Hamburg und Leipzig 1900. 1. Kap., S. 1
509	Was sieht der Anatom ...	9. Kap., S. 65
511	... das die große Kunst ...	9. Kap., S. 69 f.

Feuerbach Ludwig

286		*Vorläufige Thesen zur Reform der Philosophie* (1842)
268		*Grundsätze der Philosophie der Zukunft* (1843) im 2. Band der sämtlichen Werke, Leipzig 1846 f.
290	Das Wirkliche in seiner ...	§ 32, S. 321
291	... unmittelbar ... sich selbst ...	§ 38, S. 326
291	Die neue Philosophi ...	§ 54, S. 343
292	Wenn der Psycholog sagt ...	Erläuterungen: *Wider den Dualismus von Leib und Seele, Fleisch und Geist*, S. 352
286		*Theogonie, nach den Quellen des klassischen, hebräischen und christlichen Altertums* (1857)

Feuerbach (Fortsetzung)

Seite	Zitat	Quelle
286		*Das Wesen des Christentums* (1841) 2. verm. Aufl. Leipzig 1843
290	Das Wissen des Menschen ...	Kap. 24, S. 343
290	... offene Bekenntnis ...	Kap. 28, S. 401
309	Ist das Wesen des Menschen ...	Kap. 28, S. 402, 403 u. 407
286		*Das Wesen der Religion* (1845) Dreißig Vorlesungen Kröners Taschenausg. Bd. 27, Leipzig 1923
295	Ich wünsche nur ...	30. Vorl., S. 341
291	Die Philosophie zur Sache ...	*Fragmente zur Charakteristik meines philosophischen Curriculum vitae* (1843–44) im 2. Bande der sämtlichen Werke, Leipzig 1846 f., S. 413
301	Gott war mein erster Gedanke ...	S. 410
295	Mein Recht ist mein ...	*Gottheit, Freiheit und Unsterblichkeit vom Standpunkte der Anthropologie* (1866) im 10. Bande der sämtlichen Werke, Leipzig 1866 4. Prinzip der Sittenlehre, S. 66 wörtlich: Mein Recht ist mein gesetzlich anerkannter Glückseligkeitstrieb, meine Pflicht ist der mich zu seiner Anerkennung bestimmende Glückseligkeitstrieb des andern.
298	Überhaupt werde ich mich nie ...	*Brief an seine Gattin, Heidelberg, den 12. Febr. 1849* in: L. Feuerbachs phil. Charakterentwicklung, sein Briefwechsel und Nachlaß, dargestellt von Karl Grün, Leipzig und Heidelberg 1874, 1. Bd., S. 383

Feuerbach (Fortsetzung)

Seite	Zitat	Quelle
299	In Ermangelung einer Aussicht . . .	*Brief an Friedrich Kapp, Bruckberg, den 3. März 1850* 2. Bd., S. 7
352	Gott früher setzen als die Natur . . .	*Nachgelassene Aphorismen* (1. Zur theoretischen Phil.) 2. Bd., S. 306
367	Hegel steht auf einem . . .	*Schriften zur Ethik und nachgelassene Aphorismen* 10. Band der sämtlichen Werke herausg. v. W. Bolin und Friedr. Jodl, Stuttgart 1911 Aphorismen (3. Geschichte der Philosophie) S. 318
299	Die Märzrevolution . . .	Vgl. Adolph Kohut, «Ludwig Feuerbach. Sein Leben und seine Werke», Leipzig 1909, S. 313

Fichte Johann Gottlieb

Seite	Zitat	Quelle
24 u. 274	Was für eine Philosophie man wähle . . .	*Erste und zweite Einleitung in die Wissenschaftslehre und Versuch einer neuen Darstellung der Wissenschaftslehre* (1797) Auswahl in 6 Bänden herausg. von Fritz Medicus F. Meiner Verlag Leipzig, o. J. 3. Bd., 1. Einleitung (5), S. 18
174	Aber ich glaube ebenso . . .	2. Einleitung (6), S. 62
174	. . . die Kritik der reinen Vernunft . . .	desgl., S. 70
187	Zum Philosophen muß man . . .	1. Einleitung (5), S. 18 f.
137	Ich lebe in einer neuen Welt . . .	*Fichte's Leben und literarischer Briefwechsel.* Zwei Bände, herausg. v. Immanuel Hermann Fichte. 2. Aufl. Leipzig 1862 1. Bd., 1. Buch, Kap. 4, S. 109 f. (An Weißhuhn)
173	. . . Kant die Wahrheit . . .	2. Bd.; IX. Briefe an Niethammer Nr. 2, Zürich, den 6. Okt. 1793, S. 431

FICHTE (Fortsetzung)

176	Die Liebe der Wissenschaft ...	1. Bd.; 2. Buch, Kap. 2, S. 224
179	Sie sagen ..., der Philosoph ...	2. Bd.; III. Briefe an und von Reinhold. Nr. 31, Berlin, den 18. Juli 1800, S. 291 f.
137 u. 173	Ich betrachte Sie ... als den Repräsentanten ...	*Sieben Briefe von Fichte an Goethe – Zwei Briefe von Fichte an Schiller,* mit Erläuterungen von Dr. Rudolf Steiner *Goethe Jahrbuch,* 15. Band, Frankfurt 1894. 1. Brief, Jena, 21. Juni 1894, S. 30
137		*Grundlage der gesamten Wissenschaftslehre* (1794)
173	... kein menschlicher Verstand ...	*Über den Begriff der Wissenschaftslehre oder der sogenannten Philosophie* (1794) Auswahl in 6 Bänden herausg. v. Fritz Medicus. F. Meiner Verlag Leipzig 1911 1. Bd., Vorrede zur ersten Ausgabe, S. 158
177	Die Idee muß selber reden ...	*Über das Wesen des Gelehrten und seine Erscheinungen im Gebiete der Freiheit* (1805) Zehn Vorlesungen Univ.-Bibl. Leipzig o.J. 10. Vorl., S. 168
177	Das Werk des Schriftstellers ...	desgl., S. 169
178		*Sonnenklarer Bericht an das größere Publikum über das eigentliche Wesen der neuesten Philosophie. Ein Versuch, die Leser zum Verstehen zu zwingen* (1801) Realschulbuchhdl. Berlin 1801
184	Nichts hat unbedingten Wert ...	Einleitung (4), S. 13

Fichte J. G. (Fortsetzung)

178	An meinem Leben ... Ich bin ein Priester ...	*Einige Vorlesungen über die Bestimmung des Gelehrten* (1794) Univ.-Bibl. Leipzig o.J. 4. Vorl., S. 48
178	Indes man in demjenigen Umkreise ...	Vorbericht, S. 6
179		Titel erw.

180	Alle Kultur soll sein ...	*Beiträge zur Berichtigung der Urteile des Publikums über die französische Revolution* (1793)

		Fichtes sämtl. Werke herausg. v. I. H. Fichte. Berlin 1845 6. Bd., 1. Buch, Kap. 1, S. 86 wörtlich: Kultur heißt Übung aller Kräfte auf den Zweck der völligen Freiheit, der völligen Unabhängigkeit von allem, was nicht wir selbst, unser reines Selbst ist.
185		Titel erw.

183	Es gibt überall kein Dauerndes ...	*Die Bestimmung des Menschen* (1800). Auswahl in 6 Bänden herausg. v. Fritz Medicus F. Meiner Verlag Leipzig o.J. 3. Bd., 2. Buch: Wissen, S. 81
183	Mein Wille soll ...	3. Buch: Glaube, S. 133
184	Jener erhabene Wille ...	desgl., S. 134
184	Ich verhülle vor dir ...	desgl., S. 140
415		Titel erw.

185		*Zurückforderung der Denkfreiheit von den Fürsten Europas, die sie bisher unterdrückten. Heliopolis im letzten Jahre der alten Finsternis 1793*
186		*Die Grundzüge des gegenwärtigen Zeitalters, dargestellt in Vorlesungen, gehalten zu Berlin im Jahre 1804–1805*
		Die Anweisung zum seligen Leben oder auch die Religionslehre, in

FICHTE J. G. (Fortsetzung)

186		*Vorlesungen gehalten zu Berlin im Jahre 1806* *Reden an die deutsche Nation 1808*
186	Ich selbst und mein . . .	*Über den Grund unsers Glaubens an eine göttliche Weltregierung* (1798) Phil. Journal Bd. VIII In: *Die philosophischen Schriften zum Atheismusstreit* herausg. v. Fritz Medicus, F. Meiner Verlag Leipzig, S. 7
213	. . . ein ganz neues inneres . . .	*Einleitungsvorlesungen in die Wissenschaftslehre.* Berlin 1813 herausg. v. I. H. Fichte, Bonn 1834, S. 4

FICHTE Immanuel Hermann

281		*Sätze zur Vorschule der Theologie* (1826) *Beiträge zur Charakteristik der neueren Philosophie* (1829) *Zeitschrift für Philosophie und spekulative Theologie* (1837 f.)
281	Der höchste, wahrhaft das Weltproblem . . .	*Grundzüge zum Systeme der Philosophie* (1833 f.) 3. Abtl.: *Die spekulative Theologie oder allgemeine Religionslehre,* Heidelberg 1846 1. Teil, § 62 (2), S. 180
281	Die Weltschöpfung . . .	2. Abtl.: *Die Ontologie,* Heidelberg 1836. § 302, S. 524

FORBERG Friedrich

176	Sein öffentlicher Vortrag rauscht daher . . .	Brief vom 7. Dezember 1794 in: *Fragmente aus meinen Papieren* Jena 1796 zitiert in: J. G. Fichte's Leben und lit. Briefwechsel, 1. Bd., 2. Aufl. Leipzig 1862, S. 221

GEGENBAUR Karl

407	*Grundzüge der vergleichenden Anatomie* (1859). 2. Aufl. 1870

GOETHE Johann Wolfgang von

Goethes Naturwissenschaftliche Schriften, herausg. v. Dr. Rudolf Steiner, 4 Bände (= Kürschners Deutsche National-Literatur Bd. 114–117), 1883–1897

– –

Aus dem ersten Bande (Nat. Lit. Bd. 114):

164 Die Kantische Philosophie . . .	*Verfolg/Glückliches Ereignis*, S. 110
167, 205 Ins Innere der Natur . . .	*Verfolg / Freundlicher Zuruf*, S. 170 f.

– –

168 Das was er (Linné) mit Gewalt . . .	*Geschichte meines botanischen Studiums*, S. 68
169 . . . ungescheut behaupten zu dürfen . . .	*Vorträge über die drei ersten Kapitel des Entwurfs einer allgemeinen Einleitung in die vergleichende Anatomie, ausgehend von der Osteologie* (1796) Abschn. II, S. 332
170 Wenn wir ja im Sittlichen . . .	*Verfolg/Anschauende Urteilskraft*, S. 116
255 Werdend betrachte sie nun . . .	*Elegie, an Christiane Vulpius gerichtet* (1798), S. 97
288 . . . kalte, fast unfreundliche . . .	*Zur Morphologie/Der Inhalt bevorwortet*, S. 12
372 Goethe sagt in seiner Einleitung zur «Metamorphose der Pflanzen»: siehe	*Zur Morphologie/Der Inhalt bevorwortet*, S. 15 wörtlich: Die damalige Zeit jedoch war dunkler, als man sich es jetzt vorstellen kann. Man behauptete zum Beispiel, es hange nur vom Menschen ab, bequem auf allen vieren zu gehen, und Bären, wenn sie sich eine Zeit lang aufrecht hielten, könnten zu Menschen werden.
465 Es mag die Pflanze sprossen . . .	*Die Metamorphose der Pflanzen* (115.), S. 57

– –

Goethe (Fortsetzung)

	Aus dem zweiten Bande (Nat. Lit. Bd. 115):	
38	Sie hat mich hereingestellt ...	*Die Natur* (Aphoristisch), S. 9
161	Natur! Wir sind von ihr umgeben ...	S. 5
162 u. 461	Kants Kritik der reinen Vernunft ...	*Einwirkung der neuern Philosophie,* S. 27
163	Der Eingang war es ...	S. 28
163	... zur Sprache kam ...	S. 27
164	Er predigte das Evangelium ...	S. 29
	Sie hörten mich wohl ...	S. 29
171	... eine höchst frohe Lebensepoche ...	S. 28
	Die großen Hauptgedanken ..	S. 28

171	Leidenschaftlich angeregt ...	S. 29
201	Der Psychologe Heinroth ...	*Bedeutende Fördernis durch ein einziges geistreiches Wort,* S. 31 f.
414	... zwei großen Triebräder ...	*Erläuterungen zu dem Aufsatz «Die Natur»,* S. 63 f.

	Aus dem dritten Bande (Nat. Lit. Bd. 116):	
270	Denn eigentlich unternehmen wir ...	*Zur Farbenlehre,* Vorwort S. 77

	Aus dem vierten Bande (Nat. Lit. Bd. 117, 1 Abt.):	
103	Baco gleicht einem Manne ...	*Materialien zur Geschichte der Farbenlehre* Baco von Verulam, S. 166 f.
104	Schien durch die Verulamische ...	Galileo Galilei, S. 177
105	Denn wie kann man mit Gelassenheit ...	Baco von Verulam, S. 166
203	... ein Fall für tausend ...	Galileo Galilei, S. 177

	Aus dem vierten Bande (Nat. Lit. Bd. 117, 2. Abt.):	
165	... eine Manifestation ...	*Sprüche in Prosa,* 11. Abt. Kunst, S. 494
185	Der Handelnde ist immer ...	5. Abt. Psychologische Beobachtungen, S. 450
201	Poesie deutet auf ...	1. Abt. Das Erkennen, S. 383
201	Das Höchste wäre ...	desgl., S. 376
202	Ich denke, Wissenschaft ...	11. Abt. Kunst S. 535

GOETHE (Fortsetzung)

205	Kenne ich mein Verhältnis ...	1. Abt. Das Erkennen, S. 349
205 u. 270	Der Mensch an sich selbst ...	desgl., S. 351
206	dafür steht ja aber der Mensch ...	desgl., S. 351
228	Der Mensch begreift niemals ...	desgl., S. 353
355	Die Theorie an und für sich ...	desgl., S. 357

172	... vom Ziegelstein ...	*Verschiedene Nachträge* (31.), S. 294
	Alle Wirkungen ...	S. 293
	Ein Ziegelstein ...	S. 294
204	Die Wißbegierigen ...	*Naturwissenschaftliche Nachträge / Physiologie der Pflanzen* (I.), S. 563
445	Es sind am Ende doch nur ...	*Naturwissenschaftliche Nachträge / Erfahrung und Wissenschaft*, S. 595

- -

163	... das subjektive Erkenntnisvermögen ...	*Naturwissenschaftliche Schriften* (Sophienausgabe) 2. Abt., Bd. 11, Weimar 1893 Zur Naturwissenschaft. Anhang: Paralipomena I, S. 376 (p. 11)

- -

144	Meine Kollegia besuchte ich ...	*Wahrheit und Dichtung* Vier Teile, herausg. v. H. Düntzer Dtsch. Nat. Lit. Bd. 98–101 II. Teil, 6. Buch, S. 43
144	Ich ergab mich dieser Lektüre ...	IV. Teil, 16. Buch, S. 9
165 u. 401	... ewigen, notwendigen ...	desgl., S. 11
355	Eine Materie sollte sein ...	III. Teil, 11. Buch, S. 57

- -

		Briefe und Tagebücher Bd. 1, Insel-Verlag Leipzig
145	Gott hat Dich ...	*Brief an Jacobi, Ilmenau, den 5. Mai 1786*, S. 465
206	Du hältst aufs Glauben ...	(desgl.)
		wörtl.: Dagegen hat dich aber auch Gott mit der Metaphysik gestraft und dir einen Pfahl ins Fleisch ge-

GOETHE (Fortsetzung)

		setzt, mich dagegen mit der Physik gesegnet, . . . Ich halte mich fest und fester an die Gottesverehrung des Atheisten (Spinoza) und überlasse euch alles, was ihr Religion heißt und heißen müßt. Wenn du sagst, man könne Gott nur *glauben*, so sage ich dir, ich halte viel aufs *Schauen*.
394	Ich verglich Menschen- und Tierschädel . . .	*Brief an Herder, Jena, den 27. März 1784, S. 406*

- -

		Italienische Reise Zwei Bände, herausg. v. H. Düntzer. Dtsch. Nat. Lit. Bd. 102, 1. u. 2. Abt.
165	Diese hohen Kunstwerke . . .	2. Bd., *Rom, den 6. September 1787*, S. 91
201 u. 242	Da ist Notwendigkeit . . .	(ditto)
165	. . . nach den Gesetzen . . .	1. Bd., *Rom, den 28. Januar 1787*, S. 221
168	Die vielen Pflanzen . . .	desgl., *Palermo, den 17. April 1787*, S. 336
168, 170	. . . wird das wunderlichste Geschöpf . . .	2. Bd., *Neapel, den 17. Mai 1787* (an Herder), S. 3
169	Dasselbe Gesetz wird sich . . .	(ditto)

- -

165	Denn indem der Mensch auf den Gipfel . . .	*Winckelmann und sein Jahrhundert* Dtsch. Nat. Lit. Bd. 108 Schönheit, S. 47

- -

205	Weltall, wenn es sich selbst . . .	Antikes, S. 20
249	Wenn die gesunde Natur . . .	(ditto)
254	Denn wozu dient alle der Aufwand . . .	(ditto)

- -

165	Wie konnte mir das Buch . . .	Aus *Tag- und Jahreshefte 1811* Dtsch. Nat. Lit. Bd. 106, S. 32 f.
166	Was wär' ein Gott . . .	*Prooemion* Gedichte, Dtsch. Nat. Lit. Bd. 84, S. 17

GOETHE (Fortsetzung)

166	Es leuchtet die Sonne . . .	*Das Göttliche,* Ode Gedichte, Dtsch. Nat. Lit. Bd. 83, 3. Strophe, S. 75
202	Es ist offenbar, daß . . .	*Einfache Nachahmung der Natur, Manier, Stil* Über Italien, Fragmente eines Reisejournals Dtsch. Nat. Lit. Bd. 102, S. 294
203	. . . tiefsten Grundfesten der Erkenntnis . . .	desgl., S. 293
234	In unsers Busens Reine wogt . . .	*Marienbader Elegie* (Trilogie der Leidenschaft) Gedichte, Dtsch. Nat. Lit. Bd. 83 14. Strophe, S. 100
253	. . . unterläßt nicht, seine gewohnte . . .	*Eckermann, Gespräche mit Goethe,* 20. Februar 1831 Univ. Bibl. 2. Bd., S. 193

GOMPERZ Theodor

457	*John Stuart Mill* (1889)

GRILLPARZER Franz

250	Möglich, daß du uns lehrst . . .	*Gedichte* sämtliche Werke herausg. v. Albert Zipper. Reclam Leipzig o. J. 1. Band, Epigrammatisches Hegel, S. 302

GÜTHLING Otto

69	Glaubst du nun, daß es eine Lehre . . .	*Übersetzung von Xenophons 'Erinnerungen an Sokrates – Memorabila'* Univ.-Bibl. Leipzig o. J. 4. Buch, Kap. 2, S. 124 f.

HAECKEL Ernst

228	. . . vergleicht die Weltschöpfung . . .	*Die Welträtsel* Gemeinverständliche Studien über monistische Philosophie (1899) Volksausgabe Bonn 1903 Kap. 1, S. 11
402 u. 411		Titel erw.

HAECKEL (Fortsetzung)

417	Ich selbst habe die Hypothese . . .	Kap. 10, S. 73
417 f.	. . . innere Empfindungssphären . . .	desgl., S. 75
	. . . realen Organe des Geisteslebens . . .	desgl. S. 76
431	Der Jubel der Spiritualisten . . .	desgl., S. 74

— —

399		*Jenaische Zeitschrift für Naturwissenschaft* (1897)
400		*Prinzipien der generellen Morphologie der Organismen* Berlin 1906
402		*Kunstformen der Natur* Leipzig 1904

— —

404	Die kurze Ontogenese . . .	*Anthropogenie oder Entwickelungsgeschichte des Menschen,* zwei Teile 1874 4. Aufl. Leipzig 1891 IV. Vortrag (1. Teil) S. 64
407		Titel erw.
413	‹Geist› und ‹Seele› des Menschen . . .	XXX. Vortrag (II. Teil), S. 853

— —

405	Die Phylogenesis ist . . .	*Biologische Studien* 2. Heft: *Studien zur Gastrea-Theorie* Jena 1877. Kap. 1, S. 7 f.
409		*Die heutige Entwickelungslehre im Verhältnis zur Gesamtwissenschaft* Bonn 1878–79
410		*Systematische Phylogenie. Entwurf eines natürlichen Systems der Organismen auf Grund der Stammesgeschichte* Berlin 1894–96
411 u. 431		*Natürliche Schöpfungsgeschichte* (1868) Zwei Teile I. Teil: Allgemeine Entwickelungslehre II. Teil: Allgemeine Stammesgeschichte

HAECKEL (Fortsetzung)

411	... die schweren Wolken ...	*Über unsere gegenwärtige Kenntnis vom Ursprung des Menschen* Rede, gehalten am 26. August 1898 in Cambridge 3. Aufl. Bonn 1899, S. 31
411		*Der Monismus als Band zwischen Religion und Wissenschaft* Glaubensbekenntnis eines Naturforschers, vorgetragen am 9. Oktober 1892 in Altenburg
412	Jedes Atom besitzt ...	*Die Perigenesis der Plastidule oder die Wellenzeugung der Lebensteilchen.* Berlin 1876, S. 38
415 f.	Jeder Naturforscher ...	*Die Weltanschauung der monistischen Wissenschaft* Vortrag, gehalten in Jena 1892 in: «Freie Bühne für den Entwickelungskampf der Zeit», Berlin, III. Jahrg., Heft 3 u. 10, S. 6

HALLER Albrecht von

167	Ins Innere der Natur ...	Lehrgedicht «Falschheit menschlicher Tugenden» in *«Versuch schweizerischer Gedichte»* 1732
287	Nulla est epigenesis	*Elementa physiologiae corporis humani* (1757–66)

HAMERLING Robert

524	Die Hauptsache ist nicht ...	*Die Atomistik des Willens* (1891) Zwei Bände, Hamburg 1891 2. Band, 4. Buch (Optimismus und Pessimismus) S. 239 f.
525	Daß in der neuesten Philosophie ...	1. Band, 2. Buch (Das Ich), S. 227 f.
525	In den Ichgedanken spielen ...	desgl., (Theorie des Seins. Der Seinsbegriff), nicht wörtlich. Vincenz *Knauer* zitiert so Hamerling in «Die Hauptprobleme der Philosophie» (1892), 17. Vorlesung (II), S. 357
525 u. 597	Gewisse Reizungen ...	1. Band, 1. Buch (Der Sinnenschein) S. 13
526 u. 597	Leuchtet dir, lieber Leser ...	1. Band, 1. Buch (Der Sinnenschein) S. 13

Hamerling (Fortsetzung)

526	Die ausgedehnte, räumliche . . . Wer dies festhält . . .	desgl., S. 14 u. 17
527	Aus dem Bewußtsein oder Gefühl . . .	1. Band, 2. Buch (Der Seinsbegriff), S. 119
527	. . . das Atomgefühl in uns.	desgl., (Das Ich), S. 225
532	Ich habe mich vor allem als Mensch . . .	1. Band, Vorwort, S. IX
	Ich habe mich nicht plötzlich	desgl., S. VII
534	. . . welcher den Menschen überhaupt . . .	desgl., S. VII

– –

526		*Homunculus,* modernes Epos in zehn Gesängen (1888)

Hartmann Eduard von

466	Spekulative Resultate . . .	*Philosophie des Unbewußten. Versuch einer Weltanschauung* (1869). Titelblatt. Motto
515		Titel erw.
518		10. Aufl., Band III, S. 403

– –

466	. . . Größe des von Mill . . .	*Geschichte der Metaphysik* Zwei Bände 1899–1900 2. Teil, Leipzig 1900. Abschn. IV, John Stuart Mill, S. 479

– –

517	Das reale Dasein . . .	*Phänomenologie des sittlichen Bewußtseins* (1879) Berlin 1879 2. Abt. C, IV: Das Moralprinzip der Erlösung, S. 871

Hegel Georg Wilhelm Friedrich

234	In der neuesten Zeit . . .	*Enzyklopädie der philosophischen Wissenschaften im Grundrisse* (1817) 2. Ausg. Heidelberg 1827 Vorrede S. XIX
249	. . . die ewig wirkliche Wahrheit . . .	3. Teil, § 552
253		desgl., § 552

HEGEL (Fortsetzung)

327	... Begriff der Philosophie ist ...	§ 574, S. 533
329	Ein Hauptgesichtspunkt ...	Einleitung § 10, S. 14
235	Weil der Mensch denkend ist ...	*Enzyklopädie der philosophischen Wissenschaften im Grundrisse,* I. Teil: *Die Wissenschaft der Logik* herausg. v. Dr. L. Henning, Berlin 1843 Hegels Werke, vollständige Ausgabe in 21 Bänden, 6. Bd., 2. Aufl., § 50, S. 107
236	Das Erheben des Denkens ...	desgl.
350	Der Erfahrung ist die Entwickelung ...	Einleitung § 12, S. 20
237	Das, was ist zu begreifen ...	*Grundlinien der Philosophie des Rechts* (1821) herausg. v. Dr. E. Gans, Berlin 1854 Hegels Werke, 8. Bd., 3. Aufl. Vorrede, S. 18, 17 u. 20
244	Wenn der Staat ...	§ 258, S. 306
245	Der Staat an und für sich ...	Zusatz zu § 258, S. 311–313
243	Dies sind die großen Menschen ...	*Vorlesungen über die Philosophie der Geschichte* herausg. v. Dr. E. Gans, Berlin 1848, 9. Bd., 3. Aufl. Einleitung, S. 38 f. (Zusammenfassung)
253	Die Weltgeschichte ...	Einleitung, S. 24
335	Wir haben den Fortgang ...	4. Teil, Kap. 3: Die Aufklärung der Revolution, S. 546
247	Das Reichste ist das ...	*Wissenschaft der Logik* (1812–16) II. Teil: Die subjektive Logik herausg. v. D. Leopold von Henning. Berlin 1841. 5. Band, 2. Aufl. 3. Abschn. Kap. 3: Die absolute Idee, S. 339
248	... Reich der Schatten ...	I. Teil: Die objektive Logik. 3. Band, 2. Aufl. Einleitung, S. 44

HEGEL (Fortsetzung)

288	... Darstellung Gottes ...	desgl., S. 33
450		Titel erw.

251	... ausgleitet und aus dem Boden ...	*Hegels Leben* beschrieben durch Karl Rosenkranz Supplement zu Hegels Werken, Berlin 1844 Urkunden: VIII. Aphorismen, S. 540
297	Es müsse für ihn vornehmlich ...	Abschiedsgesuch Hegels an das Badensche Ministerium, S. 318

254	Im Lebendigen ...	*Vorlesungen über Naturphilosophie* herausg. v. Dr. C. L. Michelet, Berlin 1847. Bd. 7 A, 2. Aufl. Zusatz zu § 376, S. 696 f.
273	Die dem Begriffe angemessene ...	Zusatz zu § 320, S. 317
348	Wird man es ...	Vorrede des Herausgebers, S. XV, XVI, XVII
359	Der Übergang ...	§ 261, S. 61 f.
373	Es ist eine ungeschickte Vorstellung ...	Einleitung, Zusatz zu § 249, S. 32 f.

256	Die Knospe verschwindet ...	*Phänomenologie des Geistes* (1806) herausg. v. Dr. J. Schulze, Berlin 1841. 2. Bd., 2. Aufl., Vorrede, S. 4
265		Titel erw.

278	... austernhaft graues ...	*Brief Hegels an Goethe:* dieser Brief wurde von Goethe gekürzt und stilistisch vereinfacht unter dem Titel «Neueste aufmunternde Teilnahme» in den Heften «Zur Naturwissenschaft» wiedergegeben. Statt des ursprünglichen Datums des 24. Februar setzt Goethe den 20. Februar 1821
288	... Darstellung Gottes ...	

248	Daß der Mensch von Gott weiß ...	*Vorlesungen über die Philosophie der Religion* nebst einer Schrift über die *Beweise vom Dasein Gottes,*

Hegel (Fortsetzung)

zwei Bände, Berlin 1832 herausg. v. Ph. Marheinecke
2. verb. Aufl. Berlin 1840, 11. u. 12. Band der vollst. Ausgabe
Anhang: 14. Vorl., S. 496

Heinroth Johann Christian August

201		*Lehrbuch der Anthropologie* (1822)

Helmholtz Hermann von

272	Wo es sich um Aufgaben handelt ...	*Goethe's Vorahnung kommender naturwissenschaftlicher Ideen* Rede, gehalten in der Generalversammlung der Goethe-Gesellschaft zu Weimar 1892 in: *Vorträge und Reden* 5. Aufl., Braunschweig 1903 2. Bd., S. 361
423	Ich habe die Beziehung ...	desgl., S. 357 f.
391	Man wußte daher vor Darwin ...	*Über das Ziel und die Fortschritte der Naturwissenschaft* Eröffnungsrede für die Naturforscherversammlung zu Innsbruck 1869 in: *Vorträge und Reden* 5. Aufl., Braunschweig 1903 1. Bd., S. 387 u. 388
427	Die Frage zu stellen ...	*Handbuch der physiologischen Optik* (1856–66) 2. umgearbeitete Aufl., Hamburg und Leipzig 1896 3. Abschn. § 26, S. 589

Henle Jakob

392	Sollten die Erfahrungen ...	*Anthropologische Vorträge* Braunschweig 1876–80 2. Heft, 3. Vortrag: Teleologie und Darwinismus, S. 67 f.
426	Alles, wodurch wir von einer ...	1. Heft, 2. Vortrag: Glauben und Materialismus, S. 27

Herbart Johann Friedrich		
261	Das Wesen der Gottheit ...	Vermutlich eine sinngemäße Zusammenfassung von R. Steiner. Vgl. Vincenz Knauer, «Geschichte der Philosophie», Wien 1882, Kap. ‹Herbart›, S. 322
Herder Johann Gottfried		
126		*Ideen zur Philosophie der Geschichte der Menschheit* (1784–1791), 4 Bde.
Herschel John		
448		*A Preliminary discourse on the Study of Natural Philosophy* (London 1831) deutsch Leipzig 1836
Hoff Karl von		
361		*Geschichte der durch Überlieferung nachgewiesenen natürlichen Veränderungen der Erdoberfläche* Fünf Bände (1822–1841)
Holbach Paul Heinrich Dietrich		
121	O Natur, Beherrscherin aller Wesen ...	*Système de la nature* (1770) Zwei Bände 2. Band, Paris 1820, S. 434
355		Titel erw.
Humboldt Alexander von		
351	Meine Zuversicht gründet sich ...	*Kosmos, Entwurf einer physischen Weltbeschreibung* 1. Band Tübingen 1845, S. 32 f.
Humboldt Wilhelm von		
139	Kant unternahm und vollbrachte ...	*Briefwechsel zwischen Schiller und Wilhelm von Humboldt* 3. vermehrte Ausgabe, Stuttgart 1900. Vorerinnerung. Über Schiller und den Gang seiner Geistesentwicklung, S. 21
	Dreierlei bleibt, wenn man den Ruhm ...	desgl., S. 22

Hume David

148 Die Erscheinungen wechseln ...	*Untersuchungen über den menschlichen Verstand.* Übersetzt von Carl Vogl, Leipzig o. J., S. 36
149 Werft sie ins Feuer ...	desgl., S. 91

Huxley Thomas Henry

394 Die kritische Vergleichung ...	*Zeugnisse für die Stellung des Menschen in der Natur* Drei Abhandlungen, aus dem Englischen übersetzt von Victor Carus, Braunschweig 1863 III. Über einige fossile menschliche Überreste, S. 117 wörtlich: Wir mögen daher ein System von Organen vornehmen, welches wir wollen, die Vergleichung ihrer Modifikationen in der Affenreihe führt uns zu einem und demselben Resultate: daß die anatomischen Verschiedenheiten, welche den Menschen vom Gorilla und Schimpansen scheiden, nicht so groß sind als die, welche den Gorilla von den niedrigeren Affen trennen.

Jacobi Friedrich Heinrich

128 u. 131	*Über die Lehre des Spinoza in Briefen an Moses Mendelssohn* (1785)
165	*Von den göttlichen Dingen* (1811)

James William

553 Der Wille bestimmt das Leben ...	*Der Wille zum Glauben* (The Will to believe) 1897 Ins Deutsche übertragen von Th. Lorenz, mit einem Geleitwort versehen von Friedrich Paulsen, Stuttgart 1899 Das Zitat ist dem Geleitwort von Friedrich Paulsen entnommen, S. VI

Kant Immanuel

143 Aufklärung ist der Ausgang . . .	*Kleinere Schriften zur Logik und Metaphysik* herausg. v. J.H. von Kirchmann, Berlin 1870
Habe Mut, dich deines . . .	Beantwortung der Frage: Was ist Aufklärung?, S. 111
145 Gesetzt nun, die Moral . . .	*Kritik der reinen Vernunft* (1781) Text der Ausg. v. 1781 herausg. v. Karl Kehrbach Univ.-Bibl. Leipzig o.J. Vorrede zur 2. Ausg., S. 25
146 u. 445 Ich mußte also das Wissen . . .	desgl., S. 26
161, 162, 461	Titel erw.
147, 154, 158 u. 168	*Allgemeine Naturgeschichte und Theorie des Himmels* (1755) herausg. v. Karl Kehrbach Univ.-Bibl. Leipzig o.J.
148 u. 169 Gebt mir nur Materie . . .	Vorrede, S. 14
158 Verfassung und den mechanischen . . .	Titelblatt, S. 1
148	*Metaphysische Anfangsgründe der Naturwissenschaft* (1786) herausg. v. Höfler 1900
150 Der Verstand schöpft seine . . .	*Prolegomena zu jeder künftigen Metaphysik* (1783) herausg. v. Karl Rosenkranz, Leipzig 1838 II. Teil: Wie ist reine Naturwissenschaft möglich? § 37, S. 85
137	*Kritik der praktischen Vernunft* (1788) Ehem. Kehrbachsche Ausg. herausg. v. Dr. R. Schmidt Univ.-Bibl. Leipzig o.J.

KANT (Fortsetzung)

152	Pflicht! du erhabener, großer Name ...	I. Teil, 3. Hauptstück, S. 121
156	Zwei Dinge erfüllen das Gemüt ... Der erste Anblick ...	II. Teil, Beschluß, S. 221 u. 222 (Die Einfügung: [selbstbewußte und freie] ist V. Knauers Kant-Zitat in «Die Hauptprobleme der Philosophie» entnommen.)
153		*Die Religion innerhalb der Grenzen der bloßen Vernunft* (1793)
158	... Organismus ist ein ...	*Kritik der Urteilskraft* (1790) herausg. v. Karl Kehrbach Univ.-Bibl. Leipzig o.J. II. Teil, § 66, S. 257 wörtlich: Ein organisiertes Produkt der Natur ist das, in welchem alles Zweck und wechselseitig auch Mittel ist.
158	Es ist nämlich ganz gewiß ...	desgl., § 75, S. 286
167		Titel erw.
169	Es liegt der Vernunft ...	desgl., § 78, S. 298
171		Titel erw.

KEY Ellen

402	... zwischen den beiden ...	*Essays* Autorisierte Übertragung von Francis Maro, Berlin 1899 Die Evolution der Seele: Typen, S. 141

KINKEL WALTER

582	Nur das Denken ...	*Idealismus und Realismus* (1911) 2. Aufl. Göttingen 1920 Einleitung S. 17

KIRCHHOFF Gustav Robert

433	... die in der Natur vor sich ...	*Lehrbuch der Mechanik* (1876) zitiert bei H. von Helmholtz in: *Goethe's Vorahnung kommender naturwissenschaftlicher Ideen* Rede zu Weimar 1892

KIRCHHOFF (Fortsetzung)		
		Reden und Vorträge, Braunschweig 1903 (5. Aufl.) 2. Bd., S. 352
KIRCHMANN Julius Heinrich		
500	Das Wissen bildet zu den zwei ...	*Die Philosophie des Wissens* (1864) 1. Band: Die Lehre vom Vorstellen, Berlin 1864 Das Vorstellen. B. Selbstwahrnehmung. Das Wissen (10), S. 37
KRAEPELIN Emil		
514	... die junge Wissenschaft ...	*Psychologische Arbeiten* (1895 f.) 1. Band, 1. Heft, S. 4
KRAUSE Karl Christian Friedrich		
280	... Gedanke eines unendlichen ...	*Vorlesungen über das System der Philosophie*, Göttingen 1828, S. 167
	... das Endliche oder die Welt ...	desgl., S. 256
LAMARCK Jean		
373	Im ersten Anfang ...	*Zoologische Philosophie* Aus dem Französischen übersetzt von Dr. Heinrich Schmidt (Jena) Kröners Volksausgabe, Leipzig o. J. Einleitung I. Ernst Haeckel über Lamarck, S. VI f.
LA METTRIE Julien de		
121	Wenn aber alle Eigenschaften ...	*Der Mensch eine Maschine* (L'homme machine) (1748) Übers. v. Max Brahn, Leipzig 1909 Philos. Bibl. Bd. 68, S. 46
121	Wenn das, was in meinem Gehirn ...	S. 51
LANGE Friedrich Albert		
349	Sein ganzes System bewegt sich ...	*Geschichte des Materialismus* und Kritik seiner Bedeutung in der Gegenwart 1866 herausg. v. Dr. O. A. Ellissen Univ.-Bibl. Leipzig o. J. 2. Buch, 1. Abschn. (II), S. 105

LANGE (Fortsetzung)

349	Durch Schelling und Hegel ...	desgl., S. 94
434		Titel erw.
435	Der Fisch im Teiche kann im Wasser ...	desgl., 1. Abschn. (I), S. 74
437	Die konsequent materialistische ...	desgl., 3. Abschn. (IV), S. 529
437	Die Sinne geben uns ...	desgl., 3. Abschn. (IV), S. 533
440	... sie erzeugt, reich und normal ...	desgl., 4. Abschn. (IV), S. 666
440	... das Individuum noch ganz an ...	desgl., S. 667
440	Man kann jene Funktionen ...	desgl., S. 668
441	Eins ist sicher: daß der Mensch ...	desgl., S. 672
444	Herbert Spencer huldigt ...	desgl., 3. Abschn. (III), S. 494

LAPLACE Pierre Simon

432	Ein Geist, der für einen ...	*Essai philosophique sur les probabilités* Seconde Edition, Paris 1814, p. 3 zitiert bei Du Bois-Reymond in: *Über die Grenzen des Naturerkennens,* Leipzig 1872, S. 4

LASSALLE Ferdinand

549		*Das System der erworbenen Rechte, eine Versöhnung des positiven Rechts und der Rechtsphilosophie* Zwei Bände 1861

LEIBNIZ Gottfried Wilhelm von

287	So sollte ich meinen ...	*Theodicaea* oder Versuch und Abhandlung, wie die Güte und Gerechtigkeit Gottes, in Ansehung der menschlichen Freiheit, und des Ursprungs des Bösen, zu verteidigen. Aus dem Französischen 2. Aufl. Amsterdam 1726 1. Teil, § 91, S. 208 wörtlich: Also sollte ich glauben, daß diejenigen Seelen, die mit der Zeit menschliche Seelen sein werden, so wohl als die Seelen von an-

Leibniz (Fortsetzung)

		deren Arten, in dem Samen und in den Vor-Eltern bis auf Adam, enthalten gewesen, und folglich vom Anfange der Dinge in einer gewissen Art eines organischen Körpers beständig existiert haben, ...

Lessing Gotthold Ephraim

48	... weil der menschliche Verstand ...	*Die Erziehung des Menschengeschlechts* (1780) herausg. v. Georg Witkowski Meyers Klassiker-Ausgaben Bd. 7 Leipzig o.J. § 95, S. 450
124		Titel erw.
143	Die Ausbildung geoffenbarter ...	§ 76, S. 446
334		Titel erw.

Lichtenberg Georg Christoph

174	Was heißt mit Kantischem Geist ...	*Ausgewählte Schriften* herausg. v. Eugen Reichel Reclam, Leipzig o.J. Bemerkungen vermischten Inhalts: 1. Philosophische Bemerkungen, S. 76
175	Sollte es denn so ganz ausgemacht ...	desgl., S. 77
293	Gott schuf den Menschen ...	desgl., S. 47
293	Unsere Welt wird noch so fein ...	desgl., S. 49
293	Ist denn wohl unser Begriff ...	desgl., S. 77
293	Die Vorstellung, die wir uns ...	desgl., S. 55
294	Anstatt daß sich die Welt ...	desgl., S. 56
294	Wir werden uns gewisser Vorstellungen ...	desgl., S. 74
294	Ich glaube, daß, so wie die Anhänger ...	desgl., S. 55
296	Ich glaube, sehr viele Menschen ...	3. Moralische Bemerkungen, S. 88
304	Man kann sich nichts Entsetzlicheres ...	1. Philosophische Bemerkungen, S. 62

LIEBMANN Otto

474	Der Umstand, daß Pflanzensamen ...	*Gedanken und Tatsachen* (1882) Philosophische Abhandlungen, Aphorismen und Studien Straßburg 1882 ff. 1. Heft, Idee und Entelechie, S. 120
479	Wenn einerseits, aus dem ...	2. Heft, Schluß, S. 300

- -

474		*Zur Analysis der Wirklichkeit* (1876) Eine Erörterung der Grundprobleme der Philosophie 4. verb. Aufl. Straßburg 1911
476	Gerade deshalb, weil in der Tat ...	Idealismus und Realismus, S. 28

- -

474		*Die Klimax der Theorien* (1884) Eine Untersuchung aus dem Bereich der allg. Wissenschaftslehre, Straßburg 1884
479	... Wahrnehmungsbruchstücke erst ...	7. Kap., S. 106 f.

LINNÉ Karl von

168	... verschiedene Formen ...	*Genera plantarum* (1737) Edito octava Frankfurt (Main) 1789, S. XII
384	... Spezies im Tier- und Pflanzenreich ...	

LOTZE Hermann

503		*Leben und Lebenskraft* in R. Wagners Handwörterbuch der Physiologie (1843) *Allgemeine Pathologie und Therapie als mechanische Naturwissenschaften* (1842)

- -

503		*Allgemeine Physiologie des körperlichen Lebens* (1851)

- -

LOTZE (Fortsetzung)

504	. . . beständig gegen die Vorstellungen . . .	*Mikrokosmos. Ideen zur Naturgeschichte und Geschichte der Menschheit.* Drei Bände (1856–64), 3. Aufl. Leipzig 1880 3. Bd., 7. Buch, 2. Kap., S. 44
505		desgl.
507	Der Sehnsucht des Gemütes . . .	9. Buch, 4. Kap., S. 563 f.
505		*System der Philosophie* I. Teil: *Drei Bücher Logik* (1874) II. Teil: *Drei Bücher Metaphysik* (1879)
508	Kein anderer Grundsatz . . .	*Drei Bücher Metaphysik*, Leipzig 1879 3. Buch, § 245, S. 487
505		Vorträge über Philosophie: *Grundzüge der praktischen Philosophie* (1880) *Geschichte der deutschen Philosophie seit Kant* (1879)
507	Ich kenne sie nicht . . .	(?)
508	Der Glaube an Unsterblichkeit . . .	*Grundzüge der Religionsphilosophie.* 3. Aufl. Leipzig 1894. § 78, S. 82 f.
579	Da wir jedes Wesen . . .	

LUCRETIUS CARUS Titus

79		*Über die Natur* (De rerum natura) Lehrgedicht in sechs Büchern (unvollendet)

LYELL Charles

360		*Principles of geology* (1830–33) Drei Bände
463		*Social Statics* (1850)

MACKAY John Henry

315		*Max Stirner, sein Leben und sein Werk* (1898)

Maine de Biran
François Pierre Gauthier

487		*Journal intime*

Mainländer Philipp

522		*Die Philosophie der Erlösung* (1876) 3. Aufl. Frankfurt 1894
523	Die Welt ist das Mittel zum Zwecke . . .	Metaphysik (5), S. 325
523	Jetzt haben wir das Recht . . .	*Mainländer, ein neuer Messias* eine frohe Botschaft inmitten der herrschenden Geistesverwirrung von *Max Seiling*, München 1888 III. Physik, S. 38

Malthus Thomas Robert

383		*Über die Bedingungen und die Folgen der Volksvermehrung* (Essay on the principles of population), London 1798

Michelet Carl Ludwig

348 u. 350		siehe unter *Hegel*

Mill John Stuart

449	Was sich durch Denken . . .	*Mill's Selbstbiographie* Aus dem Englischen übersetzt von Dr. Carl Kolb, Stuttgart 1874 1. Kap.: Kindheit und erste Erziehung
450		*A System of Logic* (1843) Zwei Bände
451	Alle Menschen sind sterblich . . .	*System der deduktiven und induktiven Logik* Ins Deutsche übertragen von J. Schiel. 4. Aufl. Braunschweig 1877 1. Teil, 2. Buch, Kap. 3, § 2, S. 230
455	Wenn wir vom Geiste . . .	Vgl. Friedrich Ueberweg «Grundriß der Geschichte der Philosophie», 3. Teil. Die Neuzeit., 2. Bd.:

MILL (Fortsetzung)

		Nachkantische Systeme und Philosophie der Gegenwart., 8. Aufl. hrsg. von Dr. Max Heinze, Berlin 1897, S. 397 wörtlich: «Wir befinden uns in dem Dilemma, entweder glauben zu müssen, daß das Ich oder der Geist an sich etwas von der Reihe wirklicher und möglicher Gefühle (feelings) Verschiedenes ist, oder das Paradoxon anzunehmen, eine Reihe von Gefühlen könne sich ihrer selbst als einer Reihe bewußt werden.»

MOLESCHOTT Jacob

353	Hat der Mensch alle . . .	*Physiologie des Stoffwechsels in Pflanzen und Tieren* (1851) Erlangen 1851. Einleitung, S. XII
354	Die Wahrheit aber kann nur . . .	*Der Kreislauf des Lebens* (1852) Zwei Bände, 5. verm. Aufl. Giessen 1887 2. Band, 22. Kap.: Rückblick und Ergebnis, S. 582
357	Die Kraft ist kein stoßender Gott . . .	desgl., S. 584
	Kohlensäure, Wasser- und Sauerstoff . . .	desgl. S. 585
	Wechsel von Stoff und Form . . .	desgl., S. 584
360	Die Lebenskraft, wie das Leben . . .	desgl., S. 598
377	. . . daß jeder frei ist . . .	19. Kap.: Der Wille, S. 500

MÜLLER Johannes

374	Die organischen Körper . . .	*Handbuch der Physiologie des Menschen,* Koblenz 1834 Prolegomena, II. Vom Organismus und vom Leben, S. 20
423	Die Empfindung ist nicht . . .	3. Buch, IV. Abschn., I. Kap.: Von den Sinnesnerven, S. 753

Nietzsche (Fortsetzung)

547	Die Falschheit eines Urteils ...	1. Hauptstück, § 4 S. 569
547	Das meiste bewußte Denken ...	desgl., § 3, S. 569

Novalis Friedrich von Hardenberg

210	Es ist recht übel ...	*Heinrich von Ofterdingen* Roman Novalis' Werke in vier Teilen herausg., v. Hermann Friedemann Deutsches Verlagshaus Leipzig etc. II. Teil, Kap. 8, S. 141
210	Es dünkt den Menschen ...	*Fragmente I* III. Teil, Philosophische Fragmente (Nr. 27), S. 28
211	Die Geisterwelt ist uns ...	*Fragmente II* IV Teil, Magische Fragmente (Nr. 1762), S. 80
211	Einem gelang es ...	*Paralipomena zu den «Lehrlingen zu Sais»* II. Teil, Einleitung, S. 7

Oken Lorenz

374	Alles Organische ist ...	*Lehrbuch der Naturphilosophie* (1809–11), 2. Aufl., Jena 1831 Dritter Teil, Buch VIII: Organosophie, Nr. 888, 889, 891, S. 147 wörtlich: ... Der Urschleim, aus dem alles Organische erschaffen worden, ist der Meerschleim. Der Meerschleim ist auf dieselbe Art im Verfolge der Planetenentwicklung entstanden, wie die Kalkerde mit dem Kohlenstoff und wie das Meersalz.
396	Ich bin durch meine physiologischen ...	*Allgemeine Naturgeschichte für alle Stände* (1833–41) Stuttgart 1833. 4. Band: Tierreich S. 468 f.
397	Es ist daher kein Zweifel ...	desgl., S. 470

PEIRCE Charles		
552		*How to make ideas clear. Popular Science Monthly* (1878)
PLANCK Karl Christian		
350	Zugeich die rein natürliche ...	*Die Weltalter* (I. Teil 1850) System des reinen Realismus Tübingen 1850, Vorwort S. V
366	Die Dinge wahrhaft unabhängig ...	§ 10, S. 103
366	Es ist nur die eine ...	desgl., S. 101
369	Das ursprüngliche allgemeine ...	§ 31, S. 387
PREL Carl du		
586	... daß wir überhaupt nicht ...	*Das Rätsel der Menschen* (1892) Einleitung in das Studium der Geheimwissenschaften Universal-Bibl. Leipzig o. J. S. 17 f.
586	Der Materialismus ...	S. 18
PREUSS Wilhelm Friedrich		
565	Es dürfte ... an der Zeit sein ...	*Geist und Stoff* Erläuterungen des Verhältnisses zwischen Welt und Mensch nach dem Zeugnis der Organismen (1882) 2. Aufl., Oldenburg 1899 Einleitung, S. 4 f.
566	Es war nicht Zufall ...	desgl., S. 20
566	Als seine Keime ...	desgl., S. 21
REUSCHLE Karl Gustav		
358		*Philosophie und Naturwissenschaft. Zur Erinnerung an David Friedrich Strauß* (1874)
RICHTER Friedrich (Jean Paul)		
139	Kaufen Sie sich um Himmels ...	*Briefe 1780–1793* Jean Pauls sämtl. Werke herausg. v. E. Berend, Berlin 1956 *Brief an Pfarrer Vogel, Töpen, den 13. Juli 1788* 3. Abt. Bd. I, S. 244

Richter (Fortsetzung)

207	Das Herz des Genies . . .	*Vorschule der Ästhetik I* Jean Pauls ausgewählte Werke in acht Bänden mit einer Einleitung von Rudolf Steiner, I. Bd. Stuttgart o. J. § 14, S. 81
207	Eigentlich glauben wir doch . . .	*Jean Paul und seine Bedeutung für die Gegenwart* herausg. v. Dr. Josef Müller 2. umgearbeitete Aufl. Leipzig 1923, II, J. P. als Philosoph, S. 124 *(Brief an Jakobi, Bayreuth, den 3. Januar 1816)*
208	*Das Herz die lebendige . . .*	*desgl., S. 115*
208	Ich bleibe dabei . . .	desgl., S. 123 *(Brief an Jakobi, Bayreuth, den 6. März 1806)*
208	Die Fenster der philosophischen . . .	desgl., S. 114 (Aus: *Das Kampaner Tal, 502. Station)*

Rolph W. H.

540	Erst durch die Einführung . . .	*Biologische Probleme, zugleich als Versuch zur Entwickelung einer rationellen Ethik* Zweite stark erweiterte Aufl. Leipzig 1884 V. Problem der Vervollkommnung, S. 96 f.
541	Während es also für . . .	desgl., S. 97
541	Lebensmehrung, nicht Lebenserhaltung . . .	VIII. Humane Ethik, S. 222 f.
545	Der bloße Erwerb . . .	ebenda

Rosenkranz Karl

328		*System der Wissenschaft, ein philosophisches Enchiridion* (1850) *Psychologie, oder die Wissenschaft vom subjektiven Geist* (1837) *Kritische Erläuterungen des Hegelschen Systems* (1840)

ROSENKRANZ (Fortsetzung)		
341	Nicht ohne Wehmut trenne ... Sehen wir Nachwuchs ... Seltsam genug scheinen ...	*Georg Wilhelm Friedrich Hegel's Leben* beschrieben durch Karl Rosenkranz (Supplement zu Hegel's Werken), Berlin 1844 Vorrede, S. XII u. XIII
ROSENTHAL Isidor		
427	Die Empfindungen, welche wir ...	*Allgemeine Physiologie der Muskeln und Nerven,* Leipzig 1877 Internationale Bibliothek, Bd. XXVII 16. Kap. (9), S. 280
RUGE Arnold		
285		*Hallische Jahrbücher,* ab 1841 *Deutsche Jahrbücher*
SCHELLING Friedrich Wilhelm Joseph		
212	Über die Natur ...	*Erster Entwurf eines Systems der Naturphilosophie* Jena und Leipzig 1799 Grundriß des Ganzen I, S. 1 u. S. 6
213	... auf die Natur ...	*Ideen zu einer Philosophie der Natur als Einleitung in das Studium dieser Wissenschaft* (1797) I. Teil, 2. verb. Aufl. Landshut 1803. Einleitung, S. 63 f. wörtlich: Oder wenn ihr behauptet, daß wir eine solche Idee auf die Natur nur übertragen, so ist nie eine Ahnung von dem, was uns Natur ist und sein soll, in eure Seele gekommen. Denn wir wollen – usw. ...
214	Es ist sehr wahr ...	*Von der Weltseele* (1798) 3. verb. Aufl. Hamburg 1809 Vorrede zur 1. Aufl., S. XIV
216	Die notwendige Tendenz aller ...	*System des transzendentalen Idealismus,* Tübingen 1800 Einleitung § 1.A., S. 3
219	Die idealische Welt der Kunst ...	desgl., § 3. D., S. 18

Schelling (Fortsetzung)

220	Die Seele ist also im Menschen ...	*Über das Verhältnis der bildenden Künste zur Natur* Rede gehalten am 12. Okt. 1807 in: Philosophische Schriften, Landshut 1809. 1. Band, S. 368 f.
221		Titel erw.

— —

221		*Philosophische Untersuchungen über das Wesen der menschlichen Freiheit und die damit zusammenhängenden Gegenstände* (1809) in: Philosophische Schriften, Landshut, 1809, 1. Band
222	Gott ist nicht ein Gott ...	desgl., S. 413 f.
224	... wo die Erde ...	desgl., S. 460 f.
225	... Leblosigkeit eines Systems ...	desgl., S. 418
225	Die ganze Natur sagt uns ...	desgl., S. 482
226	... ältesten Bildern der Gottheiten ...	desgl., S. 418
230	Denn bis zur Entdeckung ...	desgl., S. 412
232	So werden die Gedanken ...	desgl., S. 414
268	Es gibt in der letzten ...	desgl., S. 419

— —

226	Bedenken wir das Schreckliche ...	*Die Weltalter* (ein Bruchstück) aus dem handschriftl. Nachlaß herausg. v. L. Kulembeck, Univ.-Bibl. Leipzig o.J. Gesteigerter Begriff des Nichtseienden, S. 115

— —

227 u. 247		*Philosophie der Offenbarung* Stuttgart und Augsburg 1858
229	...vorzugsweise die Philosophie ...	1. Buch, 8. Vorlesung, S. 155
229	Die positive Philosophie ist ...	desgl., 7. Vorlesung, S. 132

— —

227		*Philosophie der Mythologie* Stuttgart und Augsburg 1858

SCHILLER Friedrich

137	Es erschreckt mich gar nicht . . .	*Briefwechsel zwischen Schiller und Goethe* 1794–1805 in zwei Bänden Deutsche Buch-Gemeinschaft, Berlin o. J. *An Goethe, Jena, den 28. Oktober 1794.* 1. Bd., S. 55
138	Lange schon habe ich . . .	desgl., *23. August 1794* 1. Bd., S. 33
194	Ich kann Ihnen nicht ausdrücken . . .	desgl., *7. Januar 1795* 1. Bd., S. 74 u. 73 f. (194–195)
195	Ich kann das Gefühl . . .	
196	Es ist wirklich der Bemerkung . . .	desgl., *2. März 1798* 2. Bd., S. 65
199	Wären Sie als ein Grieche . . .	desgl., *23. August 1794* 1. Bd., S. 33
202	Ihr beobachtender Blick . . .	desgl., *23. August 1794* 1. Bd., S. 32

188		*Die Räuber,* Trauerspiel (1782) *Kabale und Liebe* Trauerspiel (1784)
189	Gern dien' ich den Freunden . . . Da ist kein anderer Rat . . .	*Gedichte* Schiller's sämtliche Werke, Augsburg 1826 2. Bd., S. 41 (Die Philosophen)

190	Durch die Schönheit . . .	*Über die ästhetische Erziehung des Menschen* (1795) Schiller's sämtliche Werke, Augsburg 1827. 17. Bd., 18. Brief, S. 70
191	Die hohe Gleichmütigkeit . . .	22. Brief, S. 87
191	Mit dem Angenehmen . . .	15. Brief, S. 60 f.
192	Der Mensch soll mit der Schönheit . . .	desgl., S. 61
192	Mitten in dem furchtbaren Reich . . .	27. Brief, S. 124
193	Dieses Reich erstreckt sich . . .	desgl., S. 125 f.
193	Dem Bedürfnis . . .	desgl., S. 127
209	Der Mensch spielt nur . . .	15. Brief, S. 61

Schiller Fr. (Fortsetzung)

196	Wie kommt es, daß wir ...	*Über naive und sentimentalische Dichtung* (1795–96)
197	Daher kommt es ...	Schiller's sämtliche Werke, Augsburg 1827. 16. Bd., S. 22
197	Solange der Mensch noch reine ...	S. 30 f.
224		Titel erw.

Schiller Ferdinand Canning

552		*Humanism* (1903) *Studies in Humanism* (1907) Auswahl aus beiden Werken deutsch 1911

Schlegel Friedrich

210	... alles übersieht und sich ...	*Fragmente.* Ironie
210	... nach Belieben philosophisch oder philologisch ...	*Lyzeumsfragmente* von 1797 in Lyzeum der schönen Künste, I. Bd., 2. Teil, Berlin bei J. F. Unger, S. 133 ff.
233		*Lucinde* (Roman) 1799

Schleiden Matthias Jakob

425	Das Licht außer uns in der Natur ...	*Zur Theorie des Erkennens durch den Gesichtssinn* Leipzig 1861 § 4 Natur des Lichtes, S. 14

Schleiermacher Friedrich Daniel Ernst

231	Opfert mit mir ehrerbietig ...	*Über die Religion, Reden an die Gebildeten unter ihren Verächtern* (1799) Halle a. d. Saale bei Otto Hendel 2. Rede, S. 46
232	Es war Religion ...	desgl., S. 54 wörtlich: So war es Religion, wenn die Alten, die Beschränkung der Zeit und des Raumes vernichtend, jede eigentümliche Art des Lebens durch die ganze Welt hin als das

Schleiermacher (Fortsetzung)

Werk und Reich eines auf diesem Gebiete allmächtigen und allgegenwärtigen Wesens ansahen; sie hatten eine eigentümliche Handelsweise des Universums als ein bestimmtes Gefühl in sich aufgenommen und bezeichneten dieses so.

233 Das Ziel und der Charakter . . . — desgl., S. 106

234 Es gibt keine gesunde Empfindung . . . — desgl., S. 51

231 Freiheit geht daher so weit . . . — (?)

Schopenhauer Arthur

265 Das Leben ist eine mißliche Sache . . . — *A. Schopenhauers sämtliche Werke* in 12 Bänden
herausg. v. Dr. Rudolf Steiner
Stuttgart 1894 (Cotta)
Einleitung, S. 12

- - - - - - - - - - - - - - - - - - - -

276 Wie fand das himmlische Samenkorn . . . — *Reflexion in Briefen* (Nr. 2)
in: «Der junge Schopenhauer»
Aphorismen und Tagebuchblätter
herausg. v. A. Hübscher
München 1938 (Piper), S. 15

Schulze Gottlob Ernst

175 u. 266 — *Änesidemus, oder über die Fundamente der von Reinhold gelieferten Elementarphilosophie* (1792)

Seiling Max

523 — *Mainländer, ein neuer Messias. Eine frohe Botschaft inmitten der herrschenden Geistesverwirrung* (1888)

Solger Karl Wilhelm Ferdinand

210 Es muß der Geist des Künstlers . . . — *Erwin. Vier Gespräche über das Schöne und die Kunst*
Berlin 1815 (Realschulbuchhandl.)
2. Teil, 4. Gespräch, S. 277

SPENCER Herbert

444		*Essays* (1852)
		Principles of psychology (1855)
463		*Social Statics, or conditions essential to human happiness and the first of them developed* (1850)

SPICKER Gideon

522	Daß das Denken an sich ...	*Lessing's Weltanschauung* Leipzig 1883. Einleitung, S. 5

SPINOZA Baruch

114 u. 166		*Ethica, ordine geometrico demonstrata,* deutsch 1737

STEINER Rudolf

599	Nicht die erste Gestalt ...	*Wahrheit und Wissenschaft* (1892) 5. Aufl. Gesamtausgabe Dornach 1980 VI. Die voraussetzungslose Erkenntnistheorie und Fichtes Wissenschaftslehre, S. 85
600	Nicht an den Gegenständen ...	*Die Philosophie der Freiheit* (1894) 14. Aufl. Gesamtausgabe Dornach 1978 V. Das Erkennen der Welt, S. 88
600	Die Wahrnehmung ist der Teil ...	Die Konsequenzen des Monismus, S. 247 f.
607	Man wird zu einer Vorstellung ...	*Die psychologischen Grundlagen und die erkenntnistheoretische Stellung der Geisteswissenschaft* (1911) in: Philosophie und Anthroposophie, Gesammelte Aufsätze 1904–1923. Gesamtausgabe Dornach 1984, S. 139

STIRNER Max

307	Mit der Kraft der Verzweiflung ...	*Der Einzige und sein Eigentum* (1845) Univ.-Bibl. Leipzig o. J. Der Geist, S. 43

Stirner (Fortsetzung)

308	Das höchste Wesen ist ...	desgl., S. 44
309	Für den Gott des einzelnen ...	Der humane Liberalismus, S. 170
310	Der Kritiker fürchtet sich ...	desgl., (Anm.) S. 173 f. u. 175
311	Mensch, es spukt in deinem Kopfe ...	Der Sparren, S. 55
315		Titel erw.
369	Eigener und Schöpfer meines Rechts ...	Meine Macht, S. 239
312	Der Einzige ist ein Wort ...	*Max Stirners kleinere Schriften* herausg. v. John Henry Mackay Berlin 1898 *Entgegnungen*, S. 116
313	Ein Wissen, welches sich nicht ...	Aufsatz: *Das unwahre Prinzip unserer Erziehung oder der Humanismus und Realismus,* S. 21, 23 u. 30

Strauss David Friedrich

301		*Das Leben Jesu* (1835–36) Zwei Bände 3. Aufl. Tübingen 1839
302	In einem Individuum ...	2. Bd., § 149 Letztes Dilemma, S. 767
305		Titel erw.
304	Also lasse der Glaubende ...	*Die christliche Glaubenslehre in ihrer geschichtlichen Entwickelung und im Kampfe mit der modernen Wissenschaft* Zwei Bände, Stuttgart 1840/41 § 22 Schluß der Apolegetik, S. 356
388	... man sieht, dahin ...	*Der alte und der neue Glaube* (1872) 11. Aufl. Bonn 1881 III. Wie begreifen wir die Welt? (54), S. 180 f.

Taine Hippolyte

425		*De l'intelligence* (1870) *Der Verstand*, deutsch 1880

Treitschke Heinrich von

315	Max Stirner's Schrift . . .	*Deutsche Geschichte im 19. Jahrhundert* Fünf Bände, Leipzig 1879–94 V. Teil, 5. Abschnitt: Realismus in Kunst und Wissenschaft, S. 424

Trendelenburg

350	. . . lehren, ohne zu lernen . . .	(?)

Troxler Ignaz Paul Vital

343	Nicht erst jetzt, sondern . . .	*Vorlesungen über Philosophie* Über Inhalt, Bildungsgang, Zweck und Anwendung derselben aufs Leben, 1835. Bern 1942 6. Vortrag, S. 86
344	Schon früher haben . . .	desgl., S. 87
345	Hegel hat die Spekulation . . .	desgl., S. 79
343		*Blicke in das Wesen des Menschen* Aarau 1812

Vaihinger Hans

555		*Die Philosophie des Als ob. System der theoretischen, praktischen und religiösen Fiktionen der Menschheit auf Grund eines idealistischen Positivismus* (1911)

Virchow Rudolf

409	Auf dem Wege der Spekulation . . .	*Eröffnungsrede zur 25. allgemeinen Versammlung und Stiftungsfest der Deutschen Anthropologischen Gesellschaft,* am 24. August 1894 in Innsbruck, abgedruckt in: «Korrespondenz-Blatt der Deutschen Gesellschaft für Anthropologie, Ethnologie und Urgeschichte», 25. Jahrg. 1894, Nr. 9 (Sept.), S. 83

VIRCHOW (Fortsetzung)

466 Seitdem der Glaube . . . — *Die Gründung der Berliner Universität und der Übergang aus dem philosophischen in das naturwissenschaftliche Zeitalter,* Rede gehalten am 3. August 1893 in der Aula der königlichen Friedrich-Wilhelm-Universität zu Berlin, S. 26

VISCHER Friedrich Theodor

339 — *Ästhetik oder Wissenschaft des Schönen*
3 Teile, Reutlingen und Leipzig 1846–58

356 Daß die sogenannte Materie . . . — *Altes und Neues*
3 Hefte, Stuttgart 1882
3. Heft: Voltaire, S. 97

390 Entwickelung ist ein . . .
Es wird mir zum Beispiel . . . — desgl., Carl G. Reuschle, Philosophie und Naturwissenschaft.
S. 218 f. und 202

VOGT Carl

361 Die Seele, welche gerade . . . — *Bilder aus dem Tierleben*
Frankfurt 1852
Kap. Tierseelen, S. 452

362 Alle historischen wie naturgeschichtlichen . . . — *Köhlerglaube und Wissenschaft*
(1854) 2. Aufl. Giessen 1855
II. Wissenschaftliches, S. 83

362 Eine solche Entwickelung ist . . . — desgl., S. 117

363 Die Existenz einer unsterblichen Seele . . . — desgl. S. 119

VOLKELT Johannes

474 . . . unruhigen Charakter . . . — *Über die Möglichkeit der Metaphysik*
Antrittsrede gehalten in Basel am 23. Oktober 1883
Hamburg und Leipzig 1884. S. 29

473 — *Immanuel Kants Erkenntnistheorie nach ihren Grundbegriffen analysiert.* Leipzig 1879

Volkelt (Fortsetzung)

476	Der erste Fundamentalsatz ...	1. Abschn. (1), S. 1
478	Die unmittelbare Erfahrung ...	4. Abschn. (5) S. 208 f.
474		*Erfahrung und Denken* Kritische Grundlegung der Erkenntnistheorie. Leipzig 1886
477	Fragt man, worauf die Gewißheit ...	*Die Quellen der menschlichen Gewißheit.* München 1906 2. Dualistische Grundlage der Erkenntnistheorie, S. 3

Wackernagel Wilhelm

519		*Über den Unterricht in der Muttersprache* (1843)

Wagner Rudolf

361		*Physiologische Briefe*, in der Augsburger Allgemeinen Zeitung
361	... daß die Seele sich ...	Zitat aus obigem in: *Köhlerglaube und Wissenschaft*, eine Streitschrift gegen Hofrat Rudolph Wagner in Göttingen von *Carl Vogt*, Giessen 1855, S. 23
363	... mechanische auf zwei Armen ...	desgl., S. 118
362		*Menschenschöpfung und Seelensubstanz* (1854)
503		*Handwörterbuch der Physiologie* (1842–53) Vier Bände

Wahle Richard

480		*Das Ganze der Philosophie und ihr Ende* Ihre Vermächtnisse an die Theologie, Ästhetik und Staatspädagogik Wien und Leipzig 1894
481	Was könnte der Geist ...	Abschluß, S. 538
481	Möge die Zeit anbrechen ...	desgl., S. 539

WAHLE (Fortsetzung)		
481		*Geschichtlicher Überblick über die Entwickelung der Philosophie* (1894) *Über den Mechanismus des geistigen Lebens* (1906)
WEISSE Christian Hermann		
282	. . . wird, mit einem Worte, . . .	Vgl. Arthur Drews, «Die deutsche Spekulation seit Kant mit besonderer Rücksicht auf das Wesen des Absoluten und die Persönlichkeit Gottes», 2 Bde., Berlin 1893, 2. Bd. Kap. Weisse. Der trinitarische Theismus, S. 410
346	Wer die Hegelsche Philosophie . . . Was für einen Zweck . . .	*Die philosophische Geheimlehre von der Unsterblichkeit des menschlichen Individuums* Dresden 1834. S. 24 u. 25
WHEWELL William		
448		*Geschichte der induktiven Wissenschaften*, deutsch 1839
448		*Philosophie der induktiven Wissenschaften*, deutsch 1840
WOLFF Caspar Friedrich		
287		*Theoria generationis* (1759)
WUNDT Wilhelm		
513	Vielleicht in keiner seiner . . .	(?)
514	Ich werde in den nachfolgenden . . .	*Vorlesungen über die Menschen- und Tierseele.* Leipzig 1863 1. Band, Vorrede S. V f.
529	. . . die allgemeine Wissenschaft . . .	*System der Philosophie* Leipzig 1889. Einleitung (4), S. 21
530	Der Hilfsbegriff der Materie . . .	4. Abschn., 1. Allgemeine Bedingungen des psychologischen Problems, S. 369
ZELLER Eduard		
472		*Über Bedeutung und Aufgabe der Erkenntnistheorie* (1862)

ZIMMERMANN Robert

263		*Ästhetik* (1858–65) Zwei Bände, Wien 1870
522	Solange das Kunststück . . .	Zitat bei Vincenz *Knauer* in: *Die Hauptprobleme der Philosophie.* Wien und Leipzig 1892 16. Vorlesung, S. 353

NAMEN-REGISTER

LITERATURHINWEIS

(GA = Rudolf Steiner Gesamtausgabe)

Zur Weiterführung und Vertiefung der Darstellungen des vorliegenden Bandes sei auf folgende Ausgaben von Rudolf Steiner verwiesen:

Schriften

Grundlinien einer Erkenntnistheorie der Goetheschen Weltanschauung, mit besonderer Rücksicht auf Schiller (1886) GA Bibl.-Nr. 2 (Taschenbuch 6290)

Wahrheit und Wissenschaft. Vorspiel einer «Philosophie der Freiheit» (1886) GA Bibl.-Nr. 3 (Taschenbuch 6280)

Die Philosophie der Freiheit. Grundzüge einer modernen Weltanschauung. Seelische Beobachtungsresultate nach naturwissenschaftlicher Methode (1894) GA Bibl.-Nr. 4 (Taschenbuch 6270)

Friedrich Nietzsche, ein Kämpfer gegen seine Zeit (1895) GA Bibl.-Nr. 5 (Taschenbuch 6210)

Goethes Weltanschauung (1897) GA Bibl.-Nr. 6 (Taschenbuch 6250)

Die Mystik im Aufgange des neuzeitlichen Geisteslebens und ihr Verhältnis zur modernen Weltanschauung (1901) GA Bibl.-Nr. 7 (Taschenbuch 6230)

Vom Menschenrätsel. Ausgesprochenes und Unausgesprochenes im Denken, Schauen, Sinnen einer Reihe deutscher und österreichischer Persönlichkeiten (1916) GA Bibl.-Nr. 20 (Taschenbuch 6380)

Von Seelenrätseln. Anthropologie und Anthroposophie. Max Dessoir über Anthroposophie. Franz Brentano (Ein Nachruf). Skizzenhafte Erweiterungen (1917) GA Bibl.-Nr. 21 (Taschenbuch 6370)

Kosmologie, Religion und Philosophie (1922) GA Bibl.-Nr. 25

Methodische Grundlagen der Anthroposophie 1884 bis 1901. Gesammelte Aufsätze zur Philosophie, Naturwissenschaft, Ästhetik und Seelenkunde. GA Bibl.-Nr. 30

Philosophie und Anthroposophie. Gesammelte Aufsätze 1904 bis 1923. GA Bibl.-Nr. 35

Über Philosophie, Geschichte und Literatur. Darstellungen an der Arbeiterbildungsschule und der Freien Hochschule in Berlin 1901 bis 1905. Im Anhang Berichte über Rudolf Steiners Wirken im Giordano Bruno-Bund 1902. GA Bibl.-Nr. 51

Die Ergänzung heutiger Wissenschaften durch Anthroposophie. Acht öffentliche Vorträge, Zürich 1917/18. GA Bibl.-Nr. 73

Die Philosophie des Thomas von Aquino. Drei Vorträge, Dornach 1920. GA Bibl.-Nr. 74 (Taschenbuch 6050)

Die Beantwortung von Welt- und Lebensfragen durch Anthroposophie. Neunzehn Vorträge in verschiedenen Städten (1908/09). GA Bibl.-Nr. 108

Der Mensch im Lichte von Okkultismus, Theosophie und Philosophie. Zehn Vorträge, Kristiana (Oslo) 1912. GA Bibl.-Nr. 137

Der menschliche und der kosmische Gedanke. Vier Vorträge, Berlin 1914. GA Bibl.-Nr. 151

Der Wert des Denkens für eine den Menschen befriedigende Erkenntnis. Das Verhältnis der Geisteswissenschaft zur Naturwissenschaft. Elf Vorträge, Dornach 1915. GA Bibl.-Nr. 164

Die Philosophie, Kosmologie und Religion in der Anthroposophie. Zehn Vorträge, Dornach 1922. GA Bibl.-Nr. 215

Grenzen der Naturerkenntnis. Acht Vorträge, Dornach 1920. GA Bibl.-Nr. 322

Naturbeobachtung, Mathematik, wissenschaftliches Experiment und Erkenntnisergebnisse vom Gesichtspunkte der Anthroposophie. Acht Vorträge, Stuttgart 1921. GA Bibl.-Nr. 324

Die Naturwissenschaft und die weltgeschichtliche Entwickelung der Menschheit seit dem Altertum. Sechs Vorträge, Dornach und Stuttgart 1921. GA Bibl.-Nr. 325

Der Entstehungsmoment der Naturwissenschaft in der Weltgeschichte und ihre seitherige Entwickelung. Neun Vorträge, Dornach 1922/23. GA Bibl.-Nr. 326 (Taschenbuch 6320)

RUDOLF STEINER – LEBEN UND WERK

Das Lebenswerk, welches Rudolf Steiner der Nachwelt hinterlassen hat, dürfte nach Gehalt und Umfang innerhalb der Kulturwelt wohl ohne Beispiel dastehen. Seine Schriften – die Werke und Aufsätze – bilden die Grundlage für das, was er im Laufe seines Lebens in Vorträgen und Kursen seinen Zuhörern als «anthroposophisch orientierte Geisteswissenschaft» von immer neuen Aspekten aus darstellte und ausführte. Der größte Teil dieser rund sechstausend Vorträge ist in Nachschriften erhalten geblieben. Daneben entfaltete er auch auf künstlerischem Gebiet eine große Tätigkeit, welche ihren Höhepunkt in der Errichtung des ersten Goetheanumbaues in Dornach fand. So liegen eine große Anzahl malerischer, plastischer und architektonischer Arbeiten, Entwürfe und Skizzen von seiner Hand vor. Die durch ihn gegebenen Anregungen für die Erneuerung zahlreicher Lebensgebiete beginnen in der gegenwärtigen Zeit vermehrte Beachtung zu finden.

Seit dem Jahre 1956 wird durch die «Rudolf Steiner-Nachlaßverwaltung» an der Herausgabe der «*Rudolf Steiner Gesamtausgabe*» gearbeitet, die einen Umfang von etwa 330 Bänden erhalten wird. In den beiden ersten Abteilungen erscheinen die *Schriften* und das *Vortragswerk*, während in einer dritten Abteilung das *künstlerische Werk* in geeigneter Form zur Wiedergabe gelangt.

Einen systematischen Überblick über das Gesamtwerk gibt der Band «Bibliographische Übersicht. Das literarische und künstlerische Werk von Rudolf Steiner», auf welchen sich die im folgenden verwendete Bezeichnung «Bibl.-Nr.» bezieht. Über den jeweiligen Stand der erschienenen Bände orientierten die Bücherverzeichnisse und der Gesamtkatalog des Rudolf Steiner Verlages.

Chronologischer Lebensabriß
(zugleich Übersicht über die geschriebenen Werke)

1861 Am 27. Februar wird Rudolf Steiner in Kraljevec (damals Österreich-Ungarn, heute Jugoslawien) als Sohn eines Beamten der österreichischen Südbahn geboren. Seine Eltern stammen aus Niederösterreich. Er verlebt seine Kindheit und Jugend an verschiedenen Orten Österreichs.

1872 Besuch der Realschule in Wiener-Neustadt bis zum Abitur 1879.

1879 Studium an der Wiener Technischen Hochschule: Mathematik und Naturwissenschaft, zugleich Literatur, Philosophie und Geschichte. Grundlegendes Goethe-Studium.

1882 Erste schriftstellerische Tätigkeit.

1882–1897 Herausgabe von Goethes Naturwissenschaftlichen Schriften in Kürschners «Deutsche National-Litteratur», fünf Bände (Bibl.-Nr. 1 a–e). Eine selbständige Ausgabe der Einleitungen erschien 1925 unter dem Titel *Goethes Naturwissenschaftliche Schriften* (Bibl.-Nr. 1).

1884–1890 Privatlehrer bei einer Wiener Familie.

1886 Berufung zur Mitarbeit bei der Herausgabe der großen «Sophien-Ausgabe» von Goethes Werken.
Grundlinien einer Erkenntnistheorie der Goetheschen Weltanschauung mit besonderer Rücksicht auf Schiller (Bibl.-Nr. 2).

1888 Herausgabe der «Deutschen Wochenschrift», Wien (Aufsätze daraus in Bibl.-Nr. 31). Vortrag im Wiener Goethe-Verein: *Goethe als Vater einer neuen Ästhetik* (in Bibl.-Nr. 30).

1890–1897 Weimar. Mitarbeit am Goethe- und Schiller-Archiv. Herausgeber von Goethes Naturwissenschaftlichen Schriften.

1891 Promotion zum Doktor der Philosophie an der Universität Rostock. 1892 erscheint die erweiterte Dissertation: *Wahrheit und Wissenschaft. Vorspiel einer «Philosophie der Freiheit»* (Bibl.-Nr. 3).

1894 *Die Philosophie der Freiheit. Grundzüge einer modernen Weltanschauung. Seelische Beobachtungsresultate nach naturwissenschaftlicher Methode* (Bibl.-Nr. 4).

1895 *Friedrich Nietzsche, ein Kämpfer gegen seine Zeit* (Bibl.-Nr. 5).

1897 *Goethes Weltanschauung* (Bibl.-Nr. 6)
Übersiedlung nach Berlin. Herausgabe des «Magazin für Literatur» und der «Dramaturgischen Blätter» zusammen mit O. E. Hartleben. (Aufsätze daraus in Bibl.-Nrn. 29–32). Wirksamkeit in der «Freien literarischen Gesellschaft», der «Freien dramatischen Gesellschaft», im «Giordano Bruno-Bund», im Kreis der «Kommenden» u. a.

1899–1904 Lehrtätigkeit an der von W. Liebknecht gegründeten Berliner «Arbeiter-Bildungsschule».

1900/01 *Welt- und Lebensanschauungen 19. Jahrhundert,* 1914 erweitert zu: *Die Rätsel der Philosophie* (Bibl.-Nr. 18). Beginn der anthroposophischen Vortragstätigkeit auf Einladung der Theosophischen Gesellschaft in Berlin. *Die Mystik im Aufgange des neuzeitlichen Geisteslebens* (Bibl.-Nr. 7).

1902–1912 Aufbau der Anthroposophie. Regelmäßige öffentliche Vortragstätigkeit in Berlin und ausgedehnte Vortragsreisen in ganz Europa. Marie von Sivers (ab 1914 Marie Steiner) wird seine ständige Mitarbeiterin.

1902 *Das Christentum als mystische Tatsache und die Mysterien des Altertums* (Bibl.-Nr. 8).

1903 Begründung und Herausgabe der Zeitschrift «Luzifer», später *«Lucifer-Gnosis»* (Aufsätze in Bibl.-Nr. 34).

1904 *Theosophie. Einführung in übersinnliche Welterkenntnis und Menschenbestimmung* (Bibl.-Nr. 9).

1904/05 *Wie erlangt man Erkenntnisse der höheren Welten?* (Bibl.-Nr. 10). *Aus der Akasha-Chronik* (Bibl.-Nr. 11). *Die Stufen der höheren Erkenntnis* (Bibl.-Nr. 12).

1910 *Die Geheimwissenschaft im Umriß* (Bibl.-Nr. 13).

1910–1913 In München werden die *Vier Mysteriendramen* (Bibl.-Nr. 14) uraufgeführt.

1911 *Die geistige Führung des Menschen und der Menschheit* (Bibl.-Nr. 15).

1912 *Anthroposophischer Seelenkalender. Wochensprüche* (in Bibl.-Nr. 40, und selbständige Ausgaben). *Ein Weg zur Selbsterkenntnis des Menschen* (Bibl.-Nr. 16).

1913 Trennung von der Theosophischen und Begründung der Anthroposophischen Gesellschaft.
Die Schwelle der geistigen Welt (Bibl.-Nr. 17).

1913–1923 Errichtung des in Holz als Doppelkuppelbau gestalteten ersten Goetheanum in Dornach/Schweiz.

1914–1923 Dornach und Berlin. In Vorträgen und Kursen in ganz Europa gibt Rudolf Steiner Anregungen für eine Erneuerung auf vielen Lebensgebieten: Kunst, Pädagogik, Naturwissenschaften, soziales Leben, Medizin, Theologie. Weiterbildung der 1912 inaugurierten neuen Bewegungskunst «Eurythmie».

1914 *Die Rätsel der Philosophie in ihrer Geschichte als Umriß dargestellt* (Bibl.-Nr. 18).

1916–1918 *Vom Menschenrätsel* (Bibl.-Nr. 20). *Von Seelenrätseln* (Bibl.-Nr. 21). *Goethes Geistesart in ihrer Offenbarung durch seinen «Faust» und durch das «Märchen von der Schlange und der Lilie»* (Bibl.-Nr. 22).

1919 Rudolf Steiner vertritt den Gedanken einer «Dreigliederung des sozialen Organismus» in Aufsätzen und Vorträgen, vor allem im süddeutschen Raum. *Die Kernpunkte der sozialen Frage in den Lebensnotwendigkeiten der Gegenwart und Zukunft* (Bibl.-Nr. 23). *Aufsätze über die Dreigliederung des sozialen Organismus* (Bibl.-Nr. 24). Im Herbst wird in Stuttgart die «Freie Waldorfschule» begründet, die Rudolf Steiner bis zu seinem Tode leitet.

1920 Beginnend mit dem Ersten anthroposophischen Hochschulkurs finden im noch nicht vollendeten Goetheanum fortan regelmäßig künstlerische und Vortragsveranstaltungen statt.

1921 Begründung der Wochenschrift «Das Goetheanum» mit regelmäßigen Aufsätzen und Beiträgen Rudolf Steiners (in Bibl.-Nr. 36).

1922 *Kosmologie, Religion und Philosophie* (Bibl.-Nr. 25).
In der Silvesternacht 1922/23 wird der Goetheanumbau durch Brand vernichtet. Für einen neuen in Beton konzipierten Bau kann Rudolf Steiner in der Folge nur noch ein erstes Außenmodell schaffen.

1923 Unausgesetzte Vortragstätigkeit, verbunden mit Reisen. Zu Weihnachten 1923 Neubegründung der «Anthroposophischen Gesellschaft» als «Allgemeine Anthroposophische Gesellschaft» unter der Leitung Rudolf Steiners.

1923–1925 Rudolf Steiner schreibt in wöchentlichen Folgen seine unvollendet gebliebene Selbstbiographie *Mein Lebensgang* (Bibl.-Nr. 28) sowie *Anthroposophische Leitsätze* (Bibl.-Nr. 26), und arbeitet mit Dr. Ita Wegman an dem Buch *Grundlegendes für eine Erweiterung der Heilkunst nach geisteswissenschaftlichen Erkenntnissen* (Bibl.-Nr. 27).

1924 Steigerung der Vortragstätigkeit. Daneben zahlreiche Fachkurse. Letzte Vortragsreise in Europa. Am 28. September letzte Ansprache zu den Mitgliedern. Beginn des Krankenlagers.

1925 Am 30. März stirbt Rudolf Steiner in Dornach.

RUDOLF STEINER GESAMTAUSGABE

Überblick über das literarische und künstlerische Werk

Erste Abteilung: Die Schriften

I. Werke

Goethes Naturwissenschaftliche Schriften, eingeleitet und kommentiert von R. Steiner, 5. Bände (Bibl.-Nr. 1a–e); separate Ausgabe der Einleitungen (Bibl.-Nr. 1)
Grundlinien einer Erkenntnistheorie der Goetheschen Weltanschauung (Bibl.-Nr. 2)
Wahrheit und Wissenschaft. Vorspiel einer «Philosophie der Freiheit» (Bibl.-Nr. 3)
Die Philosophie der Freiheit (Bibl.-Nr. 4)
Friedrich Nietzsche, ein Kämpfer gegen seine Zeit (Bibl.-Nr. 5)
Goethes Weltanschauung (Bibl.-Nr. 6)
Die Mystik im Aufgange des neuzeitlichen Geisteslebens und ihr Verhältnis zur modernen Weltanschauung (Bibl.-Nr. 7)
Das Christentum als mystische Tatsache und die Mysterien des Altertums (Bibl.-Nr. 8)
Theosophie. Einführung in übersinnliche Welterkenntnis und Menschenbestimmung (Bibl.-Nr. 9)
Wie erlangt man Erkenntnisse der höheren Welten? (Bibl.-Nr. 10)
Aus der Akasha-Chronik (Bibl.-Nr. 11)
Die Stufen der höheren Erkenntnis (Bibl.-Nr. 12)
Die Geheimwissenschaft im Umriß (Bibl.-Nr. 13)
Vier Mysteriendramen: Die Pforte der Einweihung – Die Prüfung der Seele – Der Hüter der Schwelle – Der Seelen Erwachen (Bibl.-Nr. 14)
Die geistige Führung des Menschen und der Menschheit (Bibl.-Nr. 15)
Anthroposophischer Seelenkalender (in Bibl.-Nr. 40)
Ein Weg zur Selbsterkenntnis des Menschen (Bibl.-Nr. 16)
Die Schwelle der geistigen Welt (Bibl.-Nr. 17)
Die Rätsel der Philosophie in ihrer Geschichte als Umriß dargestellt (Bibl.-Nr. 18)
Vom Menschenrätsel (Bibl.-Nr. 20)
Von Seelenrätseln (Bibl.-Nr. 21)
Goethes Geistesart in ihrer Offenbarung durch seinen «Faust» und durch das «Märchen von der Schlange und der Lilie» (Bibl.-Nr. 22)
Die Kernpunkte der sozialen Frage in den Lebensnotwendigkeiten der Gegenwart und Zukunft (Bibl.-Nr. 23)
Aufsätze über die Dreigliederung des sozialen Organismus und zur Zeitlage 1915–1921 (Bibl.-Nr. 24)
Kosmologie, Religion und Philosophie (Bibl.-Nr. 25)

Anthroposophische Leitsätze (Bibl.-Nr. 26)

Grundlegendes für eine Erweiterung der Heilkunst nach geisteswissenschaftlichen Erkenntnissen. Von Dr. Rudolf Steiner und Dr. Ita Wegman (Bibl.-Nr. 27)

Mein Lebensgang (Bibl.-Nr. 28)

II. Gesammelte Aufsätze

Gesammelte Aufsätze zur Dramaturgie 1889–1900 (Bibl.-Nr. 29)

Methodische Grundlagen der Anthroposophie. Gesammelte Aufsätze zur Philosophie, Naturwissenschaft, Ästhetik und Seelenkunde 1884–1901 (Bibl.-Nr. 30)

Gesammelte Aufsätze zur Kultur- und Zeitgeschichte 1887–1901 (Bibl.-Nr. 31)

Gesammelte Aufsätze zur Literatur 1886–1902 (Bibl.-Nr. 32)

Biographien und biographische Skizzen 1894–1905 (Bibl.-Nr. 33)

Luzifer-Gnosis. Grundlegende Aufsätze zur Anthroposophie und Berichte aus der Zeitschrift «Luzifer» und «Lucifer-Gnosis» 1903–1908 (Bibl.-Nr. 34)

Philosophie und Anthroposophie. Gesammelte Aufsätze 1904–1918 (Bibl.-Nr. 35)

Der Goetheanumgedanke inmitten der Kulturkrisis der Gegenwart. Gesammelte Aufsätze aus der Wochenschrift «Das Goetheanum» 1921–1925 (Bibl.-Nr. 36)

III. Veröffentlichungen aus dem Nachlaß

Briefe – Wahrspruchworte – Bühnenbearbeitungen – Entwürfe zu den Vier Mysteriendramen 1910–1913 – Anthroposophie. Ein Fragment aus dem Jahre 1910 – Gesammelte Skizzen und Fragmente – Aus Notizbüchern und -blättern (Bibl.-Nrn. 38–47)

Zweite Abteilung: Das Vortragswerk

I. Öffentliche Vorträge

Die Berliner öffentlichen Vortragsreihen («Architektenhaus-Vorträge») 1903/04 bis 1917/18 (Bibl.-Nrn. 51–67)

Öffentliche Vorträge, Vortragsreihen und Hochschulkurse an anderen Orten Europas 1906–1924 (Bibl.-Nrn. 68–84)

II. Vorträge vor Mitgliedern der Anthroposophischen Gesellschaft

Vorträge und Vortragszyklen allgemein-anthroposophischen Inhalts – Evangelien-Betrachtungen – Christologie – Geisteswissenschaftliche Menschenkunde – Kosmische und menschliche Geschichte – Die geistigen Hintergründe der sozialen Frage – Der Mensch in seinem Zusammenhang mit dem Kosmos – Karma-Betrachtungen (Bibl.-Nrn. 91–244)

Vorträge und Schriften zur Geschichte der anthroposophischen Bewegung und der Anthroposophischen Gesellschaft (Bibl.-Nrn. 251–263)

III. Vorträge und Kurse zu einzelnen Lebensgebieten

Vorträge über Kunst: Allgemein-Künstlerisches – Eurythmie – Sprachgestaltung und Dramatische Kunst – Musik – Bildende Künste – Kunstgeschichte (Bibl.-Nrn. 271–292)

Vorträge über Erziehung (Bibl.-Nrn. 293–311)

Vorträge über Medizin (Bibl.-Nrn. 312–319)

Vorträge über Naturwissenschaft (Bibl.-Nrn. 320–327)

Vorträge über das soziale Leben und die Dreigliederung des sozialen Organismus (Bibl.-Nrn. 328–341)

Vorträge für die Arbeiter am Goetheanumbau (Bibl.-Nrn. 347–354)

Dritte Abteilung: Das künstlerische Werk

Reproduktionen und Veröffentlichungen aus dem künstlerischen Nachlaß

Originalgetreue Wiedergaben von malerischen und graphischen Entwürfen und Skizzen Rudolf Steiners in Kunstmappen oder als Einzelblätter

Die Bände der Rudolf Steiner Gesamtausgabe sind innerhalb einzelner Gruppen einheitlich ausgestattet. Jeder Band ist einzeln erhältlich. Ausführliche Verzeichnisse können beim Verlag angefordert werden.

S. 489 Comte

S. 329 Das Erkennen
zu untersuchen!

S. 360 Lebenskraft Z